FOCLOIR
FIONTAR

FOCLÓIR FIONTAR

GAEILGE–BÉARLA

Eagarthóir: Donla uí Bhraonáin
Eagarthóir Comhairleach: Caoilfhionn Nic Pháidín

ARNA FHOILSIÚ AG

FIONTAR
Ollscoil Chathair Bhaile Átha Cliath
Glas Naíon
BÁC 9

© FIONTAR

ISBN 1 87232 742 7

Dearadh agus clóchur: Eoin Stephens

Clódóir: Criterion Press, Baile Átha Cliath.

ADMHÁLACHA

Tá na téarmaí go léir san fhoclóir seo faofa ag An Coiste Téarmaíochta, Foras na Gaeilge.

Is iad léachtóirí FIONTAR a thug sainmhínithe ar fhormhór na dtéarmaí a bhfuil sainmhíniú ag gabháil leo. Lena n-ais sin, fuarthas roinnt sainmhínithe uathu seo a leanas:

Borowski, E.J. and Borwein, J.M., *Collins Dictionary of Mathematics* (1989)
Butler, B. and Isaacs, A., *Oxford Reference Dictionary of Finance* (1993)
Greener, M., *The Penguin Business Dictionary* (1994)
Gunn, M., EGT Teo.
Hordeski, M.F., *The McGraw-Hill Illustrated Dictionary of Personal Computers* (1995)
Howe, D., *Free On-Line Dictionary of Computing*, http://foldoc.doc.ic.ac.uk/
Nader, J.C., *Prentice Hall's Illustrated Dictionary of Computing Third Edition* le cead Pearson Education Australia Pty Limited Copyright © 1998
PCWebopedia: http://bigyellow.pcwebopedia.com/
Rosenberg, J.M., *Dictionary of Marketing and Advertising* (1995)
Sinclair, I.R., *Collins Dictionary of Personal Computing* (1991)

Is le caoinchead na ndaoine agus na gcomhlachtaí seo thuas a chuireamar na sainmhínithe sin san fhoclóir. Má d'fhágamar aon duine nó aon chomhlacht ar lár ón liosta, bheimis buíoch dá gcuirfidís é sin in iúl dúinn.

Clár

Réamhrá

Seo foclóir de na téarmaí ar fad a tiomsaíodh le deich mbliana anuas ar mhaithe le cúrsaí airgeadais, ríomhaireachta agus fiontraíochta a theagasc in FIONTAR, Ollscoil Chathair Bhaile Átha Cliath. Nuair a bunaíodh FIONTAR i 1993, tuigeadh gur thionscadal uaillmhianach a bhí ann ar go leor slite, go háirithe mar nach raibh téacsleabhair ar bith ar fáil i nGaeilge, agus nach raibh ach corrleabhar tagartha ar fáil, sna réimsí eolais a bhí i gceist. Socraíodh nár mhór téarmaíocht a thiomsú, agus a chruthú nuair ba ghá, do na hábhair a bhí le teagasc agus sainmhínithe i nGaeilge agus i mBéarla a chur ar fáil chomh fada agus ab fhéidir. Is ag freagairt don éileamh a bhí ag léachtóirí agus mic léinn ar théarmaí do na hábhair a bhí ar chláir FIONTAR, an BSc in Airgeadas, Ríomhaireacht agus Fiontraíocht (anois an BSc i bhFiontraíocht le Ríomhaireacht/Gaeilge Fheidhmeach) agus an MSc i nGnó agus i dTeicneolaíocht an Eolais, a tiomsaíodh na téarmaí agus ní liosta iomlán eolaíoch bunaithe ar chorpas atá ann, más ea. Tá sé á fhoilsiú i bhfoirm leabhair anois mar cheann de thograí comórtha deich mbliana ag FIONTAR.

Tá os cionn 10,000 téarma sa leagan seo de *Foclóir FIONTAR*. Luaitear le gach téarma an réimse eolais dár cláraíodh ar dtús é—*(Air)* Airgeadas, *(Río)* Ríomhaireacht, *(Fio)* Fiontraíocht, *(Mat)* Matamaitic, *(Loi)* Loighic, *(Dlí)* Dlí agus *(Gin)* Ginearálta. Ní hionann sin agus a rá, áfach, nach n-úsáidtear cuid mhaith de na téarmaí i níos mó ná réimse amháin.

An téarmaíocht i gcomhthéacs idirnáisiúnta

Ní sa Ghaeilge amháin is gá aghaidh a thabhairt ar théarmaíocht a chruthú. Cónasc domhanda de chomhlachais náisiúnta caighdeán is ea Eagraíocht Idirnáisiúnta na gCaighdeán (ISO). Bunaíodh ISO i 1947 mar chomharba ar Chónasc Idirnáisiúnta na gCumann Caighdeánaithe Náisiúnta (ISA) a bunaíodh i 1926 agus a chuaigh i léig i 1942 de bharr an dara cogadh domhanda a bheith ar siúl. Ball d'ISO is ea NSAI (An tÚdarás um Chaighdeáin Náisiúnta na hÉireann). Tá coistí teicniúla ag ISO chun caighdeáin a ullmhú i réimsí éagsúla agus tá ionadaíocht ar gach coiste teicniúil ag comhlachas náisiúnta ar bith ar spéis leis cúram áirithe an choiste. Dar le ISO, cuireadh tús le comhoibriú idirnáisiúnta i gcúrsaí téarmaíochta timpeall 200 bliain ó shin. Ag tús an fichiú haois, bhí leathnú chomh mór tagtha ar scóip na téarmaíochta go bhfacthas go raibh gá leis an gcaighdeánú a bhunú ar phrionsabail agus ar mhodhanna oibre comhaontaithe. Bunaíodh an Coiste Teicniúil ISA/TC 37 "Téarmeolaíocht" san Ostair i 1936 chun modhanna caighdeánacha a fhorbairt le téarmaíocht a chruthú, a thiomsú agus a chomhordú. Coiste Teicniúil ISO/TC 37 is teideal don choiste sin anois agus is é a d'fhorbair an caighdeán idirnáisiúnta ar a dtugtar ISO 704 – *Prionsabail agus Modhanna Téarmeolaíochta*. Leagann ISO 704 amach na prionsabail, na modhanna agus cur chuige inmholta maidir le ceapadh téarmaí nua agus le comhordú ó thaobh téarmaí bunaithe.

Sainmhíníonn ISO 704 céard is coincheap ann, cé na cineálacha airíonna a úsáidtear chun an bhrí atá le coincheap a leathnú agus céard is sainmhíniú bailí ann, e.g.: coincheapa is ea *diosca, cuimhne, cáin*. Ní mór focail eile a úsáid in éineacht leo chun a n-airíonna a shainiú, e.g.: *diosca crua, diosca digiteach léasair, cuimhne randamrochtana, cuimhne inléite amháin, cáin ioncaim, cáin chorparáide*. Is féidir ainmfhocail, aidiachtaí, abairtíní, etc. a úsáid chun airíonna coincheapa a shainiú. Is éard atá i sainmhíniú ná cur síos beacht ar choincheap trí choincheapa aitheanta eile a úsáid chun a chur in iúl céard é agus cén gaol atá aige le coincheapa gaolmhara eile, e.g.: *cáin chorparáide—cáin a thoibhítear ar bhrabúis trádála, ar ghnóthachain inmhuirir, agus ar ioncam eile cuideachtaí agus comhlachtaí corpraithe*; *diosca crua—diosca nach bhfuil solúbtha. Is costasaí ná discéad é ach is féidir i bhfad níos mó sonraí a stóráil air.*

Téarmaíocht na Gaeilge

Bhunaigh an Roinn Oideachais coiste téarmaíochta i 1927, an bhliain tar éis bhunú An Gúm, le téarmaí Gaeilge a sholáthar i réimse an oideachais. Tháinig deireadh leis an gcoiste sin i 1939 agus is ar bhunús coistí *ad hoc* a tugadh faoi théarmaí a sholáthar i réimsí eolaíochta (matamaitic, fisic agus ceimic) agus bitheolaíochta go dtí gur bunaíodh an Buanchoiste Téarmaíochta agus a Choiste Stiúrtha i 1968. Bunaíodh Rannóg Aistriúcháin an Oireachtais sa bhliain 1922 nuair a thug an Dáil buanordú 'go gcuirfeadh Cléireach na Dála faoi deara aistriú oifigiúil go Béarla a dhéanamh ar gach dlí a bheadh achtaithe i nGaeilge ag an Oireachtas agus aistriú oifigiúil go Gaeilge a dhéanamh ar gach dlí a bheadh achtaithe i mBéarla ag an Oireachtas'. Ritheadh *An tAcht Téarmaí Dlíthiúla Gaeilge* i 1945 agus is ar Rannóg an Aistriúcháin atá an fhreagracht maidir le téarmaí dlí. Faoi scáth na Roinne Oideachais a d'fheidhmigh An Coiste Téarmaíochta ó 1968 go dtí gur socraíodh faoin *Acht um Chomhaontú na Breataine–na hÉireann* i 1999 go bhfeidhmeodh sé mar chuid d'Fhoras na Gaeilge faoin bhForas Teanga. Tá duine amháin fostaithe ar bhonn lánaimseartha ag an gCoiste agus is ar bhonn deonach a dhéanann baill an Choiste an obair thábhachtach seo. Tá ionadaí ó NSAI ina bhall den Bhuanchoiste Téarmaíochta agus tá Fidelma Ní Ghallchobhair, rúnaí an Choiste Téarmaíochta agus Donla uí Bhraonáin, téarmeolaí FIONTAR, ina n-ionadaithe don NSAI ar TC37. Féachtar mar sin le teagmháil a chothú idir an Coiste Téarmaíochta, FIONTAR, agus na forais idirnáisiúnta. Tá méadú mór tagtha sna blianta deireanacha seo ar an éileamh atá ag pobal na Gaeilge ar théarmaí de bharr leathnú na meán Gaeilge, forbairt na teicneolaíochta agus cúrsaí nua a bheith ar fáil trí mheán na Gaeilge sna hOllscoileanna.

Cheap FIONTAR foireann le dul ag obair ar an téarmaíocht i 1993, bliain sular tháinig an chéad ghrúpa mac léinn isteach sa choláiste, agus tá an obair ar siúl go leanúnach ó shin. Bhí cabhair agus comhairle an Choiste Téarmaíochta ar fáil ag FIONTAR ó thús. Tá na téarmaí ar fad i bhfoclóir FIONTAR faofa ag an gCoiste agus tá téarmeolaí FIONTAR ina ball den Choiste. Ar ndóigh bhí roinnt de na téarmaí a bhí riachtanach do chúrsaí FIONTAR i gcló cheana sna foclóirí téarmaíochta a d'fhoilsigh An Gúm, go háirithe in *Téarmaí Ríomhaireachta*, in *Foclóir Staidéir Ghnó*, in *Foclóir Eolaíochta* agus in *Téarmaí Raidió agus Teilifíse* agus roinnt eile díobh in *Foclóir Gaeilge-Béarla (Ó Dónaill)* agus in *English-Irish Dictionary (de Bhaldraithe)*. Is í an ríomhaireacht an réimse is mó a d'athraigh agus a d'fhorbair ó thaobh na teicneolaíochta de le roinnt blianta agus is i réimse na téarmaíochta ríomhaireachta is mó a rinneadh obair le trí bliana anuas. Tháinig fochoiste téarmaí ríomhaireachta ar a raibh baill d'fhoireann FIONTAR agus daoine eile a raibh scil agus taithí ar leith acu sa réimse eolais sin, le chéile go rialta le linn na mblianta deiridh seo go háirithe chun tabhairt faoi na téarmaí sin a thabhairt suas chun dáta. Is iad na daoine a bhí páirteach san Fhochoiste seo, ar feadh tréimhsí éagsúla, ná: Donla uí Bhraonáin (Cathaoirleach), Fiontar; Niall Ó Cearbhaill, Fiontar; Elaine Uí Dhonnchadha, Fiontar agus Institiúid Teangeolaíochta Éireann; Marion Gunn, EGT Teo. agus Ollscoil na hÉireann, Baile Átha Cliath; Niall Mac Uilidhin, Fiontar agus Ollscoil na hÉireann, Gaillimh; Dr. Ciarán Ó Duibhín, Ollscoil na Ríona, Béal Feirste; Dr. Roibeárd Ó Cuirrín, Ollscoil na hÉireann, Gaillimh; Michael Everson, Evertype Teo.; Henry Leperlier, Fiontar; Colm Breathnach (iar-Rúnaí an Choiste Téarmaíochta) agus Fidelma Ní Ghallchobhair (Rúnaí an Choiste Téarmaíochta).

Sa bhliain 2000, d'fhoilsigh FIONTAR *Míle Téarma Ríomhaireachta*, foclóir de na téarmaí ba choitianta i réimse na ríomhaireachta ag an am agus scaipeadh ar scoileanna na tíre é. Tá CD-ROM de na téarmaí ar fad i bhFoclóir FIONTAR ar fáil don phobal le ceithre bliana anuas (foilsítear leagan nuashonraithe ag tús gach bliana acadúla) agus tá CD-ROM Téarmaíochta ar fáil anois mar thoradh ar chomhthionscadal idir an Gúm agus FIONTAR. Tá 9 gcinn d'fhoclóirí téarmaíochta An Gúm agus Foclóir FIONTAR, ar an dlúthdhiosca sin.

Ní mór, ar ndóigh, féachaint leis na réimsí téarmaíochta ar fad a nuashonrú de réir mar is gá. Tá sé cúig bliana déag ó foilsíodh *Foclóir Staidéir Ghnó* (1989) agus tá forbairt nach beag tagtha ar an réimse sin ó shin. Bhunaigh an Coiste Téarmaíochta Fochoiste Téarmaí Gnó san Fhómhar 2003 chun athleagan den fhoclóir sin a chur ar fáil.

Tá gnáis agus caighdeáin idirnáisiúnta ann a úsáidtear chun téarmaí nua a chruthú agus leantar iad sin chomh fada agus is féidir i gcás na Gaeilge. Ar na gnáis agus na caighdeáin sin tá:

- Comhfhreagairt 1:1 idir coincheap agus téarma – is é sin gan ach téarma amháin a úsáid ar aon choincheap agus gan ach coincheap amháin a bheith á chur in iúl ag téarma ar bith (chomh fada agus is féidir);
- Gan téarmaí a athrú nó a chealú gan cúis mhaith;
- Comhfhreagairt a bheith idir téarmaí maidir le séimeantaic agus moirfeolaíocht;
- Cruth sainiúil a bheith ar gach téarma agus brí shainiúil a bheith leis, agus débhrí a sheachaint; agus
- Téarmaí a bheith inúsáidte i réimsí nó i ndisciplíní gaolmhara.

Ó thaobh struchtúir de ba chóir go bhféadfaí ainmfhocal a thiontú ina bhriathar nó ina aidiacht, nó a úsáid mar chuid de chomhfhocal agus ba chóir go leanfadh téarmaí nua rialacha litrithe agus gramadaí agus go bhfuaimneofaí iad de réir chóras fóineolaíochta agus foghraíochta na teanga.

Cruthú Téarmaí

Cruthaítear téarmaí ar bhealaí éagsúla. Tarlaíonn sé uaireanta gur féidir focal dúchasach a úsáid ach a bhrí a leathnú. Samplaí de seo is ea *ríomhaire* (*enumerator* > *computer*), *ríomhaireacht* (*arithmetic* > *computing/computer science*), *rochtain* (*reaching* > *access*), *díolaim* (*gleaning* > *assembly*). Tá leathnú eile fós tagtha ar *ríomh-* mar réimír. Tá sé á úsáid anois sa chiall *computerised/electronic*, mar shampla *ríomhphost, ríomhiris, ríomhleabhar, ríomhghnó*. Cruthaítear téarmaí nua freisin trí chomhfhocal a dhéanamh de dhá fhocal—trí dhá ainmfhocal, nó ainmfhocal agus aidiacht a nascadh, e.g. *breisluach, bonnchaipitliú, macnód, dearbhsheoladh*, nó trí réimír nó iarmhír (dhúchasach nó iasachta) a nascadh le hainmfhocal, e.g. *comhuainíocht, idirbhris, réamhrogha, micreaphróiseálaí, teileachumarsáid*. Is minic a chruthaítear téarmaí, go háirithe téarmaí eolaíochta agus teicneolaíochta atá bunaithe ar fhréamhacha Laidne nó Gréigise, trí thraslitriú a dhéanamh orthu. Déantar é seo i dteangacha eile na hEorpa freisin, rud a fhágann go bhfuil tuiscint fhorleathan ar théarmaí áirithe agus rud a thugann blas idirnáisiúnta don Ghaeilge. Samplaí de seo is ea

Gaeilge	Béarla	Fraincis	Gearmáinis	Spáinnis
diosca	*disk*	*disque*	*Diskette*	*disco*
innéacs	*index*	*indexe*	*Index*	*indice*
déimeagrafach	*demographic*	*démographique*	*demografisch*	*demográfico*
leaisteachas	*elasticity*	*élasticité*	*Elastizität*	*elasticidad*
sindeacáit	*syndicate*	*syndicat*	*Syndikat*	*sindicato*

Ceann de na gnéithe is suntasaí i dtaca leis an nuatheicneolaíocht is ea an úsáid choitianta a bhaintear as na téarmaí sa ghnáthchaint. Tá seo fíor i gcás an Bhéarla go háirithe agus i gcás teangacha eile, idir mhórtheangacha agus mhionteangacha. Ní eisceacht í an Ghaeilge. Tá ríomhairí agus a ngabhann leo – dioscaí, printéirí, CD-ROManna, an tIdirlíon, an ríomhphost, an Gréasán Domhanda, na hilmheáin, fóin phóca agus mar sin de, mar chuid den ghnáthchomhrá a bhíonn idir daoine ó aois an-óg. Tá ríomhairí go forleathan i scoileanna agus sa bhaile agus is le freastal ar dhaoine óga go speisialta a d'fhoilsigh FIONTAR *Míle Téarma Ríomhaireachta*. Cumtar téarmaí go spontáineach uaireanta mar a tharlaíonn i ngach teanga. Tharlódh sé seo níos minice dá mbeadh an Ghaeilge níos láidre agus í in úsáid níos forleithne ach bíonn na meáin chumarsáide ag tobchumadh téarmaí agus iad faoi bhrú spriocanna ama agus dá thoradh sin bíonn téarmaí sa rith faoin am a n-iarrtar ar an gCoiste iad a fhaomhadh nó a mhalairt a mholadh.

Is réimse é an ríomhaireacht a léiríonn cuid de na ceisteanna is gá a chur agus téarmaí nua á gcruthú. Teastaíonn ón téarmeolaí cloí leis na prionsabail agus na gnáis idirnáisiúnta atá riachtanach don obair ach tá sé tábhachtach freisin gan an teanga a chur as a riocht. Níl réimse is mó ina dtagann na ceisteanna seo chun cinn ná an ríomhaireacht mar go dtéann na téarmaí isteach sa ghnáthrith chomh tapa sin. Éilíonn gnás na téarmeolaíochta nach n-úsáidfear ach téarma amháin ar gach coincheap chomh fada agus is féidir. Ach uaireanta bíonn dhá théarma nó breis in úsáid go coitianta ar an gcoincheap céanna agus tugtar dhá leagan de roinnt téarmaí san fhoclóir seo i gcásanna áirithe, e.g. *suíomh Gréasáin/láithreán Gréasáin* ar *Website*, *cliceáil/gligeáil* ar *click*, *iatán/ceangaltán* ar *attachment*. Nuair a tháinig an *'mobile phone'* ar an saol, thug cainteoirí Gaeilge *'guthán'* nó *'teileafón'* nó *'fón'* nasctha le *'póca'* nó *'siúil'* air. Ach níorbh fhada gur tháinig forbairtí eile ar an réimse teicneolaíochta sin agus gur theastaigh téarmaí ar *mobile commerce/m-commerce, mobile communications* agus *mobile satellite services*. Níorbh fhéidir *póca* ná *siúil* a úsáid mar cháilitheoir sna cásanna sin agus cinneadh ar an aidiacht *móibíleach* a úsáid – aidiacht atá in FGB ach nach bhfuil cuma na 'nádúrthachta' air ó thaobh na Gaeilge.

Dhá cheann de na téarmaí is mó a ndearnadh díospóireacht orthu i réimse na Ríomhaireachta is ea *eolas* agus *faisnéis*. Bhí *Teicneolaíocht an Eolais* sa rith go coitianta ar *Information Technology*. Ach ba ghá ag pointe áirithe idirdhealú a dhéanamh idir *eolas* (ar *knowledge*) agus *faisnéis* (ar *information*). Tá téarmaí ríomhaireachta tagtha sa rith le déanaí ina dtagann an dá choincheap i gceist, mar shampla, *córas próiseála faisnéis eolais* ar *knowledge information processing system*. Bhí an t-idirdhealú déanta ag Rannóg an Aistriúcháin, an tOireachtas, sa reachtaíocht agus cinneadh nár mhór an t-idirdhealú céanna sin a aithint sna téarmaí ríomhaireachta.

Déileálann teangacha éagsúla ar bhealaí éagsúla le béarlagair agus le meafair. Cuireann an Fhraincis a leagan féin orthu, mar shampla *kickback – dessous de table; to dabble on the stock exchange – boursicoter; sleeping partner – associé commanditaire.* Úsáideann an Spáinnis an leagan Béarla de bhéarlagair ach aistrítear na téarmaí féin, mar a fheictear san abairt seo ó théacsleabhar airgeadais: *"Los inversionistas pueden reunir varios tipos de opciones en combinationes que tienen nombres tan pintorescos como straddles, straps y butterfly spreads".* Rinneadh iarracht go háirithe sna téarmaí ríomhaireachta san fhoclóir seo imeacht ón mBéarla agus béarlagair/meafair dhúchasacha a úsáid. Samplaí de seo is ea *smísteog (dingbat), straoiseog (emoticon), turscar (SPAM), fútráil (jabber), ceanáin (favourites)* agus *fódóireacht (housekeeping).*

Leanadh na rialacha gramadaí agus litrithe atá in *Gramadach na Gaeilge agus Litriú na Gaeilge: An Caighdeán Oifigiúil (1958),* agus na mionleasuithe a rinneadh air i 1960 agus arís i 1979 san áireamh, chomh fada agus ab fhéidir san fhoclóir seo. Tá cásanna ann, ar ndóigh, nach bhfuil na rialacha soiléir go hiomlán, go háirithe i dtaca le húsáid an tséimhithe. Tá athbhreithniú á dhéanamh le bliain anuas ar ghnéithe áirithe de na rialacha sin ag an gCoiste Téarmaíochta agus ag Rannóg an Aistriúcháin. Thug an Coiste Téarmaíochta aghaidh go háirithe ar na rialacha maidir le húsáid an tuisil ghinidigh agus an tséimhithe a shoiléiriú agus tá cur síos ar na rialacha soiléirithe sin in Aguisín san fhoclóir seo. Féachadh le héirim na moltaí a rinneadh i dtaca leis an séimhiú a chur i bhfeidhm san fhoclóir seo, bíodh is nach bhfuil an focal deiridh ráite go fóill faoi na ceisteanna casta seo. Níl na rialacha maidir le húsáid an tuisil ghinidigh furasta a chur i bhfeidhm ar chuid de na téarmaí ach oiread agus níl na rialacha, mar atá, ag teacht ar chor ar bith le húsáid na teanga sa Ghaeltacht. An ceart téarmaí a bhunú ar mhúnla *teach ceann tuí* nó *bata fear siúil* nó an iad bainistíocht bunachair shonraí, rialtóir sreafa aschuir, ceannaireacht chostais fhoriomláin na leaganacha is cirte? Agus céard ba chóir a dhéanamh nuair is gá na téarmaí seo thuas a chur sa tuiseal ginideach? Cuireadh an riail leasaithe i bhfeidhm ar na téarmaí ríomhaireachta san fhoclóir seo ach níor cuireadh ar na téarmaí eile. Dála cheird na foclóireachta i gcoitinne, is "obair idir lámha" i gcónaí í an téarmeolaíocht freisin. Scáthán é an foclóir seo den teanga féin mar atá sí faoi láthair b'fhéidir, léargas ar an easpa cinnteachta i measc lucht a scríofa agus ar na hathruithe móra atá tagtha uirthi i measc lucht a labhartha.

Maidir le hacrainmneacha, is é an nós a chleachtaímid san fhoclóir seo ná na hacrainmneacha Béarla a úsáid de ghnáth. Is iad seo atá i mbéal an phobail agus atá le cloisteáil ar na meáin agus le léamh sna leabhair thagartha. Is ceangal iad idir na téarmaí Gaeilge agus na téarmaí Béarla agus ba dheacair cuimhneamh ar dhá liosta litreacha ar gach coincheap. Tá roinnt acrainmneacha Gaeilge in úsáid in FIONTAR, mar shampla *LAP (láraonad próiseála), BS (bunachar sonraí)* ach tugtar an *CAPM (capital asset pricing model)* ar *an tsamhail phraghsála sócmhainní caipitiúla* agus *ISDN (integrated services digital network)* ar *líonra digiteach de sheirbhísí comhtháite.*

Buíochas

Is mian le FIONTAR buíochas a ghabháil leis na daoine ar fad a bhí páirteach in obair an fhoclóra seo. Thug an Coiste Téarmaíochta lántacaíocht i gcónaí dúinn agus chaith baill an Fhochoiste Ríomhaireachta, go háirithe, am agus dua le tiomsú na dtéarmaí don réimse sin. Tá buíochas ar leith tuilte ag Fidelma Ní Ghallchobhair, Rúnaí an Choiste Téarmaíochta, a d'oibrigh go dícheallach tríd síos chun cuidiú linn. Is é Niall Ó Cearbhaill a rinne cúram den bhunachar téarmaí ó thaobh na teicneolaíochta de agus a réitigh é le cur ar CD-ROM. Tá buíochas ag dul freisin d'fhoireann FIONTAR, a d'iarr na téarmaí sa chéad áit agus a chuir roinnt de na sainmhínithe ar fáil, agus do Chaoimhe ní Bhraonáin a rinne cuid mhór de na sainmhínithe a aistriú go Gaeilge nó go Béarla de réir mar a bhí riachtanach.

Donla uí Bhraonáin, Eagarthóir

Caoilfhionn Nic Pháidín, Eagarthóir Comhairleach

Nóta faoin nGramadach

Tugtar foirm an ainmnigh uatha d'ainmfhocail ar dtús, le *f* (firinscneach) nó *b* (baininscneach) á leanúint. Tugtar foirm an ghinidigh uatha, *(gu.)* murab ionann í agus foirm an ainmnigh. Nuair nach dtugtar *(gu.)* mar sin, is féidir glacadh leis gurb ionann é agus an t-ainmneach uatha, e.g. *grúpa nuachta, cábla trí shreang,* etc. I gcás an tuisil ghinidigh d'ainmfhocal cinnte (ainm dílis nó téarma a bhfuil an t-alt *an/na* mar chuid de, tugtar an fhoirm shéimhithe sa ghinideach uatha, e.g. *Bord na gCaighdeán Cuntasaíochta Airgeadais, gu. Bhord na gCaighdeán Cuntasaíochta Airgeadais* nó *Comhlachas Saorthrádála na hEorpa, gu. Chomhlachas Saorthrádála na hEorpa.* Tugtar foirm an ainmnigh iolra *(ai.)* murab ionann í agus foirm an ghinidigh uatha. Má tá ceannfhocal san iolra, tugtar foirm an ghinidigh iolra *(gi)* murab ionann í agus an t-ainmneach iolra. Ciallaíonn *(gma)* gurb í foirm an tuisil ghinidigh d'ainmfhocal atá á húsáid i bhfeidhm aidiachta, eg. *dédhlúis, diosca ~, láimhe, oibríocht ~, etc.* San fhoclóir seo, déantar urú ar théarma i ndiaidh an ailt nuair a thagann réamhfhocal díobh seo roimhe: *ag, ar, as, chuig, faoi, le, mar, ó, roimh, thar, tríd, um.* Ach ar ndóigh tá sé de rogha séimhiú nó urú a dhéanamh sna cásanna seo de réir an Chaighdeáin Oifigiúil.

NODA

f	ainmfhocal firinscneach
b	ainmfhocal baininscneach
br	briathar
a1	aidiacht den chéad díochlaonadh
a2	aidiacht den dara díochlaonadh
a3	aidiacht den tríú díochlaonadh
gma	ginideach mar aidiacht
dbh.	dobhriathar
rfh.	réamhfhocal
réi	réimír
acr	acrainm
mal.	malairt leagain
var.	variant
gu.	ginideach uatha
ai.	ainmneach iolra
gi.	ginideach iolra
fch.	féach
cf.	confer, compare
coit.	coitianta
fam.	familiar

A

abacas *f* abacus *(Río)* *(gu.* abacais)

abairt adamhach *b* atomic sentence *(Loi)* *(gu.* abairte adamhaí *ai.* abairtí adamhacha)

abairt bhailí *b* valid sentence *(Loi)* *(gu.* abairte bailí *ai.* abairtí bailí)

abairt dhlíthiúil *b* legal sentence *(Gin)* *(gu.* abairte dlíthiúla *ai.* abairtí dlíthiúla)

abairt oscailte *b* open sentence *(Loi)* *(gu.* abairte oscailte *ai.* abairtí oscailte)

Is ionann abairt oscailte agus ráiteas ina bhfuil athróg agus a ndéantar tairiscint de nuair a chuirtear ball den uilethacar in ionad na hathróige sin. Má tharlaíonn an athróg níos mó ná uair amháin san abairt oscailte, ní mór an ball *céanna* den uilethacar a chur ina hionad gach uair.

abhaile *dob* home3 *(Río)*

ábhar[1] *f* material[1] *(Gin)* *(gu.* ábhair)

ábhar[2] *f* subject *(Gin)* *(gu.* ábhair)

ábhar custaiméara *f* potential customer *(Gin)* *(gu.* ábhair chustaiméara *ai.* ábhair chustaiméirí)

ábhar inchaite *f fch* tomhaltáin. *(Air)* *(gu.* ábhar inchaite)

ábhar sonraí *f* data subject *(Río)* *(gu.* ábhair sonraí)

ábhartha[1] *a3* material[2] *(Gin)*

ábhartha[2] *a3* relevant *(Gin)*

achar *f* area[1] *(Gin)* *(gu.* achair)

achoimre *b* summary[1] *(Gin)* *(ai.* achoimrí)

achoimrigh *br* summarize *(Gin)*

achomair *a1* summary[2] *(Gin)*

acht *f* act *(Dlí)* *(gu.* achta *ai.* achtanna)

Acht Glass-Steagall *f* Glass-Steagall Act *(Air)* *(gu.* Achta Glass-Steagall)

Dlí de chuid Stáit Aontaithe Mheiriceá a dhéanann baincéireacht tráchtála a scaradh ó bhaincéireacht infheistíochta, rud a chiallaíonn go bhfuil cosc ar bhainc thráchtála ó bhannaí corparáide agus ghnáthscaireanna a fhrithghealladh.

Acht na gCuideachtaí *f* Companies Act *(Air)*

An tAcht Omnibus *f* Omnibus Act *(Air)* *(gu.* an Achta Omnibus) *(mal* Acht Trádála agus Taraifí 1984 *f gu.* an Achta Trádála agus Taraifí 1984) *(var* Trade and Tariff Act 1984)

An tAcht Trádála agus Taraifí 1984 *f* Trade and Tariff Act 1984 *(Air)* *(gu.* an Achta Trádála agus Taraifí 1984)

Forálacha a bunaíodh chun saorthrádáil a chur chun cinn. *(mal* Acht Omnibus *f gu.* an Achta Omnibus) *(var* Omnibus Act)

An tAcht um Chosaint Sonraí *f* Data Protection Act *(Río)* *(gu.* an Achta um Chosaint Sonraí)

An tAcht um Thráchtáil Leictreonach, 2000 *f* Electronic Commerce Act, 2000 *(Dlí)* *(gu.* An Achta um Thráchtáil Leictreonach)

á c(h)umhachtú ag *abairtín* powered by *(Río)*

acmhainn *b* resource *(Gin)* *(gu.* acmhainne *ai.* acmhainní)

acmhainneacht *b* potential[1] *(Fio)* *(gu.* acmhainneachta)

acmhainneacht fáis *b* growth potential *(Fio)* *(gu.* acmhainneachta fáis)

acmhainní daonna *b* human resources *(Air)*

acmhainn iomaíochta *b fch* cumas iomaíochta. *(Gin)* *(gu.* acmhainne iomaíochta)

acrainm *f* acronym *(Gin)* *(gu.* acrainm *ai.* acrainmneacha)

Aitheantóir a chruthaítear ó chuid de litreacha frása (céadlitreacha na bhfocal go minic), agus a úsáidtear mar ghiorrúchán.

acrainm trí litir *f* three-letter acronym (TLA) *(Río)* *(ai.* acrainmneacha trí litir)

adamh *f* atom *(Loi)* *(gu.* adaimh)

adamhach *a1* atomic *(Río)*

adamhacht *b* atomicity *(Río)* *(gu.* adamhachta)

admháil[1] *b* receipt[1] *(Air)* *(gu.* admhála *ai.* admhálacha)

admháil[2] *b* acknowledgement *(Río)* *(gu.* admhála *ai.* admhálacha)

An próiseas a úsáidtear chun a chinntiú gur shroich teachtaireacht a ceann scríbe.

admháil iontaoibhe *b* trust receipt *(Air)* *(gu.* admhála iontaoibhe)

Gléas trína gcoimeádann an t-iasachtaí an fardal ar *iontaobhas* don iasachtóir.

admháil neamhuimhrithe *b* unnumbered acknowledgement *(Río)* *(gu.* admhála neamhuimhrithe *ai.* admhálacha neamhuimhrithe)

Admháil Taisclainne Mheiriceánach *b* American Depositary Receipt ADR *(Air)* *(gu.* Admhála Taisclainne Meiriceánaí)

Teastas, a dhíoltar agus a cheannaítear i Stáit Aontaithe Mheiriceá, a léiríonn úinéireacht i stoic eachtracha.

aerbhealach *f* airway *(Air)* *(gu.* aerbhealaigh *ai.* aerbhealaí)

aerfort *f* airport *(Fio)* *(gu.* aerfoirt)

aeróg *b* antenna *(Río)* *(gu.* aeróige *ai.* aeróga)

aeróg inghiorraithe *b* retractable antenna *(Río)* *(gu.* aeróige inghiorraithe *ai.* aeróga inghiorraithe)

ag (@) *r.fh.* at (@) *(Río)*

aga *f fch* tréimhse. *(Gin) (ai.* agaí)

aga aistrithe an phróiseálaí *f* processor transfer time *(Río) (mal* aga traschurtha an phróiseálaí *f)*

aga athshlánúcháin *f* recovery time *(Río)*

aga ciogal cloig *f* clock cycle time *(Río)*

An t-eatramh idir chiumhaiseanna comhfhreagracha dhá bhíog leantacha.

aga ciúála *f* queuing time *(Río)*

aga díomhaoin *f* idle time *(Río) (gu.* aga dhíomhaoin *ai.* agaí díomhaoine)

aga do-oibrithe *f* inoperable time *(Río) (gu.* aga dho-oibrithe *ai.* agaí do-oibrithe)

aga feithimh *f* wait time *(Río) (ai.* agaí feithimh)

aga folaigh *f* latency *(Río) (ai.* agaí folaigh)

aga folaigh (an) rothlaithe *f* rotational latency *(Río)*

aga forleathantais *f* propagation time *(Río) (ai.* agaí forleathantais)

aga forleathantais dé-aistir *f* round-trip propagation time *(Río) (ai.* agaí forleathantais dé-aistir)

aga freagartha *f* response time *(Río) (ai.* agaí freagartha)

An t-am a ghlacann córas chun freagairt d'ionchur úsáideora i ngníomhaíocht ar líne.

aga freagartha an idirbhriste *f* interrupt response time *(Río) (ai.* agaí freagartha na n-idirbhristeacha)

aga íoslódála *f* downloading time *(Río) (ai.* agaí íoslódála)

agallamh *f* interview *(Fio) (gu.* agallaimh)

agallóireacht *b* interviewing *(Gin) (gu.* agallóireachta)

agallóireacht ríomhchuidithe teileafóin *b* computer assisted telephone interviewing *(Fio) (gu.* agallóireachta ríomhchuidithe teileafóin)

aga rite *f* execution time *(Río) (ai.* agaí rite)

aga rochtana *f* access time *(Río) (ai.* agaí rochtana)

aga slánúcháin *f* turnaround time *(Río) (ai.* agaí slánúcháin)

aga sliotáin *f* slot time *(Río) (ai.* agaí sliotáin)

aga socrachta *f* settle time *(Río) (ai.* agaí socrachta)

aga socrúcháin *f* settling time *(Río) (ai.* agaí socrúcháin)

aga tástála an chórais *f* system test time *(Río) (ai.* agaí tástála an chórais)

aga téite *f* warm-up time *(Río) (ai.* agaí téite)

aga tiomsaithe *f* compile time *(Río) (ai.* agaí tiomsaithe)

aga tionscanta *f* lead time *(Río) (ai.* agaí tionscanta)

aga traschurtha an phróiseálaí *f fch* aga aistrithe an phróiseálaí. *(Río)*

aga uaslódála *f* uploading time *(Río) (ai.* agaí uaslódala)

ag glacadh r-phoist *abairtín* receiving mail *(Río)*

aghaidh *b* face *(Gin) (ai.* aghaidheanna)

aghaidhluach *f* face value *(Air) (gu.* aghaidhluacha)

Luach banna mar atá léirithe ar a aghaidh. *(mal* parluach *f gu.* parluacha *ai.* parluachanna) *(var* par value)

agrathurasóireacht *b* agritourism *(Air) (gu.* agrathurasóireachta)

aibhsigh *br* highlight *(Río)*

aibhsithe *a3* highlighted *(Río)*

aibhsiú taispeána *f* display highlighting *(Río) (gu.* aibhsithe taispeána)

aibigh *br* mature *(Air)*

Teacht go ham a iníocthachta.

aibíocht *b* maturity *(Air) (gu.* aibíochta)

Bheith tagtha go ham a iníocthachta.

aibítir *b* alphabet *(Gin) (gu.* aibítre *ai.* aibítrí)

aibítreach *a1* alphabetic *(Río)*

aiceanta *a3* natural[2] *(Mat)*

aicearra *f* shortcut *(Gin) (ai.* aicearraí)

aicme[1] *b* class *(Gin) (ai.* aicmí)

(Ríomhaireacht) I ndearadh nó i ríomhchlárú bunaithe ar oibiachtaí, grúpa oibiachtaí agus modhanna a bhfuil sainmhíniú coiteann orthu, agus mar sin a bhfuil airíonna coiteanna, oibríochtaí coiteanna agus iompraíocht choiteann acu. Tugtar áisc den aicme ar bhaill den ghrúpa.

aicme[2] *b fch* catagóir. *(Río) (ai.* aicmí)

aicme chinsealach *b* dominant class *(For) (gu.* aicme cinsealaí *ai.* aicmí cinsealacha)

aicme dhíorthaithe *b* derived class *(Río) (gu.* aicme díorthaithe *ai.* aicmí díorthaithe)

aicme rioscaí *b* risk class *(Air) (ai.* aicmí rioscaí)

Deighilt a dhéantar san uilethacar de thomhais riosca ionas gur féidir tionscadail atá san aicme chéanna rioscaí a bheith comparáideach.

aicme stórais *b* storage class *(Río) (ai.* aicmí stórais)

Liosta ainmnithe de thréithe stórais. Sainíonn an liosta tréithe leibhéal seirbhíse stórais a sholáthraítear do shonraí a chomhcheanglaítear leis an aicme stórais. Ní thuigtear ná ní chomhcheanglaítear go díreach aon stóras fisiciúil le hainm aicme stórais ar leith.

aicme theibí *b* abstract class *(Río) (gu.* aicme teibí *ai.* aicmí teibí)

Aicme le modh teibí amháin ar a laghad. Ní féidir aicme theibí a úsáid le hoibiachtaí a chruthú. Is féidir aicme theibí a úsáid le tacar de mhodhanna a fhógairt, modhanna atá coiteann ag roinnt fo-aicmí.

aicsím *b* axiom *(Loi) (gu.* aicsíme *ai.* aicsímí *gi.* aicsímí)

Is éard is aicsím ann ná buntairiscint a nglactar leis go bhfuil sí fíor. (*mal* foshuíomh *f gu.* foshuímh) (*var* assumption)

aidhm[1] *b* object[1] *(Gin) (gu.* aidhme *ai.* aidhmeanna)

aidhm[2] *b* purpose *(Gin) (gu.* aidhme *ai.* aidhmeanna)

aidhmphaca *f* object deck *(Río) (ai.* aidhmphacaí) (*var* object pack)

aidhm ráite *b* stated aim *(Gin) (gu.* aidhme ráite *ai.* aidhmeanna ráite)

ailgéabar *f* algebra *(Mat) (gu.* ailgéabair)

ailgéabar Boole *f* Boolean algebra *(Río) (gu.* ailgéabair Boole)

Córas déaduchtaithe nó próiseas réasúnaithe a ainmníodh as George Boole, matamaiticeoir Sasanach a mhair ó 1815 go dtí 1864. Úsáideann an córas teoirimí seo an loighic shiombalach chun aicmí d'eilimintí, tairiscintí atá *fíor* nó *bréagach*, agus eilimintí ciorcad loighce *ar-as*, a léiriú.

ailgéabar coibhneasta *f* relational algebra *(Loi) (gu.* ailgéabair choibhneasta)

ailgéabar lascacháin *f* switching algebra *(Río) (gu.* ailgéabair lascacháin)

ailgéabar uimhriúil *f* numeric algebra *(Loi) (gu.* ailgéabair uimhriúil)

ailínigh *br* align *(Río)* (*var* line up)

ailínigh ar chlé *br* align left *(Río)*

ailínigh ar dheis *br* align right *(Río)*

ailíniú *f* alignment *(Río) (gu.* ailínithe)

Stóráil sonraí faoi réir fóireacha áirithe atá ag brath ar chúinsí meaisín.

ailíniú fráma *f* frame aligment *(Río) (gu.* ailínithe fráma)

ailíniú giotánra *f* word alignment *(Río) (gu.* ailínithe giotánra *ai.* ailínithe giotánra)

ailtireacht *b* architecture *(Río) (gu.* ailtireachta)

ailtireacht ANSI/SPARC *b* ANSI/SPARC architecture *(Río) (gu.* ailtireachta ANSI/SPARC)

ailtireacht ar chaighdeán an tionscail *b fch* ailtireacht thionscalchaighdeánach. *(Río) (gu.* ailtireachta ar chaighdeán an tionscail)

ailtireacht bhreisithe thionscalchaighdeánach *b* extended industry standard architecture (EISA) *(Río)* (*gu.* ailtireachta breisithe tionscalchaighdeánaí)

ailtireacht chliaint/freastalaí *b* client/server architecture *(Río) (gu.* ailtireachta cliaint/freastalaí)

ailtireacht chomhuainíochta *b* parallel architecture *(Río) (gu.* ailtireachta comhuainíochta)

ailtireacht chórais líonraí *b* systems network architecture (SNA) *(Río) (gu.* ailtireachta córais líonraí)

ailtireacht chruaiche *b* stack architecture *(Río) (gu.* ailtireachta cruaiche)

ailtireacht iata *b* closed architecture *(Río) (gu.* ailtireachta iata)

ailtireacht lódála/stórála *b* LOAD/STORE architecture *(Río) (gu.* ailtireachta lódála/stórála)

Ailtireacht Mhicreachainéil *b* Micro Channel Architecture (MCA) *(Río) (gu.* Ailtireachta Micreachainéil)

ailtireacht oscailte *b* open architecture *(Río) (gu.* ailtireachta oscailte)

ailtireacht ríomhairí *b* computer architecture *(Río) (gu.* ailtireachta ríomhairí)

Struchtúr na bpríomh-chomhpháirteanna i ríomhairí.

ailtireacht thionscalchaighdeánach *b* industry standard architecture (ISA) *(Río) (gu.* ailtireachta tionscalchaighdeánaí) (*mal* ailtireacht ar chaighdeán an tionscail *b gu.* ailtireachta ar chaighdeán an tionscail)

ailtireacht thríscéimeach CBBS *b* 3-schema DBMS architecture *(Río) (gu.* ailtireachta tríscéimí CBBS)

ailtire láithreáin *f* site architect *(Río) (ai.* ailtirí láithreáin)

aimhleisceas *f* reluctance *(Río) (gu.* aimhleiscis)

aimhrialtacht *b* anomaly *(Gin) (gu.* aimhrialtachta)

aimhrialtacht san ionsá *b* insert anomaly *(Río) (gu.* aimhrialtachta san ionsá *ai.* aimhrialtachtaí san ionsá) (*var* anomalous insert)

aimhrialtacht sa nuashonrú *b* update anomaly *(Río) (gu.* aimhrialtachta sa nuashonrú *ai.* aimhrialtachtaí sa nuashonrú)

Cothaíonn nuashonrú aimhrialta fadhbanna le hoibríochtaí nuashonraithe.

aimhrialtacht sa scrios *b* delete anomaly *(Río) (gu.* aimhrialtachta sa scrios *ai.* aimhrialtachtaí sa scrios) (*var* anomalous delete)

aimplitheoir *f* amplifier *(Río) (gu.* aimplitheora *ai.* aimplitheoirí)

aimplitheoir aonraithe *f* isolated amplifier *(Río) (gu.* aimplitheora aonraithe *ai.* aimplitheoirí aonraithe)

aimplitheoir difreálach *f* differential amplifier *(Río) (gu.* aimplitheora dhifreálaigh *ai.* aimplitheoirí difreálacha)

aimplitheoir neamh-aonraithe *f* non-isolated amplifier *(Río) (gu.* aimplitheora neamh-aonraithe *ai.* aimplitheoirí neamh-aonraithe)

aimplitheoir paraiméadrach *f* parametric amplifier *(Río) (gu.* aimplitheora pharaiméadraigh *ai.* aimplitheoirí paraiméadracha)

aimplitiúid *b* amplitude *(Río) (gu.* aimplitiúide *ai.* aimplitiúidí)

aimpliú *f* amplification *(Río) (gu.* aimplithe)

aimsigh¹ *br* locate *(Río)*

aimsigh² *br* find¹ *(Río)*

aimsigh³ *br* hit² *(Río)*

aimsigh⁴ *br* detect *(Río)*

aimsigh agus athchuir *br* find and replace *(Río)*

aimsigh faisnéis *br* locate information *(Río)*

aimsitheoir aonfhoirmeach acmhainne *f* uniform resource locator (URL) *(Río) (gu.* aimsitheora aonfhoirmigh acmhainne *ai.* aimsitheoirí aonfhoirmeacha acmhainne) *(mal* URL *f)* *(var* URL)

aimsitheoir ceann naisc *f* link-end locator *(Río) (gu.* aimsitheora ceann naisc *ai.* aimsitheoirí ceann naisc)

aimsitheoir iompróir sonraí *f* data carrier detect (DCD) *(Río) (gu.* aimsitheora iompróir sonraí *ai.* aimsitheoirí iompróir sonraí)

aimsitheoir iompróra *f* carrier detect (CD) *(Río) (gu.* aimsitheora iompróra *ai.* aimsitheoirí iompróra) *(mal* táscaire iompróra *f ai.* táscairí iompróra)

aimsiú gníomhachtúchán gutha *f* voice activation detection *(Río) (gu.* aimsithe gníomhachtúchán gutha)

aimsiú imbhuailte *f* collision detection *(Río) (gu.* aimsithe imbhuailte)

aimsiú imchlúdaigh *f* envelope detection *(Río) (gu.* aimsithe imchlúdaigh)

aimsiú ionraidh *f* intrusion detection *(Río) (gu.* aimsithe ionraidh)

aimsiú víreas *f* virus detection *(Río) (gu.* aimsithe víreas)

aingeal *f* angel *(Air) (gu.* aingil)

Duine a chuireann caipiteal fiontair ar fáil.

ainm *f fch* aitheantóir. *(Río) (ai.* ainmneacha)

ainm aonáin *f* entity name *(Río) (ai.* ainmneacha aonán)

ainm aonfhoirmeach acmhainne *f* uniform resource name (URN) *(Río) (gu.* ainm aonfhoirmigh acmhainne *ai.* ainmneacha aonfhoirmeacha acmhainne)

ainm branda *f* brand name *(Fio) (gu.* ainm bhranda *ai.* ainmneacha branda)

ainm clófhoirne *f* font name *(Río) (ai.* ainmneacha clófhoirne)

ainm comhaid *f* file name *(Río) (ai.* ainmneacha comhaid) *(mal* comhadainm *f ai.* comhadainmneacha)

ainm datha *f* colour name *(Río) (ai.* ainmneacha dathanna)

ainm eiliminte *f* element name *(Río) (ai.* ainmneacha eilimintí)

ainm fearainn *f* domain name *(Río) (ai.* ainmneacha fearainn)

ainm gléis *f* device name *(Río) (ai.* ainmneacha gléasanna)

ainm íomhá *f* image name *(Río) (ai.* ainmneacha íomhá(nna))

ainmluach *f* name-value *(Río) (gu.* ainmluacha *ai.* ainmluachanna)

ainmneoir *f* denominator *(Mat) (gu.* ainmneora *ai.* ainmneoirí)

ainmnigh *br* nominate *(Gin)*

ainmníocht *b* denomination *(Air) (gu.* ainmníochta) Aghaidhluach nó bunairgead banna.

ainmnithe *a3* designate² *(Air)*

ainmniú *f* denominating *(Air) (gu.* ainmnithe)

ainmniúil *a2* nominal *(Air)*

ainm oibiachta *f* object name *(Río) (ai.* ainmneacha oibiachtaí)

ainm réimse *f* field name *(Río) (ai.* ainmneacha réimsí)

ainmspás *f* namespace *(Río) (gu.* ainmspáis)

ainmspás Java *f* Java namespace *(Río) (gu.* ainmspáis Java)

ainm tréithe *f* attribute name *(Río) (ai.* ainmneacha tréithe)

ainm tuairisciúil *f* descriptive name *(Gin) (gu.* ainm thuairisciúil *ai.* ainmneacha tuairisciúla)

ainm úsáideora cuntas diailithe *f* dial-up account username *(Río) (ai.* ainmneacha úsáideoirí cuntas diailithe)

airde *b* volume² *(Río)*

airde ceannlitreacha *b* cap height *(Río)*

airde líne *b* line height *(Río)*

airde ró *b* row height *(Río)*

aireagán *f* invention *(Fio) (gu.* aireagáin)

aireagóir *f* inventor *(Fio) (gu.* aireagóra *ai.* aireagóirí)

áireamh *f* calculation *(Río) (gu.* áirimh)

áireamhán *f* calculator *(Air) (gu.* áireamháin)

Gléas meicniúil, cumhacht-thiomáinte ar shlí éigin, a úsáidtear chun freagra a fháil go tapa ar ríomhaireacht chasta mhatamaiticiúil. *(var* calculating machine)

áireamhán póca *f* pocket calculator *(Río) (gu.* áireamháin phóca)

áirge *b* utility² *(Gin) (ai.* áirgí)

airgead *f* money *(Air) (gu.* airgid)

airgeadaíocht *b* monetary policy *(Air)* *(gu. airgeadaíochta)*

airgeadaíochta *gma* monetary *(Air)*

airgeadais *gma* financial *(Air)*

airgead an mhórleabhair *f* ledger cash *(Air)*

Comhardú airgid gnólachta mar a thuairiscítear é ina ráitis airgeadais.

airgeadas *f* finance *(Air)* *(gu. airgeadais)*

1. An cleachtas a bhaineann le hairgead a láimhseáil agus a bhainistiú. 2. An caipiteal a bhíonn i gceist i dtionscadal, go speisialta an caipiteal is riachtanach a fháil chun gnó nua a thosú. 3. Iasacht airgid le haghaidh aidhme ar leith, go speisialta iasacht ó theach airgeadais.

airgeadas maoine *f* property finance *(Air)* *(gu. airgeadais maoine)*

airgeadas trádstórála allamuigh *f* field warehouse finance *(Air)* *(gu. airgeadais trádstórála allamuigh)*

Cineál iasachta fardail ina ngníomhaíonn comhlacht poiblí trádstórála mar ghníomhaire rialaithe chun maoirseacht a dhéanamh ar an bhfardal don iasachtóir.

airgead na leabhar *f* book cash *(Air)*

Comhardú airgid gnólachta mar a thuairiscítear é ina ráitis airgeadais.

airgeada *f* currency *(Air)* *(ai. airgeadraí)*

An mona, na nótaí, na seiceanna, etc., atá inghlactha i dtír mar mheán malartaithe cuí i gcúrsaí gnó.

airgeadra bog *f* soft currency *(Air)* *(gu. airgeadra bhoig ai. airgeadraí boga)*

Airgeadra a bhfuil, nó a gceaptar go mbeidh, a inmhalartacht teoranta. *(mal airgeadra lag f gu. airgeadra laig ai. airgeadraí laga)*

airgeadra crua *f* hard currency *(Air)*

Airgeadra láidir, somhalartaithe. *(mal airgeadra tréan f)*

airgeadra cúltaca *f* reserve currency *(Air)*

Airgeadra eachtrach a bhíonn i seilbh bainc cheannais chun idirghabháil a dhéanamh i rátaí malairte agus chun socraíocht a dhéanamh ar éilimh idir-rialtas.

airgeadra lag *f fch* airgeadra bog. *(Air)* *(gu. airgeadra laig ai. airgeadraí laga)*

airgeadra tréan *f fch* airgeadra crua. *(Air)*

airgead te *f* hot money *(Air)* *(gu. airgid the)*

Taiscí amhantracha bainc a bhogtar timpeall na margaí airgid idirnáisiúnta chun buntáiste a bhaint as athruithe i rátaí malairte airgeadraí agus i rátaí úis.

airgead tirim *f* cash *(Air)* *(gu. airgid thirim)*

An tsócmhainn is leachtaí, comhdhéanta de mhona agus de nótaí bainc. Glacann bainc rialtais le hairgead a chuirtear i dtaisce sa bhanc ceannais mar airgead tirim.

airgead tirim digiteach *f* digital cash *(Río)* *(gu. airgid thirim dhigitigh)*

áirge chomhbhrúite comhad *b* file compression utility *(Río)* *(ai. áirgí comhbhrúite comhad)*

áirgiúlacht *b* utility[1] *(Gin)* *(gu. áirgiúlachta)*

(Ríomhaireacht) Inniúlacht córais, cláir nó gléis ar na feidhmeanna dár dearadh é a chur i gcrích.

áirgiúlachtaí ginearálta *b* general utilities *(Río)* *(var general tools)*

airí *f* property[2] *(Gin)* *(ai. airíonna)* *(var characteristic)*

áirigh[1] *br* calculate *(Río)*

áirigh[2] *br* enumerate *(Río)* *(mal comhair br)* *(var count)*

airí líonta *f* fill property *(Río)* *(ai. airíonna líonta)*

airíonna cuimhne *f* memory properties *(Río)*

airíonna indibhidiúla *f* individual properties *(Río)*

airíonna réimse *f* field properties *(Río)*

airíonna taispeána *f* display characteristics *(Río)*

áiritheoir[1] *f* counter[1] *(Río)* *(gu. áiritheora ai. áiritheoirí)*

áiritheoir[2] *f* enumerator *(Río)* *(gu. áiritheora ai. áiritheoirí)*

I dteanga 'C', tairiseach áirimh agus a luach comhthiomsaitheach.

áiritheoir amas *f* hit counter *(Río)* *(gu. áiritheora amas ai. áiritheoirí amas)*

áiritheoir láimhe *f* hand counter *(Río)* *(gu. áiritheora láimhe ai. áiritheoirí láimhe)*

áiritheoir micreachláir *f* microprogram counter *(Río)* *(gu. áiritheora micreachláir ai. áiritheoirí micreachláir)*

áiritheoir ríomhchláir *f* program counter *(Río)* *(gu. áiritheora ríomhchláir ai. áiritheoirí ríomhchlár)*

áiritheoir shuíomhanna na dtreoracha *f* instruction location counter *(Río)* *(ai. áiritheoirí shuíomhanna na dtreoracha)*

Áiritheoir a úsáidtear chun suíomh na chéad treorach eile atá le léirmhíniú a thaispeáint.

áiritheoir suíomhanna *f* location counter *(Río)* *(gu. áiritheora suíomhanna)*

airmheán *f* median *(Río)* *(gu. airmheáin)*

airnéis *b* chattel *(Air)* *(gu. airnéise ai. airnéisí)*

airteagail chomhaontaithe *f* articles of agreement *(Air)*

Sainíonn siad na cumhachtaí agus na freagrachtaí atá dílsithe ag a chomhaltaí san IMF.

airteagail chomhlachais *f* articles of association *(Air)*

airteagal *f* article *(Dlí)* *(gu. airteagail)*

ais *b* axis *(Mat)* *(gu. aise)*

áis *b* convenience *(Gin)* *(gu. áise)*

áis cheapadóireachta *b* authoring tool *(Río) (gu.* áise ceapadóireachta *ai.* áiseanna ceapadóireachta)

aischóipeáil *b* copy back *(Río) (gu.* aischóipeála)

Scríobhpholasaí nach ndéanann an chuimhne a nuashonrú gach uair a athraítear an taisce. Ina ionad sin, déantar an chuimhne a nuashonrú nuair a ghlantar iontráil ón taisce chun ligean d'iontráil eile a shliotán a thógáil. Nuair a bhaintear úsáid as aischóipeáil, bíonn gá le giotán i ngach iontráil sa taisce a inseoidh ar athraíodh an iontráil ó lódáladh isteach sa taisce í.

ais chothrománach *b* horizontal axis *(Mat) (gu.* aise cothrománaí)

aischuir *br* return[4] *(Gin) (mal* cuir ar ais *br*) *(var* restore)

aischur *f* return[2] *(Air) (gu.* aischuir)

aiseolas *f* feedback[2] *(Fio) (gu.* aiseolais)

1. Freagairt éisteoirí nó lucht féachana don spreagadh a fhaigheann siad ó fhógraíocht nó ó chumarsáid eile. 2. Sonraí margaidh a bhailítear trí shuirbhéanna, trí vótáil agus/nó trí agallaimh. 3. Faisnéis a léiríonn do bhainisteoirí eagraíochta conas mar a fheidhmíonn clár margaíochta.

aiseolas ar shuíomh *f* site feedback *(Río) (gu.* aiseolais ar shuíomh)

aisfhilleadh *f* return[5] *(Río) (gu.* aisfhillidh/aisfhillte)

aisfhilleadh bog *f* soft return *(Río) (gu.* aisfhillidh bhoig)

aisfhilleadh carráiste *f* carriage return *(Gin) (ai.* aisfhillte carráiste)

aisfhilleadh crua *f* hard return *(Río) (gu.* aisfhillidh chrua)

aisfhotha *f* feedback[1] *(Río)*

aisfhuaimniú *f* reverberation *(Río) (gu.* aisfhuaimnithe)

aisghabh *br* retrieve *(Río)*

aisghabháil amháin *b* retrieval only *(Río) (gu.* aisghabhála amháin)

áisíneacht *b fch* gníomhaireacht. *(Air) (gu.* áisíneachta *ai.* áisíneachtaí)

ais ingearach *b* vertical axis *(Mat) (gu.* aise ingearaí)

aisíoc[1] *f* payback *(Air) (gu.* aisíoca)

aisíoc[2] *br* repay *(Air)*

aisíocaíocht *b* repayment *(Air) (gu.* aisíocaíochta *ai.* aisíocaíochtaí)

aisíoc ionchais *f* expected return *(Air) (gu.* aisíoca ionchais *ai.* aisíocaí ionchais)

Meán na dtorthaí féideartha ualaithe de réir a ndóchúlachta.

aisiompaigh *br* reverse[1] *(Río)*

aisioncronach *a1* asynchronous *(Río)*

aisléasú *f* lease back *(Air) (gu.* aisléasaithe)

aistarraing *br* withdraw *(Air)*

aistreach *a1* transitive *(Gin)*

aistreacht *b* transitivity *(Air) (gu.* aistreachta)

aistrigh[1] *br* transfer[2] *(Gin)*

aistrigh[2] *br* translate *(Gin)*

aistritheach *a1* transfer[4] *(Air)*

aistrithe aontaobhacha *f* unilateral transfers *(Air)*

Léiriú ar thabhartais agus deontais phríobháideacha de chuid an rialtais.

aistritheoir *f* translator *(Gin) (gu.* aistritheora *ai.* aistritheoirí)

aistritheoir teanga *f* language translator *(Río) (gu.* aistritheora teanga *ai.* aistritheoirí teanga)

aistriú *f* transfer[1] *(Gin) (gu.* aistrithe)

aistriúchán *f* translation *(Gin) (gu.* aistriúcháin)

aistriú comhad idir comhghleacaithe *f* peer-to-peer file transfer *(Río) (gu.* aistrithe comhad idir comhghleacaithe)

aistriú de dhroim sreinge *f* wire transfer *(Air) (gu.* aistrithe de dhroim sreinge)

Aistriú leictreonach airgid ó bhanc go banc a sheachnaíonn an mhoill postála agus seicghlanta a bhaineann le modhanna eile aistrithe airgid.

aistriú glaonna *f* call transfer *(Río) (gu.* aistrithe glaonna)

aistriú, rochtain agus bainistiú comhad *f* file transfer, access and management (FTAM) *(Río) (gu.* aistrithe, rochtana agus bainistithe comhad)

aistriú sonraí *f* data transfer *(Río) (gu.* aistrithe sonraí) *(mal* traschur sonraí *f gu.* traschurtha sonraí)

aitheantas[1] *f* identification (ID) *(Gin) (gu.* aitheantais)

aitheantas[2] *f* recognition[2] *(Gin) (gu.* aitheantais)

aitheantas freastalaí *f* server ID *(Río) (gu.* aitheantais freastalaí)

aitheantas glaoiteora *f* caller ID *(Río) (gu.* aitheantais ghlaoiteora)

aitheantas próisis *f* process ID (PID) *(Río) (gu.* aitheantais próisis)

aitheantas úsáideora *f* user ID *(Río) (gu.* aitheantais úsáideora) *(mal* ID úsáideora *f*)

aitheantóir *f* identifier *(Río) (gu.* aitheantóra *ai.* aitheantóirí)

Ceann de na buneilimintí léacsacha i dteanga ríomhchlárúcháin. Úsáidtear aitheantóir mar ainm aonáin nó mar fhocal coimeádta. *(mal* ainm *f ai.* ainmneacha)

aitheantóir aonfhoirmeach acmhainne *f* uniform resource identifier (URI) *(Río) (gu.* aitheantóra aonfhoirmigh acmhainne *ai.* aitheantóirí aonfhoirmeacha acmhainne)

aitheantóir cainte *f* speech recognizer *(Río) (gu.* aitheantóra cainte *ai.* aitheantóirí cainte)

aitheantóir dúblach *f* duplicate identifier *(Río) (gu.* aitheantóra dhúblaigh *ai.* aitheantóirí dúblacha)

aitheantóir idirnáisiúnta fón póca *f* international mobile equipment identifier (IMEI) *(Río) (gu.* aitheantóra idirnáisiúnta fón póca *ai.* aitheantóirí idirnáisiúnta fón póca)

Tá a uimhir aitheantais ag gach fón póca, ar a dtugtar aitheantóir idirnáisiúnta fón póca (IMEI). Tá an uimhir seo corpraithe i ngach sás láimhe. Nuair a chuirtear glaoch ón bhfón póca, is féidir an IMEI a aithint, mar aon le heolas eile.

aitheantóir oibiachta *f* object identifier *(Río) (gu.* aitheantóra oibiachta *ai.* aitheantóirí oibiachta)

aitheantóir oibiachta digití *f* digital object identifier *(Río) (gu.* aitheantóra oibiachta digití)

aitheantóir réamhshainithe *f* predefined identifier *(Río) (gu.* aitheantóra réamhshainithe *ai.* aitheantóirí réamhshainithe)

aitheantóir sainithe ag an úsáideoir *f* user-defined identifier *(Río) (gu.* aitheantóra sainithe ag an úsáideoir *ai.* aitheantóirí sainithe ag an úsáideoir)

aitheantóir uathúil *f* unique identifier *(Río) (gu.* aitheantóra uathúil *ai.* aitheantóirí uathúla)

aithin *br* recognize *(Gin) (var* distinguish)

aithint *b* recognition[1] *(Gin)*

aithint cainte *b* speech recognition *(Río) (gu.* aitheanta cainte)

aithint carachtar *b* character recognition *(Río) (gu.* aitheanta carachtar)

aithint carachtar dúigh mhaighnéadaigh *b* magnetic ink character recognition *(Río) (gu.* aitheanta carachtar dúigh mhaighnéadaigh)

aithint gutha *b* voice recognition *(Río) (gu.* aitheanta gutha)

aithint optúil carachtar *b* optical character recognition (OCR) *(Río) (gu.* aitheanta optúla carachtar)

aithint patrún *b* pattern recognition *(Río) (gu.* aitheanta patrún)

aithris *b* emulation *(Río) (gu.* aithrise)

Ríomhchlár a scríobhadh do chóras ar leith a rith go cruinn beacht ar chóras éagsúil, ionas go bhfaightear na torthaí céanna uaidh nuair a ionchuirtear na sonraí céanna ann.

aithriseoir ionchiorcaid *f* in-circuit emulator *(Río) (gu.* aithriseora ionchiorcaid)

aithriseoir teirminéil *f* terminal emulator *(Río) (gu.* aithriseora teirminéil *ai.* aithriseoirí teirminéal)

áitíocht *b* occupation (of place) *(Air) (gu.* áitíochta)

áitiúil *a2 fch* logánta. *(Gin)*

aitreabúid *b fch* tréith. *(Río) (gu.* aitreabúide *ai.* aitreabúidí)

aitreabúid ilchodach *b fch* tréith ilchodach. *(Río) (gu.* aitreabúide ilchodaí *ai.* aitreabúidí ilchodacha)

albam grianghraf digiteach *f* digital photo album *(Río) (gu.* albaim grianghraf digiteach)

alfa *f* alpha *(Mat)*

alfa-thástáil *b* alpha testing *(Río) (gu.* alfa-thástála *ai.* alfa-thástálacha)

alfa-uimhriúil *a2* alphanumeric *(Río)*

algartam *f* algorithm *(Mat) (gu.* algartaim)

Gnás chun sraith treoracha a chumadh chun fadhb a réiteach i líon críochta céimeanna. Sampla is ea an t-algartam Eoiclídeach chun an fachtóir coiteann is airde de dhá uimhir a fháil.

algartam (an leathanaigh) is faide díomhaoin (LRU) *f* least recently used algorithm (LRU) *(Río) (gu.* algartaim LRU)

algartam athchúrsach *f* recursive algorithm *(Río) (gu.* algartaim athchúrsaigh *ai.* algartaim athchúrsacha)

algartam céadoiriúna *f* first-fit algorithm *(Río) (gu.* algartaim chéadoiriúna)

algartam FIFO *f* FIFO algorithm *(Río) (gu.* algartaim FIFO) *(mal* algartam is túisce isteach is túisce amach *f gu.* algartaim is túisce isteach is túisce amach) *(var* first-in-first-out algorithm (FIFO))

algartam is déanaí isteach is túisce amach *f* last-in-first-out algorithm (LIFO) *(Río) (gu.* algartaim is déanaí isteach is túisce amach) *(mal* algartam LIFO *f gu.* algartaim LIFO) *(var* LIFO algorithm)

algartam is túisce isteach is túisce amach *f* first-in-first-out algorithm (FIFO) *(Río) (gu.* algartaim is túisce isteach is túisce amach)

Modh bainistíochta ar liosta líneach. Dá réir is í an chéad eilimint a théann ar an liosta an chéad eilimint a bhaintear den liosta; sainíonn sé modh oibríochta an chiú. *(mal* algartam FIFO *f gu.* algartaim FIFO) *(var* FIFO algorithm)

algartam LIFO *f* LIFO algorithm *(Río) (gu.* algartaim LIFO) *(mal* algartam is déanaí isteach is túisce amach *f gu.* algartaim is déanaí isteach is túisce amach) *(var* last-in-first-out algorithm (LIFO))

algartam parsála de réir sonraí *f* data-driven parsing algorithm *(Río) (gu.* algartaim pharsála de réir sonraí)

algartam réitigh *f* solution algorithm *(Río) (gu.* algartaim réitigh)

algartam sceidealta *f* scheduling algorithm *(Río) (gu.* algartaim sceidealta)

algartam scothoiriúna *f* best-fit algorithm *(Río) (gu. algartaim scothoiriúna)*

Algartam a dhéanann an chuimhne a dhlúthú tríd an bpoll is lú ina n-oirfidh deighleán ar leith a roghnú as liosta de sheoltaí agus de thoisí na bpoll go léir.

alias *f* alias *(Río) (ai. aliasanna)*

allamuigh *aid; dob; rf* field (as in field research, fieldwork etc.) *(Air)*

allmhaire *b fch* iompórtáil. *(Air) (ai. allmhairí)*

allmhaireoir *f fch* iompórtálaí. *(Air) (gu. allmhaireora ai. allmhaireoirí)*

allmhairigh *br fch* iompórtáil. *(Air)*

alt *f* paragraph *(Gin) (gu. ailt)*

ALU *acr* ALU *(Río) (mal aonad loighce agus uimhríochta (ALU) f gu. aonaid loighce agus uimhríochta) (var arithmetic (and) logic unit (ALU))*

am *f* time *(Gin) (gu. ama ai. amanna)*

ama *gma* temporal *(Río)*

amanathar *dob* the day after tomorrow *(Gin)*

am an bhorrtha *f* boom time *(Air)*

amárach *dob* tomorrow *(Gin)*

amárach/amanathar *dob* tomorrow/next *(Air)*

Idirbheart babhtála do luach an lae amárach agus an fhrithbhabhtáil a tharlú an chéad lá oibre tar éis an lae amárach.

amas *f* hit[1] *(Río) (gu. amais)*

am ceangail *f* binding time *(Río) (gu. ama ceangail ai. amanna ceangail)*

An staid ag a gcuireann díolamóir foirm mheaisínteanga d'ainm nó de sheoladh in ionad na foirme siombalaí.

amchrios *f* timezone *(Gin) (gu. amchreasa ai. amchriosanna) (mal crios ama f gu. creasa ama ai. criosanna ama) (var time zone)*

am giotáin *f* bit time *(Río) (gu. ama giotáin)*

amh *a1* raw *(Gin)*

amhábhar *f* raw material *(Air) (gu. amhábhair)*

amhairc *gma fch* amharc-. *(Gin)*

a mhalairt de shamhlacha d'fhorbairt *b fch* samhlacha éagsúla d'fhorbairt. *(For)*

amhantar *f* venture *(Fio) (gu. amhantair) (mal fiontar[2])*

Gníomhaíocht nó beartas gnó a mbeadh riosca coibheasach nó substaintiúil ag baint leis. *(mal dul san amhantar br) (var risk)*

amhantrach *a1* speculative *(Air)*

amhantraí *f* speculator *(Air) (ai. amhantraithe)*

Trádálaí arb é a aidhm brabús a dhéanamh trí theacht roimh athruithe praghsanna sa todhchaí.

amhantraíocht *b* speculation *(Fio) (gu. amhantraíochta)*

Tráchtearraí (tae, stán etc.), urrúis airgeadais (scaireanna etc.) agus airgeadraí eachtracha - nithe a mbíonn luaineacht shubstaintiúil ina bpraghsanna sa mhargadh ó am go chéile - a bheith á ndíol agus á gceannach ag daoine agus ag gnólachtaí (amhantraithe) a bhfuil súil acu go ndéanfaidh siad brabús mór ar an toirt.

amharc *f* view *(Gin) (gu. amhairc)*

(Ríomhaireacht) Séard is amharc (in SQL) ann ná tábla amháin a shíolraítear ó tháblaí eile.

amharc- *réi* visual *(Gin) (mal amhairc gma)*

amharc ar an doiciméad *f* document view *(Río) (gu. amhairc ar an doiciméad)*

amharc ar dhearadh *f* design view *(Río) (gu. amhairc ar dhearadh)*

amharc ar leagan amach leathanaigh *f* page layout view *(Río) (gu. amhairc ar leagan amach leathanaigh)*

amharc imlíneach *f* outline view *(Río) (gu. amhairc imlínigh)*

amharcláithreoireacht *b* visual presentation *(Gin) (gu. amharcláithreoireachta)*

amharc leathanaigh ar líne *f* online page view *(Río) (gu. amhairc leathanaigh ar líne)*

amharcoibiacht *b* visual object *(Río) (gu. amharcoibiachta ai. amharcoibiachtaí)*

amharc roimh phriontáil *f* print preview *(Río) (gu. amhairc roimh phriontáil)*

amharcshamhail *b* visual model *(Río) (gu. amharcshamhla ai. amharcshamhlacha)*

amhola *b* crude oil *(Air)*

amhshonraí *f* raw data *(Río)*

am-íditheach *a1* time-consuming *(Gin)*

amlíne *b* time line *(Air) (ai. amlínte)*

amlíne shreafa airgid *b* cash flow time line *(Air) (ai. amlínte sreafa airgid)*

Líne a léiríonn gníomhaíocht oibre agus sreafaí airgid gnólachta thar thréimhse áirithe.

amluach *f* time value *(Air) (gu. amluacha)*

An méid airgid atá ceannaitheoirí céadrogha sásta a íoc ar chéadrogha le súil is go méadóidh luach na chéadrogha, thar am, de bharr athrú praghais.

amluach an airgid *f* time value of money *(Air)*

Praghas nó luach a chuirtear ar am.

am mionathraithe comhaid *f* file modification time *(Río) (gu. ama mionathraithe comhaid ai. amanna mionathraithe comhaid)*

am oiliúna *f* training time *(Río) (gu. ama oiliúna)*

amparsan (&) *f* ampersand (&) *(Río) (gu. amparsain)*

am rite *f* run-time *(Río)* *(gu.* ama rite *ai.* amanna rite)

An t-am a ritear clár, amach ón am a mb'fhéidir gur cuireadh faoi bhráid é, gur lódáladh é, gur tiomsaíodh é nó gur díolaimíodh é.

amshraith *b* time series *(Air)* *(gu.* amshraithe *ai.* amshraitheanna)

am tiomsaithe *f* compilation time *(Río)* *(gu.* ama tiomsaithe *ai.* amanna tiomsaithe)

Cur síos ar an tréimhse ina dtarlaíonn tiomsú, nó ar an bhfad a ghlacann sé.

am trasdula iomlán *f* total transition time *(Río)* *(gu.* ama trasdula iomláin)

amúchadh *f* amortization *(Air)* *(gu.* amúchta)

Aisíocaíocht iasachta i dtráthchodanna.

amuigh *dob fch* gan íoc. *(Air)*

anailís *b* analysis *(Gin)* *(gu.* anailíse)

anailís amshraitheanna *b* time series analysis *(Air)* *(gu.* anailíse amshraitheanna *ai.* anailísí amshraitheanna)

Anailís ar na gaoil idir dhá athróg nó breis thar thréimhsí ama.

anailís ar chnámha scéil *b* scenario analysis *(Air)* *(gu.* anailíse ar chnámha scéil)

Anailís ar an éifeacht a bheadh ag féidearthachtaí éagsúla ar thionscadal.

anailís ar mhóiminteam *b* momentum analysis *(Air)* *(gu.* anailíse ar mhóiminteam *ai.* anailísí ar mhóiminteam)

Teicníc í seo a úsáidtear chun rátaí malairte gearrthéarmacha a réamhaithris tríd an treo agus an fuinneamh a bhí taobh thiar d'athruithe i rátaí malairte san am a chuaigh thart, a scrúdú.

anailís ar na costais/sochair *b* cost/benefit analysis *(Río)* *(gu.* anailíse ar na costais/sochair)

Modh chun comparáid oibiachtúil a dhéanamh idir roghanna. Déantar costais forbartha agus oibriúcháin gach córais atá molta a ríomh, agus fritháirítear iad i gcoinne na mbuntáistí a bhaineann leis an gcóras sin a shuiteáil. Is é an príomhdhoiciméad tacaíochta é do gach rogha, BSO agus TSO san áireamh, agus de ghnáth is é is mó a rachaidh i gcion ar an mbord tionscadail a dhéanfaidh an rogha.

anailís ar na riachtanais *b* analysis of requirements *(Gin)* *(gu.* anailíse ar na riachtanais)

Ríomhaireacht: Na haschuir ó Mhodúl 1, an Modúl Anailíse Riachtanais. Cuimsíonn sé Tuairisc ar na Seirbhísí Reatha, Catalóg Riachtanas, Catalóg Úsáideoirí, agus an Córas Gnó a Roghnaíodh.

anailís ar shonraí coibhneasta *b* relational data analysis (RDA) *(Río)* *(gu.* anailíse ar shonraí coibhneasta)

Teicníc é seo chun anailís a dhéanamh ar shonraí i ngrúpaí loighciúla. Déantar tacar sonraí *amha,* i. neamhstruchtúrtha, a laghdú, trína dtrasfhoirmiú (normalú) go grúpaí sonraí bunúsacha ina ngrúpáltar gach mír lena lándeitéarmanant aonair féin. Mar thoradh ar RDA a dhéanamh, laghdaítear iomarcaíocht sonraí agus méadaítear ar sholúbthacht. Le linn an phróisis normalaithe, tá sé tábhachtach nach gcailltear faisnéis ar bith, i. go gcoinnítear na buncheangail go léir idir na míreanna sonraí. Séard atá san aschur as RDA ná tacar de ghaoil atá sa staid ar a dtugtar an tríú foirm normalach.

anailís ar thionchar *b* impact analysis *(Río)* *(gu.* anailíse ar thionchar)

Scrúdú ar éifeachtaí Rogha Córas Gnó nó Rogha Córais Theicniúil ar eagraíocht. Ceann de na doiciméid tacaíochta is ea é, a chuirtear ar fáil do gach rogha a chuirtear i láthair, agus cuimsíonn sé ceisteanna maidir le heagar, soláthar foirne agus cleachtas oibre.

anailís bhraisle *b fch* braisle-anailís. *(Río)* *(gu.* anailíse braisle)

anailís bhunúsach *b* fundamental analysis *(Air)* *(gu.* anailíse bunúsaí *ai.* anailísí bunúsacha)

Modh chun anailís agus réamhaithris a dhéanamh ar ghluaiseachtaí praghsanna ag baint úsáide as faisnéis mar gheall ar sholáthar agus éileamh.

anailís chreidmheasa *b* credit analysis *(Air)* *(gu.* anailíse creidmheasa *ai.* anailísí creidmheasa)

Próiseas trína ndeimhnítear an sroicheann iarrthóir an chreidmheas an caighdeán a éilíonn an gnólacht.

anailís cúlaithe *b* regression analysis *(Air)* *(gu.* anailíse cúlaithe *ai.* anailísí cúlaithe)

Teicníc staidrimh a úsáidtear chun an gaol idir athróga, agus íogaireacht athróige amháin d'athróg, nó d'athróga, eile a thomhas.

anailís 'dá mba rud é' *b* 'what if' analysis *(Río)*

anailíseach *a1* analytical *(Río)*

anailíseoir líonra *f* network analyzer *(Río)* *(gu.* anailíseora líonra)

anailíseoir prótacal *f* protocol analyzer *(Río)* *(gu.* anailíseora prótacal *ai.* anailíseoirí prótacal)

anailísí *f* analyst *(Gin)* *(ai.* anailísithe)

anailís íogaireachta *b* sensitivity analysis *(Air)* *(gu.* anailíse íogaireachta *ai.* anailísí íogaireachta)

Teicníc chun neamhchinnteacht a mheas; is amhlaidh a ionchuirtear féidearthachtaí éagsúla chun torthaí féideartha a chinntiú.

anailís mheá ar mheá *b* break even analysis *(Air)* *(gu.* anailíse meá ar mheá *ai.* anailísí meá ar mheá)

Anailís ar an leibhéal díolacháin ag a ndéanfaidh tionscadal brabús nialasach.

anailís riosca *b* risk analysis *(Río)* *(gu.* anailíse riosca)

Sraith gnásanna chun rioscaí i dtaca le gnéithe den chóras a aithint. D'fhéadfadh sé gur crua-earraí, slándáil, bogearraí, suiteáil fhisiciúil a bheadh sna gnéithe seo nó aon ghné eile a gceapfaí go mbeadh riosca ann. Chomh maith leis na rioscaí a aithint, ní mór do na hanailíseoirí iad a mheas, agus céimeanna teagmhasacha a ullmhú mar chosaint ar an riosca. Is í an aidhm ná an riosca a laghdú go dtí leibhéal inghlactha, ar chostas inghlactha.

anailís speictrim b spectrum analysis *(Río)* (*gu.* anailíse speictrim)

anailís theicniúil b technical analysis *(Air)* (*gu.* anailíse teicniúla *ai.* anailísí teicniúla)

Anailís ghrafach ar phraghsanna agus ar iompraíocht trádála chun gluaiseachtaí praghsanna sa todhchaí a réamhaithris.

anailís thrasghearrthach b cross-sectional analysis *(Air)* (*gu.* anailíse trasghearrthaí *ai.* anailísí trasghearrthacha)

Anailís ar na gaoil idir grúpa samplach de ghnólachtaí, de thíortha nó d'athróg éigin eile ag pointe ama ar leith.

anailís tosca b factor analysis *(Air)* (*gu.* anailíse tosca *ai.* anailísí tosca)

analach f analogy *(Río)* (*gu.* analaigh)

analóg b analog(ue) *(Río)* (*gu.* analóige *ai.* analóga)

an-ardmhinicíocht b very high frequency (VHF) *(Río)* (*gu.* an-ardmhinicíochta *ai.* an-ardmhinicíochtaí)

anás f need (lack) *(Gin)* (*gu.* anáis)

anás airgeadais f financial distress *(Air)* (*gu.* anáis airgeadais)

An staid roimh agus le linn féimheachta.

anás airgid f cashout *(Air)* (*gu.* anáis airgid)

An cás ina mbíonn gnólacht nuair a thagann deireadh lena airgead tirim agus nuair nach furasta urrúis indíolta a dhíol.

anás stoic f stockout *(Air)* (*gu.* anáis stoic)

Fardal atá chóir a bheith caite.

ancaire f anchor *(Río)* (*ai.* ancairí)

Achar laistigh d'ábhar nóid hipirtéacs (e.g. leathanach Gréasáin) ar foinse nó sprioc naisc é. D'fhéadfadh focal, abairtín, íomhá nó fiú an nód iomlán a bheith ina ancaire foinseach. D'fhéadfadh nód iomlán nó ionad éigin laistigh den nód a bheith ina ancaire sprice.

AND a thabhairt isteach abairtín AND introduction *(Río)*

A nó B (nó ceachtar acu) abairtín fch ceachtar de A nó B. *(Loi)*

anonn dob fch ar aghaidh. *(Río)*

anótáil b annotation *(Gin)* (*gu.* anótála)

ANSI ain ANSI *(Río)*

Acrainm ar 'American National Standards Institute' - an eagraíocht caighdeán is mó le rá sna Stáit Aontaithe. Tá sé roinnte ina choistí a bhfuil freagracht orthu as caighdeáin a mheas i réimsí ar leith.

ANSI C ain ANSI C *(Río)*

An caighdeán ANSI don teanga ríomhchlárúcháin C.

antraipeolaíocht b anthropology *(For)* (*gu.* antraipeolaíochta)

aois b age *(Gin)* (*gu.* aoise *ai.* aoiseanna)

aonad f unit *(Gin)* (*gu.* aonaid)

Aonad Airgeadra Eorpach f European Currency Unit (ECU) *(Air)* (*gu.* Aonaid Airgeadra Eorpaigh)

Aonad cuntais a sheasann do mheán ualaithe rátaí malairte na mballstát san EMS. (*mal* éacú f)

Aonad Airgeadraí na hÁise f Asian Currency Unit *(Air)* (*gu.* Aonad Airgeadraí na hÁise)

Roinn trádála i mbanc i Singeapór atá ceadúnaithe le trádáil a dhéanamh i dtaiscí d'airgeadraí eachtracha.

aonad bainistíochta cuimhne f memory management unit *(Río)* (*gu.* aonaid bhainistíochta cuimhne)

aonad bus f bus unit *(Río)* (*gu.* aonaid bus)

aonad ceangail meáin f medium attachment unit *(Río)* (*gu.* aonaid cheangail meáin)

aonad deisce f desktop unit *(Río)* (*gu.* aonaid deisce)

aonad dioscaí optúla f optical disk unit *(Río)* (*gu.* aonaid dioscaí optúla)

aonad fístaispeána f video (visual) display unit (VDU) *(Río)* (*gu.* aonaid fístaispeána) (*mal* monatóir f *gu.* monatóra *ai.* monatóirí) (*var* monitor)

aonad ionchurtha f input unit *(Río)* (*gu.* aonaid ionchurtha)

aonad loighce agus uimhríochta (ALU) f arithmetic (and) logic unit (ALU) *(Río)* (*gu.* aonaid loighce agus uimhríochta)

An chuid de LAP a dhéanann oibríochtaí uimhríochtúla agus loighciúla ar oibrinn faoi rialúchán threoracha an ríomhchláir. (*mal* ALU *acr*) (*var* ALU)

aonad na dtreoracha f instruction unit *(Río)*

aonad próiseála f processing unit *(Río)* (*gu.* aonaid próiseála *ai.* aonaid phróiseála)

aonad ratha f success unit *(Río)* (*gu.* aonaid ratha)

Tacar próiseála nach mór go n-éireodh leis nó go dteipfeadh air mar aonad iomlán i leith gach ionchuir. Má tharlaíonn teip sula gcríochnaítear an t-aonad ratha, agus go dtoghluaistear an phróiseáil, téann an córas ar ais chuig an staid ina raibh sé sular thosaigh an t-aonad ratha. Féadann an t-aonad ratha a bheith ina nuashonrú iomlán, ina fhiosrú iomlán, ina phéire fiosruithe-nuashonruithe, nó ina líon réamhshainithe de rochtainí bunachair shonraí i bhfiosrú, ag brath ar riachtanais na feidhme.

aonad rialúcháin *f* control unit *(Río)* (*gu.* aonaid rialúcháin)

Déanann an t-aonad rialúcháin sa LAP gníomhaíochtaí uile an ríomhaire a chomhordú trína chinneadh cé na hoibríochtaí ba chóir a dhéanamh agus cén t-ord inar chóir iad a dhéanamh. Ansin tarchuireann sé comharthaí comhordaithe rialúcháin chuig comhpháirteanna an ríomhaire.

aonad rite *f* execution unit *(Río)* (*gu.* aonaid rite)

aonad rochtana ilstáisiún *f* multistation access unit (MSAU or MAU) *(Río)* (*gu.* aonaid rochtana ilstáisiún)

aonad rochtana meán *f* media access unit (MAU) *(Río)* (*gu.* aonaid rochtana meán) (*mal* trasghlacadóir *f gu.* trasghlacadóra *ai.* trasghlacadóirí) (*var* transceiver)

aonad seolacháin *f* address unit *(Río)* (*gu.* aonaid seolacháin)

aonad stórais thánaistigh *f* auxiliary storage unit *(Gin)* (*gu.* aonaid stórais thánaistigh)

aonad trunc-chúplála *f* trunk-coupling unit *(Río)* (*gu.* aonaid trunc-chúplála)

aonáin fhorluiteacha *f* overlapping entities *(Río)* (*gi.* aonán forluiteach)

aonair *gma* sole *(Gin)*

aonán *f* entity *(Gin)* (*gu.* aonáin)

aonán carachtair *f* character entity *(Río)* (*gu.* aonáin charachtair)

aonán comhaid *f* file entity *(Río)* (*gu.* aonáin comhaid)

aonán dénártha *f* binary entity *(Río)* (*gu.* aonáin dhénártha)

aonán eisiach *f* exclusive entity *(Río)* (*gu.* aonáin eisiach *ai.* aonáin eisiacha)

aonán mionsonraí *f* detail entity *(Río)* (*gu.* aonáin mhionsonraí)

Ceann de phéire cineálacha aonáin. Bíonn aonáin páirteach i ngaoil, ina gcomhthiomsaítear tarlú singil de chineál aonáin amháin (an máistir) le roinnt tarluithe de cheann eile (na mionsonraí). Comharthaítear aonán mionsonraí ar Struchtúr Loighciúil na Sonraí le *crúb* á cheangal leis an líne ghaoil.

aonán neamhpharsáilte *f* unparsed entity *(Río)* (*gu.* aonáin neamhpharsáilte)

aonán paraiméadair *f* parameter entity *(Río)* (*gu.* aonáin pharaiméadair)

aonán parsáilte *f* parsed entity *(Río)* (*gu.* aonáin pharsáilte)

aonán seachtrach *f* external entity *(Río)* (*gu.* aonáin sheachtraigh)

Comhlacht atá taobh amuigh den chóras (eagraíocht reachtúil, b'fhéidir, e.g. na Coimisinéirí Ioncaim, nó córas eile san eagraíocht, nó duine aonair nó grúpa daoine). Déanann an t-aonán seachtrach cumarsáid lenár gcóras trí shreafaí sonraí isteach sa chóras nó amach as. Is féidir gurb é an t-aonán foinse agus/nó faighteoir na sreafaí. Léirítear ar an DFD é mar ubhchruth le hainm an aonáin sheachtraigh istigh ann agus aitheantóir uathúil.

aonán teaghráin *f* string entity *(Río)* (*gu.* aonáin teaghráin)

aonártha *aid* unary *(Río)*

aonbheachtais *gma* single-precision *(Río)*

aonchineálach *a1* homogeneous *(Gin)*

aonchostas caipitil *f* one-cost of capital *(Air)* (*gu.* aonchostais caipitil)

aondlúis *gma* single-density *(Río)*

aonfhaid *gma* fixed-length *(Río)*

aon le haon *abairtín* one to one *(Mat)* (*mal* mapáil inteilgeach *f gu.* mapála inteilgigh) (*var* injective mapping)

aon le mórán *abairtín* one to many *(Loi)*

aonphléacs *f* simplex[1] *(Mat)* (*ai.* aonphléacsanna)

aonphléacsach *a1* simplex[2] *(Río)*

aonpholach *a1* unipolar *(Río)*

aonphraghais (dlí an) *f* one price (law of) *(Air)*

aonrú *f* isolation *(Río)* (*gu.* aonraithe) (*mal* leithlisiú *f gu.* leithlisithe)

aonseilbh *b* collectivism *(Fio)* (*gu.* aonseilbhe)

aonsraithe *gma* single-layer *(Río)*

aontaobhach *a1* unilateral *(Gin)*

aontas[1] *f* union[1] *(Gin)* (*gu.* aontais)

aontas[2] *f* union[2] *(Río)* (*gu.* aontais)

I dteanga C, athróg ar féidir léi aon cheann de líon cineálacha sonraí a ghlacadh, ach nach féidir glacadh ach le cineál amháin sonraí san am. (*var* disjunction)

aontas[3] *f* disjunction *(Loi)* (*gu.* aontais)

Ainm eile ar shuim i gcás tacar. Is ionann aontas dhá thairiscint p agus q agus NÓ loighciúil p agus q. (Bunachair shonraí) Gaol amháin a chruthú ó dhá ghaol, atá comhdhéanta de gach uile chodach i gceachtar den dá chodach nó sa dá cheann. (*mal* aontas *f gu.* aontais; suim *b gu.* suime *ai.* suimeanna) (*var* union)

aontas dhá thacar *f* union of two sets *(Loi)* (*gu.* aontais dhá thacar)

Is ionann aontas (nó suim) na dtacar A agus B agus tacar na mball sin a bhaineann le ceann ar a laghad den dá thacar. [Is mar a chéile é do líon níos mó de thacair, fiú do líon éigríochta.] (*mal* suim dhá thacar *b gu.* suime dhá thacar) (*var* sum of two sets)

aontas eisiach *f* exclusive disjunction *(Loi)* (*gu.* aontais eisiach)

Aontas Eorpach, An t~ (AE) *f* European Union, The (EU) *(Air)* (*gu.* An Aontais Eorpaigh)

Aontas Idirnáisiúnta Teileachumarsáide, An t~ *f* International Telecommunications Union (ITU) *(Río)* (*gu.* An Aontais Idirnáisiúnta Teileachumarsáide)

aontas iniatach *f* inclusive disjunction *(Río)* (*gu.* aontais iniataigh)

aontas scartha *f* disjoint union *(Loi)* (*gu.* aontais scartha)

aontéarmach[1] *f* uniterm[1] *(Río)* (*gu.* aontéarmaigh)

aontéarmach[2] *a1* uniterm[2] *(Río)*

aontonach *a1* monotonic *(Río)*

aontonacht *b* monotonicity *(Río)* (*gu.* aontonachta)

aontreoch *a1* unidirectional *(Río)*

aontú[1] *f* assent *(Gin)* (*gu.* aontaithe)

aontú[2] *f* unification *(Gin)* (*gu.* aontaithe)

Aontú Louvre *f* Louvre Accord *(Air)* (*gu.* Aontú Louvre) Comhaontas idir tíortha mar iarracht le luach Dollair SAM a chobhsú.

árachaí (an t-) *f* insured (the) *(Air)* (*ai.* árachaithe)

árachaigh *br* insure *(Air)*

árachas *f* insurance *(Air)* (*gu.* árachais)

Conradh dlíthiúil ina ngeallann árachóir méid sonraithe a íoc le páirtí eile, an t-árachaí, má tharlaíonn teagmhas ar leith (ar a dtugtar an priacal) a bhfulaingíonn an t-árachaí caillteanas airgid dá bharr.

árachas dliteanais fostóra *f* employer liability insurance *(Air)* (*gu.* árachais dliteanais fostóra)

árachas dliteanais phoiblí *f* public liability insurance *(Air)* (*gu.* árachais dliteanais phoiblí)

árachas sóisialta pá-choibhneasa (ÁSPC) *f* pay-related social insurance (PRSI) *(Air)* (*gu.* árachais shóisialta phá-choibhneasa)

árachóir *f* insurer *(Air)* (*gu.* árachóra *ai.* árachóirí)

ar aghaidh[1] *dob* forward[2] *(Río)* (*mal* anonn *dob*)

ar aghaidh[2] *dob* next *(Río)*

araíonacht *b* discipline *(Gin)* (*gu.* araíonachta)

arbatráiste *f* arbitrage *(Air)*

Aistriú neamh-amhantrach cistí ó mhargadh amháin go margadh eile chun tairbhe a bhaint as difríochtaí i rátaí úis, i rátaí malairte, nó i bpraghsanna tráchtearraí idir an dá mhargadh. Bíonn an t-aistriú neamh-amhantrach mar nach n-athróidh arbatráisteoir ó mhargadh amháin go margadh eile ach nuair is eol dó na rátaí nó na praghsanna sa dá mhargadh agus nuair is mó an brabús atá le déanamh ná costais na hoibríochta.

arbatráiste geografach *f* geographic arbitrage *(Air)* (*gu.* arbatráiste gheografaigh *ai.* arbatráistí geografacha)

Cleachtas trádála lena gceannaítear airgeadra i margadh geografach amháin chun é a dhíol i gceann eile áit a bhfuil praghas níos airde le fáil air. (*var* locational arbitrage)

arbatráiste íoc is iompair *f* cash and carry arbitrage *(Air)*

Straitéis trádála arbatráiste i margaí tráchtearraí trína socraítear réamhphraghsanna agus praghsanna todhchaíochtaí a bheith cothrom leis an spotphraghas reatha móide na costais a bhaineann lena thabhairt ar aghaidh go dtí am seachadta.

arbatráisteoir *f* arbitrageur *(Air)* (*gu.* arbatráisteora *ai.* arbatráisteoirí)

arbatráiste triantánach *f* triangular arbitrage *(Air)* (*gu.* arbatráiste thriantánaigh)

Gníomhaíocht chun buntáiste a ghnóthú de bharr na difríochta i gcás nach ionann an trasráta malairte luaite agus an ráta ba chóir a bheith ann le cothromaíocht.

arbatráiste úis *f* naked warrants *(Air)*

Eisiúint barántas gan aon óstbhanna.

arbatráiste úis faoi chumhdach *f* covered interest arbitrage *(Air)*

Infheistíocht in urrús margaidh airgid eachtrannaigh agus réamhdhíol comhuaineach an airgeadra ina bhfuil an t-urrús sin ainmnithe.

ar chlé *dob* left *(Gin)*

ard- *réi* advanced *(Gin)* (*var* high)

ardailtireacht ríomhairí *b* advanced computer architecture *(Río)* (*gu.* ardailtireachta ríomhairí)

ardaitheach *a1* ascending *(Mat)*

ardán *f* platform *(Río)* (*gu.* ardáin)

ardchumarsáid idir ríomhchláir *b* advanced program-to-program communication *(Río)* (*gu.* ardchumarsáide idir ríomhchláir)

ardleibhéil *gma* high-level *(Río)*

ardluas *f* high speed *(Río)* (*gu.* ardluais)

ardmhinicíocht *b* high frequency (HF) *(Río)* (*gu.* ardmhinicíochta *ai.* ardmhinicíochtaí)

ard-oird *gma* high-order *(Río)*

ardseirbhís fóin phóca *b* advanced mobile phone service (AMPS) *(Río) (gu.* ardseirbhíse fóin phóca)

Ceann de na bunchórais raidió cheallaigh a d'fhorbair The Bell Telephone Company mar thriail i 1978.

ardsocruithe tosaithe *f* advanced start-up settings *(Río)*

ardtairseach *b* high threshold *(Loi) (gu.* ardtairsí)

ardtástálaí cábla *f* advanced cable tester *(Río) (ai.* ardtástálaithe cábla)

ardteanga *b* advanced language *(Río) (ai.* ardteangacha)

ardtoradh díbhinne *f* high dividend yield *(Air) (gu.* ardtoraidh díbhinne *ai.* ardtorthaí díbhinne)

ardtoraidh *gma* high-yield *(Air)*

ardú *f* increase[2] *(Air) (gu.* ardaithe *ai.* arduithe) *(var* rise)

arduithe agus laghduithe *abairtín* rises and falls *(Air)*

ar fionraí *a* suspended *(Air)*

argóint *b* argument *(Río) (gu.* argóna *ai.* argóintí)

1. Athróg neamhspleách. 2. Aon luach a bheadh ag athróg neamhspleách; mar shampla, eochair chuardaigh; uimhir a dhéanann suíomh míre i dtábla a shainaithint. 3. Paraiméadar a rachadh idir clár a ghlaonn agus clár a ghlaoitear (comhchiallach le hoibreann). Is oibreann é gach argóint. *(mal* paraiméadar *f gu.* paraiméadair) *(var* parameter)

argóint feidhme *b* function argument *(Río) (gu.* argóna feidhme *ai.* argóintí feidhme) *(var* function parameter)

argóint fo-eagair *b* subarray argument *(Río) (gu.* argóna fo-eagair *ai.* argóintí fo-eagair)

argóint iarbhír *b* actual argument *(Río) (gu.* argóna iarbhír *ai.* argóintí iarbhír) *(mal* paraiméadar iarbhír *f gu.* paraiméadair iarmhír) *(var* actual parameter)

argóint líne na n-orduithe *b* command-line argument *(Río) (gu.* argóint líne na n-orduithe *ai.* argóintí líne na n-orduithe)

argóint slánuimhreach *b* integral argument *(Río) (gu.* argóna slánuimhrí *ai.* argóintí slánuimhreacha)

ar líne *abairtín* online *(Río)*

armónach[1] *f* harmonic[1] *(Río) (gu.* armónaigh)

armónach[2] *a1* harmonic[2] *(Río)*

árthach *f* container *(Río) (gu.* árthaigh *ai.* árthaí)

Sa teanga ríomhaireachta, Java, comhpháirt atá in ann comhpháirteanna grafacha eile a choinneáil go fisiciúil. Mar shampla, fuinneoga, painéil, frámaí agus boscaí dialóige.

artola luaidhe *b* leaded petrol *(Gin)*

as an airgead *abairtín* out of the money *(Air)*

Cur síos ar rogha nach ndéanfaí brabús de bharr í a fheidhmiú.

asbhaint *b* deduction[2] *(Air) (gu.* asbhainte *ai.* asbhaintí)

asbhainteach *f* deductible *(Air) (gu.* asbhaintigh)

asbhain, trasfhoirmigh, lódáil *br* extract, transform, load *(Río)*

asbhaint sonraí *b fch* teibiú sonraí. *(Río) (gu.* asbhainte sonraí)

ásc *f* instance *(Río) (gu.* áisc)

Oibiacht chinnte a bhaineann le haicme chinnte.

áscaigh *br* instantiate *(Río)*

ascalascóp *f* oscilloscope *(Río) (gu.* ascalascóip)

ascaltóir *f* oscillator *(Río) (gu.* ascaltóra *ai.* ascaltóirí)

ascalú oscillation *(Río) (gu.* ascalaithe)

ásc de dhoiciméad *f* document instance *(Río)*

aschur[1] *f* output[1] *(Fio) (gu.* aschuir)

An méid de rud éigin a dhéanann nó a tháirgeann duine éigin. *(mal* táirgeacht *b gu.* táirgeachta)

aschur[2] *f* output[2] *(Río) (gu.* aschuir/aschurtha)

1. Na comharthaí a tháirgtear chun teirminéil fhorimeallacha a thiomáint. 2. Sonraí a thagann, tar éis a bpróiseála de ghnáth, ó ghléas nó ó ríomhchlár.

aschur digiteach *f* digital output (DO) *(Río) (gu.* aschuir dhigitigh)

aschur formáidithe *f* formatted output *(Río) (gu.* aschuir fhormáidithe)

ASCII(Cód Caighdeánach Meiriceánach um Idirmhalartú Faisnéise) *f* ASCII(American Standard Code for Information Interchange) *(Río) (gu.* Cóid Chaighdeánaigh Mheiriceánaigh um Idirmhalartú Faisnéise)

ascnamh sonraí *f* data migration *(Río) (gu.* ascnaimh sonraí)

as comhphas *abairtín* out of phase *(Río)*

áscú *f* instantiation *(Río) (gu.* áscaithe)

Próiseas cruthaithe oibiachta nó áisc de chuid aicme ar leith.

áscú uilíoch *f* universal instantiation *(Río) (gu.* ásctha uilíoch)

as líne *abairtín* offline *(Río)*

asphrionta *f* printout *(Río) (ai.* asphriontaí)

asraon *f* outlet *(Fio) (gu.* asraoin *ai.* asraonta)

Ionad díola nó trádála. *(mal* asraon miondíola *f gu.* asraoin mhiondíola *ai.* asraonta miondíola) *(var* retail outlet)

asraon miondíola *f* retail outlet *(Fio) (gu.* asraoin mhiondíola *ai.* asraonta miondíola)

Ionad díola nó trádála *(mal* asraon *f gu.* asraoin *ai.* asraonta) *(var* outlet)

astaigh *br* emit *(Río)*

astaíre *f* emitter *(Río) (ai.* astairí)

astaíre-chúpláilte *a3* emitter-coupled *(Río)*

an Astráil *b* Australia *(Gin) (gu.* na hAstráile)

astú *f* emission *(Río) (gu.* astaithe)

atarchur *f* retransmission *(Río) (gu.* atarchurtha)

atarlú *f* recurrence *(Río) (gu.* atarlaithe)

atástáil *b* re-testing *(Río) (gu.* atástála)

atháireamh *f* recalculation *(Río) (gu.* atháirimh)

athbhreithniú *f* review *(Gin) (gu.* athbhreithnithe)

athbhunaigh *br* rebase *(Air)*

athbhútáil *br* reboot *(Río)*

athcheangail *br* reconnect *(Río) (mal* athnasc *br)*

athcheannach *f* repurchase[1] *(Air) (gu.* athcheannaigh)

athcheannach sprice *f* targeted repurchase *(Air) (gu.* athcheannaigh sprice)

Gnólacht ag athcheannach a stoic féin ó thairgeoir poitéinsiúil.

athcheannach stoic *f* repurchase of stock *(Air) (gu.* athcheannaigh stoic)

Gléas chun airgead tirim a íoc le scairshealbhóirí gnólachta sa tslí is go n-éilítear níos lú cánach orthu ná mar a dhéanfaí dá n-íocfaí díbhinní leo.

athcheannaigh *br* repurchase[2] *(Air)*

athchistiú *f* refunding *(Air) (gu.* athchistithe)

Próiseas chun bannaí atá gan íoc a athsholáthar, go tipiciúil trí urrúis nua a eisiúint ar ráta cánach níos ísle ná na cinn a rinneadh a athsholáthar.

athchóirigh *br* re-arrange *(Gin)*

athchruthaigh *br* recreate *(Gin)*

athchuir *br* replace[2] *(Río)*

athchumasc *f* reverse split *(Air) (gu.* athchumaisc)

Gnás lena laghdaítear líon na scaireanna stoic atá gan íoc.

athchumraigh *br* reconfigure *(Río)*

athchumraíocht *b* reconfiguration *(Río) (gu.* athchumraíochta)

athchur *f* replacement[2] *(Río) (gu.* athchuir)

athchur carachtar *f* character replacement *(Río) (gu.* athchurtha carachtar)

athchúrsach *a1* recursive *(Río)*

athchúrsáil *b* recursion *(Río) (gu.* athchúrsála)

1. An oibríocht chéanna, nó an grúpa oibríochtaí céanna, a dhéanamh arís agus arís eile go leanúnach.
2. An cumas ag oibríocht, nó ag grúpa oibríochtaí, é féin a dhéanamh arís nó a ghlaoch.

athchúrsáil eirre *b* tail recursion *(Río) (gu.* athchúrsála eirre)

athchur teaghrán *f* string replacement *(Río) (gu.* athchurtha teaghrán)

athdhéan *br* redo *(Río)*

athdhearadh ríomhchláir *f* program redesign *(Río) (gu.* athdheartha ríomhchláir)

athdhíoltóir breisluacha *f* value-added reseller (VAR) *(Río) (gu.* athdhíoltóra breisluacha *ai.* athdhíoltóirí breisluacha)

athdhréachtaigh *br* redraft *(Río)*

athdhúisigh *br* resume *(Gin)*

atheagraí *f* reorganizer *(Río) (ai.* atheagraithe)

atheagrú *f* reorganization *(Air) (gu.* atheagraithe)

Athstruchtúrú airgeadais gnólachta theiptthe.

athfhilleadh *f* recirculation *(Río) (gu.* athfhillte)

athfhillteach *a1* recirculating *(Río)*

athfhoinsigh *br* second-source *(Río)*

athfhormáidiú *f* reformatting *(Río) (gu.* athfhormáidithe)

athfhriotal *f* quotation[2] *(Gin) (gu.* athfhriotail)

athghlaoigh *br* recall *(Río)*

athinfheistigh *br* reinvest[2] *(Air)*

athinfheistiú *f* reinvest[1] *(Air) (gu.* athinfheistithe)

ath-inríomhchláraithe *a3* reprogrammable *(Río)*

ath-inúsáidteacht *b* reusability *(Gin) (gu.* ath-inúsáidteachta)

ath-inúsáidte go srathach *aid* serially reusable *(Río)*

athiolrú *f* compounding *(Air) (gu.* athiolraithe)

Próiseas ina n-athinfheistítear gach íocaíocht úis chun breis úis a thuilleamh.

athiolrú leanúnach *f* continuous compounding *(Air) (gu.* athiolraithe leanúnaigh)

Ús a chumasctar ar bhonn leanúnach in ionad é a dhéanamh tar éis tréimhsí seasta.

athléimneach *a1* resilient *(Gin)*

athlódáil *br* reload *(Río)*

athluacháil *b* revaluation *(Air) (gu.* athluachála)

Acht oifigiúil rialtais a chruthaíonn ardú substaintiúil i ráta malairte, thar oíche de ghnáth.

athluaiteachas *f* tautology *(Loi) (gu.* athluaiteachais)

Tugtar *athluaiteachas* ar fhoirmle más gá agus más leor chun tairiscint fhíor a dhéanamh di go gcuirfí aon tairiscintí ar bith in ionad a cuid athróg.

athnasc *br fch* athcheangail. *(Río)*

athnuachan *b* refreshing *(Río) (gu.* athnuachana)

athnuachan cuimhne *b* memory refresh *(Río) (gu.* athnuachana cuimhne)

athnuaigh *br* refresh *(Río)*

athphróiseáil *br* reprocess *(Gin)*

athraigh *br* alter *(Río)* (*var* change)

athraigh méid *br* resize *(Río)*

athraigh ó chlár go clár *br* switch between programs *(Río)*

athraitheach[1] *f* variant[1] *(Gin)* (*gu.* athraithigh)

athraitheach[2] *a1* variable[3] *(Gin)* (*var* variant)

athraitheas *f* variance *(Gin)* (*gu.* athraithis)

Tomhas ar an fhad a bhíonn athróg randamach spréite thar a meánluach.

athraitheas coinníollach *f* conditional variance *(Air)* (*gu.* athraithis choinníollaigh)

Áireamh ar athraitheas maidir le hathróg eacnamúil atá ag brath ar thacar faisnéise ar leith.

athraitheas punainne *f* portfolio variance *(Air)* (*gu.* athraithis punainne)

Suim ualaithe comhathraithreas agus athraitheas na sócmhainní i bpunann.

athraithe go deireanach *a3* last modified *(Río)*

athraonadh *f* refraction *(Río)* (*gu.* athraonta)

athróg *b* variable[1] *(Gin)* (*gu.* athróige *ai.* athróga)

1. (Airgeadas) Téarma ar féidir leis réimse luachanna uimhriúla a bheith aige. Mar shampla, is athróga iad praghas, cainníocht díolacháin agus cainníocht táirgthe, sa mhéid is gur féidir leo go léir luachanna éagsúla a bheith acu. 2. (Ríomhaireacht) Cainníocht ar féidir léi aon cheann de thacar áirithe luachanna a ghlacadh chuici féin. 3. (Loighic) Is ionann *athróg* agus siombail ar féidir aon eilimint den uilethacar a chur ina hionad.

athróg a áscú *abairtín* instantiate a variable *(Río)*

athróga feidhmíochta *b* performance variables *(Río)*

athróg aicmeach *b* class variable *(Río)* (*gu.* athróige aicmí *ai.* athróga aicmeacha)

Rangaítear na hathróga a bhaineann le haicme mar athróga áscacha nó mar athróga aicmeacha. Baineann athróg aicmeach leis an aicme féin .i. bíonn cóip amháin di ann. Baineann athróg áscach le hásc den aicme .i. bíonn a chóip féin den athróg ag gach ásc.

athróg áscach *b* instance variable *(Río)* (*gu.* athróige áscaí *ai.* athróga áscacha)

Rangaítear na hathróga a bhaineann le haicme mar athróga áscacha nó mar athróga aicmeacha. Baineann athróg aicmeach leis an aicme féin .i. bíonn cóip amháin di ann. Baineann athróg áscach le hásc den aicme .i. bíonn a chóip féin den athróg ag gach ásc.

athróg bheo *b* live variable *(Río)* (*gu.* athróige beo *ai.* athróga beo)

Deirtear go bhfuil athróg beo má tá an luach atá inti ag teastáil. Athróg nach bhfuil beo, deirtear go bhfuil sí marbh.

athróg bhlaoisce *b* shell variable *(Río)* (*gu.* athróige blaoisce *ai.* athróga blaoisce)

athróg Boole *b* Boolean variable *(Río)* (*gu.* athróige Boole *ai.* athróga Boole)

Athróg nach féidir ach luachanna Fíor agus Bréagach a shannadh léi.

athróg chaighdeánach bhlaoisce *b* standard shell variable *(Río)* (*gu.* athróige caighdeánaí blaoisce *ai.* athróga caighdeánacha blaoisce)

athróg chaoch *b* dummy variable *(Air)* (*gu.* athróige caoiche *ai.* athróga caocha)

Athróg a úsáidtear san anailís cúlaithe, a rangaítear mar náid nó mar aon, mar athróg chineálach.

athróg dhomhanda *b* global variable *(Río)* (*gu.* athróige domhanda *ai.* athróga domhanda)

Athróg a shainítear i ngnáthamh amháin, nó i ndeighleán amháin, de ríomhchlár ach a úsáidtear tríd an ríomhchlár go léir.

athróg eagair *b* array variable *(Río)* (*gu.* athróige eagair *ai.* athróga eagair)

Athróg a sheasann do bhailiúchán míreanna sonraí nach mór airíonna comhionanna a bheith acu.

athróg gan ainm *b* anonymous variable *(Río)* (*gu.* athróige gan ainm *ai.* athróga gan ainm)

athróg logánta *b* local variable *(Río)* (*gu.* athróige logánta *ai.* athróga logánta)

Athróg a shainítear agus a úsáidtear in aon chuid shonrach amháin de ríomhchlár.

athróg mharbh *b* dead variable *(Río)* (*gu.* athróige mairbhe *ai.* athróga marbha)

Deirtear go bhfuil athróg marbh mura bhfuil an luach atá inti ag teastáil. Athróg nach bhfuil marbh, deirtear go bhfuil sí beo.

athróg neamhspleách *b* independent variable *(Gin)* (*gu.* athróige neamhspleáiche *ai.* athróga neamhspleácha)

Athróg a bhfuil súil go mbeidh éifeacht aici ar athróg eile ar a dtabharfaí athróg spleách.

athróg phoiblí *b* public variable *(Río)* (*gu.* athróige poiblí *ai.* athróga poiblí)

athróg phríobháideach *b* private variable *(Río)* (*gu.* athróige príobháidí *ai.* athróga príobháideacha)

Athróg áscach nó aicmeach a bhaineann le haicme agus nach féidir a úsáid taobh amuigh den aicme sin.

athróg randamach *b* random variable *(Air)* (*gu.* athróige randamaí *ai.* athróga randamacha)

Cainníocht ar féidir léi aon cheann de raon luachanna (bídís leanúnach nó scoite) a bheith aici nach féidir a réamhaithris go cinnte ach iad a thuar de réir a ndóchúlachta amháin.

athróg rialaithe lúibe *b* loop-control variable *(Río) (gu.* athróige rialaithe lúibe *ai.* athróga rialaithe lúibe)

Athróg a bhfuil tionchar aici ar rith treoracha i gcorp lúibe agus a athraítear trí rialú lúibe.

athróg scálach *b* scalar variable *(Río) (gu.* athróige scálaí *ai.* athróga scálacha)

I PL/I, athróg a sheasann do mhír amháin sonraíochta.

athróg sheachtrach *b* external variable *(Río) (gu.* athróige seachtraí *ai.* athróga seachtracha)

1. Athróg atá insroichte ag aonad tiomsúcháin eile. 2. Sa teanga 'C' nó i bPascal, athróg atá lasmuigh de scóip léacsach na feidhme, an ghnáis, nó an ríomhchláir atá á glaoch.

athróg shealadach *b* temporary variable *(Río) (gu.* athróige sealadaí *ai.* athróga sealadacha)

athróg shnámhphointe *b* floating-point variable *(Río) (gu.* athróige snámhphointe *ai.* athróga snámhphointe)

athróg spleách *b* dependent variable *(Air) (gu.* athróige spleáiche *ai.* athróga spleácha)

San anailís cúlaithe, tugtar *athróg spleách* ar athróg atá ag brath ar athróg amháin eile, nó breis.

athróg statach *b* static variable *(Río) (gu.* athróige stataí *ai.* athróga statacha)

Athróg a leithdháiltear sula dtosaíonn rith cláir agus a fhanann leithdháilte an clár á rith.

athróg struchtúrtha *b* structured variable *(Río) (gu.* athróige struchtúrtha *ai.* athróga struchtúrtha)

Athróg i dteanga ríomhchlárúcháin ar oibiacht ilchodach é, comhdhéanta de chomhpháirteanna ar míreanna simplí sonraí iad nó ar oibiachtaí struchtúrtha iad féin; aithnítear le hainmneacha na comhpháirteanna seo.

athróg theaghráin *b* string variable *(Río) (gu.* athróige teaghráin *ai.* athróga teaghráin)

Sa ríomhchlárúchán, athróga ar féidir leo luachanna teaghrán (teaghráin alfa-uimhriúla a bhíonn i gceist de ghnáth) a ghlacadh chucu féin.

athróg thimpeallachta *b* environment variable *(Río) (gu.* athróige timpeallachta *ai.* athróga timpeallachta)

Ceann ar bith den líon athróg a chuireann síos ar an gcaoi a rithfidh córas oibriúcháin agus ar na gléasanna a aithneoidh sé.

athróg toraidh *b* result variable *(Río) (gu.* athróige toraidh *ai.* athróga toraidh)

athróg uathoibríoch *b* automatic variable *(Río) (gu.* athróige uathoibríche *ai.* athróga uathoibríocha)

Athróg a leithdháiltear ar iontráil i ngnáthamh agus a dhí-leithdháiltear ar an athfhilleadh.

athróg uimhriúil *b* numeric variable *(Río) (gu.* athróige uimhriúla *ai.* athróga uimhriúla)

Ainm míre sonraíochta uimhriúla a sanntar nó a n-athraítear a luach le linn do ríomhchlár a bheith ag próiseáil.

athrú *f* change[1] *(Gin) (gu.* athraithe *ai.* athruithe) *(var* alteration)

athrú céatadáin *f* percentage change *(Air) (gu.* athraithe céatadáin *ai.* athruithe céatadáin)

athrúchán *f* variation[2] *(Air) (gu.* athrúcháin)

athrú iarbhír *f* actual change *(Air) (gu.* athraithe iarbhír *ai.* athruithe iarbhír)

athrú méide *f* resizing *(Río) (gu.* athraithe méide)

athsheachadadh fráma *f* frame relay *(Río) (gu.* athsheachadta fráma)

athsheachadán *f* relay[1] *(Río) (gu.* athsheachadáin)

athsheachaid *br* relay[2] *(Río)*

athsheinm *b* playback *(Río) (gu.* athsheanma)

athsheolachán *f* readdressing *(Río) (gu.* athsheolacháin)

athsheoltóir *f* repeater *(Río) (gu.* athsheoltóra *ai.* athsheoltóirí)

athshlánaigh *br* recover *(Río)*

athshlánú[1] *f* recovery[2] *(Río) (gu.* athshlánaithe)

athshlánú[2] *f* recovering *(Río) (gu.* athshlánaithe)

athshlánú an chórais *f* system recovery *(Río)*

athshlánú ar aghaidh *f* forward recovery *(Río) (gu.* athshlánaithe ar aghaidh)

athshlánú comhaid *f* file recovery *(Río) (gu.* athshlánaithe comhaid)

athshlánú ó earráid *f* error recovery *(Río) (gu.* athshlánaithe ó earráid)

athshocraigh *br* reset *(Río)*

athshocrú[1] *f* resetting *(Río) (gu.* athshocraithe)

athshocrú[2] *f* resettlement *(Air) (gu.* athshocraithe *ai.* athshocruithe)

athshocrú laethúil *f* daily resettlement *(Air) (gu.* athshocraithe laethúil *ai.* athshocruithe laethúla)

Riachtanas i gconradh todhchaíochtaí go réadóidh trádálaithe gnóthachain agus caillteanais gach lá trádála. *(mal* marcáil ón margadh *br) (var* mark to market)

athsholáthar *f* replacement[1] *(Gin) (gu.* athsholáthair)

athsholáthraigh *br* replace[1] *(Air)*

athshonadóir *f* resonator *(Río) (gu.* athshonadóra *ai.* athshonadóirí)

athshondach *a1* resonant *(Río)*

athshondas *f* resonance *(Río) (gu.* athshondais)

athshuí *f* relocation *(Río) (gu.* athshuite)

athshuigh *br* relocate *(Río)*

athuimhriú leathanach *f* repagination *(Río)* (*gu.* athuimhrithe leathanach)

athúsáid *br* reuse *(Gin)*

atógáil *b* reconstruction *(Gin)* (*gu.* atógála)

atosaigh *br* restart *(Río)*

atreoraigh *br* redirect *(Gin)*

atreorú I/A *f* I/O redirection *(Río)* (*gu.* atreoraithe)

atriall[1] *f* iteration *(Río)* (*gu.* atrialla)

atriall[2] *br* retry *(Río)*

atriallach[1] *a1* iterative *(Río)*

atriallach[2] *a1* repetitive *(Río)*

atriall léir *f* explicit iteration *(Río)* (*gu.* atrialla léir *ai.* atriallta léire)

aturnae *f* solicitor *(Dlí)* (*ai.* aturnaetha)

B

babhtáil *b* swap *(Air)* (*gu.* babhtála)

Méideanna comhionanna d'airgeadra a cheannach agus a dhíol go comhuaineach do dhátaí éagsúla luacha sa mhargadh airgeadraí.

babhtáil airgeadraí *b* currency swap *(Air)* (*gu.* babhtála airgeadraí)

Comhaontas chun airgeadra amháin a mhalartú ar cheann eile ag ráta sonraithe ar dháta ar leith. Is iondúil go bhfeidhmíonn bainc mar idirghabhálaithe.

babhtáil airgeadraí ar ráta úis seasta *b* fixed rate currency swap *(Air)* (*gu.* babhtála airgeadraí ar ráta úis seasta)

Malartú ráta úis seasta in airgeadra amháin ar ráta seasta san airgeadra eile idir dhá fhrithpháirtí.

babhtáil amúchta *b* amortising swap *(Air)* (*ai.* babhtála amúchta)

Babhtáil atá deartha chun ligean don té a fhaigheann iasacht ar ráta comhlúthach, le sceideal amúchta réamhshocraithe, babhtáil ar ráta malairte seasta.

babhtáil bheo *b* hot swapping *(Río)* (*gu.* babhtála beo)

Gléasanna a cheangal le ríomhaire agus a bhaint de, gan gá lena athbhútáil. (*mal* beobhabhtáil *b gu.* beobhabhtála)

babhtáil bonnrátaí *b* basis rate swap *(Air)* (*gu.* babhtála bonnrátaí)

Malartaítear ráta comhlúthach amháin ar ráta comhlúthach a ríomhtar ar bhonn éagsúil.

babhtáil coiléir *b* collar swap *(Air)*

Dollair ar ráta seasta a mhalartú ar dhollair ar ráta comhlúthach a mbeadh uastoradh agus íostoradh aige.

babhtáil féich ar ghnáthscaireanna *b* debt equity swap *(Air)* (*gu.* babhtála féich ar ghnáthscaireanna)

Próiseas lena malartaíonn creidiúnaithe fiachas bainc ar ghnáthscaireanna i sócmhainní ar leis na féichiúnaithe iad. Is minic a dhéanann bainc é le tíortha tearcfhorbartha atá i bhfiacha leo.

babhtáil iarchurtha *b* deferred swap *(Air)* (*gu.* babhtála iarchurtha)

Babhtáil a shocraítear láithreach le ráta seasta sonraithe agus a thosóidh ar dháta sa todhchaí.

babhtáil indíola *b* puttable swap *(Air)*

Babhtáil le rogha críochnú go luath.

babhtáil ráta úis *b* interest rate swap *(Air)* (*gu.* babhtála ráta úis)

Malartú ráta úis seasta ar ráta úis comhlúthach san airgeadra céanna idir dhá fhrithpháirtí.

babhtáil tarraingthe anuas *b* drawdown swap *(Air)* (*gu.* babhtála tarraingthe anuas)

Babhtáil ó ráta úis comhlúthach go ráta úis seasta a bhfuil sé mar aidhm aige tarlú ag an am céanna le sceideal tarraingthe anuas pleanáilte, rud a dhéantar, mar shampla, chun tionscadal a airgeadú.

babhtáil tascanna *b* task switching *(Río)* (*gu.* babhtála tascanna)

babhtáil thar oíche *b* overnight swap *(Air)* (*gu.* babhtála thar oíche)

Idirbheart babhtála ar luach an lae inniu agus an fhrithbhabhtáil a tharlú an chéad lá gnó eile.

babhtálaí tascanna *f* task swapper *(Río)* (*ai.* babhtálaithe tascanna)

bac *f* block[2] *(Río)* (*gu.* baic)

bacadh *f* blocking[2] *(Río)* (*gu.* bactha)

bacainn *b* barrier *(Gin)* (*gu.* bacainne *ai.* bacainní)

bacainn iontrála *b* entry barrier *(Fio)* (*gu.* bacainne iontrála *ai.* bacainní iontrála)

bac indíreach *f* indirect block *(Río)* (*gu.* baic indírigh *ai.* baic indíreacha)

bac indíreach dúbailte *f* double indirect block *(Río)* (*gu.* baic indírigh dhúbailte *ai.* baic indíreacha dhúbailte)

bád *f* baud *(Río)* (*gu.* báid)

Aonad a úsáidtear chun a thomhas cé mhéad uair gach soicind a athraíonn cainéal tarchurtha sonraí a staid.

baile[1] *f* home[1] *(Río)*

baile[2] *gma* homemade *(Gin)*

bailí *a3* valid *(Gin)*

bailíochtú *f* validation *(Río)* (*gu.* bailíochtaithe)

bailitheoir *f* collector *(Río)* (*gu.* bailitheora *ai.* bailitheoirí)

An rannán de ghléas leathsheoltóra a sreabhann leictreachas ina threo.

bailitheoir dramhaíola *f* garbage collector *(Río)* *(gu.* bailitheora dramhaíola *ai.* bailitheoirí dramhaíola)

Cuid de léirmhínitheoir Java a dhéanann cuimhne a shaoradh atá á húsáid ag oibiachtaí nach bhfuil in úsáid a thuilleadh.

bailiú *f* collection[2] *(Gin)* *(gu.* bailithe)

bailiúchán *f* fch cnuasach. *(Gin)* *(gu.* bailiúcháin)

bailiú dramhaíola *f* garbage collection *(Río)* *(gu.* bailithe dramhaíola)

bailiú sonraí *f* data collection (of process) *(Río)* *(gu.* bailithe sonraí)

bain *br* remove *(Gin)*

baincéir *f* banker *(Air)* *(gu.* baincéara *ai.* baincéirí)

baincéireacht *b* banking *(Air)* *(gu.* baincéireachta)

baincéireacht chomhchruinnithe *b* concentration banking *(Air)* *(gu.* baincéireachta comhchruinnithe)

Úsáid a bhaint as lárionaid bailiúcháin atá scaipthe go geografach chun bailiúchán cuntas infhála a bhrostú.

baincéireacht seachairgeadra *b* offshore banking *(Air)* *(gu.* baincéireachta seachairgeadra)

Gníomhaíocht baincéireachta a ghlacann taiscí agus a thugann iasachtaí in airgeadraí eile seachas airgeadra na tíre ina bhfuil an banc lonnaithe.

baincéirí infheistíochta *f* investment bankers *(Air)*

Idirghabhálaithe airgeadais a thugann réimse seirbhísí, e.g. cabhair a thabhairt i ndíol urrús, cumaisc agus atheagruithe corparáideacha eile a éascú, gníomhú mar bhróicéirí do chliaint aonair agus d'institiúidí, agus trádáil ar son a gcuntas féin.

bainc thagartha *f* reference banks *(Air)*

Grúpa banc a ndéantar suirbhé orthu chun ráta tagartha a chinntiú.

baineann *a1* female *(Gin)*

bainisteoir *f* manager *(Fio)* *(gu.* bainisteora *ai.* bainisteoirí)

bainisteoir ceannachán *f* purchases manager *(Fio)* *(gu.* bainisteora ceannachán *ai.* bainisteoirí ceannachán)

bainisteoir cinn *f* lead manager *(Air)* *(gu.* bainisteora cinn *ai.* bainisteoirí cinn)

Banc tráchtála nó infheistíochta atá freagrach go príomha as creidmheas bainc sindeacáite nó eisiúint bannaí a eagrú.

bainisteoir comhad *f* file manager *(Río)* *(gu.* bainisteora comhad *ai.* bainisteoirí comhad)

bainisteoir fuinneog *f* window manager *(Río)* *(gu.* bainisteora fuinneog *ai.* bainisteoirí fuinneog)

bainisteoir leagain amach *f* layout manager *(Río)* *(gu.* bainisteora leagain amach *ai.* bainisteoirí leagain amach)

bainisteoir maolán *f* buffer manager *(Río)* *(gu.* bainisteora maolán *ai.* bainisteoirí maolán)

bainisteoir pearsanta faisnéise *f* personal information manager (PIM) *(Río)* *(gu.* bainisteora phearsanta faisnéise *ai.* bainisteoirí pearsanta faisnéise)

bainisteoir ríomhchláir *f* program manager *(Río)* *(gu.* bainisteora ríomhchláir)

bainistíocht *b* management *(Gin)* *(gu.* bainistíochta)

bainistíocht acmhainní daonna *b* human resource management *(Air)* *(gu.* bainistíochta acmhainní daonna)

bainistíocht airgeadais *b* finance management *(Air)* *(gu.* bainistíochta airgeadais)

bainistíocht airgid *b* cash management *(Air)* *(gu.* bainistíochta airgid)

Sreafaí airgid a optamú agus farasbarr airgid thirim a infheistiú.

bainistíocht airgid láraithe *b* centralized cash management *(Air)* *(gu.* bainistíochta airgid láraithe)

Comhdhlúthaíonn sé cinntí i leith bainistíochta airgid, ar an mbunláthair de ghnáth, do na haonaid MNC go léir.

bainistíocht cáilíochta iomláine *b* total quality management (TQM) *(Air)* *(gu.* bainistíochta cáilíochta iomláine)

bainistíocht comhad *b* file management *(Río)* *(gu.* bainistíochta comhad)

bainistíocht córas *b* systems management *(Río)* *(gu.* bainistíochta córais)

bainistíocht cumraíochta *b* configuration management *(Río)* *(gu.* bainistíochta cumraíochta)

Sraith teicnící chun cumraíocht a bhainistiú. Cinntíonn na teicnící go dtáirgtear na míreanna cumraíochta go léir do thionscadal, nó do shuiteáil áitiúil, de réir gnásanna sonraithe, agus de réir na gcritéar cáilíochta atá riachtanach.

bainistíocht cuntasaíochta *b* accounting management *(Gin)* *(gu.* bainistíochta cuntasaíochta)

bainistíocht eolais *b* knowledge management *(Gin)* *(gu.* bainistíochta eolais)

Tugtar bainistíocht eolais ar an gcoincheap faoina ndéanann gnólacht a chuid eolais, is é sin a acmhainní, a dhoiciméid agus a scileanna daonna, a chruinniú, a eagrú, a roinnt agus a anailísiú go cuimsitheach.

bainistíocht faisnéise *b* information management *(Río)* *(gu.* bainistíochta faisnéise)

bainistíocht feidhmíochta *b* performance management *(Río)* *(gu.* bainistíochta feidhmíochta)

bainistíocht líonra *b* network management *(Río)* *(gu.* bainistíochta líonra)

bainistíocht lochtanna *b* fault management *(Gin)* *(gu.* bainistíochta lochtanna)

bainistíocht próisis *b* process management *(Río)* *(gu.* bainistíochta próisis)

bainistíocht punainne *b* portfolio management *(Air)* *(gu.* bainistíochta punainne)

bainistíocht seisiún *b* session management *(Río)* *(gu.* bainistíochta seisiún)

bainistíocht slándála *b* security management *(Gin)* *(gu.* bainistíochta slándála)

bainistíocht tionscadail *b* project management *(Río)* *(gu.* bainistíochta tionscadail)

Sraith teicnící agus struchtúr eagair chun imeacht tionscadail a phleanáil, monatóireacht a dhéanamh air, agus é a rialú. Déantar monatóireacht ar acmhainní an tionscadail agus ar aon bhacanna a thiocfadh roimhe.

baint *b* removing *(Río)* *(gu.* bainte)

bainteach (le) *a1* connected (to) *(Gin)*

baintreach *b* widow *(Gin)* *(gu.* baintrí *ai.* baintreacha)

baintreacha agus dílleachtaí *b* widows and orphans *(Air)*

baisc *b* batch *(Río)* *(gu.* baisce *ai.* baisceanna)

Grúpáil de theagmhais nó d'fheidhmeanna a chuirtear i gcrích taobh istigh den tréimhse chéanna. Déantar baisc sonrasc amach, mar shampla, in ionad iad a chur ar fáil ina gceann agus ina gceann.

baisc-chomhad *f* batch file *(Río)* *(gu.* baisc-chomhaid *ai.* baisc-chomhaid)

baisc-chóras *f* batch system *(Río)* *(gu.* baisc-chórais)

baiscphróiseáil *b* batch processing *(Río)* *(gu.* baiscphróiseála)

báite *a3* sunk *(Air)*

balbhú *f* muting *(Río)* *(gu.* balbhaithe)

ball[1] *f* element[2] *(Río)* *(gu.* baill)

ball[2] *f* member *(Mat)* *(gu.* baill)

1. Deighilt de chuid tacair sonraí dheighilte. 2. Oibiacht sonraí i struchtúr, in aontas nó i leabharlann. 3. Comhchiallach le heilimint.

balla dóiteáin *f* firewall *(Río)* *(ai.* ballaí dóiteáin)

ball céannachta de ghrúpa *f* identity element of a group *(Mat)* *(gu.* baill chéannachta de ghrúpa)

Is ann do bhall uathúil *e* de ghrúpa *G* a bhfuil an airí seo a leanas aige: do gach *a* in *G*: a * e = e * a = a Tugtar an *ball céannachta* ar an mball *e*.

ball de thacar *f* element of a set *(Loi)* *(gu.* baill de thacar)

An t-ainm a thugtar ar mhír de thacar. *(Ríomhaireacht)* 1. Aidhm, aonán nó coincheap a bhfuil na hairíonna aige/aici atá sainiúil do thacar. 2. Luach paraiméadair i liosta luachanna paraiméadar. 3. An t-aonad is lú sonraí i dtábla nó in eagar. *(var* member of a set)

ball de thacar fírinne *b* element of truth set *(Loi)* *(gu.* baill de thacar fírinne)

Chun gur ball de *thacar fírinne* abairte oscailte é ball x atá ina bhall den uilethacar is gá agus is leor gur tairiscint fhíor atá mar thoradh ar é a chur in ionad na hathróige.

ballraíocht *b* membership *(Gin)* *(gu.* ballraíochta)

ball te *f* hot spot *(Río)* *(gu.* ball the)

An t-ionad i bpointeoir luiche a mharcálann an láthair chruinn ar an scáileán taispeána ina mbeidh éifeacht ag gníomhaíocht luiche ar nós cnaipe a bhrú. Tá toise aon phicteilín amháin i mball te luiche.

banc *f* bank *(Air)* *(gu.* bainc)

banc ceannais *f* central bank *(Air)* *(gu.* bainc ceannais *ai.* bainc cheannais)

An institiúid ar a luíonn an phríomhfhreagracht maidir le fás stoic airgid a thíre a rialú.

banc comhfhreagrach *f* correspondent bank *(Air)* *(gu.* bainc chomhfhreagraigh *ai.* bainc chomhfhreagracha)

Banc atá suite i gceantar geografach amháin, a ghlacann taiscí ó bhanc i réigiún eile agus a sholáthraíonn seirbhísí thar cheann an bhainc eile sin. Go hidirnáisiúnta, déanann líon mór banc cuntas a choinneáil i mbanc comhfhreagrach i ngach tír mór le rá chun a bheith in ann íocaíochtaí a dhéanamh sna mórairgeadraí go léir. Bunaítear ar bhonn cómhalartach go hiondúil iad agus bíonn cuntas san airgeadra áitiúil ag an dá bhanc le chéile.

Banc Domhanda, An *f* World Bank *(Air)* *(gu.* An Bhainc Dhomhanda)

Bunaíodh é i 1944 chun cabhrú le forbairt eacnamúil trí iasachtaí a sholáthar do thíortha.

banc easpórtála-iompórtála *f* export-import bank *(Air)* *(gu.* bainc easpórtála-iompórtála *ai.* bainc easpórtála-iompórtála)

Gníomhaireacht neamhspleách de chuid Rialtas Stáit Aontaithe Mheiriceá chun trádáil sheachtrach na Stát Aontaithe a spionnadh.

Banc Eorpach Atógála agus Forbartha, An *f* European Bank for Reconstruction and Development (EBRD) *(Air)* *(gu.* An Bhainc Eorpaigh Atógála agus Forbartha)

Banc Forbartha na hAfraice *f* African Development Bank AFDB *(Air)* *(gu.* Bhanc Forbartha na hAfraice)

Banc forbartha réigiúnach don Afraic.

Banc Forbartha na hÁise *f* Asian Development Bank ADB *(Air)* *(gu.* Bhanc Forbartha na hÁise)

Banc forbartha réigiúnach don Áis.

banc gníomhaireachta *f* agent bank *(Air)* *(gu.* bainc gníomhaireachta *ai.* bainc ghníomhaireachta)

Banc a cheaptar chun iasacht chuig creidiúnaí sindeacáite a mhaoirsiú.

An Banc Idirnáisiúnta Atógála agus Forbartha, An *f* International Bank for Reconstruction and Development (IBRD) *(Air)* *(gu.* An Bhainc Idirnáisiúnta Atógála agus Forbartha)

banc marsantach *f* merchant bank *(Air)* *(gu.* bainc mharsantaigh *ai.* bainc mharsantacha)

Banc a dhéanann comhairleoireacht ar chomhlachtaí gnó, chomh maith le gnó baincéireachta a dhéanamh.

Banc na Socruithe Idirnáisiúnta *f* BIS Bank for International Settlements *(Air)* *(gu.* Bhanc na Socruithe Idirnáisiúnta)

Institiúid a éascaíonn comhoibriú idir thíortha atá ag gabháil do bheartaíochtaí idirnáisiúnta agus a sholáthraíonn cúnamh do thíortha a bhfuil fadhbanna acu le híocaíochtaí idirnáisiúnta.

banda *f* band *(Gin)* *(ai.* bandaí)

banda airgeadra *f* currency band *(Air)* *(ai.* bandaí airgeadra)

Banda a gceadaítear d'airgeadra luainiú laistigh de, ar gach aon taobh dá phaireacht oifigiúil.

banda cánach *f* tax band *(Air)* *(ai.* bandaí cánach)

bandaleithead *f* bandwidth *(Río)* *(gu.* bandaleithid)

An raon minicíochtaí atá in ann taisteal trí chábla nó trí nasc cumarsáide. *(mal* leithead banda *f gu.* leithid banda)

banna *f* bond *(Air)* *(ai.* bannaí)

Fiachas fadtéarmach gnólachta.

banna airgeadra measctha *f* currency cocktail bond *(Air)* *(ai.* bannaí airgeadra measctha)

Banna atá ainmnithe i meascán d'airgeadraí.

banna ardtoraidh *f* high yield bond *(Air)* *(ai.* bannaí ardtoraidh) *(mal* dramhbhanna *f*) *(var* junk bond)

banna bardasach *f* municipal bond *(Air)* *(gu.* banna bhardasaigh *ai.* bannaí bardasacha)

Banna a eisíonn údarás rialtais áitiúil, go háirithe i Stáit Aontaithe Mheiriceá. *(var* municipal security)

banna cinn feadhna *f* startrek *(Air)*

Banna a bhfuil a phraghas ar leibhéal nár thaiscéal an margadh go dtí seo.

banna corparáide *f* corporate bond *(Air)* *(ai.* bannaí corparáide)

banna cuimsitheach *f fch* banna domhanda. *(Air)* *(gu.* banna chuimsithigh *ai.* bannaí cuimsitheacha)

banna cúpóin chothroim *f* level coupon bond *(Air)* *(ai.* bannaí cúpóin chothroim)

Banna le sruth íocaíochtaí cúpóin nach n-athraíonn i rith shaol an bhanna. *(var* straight bond)

banna cúpóin nialasaigh *f* zero coupon bond *(Air)*

Bannaí a eisítear ar lascaine mór óna aghaidhluach, nach n-íocann aon ús nó a íocann ús ar ráta níos ísle ná gnáthráta an mhargaidh. *(mal* banna mórlascaine *f ai.* bannaí mórlascaine) *(var* deep discount bond)

banna de ghrád infheistíochta *f* investment grade bond *(Air)* *(ai.* bannaí de ghrád infheistíochta)

Fiach de ghrád BBB agus thairis de réir S&P nó de ghrád Baa agus thairis de réir Moody.

banna de ghrád íseal *f* low grade bond *(Air)* *(ai.* bannaí de ghrád íseal) *(mal* dramhbhanna *f*) *(var* junk bond)

banna domhanda *f* global bond *(Air)* *(gu.* banna dhomhanda *ai.* bannaí domhanda)

Teastas fiachais shealadaigh, eisithe ag iasachtaí Eorabhannaí, a léiríonn iomlán na bhfiacha atá ar an iasachtaí. *(mal* banna cuimsitheach *f gu.* banna chuimsithigh *ai.* bannaí cuimsitheacha)

banna gníomhaireachta *f* agency bond *(Air)* *(ai.* bannaí gníomhaireachta)

bannaí blátha *f* flower bonds *(Air)*

Bannaí a nglactar leo ar a n-aghaidhluach mar íocaíocht ar chánacha eastáit.

bannaí bogadaí *f* heaven and hell bonds *(Air)*

Bannaí a luaitear a bhfuascailt mar fheidhm den difríocht idir ráta malairte sonraithe agus an spotráta ar aibíocht.

bannaí bulladóra *f* bulldog bonds *(Air)*

Bannaí ainmnithe i steirling, a eisíonn neamhchónaitheoirí de chuid na Ríochta Aontaithe.

bannaí comhuaineacha *f* parallel bonds *(Air)*

Bannaí a chuirtear ar díol i dtíortha éagsúla, ainmnithe in airgeadra na tíre sin ina gcuirtear ar díol iad.

bannaí eachtracha *f* foreign bonds *(Air)*

Bannaí eisithe ag neamhchónaitheoirí ar mhargadh caipitil intíre i dtír; bíonn siad faoi réir rialachán na tíre sin agus is bainc go príomha atá cláraithe i dtír a n-eisiúna a fhrithgheallann iad.

bannaí idirnáisiúnta *f* international bonds *(Air)*

Eorabhannaí agus bannaí eachtracha.

banna in-aischurtha *f* back bond *(Air)*

Eorabhanna a eisítear le, nó ag an am céanna le, barántas.

banna in-chomhshóite *f* convertible bond *(Air)* *(ai.* bannaí in-chomhshóite)

Urrús, ar ráta úis sheasta, atá insóinseáilte go gnáthstoc an iasachtaí ar choinníollacha sonraithe.

banna ioncaim *f* income bond *(Air)* *(ai.* bannaí ioncaim)

Banna nach n-íocann ioncam mura dtuilleann sé a dhóthain chuige sin.

banna iontaobhais chomhthaobhaigh *f* collateral trust bond *(Air)* *(ai.* bannaí iontaobhais chomhthaobhaigh)

Banna atá urraithe ag gealltán den ghnáthstoc atá i seilbh na corparáide.

bannaí Poncánacha *f* yankee bonds *(Air)*

Bannaí eachtracha, ainmnithe i ndollair, a eisítear i Nua Eabhrac faoi réir dhlí SAM agus nach mór a chlárú leis an SEC.

bannaí Rembrandt *f* Rembrandt bonds *(Air)*

Bannaí eachtracha, ainmnithe i ngildear na hOllainne, a eisítear in Amsterdam.

bannaí rialtais *f* government bonds *(Air)*

bannaí Samúraí *f* Samurai bonds *(Air)*

Bannaí ainmnithe i Yen a eisíonn neamhchónaitheoirí sa tSeapáin.

bannaí Seogain *f* Shogun bonds *(Air)*

Bannaí eachtracha a eisítear i dTóiceo, ainmnithe in airgeadraí seachas i Yen na Seapáine.

bannaí treoirnaisc *f* index linked bonds *(Air)*

Bannaí ina luaitear gur mar fheidhm den athrú i luach innéacs stocmhalartáin thar am a dhéanfar iad a fhuascailt.

banna lascaine buneisiúna *f* original issue discount bond *(Air)* *(ai.* bannaí lascaine buneisiúna)

Banna a eisítear le lascaine ón bparluach.

banna mórlascaine *f* deep discount bond *(Air)* *(ai.* bannaí mórlascaine)

Banna a eisítear le cúpón an-íseal nó gan aon chúpón. *(mal* banna cúpóin nialasaigh *f*) *(var* zero coupon bond)

banna neamhurraithe *f* unsecured bond *(Air)* *(ai.* bannaí neamhurraithe)

Fiachas fadtéarma comhlachta nach bhfuil clúdaithe faoi chomhthaobhacht de chineál ar bith.

banna oibleagáide ginearálta *f* general obligation bond *(Air)* *(ai.* bannaí oibleagáide ginearálta)

Ceann de na príomhchineálacha bannaí bardasacha. Bíonn lánmhuinín agus lánchreidmheas (cumhacht cánachais) an eisitheora mar chúltaca ag bannaí oibleagáide ginearálta.

banna ráta chomhlúthaigh *f* floating-rate bond *(Air)* *(ai.* bannaí ráta chomhlúthaigh)

Oibleagáid fiachais le híocaíocht cúpóin inchoigeartaithe.

banna sealbhóra *f* bearer bond *(Air)* *(ai.* bannaí sealbhóra)

Banna a eisítear gan ainm an úinéara a thaifead.

banna státchiste *f* treasury bond *(Air)* *(ai.* bannaí státchiste)

Oibleagáid fiachais an rialtais fheidearálaigh (SAM) a dhéanann íocaíochtaí cúpóin go leathbhliantúil agus a dhíoltar ar pharluach, nó gar dó, in ainmníochtaí $1000 nó níos airde. Eisíonn an rialtas feidearálach urrúis ioncaim sheasta i réimse leathan aibíochta. *(mal* nóta státchiste *f ai.* nótaí státchiste) *(var* treasury note)

banna Sushi *f* Sushi bond *(Air)* *(ai.* bannaí Sushi)

Eisiúint dollair a dhéanann cuideachta Seapánach, lena bhfuil sé ceaptha go gceannódh institiúidí Seapánacha é.

banna urra *f* surety bond *(Air)* *(ai.* bannaí urra)

Ráthú go gcomhlíonfaidh duine nó corparáid oibleagáid atá dlite do dhuine nó do chorparáid eile.

barainneacht *b* economy (thrift) *(Air)* *(gu.* barainneachta *ai.* barainneachtaí)

barainneachtaí an mhórscála *b* economies of scale *(Air)* *(gi.* bharainneachtaí an mhórscála)

Meánchostas níos ísle in aghaidh an aonaid mar thoradh ar mhéadú sa táirgeacht.

baránta *f* warranty *(Fio)* *(ai.* barántaí)

barántas *f* warrant *(Air)* *(gu.* barántais *ai.* barántais)

Rogha ar líon áirithe scaireanna stoic a cheannach ar phraghas sonraithe.

barántas aisíoctha airgid *f* money back warrant *(Air)* *(gu.* barántais aisíoctha airgid)

Barántas banna is féidir a fhuascailt ar mhéid socraithe ag amanna éagsúla le linn saol an bharántais.

barántas banna *f* bond warrant *(Air)* *(gu.* barántais banna *ai.* barántais bhanna)

Tugann sé de cheart don sealbhóir banna atá ann cheana féin, nó banna nua, a cheannach ar phraghas seasta le linn saol an bharántais.

barántas fuinneoige *f* window warrant *(Air)* *(gu.* barántais fuinneoige)

Barántas atá infheidhmithe ar laethanta ar leith nó le linn tréimhsí ar leith.

barántas neamhdhíobhálach *f* harmless warrant *(Air)* *(gu.* barántais neamhdhíobhálaigh *ai.* barántais neamhdhíobhálacha)

Óstbhanna inghlaoite le barántas banna in-díscortha.

barántas óir *f* gold warrant *(Air)* *(gu.* barántais óir)

Banna le barántas in-díscortha chun ór a cheannach.

barántas trasairgeadra *f* cross-currency warrants *(Air)* *(gu.* barántais trasairgeadra)

Banna le barántas atá infheidhmithe mar bhanna atá ainmnithe in airgeadra seachas airgeadra an óstbhanna.

bardasach *a1* municipal *(Gin)*

barra bunúsach uirlisí *f* standard toolbar *(Río) (gu.* barra bhunúsaigh uirlisí)

barra-chairt *b* bar chart *(Río) (gu.* barra-chairte *ai.* barra-chairteacha)

Cairt ina bhfuil líon áirithe barraí atá ar comhleithead. Léirítear trí airde gach barra luach na hathróige spleáiche.

barrachas *f* surplus *(Air) (gu.* barrachais)

barrachas an tomhaltóra *f* consumer surplus *(Fio) (gu.* bharrachas an tomhaltóra)

barrachas caipitil *f* capital surplus *(Air) (gu.* barrachais caipitil)

An méid os cionn parluach atá an caipiteal cothromais a thagann ó ranníocaíochtaí díreacha.

barrachód *f* bar code *(Gin) (gu.* barrachóid)

barra deighilteora *f* separator bar *(Río)*

barra ingearach *f* vertical bar *(Río) (gu.* barra ingearaigh *ai.* barraí ingearacha)

barra nascleanúna *f* navigation bar *(Río) (ai.* barraí nascleanúna)

barra-oibreoir *f* bar operator *(Río) (gu.* barra-oibreora *ai.* barra-oibreoirí)

barra rialóra *f* ruler bar *(Río)*

barra roghchláir *f* menu bar *(Río) (ai.* barraí roghchláir)

barra sleamhnáin *f* sliding bar *(Río) (gu.* barra sleamhnáin *ai.* barraí sleamhnáin) *(var* slider)

barra stádais *f* status bar *(Río) (ai.* barraí stádais)

barra teidil *f* title bar *(Río) (ai.* barraí teidil)

barratháb *f* bar tab *(Río) (gu.* barratháib)

barra uirlisí *f* toolbar *(Río) (ai.* barraí uirlisí)

barra uirlisí formáidithe *f* formatting toolbar *(Río) (ai.* barraí uirlisí formáidithe) *(mal* barra (uirlisí) formáidiúcháin *f)*

barra (uirlisí) formáidiúcháin *f fch* barra uirlisí formáidithe. *(Río)*

barra uirlisí líníochta *f* drawing toolbar *(Río) (ai.* barraí uirlisí líníochta)

barrfhabhair *gma* most favoured *(Gin)*

barrmhaitheasa *gma* optimum *(Gin)*

barúlach *a1* notional *(Air)*

bás *f* death *(Gin) (gu.* báis)

bascaed *f* basket *(Air) (gu.* bascaeid)

Grúpa nó bailiúchán de nithe cosúla nó gaolmhara.

bascaed airgeadraí *f* currency basket *(Air) (gu.* bascaeid airgeadraí)

Modh a úsáidtear chun luach sócmhainne airgeadais nó airgeadra a dhearbhú mar mheánluach ualaithe de rátaí malairte an mhargaidh.

B-chrann *f* B-tree *(Río) (gu.* B-chrainn *ai.* B-chrainn)

Crann ginearálaithe ar féidir leis ionsánna agus scriosanna a láimhseáil go dinimiciúil gan meath ar éifeachtacht cuardaigh. Is mar innéacs ar chomhad is mó a bhaintear feidhm as.

beacht *a1* precise *(Air)*

beachtas *f* precision *(Gin) (gu.* beachtais)

Tomhas cumais chun idirdhealú a dhéanamh idir luachanna atá beagnach comhionann.

bealach dáilte *f* channel of distribution *(Fio) (gu.* bealaigh dháilte *ai.* bealaí dáilte) *(mal* bealach imdháilte *f gu.* bealaigh imdháilte *ai.* bealaí imdháilte)

bealach imdháilte *f fch* bealach dáilte. *(Fio) (gu.* bealaigh imdháilte *ai.* bealaí imdháilte)

beangán talmhúcháin *f* grounding prong *(Río) (gu.* beangáin talmhúcháin) *(var* earthing prong)

béarmhargadh *f* bear market *(Air) (gu.* béarmhargaidh *ai.* béarmhargaí)

Margadh ina bhfuil praghsanna ag titim.

bearna *b* gap *(Gin) (ai.* bearnaí)

bearna chosanta *b* protective gap *(Río) (gu.* bearna cosanta *ai.* bearnaí cosanta)

bearna idir fhocail *b* interword gap *(Río) (ai.* bearnaí idir fhocail)

bearna shéimeantach *b* semantic gap *(Río) (gu.* bearna séimeantaí *ai.* bearnaí séimeantacha)

bearna toraidh *f* yield gap *(Air) (ai.* bearnaí toraidh)

bearr *br* prune *(Gin)*

bearradh alfa-béite *f* alpha-beta pruning *(Río) (gu.* bearrtha alfa-béite)

beart[1] *f* byte *(Río) (gu.* birt *ai.* bearta)

Cnuasach d'ocht (nó uaireanta de naoi) ngiotán nó de chomharthaí leictreonacha, a léiríonn, nuair a thógtar le chéile iad, blúire faisnéise nó treoir ríomhchláir i meaisínteanga.

beart[2] *f* deal *(Air) (gu.* birt *ai.* bearta)

Gníomh trádála nó ceannaigh nó díola. *(mal* idirbheart *f gu.* idirbhirt *ai.* idirbhearta) *(var* transaction)

bearta comhtheagmhálacha *f* contiguous bytes *(Río) (gi.* beart comhtheagmhálach)

Bearta cóngaracha nó cuingeacha.

beartaíocht *b* transacting *(Air) (gu.* beartaíochta *ai.* beartaíochtaí) *(mal* idirbheartaíocht *b gu.* idirbheartaíochta)

beart airgid *f* cash transaction *(Air) (gu.* birt airgid *ai.* bearta airgid)

Idirbheart ina ndéantar an malartú ar an toirt.

beartán *f* bundle[1] *(Gin) (gu.* beartáin)

beartas *f fch* polasaí. *(Gin) (gu.* beartais)

beartas an cheannaitheora aonair *f* single buyer policy *(Air)* *(gu.* bheartas an cheannaitheora aonair)

Ligeann sé d'easpórtálaí idirbhearta ar leith a roghnú lena gcur faoi árachas.

bearta san orlach *f* bytes per inch (bpi) *(Río)*

bearta sa soicind *f* bytes per second (bps) *(Río)*

beartas bailithe *f* collection policy *(Air)* *(gu.* beartais bailithe)

Gnás a leanann gnólacht chun iarracht a dhéanamh cuntais infhála a bhailiú.

beartas praghsanna *f* prices policy *(Fio)* *(gu.* beartais praghsanna)

Na treoirlínte ginearálta a úsáideann miondíoltóir chun cinntí praghsála a dhéanamh. Léiríonn an polasaí seo dearcadh an mhiondíoltóra maidir le nithe ar nós siopaí ilrannacha atá in iomaíocht leis, costais, caiteachas ar thionscnaimh, etc.

beart ceannaithe *f* bought deal *(Air)* *(gu.* birt cheannaithe *ai.* bearta ceannaithe)

Gnás chun bannaí nua a eisiúint. Ceannaíonn an bainisteoir cinn an eisiúint iomlán ón iasachtaí ar théarmaí seasta réamhaontaithe.

beartchód *f* bytecode *(Río)* *(gu.* beartchóid)

beart infheistíochta *f* investment deal *(Air)* *(gu.* birt infheistíochta *ai.* bearta infheistíochta) *(var* investment transaction)

beart príobháidithe *f* going private transaction *(Air)*

Glacann grúpa príobháideach úinéireacht iomlán ar ghnáthscaireanna gnólachta a raibh a stoc i seilbh phoiblí go dtí sin.

beart tréithe *f* attribute byte *(Río)* *(gu.* birt tréithe)

Chun carachtair a thaispeáint, cóipeálann an LAP chuig an bhfísRAM iad i mbearta malartacha. Bíonn beart tréithe bainteach le gach carachtar a léiríonn cé mar atá an carachtar sin le taispeáint. Ar na tréithe sin tá dath an charachtair, a dhéine, cé acu an bhfuil sé ag preabadh nó nach bhfuil, agus mar sin de.

béasaíocht Idirlín *b* netiquette *(Río)* *(gu.* béasaíochta Idirlín)

béasaíocht ríomhaire *b* computer etiquette *(Río)* *(gu.* béasaíochta ríomhaire)

beatha *b* life *(Gin)* *(mal* saol *f gu.* saoil)

Beilgeach *a1* Belgian *(Gin)*

beirt *b* two people *(Gin)* *(gu.* beirte)

béite *b* beta *(Air)*

Tomhas staitistiúil den riosca a ghabhann le stoc aonair nó le punann stoic.

béite-thástáil *b* beta-testing *(Río)* *(gu.* béite-thástála *ai.* béite-thástálacha)

beobhabhtáil *b fch* babhtáil bheo. *(Río)* *(gu.* beobhabhtála)

beochan *b* animation *(Río)* *(gu.* beochana)

Íomhánna a chruthú a dhéanann gluaiseacht go saorga.

Bheilg, An *b* Belgium *(Gin)* *(gu.* na Beilge)

bheith de réir *ain* conformance with *(Río)*

bia *f* food *(Gin)* *(ai.* bianna)

bí de réir *br* conform *(Río)* *(var* obey)

bí in oiriúint le *br* comply *(Río)*

bileog *b* sheet *(Gin)* *(gu.* bileoige *ai.* bileoga)

bileog eolais *b* handout *(Gin)* *(gu.* bileoige eolais *ai.* bileoga eolais)

bileog oibre *b* worksheet *(Gin)* *(gu.* bileoige oibre *ai.* bileoga oibre)

bileog sonraí *b* data sheet *(Gin)* *(gu.* bileoige sonraí *ai.* bileoga sonraí)

bille *f* bill *(Air)* *(ai.* billí)

1. Giorrúchán ar *bille malairte.* 2. Leagan coitianta ar *sonrasc.*

bille aerbhealaigh *f* airway bill *(Air)* *(ai.* billí aerbhealaigh)

Admháil do lastas aeir, ar a n-áirítear last-táillí agus teideal i leith earraí.

bille luchta inaistrithe *f* negotiable bill of lading *(Air)*

Deonaíonn sé teideal ar na hearraí don sealbhóir, rud a ligeann don bhainc na hearraí a úsáid mar chomhthaobhacht.

bille luchta mhuirí *f* ocean bill of lading *(Air)*

Admháil do lastas ar bhád, a chuimsíonn muirir last-táille agus teideal ar na hearraí.

bille malairte *f* bill of exchange *(Air)* *(ai.* billí malairte)

Ordú neamhchoinníollach i scríbhinn, seolta ag duine amháin (an tarraingeoir) chuig duine eile (an tarraingí) agus sínithe ag an duine atá á thabhairt, ag iarraidh ar an tarraingí suim shonraithe airgid a íoc ar éileamh nó ag am seasta nó am inchinntithe sa todhchaí le duine sonraithe (an t-íocaí) nó leis an iompróir.

bille státchiste *f* treasury bill *(Air)* *(ai.* billí státchiste)

Fiachas gearrthéarma ar lascaine, a aibíonn taobh istigh de bhliain amháin, a eisíonn rialtas fheidearálacha uair sa tseachtain agus atá ionann is saor ó riosca.

bintiúr *f* debenture *(Air)* *(gu.* bintiúir *ai.* bintiúir)

Banna neamhurraithe a aibíonn de ghnáth ag 15 bliana nó níos déanaí.

bintiúr tionsclaíoch *f* industrial debenture *(Air)* *(gu.* bintiúir thionsclaígh *ai.* bintiúir thionsclaíocha)

bíog *b* pulse *(Río)* *(gu.* bíge *ai.* bíoga)

bíoga sa soicind *b* pulses per second (PPS) *(Río)*

bíog bhréige *b* spurious pulse *(Río)* *(gu.* bíge bréige *ai.* bíoga bréige)

bíogleithead *f* pulse width *(Río)* *(gu.* bíogleithid)

bíog rialúcháin aschurtha *b* output control pulse (OCP) *(Río)* *(gu.* bíge rialúcháin aschurtha *ai.* bíoga rialúcháin aschurtha)

bíogshraith *b* pulse train *(Río)* *(gu.* bíogshraithe) *(mal* bíogtheaghrán *f gu.* bíogtheaghráin) *(var* pulse string)

bíogtheaghrán *f* pulse string *(Río)* *(gu.* bíogtheaghráin) *(mal* bíogshraith *b gu.* bíogshraithe) *(var* pulse train)

BIOS (bunchóras ionchurtha/aschurtha) *f* basic input/output system (BIOS) *(Río)* *(gu.* bunchórais ionchurtha/aschurtha)

biseach *f fch* préimh. *(Air)* *(gu.* bisigh)

biseach comhshó *f* conversion premium *(Air)* *(gu.* bisigh comhshó)

An costas atá ar scair ar margadhphragas reatha a thiontú ina urrús nó ina bharántas in-chomhshóite. Luaitear de ghnáth é mar chéatadán de mhargadhphraghas an urrúis in-chomhshóite.

biseach riosca *f fch* préimh riosca. *(Air)* *(gu.* bisigh riosca)

biseach riosca gnáthscaireanna *f* equity risk premium *(Air)* *(gu.* bisigh riosca gnáthscaireanna)

Toradh sa bhreis ar an ráta saor ó riosca, ar shealúchas gnáthscaireanna.

biseach téarma *f* term premium *(Air)* *(gu.* bisigh téarma)

Préimh atá leabaithe i bpraghas todhchaíochtaí nó i réamhphraghas, a eascraíonn ó phréimheanna leachtachta i struchtúr téarmach rátaí úis nuair a bhíonn na rannpháirtithe drogallach roimh riosca.

bladhm *f* flame *(Río)* *(gu.* bladhma *ai.* bladhmanna)

bladhmadh *f* flaming *(Río)* *(gu.* bladhmtha)

bladhmadh gáis *f* gas-flaring *(Gin)* *(gu.* bladhmtha gáis)

blaosc *b* shell *(Río)* *(gu.* blaoisce *ai.* blaoscanna)

blaosc Bourne *b* Bourne shell *(Río)* *(gu.* blaoisce Bourne *ai.* blaosca Bourne)

blaosc-script *b* shell script *(Río)* *(gu.* blaosc-scripte *ai.* blaosc-scripteanna) *(mal* script bhlaoisce *b gu.* scripte blaoisce *ai.* scripteanna blaoisce)

blaoscshórtáil *b* shell sort *(Río)* *(gu.* blaoscshórtála)

Roinntear eagar i ndeighleáin níos lú agus sórtáltar gach deighleán go leithleach trí shórtáil ionsáite.

bláth *f* flower *(Gin)* *(gu.* blátha *ai.* bláthanna)

bleid (a bhualadh ar) *b* accost (to) *(Gin)* *(gu.* bleide)

bleid siopalainne *b* mall intercept *(Fio)* *(gu.* bleide siopalainne *ai.* bleideanna siopalainne)

Modh bailithe sonraí ina stopann agallóirí i siopalann roinnt áirithe de na daoine atá ag dul thar bráid chun a fhiafraí díobh an mbeidís toilteanach a bheith páirteach i staidéar taighde; de ghnáth, tugtar iad siúd atá toilteanach chuig saoráid agallóireachta atá curtha ar fáil sa siopalann agus cuirtear faoi agallamh ansin iad.

bliain *b* year *(Gin)* *(gu.* bliana *ai.* blianta)

blianacht *b* annuity *(Air)* *(gu.* blianachta *ai.* blianachtaí)

1. Conradh ina n-íocann duine préimh le comhlacht árachais, in aon chnapshuim amháin de ghnáth, agus ina bhfaigheann sé/sí íocaíochtaí tréimhsiúla ar feadh tréimhse comhaontaithe nó go deireadh a s(h)aoil. 2. Íocaíocht a dhéantar ar chonradh dá leithéid.

bliantúil *a2* annual *(Gin)*

bliantúlú *f* annualizing *(Air)* *(gu.* bliantúlaithe)

bloc *f* block[1] *(Río)* *(gu.* bloic *ai.* bloic)

Bailiúchán de thaifid leanúnacha is féidir a léamh ó ghléas ionchurtha nó a scríobh chuig gléas aschurtha le hordú singil ríomhaire.

blocáil *f* blocking[1] *(Río)* *(gu.* blocála)

Dhá thaifead nó breis a chur isteach in aon bhloc amháin.

bloc cluasán *f* headphone block *(Río)* *(gu.* bloic cluasán)

bloc plocóidí *f fch* clár plocóidí. *(Río)* *(gu.* bloic phlocóidí)

bloc rialaithe ciúnna *f* queue control bloc (QCB) *(Río)* *(gu.* bloic rialaithe ciúnna)

bloc rialaithe próisis *f* process control block (PCB) *(Río)* *(gu.* bloic rialaithe próisis)

blogh *b* fragment *(Río)* *(gu.* blogha)

Eilimint phróiseála sainithe le sanaidhm agus ionchuir/aschuir shainithe. D'fhéadfadh sí freagairt d'oibríocht, nó do chomhpháirt feidhme. D'fhéadfadh sé gur oibríocht nó comhpháirt d'fheidhm a bheadh inti. D'fhéadfadh sí próiseas, grúpa sonraí, nó teachtaireacht scáileáin a fhothú.

bloghadh *f* fragmentation *(Río)* *(gu.* bloghta)

Bearnaí beaga spáis dhíomhaoin scaipthe tríd an stóras ar dhiosca; sonraí dáilte go míchothrom ar dhiosca. Tarlaíonn sé aon uair a scriostar sonraí de dhiosca nó nuair a chuirtear comhaid nua air.

bloghadh inmheánach *f* internal fragmentation *(Río)* *(gu.* bloghta inmheánaigh)

bochtaineacht *b* poverty *(For)* *(gu.* bochtaineachta)

bog *br* move[2] *(Río)*

bog[1] *a1* soft *(Gin)*

bog[2] *a1* floppy *(Río)* *(mal* flapach *a1)*

bogearraí *f* software *(Río)* *(mal* earraí boga *f)*

bogearraí áirge *f* utility software *(Río)*

bogearraí áirge deisce *f* desktop utility software *(Río)*

bogearraí béite *f* beta software *(Río)*

bogearraí coiteanna *f* common software *(Río)*

bogearraí córais *f* system software *(Río)*

bogearraí córas agus tacaíochta *f* systems and support software *(Río)*

bogearraí cothabhála dioscaí *f* disk maintenance software *(Río)*

bogearraí cuachta *f* bundled software *(Río)*

bogearraí cúltaca *f* backup software *(Río)*

bogearraí fearainn phoiblí *f* public domain software *(Río)*

bogearraí feidhme *f* application software *(Río)*

bogearraí foilsitheoireachta *f* publishing software *(Río)*

bogearraí idirghníomhaíochta *f* interactive software *(Río)*

bogearraí láithreoireachta *f* presentation software *(Río)*

bogearraí oideachais *f* educational software *(Río)*

bogearraí parsála *f* parser software *(Río)*

bogearraí ríomhaireachta *f* computer software *(Río)*

bogearraí tagartha *f* reference software *(Río)*

boghta *f* vault *(Gin)* *(ai.* boghtaí)

bogtheascógadh *f* soft-sectoring *(Río)* *(gu.* bogtheascógtha)

bogtheascógtha *a3* soft-sectored *(Río)*

boigéis *b* gullibility *(Gin)* *(gu.* boigéise)

boilsciú *f* inflation *(Air)* *(gu.* boilscithe)

Méadú ar an méid airgid atá i gcúrsaíocht agus titim ar a luach agus ardú ar phraghsanna de bharr an mhéadaithe sin.

bolg *f* belly *(Gin)* *(gu.* boilg)

bolgán *f* bubble[1] *(Gin)* *(gu.* bolgáin)

bolgánach *a1* bubble[2] *(Río)*

bolgán inbhéartaithe *f* inversion bubble *(Río)* *(gu.* bolgáin inbhéartaithe)

bolscaireacht *b* publicity (advertising) *(Fio)* *(gu.* bolscaireachta)

bónas *f* bonus *(Air)* *(gu.* bónais)

1. Íocaíocht bhreise a fhaigheann fostaithe ó lucht bainistíochta, mar chúiteamh ar dhea-obair de ghnáth, nó mar éiric ar rud éigin (e.g. obair chontúirteach), nó chun brabúis bliana dea-thrádála a roinnt amach. 2. Méid breise airgid, le taobh na bhfáltas, a dháileann árachóir ar shealbhóir polasaí nuair a dhéanann an t-árachóir brabús de bharr ciste árachais saoil a infheistiú. 3. Aon íocaíocht sa bhreis nó nach bhfuil súil léi.

bónaseisiúint *b* bonus issue *(Air)* *(gu.* bónaseisiúna *ai.* bónaseisiúintí)

Scairtheastais nua a eisítear do scairshealbhóirí chun an carnadh brabús i gcúlchiste cláir chomhardaithe comhlachta a léiriú. Is próiseas é más ea, chun airgead ó chúlchiste an chomhlachta a thiontú ina c(h)aipiteal eisithe. Ní íocann na scairshealbhóirí as na scaireanna nua agus ní fheictear go bhfuil méadú tagtha ar a sealúchas. *(mal* scruitheisiúint *b gu.* scruitheisiúna *ai.* scruitheisiúintí) *(var* capitalization issue; free issue; scrip issue)

bonn[1] *f* base[1] *(Gin)* *(gu.* boinn) *(var* foundation; premise (assumption))

bonn[2] *f* base[2] *(Mat)* *(gu.* boinn) *(mal* bonnuimhir *b gu.* bonnuimhreach *ai.* bonnuimhreacha) *(var* radix)

bonn[3] *f fch* bonnsraith. *(Air)* *(gu.* boinn)

bonn[4] *f* basis[2] *(Air)* *(gu.* boinn)

An difríocht idir praghsanna airgid thirim agus praghsanna todhchaíochtaí ar an tráchtearra céanna.

bonn agaithe (ar) *f* tap basis (on a) *(Air)*

Modh eisiúna in Eorapháipéar Tráchtála.

bonn airgeadaíochta *f* monetary base *(Air)* *(gu.* boinn airgeadaíochta)

An méid de dhliteanais bainc ceannais a mb'fhéidir gur leor é chun riachtanais an chórais baincéireachta tráchtála a shásamh mar chúlchiste.

bonnbhliain *b* base year *(Air)* *(gu.* bonnbhliana *ai.* bonnbhlianta)

An bhliain a roghnaítear mar bhonn in innéacs eacnamúil.

bonnchaipitliú *f* base capitalization *(Air)* *(gu.* bonnchaipitlithe)

Is é 10 Aibreán 1962 dáta an bhonnchaipitlithe - an chéadbhonn do gach innéacs - nó cibé dáta is déanaí ná sin a scaradh innéacs níos nua ón mbonn sin.

bonnchaipitliú coigeartaithe *f* adjusted base capitalization *(Air)* *(gu.* bonnchaipitlithe choigeartaithe)

bonnchló réamhshocraithe *f* initial base font *(Río)*

An cló ag a socraítear printéir i gcónaí mura bhformáidíonn an t-úsáideoir é chun a mhalairt de chló a úsáid.

bonndáta *f* base date *(Air)* *(ai.* bonndátaí)

An dáta a roghnaítear mar bhonn in innéacs eacnamúil.

bonneagar *f* infrastructure *(For)* *(gu.* bonneagair) *(mal* infreastruchtúr *f gu.* infreastruchtúir)

bonneagar eochrach poiblí *f* public key infrastructure *(Río)* *(gu.* bonneagair eochrach poiblí) *(mal* infreastruchtúr eochrach poiblí *f gu.* infreastruchtúir eochrach poiblí)

bonnluach *f* base value *(Air)* *(gu.* bonnluacha *ai.* bonnluachanna)

bonnphointe *f* basis point *(Air)* *(ai.* bonnphointí)

0.0001 An céadú cuid de chéatadán amháin.

bonnráta *f* base rate *(Air)* *(ai.* bonnrátaí)

An ráta úis ar a mbunaítear na rátaí ag a dtugann bainc iasachtaí d'iasachtaithe. *(var* basis rate)

bonnráta iasachta *f* base lending rate *(Air)* *(ai.* bonnrátaí iasachta)

bonnsraith *b* floor *(Air)* *(gu.* bonnsraithe)

An t-íosráta úis a bhíonn le híoc ag eisitheoir urrúis ráta chomhlúthaigh. *(mal* bonn *f gu.* boinn)

bonnuimhir *b* radix *(Mat)* *(gu.* bonnuimhreach *ai.* bonnuimhreacha) *(mal* bonn *f gu.* boinn) *(var* base)

Bons du Trésor *f* Bons du Trésor *(Air)*

Billí státchiste na Fraince.

bord *f* board² *(Air)* *(gu.* boird)

Grúpa stiúrthóirí atá freagrach as comhlacht a rith agus a mbíonn freagrachtaí dlíthiúla orthu ina leith de ghnáth. Is iad na scairshealbhóirí a dhéanann iad a thoghadh.

Bord na gCaighdeán Cuntasaíochta Airgeadais *f* Financial Accounting Standards Board (FASB) *(Air)* *(gu.* Bhord na gCaighdeán Cuntasaíochta Airgeadais)

Bord Trádála Chicago *f* Chicago Board of Trade (CBT) *(Air)* *(gu.* Bhord Trádála Chicago)

borradh (cumhachta/leictreachais) *f* surge *(Río)* *(gu.* borrtha)

bosca *f* box *(Gin)* *(ai.* boscaí)

bosca ábhair *f* subject box *(Río)* *(ai.* boscaí ábhair)

bosca anuas *f* drop-down box *(Río)* *(ai.* boscaí anuas)

bosca athchúrsála *f* recycle bin *(Río)*

bosca buntáisc *f* footer box *(Río)* *(ai.* boscaí buntáisc)

bosca ceanntáisc *f* header box *(Río)* *(ai.* boscaí ceanntáisc)

bosca córais *f* system box *(Río)* *(ai.* boscaí córais)

bosca critéar *f* criteria box *(Río)* *(ai.* boscaí critéar)

bosca dialóige *f* dialogue box *(Río)* *(ai.* boscaí dialóige)

bosca dialóige na dtáb *f* tab dialogue box *(Río)*

bosca dialóige roghchláir *f* menu dialogue box *(Río)* *(ai.* boscaí dialóige roghchláir)

bosca faisnéise *f* information box *(Río)* *(ai.* boscaí faisnéise)

bosca faoi ghlas *f* locked box *(Río)* *(ai.* boscaí faoi ghlas)

bosca focal *f* word box *(Río)* *(ai.* boscaí focal)

bosca glais *f* lockbox *(Air)* *(ai.* boscaí glais)

Uimhreacha boscaí postoifige a dtreoraítear do chustaiméirí íocaíocht a sheoladh chucu.

bosca grafach *f* graphic box *(Río)* *(gu.* bosca ghrafaigh *ai.* boscaí grafacha)

bosca ilchinntí *f* multiway decision box *(Río)* *(ai.* boscaí ilchinntí)

bosca liosta *f* list box *(Río)* *(ai.* boscaí liosta)

bosca rabhaidh *f* warning box *(Río)* *(ai.* boscaí rabhaidh)

bosca rialúcháin *f* control box *(Río)* *(ai.* boscaí rialúcháin)

bosca ríomhphoist *f* mailbox *(Río)* *(ai.* boscaí ríomhphoist)

bosca seoltaí *f* address box *(Río)* *(ai.* boscaí seoltaí)

bosca stádais *f* status box *(Río)* *(ai.* boscaí stádais)

Bosca Taispeána *f* Show Box *(Río)*

bosca téacs *f* text box *(Río)* *(ai.* boscaí téacs)

bosca teaglama *f* combo box *(Río)* *(ai.* boscaí teaglama)

bosca uirlisí *f* toolbox *(Río)* *(ai.* boscaí uirlisí)

both *b* kiosk *(Fio)* *(gu.* botha *ai.* bothanna)

both idirghníomhaíochta *b* interactive kiosk *(Río)* *(gu.* botha idirghníomhaíochta *ai.* bothanna idirghníomhaíochta)

botún *f* mistake *(Gin)* *(gu.* botúin)

brabhsáil¹ *b* browsing *(Río)* *(gu.* brabhsála)

brabhsáil² *br* browse *(Río)*

brabhsálaí *f* browser *(Río)* *(ai.* brabhsálaithe)

brabhsálaí as líne *f* offline browser *(Río)* *(ai.* brabhsálaithe as líne)

brabhsálaí Gréasáin *f* Web browser *(Río)* *(ai.* brabhsálaithe Gréasáin)

brabús *f* profit *(Air)* *(gu.* brabúis)

1. D'idirbheart amháin, farasbarr phraghas díola an earra nó na seirbhíse atá ar díol thar chostas a sholáthar. 2. Do thréimhse trádála, barrachas na nglansócmhainní ag tús na tréimhse sin, coigeartaithe mar is cuí de réir an mhéid caipitil a chuir na húinéirí isteach sa ghnó nó a tharraing siad as.

brabúsach *a1* profitable *(Air)*

brabúsacht *b* profitability *(Air)* *(gu.* brabúsachta)

brabús caipitiúil *f* capital profit *(Air)* *(gu.* brabúis chaipitiúil *ai.* brabúis chaipitiúla)

Brabús a thagann de thoradh ar shócmhainn chaipitiúil a chur de láimh.

brabús inchurtha i leith *f* attributable profit *(Air) (gu.* brabúis inchurtha i leith)

brabús roimh cháin *f* pre-tax profit *(Air) (gu.* brabúis roimh cháin)

bradaí *f* hacker *(Río) (ai.* bradaithe)

bradáil *b* hacking *(Río) (gu.* bradaíola)

brainse *f* branch *(Río) (ai.* brainsí)

Rogha de chosán amháin nó breis, sa sreabhadh sonraí nó comharthaí, trí chóras nó trí chéim. Braitheann roghnú cosáin ar chritéar éigin ar ar féidir cinneadh a bhunú. Tugtar treoracha brainseála uaireanta ar na treoracha a úsáidtear chun an roghnú a chur sa tsiúl.

brainseáil *b* branching *(Río) (gu.* brainseála)

brainseáil agus cuimsigh *br* branch and bound *(Río)*

brainseáil choinníollach *b* conditional branching *(Río) (gu.* brainseála coinníollaí)

brainse ar dheis *f fch* brainse deas. *(Río) (ai.* brainsí ar dheis)

brainse deas *f* right branch *(Río) (gu.* brainse dheis *ai.* brainsí deasa) *(mal* brainse ar dheis *f ai.* brainsí ar dheis)

braisle *b* cluster[1] *(Gin) (ai.* braislí)

braisle-anailís *b* cluster analysis *(Río) (gu.* braisleanailíse) *(mal* anailís bhraisle *b gu.* anailíse braisle)

Braislechlár Ríomhsheirbhísí *f* eCluster Programme *(Río) (gu.* Braislechláir Ríomhsheirbhísí)

braisle freastalaithe *b* server farm *(Río) (var* server cluster)

braisligh *br* cluster[2] *(Río)*

braislithe *a3* clustered *(Río)*

braisliú *f* clustering *(Río) (gu.* braislithe)

braiteoir méarloirg *f* fingerprint sensor *(Río) (gu.* braiteora méarloirg *ai.* braiteoirí méarloirg)

branda *f* brand *(Fio) (ai.* brandaí)

branda comórtais *f fch* branda troda. *(Fio) (ai.* brandaí comórtais)

brandáil *b* branding *(Fio) (gu.* brandála)

branda troda *f* fighting brand *(Fio) (ai.* brandaí troda)

Leathnú ar líne amháin de phríomhbhranda a chuireann táirgeoir amháin ar an margadh chun dul in iomaíocht dhíreach le táirgí ar phraghas níos ísle atá le fáil ar mhargadh ar leith. De ghnáth bíonn ainm branda nach ionann agus an príomhbhranda ar an mbranda troda agus praghas íseal. Bíonn a cháilíocht níos ísle de ghnáth ná cáilíocht an phríomhbhranda; d'fhéadfadh sé gan bheith ar an margadh ach go

sealadach; is í a aidhm ná custaiméirí a choinneáil gan é a bheith riachtanach praghas an phríomhbhranda a ísliú. *(mal* branda comórtais *f ai.* brandaí comórtais)

brat *f* flag *(Río) (gu.* brait)

Giotán nó giotáin a stórálann mír amháin eolais, agus 1 nó 0 ag seasamh dó. Léiríonn sé coinníoll a bheith ann nó in easnamh nuair atá an coinníoll le húsáid i gcéim a leanas i ríomhchlár meaisín. Cuireann brat gníomh i bhfeidhm sna crua-earraí nó sna bogearraí. *(mal* bratach *b gu.* brataí *ai.* bratacha)

bratach *b fch* brat. *(Río) (gu.* brataí *ai.* bratacha)

brath iompróra /ilrochtain *f/b* carrier sense/multiple access (CSMA) *(Río) (gu.* braite iompróra/ilrochtana)

bratpholasaí *f* umbrella policy *(Air)*

Polasaí a eisítear do bhanc nó do chomhlacht trádála chun easpórtálacha easpórtálaí a árachú agus chun riachtanais tuarascála a láimhseáil.

brat ríomhchláir *f* program flag *(Río) (gu.* brait ríomhchláir)

breab *b* bribe *(Gin) (gu.* breibe *ai.* breabanna)

breac *br* enter[2] *(Air)*

breacaire *f* plotter *(Río) (ai.* breacairí)

breacaireacht *b* checkerboarding *(Río) (gu.* breacaireachta)

Nuair a chuirtear deighilt i ngníomh, tar éis don chóras bheith ag rith ar feadh tamaill beidh an chuimhne roinnte ina codanna, cuid acu le deighleáin iontu agus cuid eile le poill. Tugtar breacaireacht ar an bhfeiniméan seo.

breacaire sonraí *f* data plotter *(Río) (ai.* breacairí sonraí)

bréagach *a1* false *(Gin)*

an Bhreatain *b* Britain *(Gin) (gu.* na Breataine)

breathnóir *f* observer *(Gin) (gu.* breathnóra *ai.* breathnóirí)

breiseán *f* plug-in *(Río) (gu.* breiseáin) *(var* add-in program)

breiseán uasghrádaithe *f* plug-in upgrade *(Río) (gu.* breiseáin uasghrádaithe)

breisigh[1] *br* increase[3] *(Mat) (mal* méadaigh *br)*

breisigh[2] *br* enhance *(Río)*

breisithe[1] *a3* enhanced[1] *(Gin)*

breisithe[2] *a3* extended *(Río)*

breisiú[1] *f* extension[3] *(Río) (gu.* breisithe)

I dteoiric an chódaithe, an próiseas a bhaineann le mórán siombailí a chódú ag aon am amháin, nó na torthaí dá bharr sin.

breisiú[2] *f fch* breisiúchán. *(Río) (gu.* breisithe)

breisiúchán *f* enhancement *(Río) (gu.* breisiúcháin) *(mal* breisiú *f gu.* breisithe)

breisluach *f* added value *(Air) (gu.* breisluacha)

breithmheas *f* appraisal *(Gin) (gu.* breithmheasa) *(mal* measúnú *f gu.* measúnaithe) *(var* assessment)

breithmheas ar infheistíocht *f* investment appraisal *(Air) (gu.* breithmheasa ar infheistíocht)

Próiseas fiosraithe faoi inmhianaitheacht tograí infheistíochta, e.g. fearas agus innealra caite a athsholáthar, monarcha nua a bhunú, comhlacht eile a tháthcheangal, táirgí nua a fhorbairt nó feachtas tionscnaimh díolacháin a chur ar siúl.

brionnú *f* forgery *(Río) (gu.* brionnaithe *ai.* brionnuithe)

bris¹ *br* dismiss *(Fio)*

Díbir, go háirithe le heasonóir, ó phost nó ó fhostaíocht; scaoil, tabhair bóthar do. *(var* sack)

bris² *b* break² *(Río) (gu.* brise *ai.* briseanna)

Eochair ar na méarchláir is coitianta a úsáidtear le rá leis an ríomhaire go bhfuil an oibríocht reatha le tobscor.

briseadh *f* break¹ *(Gin) (gu.* briste *ai.* bristeacha)

briseadh bog *f* soft break *(Río) (gu.* briste bhoig *ai.* bristí boga)

briseadh bog (idir) leathanaigh *f* soft page break *(Río) (gu.* briste bhoig (idir) leathanaigh *ai.* bristeacha boga (idir) leathanaigh)

briseadh bog (idir) línte *f* soft line break *(Río) (gu.* briste bhoig (idir) línte *ai.* bristí boga (idir) línte)

briseadh colúin *f* column break *(Río) (gu.* briste colúin *ai.* bristeacha colúin)

briseadh crua *f* hard break *(Río) (gu.* briste chrua)

briseadh crua (idir) leathanaigh *f* hard page break *(Río) (gu.* briste chrua (idir) leathanaigh *ai.* bristeacha crua (idir) leathanaigh)

briseadh (idir) leathanaigh *f* page break *(Río) (gu.* briste (idir) leathanaigh *ai.* bristeacha (idir) leathanaigh)

briseadh líne *f* line break *(Río) (gu.* briste líne *ai.* bristeacha líne)

briseadh rannáin *f* section break *(Río) (gu.* briste rannáin *ai.* bristeacha rannáin)

brisphointe *f* breakpoint *(Río) (ai.* brisphointí)

Pointe i ríomhchlár ag ar féidir rith a stad. Bíonn brisphointe de ghnáth ag tús treorach áit a mbíonn stadanna, a tharlaíonn de bharr idirghabhála seachtraí, a bhíonn caoithiúil le rith a atosú.

bróicéir *f* broker *(Air) (gu.* bróicéara *ai.* bróicéirí)

bróicéir airgeadraí *f* foreign exchange broker *(Air) (gu.* bróicéara airgeadraí *ai.* bróicéirí airgeadraí)

Duine a chuireann an dá pháirtí in idirbheart airgeadraí nó taiscí in aithne dá chéile.

bróicéir ar coimisiún *f* commission broker *(Air) (gu.* bróicéara ar coimisiún *ai.* bróicéirí ar coimisiún)

I SAM, déileálaí stocmhalartáin a chomhlíonann orduithe maidir le hurrúis a dhíol nó a cheannach, ar bhonn táille nó coimisiúin bunaithe ar luach an bhearta.

broid-dhíol *f* distress sale *(Air) (gu.* broid-dhíola)

brú *f* push¹ *(Gin)*

bruachbhaile *f* suburb *(Gin) (ai.* bruachbhailte)

brúchnaipe *f* pushbutton *(Río) (ai.* brúchnaipí)

brúigh¹ *br* press *(Gin)*

brúigh² *br fch* sáigh. *(Gin)*

brúigh ar an gcruach *br* push on the stack *(Río)*

Cuir aonán (beart etc.) le cruach.

brúigh eochair ar bith le leanúint ar aghaidh *abairtín* press any key to continue *(Río)*

brúigh leathanach síos *br* page down² *(Río)*

brúigh leathanach suas *br* page up² *(Río)*

brúigh siar *br* pushback² *(Río)*

brú siar *f* pushback¹ *(Río)*

brústocaire *f* lobbyist *(Gin) (ai.* brústocairí)

brústocaireacht *b* lobbying *(Gin) (gu.* brústocaireachta)

buaic *b* peak *(Gin) (gu.* buaice)

buaiceanna agus íosphointí *abairtín* highs and lows *(Air)*

buaiceanna agus íosphointí na bliana reatha *abairtín* current year highs and lows *(Air)*

buaicráta aistrithe sonraí *f* peak data transfer rate *(Río) (mal* buaicráta traschurtha sonraí *f)*

buaicráta traschurtha sonraí *f fch* buaicráta aistrithe sonraí. *(Río)*

buaint *b* harvest *(Fio) (gu.* buainte)

buainteoireacht *b* harvesting *(Fio) (gu.* buainteoireachta)

buaiteoir *f* winner *(Gin) (gu.* buaiteora *ai.* buaiteoirí)

buama ama *f* time bomb *(Río) (ai.* buamaí ama)

buama ríomhphoist *f* mail bomb *(Río) (ai.* buamaí ríomhphoist) *(var* e-bomb)

buanchiorcad fíorúil *f* permanent virtual circuit *(Río) (gu.* buanchiorcaid fhíorúil)

buanordú *f* standing order *(Air) (gu.* buanordaithe *ai.* buanorduithe)

buanstóras *f* permanent storage *(Río) (gu.* buanstórais)

buicéad *f* bucket *(Río) (gu.* buicéid)

Rannóg stórais a choinnítear do shonraí atá ag carnadh nó do bhailiúcháin iomlána faisnéise. Cuirtear lipéid 1,2,3, etc., ar bhuicéid agus úsáidtear go minic iad nuair atá córas á phleanáil ón tús.

buille tintrí f lightning strike *(Río) (ai.* buillí tintrí)

buiséad f budget[1] *(Air) (gu.* buiséid)

buiséadaigh br budget[2] *(Air)*

buiséad airgid f cash budget *(Air) (gu.* buiséid airgid) Réamhaisnéis ar ionchais comhlachta i leith fáltas agus íocaíochtaí airgid sa bhliain atá ag teacht.

buiséadú f budgeting *(Air) (gu.* buiséadaithe)

bulladóra gma bulldog *(Air)*

bun[1] f bottom *(Gin) (gu.* buin *ai.* bunanna)

bun[2] f basis[1] *(Gin) (gu.* buin *ai.* bunanna) *(mal* bunús f *gu.* bunúis) *(var* basis; origin)

bun-[1] *réi* original *(Gin) (mal* bun- *réi*; bunúsach *a1*) *(var* base; basic; primary)

bun-[2] *réi* base[5] *(Gin) (mal* bun- *réi*; bunúsach *a1*) *(var* basic; original)

bunachar f base[3] *(Río) (gu.* bunachair)

bunachar eolais f knowledge base *(Río) (gu.* bunachair eolais)

bunachar faisnéis bainistíochta f management information base (MIB) *(Río) (gu.* bunachair faisnéis bainistíochta)

bunachar foinseach sonraí f source database *(Río) (gu.* bunachair fhoinsigh sonraí *ai.* bunachair fhoinseacha sonraí)

bunachar sonraí (BS) f database *(Río) (gu.* bunachair shonraí)

Cnuasach comhtháite de shonraí oibríochtúla atá ordaithe i slí ar leith agus iad stóráilte lena n-úsáid i bhfeidhmchlár ag fiontar gnó nó eile.

bunachar sonraí coibhneasta f relational database *(Río) (gu.* bunachair shonraí coibhneasta)

bunachar sonraí coibhneasta oibiachtaí f object-relational database *(Río) (gu.* bunachair shonraí coibhneasta oibiachtaí)

bunachar sonraí cumasaithe do XML f XML-enabled database *(Río) (gu.* bunachair shonraí cumasaithe do XML)

bunachar sonraí dáilte f distributed database *(Río) (gu.* bunachair shonraídháilte)

bunachar sonraí deighilte f partitioned database *(Río) (gu.* bunachair shonraí dheighilte)

bunachar sonraí dúchasach XML f native XML database *(Río) (gu.* bunachair shonraí dhúchasaigh XML)

bunachar sonraí foclóireachta f lexicographical database *(Río) (gu.* bunachair shonraí foclóireachta)

bunachar sonraí líonra f network database *(Río) (gu.* bunachair shonraí líonra)

bunachar sonraí ordlathach f hierarchical database *(Río) (gu.* bunachair shonraí ordlathaigh)

bunachar sonraí simplí f flatfile database *(Río) (gu.* bunachair (shonraí) shimplí) Bunachar sonraí atá bunaithe ar théacschomhad simplí.

bunachar sonraí tráchtála f commercial database *(Río) (gu.* bunachair shonraí tráchtála)

bunaicme b base class *(Río)*

bunaigh[1] br base[4] *(Gin)*

bunaigh[2] br establish *(Gin)*

bunaigh[3] br float[3] (a company) *(Air)*

bunaíocht b establishment *(Gin) (gu.* bunaíochta)

bunairgead f principal[1] *(Air) (gu.* bunairgid *ai.* bunairgid)

1. Suim airgid ar a dtuilltear ús. 2. Luach banna a chaithfear a aisíoc ar theacht in aibíocht dó. *(mal* príomhshuim b *gu.* príomhshuime *ai.* príomhshuimeanna)

bunaithe ar oibiachtaí *a3* object-oriented (OO) *(Río)*

bunbhanda f baseband *(Río) (ai.* bunbhandaí)

buneisiúint b original issue *(Air) (gu.* buneisiúna)

bunleibhéil gma bottom-level *(Río)*

bunlíne b baseline *(Gin)*

bunmhargadh f primary market *(Air) (gu.* bunmhargaidh *ai.* bunmhargaí) Áit ina dtairgtear eisiúintí nua d'urrúis don phobal.

bunmhód f basic mode *(Río) (gu.* bunmhóid)

bunseoladh f base address *(Río) (gu.* bunseolta *ai.* bunseoltaí)

bunsócmhainn b underlying asset *(Air) (gu.* bunsócmhainne *ai.* bunsócmhainní)

buntáiste f advantage *(Gin) (ai.* buntáistí)

buntáiste comparáideachta f comparative advantage *(Air) (ai.* buntáistí comparáideachta) Buntáiste coibhneasta tíre i leith earraí agus seirbhísí a tháirgeadh.

buntásc f footer *(Gin) (gu.* buntáisc *ai.* buntáisc)

buntéarma f primitive term *(Loi) (gu.* buntéarma *ai.* buntéarmaí *gi.* buntéarmaí) Téarma a fheictear a bheith sothuigthe ar an toirt agus a úsáidtear gan é a mhíniú.

bunús f basis[3] *(Río) (gu.* bunúis) *(mal* bun f *gu.* buin *ai.* bunanna) *(var* basis; origin)

bunúsach[1] *a1* basic *(Gin)* *(mal* bun- *réi;* príomhúil *a2)* *(var* base; original; primary)

bunúsach[2] *a1* underlying *(Gin)*

bunúsachas *f* fundamentalism *(Gin)* *(gu.* bunúsachais)

bunúsann *b* significand *(Río)* *(gu.* bunúsainne)

bus *f* bus *(Río)*
Ciorcad a úsáidtear chun sonraí nó cumhacht a tharchur.

busach *a1* bus-based *(Río)*

bus aisioncronach *f* asynchronous bus *(Río)* *(gu.* bus aisioncronaigh *ai.* busanna aisioncronacha)
Bus nach n-oibríonn de réir mháistirchloig ach a mbraitheann gach rud a tharlaíonn dó ar an rud a tharla roimhe sin.

bus ceadchomharthaí *f* token bus *(Río)* *(ai.* busanna ceadchomharthaí)

bus comhéadain *f* interface bus *(Río)* *(ai.* busanna comhéadain)

bus forlíontach *f* expansion bus *(Río)* *(gu.* bus fhorlíontaigh *ai.* busanna forlíontacha)

busleithead *f* bus width *(Río)* *(gu.* busleithid)

bus rialúcháin *f* control bus *(Río)*

bus seoltaí *f* address bus *(Río)*

bus sioncronach *f* synchronous bus *(Río)* *(gu.* bus shioncronaigh *ai.* busanna sioncronacha)
Ceann den dá chatagóir busanna arb é a gclogáil a dheighleann ó chéile iad. Tiomáineann ascaltóir criostail líne an bhus shioncronaigh.

bus sonraí *f* data bus *(Río)*

bus sonraí an chórais *f* system data bus *(Río)*

bustiománaí *f* bus driver *(Río)* *(ai.* bustiománaithe)

bustoipeolaíocht *b* bus topology *(Río)* *(gu.* bustoipeolaíochta)

bus uilíoch srathach *f* universal serial bus *(USB)* *(Río)* *(gu.* bus uilíoch shrathaigh *ai.* busanna uilíocha srathacha)

bútáil[1] *b* bootstrapping *(Río)* *(gu.* bútála)

bútáil[2] *br* boot (up) *(Río)*
Córas ríomhaireachta a ullmhú le hoibriú trí chóras oibriúcháin a lódáil.

bútáil fhuar *b* cold boot *(Río)* *(gu.* bútála fuaire)

bútáil the *b* warm boot *(Río)* *(gu.* bútála te) *(var* warm start)

C

cabhair *b* help *(Río)* *(gu.* cabhrach)

cabhair ar líne *b* online help *(Río)* *(gu.* cabhrach ar líne)

cábla *f* cable *(Río)* *(ai.* cáblaí)

cábla cliste *f* intelligent cable *(Río)* *(gu.* cábla chliste *ai.* cáblaí cliste)

cábla comhaiseach *f* coaxial cable *(Río)* *(gu.* cábla chomhaisigh *ai.* cáblaí comhaiseacha)

cábla cumhachta *f* power cable *(Río)* *(ai.* cáblaí cumhachta) *(mal* cábla leictreachais *f ai.* cáblaí leictreachais) *(var* electric cable)

cábla dé-aiseach *f* twinaxial cable *(Río)* *(gu.* cábla dhé-aisigh *ai.* cáblaí dé-aiseacha)

cábla leictreachais *f* electric cable *(Río)* *(ai.* cáblaí leictreachais) *(mal* cábla cumhachta *f ai.* cáblaí cumhachta) *(var* power cable)

cábla neamh-mhóideimeach *f* null modem cable *(Río)* *(gu.* cábla neamh-mhóideimigh *ai.* cáblaí neamh-mhóideimeacha)

cábla snáthoptaice *f* fibre optic cable *(Río)* *(ai.* cáblaí snáthoptaice)

cábla sonraí monatóra *f* monitor data cable *(Río)* *(ai.* cáblaí sonraí monatóra)

cábla teileafóin *f* telephone cable *(Río)* *(ai.* cáblaí teileafóin)

cábla trí shreang *f* three-wire cable *(Río)* *(ai.* cáblaí trí shreang)

cadás *f* cotton *(Gin)* *(gu.* cadáis)

cadhnra *f fch* ceallra. *(Río)* *(ai.* cadhnraí)

caidhb *b* cap *(Air)* *(gu.* caidhpe *ai.* caidhpeanna)
An t-uasmhéid úis a íocann an t-eisitheoir ar urrús ráta chomhlúthaigh. Cuireann an díoltóir ciste ar fáil chun íocaíochtaí úis os cionn ráta sonraithe a chlúdach.

caidhpeáil *b* capping *(Air)* *(gu.* caidhpeála)

caidhprogha *b* caption *(Air)* *(ai.* caidhproghanna)
Rogha ar chaidhp a dhíol nó a cheannach.

caidmiam nicile *f* nickel cadmium *(NiCd)* *(Río)*

caidreamh[1] *f* dialogue *(Gin)* *(gu.* caidrimh)

caidreamh[2] *f* relations *(Gin)* *(gu.* caidrimh)

caidreamh poiblí *f* public relations *(PR)* *(Fio)* *(gu.* caidrimh phoiblí)
1. Próiseas chun tionchar a imirt ar dhearcadh agus ar thuairimí grúpa daoine ar mhaithe le duine, táirge, smaoineamh, institiúid, agus a leithéid, a chur chun cinn. 2. An méid de thuiscint agus de dhea-mhéin atá faighte ag aon cheann dá leithéid thuas ón bpobal.

caidreamh tionsclaíoch *f* industrial relations *(Air)* *(gu.* caidrimh thionsclaíoch)

caife *f* coffee *(Gin)*

caighdeáin chomhoiriúnachta siarghabhálaí *f* backward compatibility standards *(Río)* *(gi.* caighdeán comhoiriúnachta siarghabhálaí)

Caighdeáin Chripteagrafaíochta le hEochair Phoiblí *f* Public-Key Cryptography Standards *(Río) (gi.* Caighdeán Cripteagrafaíochta le hEochair Phoiblí)

caighdeáin dhílsithe *f* proprietary standards *(Gin) (gi.* caighdeán dílsithe)

caighdeáin forbartha feidhmchlár *f* application development standards *(Río) (gi.* caighdeán forbartha feidhmchlár)

Sainíonn sé na caighdeáin d'fhorbairt an fheidhmchláir reatha. Comhaontaíonn lucht Bainistíochta Tionscadail na caighdeáin ag tús Chéim 6; bunaítear iad ar an Treoir Stíle Feidhmchláir a tháirgtear as Roghanna Córas Teicniúil.

caighdeáin idirspleácha *f* interdependent standards *(Río) (gi.* caighdeán idirspleách)

caighdeán *f* standard[1] *(Gin) (gu.* caighdeáin)

caighdeánach *a1* standard[2] *(Gin)*

caighdeánaigh *br* standardize *(Gin)*

caighdeán carachtar *f* character standard *(Río) (gu.* caighdeáin charachtar)

caighdeán maireachtála *f* standard of living *(Fio) (gu.* caighdeáin maireachtála)

An leibhéal ginearálta de rachmas eacnamaíoch i ngeilleagar, tomhaiste mar shampla, de réir an leibhéil ioncaim per capita (OTN roinnte ar líon an daonra).

caighdeán maireachtála ábhartha *f* material standard of living *(Fio) (gu.* caighdeáin maireachtála ábhartha)

caighdeán snámhphointe IEEE *f* IEEE floating-point standard *(Río) (gu.* chaighdeán snámhphointe IEEE)

caighdeánú *f* standardization *(Gin) (gu.* caighdeánaithe)

caighean *f* cage *(Río) (gu.* caighin)

caighean cártaí *f* card cage *(Río) (gu.* caighin chártaí)

An struchtúr ina gcoinnítear na cártaí ciorcadphriontáilte éagsúla atá in úsáid i micriríomhaire.

cáilíocht *b* quality *(Gin) (gu.* cáilíochta)

(Ríomhaireacht) Tomhas a dhéantar ar gach táirge SSADM chun a léiriú go bhfuil siad oiriúnach don aidhm atá leo. Rangaítear gach táirge de réir critéar caighdeánach. Sraith amháin de na critéir seo is ea na critéir cháilíochta. Má chomhlíonann an táirge na critéir seo, is féidir glacadh leis mar chuid de dhoiciméadú an tionscadail.

cáilíocht taifeadta *b* recording quality *(Río) (gu.* cáilíochta taifeadta)

cáilitheoir *f* qualifier *(Río) (gu.* cáilitheora)

cáiliú *f* qualification *(Río) (gu.* cáilithe)

caill *br* lose *(Gin)*

cailliúint *b* loss[1] *(Gin) (gu.* cailliúna *ai.* cailliúintí)

cailliúint comhartha *b* loss of signal (LOS) *(Río) (gu.* cailliúna comhartha)

caillte *a3* lost *(Gin)*

cailleach *a1* lossy *(Río)*

cailleacht *b* lossiness *(Río) (gu.* caillteachta)

caillteanas *f* loss[2] *(Air) (gu.* caillteanais)

An gannchion idir an t-ioncam díolacháin a fhaigheann gnólacht ar a tháirgí a dhíol agus na costais iomlána a bhí air de bharr a aschur a tháirgeadh.

caillteanas caipitiúil *f* capital loss *(Air) (gu.* caillteanais chaipitiúla *ai.* caillteanais chaipitiúla)

Caillteanas a tharlaíonn mar thoradh ar shócmhainn chaipitiúil a chur de láimh, a chailliúint nó a scrios, nó ar fhiachas fadtéarma. I dtaca le cúrsaí cánach, is féidir caillteanas caipitiúil a fhritháireamh in aghaidh brabúis chaipitiúil.

caillteanas faisnéise *f* loss of information *(Río) (gu.* caillteanais faisnéise)

caillteanas frithchaithimh *f* reflection loss *(Río) (gu.* caillteanais frithchaithimh)

caillteanas iarmharach *f* residual loss *(Air) (gi.* caillteanais iarmharaigh)

Saibhreas a chailleann na scairshealbhóirí de bharr ghníomhú contrártha na mbainisteoirí.

caillteanas in aghaidh na scaire *f* loss per share *(Air) (gu.* caillteanais in aghaidh na scaire)

caillteanas roimh cháin *f* pre-tax loss *(Air) (gu.* caillteanais roimh cháin)

cáilmheas *f* goodwill *(Air) (gu.* cáilmheasa)

Farasbarr an phraghais cheannaigh thar shuim mhargadhluachanna córa na sócmhainní indibhidiúla ar glacadh seilbh orthu.

cáilmheas scríofa anuas *f* goodwill written down *(Air) (gu.* cáilmheasa scríofa anuas)

caimiléireacht *b* dishonesty *(Gin) (gu.* caimiléireachta)

cáin *b* tax *(Air) (gu.* cánach *ai.* cánacha)

Tobhach a chuireann rialtas láir nó áitiúil ar aonáin nó ar chomhlachtaí corparáideacha chun caiteachas an rialtais sin a mhaoiniú agus mar shlí freisin chun a pholasaí airgeadais a chur i gcrích.

cáinaisnéis *b* budget[3] *(Air) (gu.* cáinaisnéise *ai.* cáinaisnéisí)

cáin bharúlach *b* imputation tax *(Air) (gu.* cánach barúlaí *ai.* cánacha barúlacha)

cáin choinneála ar ús taisce *b* deposit interest retention tax (DIRT) *(Air) (gu.* cánach coinneála ar ús taisce)

cáin chomhionannaithe úis *b* interest equalization tax (IET) *(Air) (gu.* cánach comhionannaithe úis *ai.* cánacha comhionannaithe úis)

Cineál rialaithe ar mhalairt eachtrach a d'fhorchuir rialtas SAM ar chónaitheoirí i SAM. Éilíodh an cháin speisialta seo ar urrúis eachtracha a ceannaíodh idir 1963-73.

cáin chorparáide b corporate tax *(Air)* *(gu.* cánach corparáide *ai.* cánacha corparáide)

Cáin a thoibhítear ar bhrabúis trádála, ar ghnóthachain inmhuirir, agus ar ioncam eile cuideachtaí agus comhlachtaí corpraithe. *(var corporation tax)*

cáin chorparáide lársrutha b mainstream corporation tax *(Air)* *(gu.* cánach corparáide lársrutha *ai.* cánacha corparáide lársrutha)

cainéal f channel *(Río)* *(gu.* cainéil)

cainéal ilphléacsóra f multiplexer channel *(Río)* *(gu.* cainéil ilphléacsóra)

cainéal ionchuir/aschuir f input/output channel *(Río)* *(gu.* cainéil ionchuir/aschuir)

Cosán ciorcaid a cheadaíonn cumarsáid neamhspleách idir an próiseálaí agus gléasanna seachtracha.

cainéal roghnóra f selector channel *(Río)* *(gu.* cainéil roghnóra)

cainéal sonraí f data channel *(Río)* *(gu.* cainéil sonraí)

Cosán sonraí nó bus déthreoch idir gléasanna ionchurtha/aschurtha agus an phríomhchuimhne, a cheadaíonn oibríochtaí comhchumaracha.

cainéal tarchurtha f transmission channel *(Río)* *(gu.* cainéil tarchurtha)

cainéal tarchurtha sonraí f data transmission channel *(Río)* *(gu.* cainéil tarchurtha sonraí)

cáiníocóir f taxpayer *(Air)* *(gu.* cáiníocóra *ai.* cáiníocóirí)

cáin ioncaim b income tax *(Air)* *(gu.* cánach ioncaim *ai.* cánacha ioncaim)

Cáin dhíreach ar ioncam.

cainníocht b quantity *(Gin)* *(gu.* cainníochta *ai.* cainníochtaí)

cainníochtóir eiseach f existential quantifier *(Loi)*

cainníochtóir uilíoch f universal quantifier *(Loi)*

cainníochtú eiseach f existential quantification *(Río)* *(gu.* cainníochtaithe eisigh)

cainníochtúil a2 quantitative *(Fio)*

cainníochtú uilíoch f universal quantification *(Río)* *(gu.* cainníochtaithe uilíoch)

cáin shiarchoinneálach b withholding tax *(Air)* *(gu.* cánach siarchoinneálaí *ai.* cánacha siarchoinneálacha)

Cáin a ghearrann óst-tír ar chistí a sheoltar ó fhochuideachta go máthairchuideachta.

caint b speech *(Gin)* *(gu.* cainte *ai.* cainteanna)

cáipéis b document[1] *(Gin)* *(gu.* cáipéise *ai.* cáipéisí)

caipiteal f capital[1] *(Air)* *(gu.* caipitil)

1. Luach iomlán sócmhainní pearsan lúide a fiachais. 2. Méid leasa úinéara i sócmhainní eagraíochta, lúide fiachais na heagraíochta. 3. An méid airgid a thugann na húinéirí d'eagraíocht chun a chur ar a cumas feidhmiú. 4. I dteoiric na heacnamaíochta is toisc tháirgeachta é - innealra agus fearas (caipiteal fisiciúil) nó airgead (caipiteal airgeadais) - de ghnáth.

caipiteal fiontair f venture capital *(Air)* *(gu.* caipitil fiontair)

Airgeadú luath do chuideachtaí óga atá ag iarraidh fás go tapa.

caipiteal in úsáid f capital employed *(Air)* *(gu.* caipitil in úsáid) *(var* employed capital)

caipiteal tiomnaithe f dedicated capital *(Air)* *(gu.* caipitil thiomnaithe)

An pharuimhir iomlán.

caipitiúil a capital[2] *(Air)*

caipitleachas f capitalism *(Air)* *(gu.* caipitleachais)

caipitliú f capitalization *(Air)* *(gu.* caipitlithe)

caipitliú iomlán margaidh f total market capitalization *(Air)* *(gu.* caipitlithe iomláin margaidh)

caipitliú margaidh f market capitalization *(Air)* *(gu.* caipitlithe margaidh)

Is ionann caipitliú margaidh cuideachta agus an líon scaireanna atá in eisiúint méadaithe faoi phraghas na scaire.

cairdinéalacht b cardinality *(Río)* *(gu.* cairdinéalachta)

1. (Bunachair shonraí) An líon de chodaigh atá i ngaol. 2. (SSADM) An aicme uimhreach lena mbaineann gach aonán atá páirteach i ngaol. Ag taobh amháin den ghaol, ní féidir le cineál aonáin tarlú ach uair amháin. Is é an cineál aonáin seo an máistir sa ghaol. Ag an taobh eile den ghaol, is féidir leis an gcineál aonáin sin tarlú go minic; tugtar aonán mionsonraí air sin. Déanann an chairdinéalacht an dá thaobh de ghaol a rangú mar seo: ceann agus gan ach ceann amháin, agus mórán. Léirítear an chairdinéalacht sna téarmaí seo a leanas:

1 : 1 aon le haon

1 : m aon le mórán

m : m mórán le mórán *(mal* céim ghaoil b *gu.* céime gaoil *ai.* céimeanna gaoil) *(var* relationship degree)

cairdiúil a2 user-friendly *(Río)*

cairt b chart *(Gin)* *(gu.* cairte *ai.* cairteacha)

cairt eagair b organizational chart *(Río)* *(gu.* cairte eagair *ai.* cairteacha eagair)

cairtéal f cartel *(Air)* *(gu.* cairtéil)

cairtfhostaigh br charter *(Air)*

cairtfhostóir f charterer *(Air)* *(gu.* cairtfhostóra *ai.* cairtfhostóirí)

cairtiú f charting *(Air)* *(gu.* cairtithe)

Léirmhíniú, ó léaráidí grafacha de phraghsanna agus den mhéid trádála, ar ghníomhaíocht mhalartáin airgeadraí agus réamhinsint ar athruithe sa todhchaí, thar thréimhse ghearr de ghnáth. (*mal* cur ar cairt abairtín)

caiséad *f* cassette *(Gin)* *(gu.* caiséid)

caiséad téipe *f* tape cassette *(Río)* *(gu.* caiséid téipe) (*mal* téipchaiséad *f gu.* téipchaiséid)

caismirt *b* clash *(Río)* *(gu.* caismirte *ai.* caismirtí)

caismirt struchtúr *b* structure clash *(Río)* *(gu.* caismirte struchtúr)

Staid le linn Samhaltú Loighciúil de Phróiseas nuair a thuigtear go bhfuil an dá struchtúr atá á gcumasc neamh-chomhoiriúnach. Aithnítear trí chineál caismirte struchtúr: caismirt oird, áit a dtarlaíonn na míreanna sonraíochta sa struchtúr ionchuir i seicheamh atá éagsúil leis an struchtúr aschuir; caismirt teorann, áit a mbíonn éagsúlacht, ní hamháin idir míreanna, ach idir grúpaí de mhíreanna, ar an dá cheann; agus caismirt idirdhuillithe, áit a mbíonn míreanna sonraíochta ó aonáin éagsúla sa struchtúr ionchuir measctha trí chéile, in ionad na mireanna sonraíochta go léir ó aonán 1 a bheith le chéile, ansin ó aonán 2 agus mar sin de.

caiteachas *f* expenditure *(Fio)* *(gu.* caiteachais)

Airgead, cúram, am, dua, etc. a úsáid.

caiteachas pearsanta *f* personal spending *(Air)* *(gu.* caiteachais phearsanta)

caitheamh[1] *f* wear *(Gin)* *(gu.* caithimh)

caitheamh[2] *f* consumption[2] *(Air)* *(gu.* caithimh)

caitheamh[3] *f* spending *(Air)* *(gu.* caithimh)

calcalas bunaithe ar abairtí *f* sentential calculus *(Loi)* *(gu.* calcalais bunaithe ar abairtí) (*mal* calcalas bunaithe ar thairiscintí *f gu.* calcalais bunaithe ar thairiscintí) (*var* propositional calculus)

calcalas bunaithe ar phreideacáidí *f fch* calcalas preideacáide. *(Loi)*

calcalas bunaithe ar thairiscintí *f* propositional calculus *(Loi)* *(gu.* calcalais bunaithe ar thairiscintí) (*mal* calcalas bunaithe ar abairtí *f gu.* calcalais bunaithe ar abairtí; calcalas preideacáide *f gu.* calcalais preideacáide) (*var* predicate calculus; sentential calculus)

calcalas lambda *f* lambda calculus *(Río)* *(gu.* calcalais lambda)

calcalas preideacáide *f* predicate calculus *(Loi)* *(gu.* calcalais preideacáide) (*mal* calcalas bunaithe ar thairiscintí *f gu.* calcalais bunaithe ar thairiscintí) (*var* propositional calculus)

callaire *f* speaker *(Río)* *(ai.* callairí)

camóg *b* comma *(Río)* *(gu.* camóige *ai.* camóga)

candam *f* quantum *(Río)* *(gu.* candaim)

candamaigh *br* quantize *(Río)*

candamú *f* quantization *(Río)* *(gu.* candamaithe)

candamuimhir *b* quantum number *(Río)* *(gu.* candamuimhreach *ai.* candamuimhreacha)

caochadh *f* blinking *(Río)* *(gu.* caochta)

caochaíl *b* flicker *(Río)* *(gu.* caochaíle)

caochspota *f* blind spot *(Gin)*

caoindíol *f* soft sell *(Fio)* *(gu.* caoindíola)

Teicníc díolaíochta atá sochreidte, caolchúiseach, neamhdhíreach.

caolcheannach *f* little endian *(Río)* *(gu.* caolcheannaigh) (*mal* ríomhaire caolcheannach *f gu.* ríomhaire chaolcheannaigh *ai.* ríomhairí caolcheannacha)

caolchliant *f* thin client *(Río)* *(gu.* caolchliaint) (*var* trim client)

caolfhreastalaí *f* thin server *(Río)* *(ai.* caolfhreastalaithe)

caolú *f* dilution *(Air)* *(gu.* caolaithe)

Méadú sa líon gnáthscaireanna i gcomhlacht gan méadú dá réir ina shócmhainní ná ina bhrabúsacht. Tarlaíonn titim i luach na scaireanna de bharr an chaolaithe seo.

caomhnaitheacht *b fch* cosantas. *(For)* *(gu.* caomhnaitheachta)

carachtair alfa-uimhriúla *f* alphanumerical characters *(Río)*

Litreacha na haibítre, figiúirí, siombailí matamaiticiúla agus siombailí poncaíochta.

carachtair ghrafaice *f* graphics characters *(Río)* *(gi.* carachtar grafaice)

carachtair neamh-ASCII *f* non-ASCII characters *(Río)* *(gi.* carachtar neamh-ASCII)

carachtair san orlach *f* characters per inch (CPI) *(Río)* *(gi.* carachtar san orlach)

carachtar *f* character *(Río)* *(gu.* carachtair *ai.* carachtair)

Litir, digit nó sainchomhartha singil (ar nós £ - punt, ? - comhartha ceiste nó % - céatadán).

carachtar aibítreach *f* alphabetic character *(Gin)* *(gu.* carachtair aibítrigh *ai.* carachtair aibítreacha)

carachtar breisithe cóid *f* code extension character *(Río)* *(gu.* carachtair bhreisithe cóid)

carachtarchód *f fch* cód carachtar. *(Río)* *(gu.* carachtarchóid)

carachtar cúlslaise *f* backslash character *(Río)* *(gu.* carachtair chúlslaise)

An carachtar \.

carachtar diúltach *f* negative character *(Río)* *(gu.* carachtair dhiúltaigh *ai.* carachtair dhiúltacha)

carachtar dlíthiúil *f* legal character *(Río)* *(gu.* carachtair dhlíthiúil *ai.* carachtair dhlíthiúla)

carachtar dúbailte athfhriotail *f* double quote character *(Río)* *(gu.* carachtair dhúbailte athfhriotail)

carachtar éalaithe *f* escape character *(Río)* *(gu.* carachtair éalaithe)

Carachtar rialúcháin a athraíonn brí carachtair nó carachtar a leanann láithreach é. Tá sé mar a bheadh carachtar sealadach iomlaoide.

carachtar ilbheart *f* multibyte character *(Río)* *(gu.* carachtair ilbheart)

carachtar le sín *f* signed character *(Río)* *(gu.* carachtair le sín)

carachtar líne nua *f* new line character *(Río)* *(gu.* carachtair líne nua)

Éifeachtóir formáide a bhogann suíomh an chló nó na léaráide go dtí an chéad suíomh ar an gcéad líne eile.

carachtar na fostríce *f* underscore character *(Río)* *(gu.* charachtar na fostríce)

Líne is féidir a phriontáil faoi charachtar nó faoi spás idir carachtair.

carachtar neamhnitheach *f* null character *(Río)* *(gu.* carachtair neamhnithigh *ai.* carachtair neamhnitheacha)

Carachtar gan luach is féidir a úsáid mar chuid de sheicheamh carachtar gan brí an tseichimh a athrú nuair atá gá lena leithéid chun coinníollacha áirithe a chomhlíonadh.

carachtar optúil *f* optical character *(Río)* *(gu.* carachtair optúil *ai.* carachtair optúla)

carachtar rialúcháin *f* control character *(Río)* *(gu.* carachtair rialúcháin)

Carachtar a shonraíonn feidhm rialúcháin nuair a tharlaíonn sé i gcomhthéacs áirithe.

carachtar saoróige *f* wildcard carachter *(Río)* *(gu.* carachtair saoróige)

carachtar singil athfhriotail *f* single quote character *(Río)* *(gu.* carachtair shingil athfhriotail *ai.* carachtair shingile athfhriotail)

carachtar tús ceannteidil *f* start-of-heading character (SOH) *(Río)* *(gu.* carachtair tús ceannteidil)

carachtar tús téacs *f* start-of-text character (STX) *(Río)* *(gu.* carachtair tús téacs)

carachtar uimhriúil *f* numeric character *(Río)* *(gu.* carachtair uimhriúil *ai.* carachtair uimhriúla)

carn[1] *f* accumulation *(Gin)* *(gu.* cairn) *(var* heap)

carn[2] *br* accumulate[1] *(Gin)*

carn[3] *f* heap[2] *(Río)* *(gu.* cairn)

Achar sonraí áit nach bhfuil aon srian ar na sonraí a rochtain (go hiondúil nuair atá teanga ardleibhéil ar nós Pascal á rith). Is minic i dteangacha mar sin, a bhíonn achar sonraí ann a fheidhmítear mar chruach nach féidir a rochtain ach óna bharr.

carnach *a1* cumulative *(Air)*

carnadh *f* accumulating *(Gin)* *(gu.* carntha)

Fás de réir a chéile i méid nó i gcainníocht.

carnsórtáil *b* heap sort *(Río)* *(gu.* carnsórtála)

Gnáthamh sórtála déphasaí a bhaineann úsáid as struchtúr iomlán crainn dhénártha.

carraeireacht *b* carriage[2] *(Air)* *(gu.* carraeireachta)

carráiste *f* carriage[1] *(Gin)* *(ai.* carráistí)

cárta *f* card *(Gin)* *(ai.* cártaí)

cárta airgid *f* cash card *(Air)* *(ai.* cártaí airgid)

cárta ciorcad *f* circuit card *(Río)* *(ai.* cártaí ciorcad) *(mal* clár ciorcad *b gu.* cláir ciorcad) *(var* circuit board)

cárta cliste *f* smartcard *(Río)*

cárta comhéadain *f* interface card *(Río)* *(ai.* cártaí comhéadain)

cárta comhéadan líonra *f* network interface card (NIC) *(Río)* *(ai.* cártaí comhéadan líonra)

cárta crua *f* hard card *(Río)* *(gu.* cárta chrua *ai.* cártaí crua)

cárta cuibheora *f* adapter card *(Río)* *(gu.* cárta cuibheora *ai.* cártaí cuibheora)

cárta cuibheora (an) líonra *f* network adapter card *(Río)* *(ai.* cártaí cuibheora líonra)

cárta físghabhála *f* video capture card *(Río)* *(ai.* cártaí físghabhála)

cárta forlíontach *f* expansion card *(Río)* *(gu.* cárta fhorlíontaigh *ai.* cártaí forlíontacha)

cárta fuaime *f* sound card *(Río)* *(ai.* cártaí fuaime)

cárta grafaice *f* graphics card *(Río)* *(ai.* cártaí grafaice)

cárta inmheánach roghanna *f* internal option card *(Río)* *(gu.* cárta inmheánaigh roghanna *ai.* cártaí inmheánacha roghanna)

cárta-innéacs *f* card index *(Río)* *(ai.* cárta-innéacsanna) *(mal* innéacs cártaí *f ai.* innéacsanna cártaí)

cárta leighis *f* medical card *(Gin)* *(ai.* cártaí leighis)

cárta líonra *f* network card *(Río)* *(ai.* cártaí líonra)

cárta roghanna *f* option card *(Río)* *(ai.* cártaí roghanna)

cárta tarchuradóra *f* transmitter card *(Río)* *(ai.* cártaí tarchuradóra)

cartlann *b* archive[1] *(Gin)* *(gu.* cartlainne)

Comhad amháin ina mbíonn comhad nó comhaid ar leith maille leis an bhfaisnéis atá riachtanach chun go bhféadfadh clár oiriúnach iad a dheighilt óna chéile.

cartlann ríomhábhar clóite *b* e-print archive *(Río) (gu.* cartlainne ríomhábhar clóite)

cartús *f* cartridge *(Gin) (gu.* cartúis)

Cartús Ceathrú Orlaigh *f* Quarter-Inch Cartridge (QIC) *(Río) (gu.* Cartúis Cheathrú Orlaigh)

cartús clónna *f* font cartridge *(Río) (gu.* cartúis clónna)

cartús dúigh *f* ink cartridge *(Río) (gu.* cartúis dúigh)

cartús printéara *f* printer cartridge *(Río) (gu.* cartúis printéara)

cartús tonóra *f* toner cartridge *(Río) (gu.* cartúis tonóra)

cás¹ *f* case¹ *(Gin) (gu.* cáis)

cás² *f* case² *(Río) (gu.* cáis *ai.* cásanna)

Ceann de na comhstruchtúir a ghabhann le ríomhchlárú struchtúrtha; úsáidtear é le haghaidh ilchinntí.

cásáil *b* housing *(Río) (gu.* cásála)

cas air *br* turn on *(Gin)*

cas as *br* turn off *(Gin)*

cascáid *b* cascade¹ *(Gin) (gu.* cascáide *ai.* cascáidí)

cascáideach *a1* waterfall *(Río)*

cascáidigh *br* cascade² *(Río)*

CASE *acr* Computer-Aided Software Engineering (CASE) *(Río)*

Teicníc chun ríomhairí a úsáid le cabhrú le céim amháin, nó breis, de shaolré bogearraí ar a n-áirítear anailís, dearadh, cur i ngníomh agus cothabháil bogearraí go córasach. Ní mór uirlisí bogearraí agus traenáil a bheith ar fáil d'fhorbróirí a úsáideann cur chuige CASE chun córais a thógáil agus a chothabháil.

cás íochtair *f* lower case *(Río) (gu.* cáis íochtair)

cásíogair *a2* case-sensitive *(Río)*

A bheith inniúil ar idirdhealú a dhéanamh idir litreacha cás uachtair agus litreacha cás íochtair.

casphéire díonta *f* shielded twisted pair (STP) *(Río) (gu.* casphéire dhíonta *ai.* casphéirí díonta)

casphéire neamhdhíonta *f* unshielded twisted pair *(Río) (ai.* casphéirí neamhdhíonta)

cás uachtair *f* uppercase *(Río) (gu.* cáis uachtair)

catagóir *b* category *(Río) (gu.* catagóire *ai.* catagóirí) *(mal* aicme *b ai.* aicmí)

catagóirigh *br* categorize *(Río)*

catagóiriú *f* categorization *(Río) (gu.* catagóirithe)

catalóg *b* catalogue *(Río) (gu.* catalóige *ai.* catalóga)

catalóg córais *b* system catalogue *(Río) (gu.* catalóige córais *ai.* catalóga córais)

catalóg dheighilte *b* partitioned catalogue *(Río) (gu.* catalóige deighilte *ai.* catalóga deighilte)

catalóg lán-mhacasamhlaithe *b* fully replicated catalogue *(Río) (gu.* catalóige lán-mhacasamhlaithe *ai.* catalóga lán-mhacasamhlaithe)

catalóg lárnach *b* centralized catalogue *(Río) (gu.* catalóige lárnaí *ai.* catalóga lárnacha)

catalóg riachtanas *b* requirements catalogue *(Río) (gu.* catalóige riachtanas)

An doiciméad lárnach a liostálann gach rud atá á éileamh ón gcóras nua. Cuirtear tús leis nuair a thosaíonn an tionscadal, agus coinnítear ag cur leis tríd na céimeanna ar fad go dtí go gcríochnaítear an Dearadh Fisiciúil.

catalóg sonraí *b* data catalogue *(Río) (gu.* catalóige sonraí)

Bailiúchán de shainmhínithe agus de thuairiscí ar thréithe uile an chórais, agus ar na fearainn uile a thugann a luachanna féideartha dóibh.

catalóg úsáideoirí *b* user catalogue *(Río) (gu.* catalóige úsáideoirí)

Doiciméad a thugann ainmneacha na ndaoine a bhaineann úsáid as comhpháirteanna an chórais ar líne. Tugtar teidil jabanna agus tuairiscí jabanna sa doiciméad.

cathaoirleach ainmnithe *f* chairperson designate *(Air) (gu.* cathaoirligh ainmnithe)

cathaoirleach neamhfheidhmiúcháin ainmnithe *f* non-executive chairperson designate *(Air) (gu.* cathaoirligh neamhfheidhmiúcháin ainmnithe)

catóid *b* cathode¹ *(Río) (gu.* catóide *ai.* catóidí)

catóideach *a1* cathode² *(Río)*

CD Breisithe *f* Enhanced CD (E-CD) *(Río)*

CD fuaime *f* audio CD *(Río)*

CD ilseisiún *f* multisession CD *(Río)*

ceachtar de A nó B *abairtín* either A... or B... *(Loi) (mal* A nó B (nó ceachtar acu) *abairtín)*

cead *f* permission *(Río) (gu.* ceada *ai.* ceadanna) *(mal* cead rochtana *f gu.* ceada rochtana) *(var* access permission)

ceadaigh é/í/iad a sheoladh *br* clear to send *(Río)*

ceadaithe *a3* allowed *(Río)*

ceadchomhartha *f* token *(Río) (ai.* ceadchomharthaí)

ceadchomhartha caillte *f* lost token *(Río) (gu.* ceadchomhartha chaillte *ai.* ceadchomharthaí caillte)

ceadchomhartha iarmhíreanna *f* extension token *(Río) (ai.* ceadchomharthaí iarmhíreanna)

céadiarracht *b* first-cut *(Río) (gu.* céadiarrachta)

cead rochtana *f* access permission *(Río) (gu.* ceada rochtana) *(mal* cead *f gu.* ceada *ai.* ceadanna) *(var* permission)

cead rochtana comhaid *f* file access permission *(Río) (gu.* ceada rochtana comhaid)

Cead chun oibríochtaí áirithe a rith ar chomhad.

cead rochtana diúltaithe *abairtín* access denied *(Río)*

céadrogha *b fch* rogha. *(Air)* *(ai.* céadroghanna*)*

céadrogha intrádála *b fch* rogha intrádála. *(Air)* *(ai.* céadroghanna intrádála*)*

céadrogha thraidisiúnta *b fch* rogha thraidisiúnta. *(Air)* *(ai.* céadroghanna traidisiúnta*)*

ceadú *f* grant[2] *(Río)* *(gu.* ceadaithe *ai.* ceaduithe*)*

ceadúnas *f* licence *(Gin)* *(gu.* ceadúnais*)*

Ceadúnas Eorpach Tiomána Ríomhairí *f* European Computer Driving Licence (ECDL) *(Río)*

ceadúnas láithreáin *f* site licence *(Río)* *(gu.* ceadúnais láithreáin*)*

ceadúnú *f* licensing *(Air)* *(gu.* ceadúnaithe*)*

Táirgeann gnólacht áitiúil san óst-tír earraí de réir sonraíochta gnólachta eile; de réir mar a dhíoltar na hearraí, féadann an gnólacht áitiúil cuid den tuilleamh a choinneáil.

cealaigh[1] *br* cancel *(Gin)*

cealaigh[2] *br* undo *(Río)*

cealaitheoir macalla *f* echo canceller *(Río)* *(gu.* cealaitheora macalla *ai.* cealaitheoirí macalla*)*

ceallra *f* battery *(Río)* *(ai.* ceallraí*)* *(mal* cadhnra *f ai.* cadhnraí*)*

ceallra caidmiam nicile *f* nickel cadmium battery (NiCd battery) *(Río)* *(ai.* ceallraí caidmiam nicile*)*

ceallra hidríd mhiotail nicile *f* nickel metal hydride battery *(Río)* *(ai.* ceallraí hidríd mhiotail nicile*)*

ceallra iain litiam *f* lithium ion battery (Li Ion battery) *(Río)* *(ai.* ceallraí iain litiam*)*

ceamara digiteach *f* digital camera *(Río)* *(gu.* ceamara dhigitigh *ai.* ceamaraí digiteacha*)*

ceamara Gréasáin *f* Webcam *(Río)* *(ai.* ceamaraí Gréasáin*)*

Ceanada *f* Canada *(Gin)*

ceangail[1] *br* bind *(Río)*

ceangail[2] *br fch* iaigh. *(Río)*

ceangail[3] *br fch* nasc. *(Río)*

ceangal *f* binding *(Gin)* *(gu.* ceangail*)*

ceangal déanach modhanna *f* late binding of methods *(Río)* *(gu.* ceangail dhéanaigh modhanna*)*

ceangal dinimiciúil *f* dynamic binding *(Río)* *(gu.* ceangail dhinimiciúil*)*

ceangaltán *f fch* iatán. *(Río)* *(gu.* ceangaltáin*)*

ceangaltas *f* commitment *(Air)* *(gu.* ceangaltais*)*

ceanglán *f* binder *(Gin)* *(gu.* ceangláin*)*

ceanglóir páipéir *f* paper-binding machine *(Río)* *(gu.* ceanglóra páipéir *ai.* ceanglóirí páipéir*)*

ceannach[1] *f* purchase[1] *(Air)* *(gu.* ceannaigh*)*

ceannach[2] *f* purchasing *(Air)* *(gu.* ceannaigh*)* *(var* buying*)*

ceannachán *f* purchase[2] *(Air)* *(gu.* ceannacháin*)*

Rud a cheannaítear.

ceannach bliana *f* year's purchase (YP) *(Air)* *(gu.* ceannaigh bliana*)*

ceannach fada *f* long purchase *(Air)* *(gu.* ceannaigh fhada*)*

céannacht *b* identity[2] *(Loi)* *(gu.* céannachta *ai.* céannachtaí *gi.* céannachtaí*)*

ceannach thar barr amach *f* buy out *(Air)* *(gu.* ceannaigh thar barr amach*)*

ceannach thar barr amach le giaráil *f* leveraged buyout LBO *(Air)* *(gu.* ceannaigh thar barr amach le giaráil*)*

Leas urlámhais a cheannach i gcuideachta trí chomhréir mór d'iasachtaí bainc.

ceannaí *f* merchant *(Air)* *(ai.* ceannaithe*)* *(var* buyer*)*

ceannaigh *br* purchase[3] *(Air)* *(var* buy*)*

ceannaire *f* leader *(Fio)* *(ai.* ceannairí*)*

ceannaireacht *b* leadership *(Air)* *(gu.* ceannaireachta*)*

Straitéis a úsáideann gnólacht chun íocaíochtaí a luathú, ag freagairt d'ionchais rátaí malairte de ghnáth.

ceannaireacht chostais fhoriomláin *b* overall cost leadership *(Fio)* *(gu.* ceannaireachta costais fhoriomláin*)*

ceannaire margaidh *f* market leader *(Air)* *(ai.* ceannairí margaidh*)*

ceannaitheoir *f* purchaser *(Air)* *(gu.* ceannaitheora *ai.* ceannaitheoirí*)* *(var* buyer*)*

ceann an chlásail *f* head of clause *(Río)*

ceannas *f* command[2] *(Gin)* *(gu.* ceannais*)*

ceann caoch *f* dead end (DE) *(Río)* *(gu.* cinn chaoch*)*

ceann (go) ceann *abairtín* end to end *(Gin)*

ceann, is gan ach ceann (amháin), de ... *abairtín* one and only one, of ... *(Loi)*

ceannlíne *b* headline *(Río)* *(ai.* ceannlínte*)*

ceannlitir *b* capital letter *(Río)* *(ai.* ceannlitreach *ai.* ceannlitreacha*)*

ceannmhol *f* head-end *(Río)* *(gu.* ceannmhoil*)*

Pointe lárnach ar líonra leathanbhanda a ghlacann comharthaí ar thacar amháin minicíochtaí agus a atarchuireann ar cheann eile iad agus a fheictear mar mhol lárnach.

ceannscríbhinn *b* caption (above diagram) *(Río)* *(gu.* ceannscríbhinne *ai.* ceannscríbhinní*)*

ceanntásc *f* header *(Río) (gu.* ceanntáisc *ai.* ceanntásca)

Sonraí a chuirtear ar bharr gach leathanaigh de chomhad nó de dhoiciméad chun faisnéis bhreise a thabhairt faoin gcomhad nó faoin doiciméad áirithe sin agus a d'fhéadfadh cur síos a dhéanamh ar a struchtúr chomh maith. *(var* running head)

ceanntásc ríomhchláir *f* program header *(Río) (gu.* ceanntáisc ríomhchláir *ai.* ceanntáscanna ríomhchláir)

Ainmníonn ceanntásc ríomhchláir an clár agus aithníonn sé foinse na sonraí, an ionchuir, agus an áit a scríobhtar na sonraí le haschur.

ceannteideal *f* heading *(Río) (gu.* ceannteidil)

ceannteideal colúin *f* column heading *(Gin) (gu.* ceannteidil colún)

ceant *f* auction *(Air) (ai.* ceantanna)

ceantáil *f* auction(ing) *(Air) (gu.* ceantála)

ceantálaí *f* auctioneer *(Air) (ai.* ceantálaithe)

cearnach[1] *a1* square[2] *(Mat)*

cearnach[2] *a1* quadratic *(Mat)*

cearnaigh *br* square[3] *(Mat)*

cearnóg dhraíochta *b* magic square *(Río) (gu.* cearnóige draíochta *ai.* cearnóga draíochta)

cearnú[1] *f* square[1] *(Mat) (gu.* cearnaithe)

cearnú[2] *f* quadrature *(Río) (gu.* cearnaithe)

ceart[1] *f* right *(Gin) (gu.* cirt *ai.* cearta)

ceart[2] *a1* correct[1] *(Gin)*

cearta breithmheasa *f* appraisal rights *(Air)*

Cearta a bhíonn ag scairshealbhóirí i ngnólacht a ceannaíodh, a éileamh go gceannódh an gnólacht éadálach a gcuid scaireanna ar phraghas cóir.

ceartaigh *br* correct[2] *(Gin)*

ceartaitheach *a1* corrective *(Gin)*

cearta rochtana *f* access rights *(Río)*

cearta speisialta tarraingthe *f* Special Drawing Rights (SDRs) *(Air)*

Sócmhainn shaorga chúltaca cruthaithe agus coimeádta ar leabhair an IMF.

ceartlár *f* core[1] *(Gin) (gu.* ceartláir) *(mal* croílár *f gu.* croíláir)

ceart réamhcheannaigh *f* pre-emptive right *(Air) (gu.* cirt réamhcheannaigh *ai.* cearta réamhcheannaigh)

Ceart a bheith páirteach go comhréireach in aon stoc nua a dhíoltar.

ceartú *f* correction *(Gin) (gu.* ceartaithe *ai.* ceartuithe)

ceartú earráidí *f* error-correcting *(Río) (gu.* ceartaithe earráidí)

céatadán *f* percentage *(Mat) (gu.* céatadáin)

céatadán cothromais inchurtha i leith *f* attributable percentage equity *(Air)*

ceathairghiotán *f* quadbit *(Río) (gu.* ceathairghiotáin)

ceathairghiotánra *f* quadword *(Río) (ai.* ceathairghiotánraí)

ceathramhán *f* quadrant *(Río) (gu.* ceathramháin)

ceathrú glúin, an *b* fourth generation *(Río)*

CEDEL *ain* CEDEL *(Air)*

Ceann den dá phríomhchóras imréitigh sa mhargadh Eorabhannaí.

ceilte *a1 fch* folaithe. *(Gin)*

céim[1] *b* step[1] *(Gin) (gu.* céime *ai.* céimeanna)

céim[2] *b* degree[2] *(Mat) (gu.* céime *ai.* céimeanna)

céim[3] *b* degree[3] *(Río) (gu.* céime *ai.* céimeanna)

(Bunachair shonraí) An líon tréithe atá i ngaol.

céim[4] *b* stage *(Río) (gu.* céime *ai.* céimeanna)

Aonad gníomhaíochta i dTionscadal SSADM, le hionchur agus táirgí sainithe. Is fo-aonad laistigh de Mhodúl é.

céim[5] *b* pitch *(Río) (gu.* céime *ai.* céimeanna)

céim chinnidh *b* decision step *(Río) (gu.* céime cinnidh *ai.* céimeanna cinnidh)

céim ghaoil *b* relationship degree *(Río) (gu.* céime gaoil *ai.* céimeanna gaoil)

1. (Bunachair shonraí) An líon de chodaigh atá i ngaol. 2. (SSADM) An aicme uimhreach lena mbaineann gach aonán atá páirteach i ngaol. Ag taobh amháin den ghaol, ní féidir le cineál aonáin tarlú ach uair amháin. Is é an cineál aonáin seo an máistir sa ghaol. Ag an taobh eile den ghaol, is féidir leis an gcineál aonáin sin tarlú go minic; tugtar aonán mionsonraí air sin. Déanann an chéim ghaoil an dá thaobh de ghaol a rangú mar seo: ceann agus gan ach ceann amháin, agus mórán. Léirítear an chéim ghaoil sna téarmaí seo a leanas:

1 : 1 aon le haon

1 : m aon le mórán

m : m mórán le mórán *(mal* cairdinéalacht *b gu.* cairdinéalachta) *(var* cardinality)

ceintiméadar *f* centimetre *(Gin) (gu.* ceintiméadair)

ceirmeach *a1* ceramic *(Río)*

ceirnín *f* platter *(Gin) (ai.* ceirníní)

ceist[1] *b* query[1] *(Gin) (gu.* ceiste *ai.* ceisteanna) *(var* question)

ceist[2] *b* issue[2] *(Gin) (gu.* ceiste *ai.* ceisteanna)

ceisteanna coitianta *b* Frequently Asked Questions (FAQ) *(Río)*

ceisteanna slándála *b* security issues *(Gin)*

ceistneoir f questionnaire *(Fio)* *(gu.* ceistneora *ai.* ceistneoirí)

Doiciméad a úsáidtear mar threoir maidir le ceisteanna atá le cur ar fhreagróirí agus maidir leis an ord ina bhfuil siad le cur, agus uaireanta liostaíonn sé na freagraí éagsúla atá inghlactha.

chéad fhoirm normalach, an b first normal form *(Río)* *(gu.* na chéad fhoirme normalaí)

ciall b meaning *(Gin)* *(gu.* céille)

cian b distance *(Río)* *(gu.* céine *ai.* cianta)

cian- *réi* remote *(Gin)* *(mal* cianda *a3)*

cianchatalóg b remote catalogue *(Río)* *(gu.* cianchatalóige *ai.* cianchatalóga)

cian comhartha b signal distance *(Río)* *(gu.* céine comhartha *ai.* cianta comhartha)

An líon ionad giotáin comhfhreagrach atá éagsúil in dhá ghiotánra dhénártha den fhad céanna, e.g., is ionann an chian chomhartha idir an dá ghiotánra 6-ghiotán a leanas agus 3. 100101 agus 001100 *(mal* cian Hamming b *gu.* céine Hamming) *(var* Hamming distance)

cianda *a3 fch* cian-. *(Gin)*

cianghlao gnáis f remote procedure call (RPC) *(Río)* *(ai.* cianghlaonna gnáis)

cian Hamming b Hamming distance *(Río)* *(gu.* céine Hamming)

An líon sin de na hionaid ghiotáin chomhfhreagracha atá éagsúil in dhá ghiotánra dhénártha den fhad céanna, e.g., is ionann cian Hamming idir an dá ghiotánra 6-ghiotán a leanas agus 3. 100101 agus 001100 *(mal* cian comhartha b *gu.* céine comhartha *ai.* cianta comhartha) *(var* signal distance)

cianlogáil isteach b remote login *(Río)* *(gu.* cianlogála isteach) *(var* remote log on)

cian, maigeanta, buí, dubh (CYAN) abairtín cyan, magenta, yellow, black (CYAN) *(Río)*

cianóstach f remote host *(Río)* *(gu.* cianóstaigh)

cianrialtán f remote control *(device) (Río)* *(gu.* cianrialtáin)

ciclipéid ilmheán b multimedia encyclopaedia *(Río)* *(gu.* ciclipéide ilmheán *ai.* ciclipéidí ilmheán)

cilea-/cili *réi* kilo- *(Río)*

cileagram f kilogram *(Gin)* *(gu.* cileagraim)

cilibheart f kilobyte *(Río)* *(gu.* cilibhirt)

cilibheart sa soicind f kilobytes per second (kbps) *(Río)*

cilighiotán f kilobit *(Río)* *(gu.* cilighiotáin)

cilighiotán sa soicind f kilobits per second (kBps) *(Río)*

ciliheirts f kilohertz (kHz) *(Río)*

ciliméadar f kilometre *(Gin)* *(gu.* ciliméadair)

cilimeigichiogal f kilomegacycle *(Río)* *(gu.* cilimeigichiogail)

cill b cell *(Río)* *(gu.* cille *ai.* cealla)

An bunaonad i scarbhileog, áit a dtrasnaíonn ró agus colún a chéile.

cill chuimhne b memory cell *(Río)* *(gu.* cille cuimhne *ai.* cealla cuimhne *gi.* ceall cuimhne)

cill faoi ghlas b locked cell *(Río)* *(ai.* cealla faoi ghlas)

cine f relation[3] *(Río)*

Grúpa de mhíreanna sonraí faoina dheitéarmanant loighciúil. Léirítear é mar thábla iontrálacha, gach ró ag léiriú an chine sin ag tarlú. San Anailís ar Shonraí coibhneasta féachtar ar gach cine mar aonán nuair a bhíonn an tSamhail Loighciúil de Shonraí á bailíochtú.

cineál f type[1] *(Gin)* *(gu.* cineáil *ai.* cineálacha)

(Ríomhaireacht) Suaithníonn sé tacar luachanna agus tacar oibríochtaí atá infheidhmithe ar na luachanna sin. Is comhstruchtúr teanga é sainiú cineáil a chuireann cineál nua, uathúil i láthair; cruthaíonn fochineál sainiú comhoiriúnach, srianta (b'fhéidir), den bhunchineál. Comhthiomsaíonn fógra cineáil ainm le cineál atá curtha i láthair ag sainiú cineáil.

cineálach[1] a1 qualitative *(Fio)*

cineálach[2] a1 generic *(Gin)*

cineálacht b genericity *(Río)* *(gu.* cineálachta)

cineál aonáin f entity type *(Río)* *(gu.* cineáil aonáin)

cineál bunúsach f fundamental type *(Río)* *(gu.* cineáil bhunúsaigh *ai.* cineálacha bunúsacha)

cineál clófhoirne f font type *(Río)* *(gu.* cineáil clófhoirne *ai.* cineálacha clófhoirne)

cineál comhaid f file type *(Río)* *(gu.* cineáil comhaid *ai.* cineálacha comhaid)

cineál comhcheangail f join type *(Río)* *(gu.* cineáil comhcheangail *ai.* cineálacha comhcheangail)

cineál díorthaithe f derived type *(Río)* *(gu.* cineáil dhíorthaithe *ai.* cineálacha díorthaithe)

Cineál a dtógtar a oibríochtaí agus a luachanna ó chineál atá ann cheana. Tugtar máthairchineál ar an gcineál a bhí ann cheana.

cineál eagair f array type *(Río)* *(gu.* cineáil eagair *ai.* cineálacha eagair)

Sa teanga ríomhaireachta, Pascal, cineál struchtúrtha comhdhéanta de liosta innéacsaithe d'eilimintí agus gan ach eilimintí den chineál céanna ann.

cineál ináirithe f enumerable type *(Río)* *(gu.* cineáil ináirithe *ai.* cineálacha ináirithe)

Cineál scoite a luaitear a luachanna leis. *(var* enumeration type)

cineál (na d)tréithe f attribute type *(Río)* *(gu.* cineáil tréithe/chineál na dtréithe *ai.* cineálacha (na d)tréithe)

cineál orduimhriúil f ordinal type *(Río)* *(gu.* cineáil orduimhriúil *ai.* cineálacha orduimhriúla)

Cineál a bhfuil réimse ordaithe luachanna aige. Samplaí iad Boole, carachtar, agus slánuimhir, de chineálacha orduimhriúla sa teanga ríomhaireachta, Pascal.

cineál samhla de shonraí *f* type of data model *(Río)* *(gu.* cineáil samhla de shonraí *ai.* cineálacha samhla de shonraí)

cineál scálach áirithe *f* enumerated scalar type *(Río)* *(gu.* cineáil scálaigh áirithe *ai.* cineálacha scálacha áirithe)

1. Sa teanga ríomhaireachta, Pascal, cineál sonraí a shainítear tríd an tacar de luachanna sainiúla is féidir a bheith ag athróg den chineál sin, a liostú in ord. 2. I gcóras oibriúcháin AIX, scálach a shainítear trí eilimintí an chineáil a áireamh. Seasann aitheantóir do gach eilimint.

cineál slánuimhreach *f* integral type *(Río)* *(gu.* cineáil slánuimhreach *ai.* cineálacha slánuimhreacha)

cineál snámhphointe *f* floating point type *(Río)* *(gu.* cineáil snámhphointe *ai.* cineálacha snámhphointe)

cineál sonraí *f* data type *(Río)* *(gu.* cineáil sonraí *ai.* cineálacha sonraí)

Aicme sonraí tréithrithe ag na baill sin den aicme agus ag na hoibríochtaí is féidir a fheidhmiú orthu; mar shampla, slánuimhir, réadach, loighciúil.

cineál sonraí teibí *f* abstract data type (ADT) *(Río)* *(gu.* cineáil sonraí teibí)

cineál struchtúrtha sonraí *f* structured data-type *(Río)* *(gu.* cineáil struchtúrtha sonraí)

cineál tacair *f* set type *(Río)* *(gu.* cineáil tacair *ai.* cineálacha tacair)

Sa tsamhail CODASYL, sonraíocht gaolmhaireachta idir dhá chineál taifid.

cineál uimhríochtúil *f* arithmetic type *(Río)* *(gu.* cineáil uimhríochtúil *ai.* cineálacha uimhríochtúla)

Nuair is féidir oibiachtaí cineáil a léirmhíniú mar uimhreacha, tagraítear dóibh mar chineálacha uimhríochtúla.

cinn[1] *br* decide *(Gin)*

cinn[2] *br* determine[1] *(Gin)*

cinneadh *f* decision *(Gin)* *(gu.* cinnidh *ai.* cinntí)

cinnte *a3 fch* deimhneach. *(Gin)*

cinnteacht *b* certainty *(Gin)* *(gu.* cinnteachta)

cinnteoireacht *b* decision-making *(Gin)* *(gu.* cinnteoireachta)

cinntigh *br* determine[2] *(Gin)*

cinntí infheistíochta comheisiacha *f* mutually exclusive investment decisions *(Air)*

Cinntí infheistíochta a bhfuil sé mar choinníoll iontu má ghlactar le tionscadal áirithe nach nglacfar le tionscadail áirithe eile.

cinntiú *f* confirmation *(Gin)* *(gu.* cinntithe)

cinntiúchán *f* determination *(Air)* *(gu.* cinntiúcháin)

ciogal *f* cycle[2] *(Río)* *(gu.* ciogail)

ciogal athnuachana *f* refresh cycle *(Río)* *(gu.* ciogail athnuachana)

ciogal bus *f* bus cycle *(Río)* *(gu.* ciogail bhus)

ciogal 'gabh, díchódaigh, rith' *f* fetch-decode-execute cycle *(Río)* *(gu.* ciogail 'gabh, díchódaigh, rith')

ciogal rialúcháin 'aithin, gníomhaigh' *f* recognize-act control cycle *(Río)* *(gu.* ciogail rialúcháin 'aithin, gníomhaigh')

ciogal treoracha *f fch* timthriall treoracha. *(Río)* *(gu.* ciogail treoracha)

cioglach *a1* cyclical[2] *(Río)*

ciondáil *b* rationing *(Air)* *(gu.* ciondála)

cion tairbhe *f* contribution[2] *(Air)*

ciorcad *f* circuit *(Río)* *(gu.* ciorcaid)

ciorcad comhtháite *f* integrated circuit *(Río)* *(gu.* ciorcaid chomhtháite)

Cóimeáil chuimsitheach leictreonach curtha le chéile ar shlis shingil d'ábhar leathsheoltóra.

ciorcad comhtháite optaileictreonach *f* optoelectronic integrated circuit (OEIC) *(Río)* *(gu.* ciorcaid chomhtháite optaileictreonaigh)

ciorcad digiteach *f* digital circuit *(Río)* *(gu.* ciorcaid dhigiteach *ai.* ciorcaid dhigiteacha)

Ciorcad a oibríonn mar a dhéanann lasc; is é sin, bíonn sé ar nó as. *(var* binary circuit)

ciorcad fíorúil *f* virtual circuit *(Río)* *(gu.* ciorcaid fhíorúil *ai.* ciorcaid fhíorúla)

ciorcad forshuite *f* superposed circuit *(Río)* *(gu.* ciorcaid fhorshuite)

ciorcad iomlaoide *f* shifter circuit *(Río)* *(gu.* ciorcaid iomlaoide)

Ciorcad a dhéanann digití nó carachtair i dtabhall a bhogadh ar dheis nó ar chlé, ag aistriú na faisnéise nó ag déanamh oibríochta uimhriúla. *(mal* iomlaoideoir *f gu.* iomlaoideora *ai.* iomlaoideoirí *var* shifter)

ciorcad lascacháin *f* switching circuit *(Río)* *(gu.* ciorcaid lascacháin)

ciorcad loighce *f* logic circuit *(Río)* *(gu.* ciorcaid loighce)

ciorcad OR sreinge *f* wired-OR circuit *(Río)* *(gu.* ciorcaid OR sreinge)

ciorcad oscailte tiomsaitheora *f* open collector circuit *(Río)* *(gu.* ciorcaid oscailte tiomsaitheora)

ciorcad séalaithe *f* sealed circuit *(Río)* *(gu.* ciorcaid shéalaithe)

ciorcad sonraí sraithe *f* tandem data circuit *(Río)* *(gu.* ciorcaid sonraí sraithe)

ciorcad suimitheora *f* adder circuit *(Río)* *(gu.* ciorcaid suimitheora)

Ciorcad chun suimiú a dhéanamh.

ciorcad teaglama *f* combinational circuit *(Río)* *(gu.* ciorcaid teaglama)

Ciorcad le hil-ionchuir agus il-aschuir agus na haschuir á gcinneadh go huathúil de réir na n-ionchur.

ciorcad tiúnta *f* tuned circuit *(Río)* *(gu.* ciorcaid thiúnta)

ciorcad (truiceartha) aonchobhsaí *f* monostable (trigger) circuit *(Río)* *(gu.* ciorcaid (thruiceartha) aonchobhsaí)

ciorcad uimhríochta *f* arithmetic circuit *(Río)* *(gu.* ciorcaid uimhríochta)

Ciorcad chun uimhríocht a dhéanamh.

ciorcaid ríomhaire *f* computer circuits *(Río)* *(gi.* ciorcad ríomhaire)

ciorcal *f* circle *(Gin)* *(gu.* ciorcail)

ciorclach *a1* circular² *(Río)*

ciorclán *f* circular¹ *(Gin)* *(gu.* ciorcláin)

ciorclán tairisceana *f* offering circular *(Air)* *(gu.* ciorcláin tairisceana)

Doiciméad a dhéanann cur síos ar eisiúint nua urrús, chomh maith le cur síos ar an ngnólacht nó ar an aonán atá ag déanamh na heisiúna.

cíos *f* rent *(Air)* *(gu.* cíosa *ai.* cíosanna)

cíos reatha *f* current rent *(Air)* *(gu.* cíosa reatha)

ciseal *f* tier¹ *(Río)* *(gu.* cisil)

cisealaigh *br* tier² *(Río)*

cisealta *a3* tiered *(Río)*

ciste *f* fund *(Air)*

Stór airgid nó infheistíochtaí a choinnítear le haidhm ar leith, e.g. chun bheith ann mar fhoinse le haghaidh pinsean nó le díol mar aonaid.

ciste a chruinniú *abairtín* raise funds *(Air)*

Ciste Airgeadaíochta Idirnáisiúnta, An *f* International Monetary Fund (IMF) *(Air)* *(gu.* An Chiste Airgeadaíochta Idirnáisiúnta)

ciste aonaid *f* closed-end fund *(Air)* *(ai.* cistí aonaid)

Ciste a bhunaíonn comhlacht infheistíochta a eisíonn líon seasta de scaireanna dá infheisteoirí.

ciste feidearálach *f* federal fund *(Air)*

ciste fiachmhúchta *f* sinking fund *(Air)* *(ai.* cistí fiachmhúchta)

Cuntas faoi bhainistíocht iontaobhaí bannaí chun bannaí a aisíoc.

ciste frithpháirteach *f* mutual fund *(Air)* *(ai.* cistí frithpháirteacha)

Cineál iontaobhais aonad inar féidir le bainisteoirí an iontaobhais na hinfheistíochtaí a athrú gan é sin a chur in iúl do shealbhóirí an iontaobhais. Úsáidtear cistí frithpháirtíochta i SAM. *(var* open-end fund)

cisteoir *f* treasurer *(Air)* *(gu.* cisteora *ai.* cisteoirí)

Duine atá freagrach as cúram a dhéanamh d'airgead agus de shócmhainní eile eagraíochta. Féadann maoirseacht ar sholáthar airgeadais na heagraíochta a bheith san áireamh chomh maith le ceannaireacht éigin ar an tslí a gcaitear an t-airgead.

ciste pinsean *f* pension fund *(Air)* *(ai.* cistí pinsean)

Ranníocaíochtaí pinsean stáit agus príobháideach a infheistítear chun an toradh is fearr is féidir a bhaint amach. Íoctar pinsin as an gciste sin.

ciste tráchtearraí *f* commodity fund *(Air)* *(ai.* cistí tráchtearraí)

Aonán ina gcomhthiomsaítear cistí ó roinnt áirithe daoine chun todhchaíochtaí agus conarthaí céadrogha a thrádáil faoi bhainistíocht phroifisiúnta.

Ciste um Luathú Ríomhghnó *f* eBusiness Accelerator Fund *(Río)*

cistí aonaid *f* unit funds *(Air)*

cistí barrachais *f* surplus funds *(Air)*

An sreabhadh airgid atá ar fáil i dtionscadal tar éis cánacha a íoc.

cistí frithpháirteacha idirnáisiúnta *f* international mutual funds *(Air)*

Cistí frithpháirteacha ina bhfuil urrúis de chuid ghnólachtaí eachtracha.

cistí gan lód *f* no load funds *(Air)*

cistí iontaobhais *f* trust funds *(Air)*

cistí lóid *f* load funds *(Air)*

cistíocht *b* treasury¹ *(Air)* *(gu.* cistíochta)

cistiú *f* funding *(Air)* *(gu.* cistithe)

ciú *f* queue *(Río)* *(gu.* ciú *ai.* ciúnna)

Liosta líneach gur lena dheireadh amháin a chuirtear eilimintí agus dá thús amháin a bhaintear eilimintí. *(mal* scuaine *b ai.* scuainí)

ciú jabanna *f* job queue *(Río)* *(mal* scuaine jabanna *b)*

ciumhais *b* edge *(Gin)* *(gu.* ciumhaise *ai.* ciumhaiseanna)

ciú priontála *f* print queue *(Río)* *(mal* scuaine phriontála *b)*

ciú tosaíochta *f* priority queue *(Río)* *(ai.* ciúnna tosaíochta)

ciú ullamh *f* ready queue *(Río)* *(gu.* ciú ullaimh *ai.* ciúnna ullamha)

clabhsúr *f* closure² *(Río)* *(gu.* clabhsúir)

Is éard is brí le clabhsúr ná gur gaol é aschur oibríochta coibhneasta ar bith.

cláirín freastalaí f servlet (Río) (ai. cláiríní freastalaí)

claochlaí f transformationalist (For) (ai. claochlaithe)

claochlaíochas f transformationalism (Fio) (gu. claochlaíochais)

claochlú f fch trasfhoirmiú. (Río) (gu. claochlaithe ai. claochluithe)

claonadh gnéasach f sexual orientation (Gin) (gu. claonta ghnéasaigh)

claontacht b prejudice (Gin) (gu. claontachta)

clár[1] f board[1] (Río) (gu. cláir)

clár[2] f fch ríomhchlár. (Río) (gu. cláir)

cláraithe a registered (Air)

Bannaí atá breactha síos i leabhair an eisiúnaí bannaí in ainm úinéir na mbannaí.

clár bán f whiteboard (Río) (gu. cláir bháin ai. cláir bhána)

clár ciorcad b circuit board (Río) (gu. cláir chiorcad) (mal cárta ciorcad f ai. cártaí ciorcad) (var circuit card)

clár ciorcad priontáilte f printed circuit (PC) board (Río) (gu. cláir ciorcad priontáilte)

clár comhardaithe f balance sheet (Air) (gu. cláir chomhardaithe)

Ráiteas a léiríonn luach gnólachta de réir na gcuntas ar dháta áirithe.

clár DOS f DOS program (Río) (gu. cláir DOS)

clár dubh f blackboard (Río) (gu. cláir dhuibh ai. cláir dhubha)

clár feasacháin f bulletin board (Río) (gu. cláir feasacháin)

clár fístaispeána f video display board (Río) (gu. cláir fístaispeána)

clár frithvíreas f antivirus program (Río) (gu. cláir frithvíreas)

Clár chun víris ríomhaireachta a aimsiú agus a bhaint. Bíonn seirbhís nuashonraithe rialta ag gabháil le bogearraí frithvíreas de ghnáth le go ndéileálfar leis na víris is déanaí de réir mar a thagann siad chun cinn.

clár frithvíreas lonnaithe sa chuimhne f memory-resident virus guard (Río) (gu. cláir frithvíreas lonnaithe sa chuimhne)

clár gnó f agenda (Gin) (gu. cláir ghnó)

clár oibre ríomhsheirbhísí an Rialtais f eGovernment agenda, the (Río)

clár plocóidí f plug board (Río) (gu. cláir plocóidí) (mal bloc plocóidí f gu. bloic phlocóidí) (var power strip)

clárú f registering (Gin) (gu. cláraithe) (mal clárúchán f gu. clárúcháin) (var registration)

clárúchán f registration (Gin) (gu. clárúcháin) (mal clárú f gu. cláraithe) (var registering)

clárú seilfe f shelf registration (Air) (gu. cláraithe seilfe)

Gnás SEC a ligeann do ghnólacht máistir-ráiteas clárúcháin a chomhdú ag achoimriú an mhaoinithe phleanáilte do thréimhse dhá bhliain agus ansin ráitis ghearra a chomhdú nuair is mian leis an ngnólacht aon chuid den mháistir-ráiteas faofa a dhíol.

clasaiceach a1 classic(al) (Gin)

clásal f clause (Gin) (gu. clásail)

clásal an náisiúin bharrfhabhair f most favoured nation clause (Air) (gu. chlásal an náisiúin bharrfhabhair)

Foráil in aghaidh idirdhealú taraife idir dhá náisiún nó níos mó.

clásal Horn f Horn clause (Air)

clásal ilairgeadraí f multicurrency clause (Air) (gu. clásail ilairgeadraí)

An ceart atá ag ceannaitheoir Eorairgeadra aistriú ó airgeadra amháin go hairgeadra eile ag dáta athshocraithe úis.

clásal in-chomhshóiteachta f convertibility clause (Air) (gu. clásail in-chomhshóiteachta)

Clásal a chuirtear le hEorabhannaí áirithe a cheadaíonn iad a thiontú ina líon sonraithe de scaireanna gnáthstoic.

clásal ráta boilscithe f inflation-escalator clause (Air) (gu. clásail ráta boilscithe)

Clásal i gconradh a dhéanann soláthar do mhéaduithe nó laghduithe sa bhoilsciú, bunaithe ar luaineacht sa chostas maireachtála, i gcostais táirgthe, agus mar sin de.

cleachtadh f fch cleachtas. (Gin) (gu. cleachtaidh ai. cleachtaí)

cleachtas f practice (Gin) (gu. cleachtais) (mal cleachtadh f gu. cleachtaidh ai. cleachtaí)

cleachtas cuntasaíochta coitianta f generally accepted accounting principles (GAAP) (Air) (gu. cleachtais cuntasaíochta choitianta)

cleachtas sriantach f restrictive practice (Gin) (gu. cleachtais shriantaigh ai. cleachtais shriantacha)

cleiteán f paintbrush (Río) (gu. cleiteáin)

cléluach f L-value (left value) (Río) (gu. cléluacha ai. cléluachanna)

Slonn a thagraíonn d'oibiacht.

cliant f client (Air) (gu. cliaint)

cliantacht b clientele (Air) (gu. cliantachta)

cliant Gréasáin f Web client (Río) (gu. cliaint Ghréasáin)

clib b tag (Río) (gu. clibe ai. clibeanna)

1. Carachtar amháin nó breis atá nasctha le tacar sonraí agus ina bhfuil eolas maidir leis an tacar, a aitheantas san áireamh. 2. Comhchiallach le lipéad.

clib dheiridh *b* end(ing) tag *(Río)* *(gu.* clibe deiridh *ai.* clibeanna deiridh)*

clib struchtúir *b* structure tag *(Río)* *(gu.* clibe struchtúir *ai.* clibeanna struchtúir)*

An t-aitheantóir a dhéanann cineál sonraí aontais a ainmniú.

clib thosaigh *b* start tag *(Río)* *(gu.* clibe tosaigh *ai.* clibeanna tosaigh) *(var* opening tag)

cliceáil *br* click *(Gin)* *(mal* gliogáil *br)*

cliceáil agus tarraing *br* click and drag *(Río)*

cliceáil faoi dhó *br* double-click *(Río)* *(mal* déchliceáil *br)*

clingeach *a1* ringing *(Río)*

clis[1] *br* break down *(Río)*

clis[2] *br fch* tuairteáil. *(Río)*

cliseadh[1] *f* breakdown *(Río)* *(gu.* cliste)

cliseadh[2] *f fch* tuairt. *(Gin)* *(gu.* cliste)

cliseadh cumhachta *f* power failure *(Río)* *(gu.* cliste cumhachta)

cló *f* font *(Río)* *(ai.* clónna) *(mal* clófhoireann *b gu.* clófhoirne)

cló-aghaidh *b* typeface *(Río)* *(gu.* cló-aghaidhe *ai.* cló-aghaidheanna)

clóchur *f* typesetting[1] *(Gin)* *(gu.* clóchuir)

clóchuradóireacht *f* typesetting[2] *(Gin)* *(gu.* clóchuradóireachta)

clóchuradóireacht ríomhairithe *b* computerized typesetting *(Río)* *(gu.* clóchuradóireachta ríomhairithe)

clódhath *f* font colour *(Río)* *(gu.* clódhatha *ai.* clódhathanna)

cló fairsingithe *f* expanded type *(Río)* *(gu.* cló fhairsingithe)

clófhoireann *b fch* cló. *(Río)* *(gu.* clófhoirne)

clófhoireann aonleithid *b* monowidth font *(Río)* *(gu.* clófhoirne aonleithid) *(var* fixed font; monospaced font)

clófhoireann il-leithid *b* variable-width font *(Río)* *(gu.* clófhoirne il-leithid) *(var* proportional font)

clog *f* clock *(Río)* *(gu.* cloig)

Ciorcad a astaíonn seicheamh bíog de bhíogleithead beacht agus eatramh beacht idir bhíoga leantacha.

clogáil *b* clocking *(Río)* *(gu.* clogála)

clog grianchloiche *f* quartz clock *(Río)* *(gu.* cloig ghrianchloiche) *(var* quartz-crystal clock)

cló giotánmhapach *f* bitmap(ped) font *(Río)* *(gu.* cló ghiotánmhapaigh *ai.* clónna giotánmhapacha)

clogluas *f* clock speed *(Río)* *(gu.* clogluais *ai.* clogluasanna) *(mal* luas an chloig *f)*

clog ríomhaire *f* computer clock *(Río)* *(gu.* cloig ríomhaire)

cló in-íoslódála *f* downloadable font *(Río)* *(ai.* clónna in-íoslódála)

cló inscálaithe *f* scalable font *(Río)* *(ai.* clónna inscálaithe)

cló iodálach *f* italics *(Río)* *(gu.* cló iodálaigh)

clómheáchan *f* font weight *(Río)* *(gu.* clómheáchain)

clómhéid *b* font size *(Río)* *(gu.* clómhéide *ai.* clómhéideanna)

clón *f* clone *(Río)* *(gu.* clóin)

cló rómhánach *f* roman type *(Río)* *(gu.* cló rómhánaigh)

clóscríobh *br* type[2] *(Gin)*

clóstíl *b* font style *(Río)* *(gu.* clóstíle *ai.* clóstíleanna)

cluasáin *f* headphones *(Río)*

clúdach *f* cover[1] *(Gin)* *(gu.* clúdaigh) *(mal* cumhdach *f gu.* cumhdaigh) *(var* coverage; covering)

clúdach sleamhnáin *f* sliding cover *(Río)* *(gu.* clúdaigh sleamhnáin)

clúdaigh *br* cover[2] *(Gin)*

cluiche *f* game *(Gin)* *(ai.* cluichí)

cluiche cóir *f* fair game *(Air)* *(gu.* cluiche chóir *ai.* cluichí córa)

Nuair nach mbíonn bealach ar bith ann chun faisnéis atá ar fáil ag pointe ama a úsáid chun toradh thar an ngnáth-thoradh a ghnóthú.

cnaipe[1] *f* button *(Gin)* *(ai.* cnaipí)

cnaipe[2] *f fch* eochair. *(Río)* *(ai.* cnaipí)

cnaipe ailínithe *f* alignment button *(Río)* *(ai.* cnaipí ailínithe)

cnaipe ar chlé *f fch* cnaipe clé. *(Río)*

cnaipe ar dheis *f fch* cnaipe deas. *(Río)*

cnaipe barra uirlisí *f* toolbar button *(Río)*

cnaipe clé *f* left button *(Río)* *(gu.* cnaipe chlé) *(mal* cnaipe ar chlé *f)*

cnaipe 'Cuir ann/Bain as' *f* Add/Remove button *(Río)*

cnaipe deas *f* right button *(Río)* *(gu.* cnaipe dheis) *(mal* cnaipe ar dheis *f)*

cnaipe luiche *f* mouse button *(Río)* *(ai.* cnaipí luiche)

cnaipe nascleanúna *f* navigation button *(Río)* *(ai.* cnaipí nascleanúna)

cnaipe ordaithe *f* command button *(Río)*

cnámha scéil *b* scenario *(Gin)* *(gi.* cnámh scéil)

cnámha scéil ionsamhalta ficsin b simulated fictional scenario *(Río)*

cnapíocaíocht b balloon payment *(Air)* *(gu.* cnapíocaíochta *ai.* cnapíocaíochtaí)

Íocaíocht mhór dheiridh.

cnapshuim b lump sum *(Air)* *(gu.* cnapshuime *ai.* cnapshuimeanna)

1. Suim airgid a íoctar in aon iarraidh, de rogha ar thráthchodanna. 2. Sochar árachais, e.g. suim airgid a d'íocfaí ag am scoir nó iomarcaíochta, nó leis na tairbhithe ar bhás duine faoi árachas. D'fhéadfadh pinsean scoir a bheith comhdhéanta de chnapshuim agus de phinsean. 4. Saghas damáistí; dámhtar cnapshuim i gcásanna torta.

cnoga f head *(Río)* *(ai.* cnogaí)

cnoga (chun) léite/scríofa f read-write head *(Río)* *(ai.* cnogaí (chun) léite/scríofa)

cnoga diosca f disk head *(Río)* *(ai.* cnogaí diosca)

cnuasach f collection[1] *(Gin)* *(gu.* cnuasaigh) *(mal* bailiúchán f *gu.* bailiúcháin)

cnuasaigh br accumulate[2] *(Río)*

cnuasaitheoir f accumulator *(Río)* *(gu.* cnuasaitheora *ai.* cnuasaitheoirí)

1. (Próiseálaí) I Láraonad Próiseála, is tabhall é ina stórálar torthaí idirmheánacha. Gan cnuasaitheoir, ba ghá toradh gach áirimh (suimiú, iolrú, iomlaoid, etc.) a scríobh sa phríomhchuimhne agus a léamh ar ais. Is moille rochtain phríomhchuimhne ná rochtain chnuasaitheora áit a mbíonn cosáin dhíreacha chuig agus ón ALU (aonad loighce agus uimhríochta). 2. (Ríomhchlárú) Tabhall, suíomh nó athróg cuimhne atá in úsáid don uimhríocht nó don loighic (seachas don seolachán nó mar innéacs lúibe), go háirithe ceann atá in úsáid chun suim nó cuntas ar iliomad míreanna a chnuasach.

cobhsaí a stable *(Río)*

cobhsaíocht b stability *(Río)* *(gu.* cobhsaíochta)

cobhsú f stabilization *(Air)* *(gu.* cobhsaithe)

Iarracht ó bhainisteoir cinn in eisiúint bannaí rialáil a dhéanamh ar an bpraghas ag a dtrádálann bannaí sa mhargadh tánaisteach le linn na tréimhse a mbíonn an banna fós ar marthain.

cobhsú guagtha f drift stabilization *(Río)* *(gu.* cobhsaithe guagtha)

cócó f cocoa *(Gin)*

cód f code[1] *(Río)* *(gu.* cóid)

codach f tuple *(Río)* *(gu.* codaigh)

cód aidhme f object code *(Río)* *(gu.* cóid aidhme)

An cód a úsáidtear do threoracha ríomhchláir aidhme; meaisínchód é seo de ghnáth.

códaigh br code[2] *(Río)*

cód aimsithe earráidí f error-detecting code *(Río)* *(gu.* cóid aimsithe earráidí)

cód aitheantais teirminéil f terminal identification code *(Río)* *(gu.* cóid aitheantais teirminéil)

códaithe i ngiotáin a3 bit-coded *(Río)*

codán f fraction *(Río)* *(gu.* codáin)

codarsnacht b contrast *(Gin)* *(gu.* codarsnachta)

códbhlogh b code fragment *(Río)* *(gu.* códbhlogha *ai.* códbhloghanna)

Páirt de ríomhchlár.

cód bréige f fake code *(Río)* *(gu.* cóid bhréige)

Nodaireacht algartamach neamhfhoirmiúil a mheascann Béarla agus cód ríomhchláraithe. *(mal* súdachód f *gu.* súdachóid) *(var* pseudocode)

cód carachtar f character code *(Río)* *(gu.* cóid charachtar)

Cód a shannann luachanna uimhriúla do charachtair, ar nós cóid ASCII *(mal* carachtarchód f *gu.* carachtarchóid)

cód ceartaithe earráidí f error-correcting code *(Río)* *(gu.* cóid ceartaithe earráidí)

Cód nach mór a shloinn a chumadh de réir rialacha sainiúla comhstruchtúir. Is féidir leis an gcód sloinn choibhéiseacha nach bhfuil inghlactha a shainiú chun ceartú earráidí a cheadú. Úsáideann cóid áirithe atarchur chun ceartú a dhéanamh.

cód cleachtais f code of practice *(Gin)* *(gu.* cóid chleachtais)

cód dénártha aiceanta f natural binary code *(Río)* *(gu.* cóid dhénártha aiceanta)

códfhocal f codeword *(Río)* *(gu.* códfhocail)

cód foinseach f source code *(Río)* *(gu.* cóid fhoinsigh)

An cód a úsáidtear i ríomhchlár foinseach.

cód Hamming f Hamming code *(Río)* *(gu.* cóid Hamming)

Téarma ginearálta ar chód sonraíochta is féidir a cheartú go huathúil. Bíonn ceithre ghiotán faisnéise agus trí ghiotán seiceála i gcód Hamming.

cód idirmhalartaithe breisithe deachúlach códaithe go dénártha f extended binary-coded decimal interchange code (EBCDIC) *(Río)* *(gu.* cóid idirmhalartaithe sínte dheachúlaigh códaithe go dénártha)

Cód sonraí a rinne IBM a fhorbairt agus a úsáideann tacar d'ocht gcarachtar códaithe i ngiotáin.

cód neamhspleách ar ionad f position-independent code *(Río)* *(gu.* cóid neamhspleách ar ionad)

cód oibríochta f op code (operation code) *(Río)* *(gu.* cóid oibríochta)

cód oibríochta infhairsingithe *f* expanding opcode (operation code) *(Río)* *(gu.* cóid oibríochta infhairsingithe)

cód rialúcháin *f* control code *(Río)* *(gu.* cóid rialúcháin *ai.* cóid rialúcháin)

cód staide *f* condition code (CC) *(Río)* *(gu.* cóid staide)

Cód a úsáidtear chun faisnéis a choinneáil faoin oibríocht dheiridh a rinne an LAP, ar nós: X = 1, má ba 0 an toradh, Y = 1, má bhí an toradh diúltach Z = 1, má ba róshreabhadh an toradh.

cód túsaithe *f* initialization code *(Río)* *(gu.* cóid túsaithe)

códú *f* coding *(Río)* *(gu.* códaithe)

códú atarlaithe *f* recurrence coding *(Río)* *(gu.* códaithe atarlaithe)

códú dénártha *f* binary coding *(Río)* *(gu.* códaithe dhénártha)

Cód Uilíoch Táirgí *f* Universal Product Code (UPC) *(Río)* *(gu.* Cóid Uilíoch Táirgí)

códú inlíne *f* inline coding *(Río)* *(gu.* códaithe inlíne)

cogadh bladhmtha *f* flame war *(Río)* *(gu.* cogaidh bhladhmtha)

coibhéis *b* equivalence *(Gin)* *(gu.* coibhéise)

Oibreoir loighciúil ag feidhmiú oibríochta NOR eisiaigh.

coibhéis abairtí oscailte *b* equivalence of open sentences *(Loi)* *(gu.* coibhéise abairtí oscailte *ai.* coibhéisí abairtí oscailte)

Deirtear go bhfuil dhá abairt oscailte *coibhéiseach* más gá agus más leor a dtacair fhírinne a bheith comhionann.

coibhéis chiorcaid *f* circuit equivalence *(Río)* *(gu.* coibhéise ciorcaid)

coibhéis cinnteachta *b* certainty equivalent *(Air)* *(gu.* coibhéise cinnteachta)

An luach a shanntar le sreafaí ionchais airgid thirim agus a léiríonn céim na cinnteachta.

coibhéis cinnteachta íocaíocht airgid na tréimhse dár gcionn *b* certainty equivalent of next period cash payment *(Air)*

coibhéis dhá thairiscint *b* equivalence of two propositions *(Loi)* *(gu.* coibhéise dhá thairiscint)

Deirtear go bhfuil dhá thairiscint *coibhéiseach* más ionann a luachanna fírinne. (fch. gaol coibhéise)

coibhéiseach *a1* equivalent *(Río)*

coibhéis foirmlí *b* equivalence of formulae *(Loi)* *(gu.* coibhéise foirmlí *ai.* coibhéisí foirmli)

Deirtear go bhfuil dhá fhoirmle r agus s *coibhéiseach* más gá agus más leor luach fírinne r a bheith cothrom le luach fírinne s do gach aon rogha de thairiscintí a chuirtear in ionad a n-athróg faoi seach.

coibhneas *f* relation[2] *(Mat)* *(gu.* coibhneasa)

coibhneasta[1] *a3* relative *(Gin)*

coibhneasta[2] *a3* relational *(Río)*

coigeartaigh *br* adjust *(Air)*

coigeartú[1] *f* adjustment *(Gin)* *(gu.* coigeartaithe *ai.* coigeartuithe)

coigeartú[2] *f* rectifying *(Río)* *(gu.* coigeartaithe)

coigeartú costais mhaireachtála *f* cost of living adjustment *(Air)* *(gu.* coigeartaithe costais mhaireachtála *ai.* coigeartuithe costais mhaireachtála)

coigeartú ex-díbhinne *f* ex-dividend adjustment *(Air)* *(gu.* coigeartaithe ex-díbhinne *ai.* coigeartuithe ex-díbhinne) *(var* xd adjustment)

coigeartú méide *f* rightsizing *(Río)* *(gu.* coigeartaithe méide)

coigil *br* save[2] *(Air)*

coigilt *b* saving *(Air)* *(gu.* coigilte)

coigilteas *f* savings *(Air)* *(gu.* coigiltis)

An chuid sin d'ioncam duine (coigilteas pearsanta), cuideachta nó eagraíochta (brabús coinnithe) nach gcaitear ar thomhaltas reatha.

coigilteoir *f* saver *(Air)* *(gu.* coigilteora *ai.* coigilteoirí)

coigríche *gma fch* iasachta. *(Gin)*

coiléar *f* collar *(Air)* *(gu.* coiléir)

coimeád[1] *br* retain *(Gin)* *(mal* coinnigh *br) (var* keep)

coimeád[2] *br* reserve[3] *(Río)*

cóimeáil[1] *b* assembly[2] *(Gin)* *(gu.* cóimeála)

cóimeáil easpónantúil *b* exponential assembly *(Río)* *(gu.* cóimeála easpónantúla)

cóimeáil ionaid *b* positional assembly *(Río)* *(gu.* cóimeála ionaid)

coimhdeach *a2* ancillary *(Gin)*

cóimheas[1] *f* ratio *(Mat)* *(gu.* cóimheasa)

cóimheas[2] *br* rationalize *(Mat)*

cóimheas[3] *br fch* cuir i gcomparáid. *(Río)*

cóimheas cairdinéalachta *f* cardinality ratio *(Río)* *(gu.* cóimheasa cairdinéalachta)

cóimheas coinneála *f* retention ratio *(Air)* *(gu.* cóimheasa coinneála)

Tuilleamh coimeádta roinnte ar ghlanioncam.

cóimheas comhartha le fuaim *f* signal to noise ratio (S/N) *(Río)* *(gu.* cóimheasa comhartha le fuaim)

cóimheas comhshó *f* conversion ratio *(Air)* *(gu.* cóimheasa comhshó)

Líon na scaireanna in aghaidh banna $1,000 a gheobhadh sealbhóir bannaí dá dtiontófaí an banna ina scaireanna stoic.

cóimheas cumhdaigh ar ús *f* interest coverage ratio *(Air)* *(gu.* cóimheasa cumhdaigh ar ús)

Tuilleamh roimh ús agus cánacha, roinnte ar an gcostas úis.

cóimheas diallta *f* deviation ratio *(Río)* *(gu.* cóimheasa diallta)

cóimheas fiachais *f* debt ratio *(Air)* *(gu.* cóimheasa fiachais)

Iomlán an fhiachais roinnte ar iomlán na sócmhainní.

cóimheas fiachais/cothromais *f* debt/equity ratio (debt % equity) *(Air)* *(gu.* cóimheasa fiachais/cothromais)

cóimheas fiachais/cothromais glan *f* net debt percentage equity *(Air)* *(gu.* cóimheasa fiachais/cothromais ghlan)

cóimheas fíorthástála *f* acid-test ratio *(Air)* *(gu.* cóimheasa fíorthástála)

cóimheas íocaíochtaí amach *f* payout ratio *(Air)* *(gu.* cóimheasa íocaíochtaí amach)

An chomhréir den ghlanioncam a íoctar amach i ndíbhinní airgid thirim.

cóimheas láimhdeachais agus cuntas infhála *f* receivables turnover ratio *(Air)* *(gu.* cóimheasa láimhdeachais agus cuntas infhála)

Ioncam oibriúcháin iomlán roinnte ar mheán na gcuntas infhála.

cóimheas láimhdeachais agus fardail *f* inventory turnover ratio *(Air)* *(gu.* cóimheasa láimhdeachais agus fardail)

An cóimheas idir an díolachán bliantúil agus an meánfhardal, rud a thomhasann cé chomh tapa a tháirgtear agus a dhíoltar fardal.

cóimheas láimhdeachais iomlán na sócmhainní *f* total asset turnover ratio *(Air)* *(gu.* chóimheas láimhdeachais iomlán na sócmhainní)

Ioncam oibríochta iomlán roinnte ar mheán iomlán na sócmhainní.

cóimheas leachtachta *f* liquidity ratio *(Air)* *(gu.* cóimheasa leachtachta)

cóimheas lota *f* plot ratio *(Air)* *(gu.* cóimheasa lota)

cóimheas na dteipeanna *f* miss ratio *(Río)* *(gu.* chóimheas na dteipeanna)

cóimheas na n-amas *f* hit ratio *(Río)* *(gu.* chóimheas na n-amas)

An cóimheas idir an méid uaireanta a aimsítear sonraí sa phríomhchuimhne agus an líon iarrachtaí a dhéantar chun iad a aimsiú i dtréimhse ar leith.

cóimheas praghais is tuillimh *f* price to earnings ratio *(Air)* *(gu.* cóimheasa praghais is tuillimh)

Margadhphraghas reatha gnáthstoic roinnte ar thuilleamh bliantúil reatha in aghaidh na scaire. *(mal* cóimheas praghas/tuilleamh *f gu.* cóimheasa praghas/tuilleamh; iolraigh *f*) *(var* multiples)

cóimheas praghais is tuillimh mhargadh iomlán na hÉireann *f* Irish Total Market P/E *(Air)*

cóimheas praghas/tuilleamh *f fch* cóimheas praghais is tuillimh. *(Air)* *(gu.* cóimheasa praghas/tuilleamh)

cóimheas reatha *f* current ratio *(Air)* *(gu.* cóimheasa reatha)

Iomlán na sócmhainní reatha roinnte ar iomlán na ndliteanas reatha.

cóimheas treoíochta *f* aspect ratio *(Río)* *(gu.* cóimheasa treoíochta)

coimhlint *b* contention *(Río)* *(gu.* coimhlinte *ai.* coimhlinti)

1. Iomaíocht maidir le hacmhainní. Úsáidtear an téarma go háirithe i dtaca le líonraí le cur síos ar chás ina ndéanann dhá nód nó breis iarracht teachtaireacht a tharchur thar an sreang chéanna ag an am céanna. 2. Cineál prótacail líonra a ligeann do nóid dul i gcoimhlint le rochtain líonra a fháil. Is é sin, b'fhéidir go ndéanfaidh dhá nód iarracht teachtaireachtaí a sheoladh thar líonra go comhuaineach. Sainmhíníonn an prótacal coimhlinte céard ba chóir tarlú sa chás seo. Is é CSMA/CD, a úsáideann Ethernet, an prótacal coimhlinte is coitianta.

Coimisinéir Cosanta Sonraí *f* Data Protection Commissioner *(Río)* *(gu.* Coimisinéara Cosanta Sonraí)

coimisiún *f* commission *(Air)* *(gu.* coimisiúin)

Coimisiún Mhalartán na nUrrús *f* Securities Exchange Commission (SEC) *(Air)* *(gu.* Choimisiún Mhalartán na nUrrús)

Gníomhaireacht rialála i Stáit Aontaithe Mheiriceá a bunaíodh i 1934 le heisiúint agus trádáil urrús a rialáil mar aon le cleachtais tuarascála na n-eisitheoirí.

Coimisiún na Trádála i dTodhchaíochtaí Tráchtearraí *f* Commodity Futures Trading Commission (CFTC) *(Air)*

Coimisiún feidearálach Stát Aontaithe Mheiriceá le húdarás chun maoirseacht a dhéanamh ar thrádáil i dtodhchaíochtaí.

coimisiúnú *f* commissioning *(Gin)* *(gu.* coimisiúnaithe)

coimpléascach *a1* complex *(Gin)*

coimpléascacht *b* complexity *(Gin)* *(gu.* coimpléascachta)

coinbhéarta *f* converse[1] *(Loi)* *(ai.* coinbhéartai)

coinbhéartach *a1* converse[2] *(Loi)*

coinbhéartú *f* conversion[3] *(Mat)* *(gu.* coinbhéartaithe *ai.* coinbhéartuithe)

coinbhinsiún *f* convention[2] *(Gin)* *(gu.* coinbhinsiúin)

coinbhinsiún na Ginéive *f* Geneva convention *(Gin)* *(gu.* choinbhinsiún na Ginéive)

coinbhleacht *b* conflict *(Río)* *(gu.* coinbhleachta *ai.* coinbhleachtaí)

coinbhleacht comhad teanga *b* language file conflict *(Río)* *(gu.* coinbhleachta comhad teanga)

coinbhleacht leasa *b* conflict of interest *(Gin)* *(gu.* coinbhleachta leasa)

coincheap *f* concept *(Gin)* *(gu.* coincheapa)

coincheapúil *a2* conceptual *(Gin)*

coinne *b* expectation[2] *(Gin)*

coinneáil *b* retention *(Air)* *(gu.* coinneála)

coinneálaí ionaid *f* placeholder *(Río)* *(ai.* coinneálaithe ionad)

coinnigh[1] *br* keep *(Gin)* *(mal* coimeád *br)* *(var* retain)

coinnigh[2] *br* hold *(Río)*

coinníoll *f* condition[1] *(Gin)* *(gu.* coinníll *ai.* coinníollacha)

coinníollach *a1* conditional *(Gin)*

coinníollacht *b* conditionality *(Air)* *(gu.* coinníollachta)

Cleachtas an IMF a éileamh ar a bhaill glacadh le hathruithe ar a bpolasaithe intíre mar choinníoll chun iasachtaí a fháil ón gciste dá gcomhardú íocaíochtaí.

coinníoll críochta *f* terminating condition *(Río)* *(gu.* coinníll chríochta)

coinníoll ráis *f* race condition *(Río)* *(gu.* coinníll ráis *ai.* coinníollacha ráis)

coinsíneacht *b* consignment *(Air)* *(gu.* coinsíneachta)

Cuireann an t-easpórtálaí na hearraí chuig an iompórtálaí ach coimeádann sé teideal na marsantachta.

cóip *b* copy[1] *(Río)* *(gu.* cóipe *ai.* cóipeanna)

cóip charbóin *b* carbon copy (CC) *(Río)* *(gu.* cóipe carbóin *ai.* cóipeanna carbóin)

cóip cheilte *b* blind copy *(Río)* *(gu.* cóipe ceilte *ai.* cóipeanna ceilte)

cóip chrua *b* hard copy *(Río)* *(gu.* cóipe crua) *(mal* cruachóip *b gu.* cruachóipe *ai.* cruachóipeanna)

cóip chúltaca *b* backup copy *(Río)* *(gu.* cóipe cúltaca *ai.* cóipeanna cúltaca) *(mal* cúltaca *f ai.* cúltacaí) *(var* backup)

cóipeáil *br* copy[2] *(Río)*

cóireáil *br* treat *(Río)*

cóireáilte *a3* treated *(Río)*

cóiríocht *b* accomodation *(Air)* *(gu.* cóiríochta)

coirneáil[1] *b* kerning *(Río)* *(gu.* coirneála)

coirneáil[2] *br* kern *(Río)*

coisceas *f* impedance *(Río)* *(gu.* coiscis)

coisceas aontaobhach *f* unilateral impedance *(Río)* *(gu.* coiscis aontaobhaigh)

coiteann *a1* common *(Gin)*

coitiantacht *b* generality *(Gin)* *(gu.* coitiantachta)

colún *f* column *(Río)* *(gu.* colúin)

comaoin *b* consideration *(Air)* *(gu.* comaoine *ai.* comaoineacha)

comh- *réi* shared *(Gin)* *(var* joint)

comhacmhainn *b* shared resource *(Río)* *(gu.* comhacmhainne *ai.* comhacmhainní)

comhad *f* file *(Río)* *(gu.* comhaid)

Cnuasach de theagmhais taifid a bhfuil gaol loighciúil eatarthu agus a bpléitear leo mar aonad; stóráltar de ghnáth é ar ghléas stórála tánaisteach.

comhadainm *f fch* ainm comhaid. *(Río)* *(ai.* comhadainmneacha)

comhad ASCII *f* ASCII file *(Río)* *(gu.* comhaid ASCII)

comhad babhtála *f* swap file *(Río)* *(gu.* comhaid bhabhtála)

Comhad Caighdeánach MIDI *f* Standard MIDI File (SMF) *(Río)* *(gu.* Comhaid Chaighdeánaigh MIDI *ai.* Comhaid Chaighdeánacha MIDI)

comhad cartlainne *f* archive file *(Gin)* *(gu.* comhaid chartlainne)

comhad ceanntáisc *f* header file *(Río)* *(gu.* comhaid cheanntáisc)

Téacschomhad ina mbíonn fógraí a bhíonn á n-úsáid ag grúpa feidhmeanna, ríomhchlár nó úsáideoirí. *(var* include file)

comhad cúltaca *f* backup file *(Río)* *(gu.* comhaid chúltaca)

comhad dénártha *f* binary file *(Río)* *(gu.* comhaid dhénártha)

Comhad a choinníonn cóid nach cuid de thacar carachtar ASCII iad. Féadann comhaid dhénártha na 256 luachanna féideartha go léir do gach beart sa chomhad a úsáid. *(var* binary)

comhad digiteach fuaime *f* digital audio file *(Río)* *(gu.* comhaid dhigitigh fuaime *ai.* comhaid dhigiteacha fuaime)

comhad dízipeáilte *f* unzipped file *(Río)* *(gu.* comhaid dhízipeáilte)

comhad do-athraithe *f* immutable file *(Río)* *(gu.* comhaid dho-athraithe)

comhad faisnéis ríomhchláir *f* program information file (PIF) *(Río)* *(gu.* comhaid faisnéis ríomhchláir)

comhad foinseach *f* source file *(Río)* *(gu.* comhaid fhoinsigh *ai.* comhaid fhoinseacha)

1. Comhad ina bhfuil ráitis fhoinseacha do mhíreanna ar nós ríomhchlár teanga ardleibhéil nó sonraíocht tuairiscithe sonraí. 2. Comhad de chód ríomhchlárúcháin nár aistríodh go meaisínteanga.

comhad folamh *f* empty file *(Río) (gu.* comhaid fholaimh *ai.* comhaid fholmha)

Comhad nach bhfuil sonraí ar bith ann.

comhad fuaime *f* sound file *(Río) (gu.* comhaid fuaime)

comhad grafach *f* graphic file *(Río) (gu.* comhaid ghrafaigh *ai.* comhaid ghrafacha)

comhad inrite *f* executable file *(Río) (gu.* comhaid inrite)

Comhad ina bhfuil ríomhchláir nó orduithe a chuireann oibríochtaí nó gníomhaíochtaí i bhfeidhm. (*var* executable)

comhad íomhá *f* image file *(Río) (gu.* comhaid íomhá)

comhad ionchuir *f* input file *(Río) (gu.* comhaid ionchuir)

comhadlann *b* directory (storage) *(Río) (gu.* comhadlainne *ai.* comhadlanna)

Áit a stóráltar comhaid agus fochomhadlanna. (*mal* fillteán *f gu.* fillteáin) (*var* folder)

comhadlann oibre *b* working directory *(Río) (gu.* comhadlainne oibre *ai.* comhadlanna oibre) (*mal* fillteán oibre *f gu.* fillteáin oibre) (*var* working folder)

comhadlann réamhshocraithe *b* default directory *(Río) (gu.* comhadlainne réamhshocraithe *ai.* comhadlanna réamhshocraithe)

comhadlann reatha *b* current directory *(Río) (gu.* comhadlainne reatha *ai.* comhadlanna reatha) (*mal* fillteán reatha *f gu.* fillteáin reatha) (*var* current folder)

comhad loga *f* log file *(Río) (gu.* comhaid loga)

comhad randamrochtana *f* random access file *(Río) (gu.* comhaid randamrochtana)

comhad réamhlogála scríobhanna *f* write ahead log (WAL) *(Río) (gu.* comhaid réamhlogála scriobhanna)

comhad ríomhchláir *f* program file *(Río) (gu.* comhaid ríomhchláir)

Comhad ina bhfuil treoracha próiseála.

comhad sealadach *f* temporary file *(Río) (gu.* comhaid shealadaigh *ai.* comhaid shealadacha)

Comhad ar féidir é a scrios nó scríobh thairis nuair nach bhfuil gá leis níos mó.

comhad sealadach Idirlín *f* temporary Internet file *(Río) (gu.* comhaid shealadaigh Idirlín *ai.* comhaid shealadacha Idirlín)

comhad seicheamhach *f* sequential file *(Río) (gu.* comhaid sheicheamhaigh)

comhad sonraí *f* data file *(Río) (gu.* comhaid sonraí *ai.* comhaid sonraí)

Bailiúchán ainmnithe, eagraithe d'eilimintí sonraí gaolmhara (ar a dtugtar 'taifid' de ghnáth) stóráilte le chéile sa chóras ríomhaireachta. Is féidir réimse oibríochtaí a dhéanamh ar an gcomhad iomlán (comhad, cóipeáil, cumasc, comhchaitéánú, scrios, etc.) nó is féidir oibriú ar aon cheann de na heilimintí aonair (taifead, léamh, scríobh, athrú, etc.)

comhad teanga *f* language file *(Río) (gu.* comhaid teanga)

comhad truaillithe *f* corrupt file *(Río) (gu.* comhaid thruaillithe)

comhad úsáideora *f* user file *(Río) (gu.* comhaid úsáideora)

comhaid a iompórtáil *abairtín* importing files *(Río)*

comhaid a íoslódáil *abairtín* downloading files *(Río)*

comhaimseartha *a3* contemporary *(Gin)*

comhair *br* count *(Río) (mal* áirigh *br) (var* enumerate)

comhaireamh *f* counting *(Mat) (gu.* comhairimh)

comhairle[1] *b* advice *(Gin)*

comhairle[2] *b* council *(Gin) (ai.* comhairlí)

Comhairle Earraí na hÉireann *b* Irish Goods Council *(Fio)*

comhairleoir margaíochta *f* marketing advisor *(Fio) (gu.* comhairleora margaíochta)

comhairliú *f* consultation *(Gin) (gu.* comhairlithe)

comhaisnéis *b* shared information *(Río) (gu.* comhaisnéise)

cómhalartacht *b* commutativity *(Mat) (gu.* cómhalartachta)

Tá airí na cómhalartachta ag grúpa G má tá a * b = b * a do gach *a* agus *b* in G.

cómhalartú *f* interchange *(Gin) (gu.* cómhalartaithe *ai.* cómhalartuithe)

cómhalartú faisnéise *f* information interchange *(Río) (gu.* cómhalartaithe faisnéise)

cómhaoiniú *f* cofinancing *(Air) (gu.* cómhaoinithe)

comhaonáin *f* peer entities *(Río) (gi.* comhaonán)

comhaontas *f* concord *(Gin) (gu.* comhaontais)

comhaontú *f* agreement *(Gin) (gu.* comhaontaithe *ai.* comhaontuithe)

comhaontú an Smithsonian *f* Smithsonian agreement *(Air) (gu.* chomhaontú an Smithsonian)

Athbhreithniú ar chóras Bretton Woods a síníodh san Institiúid Smithsonian i Washington DC, mí na Nollag 1971. Tháinig an comhaontú díreach roimh chliseadh chóras Bretton Woods um ghaolmhaireachtaí airgeadaíochta idirnáisiúnta.

comhaontú ar réamhráta *f* forward rate agreement (FRA) *(Air) (gu.* comhaontaithe ar réamhráta *ai.* comhaontuithe ar réamhráta)

Comhaontú idir dhá pháirtí ar ráta úis atá le híoc ag am sonraithe sa todhchaí. Tógann na páirtithe riosca, in idirbhearta dá leithéid, maidir leis an difríocht idir na rátaí úis a bhfuil siad ag dréim leo sa tréimhse agus mar a tharlaíonn iad a bheith.

comhaontú athcheannaigh *f* repurchase agreement *(Air)* *(gu.* comhaontaithe athcheannaigh)

Díolacháin ghearrthéarmacha d'urrúis rialtais le comhaontú chun na hurrúis a athcheannach ar phraghas atá beagán níos airde. *(var* Repo)

comhaontú athcheannaigh droim ar ais *f* reverse repurchase agreement *(Air)* *(gu.* comhaontaithe athcheannaigh droim ar ais)

Comhaontú idir iasachtaí agus iasachtóir is ea comhaontú athcheannaigh (Repo) chun urrús rialtas Stáit Aontaithe Mheiriceá a dhíol agus a athcheannach. Tionscnaíonn iasachtaí, ar déileálaí in urrúis rialtais é de ghnáth, an Repo trí chonradh a dhéanamh urrúis a dhíol le hiasachtóir ar phraghas áirithe agus conradh comhuaineach a dhéanamh an t-urrús a athcheannach ag dáta sa todhchaí ar phraghas sonraithe. Is é an difríocht idir an dá phraghas an toradh don iasachtóir. Déanann an páirtí atá ag gabháil don Repo droim ar ais conradh urrús a cheannach ar phraghas áirithe agus é a aisdíol ar phraghas agus ag am réamhchinntithe. Tá ról tábhachtach ag Repos agus ag Repos droim ar ais i bpraghsáil urrús díorthaithe mar ceadaíonn siad suíomhanna gearra a ghlacadh i mbannaí. *(var* reverse Repo)

Comhaontú Bretton Woods *f* Bretton Woods Agreement *(Air)* *(gu.* Comhaontú Bretton Woods)

Comhdháil a tionóladh i mBretton Woods, New Hampshire i 1944 áit ar comhaontaíodh go gcoimeádfaí rátaí malairte airgeadraí laistigh de theorainneacha an-chúnga. Mhair an comhaontú seo go dtí 1971.

comhaontú coinníollach *f* conditional agreement *(Air)* *(gu.* comhaontaithe choinníollaigh *ai.* comhaontuithe coinníollacha)

Comhaontú Ginearálta ar Tharaifí agus Thrádáil (CGTT) *f* GATT (General Agreement on Tariffs and Trade) *(Air)* *(gu.* Comhaontaithe Ghinearálta ar Tharaifí agus Thrádáil (CGTT))

Comhaontú iltaobhach trádála a dhéanann rialacha iompraíochta a leagan amach do chaidreamh trádála idirnáisiúnta agus a dhéanann fóram a sholáthar d'idirbheartaíocht iltaobhach maidir le réiteach a fháil ar fhadhbanna trádála agus deireadh a chur, de réir a chéile, le taraifí agus bacainní eile ar thrádáil. Síníodh é ag Comhdháil na Ginéive 1947 agus chuaigh sé i bhfeidhm ar 1 Eanáir 1948.

comhaontuithe cómhaoinithe *f* cofinancing agreements *(Air)*

Modhanna a úsáideann An Banc Domhanda trína gcuirtear sciar den soláthar airgid ar fáil do thíortha atá ag forbairt.

comhaontuithe faoi choinníollacha nach leasófar *f* standstill agreements *(Air)*

Conarthaí ina dtoilíonn an gnólacht atá ag déanamh tairisceana in iarracht táthcheangail, teorainn a chur lena sealúchas i ngnólacht eile.

comhaontú suibscríbhinne *f* subscription agreement *(Air)* *(gu.* comhaontaithe suibscríbhinne *ai.* comhaontuithe suibscríbhinne)

Comhaontú idir eisitheoir bannaí agus na bainc bhainistithe a thuairiscíonn téarmaí agus coinníollacha na heisiúna agus oibleagáidí na bpáirtithe maidir leis an gcomhaontú.

comhar *f* cooperation *(Gin)* *(gu.* comhair)

comhárachas *f* co-insurance *(Air)* *(gu.* comharáchais)

comharba *f* successor *(Gin)* *(ai.* comharbaí)

comharbas *f* succession *(Air)* *(gu.* comharbais)

comharbas suthain *f* perpetual succession *(Air)* *(gu.* comharbais shuthain)

Marthain leanúnach corparáide go dtí go ndíscaoiltear go dlíthiúil í. Ní chuireann bás nó imeacht aon duine dá bhaill isteach ar chorparáid, ós pearsa dhlíthiúil inti féin í, agus leanann sí ag maireachtáil is cuma cé na hathruithe a thagann ar a ballraíocht.

comharchumann *f* cooperative *(Air)* *(gu.* comharchumainn)

comhar creidmheasa *f* credit union *(Air)* *(gu.* comhair creidmheasa)

Comharchumann neamhbhrabúis a fheidhmíonn mar bhanc taisce, ag glacadh taiscí ó choigilteoirí agus ag tabhairt iasachtaí do cheannaitheoirí tí, etc.

comhardú *f* balance *(Gin)* *(gu.* comhardaithe) *(mal* iarmhéid *f*)

comhardú bunúsach *f* basic balance *(Air)* *(gu.* comhardaithe bhunúsaigh)

Glanmhéid na n-easpórtálacha agus na n-iompórtálacha earraí agus seirbhísí, na n-aistrithe aontaobhacha agus na gcuntas sreafaí caipitil fadtéarmacha i gcomhardú na n-íocaíochtaí.

comhardú na n-íocaíochtaí *f* balance of payments *(Air)* *(gu.* chomhardú na n-íocaíochtaí)

Ráiteas d'íocaíochtaí insreafa agus eis-sreafa tíre áirithe.

comhardú na trádála *f* balance of trade *(Air)* *(gu.* chomhardú na trádála)

An difríocht idir luach iompórtálacha marsantachta agus easpórtálacha marsantachta.

comhartha[1] *f* sign[1] *(Gin)* *(ai.* comharthaí)

comhartha[2] *f* signal *(Río)* *(ai.* comharthaí)

comhartha analóige *f* analog signal *(Río)* (*ai.* comharthaí analóige)

comhartha athfhriotail *f* double apostrophe *(Río)* (*ai.* comharthaí athfhriotail)

comhartha ceiste *f* question mark *(Río)* (*ai.* comharthaí ceiste)

comharthach *a1* significative *(Río)*

comhartha cumais *f* enable signal *(Río)* (*ai.* comharthaí cumais)

Comhartha a úsáidtear chun ligean do mhód nó do staid éigin tarlú. (*var* enabling signal)

comhartha dearbhaithe *f* asserted signal *(Río)* (*gu.* comhartha dhearbhaithe *ai.* comharthaí dearbhaithe)

Comhartha atá socraithe chun rud éigin a chur i ngníomh.

comhartha déthonach ilmhinicíochtaí *f* dual tone multifrequency signal (DTMF) *(Río)* (*gu.* comhartha dhéthonaigh ilmhinicíochtaí *ai.* comharthaí déthonacha ilmhinicíochtaí)

comhartha diaicritice *f* diacritical mark *(Río)* (*ai.* comharthaí diaicritice)

comhartha digiteach *f* digital signal *(Río)* (*gu.* comhartha dhigitigh *ai.* comharthaí digiteacha)

comhartha diúltaithe *f* negated signal *(Río)* (*gu.* comhartha dhiúltaithe *ai.* comharthaí diúltaithe)

comharthaí athfhriotail *f* quotation marks *(Río)* (*var* quotes)

comharthaí cianrialúcháin *f* remote control signals *(Río)*

comhartha idirbhriste próisis *f* process interrupt signal *(Río)* (*ai.* comharthaí idirbhriste próisis)

comharthaí dúbailte athfhriotail *f* double quotation marks *(Río)*

comhartha imbhuailte *f* fch plódchomhartha. *(Río)* (*ai.* comharthaí imbhuailte)

comharthaíocht *b* signalling *(Gin)* (*gu.* comharthaíochta)

comharthaíocht choirp *b* body language *(Fio)* (*gu.* comharthaíochta coirp)

Na comharthaí neamhbhriathartha a chuirtear in iúl in idirghníomhartha díolacháin trí ghothaí aghaidh, lámh agus cos.

comharthaíocht sa mhargadh *b* market signal *(Fio)* (*gu.* comharthaíochta sa mhargadh)

comhartha múscailte *f* wakeup signal *(Río)* (*ai.* comharthaí múscailte)

comhartha neamh-mhodhnaithe *f* unmodulated signal *(Río)* (*ai.* comharthaí neamh-mhodhnaithe)

comhartha stoptha *f* stop signal *(Río)* (*ai.* comharthaí stoptha)

comhartha tosaithe *f* start signal *(Río)*

comhartha uaillbhreasa *f* exclamation mark *(Río)*

comhartha uisce digiteach *f* digital watermark *(Río)* (*gu.* comhartha uisce dhigitigh *ai.* comharthaí uisce digiteacha)

comhartha ullamh *f* ready signal *(Río)* (*gu.* comhartha ullaimh *ai.* comharthaí ullamha)

comhathraitheas *f* covariance *(Air)* (*gu.* comhathraithis)

Tomhas staitistiúil ar mhéid an idirghaoil idir athróga randamacha.

comhathraitheas srathach *f* serial covariance *(Air)* (*gu.* comhathraithis shrathaigh)

Comhathraitheas idir athróg agus luach righneála na hathróige.

comhathróga *b* shared variables *(Río)* (*gi.* comhathróg)

comhathrú *f* variation[1] *(Río)* (*gu.* comhathraithe *ai.* comhathruithe)

comhbhabháil *b* trade-off *(Air)* (*gu.* comhbhabhtála)

comhbhainisteoir *f* comanager *(Air)* (*gu.* comhbhainisteora *ai.* comhbhainisteoirí)

Rátáil bhainc atá díreach laistíos de bhainisteoir cinn in eisiúint sindeacáite eoraichreidmheasa nó bannaí idirnáisiúnta.

comhbhrú *f* compression *(Río)* (*gu.* comhbhrúite)

Sonraí a chódú chun spás stórála nó am tarchurtha a spáráil. Cé go mbíonn sonraí códaithe cheana chun iad a phróiseáil i ríomhaire, is minic is féidir iad a chódú ar bhealach níos éifeachtaí, is é sin níos lú giotán a úsáid. Ní mór sonraí comhbhrúite a dhí-chomhbhrú chun iad a úsáid.

comhbhrú cailleach *f* lossy compression *(Río)* (*gu.* comhbhrúite chailltigh)

comhbhrú comhaid *f* file compression *(Río)* (*gu.* comhbhrúite comhaid)

comhbhrú/dí-chomhbhrú *f* codec (compression/decompression) *(Río)*

comhbhrú digití *f* digit compression *(Río)* (*gu.* comhbhrúite digití)

comhbhrú frámaí socra *f* still-frame compression *(Río)* (*gu.* comhbhrú/comhbhrúite frámaí socra)

comhbhrúigh *br* compress *(Río)*

comhbhrú íomhá *f* image compression *(Río)*

comhbhrúite *a3* compressed *(Río)*

comhbhrú neamhchailleach *f* lossless compression *(Río)* (*gu.* comhbhrúite neamhchailltigh)

comhbhrú siméadrach *f* symmetrical compression *(Río)* (*gu.* comhbhrú/comhbhrúite shiméadraigh)

comhbhrú sonraí *f* data compression *(Río)* (*gu.* comhbhrúite sonraí)

comhbhrú spáis agus ama *f* compression of space and time *(Fio)* (*gu.* comhbhrúite spáis agus ama)

comhbhrú spáis faoi réir ama *f* compression of space by time *(Fio) (gu.* comhbhrúite spáis faoi réir ama)

comhbhrú téacs *f* text compression *(Río) (gu.* comhbhrúite téacs)

comhchaitéinigh *br* concatenate *(Río)*

comhchaitéiniú *f* concatenation *(Río) (gu.* comhchaitéinithe)

Dhá theaghrán carachtar a cheangal le chéile. *(mal* comhchaitéiniúchán *f gu.* comhchaitéiniúcháin)

comhchaitéiniúchán *f fch* comhchaitéiniú. *(Río) (gu.* comhchaitéiniúcháin)

comhcheangail[1] *br* combine *(Gin)*

comhcheangail[2] *br* join[1] *(Río)*

Gaol amháin a chruthú ó dhá ghaol, atá comhdhéanta de gach uile chodach ar teaglaim iad de dhá chodach, ceann ó gach aon cheann den dá ghaol ionas go bhfuil luach coiteann ag an tréith choiteann.

comhcheangal[1] *f* combination[2] *(Gin) (gu.* comhcheangail)

comhcheangal[2] *f* join[2] *(Río) (gu.* comhcheangail)

comhcheangal amuigh *f* outer join *(Río) (gu.* comhcheangail amuigh)

comhcheangal istigh *f* inner join *(Río) (gu.* comhcheangail istigh)

comhchiallach[1] *f* synonym *(Gin) (gu.* comhchiallaigh)

comhchiallach[2] *a1* synonymous *(Gin)*

comhchomhad *f* shared file *(Río) (gu.* comhchomhaid)

comhchordacht *b* concordance *(Río) (gu.* comhchordachta *ai.* comhchordachtaí)

comhchordachtóir *f* concordancer *(Río) (gu.* comhchordachtóra *ai.* comhchordachtóirí)

comhchordacht shiombalach *b* symbolic concordance *(Río) (gu.* comhchordachta siombalaí *ai.* comhchordachtaí siombalacha)

comhchosúlacht *b fch* cosúlacht. *(Gin) (gu.* comhchosúlachta *ai.* comhchosúlachtaí)

comhchruinnigh *br* concentrate (of industry) *(Air)*

comhchruinniú *f* concentration (of industry) *(Air) (gu.* comhchruinnithe)

comhchruinniú an chaipitil *f* concentration of capital *(For) (gu.* chomhchruinniú an chaipitil)

comhchuimhne *b* shared memory *(Río) (ai.* comhchuimhní)

comhdháil fise *b fch* físchomhdháil. *(Río) (gu.* comhdhála fise *ai.* comhdhálacha fise)

comhdhamhna *f* constituent part *(Gin) (ai.* comhdhamhnaí)

comhdhéanamh *f* composition[1] *(Gin) (gu.* comhdhéanaimh)

comhdhéanta go cothrom de/as *a* composed equally of *(Air)*

comhdhlúthán *f* consol *(Air) (gu.* comhdhlútháin)

Banna a gheallann cúpón a íoc go síoraí; níl aon dáta deiridh aibíochta aige.

comhdhlúthú *f* consolidation *(Air) (gu.* comhdhlúthaithe)

Cumasc trína gcruthaítear gnólacht iomlán nua.

comhéadan *f* interface *(Río) (gu.* comhéadain)

1. Na crua-earraí agus na bogearraí gaolmhara atá ag teastáil le haghaidh cumarsáide idir próiseálaithe agus gléasanna forimeallacha, chun an difríocht ina n-airíonna oibríochta a chúiteamh (e.g., luasanna, leibhéil voltais agus cumhachta, cóid, etc.). 2. I Java, is ionann comhéadan (*interface*) agus liosta de mhodhanna teibí (agus b'fhéidir de thairisigh); ach is féidir amharc air mar chonradh idir an aicme ina gcuirtear i bhfeidhm é agus úsáideoirí na haicme sin. Trí chomhéadan a chur i bhfeidhm toilíonn tú sainithe cearta a chur ar fáil do gach modh teibí sa chomhéadan.

comhéadan a dhéanamh *br* interface[3] *(Río)*

comhéadan aonaid cheangail *f* attachment unit interface (AUI) *(Río) (gu.* comhéadain aonaid cheangail)

comhéadan cliste forimeallach *f* intelligent peripheral interface (IPI) *(Río) (gu.* comhéadain chliste forimeallach)

Comhéadan Coiteann Geataí *f* Common Gateway Interface (CGI) *(Río) (gu.* Comhéadain Choitinn Geataí)

comhéadan comhuainíochta *f* parallel interface *(Río) (gu.* comhéadain comhuainíochta)

comhéadan digiteach uirlisí ceoil *f* musical instrument digital interface (MIDI) *(Río) (gu.* comhéadain dhigitigh uirlisí ceoil)

comhéadan feidhmchláir (API) *f* application programming interface (API) *(Río) (gu.* comhéadain feidhmchláir)

comhéadan gan uaim *f* seamless interface *(Río) (gu.* comhéadain gan uaim)

comhéadan grafach (úsáideora) *f* graphical user interface (GUI) *(Río) (gu.* comhéadain ghrafaigh (úsáideora)

comhéadan líne na n-orduithe *f* command-line interface *(Río) (gu.* comhéadain líne na n-orduithe)

Comhéadan (na) Mionchóras Ríomhaireachta *f* Small Computer System Interface (SCSI) *(Río) (gu.* Chomhéadan na Mionchóras Ríomhaireachta/Comhéadain Mionchóras Ríomhaireachta)

comhéadan na nglaonna ar an gCO *f* system-call interface *(Río) (gu.* chomhéadan na nglaonna ar an gCO)

comhéadan oscailte nascadh sonraí *f* open data-link interface (ODI) *(Río)* *(gu.* comhéadain oscailte nascadh sonraí)

comhéadan saincheaptha *f* customized interface *(Río)* *(gu.* comhéadain shaincheaptha)

comhéadan sonraí is próisis *f* process data interface (PDI) *(Río)* *(gu.* comhéadain sonraí is próisis)

Cuirtear é seo ar fáil i rith an Deartha Fhisiciúil agus taispeánann sé conas a mhapáltar na próisis loighciúla a bhfuil rochtain acu ar an LDM anuas ar na próisis fhisiciúla a bhfuil rochtain acu ar an mbunachar sonraí fisiciúil. Má tá comhfhreagairt aon le haon ann idir rochtainí loighciúla agus rochtainí fisiciúla, ansin níl aon ghá le PDI; mura bhfuil an dá cheann in oiriúint iomlán dá chéile, taispeánann an PDI conas is féidir na mí-oiriúintí a réiteach i dtéarmaí na rochtana fisiciúla. Má tá teanga neamhghnásúil ar nós SQL in úsáid ar an láithreán, ní féidir an PDI a chur i ngníomh ach i líne amháin nó dhó, ar a mhéid. Is í aidhm an PDI ligean don dearthóir an Nuashonrú Loighciúil agus na Próisis Fiosraithe a chur i ngníomh mar fheidhmchláir, go neamhspleách ar struchtúr fisiciúil an bhunachair shonraí.

comhéadan T *f* T interface *(Río)* *(gu.* comhéadain T)

comhéadan U *f* U interface *(Río)* *(gu.* comhéadain U)

comhéadan úsáideora *f* user interface *(Río)* *(gu.* comhéadain úsáideora)

comhéadan úsáideora (atá) bunaithe ar oibiachtaí *f* object-oriented user interface (OOUI) *(Río)* *(gu.* comhéadain úsáideora (atá) bunaithe ar oibiachtaí)

comhéadan úsáideora leis an CO *f* user interface to OS *(Río)* *(gu.* comhéadain úsáideora leis an CO)

comhéifeacht *b* coefficient *(Mat)* *(gu.* comhéifeachta *ai.* comhéifeachtaí)

comhéifeacht cinntiúcháin *b* coefficient of determination *(Air)* *(gu.* comhéifeachta cinntiúcháin *ai.* comhéifeachtaí cinntiúcháin)

Tomhas den athrú céatadáin san athróg spleách ar féidir é a mhíniú leis na hathróga neamhspleácha nuair a úsáidtear anailís chúlaithe.

comhéifeacht comhghaolaithe *b* correlation coefficient *(Air)* *(gu.* comhéifeachta comhghaolaithe *ai.* comhéifeachtaí comhghaolaithe)

comhéifeacht cúlaithe *b* regression coefficient *(Air)* *(gu.* comhéifeachta cúlaithe *ai.* comhéifeachtaí cúlaithe)

Meastachán ar íogaireacht na hathróige spleáiche d'athróg neamhspleách ar leith.

comheisiach *a1* mutually exclusive *(Gin)*

comh-eisiatacht *b* mutual exclusion *(Gin)* *(gu.* comh-eisiatachta)

comhfhadaigh *br* justify *(Río)*

comhfhadaigh ar chlé *br* left justify *(Río)*

comhfhadaigh ar dheis *br* right justify *(Río)*

comhfhadú *f* justification *(Río)* *(gu.* comhfhadaithe)

comhfhillteán *f* shared folder *(Río)* *(gu.* comhfhillteáin)

comhfhiontar *f* joint venture *(Air)* *(gu.* comhfhiontair)

Amhantar idir dhá ghnólacht nó níos mó ina roinntear an fhreagracht agus an tuilleamh.

comhfhreagairt *b* correspondence *(Mat)* *(gu.* comhfhreagartha)

comhfhreagrach *a1* corresponding *(Gin)* *(var* correspondent)

comhghaolú *f* correlation *(Air)* *(gu.* comhghaolaithe)

Tomhas staitistiúil caighdeánaithe ar spleáchas dhá athróg randamach.

comhghaolú airgeadraí *f* currency correlation *(Air)* *(gu.* comhghaolaithe airgeadraí)

Tomhas den ghaol idir ghluaiseachtaí dhá airgeadra.

comhghaolú deimhneach foirfe *f* perfect positive correlation *(Air)* *(gu.* comhghaolaithe dheimhnigh fhoirfe)

comhghaolú diúltach foirfe *f* perfect negative correlation *(Air)* *(gu.* comhghaolaithe dhiúltaigh fhoirfe)

comhghnáthamh *f* coroutine *(Río)* *(gu.* comhghnáthaimh)

Tugtar comhghnáthaimh ar dhá ghnás, a nglacann gach ceann díobh leis an gceann eile mar ghnás (sa chiall go nglaoitear air, go ndéanann sé roinnt oibre, agus ansin go bhfilleann sé ar an ráiteas tar éis an ghlao).

comhghuaillíocht *b* alliance *(Gin)* *(gu.* comhghuaillíochta)

comhghuaillíocht straitéiseach *b* strategic alliance *(Air)* *(gu.* comhghuaillíochta straitéisí *ai.* comhghuaillíochtaí straitéiseacha)

Comhinnéacs 400 S & P *f* Standard and Poors 400 *(Air)*

Innéacs tionsclaíochta cosúil le hInnéacs Achtúirí an FT féin, ina n-ualaítear comhlachtaí aonair de réir a gcaipitlithe margaidh.

comh-inoibritheach *a1* interoperable *(Río)*

comh-inoibritheacht *b* interoperability *(Río)* *(gu.* comh-inoibritheachta)

comhiomlán *f* aggregate *(Río)* *(gu.* comhiomláin)

Foirm scríofa a chomharthaíonn luach ilchodach. Comharthaíonn comhiomlán eagair luach cineáil eagair; comharthaíonn comhiomlán taifid luach taifid. Is féidir comhbhaill chomhiomláin a shonrú trí chomhcheangal ainmnithe nó ionaid a úsáid.

comhiomlánú *f* aggregation *(Air)* *(gu.* comhiomlánaithe *ai.* comhiomlánuithe)

Tabhairt le chéile nó suimiú bunsonraí.

comhionannas[1] *f* identity[1] *(Gin)* *(gu.* comhionannais)

comhionannas[2] *f* equality[2] *(Gin)* *(gu.* comhionannais)

comhionannas an chláir chomhardaithe *f* balance sheet identity *(Air)* *(gu.* chomhionannas an chláir chomhardaithe)

Bíonn trí phríomh-cheannteideal ar chlár comhardaithe: sócmhainní, fiachais, agus caipiteal. Ní mór na sócmhainní a bheith cothrom le suim na bhfiachas agus an chaipitil. Is í an chothroime seo comhionannas an chláir chomhardaithe.

comhionannú *f* equalization[1] *(Air)* *(gu.* comhionannaithe)

comhlachas *f* association *(Gin)* *(gu.* comhlachais) *(var* body)

Comhlachas Árachais Creidmheasa an Eachtraigh *f* Foreign Credit Insurance Association FCIA *(Air)* *(gu.* Chomhlachas Árachais Creidmheasa an Eachtraigh)

An Comhlachas Forbartha Idirnáisiúnta *f* International Development Agency (IDA) *(Air)* *(gu.* An Chomhlachais Forbartha Idirnáisiúnta)

Gníomhaireacht speisialta de chuid na Náisiún Aontaithe a bunaíodh i 1960. Cleamhnaithe leis an IBRD agus an Banc Domhanda. Soláthraíonn sé caipiteal do thionscadail forbartha sna balltíortha ar théarmaí níos fearr ná mar a thairgeann margaí príobháideacha caipitil ná an Banc Domhanda.

Comhlachas Saorthrádála na hEorpa *f* European Free Trade Association (EFTA) *(Air)* *(gu.* Chomhlachas Saorthrádála na hEorpa)

comhlacht *f* company *(Gin)* *(gu.* comhlachta *ai.* comhlachtaí)

Fiontar corparáideach atá ina aonán dlíthiúil ar leith ó na haonáin dlíthiúla atá ina mbaill de; oibríonn sé mar aonad singil amháin agus bíonn na baill go léir páirteach ina rath. (*mal* cuideachta *b ai.* cuideachtaí)

comhlacht ardfheidhmíochta *f* high-performance company *(Air)* *(gu.* comhlachta ardfheidhmíochta *ai.* comhlachtaí ardfheidhmíochta)

comhlacht gréasánach *f* networked company *(Air)* *(gu.* comhlachta ghréasánaigh *ai.* comhlachtaí gréasánacha)

comhlacht poiblí *f* public body *(Fio)* *(gu.* comhlachta phoiblí *ai.* comhlachtaí poiblí)

comhlacht teoranta *f* limited company *(Air)* *(gu.* comhlachta teoranta *ai.* comhlachtaí teoranta)

Cuideachta ina bhfuil teorainn le dliteanas na mball i leith fhiachas na cuideachta. (*mal* cuideachta theoranta *b gu.* cuideachta teoranta *ai.* cuideachtaí teoranta)

comhlán *f* gross *(Air)* *(gu.* comhláin)

comhlánú *f* complement *(Gin)* *(gu.* comhlánaithe *ai.* comhlánuithe)

(Loighic) Bíodh an tacar A ina fho-thacar d'uilethacar U. Ansin is ionann *comhlánú* A, scríofa A', agus tacar na mball sin de U nach baill de A iad. *(Ríomhaireacht)* Uimhir is féidir a dhíorthú ó uimhir shonraithe, trína dealú ó uimhir shonraithe eile; mar shampla, sa nodaireacht bhonnuimhreaca, is féidir cumhacht áirithe den bhonnuimhir, nó cumhacht áirithe den bhonnuimhir lúide a haon, a thabhairt don dara huimhir shonraithe.

comhlánú coibhneasta dhá thacar *f* relative complement of two sets *(Loi)* *(gu.* comhlánaithe choibhneasta dhá thacar *ai.* comhlánuithe coibhneasta dhá thacar) *(mal* difríocht idir dhá thacar *b gu.* difríochta idir dhá thacar) *(var* difference of two sets)

comhlánú le haonta *f* ones' complement *(Río)*

Comhlánú laghdaithe na bonnuimhreach sa chóras uimhrithe glan-dénártha.

comhlánú loighciúil *f* logical complement *(Río)* *(gu.* comhlánaithe loighciúil *ai.* comhlánuithe loighciúla)

comhleanúnachas *f* coherence[2] *(Río)* *(gu.* comhleanúnachais)

comhleanúnachas taisce *f* cache coherence *(Río)* *(gu.* comhleanúnachais taisce)

comhlimistéar sonraí *f* shared data area *(Río)* *(gu.* comhlimistéir shonraí)

comhlíonadh *f* fulfilment *(Gin)* *(gu.* comhlíonta)

comhlogach *f* collocate[1] *(Río)* *(gu.* comhlogaigh)

comhlogaigh *br* collocate[2] *(Río)*

comhlogaíocht *b* collocation *(Río)* *(gu.* comhlogaíochta)

comhlogóir *f* collocationer *(Río)* *(gu.* comhlogóra *ai.* comhlogóirí)

comhlúthach *a1* floating *(Air)*

comhlúthacht *b* float[2] *(Air)* *(gu.* comhlúthachta)

comhlúthacht faoi bhainistíocht *b* managed float *(Air)* *(gu.* comhlúthachta faoi bhainistíocht *ai.* comhlúthachtaí faoi bhainistíocht)

Córas rátaí malairte áit nach bhfuil aon teorainneacha dearfa ag airgeadraí, ach gur féidir le bainc cheannais idirghabháil a dhéanamh chun tionchar a imirt ar ghluaiseachtaí an ráta malairte. *(var* dirty float)

comhoiriúnach *a1* compatible *(Río)*

comhoiriúnach anuas *aid* downward compatible *(Río)*

comhoiriúnach le IBM *a1* IBM compatible *(Río)*

comhoiriúnach maidir le cineál *aid* type-compatible *(Río)*

comhoiriúnach maidir le sannadh *aid* assignment-compatible *(Río)*

comhoiriúnacht *b* compatibility *(Río)* *(gu.* comhoiriúnachta)

Inniúlacht treorach, cláir nó comhpháirte, a úsáid ar níos mó ná aon ríomhaire amháin chun oibríocht réamhshonraithe a chur i ngníomh.

comhoiriúnacht bogearraí *b* software compatibility *(Río) (gu.* comhoiriúnachta bogearraí*)*

comhoiriúnacht shiarghabhálach *b* backward compatibility *(Río) (gi.* comhoiriúnachta siarghabhálaí*)*

comhoiriúnacht trealaimh *b* equipment compatibility *(Río) (gu.* comhoiriúnachta trealaimh*)*

comhoiriúnaigh *br fch* meaitseáil. *(Río)*

comhoiriúnú *f* harmonization *(Río) (gu.* comhoiriúnaithe*)*

comhordaigh *br* coordinate[2] *(Gin)*

comhordaitheoir tionscadail *f* project coordinator *(Río) (gu.* comhordaitheora tionscadail *ai.* comhordaitheoirí tionscadail*)*

comhordanáid *b* coordinate[1] *(Mat) (gu.* comhordanáide *ai.* comhordanáidí*)*

comhpháirt[1] *b* component[1] *(Gin) (gu.* comhpháirte *ai.* comhpháirteanna) *(var* part*)*

comhpháirt[2] *b* component[2] *(Río) (gu.* comhpháirte *ai.* comhpháirteanna*)*

1. Sainíonn sé cuid d'oibiacht ilchodach. Ainm is ea comhpháirt innéacsaithe a chuimsíonn sloinn a chomharthaíonn innéacsanna agus a ainmníonn comhpháirt in eagar nó iontráil i gclann iontrálacha. Tugtar comhpháirt roghnaithe ar ainm a thógann ainm aonáin, a leantar de lánstad agus ainm na comhpháirte. 2. In SSADM: Páirt scoite d'fheidhm, i.e., páirt gur féidir é a shainaithint go leithleach. Aithnítear de ghnáth í mar cheann díobh seo leanas: próiseas I/A, próiseas bunachair shonraí nó próiseas coiteann.

comhpháirt chaighdeánach *b* standard component *(Río) (gu.* comhpháirte caighdeánaí *ai.* comhpháirteanna caighdeánacha*)*

comhpháirt ghrafach *b* graphic component *(Río) (gu.* comhpháirte grafaí *ai.* comhpháirteanna grafacha*)*

I Java, oibiacht ghrafach neamhspleách atá in ann teagmhais a ghlacadh agus atá in ann freagairt dóibh.

comhpháirtí *f* partner *(Fio) (ai.* comhpháirtithe*)*

comhpháirtíocht *b* partnership *(Air) (gu.* comhpháirtíochta *ai.* comhpháirtíochtaí*)*

Gnó atá eagraithe ar shlí go mbíonn beirt chomhúinéirí nó níos mó i mbun gnólachta.

comhpháirtíocht ghinearálta *b* general partnership *(Air) (gu.* comhpháirtíochta ginearálta *ai.* comhpháirtíochtaí ginearálta*)*

Cineál eagraíochta gnó ina dtoilíonn na comhpháirtithe go léir sciar éigin den obair agus den chostas a sholáthar agus an brabús agus na caillteanais a roinnt eatarthu. Titeann dliteanas maidir le fiachais na comhpháirtíochta ar gach comhpháirtí.

comhpháirtíocht theoranta *b* limited partnership *(Air) (gu.* comhpháirtíochta teoranta *ai.* comhpháirtíochtaí teoranta*)*

Modh eagraithe gnó a cheadaíonn go gcuirfí srian le dliteanas roinnt comhpháirtithe de réir an mhéid airgid a ranníoc siad leis an gcomhpháirtíocht.

comhpháirt soladstaide *b* solid-state component *(Río) (gu.* comhpháirte soladstaide *ai.* comhpháirteanna soladstaide*)*

comhphróiseálaí *f* coprocessor *(Río) (ai.* comhphróiseálaithe*)*

Slis próiseála le feidhm speisialta a oibríonn in éineacht le CPU príomhúil chun luas a chur le hoibríochtaí fadálacha.

comhphróiseálaí uimhriúil *f* numeric coprocessor *(Río) (gu.* comhphróiseálaí uimhriúil *ai.* comhphróiseálaithe uimhriúla*)*

Comhrá Athsheachadta Idirlín *f* Internet Relay Chat (IRC) *(Río)*

comhrá (Idirlín) *f* chatting *(Río)*

comhráiteas *f* compound statement *(Río) (gu.* comhráitis *ai.* comhráitis*)*

Seicheamh de ráitis idir *túsaigh* agus *críochnaigh*.

comhreathach *a1* concurrent *(Río)*

comhréidh *a3* flat *(Gin)*

comhréir[1] *b* syntax *(Río) (gu.* comhréire*)*

Rialacha na teanga (an ghramadach, ar shlí), a shainíonn conas teaghráin a chur le chéile chun ríomhchláir fhoinseacha dea-chumtha a scríobh.

comhréir[2] *b* proportion *(Gin) (gu.* comhréire*)*

comhréireach *a1* syntactical *(Río)*

comhréireach[1] *a1* syntactic *(Gin)*

comhréireach[2] *a1* proportional *(Gin)*

comhréir eiliminte *b* element syntax *(Río) (gu.* comhréire eiliminte*)*

comhréir feidhmeanna *b* function syntax *(Río) (gu.* comhréire feidhmeanna*)*

comhréir neamh-XML *b* non-XML syntax *(Río) (gu.* comhréire neamh-XML*)*

comhrith *f* concurrency *(Río) (gu.* comhreatha*)*

comhrith dealraitheach *f* apparent concurrency *(Río) (gu.* comhreatha dealraithigh*)*

comhroinn am *br* time-share *(Río)*

comhroinnt *b* sharing *(Gin) (gu.* comhroinnte*)*

comhroinnt ama *b* time sharing *(Río)* (*gu.* comhroinnte ama)

comhroinnt fhisiciúil *f* physical sharing *(Río)* (*gu.* comhroinnte fisiciúla)

comhroinnt loighciúil *b* logical sharing *(Río)* (*gu.* comhroinnte loighciúla)

Comhroinnt Nasc Idirlín *b* Internet Connection Sharing (ICS) *(Río)* (*gu.* Comhroinnte Nasc Idirlín)

An Comh-Shainghrúpa Grianghrafadóireachta *f* Joint Photographic Expert Group (JPEG) *(Río)*

comhshamhlú *f* assimilation *(Gin)* (*gu.* comhshamhlaithe)

comhsheasmhach *a1* consistent *(Gin)*

comhsheasmhacht *b* consistency *(Río)* (*gu.* comhsheasmhachta)

comhshó *f* conversion[2] *(Air)*

Straitéis trádála a dhaingníonn brabús arbatráiste trí dhíol fada agus ceannach gearr, leis an bpraghas ceangail agus an dáta éaga céanna, a chomhcheangal le suíomh fada sa bhunsócmhainn.

comhshó éigeantach *f* forced conversion *(Air)* (*gu.* comhshóite éigeantaigh)

comhshóiteáin *f* convertibles *(Air)*

Bannaí a cheadaíonn don infheisteoir an banna a mhalartú ar shócmhainn airgid eile ar ráta seasta.

comhshonraí *f* shared data *(Río)*

comhshraitheanna *b* peer layers *(Río)*

comhshuíomh *f* composition[2] *(Air)* (*gu.* comhshuímh)

Socrú deonach chun fiachas gnólachta a athstruchtúrú, faoina n-íslítear an íocaíocht.

comhstóráil *b* shared storage *(Río)* (*gu.* comhstórála)

comhstruchtúr *f* construct[1] *(Río)* (*gu.* comhstruchtúir) (*mal* comhstruchtúr teanga *f gu.* comhstruchtúir teanga) (*var* language construct)

comhstruchtúr marcála *f* markup construct *(Río)* (*gu.* comhstruchtúir marcála)

comhstruchtúr sonraí *f* data construct *(Río)* (*gu.* comhstruchtúir sonraí)

comhstruchtúr teanga *f* language construct *(Río)* (*gu.* comhstruchtúir teanga)

I dteanga ríomhchlárúcháin, ríomhchlár nó foghnáthamh atá ceadaithe ó thaobh comhréire, a chumtar de réir na sraithe rialacha ar a bhfuil gramadach na teanga bunaithe. (*mal* comhstruchtúr *f gu.* comhstruchtúir) (*var* construct)

comhstruchtúr teanga ríomhchlárúcháin *f* programming language construct *(Río)* (*gu.* comhstruchtúir teanga ríomhchlárúcháin)

comhtháite *a3* integrated *(Río)*

comhthaobhach *a1* collateral[2] *(Air)*

comhthaobhacht *b* collateral[1] *(Air)* (*gu.* comhthaobhachta)

Cineál urrúis, go háirithe urrús de chineál neamhphearsanta, ar nós polasaithe árachais saoil nó scaireanna, a úsáidtear chun iasacht bainc a ráthú.

comhtháthú[1] *f* coherence[1] *(Río)* (*gu.* comhtháthaithe) (*var* cohesion)

comhtháthú[2] *f* integration[2] *(Río)* (*gu.* comhtháthaithe)

comhtháthú ama *f* temporal cohesion *(Río)* (*gu.* comhtháthaithe ama)

comhtháthú ar scála sliseoige *f* wafer-scale integration (WSI) *(Río)* (*gu.* comhtháthaithe ar scála sliseoige)

comhtháthú comhtheagmhasach *f* coincidental cohesion *(Río)* (*gu.* comhtháthaithe chomhtheagmhasaigh)

comhtháthú meánscála *f* medium scale integration (MSI) *(Río)* (*gu.* comhtháthaithe meánscála)

comhtháthú mionscála *f* small-scale integration (SSI) *(Río)* (*gu.* comhtháthaithe mionscála)

comhtháthú mórscála *f* large scale integration (LSI) *(Río)* (*gu.* comhtháthaithe mórscála)

comhtháthú oibiachtaí *f* object cohesion *(Río)* (*gu.* comhtháthaithe oibiachtaí)

comhtháthú ollscála *f* very large scale integration (VLSI) *(Río)* (*gu.* comhtháthaithe ollscála)

comhthéacs *f* context *(Gin)* (*ai.* comhthéacsanna)

comhthéacs eiliminte *f* element context *(Río)*

comhtheagmhálach *a1* contiguous *(Río)*

comhtheagmhas *f* coincidence *(Río)* (*gu.* comhtheagmhais)

comhtheagmhasach *a1* coincidental *(Río)*

comhthiomsaigh *br* pool *(Air)*

comhthiomsaitheach *a1* associative *(Río)*

comhthiomsaitheacht *b* associativity *(Mat)* (*gu.* comhthiomsaitheachta)

Is féidir airí na comhthiomsaitheachta a shainiú mar leanas: D'aon trí eilimint *a*, *b*, agus *c* sa ghrúpa *G*: (a * b) * c = a * (b * c) = a * b * c. Is é sin le rá nach mbaineann sé le hábhar cén t-ord ina gcuirtear an oibríocht i ngníomh.

comhthiomsú *f* pooling *(Air)* (*gu.* comhthiomsaithe)

comhthiomsú na leas *f* pooling of interests *(Air)* (*gu.* chomhthiomsú na leas)

Modh cuntasaíochta chun éadálacha a thuairisc lena suimítear cláir chomhardaithe an dá chomhlacht go simplí, mír i ndiaidh míre.

comhthreomhar *a1* parallel[1] *(Mat)*

comhuaineach[1] *a1* parallel[2] *(Río)*

comhuaineach[2] *a1* simultaneous *(Gin)*

comhuainíocht *b* parallelism *(Río)* *(gu. comhuainíochta)*

comhuainíocht gharbhánta *b* coarse-grained parallelism *(Río)* *(gu. comhuainíochta garbhánta)*

Píosaí móra bogearraí a rith go comhuaineach gan ach beagán cumarsáide nó gan aon chumarsáid idir na píosaí.

comhuainíocht mhín *b* fine-grained parallelism *(Río)* *(gu. comhuainíochta míne)*

comhúinéir *f* co-owner *(Air)* *(gu. comhúinéara ai. comhúinéirí)*

comórtas *f* contest *(Fio)* *(gu. comórtais)* *(var competition)*

comórtas seachvótaí *f* proxy contest *(Air)* *(gu. comórtais seachvótaí)*

Iarracht chun smacht a fháil ar ghnólacht trí leordhóthain vótaí scairshealbhóirí a lorg chun bainistíocht eile a chur in áit na bainistíochta atá ann faoi láthair.

comparadóir *f* comparator *(Río)* *(gu. comparadóra ai. comparadóirí)*

Gléas nó modh a úsáidtear chun mír amháin nó breis a sheiceáil chun a gcomhchosúlacht, a gcomhionannas, a gcoibhneas ó thaobh méid nó oird, a sheiceáil go beacht.

comparáid *b* comparison *(Río)* *(gu. comparáide ai. comparáidí)*

comparáideach[1] *a1* comparable *(Gin)*

comparáideach[2] *a1* comparative *(Gin)*

comparáideacht *b* comparability *(Air)* *(gu. comparáideachta)*

Comparáidí foirmiúla agus neamhfhoirmiúla a dhéanann grúpaí oibre idir a bpá-san agus pá oibrithe eile. Bíonn tionchar ag a leithéid seo de chomparáidí ar phróiseas an chinnte pá.

cónaí *f* residence *(Gin)* *(gu. cónaithe)*

Cónaidhm na mBaincéirí Éireannacha *b* Irish Bankers' Federation *(Air)*

cónaitheach *a1* stationary *(Río)*

conarthach *a1* contractual *(Dlí)*

cónasc *f* conjunction *(Gin)*

cónasctha *a3* federated *(Río)*

cóngaracht *b* adjacency *(Río)* *(gu. cóngarachta)*

conradh *f* contract *(Dlí)* *(gu. conartha)*

conradh díola coinníollach *f* conditional sales contract *(Air)* *(gu. conartha díola choinníollaigh ai. conarthaí díola coinníollacha)*

Socrú faoina gcoimeádann gnólacht úinéireacht dhlíthiúil na n-earraí go dtí go mbíonn na híocaíochtaí go léir déanta ag an gcustaiméir.

conradh na dtodhchaíochtaí *f* futures contract *(Air)*

Conradh airgeadraí caighdeánaithe a scríobhtar in aghaidh theach imréitigh an mhalartáin ar líon seasta d'aonaid airgeadraí eachtracha agus ar iad a sheachadadh ar dháta seasta.

conradh rogha *f* option contract *(Air)* *(gu. conartha rogha ai. conarthaí rogha)*

Ceart ar mhéid sonraithe de shócmhainn shonraithe a cheannach nó a dhíol ar phraghas seasta ar nó roimh dháta áirithe.

conradh todhchaíochtaí díshriantach *f* open futures contract *(Air)* *(gu. conartha todhchaíochtaí dhíshriantaigh ai. conarthaí todhchaíochtaí díshriantacha)*

constaic *b* obstacle *(Gin)* *(gu. constaice ai. constaicí)*

cor *f* turn *(Gin)* *(gu. coir)*

cór *b* core[2] *(Río)* *(mal eithne *b* ai. eithní)* *(var kernel)*

córais easpórtála *f* export systems *(Río)* *(gi. córas easpórtála)*

córais faisnéis bainistíochta *f* management information systems *(Río)* *(gi. córas faisnéis bainistíochta)*

córais idirmheánacha *f* intermediate systems *(Río)* *(gi. córas idirmheánach)*

córais íocaíochtaí idirbhainc an tí imréitigh *f* clearing-house interbank payments systems (CHIPS) *(Air)*

Saoráid imréitigh uathoibríoch i Stocmhalartán Nua Eabhrac.

córas *f* system *(Gin)* *(gu. córais)*

1. An clár maoirseachta nó an córas oibriúcháin ar ríomhaire. 2. An córas iomlán ríomhaireachta, gléasanna ionchurtha/aschurtha, an clár maoirseachta nó an córas oibriúcháin san áireamh agus b'fhéidir bogearraí eile chomh maith. 3. Aon ríomhchlár mór. 4. Aon mhodh oibre nó algartam.

córasach *a1* systematic *(Gin)*

córas aicmeach *f* class system *(For)* *(gu. córais aicmigh)*

An Córas Airgeadaíochta Eorpach *f* European Monetary System (EMS) *(Air)* *(gu. an Chórais Airgeadaíochta Eorpaigh)*

córas an táscaire dibhéirseachta *f* divergence indicator system *(Air)* *(gu. córais an táscaire dibhéirseachta ai. chórais an táscaire dibhéirseachta)*

Gné den EMS a dhéanann monatóireacht ar imeacht pholasaí eacnamaíoch tíre ó mheán an CE.

córas aonúsáideora *f* single-user system *(Río)* *(gu. córais aonúsáideora)*

córas (atá) bunaithe ar eolas *f* knowledge-based system *(Río)*

córas bainistíochta bunachar sonraí (atá) bunaithe ar oibiachtaí *f* object-oriented database management system (OODBMS) *(Río)* (*gu.* córais bhainistíochta bunachar sonraí (atá) bunaithe ar oibiachtaí)

córas bainistíochta bunachar sonraí coibhneasta *f* relational database management system (RDBMS) *(Río)* (*gu.* córais bhainistíochta bunachar sonraí coibhneasta)

córas bainistíochta bunachar sonraí coibhneasta oibiachtaí *f* object-relational database management system (ORDBMS) *(Río)* (*gu.* córais bhainistíochta bunachar sonraí coibhneasta oibiachtaí)

córas bainistíochta bunachar sonraí dáilte *f* distributed database management system *(Río)* (*gu.* córais bhainistíochta bunachar sonraí dáilte)

córas bainistíochta bunachar sonraí (DBMS) *f* database management system (DBMS) *(Río)* (*gu.* córais bhainistíochta bunachar sonraí)

An mheicníocht chun sonraí a stóráil agus a aisghabháil i gcóras ríomhaireachta. Ligeann DBMS sonraí a stóráil sa chaoi gur féidir le gach feidhmchlár ceadaithe iad a úsáid, in ionad a gcomhaid sonraí féin a bheith ag gach feidhmchlár, leis an dúbailt agus an caillteanas sláine a tharlaíonn dá dhroim sin.

córas bainistíochta eolais *f* knowledge management system (KMS) *(Río)* (*gu.* córais bhainistíochta eolais)

córas bainistíochta inneachair *f* content management system (CMS) *(Río)* (*gu.* córais bhainistíochta inneachair)

córas bonnuimhreacha *f* radix number system *(Río)* (*gu.* córais bhonnuimhreacha)

córas bonnuimhreach fosaithe *f* fixed radix system *(Río)* (*gu.* córais bhonnuimhreach fosaithe)

córas bunachar sonraí *f* database system *(Río)* (*gu.* córais bhunachar sonraí)

córas cláir feasacháin *f* bulletin board system (BBS) *(Río)* (*gu.* córais chláir feasacháin)

córas comhad *f* file system *(Río)* (*ai.* córais chomhad)

córas comhad dáilte *f* distributed file system *(Río)* (*gu.* córais chomhad dáilte)

córas comhad iriseáin *f* journaling file system *(Río)* (*gu.* córais chomhaid iriseáin)

córas comhchomhad *f* shared file system *(Río)* (*gu.* córais chomhchomhad)

córas comhchuimhne *f* shared memory system *(Río)* (*gu.* córais chomhchuimhne)

córas comhdhioscaí *f* shared disk system *(Río)* (*gu.* córais chomhdhioscaí)

córas comhdúcháin *f* filing system *(Gin)* (*gu.* córais chomhdúcháin)

córas comhéadan próisis *f* process interface system *(Río)* (*gu.* córais chomhéadan próisis)

córas comhroinnte ama *f* time-shared system *(Río)* (*gu.* córais chomhroinnte ama)

córas comhtháite faisnéis bainistíochta *f* integrated management information system (IMIS) *(Río)* (*gu.* córais chomhtháite faisnéis bainistíochta)

córas comhuainíochta *f* parallel system *(Río)* (*gu.* córais chomhuainíochta)

córas corrphaireachta *f* odd parity system *(Mat)* (*gu.* córais chorrphaireachta)

córas cúltaca *f* standby system *(Río)* (*gu.* córais chúltaca)

córas dáilte *f* distributed system *(Río)* (*gu.* córais dháilte)

córas dathanna dealaitheacha *f* subtractive colour system *(Río)* (*gu.* córais dathanna dealaitheacha)

córas datha YUV *f* YUV colour system *(Río)* (*gu.* córais datha YUV)

córas dlúthchúpláilte *f* tightly-coupled system *(Río)* (*gu.* córais dhlúthchúpláilte)

córas domhanda *f* global system *(For)* (*gu.* córais dhomhanda)

córas domhanda do chumarsáid mhóibíleach *f* global system for mobile communication (GSM) *(Río)* (*gu.* córais dhomhanda do chumarsáid mhóibíleach)

córas éigeandála cumhachta *f* emergency power system (EPS) *(Río)* (*gu.* córais éigeandála chumhachta)

córas faisnéise geografaí *f* geographical information system (GIS) *(Río)* (*gu.* córais faisnéise geografaí)

córas faoi thiomáint idirbheart *f* transaction-driven system (TDS) *(Río)* (*gu.* córais faoi thiomáint idirbheart)

córas fíor-ama *f* real-time system *(Río)* (*gu.* córais fíor-ama)

córas forbartha *f* development system *(Río)* (*gu.* córais forbartha)

córas fuinneog *f* windowing system *(Río)* (*gu.* córais fuinneog)

córas gan tada i bpáirt *f* shared nothing system *(Río)* (*gu.* córais gan tada i bpáirt)

córas ginte ríomhchlár *f* program generation system (PGS) *(Río)* (*gu.* córais ginte ríomhchlár)

córas glanluachála iltaobhaí *f* multilateral netting system *(Air)* (*gu.* córais ghlanluachála iltaobhai)

Idirmhalartú coimpléascach chun glanluacháil a dhéanamh idir an mháthairchomhlacht agus fochomhlachtaí éagsúla.

córas gnóthaithe costais luathaithe *f* accelerated cost recovery system ACRS *(Air)* (*gu.* córais ghnóthaithe costais luathaithe)

Córas a úsáidtear chun sócmhainní a luachlaghdú chun críche cánach. Sonraíonn sé saol agus rátaí in-luachlaghdaithe i dtaca le haicmí éagsúla maoine.

córas idirbhristeacha *f* interrupt system *(Río) (gu.* córais idirbhristeacha)

córas idirghníomhach *f* interactive system *(Río) (gu.* córais idirghníomhaigh *ai.* córais idirghníomhacha)

córas ilchainéal *f* multichannel system *(Río) (gu.* córais ilchainéal)

córas ilphróiseálaithe *f* multiprocessor system *(Río) (gu.* córais ilphróiseálaithe)

córas ilrátaí malairte *f* multiple exchange rate system *(Air) (gu.* córais ilrátaí malairte)

Rátaí malairte difriúla a shocraíonn rialtais d'idirbhearta difriúla.

córas ilúsáideoirí *f* multi-user system *(Río) (gu.* córais ilúsáideoirí)

córas iomlaisc *f* roll-about *(Río) (gu.* córais iomlaisc)

córas lagchúpláilte *f* loosely-coupled system *(Río) (gu.* córais lagchúpláilte)

córas leictreonach *f* electronic system *(Río) (gu.* córais leictreonaigh *ai.* córais leictreonacha)

córas léirithe pointe fhosaithe *f* fixed-point representation system *(Río) (gu.* córais léirithe pointe fhosaithe)

córas léirithe pointe inathraithe *f* variable-point representation system *(Río) (gu.* córais léirithe pointe inathraithe)

córas léirmhínithe orduithe *f* command-interpreter system *(Río) (gu.* córais léirmhínithe orduithe)

córas lonnaithe sa chuimhne *f* memory-resident system *(Río) (gu.* córais lonnaithe sa chuimhne)

córas monatóireachta FORTRAN *f* FORTRAN monitor system (FMS) *(Río) (gu.* chóras monatóireachta FORTRAN)

córas náisiúnta nuálaíochta *f* national system of innovation *(For) (gu.* córais náisiúnta nuálaíochta)

córas neasuithe comhleantacha *f* successive-approximation system *(Río) (gu.* córais neasuithe comhleantacha)

córas oibriúcháin *f* operating system *(Río) (gu.* córais oibriúcháin)

An ríomhchlár is tábhachtaí a ritheann ar ríomhaire. Ní mór do gach ríomhaire córas oibriúcháin a bheith air chun ríomhchláir eile a rith. Déanann córas oibriúcháin buntascanna, mar shampla ionchur ón méarchlár a aithint, aschur a chur go dtí an scáileán, comhaid agus comhadlanna ar an diosca a riar agus gléasanna imeallacha ar nós tiomántáin diosca agus printéirí a rialú.

córas oibriúcháin dáilte *f* distributed operating system *(Río) (gu.* córais oibriúcháin dháilte)

córas oibriúcháin líonra *f* network operating system *(Río) (gu.* córais oibriúcháin líonra)

córas próiseála faisnéis eolais *f* knowledge information processing system (KIPS) *(Río) (gu.* córais phróiseála faisnéis eolais)

córas ráta malairte chomhlúthaigh *f* floating exchange rate system *(Air) (gu.* córais ráta malairte chomhlúthaigh)

Córas ina socraítear luachanna airgeadraí éagsúla i gcoibhneas lena chéile de thoradh fórsaí soláthair agus éilimh an mhargaidh agus gan idirghabháil rialtais.

córas ráta malairte seasta *f* fixed exchange rate system *(Air) (gu.* córais ráta malairte seasta)

Córas ina gcoimeádtar na rátaí malairte seasmhach nó nach ligtear dóibh luainiú ach laistigh de theorainneacha an-chúnga.

córas réphaireachta *f* even parity system *(Mat) (gu.* córais réphaireachta)

córas rialaithe *f* control system *(Río) (gu.* córais rialaithe) *(mal* córas rialúcháin *f gu.* córais rialúcháin)

córas rialaithe ionchurtha/aschurtha *f* input/output control system *(Río) (gu.* córais rialaithe ionchurtha/aschurtha)

córas rialaithe teirminéal *f* terminal control system *(Río) (gu.* córais rialaithe teirminéal)

córas rialúcháin *f fch* córas rialaithe. *(Río) (gu.* córais rialúcháin)

córas rialúcháin leabaithe *f* embedded control system *(Río) (gu.* córais rialúcháin leabaithe)

córas saineolach *f* expert system *(Río) (gu.* córais shaineolaigh)

córas snámhphionnála *f* crawling peg system *(Air) (gu.* córais snámhphionnála)

Córas rátaí malairte ina gcoigeartaítear an ráta malairte go minic agus d'aon ghnó de ghnáth chun rátaí arda úis a léiriú.

córas srathaithe *f* layered system *(Río) (gu.* córais shrathaithe)

córas suite domhanda *f* global positioning system (GPS) *(Río) (gu.* córais suite domhanda)

córas táirgthe *f* production system *(Gin) (gu.* córais táirgthe)

córas uimhreacha dénártha *f* binary number system *(Río) (gu.* córais uimhreacha dénártha)

cor chun donais *f* downturn *(Río) (gu.* coir chun donais *ai.* cora chun donais)

cor iomaíoch *f* competitive position *(Fio) (gu.* coir iomaíoch)

An suíomh laistigh den mhargadh a ligeann d'earra nó do sheirbhís dul in iomaíocht ar chomhleibhéal le hearraí nó le seirbhísí iomaíocha eile. Nuair a ghnóthaíonn earra nó seirbhís sciar céatadáin sonrach sa mhargadh iomlán, dearbhaítear go bhfuil cor iomaíoch bainte amach aige.

coróin *b* krone *(Air)* *(gu.* corónach *ai.* corónacha)

coróin na Danmhairge *b* Danish krone *(Air)* *(gu.* corónach na Danmhairge *ai.* corónacha na Danmhairge)

coróin na hIorua *b* Norwegian krone *(Air)* *(gu.* corónach na hIorua *ai.* corónacha na hIorua)

coróin na Sualainne *b* Swedish krone *(Air)* *(gu.* corónach na Sualainne *ai.* corónacha na Sualainne)

corp *f* body[2] *(Gin)* *(gu.* coirp)

corp an chlásail *f* body of clause *(Loi)*

corparáid *b* corporation *(Air)* *(gu.* corparáide *ai.* corparáidí)

Cineál gnólachta a chruthaítear mar phearsa dlíthiúil faoi leith ach ina dtarlódh go mbeadh duine amháin nó níos mó, nó aonán dlíthiúil amháin nó níos mó.

corparáid airgeadais idirnáisiúnta *b* international financial corporation *(Air)* *(gu.* corparáide airgeadais idirnáisiúnta *ai.* corparáidí airgeadais idirnáisiúnta)

Eagraíocht a bunaíodh chun fiontair phríobháideacha a chur chun cinn laistigh de thíortha.

corparáideach *a1* corporate *(Air)*

corparáidí Achta Edge *b* Edge Act Corporations *(Air)*

Corparáidí cabhracha atá ag gabháil do thrádáil eachtrach; bainc a bhunaíonn iad agus is féidir iad a bhunú thar teorainneacha stát.

corparáid imréitigh *b* clearing corporation *(Air)* *(gu.* corparáide imréitigh)

corpas *f* corpus *(Río)* *(gu.* corpais)

corp feidhme *f* function body *(Río)* *(gu.* coirp feidhme)

corp lúibe *f* loop body *(Río)* *(gu.* coirp lúibe)

1. An chuid den lúb a chuireann i gcrích a bunchuspóir.
2. In áiritheoir, cuid de rialú na lúibe.

cor poist *f* mail-shot *(Río)* *(gu.* coir poist)

corpraigh *br* incorporate *(Gin)*

corpraithe *a3* incorporated *(Air)*

corr *a1* odd *(Gin)*

corrlach *f* margin[1] *(Air)* *(gu.* corrlaigh)

corrlach a leag an t-eisitheoir *f* issuer set margin *(Air)* *(gu.* corrlaigh a leag an t-eisitheoir)

Modh dáilte nótaí lena socraíonn an t-eisitheoir corrlach an nóta, i dtaca le LIBOR, de ghnáth.

corrlach athrúcháin *f* variation margin *(Air)* *(gu.* corrlaigh athrúcháin)

Gnóthachain nó caillteanais ar chonarthaí todhchaíochtaí díshriantacha a áirítear trí na conarthaí a mharcáil go dtí an margadhphraghas ag deireadh gach lá trádála.

corrlach brabúis *f* profit margin *(Air)* *(gu.* corrlaigh bhrabúis)

Brabúis roinnte ar iomlán an ioncaim reatha oibriúcháin.

corrlach cion tairbhe *f* contribution margin *(Air)* *(gu.* corrlaigh chion tairbhe)

An méid a chuireann gach táirge breise le brabús iarchánach an tionscnaimh iomláin.

corrlach coinneála *f* maintenance margin *(Air)* *(gu.* corrlaigh choinneála)

An t-íosmhéid ar féidir leis an gcorrlach meathlú chuige gan dualgas a bheith ar infheisteoir gníomhú.

corrlach iasachta *f* lending margin *(Air)* *(gu.* corrlaigh iasachta)

Céatadán seasta os cionn an ráta tagartha a íocann iasachtaí i gcreidmheas tar-rollta nó ar FRN.

corrlach trádála *f* trading margin *(Air)* *(gu.* corrlaigh thrádála)

cosain *br* protect *(Gin)*

cosaint *b* protection *(Gin)* *(gu.* cosanta)

cosaint ar bhorradh *b* surge protection *(Río)* *(gu.* cosanta ar bhorradh)

cosaint ar chóipeáil *b* copy protection *(Río)* *(gu.* cosanta ar chóipeáil)

cosaint ar léamh *b* read protection *(Río)* *(gu.* cosanta ar léamh)

cosaint ar scríobh *b* write protect(ion) *(Río)* *(gu.* cosanta ar scríobh)

cosaint bileog oibre *b* worksheet protection *(Río)* *(gu.* cosanta bileog oibre)

cosaint bogearraí *b* software protection *(Río)* *(gu.* cosanta bogearraí)

cosaint cille *b* cell protection *(Río)* *(gu.* cosanta cille)

cosaint comhad *b* file protection *(Río)* *(gu.* cosanta comhad)

cosaint príobháideachta *b* privacy protection *(Río)* *(gu.* cosanta príobháideachta)

cosaint rochtana comhaid *b* file access protection *(Río)* *(gu.* cosanta rochtana comhaid)

cosaint sonraí *b* data protection *(Río)* *(gu.* cosanta sonraí)

cosán *f* path *(Río)* *(gu.* cosáin)

cosán comhadlainne *f* directory path *(Río)* *(gu.* cosáin chomhadlainne)

cosán iontaobhaí *f* trustee path *(Río)* *(gu.* cosáin iontaobhaí)

cosán neamhdhleathach *f* illegal path *(Río)* *(gu.* cosáin neamhdhleathaigh)

cosán réitigh *f* solution path *(Río)* *(gu.* cosáin réitigh)

cosán rochtana *f* access path *(Río)* *(gu.* cosáin rochtana)

Sainíonn sé seo an pointe iontrála isteach sa Struchtúr Loighciúil Sonraí, agus an stiúradh ó aonán go haonán atá riachtanach le go gcuirfí píosa áirithe próiseála i gcrích.

cosán sonraí *f* data path *(Río)* *(gu.* cosáin sonraí*)*

An chuid sin den LAP ina bhfuil an ALU agus a ionchuir agus a aschuir.

cosanta *a3* protected *(Río)*

cosanta ar ghlaoch *a3* call protected *(Air)*

Banna nach féidir a ghlaoch.

cosanta ar scríobh *a3* write-protect *(Río)*

cosantach *a1* protective *(Gin)*

cosantaí *f* protectionist *(For)* *(ai.* cosantaithe*)*

cosantas *f* protectionism *(For)* *(gu.* cosantais*)* *(mal* caomhnaitheacht *b gu.* caomhnaitheachta*)*

cosantóir móideim *f* modem protector *(Río)* *(gu.* cosantóra móideim *ai.* cosantóirí móideim*)*

costáil ionsú *b* absorption costing *(Air)* *(gu.* costála ionsú*)*

costais bharúlacha cuntasaíochta *f* notional accountancy costs *(Air)*

costais bheartaíochta *f* transaction costs *(Air)* *(gi.* costas beartaíochta*)*

costais charraeireachta *f* carrying costs *(Air)* *(gi.* costas carraeireachta*)*

Costais a mhéadaíonn de réir mar a mhéadaíonn infheistíocht i sócmhainní reatha.

costais ghanntanais *f* shortage costs *(Air)* *(gi.* costas ganntanais*)*

Costais a thiteann aon uair a mhéadaíonn leibhéal na hinfheistíochta i sócmhainní reatha.

costais ghníomhaireachta *f* agency costs *(Air)* *(gi.* costas gníomhaireachta*)*

Coimhlint spriocanna idir scairshealbhóirí gnólachta agus a bhainisteoirí.

costais mhalartaithe *f* switching costs *(Fio)* *(gi.* costas malartaithe*)*

costais theagmhasacha *f* contingency costs *(Air)* *(gi.* costas teagmhasach*)*

costais trádála *f* trading costs *(Air)* *(gi.* costas trádála*)*

An costas a ghabhann le hurrúis indíolta a dhíol agus le hiasachtaí.

costas *f* cost *(Air)* *(gu.* costais*)*

costasach *a1* costly *(Gin)*

costas an chaipitil *f* cost of capital *(Air)* *(gu.* chostas an chaipitil*)*

Ráta toraidh ualaithe a mbíonn na páirtithe éagsúla atá ag maoiniú an ghnólachta ag súil leis.

costas athraitheach *f* variable cost *(Air)* *(gu.* costais athraithigh *ai.* costais athraitheacha*)*

costas báite *f* sunk cost *(Air)* *(gu.* costais bháite*)*

Costas atá tarlaithe agus nach féidir éalú uaidh.

costas beartaíochta *f* transaction cost *(Air)* *(gu.* costais beartaíochta*)*

Na costais a ghabhann le gníomhaíochtaí ceannaigh agus díola i gcóras margaidh.

costas bliantúil coibhéiseach *f* equivalent annual cost EAC *(Air)* *(gu.* costais bhliantúil choibhéisigh *ai.* costais bhliantúla choibhéiseacha*)*

Glanluach láithreach costais, roinnte ar fhachtóir blianachta a bhfuil an saolré céanna aige agus atá ag an infheistíocht.

costas caipitiúil *f* capital cost *(Air)* *(gu.* costais chaipitiúil *ai.* costais chaipitiúla*)*

costas imeallach *f* marginal cost *(Air)* *(gu.* costais imeallaigh *ai.* costais imeallacha*)*

costas measta *f* estimated cost *(Río)* *(gu.* costais mheasta*)*

costas seasta *f* fixed cost *(Air)* *(gu.* costais sheasta*)*

Costas atá seasta go hiomlán do thréimhse ama áirithe agus do leibhéil áirithe aschuir.

costas seilbhe *f* cost of carry *(Air)* *(gu.* costais seilbhe*)*

Costas a ghabhann le sealbhú nó iompar tráchtearra nó sócmhainne.

cosúil *a2* similar *(Gin)*

cosúlacht *b* similarity *(Gin)* *(gu.* cosúlachta *ai.* cosúlachtaí*)* *(mal* comhchosúlacht *b gu.* comhchosúlachta *ai.* comhchosúlachtaí*)*

cothabháil[1] *b* maintenance *(Gin)* *(gu.* cothabhála*)*

cothabháil[2] *b* sustenance *(Gin)* *(gu.* cothabhála*)*

cothabháil comhad *b* file maintenance *(Río)* *(gu.* cothabhála comhad*)*

cothabháil córais *b* system maintenance *(Río)* *(gu.* cothabhála córais*)*

cothabháil crua-earraí *b* hardware maintenance *(Río)* *(gu.* cothabhála crua-earraí*)*

cothabháil feidhmchlár *b* application maintenance *(Río)* *(gu.* cothabhála feidhmchlár*)*

cothabháil printéara *b* printer maintenance *(Río)* *(gu.* cothabhála printéara*)*

cothabháil scanóra *b* scanner maintenance *(Río)* *(gu.* cothabhála scanóra*)*

cothroime *b* equality[1] *(Río)* *(gu.* cothroime*)*

(Loighic) Is gaol coibhéise é coibhneas na *cothroime* ó tá na hairíonna seo aige:

1. $a = a$

2. má tá $a = b$ ansin tá $b = a$

3. má tá a = b agus má tá b = c, ansin tá a = c.

cothromacan f wash *(Air)* *(gu. cothromacain)*
Is ionann na gnóthachain agus na caillteanais.

cothromaíocht b equilibrium *(Gin)* *(gu. cothromaíochta)*

cothrománach a1 horizontal *(Gin)*

cothromas infheistíochta f investment equity *(Air)* *(gu. cothromais infheistíochta)*

cothrom le a equal to *(Río)*

cothromóid b equation *(Mat)* *(gu. cothromóide ai. cothromóidí)*

cothromóid chearnach b quadratic equation *(Río)* *(gu. cothromóide cearnaí ai. cothromóidí cearnacha)*

cothromóid choimpléascach b complex equation *(Río)* *(gu. cothromóide coimpléascaí ai. cothromóidí coimpléascacha)*

cothromóidí comhuaineacha b simultaneous equations *(Mat)*

cothromóid phraghsála rogha ar cheannach Black Scholes b Black Scholes call option pricing equation *(Air)* *(gu. chothromóid phraghsála rogha ar cheannach Black Scholes ai. cothromóidí praghsála rogha ar cheannach Black Scholes)*
Foirmle chruinn do phraghas rogha ar cheannach.

cothromóir f equalizer (EQ) *(Río)* *(gu. cothromóra ai. cothromóirí)*

cothromú f equalization[2] *(Río)* *(gu. cothromaithe)*

craiceann f skin *(Río)* *(gu. craicinn ai. craicne)*

craiceann an chúlra f background skin *(Río)*

craiceann an tulra f foreground skin *(Río)*

crann f tree *(Río)* *(gu. crainn ai. crainn)*
Struchtúr coiteann crainn ina bhfuil struchtúr an nóid bunaithe ar bhonnuimhir na n-eochairluachanna agus ina bhfuil cuardaigh tríd an gcrann bunaithe ar shamhlacha d'eochairluachanna mar sheichimh de charachtair agus ní mar eochairluachanna iad féin.

crann athsheachadán f relay tree *(Río)* *(gu. crainn athsheachadáin)*

crann ceathairnártha f quad tree *(Río)* *(gu. crainn cheathairnártha)*

crann cluichíochta f game tree *(Río)* *(gu. crainn cluichíochta)*

crann cuardaigh dhénártha f binary search tree *(Río)* *(gu. crainn chuardaigh dhénártha)*
Struchtúr cuardaigh ina roinntear an tacar d'eilimintí sonraí in dhá chuid ag gach céim den chuardach; déantar gníomh cuí éigin i gcás corruimhreach d'eilimintí sonraí. *(mal crann dénártha cuardaigh f gu. crainn dhénártha cuardaigh)*

crann dénártha f binary tree *(Río)* *(gu. crainn dhénártha)*

Tacar críochta d'eilimintí eagraithe i struchtúr ordlathach comhdhéanta de fhréamh agus dhá fhochrann scartha, ina bhfuil dhá nód ar a mhéid mar shliocht ar gach nód.

crann dénártha cothromaithe f balanced binary tree *(Río)* *(gu. crainn dhénártha chothromaithe)*
Crann dénártha ar a bhfuil an fochrann clé agus an fochrann deas as gach nód ar comhdhoimhneacht.

crann dénártha cuardaigh f fch crann cuardaigh dhénártha. *(Río)* *(gu. crainn dhénártha cuardaigh)*

crann ginearálta f general tree *(Río)* *(gu. crainn ghinearálta ai. crainn ghinearálta)*
Crann inar féidir le gach nód líon ar bith sliochtnód a bheith aige.

crann torthaí f result tree *(Río)* *(gu. crainn torthaí)*

craobhstáisiún f tributary station *(Río)* *(gu. craobhstáisiúin)*

craol br broadcast[2] *(Río)*

craolacháin gma broadcasting[2] *(Río)*

craolachán f fch craoladh. *(Río)* *(gu. craolacháin)*

craoladh[1] f broadcast[1] *(Río)* *(gu. craolta)* *(mal craolachán f gu. craolacháin)*

craoladh[2] b fch craoltóireacht. *(Río)* *(gu. craolta)*

craoladh ar an nGréasán f Webcasting *(Río)*

craoladh paicéad f packet broadcasting *(Río)* *(gu. craolta paicéad)*

craoladh sonraí f data broadcast (DB) *(Río)* *(gu. craolta sonraí)*

craoltóireacht b broadcasting[1] *(Río)* *(gu. craoltóireachta)* *(mal craoladh b gu. craolta)*

creatlach b framework *(Gin)* *(gu. creatlaí ai. creatlacha)*

creat-tábla f skeleton table *(Río)* *(ai. creat-táblaí)*

creidiúnacht b creditability *(Gin)* *(gu. creidiúnachta)*

creidiúnaí f creditor *(Air)* *(ai. creidiúnaithe)*
Duine nó institiúid a shealbhaíonn an fiachas a eisíonn gnólacht nó duine aonair.

creidmheas f credit *(Air)* *(gu. creidmheasa ai. creidmheasanna)*

creidmheasanna téarma f term credits *(Air)*
Iasachtaí bainc a dhéantar de réir sceidil ama.

creidmheas imrothlach f revolving credit *(Air)* *(gu. creidmheasa imrothlaigh)*
Líne chreidmheasa bhainc is féidir a úsáid nó gan a úsáid de réir mar a theastaíonn ón iasachtaí. Íoctar ús ar an méid creidmheasa a bhíonn in úsáid go fírinneach, agus íoctar táille cheangaltais ar an sciar neamhúsáidte.

creidmheas tar-rollta f rollover credit *(Air)* *(gu. creidmheasa tar-rollta)*

Iasacht bhainc a nuashonraítear a ráta úis go tréimhsiúil chun rátaí úis an mhargaidh a léiriú.

creidmheas tomhaltais *f* consumer credit *(Air)* *(gu.* creidmheasa tomhaltais)

creimeadh *f* erosion *(Air)* *(gu.* creimthe)

An méid de shreabhadh airgid thirim a aistrítear chuig tionscadal nua ó chustaiméirí agus ó dhíolacháin táirgí eile leis an ngnólacht.

críoch *b* end *(Río)* *(gu.* críche *ai.* críocha)

críoch-charachtar bloc tarchuir *f* end-of-transmission-block character (ETB) *(Río)* *(gu.* críoch-charachtair bloc tarchuir)

críoch-charachtar comhaid *f* end-of-file (character) (EOF) *(Río)* *(gu.* críoch-charachtair comhaid)

Carachtar códaithe a thaifeadtar ar mheán sonraí chun tabhairt le fios go bhfuil a dheireadh sroichte.

críoch líne *b* end of line *(Río)* *(gu.* críche líne)

Feidhm a bhogann an cúrsóir roghnúcháin chuig an rogha is faide ar dheis.

críochmharcóir doiciméid *f* end of document marker *(Río)* *(gu.* críochmharcóra doiciméid *ai.* críochmharcóirí doiciméid)

críochnaigh[1] *br* terminate *(Gin)*

críochnaigh[2] *br* finish *(Gin)*

críochnúil *a1* effective[2] *(Río)*

críochnúlacht *b* effectiveness *(Air)* *(gu.* críochnúlachta)

críochta *a3* finite *(Mat)*

críoch téacs *b* end of text *(Río)* *(gu.* críche téacs)

críochtháscaire comhaid *f* end-of-file indicator *(Río)*

críochtóir *f* terminator *(Río)* *(gu.* críochtóra *ai.* críochtóirí)

críochtóir neamhnitheach *f* null terminator *(Río)* *(gu.* críochtóra neamhnithigh *ai.* críochtóirí neamhnitheacha)

críochtóir ráitis *f* statement terminator *(Río)* *(gu.* críochtóra ráitis *ai.* críochtóirí ráitis)

críonadh *f* obsolescence *(Fio)* *(gu.* críonta)

Gníomh nó próiseas trína dtéann táirge as dáta, as úsáid nó a gcuirtear i leataobh é. Diúltaítear dó ar chúis éigin seachas é a bheith ídithe nó do-oibrithe. B'fhéidir go ndéanfaí le mír indibhidiúil é, nó leis na míreanna go léir in aicme nó i ngrúpa áirithe.

crioptanailís *b* cryptanalysis *(Río)* *(gu.* crioptanailíse)

An teoiric agus an ealaín a bhaineann le cóid a bhriseadh.

crioptanailís le rúntéacs amháin *b* ciphertext-only cryptanalysis *(Río)* *(gu.* crioptanailíse le rúntéacs amháin)

Cineál crioptanailíse nach bhfuil ach an teachtaireacht ionchódaithe ann; ní mór don anailíseoir an gnáththéacs a dhearbhú as seo.

crios ama *f* time zone *(Gin)* *(gu.* creasa ama *ai.* criosanna ama) *(mal* amchrios *f gu.* amchreasa *ai.* amchriosanna) *(var* timezone)

criostal *f* crystal *(Río)* *(gu.* criostail)

cripteachóras le heochair phoiblí *f* public key cryptosystem (PKC) *(Río)* *(gu.* cripteachórais le heochair phoiblí)

cripteachóras le heochair phríobháideach *f* private-key cryptosystem *(Río)* *(gu.* cripteachórais le heochair phríobháideach)

cripteagrafaíocht *b* cryptography *(Río)* *(gu.* cripteagrafaíochta)

An teicneolaíocht a bhaineann le heolas a chódú le nach féidir ach le daoine údaraithe é a léamh.

cripteagrafaíocht chandamach *b* quantum cryptography *(Río)* *(gu.* cripteagrafaíochta candamaí)

cripteagrafaíocht lag *b* weak cryptography *(Río)* *(gu.* cripteagrafaíochta laige)

cripteagrafaíocht le heochair phoiblí *b* public key cryptography *(Río)* *(gu.* cripteagrafaíochta le heochair phoiblí)

Cineál cripteagrafaíochta ina bhfuil eochair phríobháideach agus eochair phoiblí ag gach úsáideoir. Seoltar teachtaireachtaí criptithe le heochair phoiblí an ghlacadóra; díchríptíonn an glacadóir é leis an eochair phríobháideach. Leis an modh seo, ní gá an eochair phríobháideach a nochtadh d'éinne riamh seachas don úsáideoir.

cripteagrafaíocht le heochair phríobháideach *b* private key cryptography *(Río)* *(gu.* cripteagrafaíochta le heochair phríobháideach)

Cineál cripteagrafaíochta ina bhfuil an eochair chéanna nó eochracha cosúla ag an seoltóir agus ag an nglacadóir.

cripteagrafaíocht shiméadrach le heochair *b* symmetric key cryptography *(Río)* *(gu.* cripteagrafaíochta siméadraí le heochair)

Cineál cripteagrafaíochta ina bhfuil an eochair chéanna ag an seoltóir agus ag an nglacadóir; úsáidtear an eochair chéanna le criptiú agus le díchriptiú.

cripteolaíocht *b* cryptology *(Río)* *(gu.* cripteolaíochta)

Staidéar eolaíochtúil ar chódú agus díchódú eolais.

criptigh *br* encrypt *(Río)*

criptiúchán *f* encryption *(Río)* *(gu.* criptiúcháin)

criptiú le comheochair rúnda *f* secret key encryption *(Río)* *(gu.* criptithe le comheochair rúnda)

Cineál criptithe ina gcomhroinneann an seoltóir agus an glacadóir eochair rúnda.

criptiú le heochair phoiblí *f* public key encryption *(Río)* *(gu.* criptithe le heochair phoibli)

Cineál criptithe ina bhfuil eochair phríobháideach agus eochair phoiblí ag gach úsáideoir. Seoltar teachtaireachtaí criptithe le heochair phoiblí an ghlacadóra; dich ipteann an glacadóir é leis an eochair phríobháideach. Leis an modh seo, ní gá an eochair phríobháideach a nochtadh d'éinne riamh seachas don úsáideoir.

criptiú le heochair phríobháideach *f* private key encryption *(Río)* *(gu.* criptithe le heochair phríobháideach)

Cineál criptithe ina bhfuil an eochair chéanna nó eochracha cosúla ag an seoltóir agus ag an nglacadóir.

criptiú le heochracha sioncronacha *f* synchronous key encryption *(Río)* *(gu.* criptithe le heochracha sioncronacha)

Modh criptithe a úsáideann dhá eochair chomhthrasnacha, deartha ionas nach féidir teachtaireacht atá códaithe le heochair amháin a dhíchódú ach amháin leis an eochair eile. Má tá eochair amháin poiblí agus an ceann eile príobháideach, ciallaíonn sé gur féidir le héinne a bhfuil an eochair phoiblí acu teachtaireacht a sheoladh ar féidir í a dhíchódú tríd an eochair eile a úsáid.

criptiú siméadrach *f* symmetric encryption *(Río)* *(gu.* criptithe shiméadraigh)

Cineál criptithe ina bhfuil an eochair chéanna ag an seoltóir agus ag an nglacadóir.

criptiú sonraí *f* data encryption *(Río)* *(gu.* criptithe sonraí)

Sonraí a chur i gcód rúnda ionas nach féidir ach le húsáideoirí údaraithe iad a léamh.

criptiú traidisiúnta *f* conventional encryption *(Río)* *(gu.* criptithe thraidisiúnta)

Modh criptithe ina bhfuil an eochair rúnda chéanna ag an seoltóir agus ag an nglacadóir le teachtaireachtaí a chéile a dhíchriptiú.

critéar *f* criterion *(Gin)* *(gu.* critéir)

critéar do mheántoradh geoiméadrach *f* geometric mean return criterion *(Air)* *(gu.* critéir do mheántoradh geoiméadrach)

critéar innéacs (bunachar sonraí) *f* index criterion (database) *(Río)* *(gú.* critéir innéacs)

critéar sórtála *f* sort criterion *(Río)* *(gu.* critéir sórtála)

critéir (an) deartha *f* design criteria *(Gin)* *(gi.* critéar (an) deartha)

critéir cháilíochta *f* quality criteria *(Río)* *(gi.* critéar cáilíochta)

Na hairíonna atá leagtha amach do tháirge ar leith; sonraítear na hairíonna seo roimh thús an táirgthe, agus seoltar chuig an bhfoireann cleachtóirí iad ar an mórbhealach faisnéise.

critéir Kataoka *f* Kataoka criteria *(Air)* *(gu.* chritéir Kataoka)

critéir sonrúcháin *f* criteria for specification *(Río)* *(gi.* critéar sonrúcháin)

Ráiteas de na rialacha a ghabhann le comhpháirteanna feidhme ar leith a shainiú. Is féidir leis na comhpháirteanna seo a bheith gnásúil nó neamhghnásúil.

critéir tástála inghlacthachta *f* acceptance testing criteria *(Río)* *(gi.* critéar tástála inghlacthachta)

Na coinníollacha nach mór do chóras a shásamh ionas go nglacfaidh na hÚsáideoirí leis mar chóras a riarann ar a gcuid riachtanas. Sainíonn na critéir seo an próiseas tástála deiridh sula dtugtar an córas do na hÚsáideoirí.

critíc *b* critique *(Gin)* *(gu.* critíce *ai.* critící)

criticiúil ó thaobh ama *a2* time-critical *(Río)*

croch *br* hang *(Río)*

croíchumas *f* core competence *(Fio)* *(gu.* croíchumais)

croílár *f fch* ceartlár. *(Gin)* *(gu.* croiláir)

croílár SSADM *f* core SSADM *(Río)* *(gu.* chroílár SSADM)

Na cúig Mhodúl de SSADM a chuimsíonn an anailís córais agus na gníomhaíochtaí dearthóireachta.

croíphrótacal NetWare *f* NetWare core protocol (NCP) *(Río)* *(gu.* croíphrótacail NetWare)

An príomhphrótacal a úsáidtear le heolas a tharchur idir freastalaí NetWare agus a chliaint.

crómatach *a1* chromatic *(Río)*

crosáil *b* cross *(Air)* *(gu.* crosála)

crosbhailíochtú *f* cross-validation *(Río)* *(gu.* crosbhailíochtaithe)

crosbharra *f* crossbar *(Río)* *(ai.* crosbharraí)

crosphointe *f* crosspoint *(Río)* *(ai.* crosphointí)

Lasc bheag ag pointe trasnaithe líne cothrománaí (ag teacht isteach) agus líne ingearaí (ag dul amach), ar féidir í a oscailt nó a dhúnadh go leictreach, ag brath ar cé acu línte, cothrománacha nó ingearacha, atá nó nach bhfuil le nascadh.

cros-seiceáil *b* cross-checking *(Río)* *(gu.* cros-seiceála)

crostagairt *b* cross-reference *(Gin)* *(gu.* crostagartha *ai.* crostagairtí)

crostagairt idir stóras loighciúil sonraí agus aonáin *b* logical data store/entity cross-reference *(Río)* *(gu.* crostagartha idir stóras loighciúil sonraí agus aonáin)

Crosbhailíochtú idir an tSamhail Loighciúil de Shonraí agus an Léaráid Loighciúil de Shreabhadh Sonraí. Tá dhá cholún i gceist leis an gcrostagairt: liostaítear Stórais Loighciúla de Shonraí i gcolún amháin, agus ina aghaidh sa cheann eile tarraingítear an t-aonán nó an grúpa aonán a fhreagraíonn dó, i.e., a bhfuil na míreanna sonraí sin a choimeádtar sa stóras sonraí mar thréithe acu. Comhfhreagraíonn na haonáin go léir ar an LDM do cheann, is gan ach do cheann amháin, de na Stórais Loighciúla de Shonraí.

crostoirchiú *f* cross-fertilization *(Gin)* *(gu.* crostoirchithe)

crua *a3* hard *(Gin)*

cruach *b* stack *(Río)* *(gu.* cruaiche *ai.* cruacha)

Is struchtúr sonraí í an chruach a bhíonn comhdhéanta de mhíreanna sonraíochta (giotánraí, carachtair, giotáin, etc.) a stóráltar sa chuimhne in ord seicheamhach. Deirtear faoin gcéad mhír a brúdh ar an gcruach go bhfuil sí ag bun na cruaiche. Deirtear faoin mír is déanaí a brúdh ar an gcruach go bhfuil sí ar bharr na cruaiche.

cruach ADT *b* ADT stack *(Río)* *(mal* cruach cineáil sonraí teibí *b* *(var* abstract data type stack)

cruach cineál sonraí teibí *b* abstract data type stack *(Río)* *(mal* cruach ADT *b* *(var* ADT stack)

cruachódaigh *br* hardcode *(Río)*

cruachódaithe *a3* hard-coded *(Río)*

cruachóip *b fch* cóip chrua. *(Río)* *(gu.* cruachóipe *ai.* cruachóipeanna)

cruadhiosca *f fch* diosca crua. *(Río)* *(ai.* cruadhioscaí)

crua-earraí *f* hardware *(Río)*

An fearas ábhartha as a ndéantar córas ríomhaireachta. *(mal* earraí crua *f*)

crua-earraí coiteanna *f* common hardware *(Río)*

cruashreangaithe *a3* hardwired *(Río)*

cruatheascógtha *a3* hard-sectored *(Río)*

crúca *f* hook *(Río)* *(ai.* crúcaí)

cruinn[1] *a1* round[3] *(Gin)*

cruinn[2] *a1* accurate *(Río)*

cruinneas *f* accuracy *(Gin)* *(gu.* cruinnis)

cruinnigh *br* raise (collect) *(Air)*

cruinniú *f* meeting *(Gin)* *(gu.* cruinnithe)

cruthaigh[1] *br* prove *(Gin)*

cruthaigh[2] *br* create *(Gin)*

cruthaigh[3] *br* construct[2] *(Río)*

cruthaigh fillteán nua *br* create new folder *(Río)*

cruthaitheoir[1] *f* creator *(Gin)* *(gu.* cruthaitheora *ai.* cruthaitheoirí)

cruthaitheoir[2] *f* constructor *(Río)* *(gu.* cruthaitheora *ai.* cruthaitheoirí)

Glaoitear cruthaitheoir ar mhodh a chruthaíonn ásc d'oibiacht (ríomhchlárú bunaithe ar oibiachtaí).

cruthaitheoir cóipe *f* copy constructor *(Río)* *(gu.* cruthaitheora cóipe *ai.* cruthaitheoirí cóipe)

Cruthaitheoir speisialta a insíonn conas cóip d'oibiacht eile den aicme chéanna a chruthú.

cruthaitheoir margaidh *f* market maker *(Air)* *(gu.* cruthaitheora margaidh *ai.* cruthaitheoirí margaidh)

Institiúid a fhanann toilteanach sócmhainn a cheannach nó a dhíol ar phraghas éigin, nó institiúid a dhéileálann chomh minic i sócmhainn agus san oiread sin di gur féidir le daoine eile an tsócmhainn sin a dhíol nó a cheannach nach mór ag am ar bith.

cruth réamhdhéanta *f* AutoShape *(Río)* *(gu.* crutha réamhdhéanta *ai.* cruthanna réamhdhéanta)

cruthú *f* creation *(Río)* *(gu.* cruthaithe)

cruthú loighciúil ríomhchlár *f* logical construction of programs (LCP) *(Río)* *(gu.* cruthaithe loighciúil ríomhchlár)

cruthúnas *f* proof *(Loi)* *(gu.* cruthúnais)

cruthúnas a leithéid a bheith ann *f fch* cruthúnas gurb ann do. *(Loi)* *(gu.* cruthúnais a leithéid a bheith ann)

cruthúnas díreach *f* direct proof *(Mat)* *(gu.* cruthúnais dhírigh *ai.* cruthúnais dhíreacha)

cruthúnas gurb ann do *f* proof of existence *(Loi)* *(gu.* cruthúnais gurb ann do) *(mal* cruthúnas a leithéid a bheith ann *f gu.* cruthúnais a leithéid a bheith ann)

cruthúnas indíreach *f* indirect proof *(Mat)* *(gu.* cruthúnais indírigh *ai.* cruthúnais indíreacha)

Teoirim a chruthú go hindíreach.

cruthúnas trí bhréagnú *f* proof by contradiction *(Loi)* *(gu.* cruthúnais trí bhréagnú)

Ag úsáid an mhodha seo, glacaimid go bhfuil ráiteas áirithe fíor agus ansin cuirimid chun iarmhairtí a dhíorthú uaidh. Má éiríonn linn teacht ar iarmhairt a dhéanann teoirim aitheanta a bhréagnú, tá sé léirithe againn go bhfuil an ráiteas áirithe bréagach.

cruthúnas trí fhrithshampla *f* proof by counter example *(Loi)* *(gu.* cruthúnais trí fhrithshampla)

Úsáidtear an modh seo chun ráitis san fhoirm:

do gach x sa tacar X, tá an abairt oscailte p(x) fíor

a chruthú. Chun a leithéid de dhearbhú a chruthú, cuirimid chun *frithshampla* a aimsiú. Is é sin le rá, lorgaímid luach amháin de chuid x dá bhfuil an ráiteas bréagach; agus ó bhí an ráiteas in ainm is a bheith fíor do gach luach de chuid x, cruthaíonn an frithshampla amháin seo an ráiteas a bheith bréagach.

cruthú próisis *f* process creation *(Río)* *(gu.* cruthaithe próisis)

cuach[1] *b fch* fianán. *(Río) (gu.* cuaiche *ai.* cuacha)

cuach[2] *br* bundle[2] *(Río)*

cuaidrilliún *f* quadrillion *(Río) (gu.* cuaidrilliúin)

cuaille *f* post[3] *(Air) (ai.* cuaillí)

Áit ar urlár malartáin ina dtarlaíonn idirbhearta i stocanna atá liostaithe ar an malartán.

cuairín *f* circumflex *(Río)*

cuar *f* curve *(Gin) (gu.* cuair)

cuar áirgiúlachta *f* utility curve *(Air) (gu.* cuair áirgiúlachta)

cuardach *f* search[1] *(Río) (gu.* cuardaigh)

Próiseas ríomhaireachta chun teacht ar mhír sonraíochta atá ag teastáil, i meán stórála randamrochtana, ach an eochair a thabhairt. Dhá ghnáthmhodh cuardaigh is ea cuardach dénártha agus cuardach seicheamhach.

cuardach athchúrsach *f* recursive search *(Río) (gu.* cuardaigh athchúrsaigh)

cuardach bunaithe ar athchúrsáil *f* recursion-based search *(Río) (gu.* cuardaigh bunaithe ar athchúrsáil)

cuardach comhaid *f* file search *(Río) (gu.* cuardaigh comhaid)

cuardach comhtháite *f* integrated search *(Río) (gu.* cuardaigh chomhtháite)

cuardach dénártha *f* binary search *(Río) (gu.* cuardaigh dhénártha)

Modh a úsáidtear chun ordliosta a chuardach. Tosaíonn an cuardach i lár tábla agus deimhníonn sé an bhfuil an argóint sa leath uachtair nó sa leath íochtair den tábla, agus leanann sé ag déanamh dhá leath den chuid sin den tábla ina n-aimsítear an argóint atá á cuardach go dtí go bhfaightear an argóint.

cuardach de réir na sonraí/slabhrú ar aghaidh *f* data-driven search/forward chaining *(Río) (gu.* cuardaigh de réir na sonraí/slabhraithe ar aghaidh)

cuardach de réir patrún *f* pattern-directed search *(Río) (gu.* cuardaigh de réir patrún)

cuardach hais-tábla *f* hash table search *(Río) (gu.* cuardaigh hais-tábla)

cuardach i dtreo sprice *f* goal-driven search *(Río) (gu.* cuardaigh i dtreo sprice)

cuardach ilchoinníollach *f* multiple condition search *(Río) (gu.* cuardaigh ilchoinníollaigh)

cuardach incriminteach *f* incremental search *(Río) (gu.* cuardaigh incrimintigh *ai.* cuardaigh incriminteacha)

cuardach líneach *f* linear search *(Río) (gu.* cuardaigh línigh *ai.* cuardaigh líneacha)

Cuardach ina scantar tacar sonraí go seicheamhach. *(mal* cuardach seicheamhach *f gu.* cuardaigh sheicheamhaigh *ai.* cuardaigh seicheamhacha) *(var* sequential search)

cuardach seicheamhach *f* sequential search *(Río) (gu.* cuardaigh sheicheamhaigh *ai.* cuardaigh sheicheamhacha)

Tosaítear leis an gcéad taifead i liosta agus scrúdaítear gach taifead ceann i ndiaidh a chéile go dtí go bhfaightear an taifead atá á chuardach. *(mal* cuardach líneach *f gu.* cuardaigh línigh *ai.* cuardaigh líneacha) *(var* linear search)

cuardach spáis/staide *f* state/space search *(Río) (gu.* cuardaigh spáis/staide)

cuardaigh *br* search *(Río) (var* seek)

cuar éilimh *f* demand curve *(Fio) (gu.* cuair éilimh)

cuar féidearthachtaí punainne *f* portfolio possibilities curve *(Air) (gu.* cuair féidearthachtaí punainne)

cuar neafaise *f* indifference curve *(Air) (gu.* cuair neafaise)

cuar soláthair *f* supply curve *(Fio) (gu.* cuair soláthair)

cuar toraidh *f* yield curve *(Air) (gu.* cuair toraidh)

Léaráid de na rátaí úis atá faoi réim ar aicme urrús atá comhchosúil ar chuile bhealach ach amháin maidir le téarma go haibíocht.

cuasastatach *a1* quasi-static *(Río)*

cuí *a3* appropriate *(Gin)*

cuibheoir[1] *f* adapter *(Río) (gu.* cuibheora *ai.* cuibheoirí)

cuibheoir[2] *f fch* plocóid chuibhithe. *(Río) (gu.* cuibheora *ai.* cuibheoirí)

cuibheoir comhéadan forimeallach *f* peripheral interface adapter (PIA) *(Río) (gu.* cuibheora comhéadan forimeallach)

cuibheoir gnéithe *f* feature adapter *(Río) (gu.* cuibheora gnéithe *ai.* cuibheoirí gnéithe)

cuibheoir grafaice *f* graphics adapter *(Río) (gu.* cuibheora grafaice *ai.* cuibheoirí grafaice)

cuibheoir ilmheán comhbhrú frámaí socra *f* still-frame compression multimedia adapter *(Río) (gu.* cuibheora ilmheán comhbhrú frámaí socra *ai.* cuibheoirí ilmheán comhbhrú frámaí socra)

cuibheoir neamh-mhóideimeach *f* null modem adaptor *(Río) (gu.* cuibheora neamh-mhóideimigh *ai.* cuibheoirí neamh-mhóideimeacha)

cuíchóiriú *f* rationalization *(Gin) (gu.* cuíchóirithe)

cuideachta *b* company *(Gin) (ai.* cuideachtaí)

cuideachta chomhstoic *b* joint stock company *(Air) (gu.* cuideachta comhstoic *ai.* cuideachtaí comhstoic)

cuideachta chomhstoic dhúnta *b* closed joint stock company *(Air) (gu.* cuideachta comhstoic dúnta *ai.* cuideachtaí comhstoic dúnta)

cuideachta faoi theorainn ráthaíochta *b* company limited by guarantee *(Air)* (*ai*. cuideachtaí faoi theorainn ráthaíochta)

cuideachta phoiblí *b* public company *(Fio)* (*gu*. cuideachta poiblí *ai*. cuideachtaí poiblí)

Cuideachta a dtrádáltar a scaireanna gan bhac ar stocmhalartán.

cuideachta theoranta *b fch* comhlacht teoranta. *(Air)* (*gu*. cuideachta teoranta *ai*. cuideachtaí teoranta)

cúignártha *a3* quinary *(Río)*

cúil *gma* back-end *(Río)*

cuileáil *br* discard *(Río)*

cuimhne *b* memory *(Río)* (*ai*. cuimhní)

An chuid sin den ríomhaire a choinníonn an ríomhchlár agus na sonraí a bhfuil gá ag an ríomhaire leo chun fadhb a réiteach.

cuimhne aonleictreoin *b* single-electron memory (SEM) *(Río)*

cuimhne bhreisithe *b* extended memory *(Río)* (*gu*. cuimhne breisithe)

cuimhne chomhthiomsaitheach *b* associative memory *(Río)* (*gu*. cuimhne comhthiomsaithí *ai*. cuimhní comhthiomsaitheacha)

cuimhne dhinimiciúil *b* dynamic memory *(Río)* (*gu*. cuimhne dinimiciúla)

cuimhne fhairsingithe *b* expanded memory *(Río)* (*gu*. cuimhne fairsingithe)

cuimhne fhíorúil *b* virtual memory *(Río)* (*gu*. cuimhne fíorúla)

Teicníc cuimhne a aistríonn faisnéis, leathanach san am, idir an phríomhchuimhne agus cuimhne thánaisteach, agus nach gcuireann le ham na hoibríochta ach am babhtála an leathanaigh. Ligeann an teicníc seo do ríomhchlár a bheith níos mó ná an phríomhchuimhne, agus le húsáid leagan amach pointeora, is féidir na riachtanais bhogearraí a bheith i bhfad níos lú ná bheidís i gcórais deighilte de chineálacha eile

cuimhne idirdhuilleach *b* interleaved memory *(Río)* (*gu*. cuimhne idirdhuillí *ai*. cuimhní idirdhuilleacha)

cuimhne inléite amháin *b* read-only memory (ROM) *(Río)*

Cuimhne nach féidir a bhfuil inti a athrú le treoracha ríomhaire mar go bhfuil sí socraithe sna crua-earraí.

cuimhne inléite amháin inathraithe go leictreach *b* electrically alterable read-only memory (EAROM) *(Río)* (*ai*. cuimhní inléite amháin inathraithe go leictreach)

Cuimhne inléite/inscríofa randamrochtana speisialaithe a ríomhchláraítear trí scríobh isteach san eagar agus a úsáidtear mar chuimhne inléite amháin (ROM).

cuimhne inléite amháin in-ríomhchláraithe *b* programmable read-only memory (PROM) *(Río)*

Cuimhne leathsheoltóra, de ghnáth, nach ndéantar í a ríomhchlárú le linn a déanta agus ar gá oibríocht fhisiciúil nó leictreach chun í a ríomhchlárú, ar nós déoideanna ar leith a shéideadh d'aon ghnó nó solas ultraivialait a ligean orthu.

cuimhne inléite amháin/in-ríomhchláraithe in-léirscriosta *b* erasable programmable read-only memory (EPROM) *(Río)*

ROM ar féidir an pátrún sonraíochta atá scríofa isteach air a scrios chun gur féidir pátrún nua a úsáid.

cuimhne inléite amháin in-ríomhchláraithe in-léirscriosta go leictreach *b* electrically erasable programmable read-only memory (EEPROM) *(Río)*

PROM is féidir a léirscrios go leictreach i soicind amháin nó níos lú agus ar féidir scríobh isteach ann go leictreach.

cuimhne inléite inscríofa *b* read-write memory *(Río)*

cuimhne inmheánach *b* internal (register) memory *(Río)* (*gu*. cuimhne inmheánaí)

cuimhne mhear-rochtana *b* quick-access memory *(Río)* (*gu*. cuimhne mear-rochtana)

cuimhne randamrochtana *b* random access memory (RAM) *(Río)*

cuimhne randamrochtana chuasastatach *b* quasi-static random access memory (RAM) *(Río)* (*gu*. cuimhne randamrochtana cuasastataí)

cuimhne randamrochtana dhinimiciúil *b* dynamic random access memory *(Río)* (*gu*. cuimhne randamrochtana dinimiciúla) (*mal* RAM dinimiciúil *f gu*. RAM dhinimiciúil) (*var* dynamic RAM)

cuimhne randamrochtana statach *b* static random access memory (RAM) *(Río)* (*gu*. cuimhne randamrochtana stataí)

cuimhne reatha *b* working memory *(Río)*

cuimhne scartha *b* disjoint memory *(Río)* (*ai*. cuimhní scartha)

cuimhne sheachtrach *b* external memory *(Río)* (*gu*. cuimhne seachtraí)

cuimhne thaisce *b fch* taisce. *(Río)* (*ai*. cuimhní taisce)

cuimhne thánaisteach *b* secondary memory *(Río)* (*gu*. cuimhne tánaistí *ai*. cuimhní tánaisteacha)

cuimsitheach *a1* comprehensive *(Gin)*

cuimsiú sóisialta *f* social inclusion *(Gin)* (*gu*. cuimsithe sóisialta)

cúinse *f* condition[2] *(Gin)* (*ai*. cúinsí) (*mal* dáil *b gu*. dála *ai*. dálaí; toisc *b gu*. toisce *ai*. tosca) (*var* circumstance; situation)

cuintilliún *f* quintillion *(Río)* (*gu*. cuintilliúin)

cuir air (coit.) *br* switch on *(Río)* (*mal* lasc ann *br*)

cuir ar aghaidh *br* promote *(Gin)*

cuir ar ais *br* restore *(Gin)* *(mal* aischuir *br)* *(var* return)

cuir ar ceal *br* extinguish *(Air)*

Fiacha a scor.

cuir as (coit.) *br* switch off *(Río)* *(mal* lasc as *br)*

cuireadh chun tarchur *f* invitation to transmit (ITT) *(Río)*

cuir i bhfeidhm *br* commit *(Río)*

cuir i gcartlann *br* archive[2] *(Gin)*

cuir i gcomparáid *br* compare *(Río)* *(mal* cóimheas *br)*

cuir in eagar *br* edit *(Río)*

Sonraí a ionchur, a mhionathrú, nó a scrios.

cuir i ngníomh[1] *br* implement *(Río)*

cuir i ngníomh[2] *br* activate *(Río)*

cuir in ord *br* order[4] *(Mat)*

cuir líne faoi *br* underline *(Gin)*

cuir líne trí *br* strikethrough *(Río)*

cuir suíomhanna le *br* add sites *(Río)*

cúis *b* cause *(Gin)* *(gu.* cúise *ai.* cúiseanna)

cúiteach *a1* compensatory *(Air)*

cúiteamh *f* compensation *(Air)* *(gu.* cúitimh)

Socrú ina gcúitítear seachadadh earraí chuig páirtí amháin trí mhéid áirithe de na hearraí a cheannach ar ais.

cúlbhrat *f* wallpaper *(Río)* *(gu.* cúlbhrait)

cúlchéimnitheach *a1* regressive *(Air)*

cúlchéimniú *f* fch cúlú. *(Air)* *(gu.* cúlchéimnithe)

cúlchéimniú trasghearrthach *f* cross-sectional regression *(Air)* *(gu.* cúlchéimnithe thrasghearrthaigh *ai.* cúlchéimnithe trasghearrthacha)

cúlchiste *f* reserve[1] *(Air)* *(var* reserve fund)

cúlchiste cánach *f* tax reserve *(Air)* *(ai.* cúlchistí cánach)

cúlchistí oifigiúla *f* official reserves *(Air)*

Sócmhainní idirnáisiúnta i seilbh rialtais ar a n-áirítear airgeadraí eachtracha inmhalartaithe, ór agus Cearta Speisialta Tarraingthe.

cúlchnap *f* float[1] *(Air)* *(gu.* cúlchnaip *ai.* cúlchnapanna)

An difríocht idir airgead bainc agus airgead na leabhar.

cúlchnap bailithe *f* collection float *(Air)* *(gu.* cúlchnaip bhailithe *ai.* cúlchnapanna bailithe)

Ardú in airgead na leabhar gan aon athrú láithreach ar airgead bainc, a ghintear trí sheiceanna nár imréitíodh go fóill a bheith taiscthe ag an ngnólacht.

cúlchnap íocaíochtaí amach *f* disbursement float *(Air)*

Titim in airgead na leabhar ach gan aon athrú láithreach a theacht ar an airgead bainc.

cúlchoimhéad *f* lurking *(Río)* *(gu.* cúlchoimhéadta)

Plé ar líne a fhaire go ciúin, rúnda gan aon teachtaireachtaí a phostáil.

cúlchumasc *f* backward integration *(Air)* *(gu.* cúlchumaisc)

Gnólacht ag ceannach gnólachta eile atá díreach roimhe sa slabhra margaíochta nó táirgthe e.g. ceannaitheoir earraí (nó seirbhísí) ag ceannach soláthraí.

cúlphlána *f* backplane *(Río)* *(ai.* cúlphlánaí)

Na sliotáin nascála a bhíonn ar fáil do chláir chiorcaid mhicririomhairí.

cúlra *f* background *(Gin)* *(ai.* cúlraí)

cúlscáil *b* drop shadow *(Río)* *(gu.* cúlscáile)

cúlslais *b* backslash *(Río)* *(gu.* cúlslaise *ai.* cúlslaiseanna)

cúlspás *f* backspace[1] *(Río)* *(gu.* cúlspáis)

cúlspásáil *br* backspace[2] *(Río)*

cúltaca[1] *f* reserve[2] *(Air)*

cúltaca[2] *f* backup *(Río)* *(ai.* cúltacaí)

Cóip d'aon chlár nó d'aon fhaisnéis eile a stóráltar ar chaiséad nó ar dhiosca. Stóráltar cóipeanna cúltaca in áit slán de ghnáth agus úsáidtear iad má tharlaíonn fadhb sa bhunchóip. Ba chóir cúltacaí a dhéanamh i gcónaí d'fhaisnéis nó de shonraí a úsáidtear go minic nó a bhfuil tábhacht ag baint léi/leo. *(mal* cóip chúltaca *b gu.* cóipe cúltaca *ai.* cóipeanna cúltaca) *(var* backup copy)

cúltaca gan freastalaí *f* serverless backup *(Río)* *(ai.* cúltacaí gan freastalaí)

cúltaca iriseáin *f* journaling backup *(Río)*

cúltaca téipe *f* tape backup *(Río)* *(ai.* cúltacaí téipe)

cúlú *f* regression *(Air)* *(gu.* cúlaithe) *(mal* cúlchéimniú *f gu.* cúlchéimnithe)

cum *br* compose *(Gin)*

cumaisc *br* merge[2] *(Río)*

cumaisc agus éadálacha *f/b* mergers and acquisitions *(Fio)*

cumann *f* society *(Air)* *(gu.* cumainn)

cumannachas *f* communism *(For)* *(gu.* cumannachais)

cumann lucht tráchtála *f* chamber of commerce *(Air)* *(gu.* cumainn lucht tráchtála)

Cumann na nDéileálaithe Bannaí Idirnáisiúnta *f* Association of International Bond Dealers (AIBD) *(Air)* *(gu.* Chumann na nDéileálaithe Bannaí Idirnáisiúnta)

Cumann um Aistrithe Airgeadais Idirbhainc ar fud an Domhain, An *f* Society for Worldwide Interbank Financial Transfers (SWIFT) *(Air)*

Seirbhís aistrithe teachtaireachtaí caighdeánaithe leictreonacha a dearadh chun treoracha a sheoladh agus a dhearbhú i leith aistriúchán airgid a bhaineann le híocaíochtaí idirnáisiúnta.

cumarsáid *b* communication *(Gin)* *(gu.* cumarsáide)

cumarsáid aontreo *b* one-way communication *(Río)* *(gu.* cumarsáide aontreo)

cumarsáid chomhuaineach dhéthreo *b* two-way simultaneous communication *(Río)* *(gu.* cumarsáide comhuainí déthreo)

cumarsáid ghnó *b* business communication *(Gin)* *(gu.* cumarsáide gnó)

cumarsáid idirphróiseas *b* interprocess communication *(Río)* *(gu.* cumarsáide idirphróiseas *ai.* cumarsáidí idirphróiseas)

cumarsáid mhóibíleach *b* mobile communication *(Río)* *(gu.* cumarsáide móibílí)

cumarsáid neamhbhriathartha *b* non-verbal communication *(Fio)* *(gu.* cumarsáide neamhbhriathartha)

1. ginearálta: smaointe a chomhroinnt gan úsáid a bhaint as focail. 2. ginearálta: gníomh trína roinntear nó a malartaítear smaointe, dearcadh, nó faisnéis gan focail. 3. taighde margaíochta: úsáidtear é mar fhachtóir chun dearcadh agus tuairimí tomhaltóirí a dhearbhú i dtaca le táirge nó seirbhís.

cumarsáid neamhshiméadrach *b* asymmetric communication *(Río)* *(gu.* cumarsáide neamhshiméadraí)

cumarsáid phaicéad *b* packet communication *(Río)* *(gu.* cumarsáide paicéad)

cumarsáid shiméadrach *b* symmetric communication *(Río)* *(gu.* cumarsáide siméadraí)

cumarsáid thionscantach *b* handshake *(Río)* *(gu.* cumarsáide tionscantaí)

cumasaigh *br* enable *(Río)*

cumasaigh gothaí *br* enable gestures *(Río)*

cumasaigh gothaí luiche *br* enable mouse gestures *(Río)*

cumasc^1 *f* merge^1 *(Río)* *(gu.* cumaisc)

Teaglaim taifead in dhá chomhad nó níos mó atá san ord sórtáilte céanna le comhad amháin a chruthú atá san ord sórtáilte sin freisin.

cumasc^2 *f* merger *(Air)* *(gu.* cumaisc)

Comhcheangal de dhá chuideachta nó níos mó.

cumas fiachais *f* debt capacity *(Air)* *(gu.* cumais fiachais)

Cumas chun iasachtaí a fháil.

cumas iomaíochta *f* competitiveness *(Gin)* *(gu.* cumais iomaíochta) *(mal* acmhainn iomaíochta *b gu.* acmhainne iomaíochta)

cumasú *f* empowerment *(Gin)* *(gu.* cumasaithe)

cumhacht *b* power *(Gin)* *(gu.* cumhachta *ai.* cumhachtaí)

cumhachteochair *b* power key *(Río)* *(gu.* cumhachteochrach *ai.* cumhachteochracha)

cumhacht mheandarach *b* instantaneous power *(Río)* *(gu.* cumhachta meandaraí)

cumhacht-thiomáinte *a3* power-driven *(Gin)*

cumhdach *f* coverage *(Air)* *(gu.* cumhdaigh) *(mal* clúdach *f gu.* clúdaigh) *(var* cover; covering)

cumhdach díbhinne *f* dividend cover *(Air)* *(gu.* cumhdaigh dhíbhinne)

cumhdach íseal díbhinne *f* low dividend cover *(Air)* *(gu.* cumhdaigh ísil díbhinne)

cumhdach úis *f* interest cover *(Air)* *(gu.* cumhdaigh úis)

cumraigh *br* configure *(Río)* *(var* set up)

cumraíocht *b* configuration *(Río)* *(gu.* cumraíochta)

Tacar de tháirgí a bhfuil gaol loighciúil eatarthu, a éilíonn riar agus iniúchadh. *(var* set-up)

cumraíocht cnaipí *b* button configuration *(Río)* *(gu.* cumraíochta cnaipí)

cumraíocht leathanaigh *b* page set-up *(Río)* *(gu.* cumraíochta leathanaigh)

cumraíocht printéara *b* printer setup *(Río)* *(gu.* cumraíochta printéara)

cumraíocht réaltach *b* star configuration *(Río)* *(gu.* cumraíochta réaltaí)

cumraíocht ríomhaire *b* computer configuration *(Río)* *(gu.* cumraíochta ríomhaire)

cumraíocht roghnaithe *b* selected configuration *(Río)* *(gu.* cumraíochta roghnaithe)

cúnant *f* covenant *(Air)* *(gu.* cúnaint)

Comhaontas i gconradh banna nó iasachta sindeacáite maidir le hiompraíocht an iasachtaí sa todhchaí.

cúnant cosantach *f* protective covenant *(Air)* *(gu.* cúnaint chosantaigh *ai.* cúnaint chosantacha)

Cuid den dintiúr a chuireann srian le gníomhartha áirithe a dhéanann cuideachta le linn tréimhse iasachta chun leas an iasachtóra a chosaint.

cúnant deimhneach *f* positive covenant *(Air)* *(gu.* cúnaint dheimhnigh *ai.* cúnaint dheimhneacha)

Cuid de dhintiúr comhaontaithe iasachta a shonraíonn gníomh a gcaithfidh an chuideachta déanamh dá réir.

cúnant diúltach *f* negative covenant *(Air)* *(gu.* cúnaint dhiúltaigh *ai.* cúnaint dhiúltacha)

Cuid den chomhaontú iasachta a chuireann srian nó cosc le gníomh a bhféadfadh cuideachta tabhairt fúthu.

cúnant sriantach *f* restrictive covenant *(Air)* *(gu.* cúnaint shriantaigh *ai.* cúnaint shriantacha)

Foráil a leagann srianta ar oibriúcháin iasachtaí.

cuntais infhála *f* accounts receivable *(Air)*

Airgead atá dlite do ghnólachtaí ó chustaiméirí *(var* receivable accounts)

cuntais iníoctha *f* accounts payable *(Air)*

Airgead atá dlite do sholáthróirí ó ghnólacht.

cuntar *f* counter[2] *(Air)* *(gu.* cuntair)

cuntas *f* account *(Air)* *(gu.* cuntais)

cuntasaíocht *b* accounting *(Air)* *(gu.* cuntasaíochta)

Próiseas lena ndéantar taifead de bhearta airgeadais gnólachta i dtaifid chuí leabharchoimeádta, agus lena n-achoimrítear an fhaisnéis seo i bhfoirm thuarascálacha cuntasaíochta, ag úsáid modhanna oibre agus gnásanna aitheanta.

cuntasaíocht cheannaigh *b* purchase accounting *(Air)* *(gu.* cuntasaíochta ceannaigh)

Modh chun éadálacha a thuairisciú ina gcaithfear sócmhainní an ghnólachta ar glacadh seilbh air a thuairisciú ag a luach cóir margaidh i leabhair an ghnólachta atá ag glacadh seilbhe.

cuntas brabúis agus caillteanais *f* profit and loss account *(Air)* *(gu.* cuntais brabúis agus caillteanais)

cuntas caipitil *f* capital account *(Air)* *(gu.* cuntais chaipitil)

Catagóir i gcomhardú íocaíochtaí tíre a thomhasann sreafaí infheistíochta airgeadais agus réadaí thar teorainneacha tíortha.

cuntas carnach coigeartaithe na n-aistriúchán *f* cumulative translation adjustment account CTA *(Air)* *(gu.* chuntas carnach coigeartaithe na n-aistriúchán *ai.* cuntais charnacha choigeartaithe na n-aistriúchán)

Cuntas a úsáideann FASB-52 chun gnóthachain agus caillteanais aistriúcháin a ghabháil.

cuntas eischósta *f* offshore account *(Air)* *(gu.* cuntais eischósta)

cuntas iarmhéid nialasaigh *f* zero balance account *(Air)* *(gu.* cuntais iarmhéid nialasaigh)

Seic-chuntas ina gcoimeádtar an comhardú ag nialas trí chistí a aistriú ó mháistirchuntas i méid atá díreach mór go leor le seiceanna a chumhdach.

cuntas infheistíochta bunaithe ar chothromais *f* equity based account *(Air)* *(gu.* cuntais infheistíochta bunaithe ar chothromais)

cuntasóir *f* accountant *(Air)* *(gu.* cuntasóra *ai.* cuntasóirí)

Duine atá oilte chun leabhair chuntas a choinneáil, ina mbíonn taifead de bhearta airgeadais ghnólachta nó eagraíochta eile, agus chun cuntais tréimhsiúla a ullmhú.

cuntasóireacht *b* accountancy (profession) *(gu.* cuntasóireachta)

cuntas oscailte *f* open account *(Air)* *(gu.* cuntais oscailte)

Cuntas creidmheasa inarb é an sonrasc an t-aon ionstraim fhoirmiúil chreidmheasa.

cuntas reatha *f* current account *(Air)* *(gu.* cuntais reatha)

1. Cuntas gníomhach i mbanc nó i gcumann foirgníochta inar féidir taiscí a íoc agus ónar féidir aistarraingtí a dhéanamh le seic, le dochar díreach, le buanordú, nó le cárta airgid trí mheaisín dáilte airgid. 2. Tomhas leathan de thrádáil idirnáisiúnta tíre in earraí agus seirbhísí.

cuntas speisialta coigiltis *f* special savings account (SSA) *(Air)* *(gu.* cuntais speisialta coigiltis)

cuntas speisialta infheistíochta punainne *f* special portfolio investment account (SPIA) *(Air)* *(gu.* cuntais speisialta infheistíochta punainne)

cuntas trádála *f* trading account *(Air)* *(gu.* cuntais trádála)

An chuid sin de chuntas brabúis agus caillteanais ina ndéantar comparáid idir costas na n-earraí a díoladh agus an t-airgead a gnóthaíodh trína ndíol d'fhonn teacht ar an ollbhrabús.

cúntóir digiteach pearsanta *f* personal digital assistant (PDA) *(Río)* *(gu.* cúntóra dhigitigh phearsanta *ai.* cúntóirí digiteacha pearsanta) *(mal* ríomhaire boise *f ai.* ríomhairí boise) *(var* handheld (computer))

cúntóir oifige *f* office assistant *(Río)* *(gu.* cúntóra oifige *ai.* cúntóirí oifige)

cuóta *f* quota *(Air)* *(ai.* cuótaí)

Srianadh a chuireann rialtas i bhfeidhm ar an méid de mhír is féidir a iompórtáil isteach i dtír nó a easpórtáil amach as i rith tréimhse áirithe.

cúpláil *b* coupling *(Río)* *(gu.* cúplála)

cúpón *f* coupon *(Air)* *(gu.* cúpóin)

1. Ceann de líon áirithe duillíní a bhíonn ceangailte le banna, agus nach mór a thairiscint do ghníomhairí na n-eisitheoirí nó an chomhlachta chun íocaíocht úis nó díbhinn a fháil. Úsáidtear de ghnáth iad le bannaí sealbhóra; is ionann toradh an chúpóin agus an toradh a sholáthraíonn an banna sealbhóra. 2. An ráta úis a íocann banna sealbhóra ar ráta úis seasta. Tugann cúpón 5% le tuiscint go n-íocann an banna 5% úis.

cúram *f* care *(Gin)* *(gu.* cúraim)

cur ar cairt *abairtín fch* cairtiú. *(Air)*

cur chuige *f* approach (method) *(Gin)*

cur chuige airgeadaíochta *f* monetary approach *(Air)*

Anailís ar chomhardú na n-íocaíochtaí nó ar rátaí malairte a leagann béim ar fhachtóirí a fhearann ar sholáthar agus éileamh airgid.

cur chuige an mheánathraithis *ain* mean-variance approach *(Air)*

cur chuige an tseicliosta *f* checklist approach *(Air)*

Modh meastóireachta, ag úsáid liosta fachtóirí agus rátáil sannta le gach ceann acu - a úsáidtear le haghaidh measúnachtaí éagsúla.

cur chuige iarmhéid na punainne *f* portfolio balance approach *(Air)*

Anailís ar chur chuige an chláir chomhardaithe nó ar an ráta malairte a leagann béim ar dheitéarmanaint an tsoláthair agus an éilimh i leith an stoic sócmhainní airgeadais.

cur chuige na díbhinne iarmharaí *f* residual dividend approach *(Air)*

Cur chuige a mholann go n-íocfadh gnólacht díbhinní sa chás agus sa chás sin amháin nach bhfuil deiseanna infheistíochta inghlactha do na cistí sin ar fáil faoi láthair.

cur chuige na gcomharthaí *f* signalling approach *(Air)*

Cur chuige maidir le socrú an struchtúir chaipitil optamaigh a dhearbhaíonn go bhfuil faisnéis ag dream laistigh de ghnólacht nach bhfuil ag an margadh.

cur chuige ó bharr anuas *f* top-down approach *(Río)* *(gu.* cuir chuige ó bharr anuas)

Ag baint le modh nó gnáthamh a thosaíonn ag an leibhéal teibithe is airde agus a ghluaiseann i dtreo an leibhéil is ísle.

cur chuige ó bhun aníos *f* bottom-up approach *(Río)*

cur i láthair *abairtín fch* láithreoireacht. *(Río)*

cur i ngníomh *f* implementation *(Río)*

An chéim i bhforbairt córais ag a gcuirtear crua-earraí, bogearraí agus gnáthaimh an chórais atá i gceist ag obair.

cúrsa *f* course *(Gin)* *(ai.* cúrsaí)

cúrsaí *f* affairs *(Gin)*

cúrsaíocht *b* circulation *(Air)* *(gu.* cúrsaíochta)

cúrsóir *f* cursor *(Río)* *(gu.* cúrsóra *ai.* cúrsóirí)

Marc ar scáileán ríomhaire a shuaithníonn an chéad ionad eile ar an scáileán ina dtaispeánfar eolas a ionchuireadh. (Bunachar Sonraí) Séard is cúrsóir ann ná oibiacht nua in SQL a bhaineann le SQL neadaithe amháin.

cur teachtaireachtaí *f* messaging *(Río)* *(gu.* curtha teachtaireachtaí)

cur teachtaireachtaí meandaracha *f* instant messaging *(Río)* *(gu.* curtha teachtaireachtaí meandaracha)

cur tríd *f* put-through *(Air)*

cuspóir *f* objective *(Fio)* *(gu.* cuspóra *ai.* cuspóirí)

Rud a ndírítear air nó a lorgaítear; sprioc, rún, aidhm. *(var* aim)

custaiméir *f* customer *(Gin)* *(gu.* custaiméara)

custaiméir ionchais *f* prospective customer *(Gin)* *(gu.* custaiméara ionchais *ai.* custaiméirí ionchais)

custam *f* customs *(Air)* *(gu.* custaim)

D

dáil[1] *b* situation *(Gin)* *(gu.* dála *ai.* dálaí) *(mal* cúinse *f ai.* cúinsí; toisc *b gu.* toisce *ai.* tosca) *(var* circumstance; condition)

dáil[2] *br* distribute *(Air)*

dáileachán *f* distribution[1] *(Fio)* *(gu.* dáileacháin) *(mal* dáileadh *f gu.* dáilte)

dáileachán normalach caighdeánach *f* standardized normal distribution *(Air)* *(gu.* dáileacháin normalaigh chaighdeánaigh)

Dáileachán normalach le luach ionchais de o agus diall caighdeánach de 1.

dáileadh[1] *f fch* dáileachán. *(Fio)* *(gu.* dáilte)

dáileadh[2] *f* distribution[2] *(Air)* *(gu.* dáilte)

Cineál díbhinne a íocann gnólacht lena úinéirí as foinsí seachas tuillimh choinnithe reatha nó charnacha. *(mal* imdháileadh *f gu.* imdháilte)

dáileadh luachanna sonraí *f* distribution of data values *(Río)* *(gu.* dáilte luachanna sonraí)

dáileadh normalach *f* normal distribution *(Air)* *(gu.* dáilte normalaigh *ai.* dáiltí normalacha)

Dáileadh siméadrach i gcruth cloig, ar féidir é a shainiú trína mheán agus trína dhiall caighdeánach.

dáileadh trédhearcach *f* transparent distribution *(Río)* *(gu.* dáilte thrédhearcaigh)

Dáileadh nach léir don ghnáthúsáideoir.

dáileoir *f* distributor *(Fio)* *(gu.* dáileora *ai.* dáileoirí)

dáilte *a3* distributed *(Gin)*

daingean *a1* firm[2] *(Gin)*

dais *b* dash *(Río)* *(gu.* daise *ai.* daiseanna)

dais-stíl *b* dash style *(Río)* *(gu.* dais-stíle *ai.* dais-stíleanna)

dalladh *f* glare *(Río)* *(gu.* dallta)

dallscríobh *br* blind-write *(Río)*

damáiste *f* damage *(Gin)* *(ai.* damáistí)

damáistí *f* damages *(Air)*

damáistithe *a3* damaged *(Gin)*

dámh *br* award *(Gin)*

dangal *f* dongle *(Río)* *(gu.* dangail) *(mal* eochair freastalaí *b gu.* eochrach freastalaí) *(var* server key)

Danmhairg, An *b* Denmark *(Gin)* *(gu.* na Danmhairge)

d'aon ... *abairtín* for any ... *(Loi)*

An cainníochtóir *d'aon*. Úsáidtear é seo chun a léiriú go bhfuil abairt oscailte fíor (nó bréagach) d'aon bhall den tacar e.g. *d'aon x ionas gur duine daonna é x, tá x básmhar.*

daonnúil *a2* humanitarian *(Gin)*

dara foirm normalach, an *b* second normal form *(Río)*

dara hord, an *f* second-order *(Río)*

dáta *f* date *(Gin)* *(ai.* dátaí)

dáta aibíochta *f* maturity date *(Air)* *(ai.* dátaí aibíochta)

An dáta ar a bhfuil an íocaíocht dheiridh ar bhanna dlite. *(mal* dáta go dtí aibíocht *f*)

dáta éaga *f* expiry date *(Air)*

Dáta aibíochta rogha.

dáta ex-díbhinne *f* ex-dividend date *(Air)* *(ai.* dátaí ex-díbhinne)

Ceithre lá roimh an dáta taifid i dtaca le hurrús.

dáta feidhmithe *f* exercise date *(Air)* *(ai.* dátaí feidhmithe)

dáta fógartha *f* declaration date *(Air)* *(ai.* dátaí fógartha)

An dáta ar a ritheann Bord Stiúrthóirí rún chun díbhinn ar luach sonraithe a íoc le gach sealbhóir cáilithe atá ar taifead ar dháta sonraithe.

dáta glanta *f* purge date *(Río)*

dáta go dtí aibíocht *f fch* dáta aibíochta. *(Air)*

dáta íocaíochta *f* date of payment *(Air)* *(ai.* dátaí íocaíochta)

An dáta ar a gcuirtear seiceanna díbhinne sa phost.

dáta luacha *f* value date *(Air)*

Dáta conartha ar a bhfuil an t-airgeadra le seachadadh nó le fáil.

dáta na sealbhóirí taifid *f* holder of record date *(Air)* *(ai.* dátaí na sealbhóirí taifid)

An dáta ar a sainítear go bhfaighidh sealbhóirí, atá ar taifead i mórleabhar stoic gnólachta, díbhinní nó cearta stoic.

dáta reatha *f* current date *(Gin)*

dáta taifid *f* date of record *(Air)* *(ai.* dátaí taifid)

An dáta ar a sainítear sealbhóirí, atá ar taifead i mórleabhar stoic gnólachta, mar fhaighteoirí díbhinní nó cearta stoic.

dáta tosaigh *f* start date *(Gin)*

dath *f* colour *(Gin)* *(gu.* datha *ai.* dathanna)

dath an tulra *f* foreground text colour *(Río)*

dathdhealú *f* colour separation *(Río)* *(gu.* dathdhealaithe)

dath líonta *f* fill colour *(Río)* *(gu.* datha líonta *ai.* dathanna líonta)

dath réamhshocraithe *f* default colour *(Río)* *(gu.* datha réamhshocraithe *ai.* dathanna réamhshocraithe)

dath sáithithe *f* saturated colour *(Río)* *(gu.* datha sáithithe *ai.* dathanna sáithithe)

déach *a* dual *(Río)*

deachtú gutha *f* voice dictation *(Río)* *(gu.* deachtaithe gutha)

deachúil *b* decimal[1] *(Río)* *(gu.* deachúla *ai.* deachúlacha)

deachúil aiceanta códaithe go dénártha *b* natural binary-coded decimal *(Río)* *(gu.* deachúla aiceanta códaithe go dénártha *ai.* deachúlacha aiceanta códaithe go dénártha)

deachúil chódaithe *b* coded decimal *(Río)* *(gu.* deachúla códaithe *ai.* deachúlacha códaithe)

deachúil chriosach *b* zoned decimal *(Río)* *(gu.* deachúla criosaí *ai.* deachúlacha criosacha)

deachúil códaithe go dénártha *b* binary-coded decimal (BCD) *(Río)* *(gu.* deachúla códaithe go dénártha *ai.* deachúlacha códaithe go dénártha)

Léiriú uimhriúil ina sanntar uimhir mar sheicheamh de dhigití deachúlacha agus ansin go n-ionchódaítear gach digit dheachúlach mar uimhir dhénártha ceithre ghiotán (leathbheart). E.g. d'ionchódófaí 92 deachúlach mar sheicheamh ocht ngiotán 1001 0010. I gcásanna áirithe, bíonn an comhartha (deimhneach nó diúltach) san áireamh sa leathbheart is faide ar dheis. Is furasta uimhreacha deachúlacha ná uimhreacha dénártha a thiontú go BCD agus ó BCD agus, cé gur minic a thiontaítear BCD go dénartha ar mhaithe le próiseáil uimhríochta, is féidir crua-earraí a thógáil a oibríonn go díreach ar BCD.

deachúil éigríochta *b* infinite decimal *(Río)* *(gu.* deachúla éigríochta *ai.* deachúlacha éigríochta) *(var* repetend)

deachúil phacáilte *b* packed decimal *(Río)* *(gu.* deachúla pacáilte *ai.* deachúlacha pacáilte)

deachúlach *a1* decimal[2] *(Río)*

déaduchtaigh *br* deduct *(Loi)*

déaduchtú *f* deduction[1] *(Loi)* *(gu.* déaduchtaithe)

dé-aistear a dhéanamh *f* round-tripping *(Río)*

dealaigh *br* subtract *(Mat)*

dealraitheach *a1* apparent *(Gin)*

dealú *f* subtraction *(Mat)* *(gu.* dealaithe)

déan *br* do *(Gin)*

déanamh agus ainm printéara *f* printer model *(Río)* *(gu.* déanaimh agus ainm printéara)

déan monatóireacht (ar) *br* monitor[3] *(Gin)*

déan nascleanúint (ar an Idirlíon) *br* navigate (on the Internet) *(Río)*

déan neamhaird de *br* ignore *(Gin)*

déantóir *f* manufacturer *(Gin)* *(gu.* déantóra) *(mal* monaróir *f gu.* monaróra *ai.* monaróirí)

déantóir printéirí *f* printer manufacturer *(Río)* *(gu.* déantóra printéirí *ai.* déantóirí printéirí)

déantúsaíocht *b* manufacturing *(Fio)* *(gu.* déantúsaíochta) *(mal* monaraíocht *b gu.* monaraíochta)

déantúsaíocht ríomhchuidithe *b* Computer-Aided Manufacture (CAM) *(Río)* *(gu.* déantúsaíochta ríomhchuidithe)

déantúsán *f* artefact *(Gin)* *(gu.* déantúsáin)

dearadh *f* design *(Gin)* *(gu.* dearaidh/deartha *ai.* dearaí)

dearadh (atá) bunaithe ar oibiachtaí *f* object-oriented design *(Río)* *(gu.* dearaidh (atá) bunaithe ar oibiachtaí)

dearadh bogearraí *f* software design *(Río)* *(gu.* dearaidh bogearraí)

dearadh céadiarrachta sonraí *f* first-cut data design *(Río)* *(gu.* dearaidh céadiarrachta sonraí)

Tá an tSamhail Loighciúil de Shonraí faoi réir trasfhoirmiú atá bunaithe ar rialacha láimhe áirithe. Tá siad seo neamhspleách ar aon timpeallacht infheidhmithe ar leith, ach ba chóir go mbeidís inchurtha in oiriúint do tháirge sonraithe ar bith. Ba chóir dó a bheith gar go leor don dearadh deireanach le go rithfí cleachtaí uainithe agus tomhais air. Tá dhá leagan ann den Dearadh Céadiarrachta Sonraí: An dearadh atá neamhspleách ar chur i ngníomh, a leantar le dearadh céadiarrachta de réir rialacha a chuireann an timpeallacht roghnaithe ar fáil. Fágtar an dara ceann ar lár go minic, ag brath ar chleachtadh an dearthóra, nó ar riachtanais agus ar chastacht an DBMS roghnaithe. *(var* first-cut design)

dearadh céim ar chéim *f* stepwise design (of programs) *(Río)* *(gu.* deartha céim ar chéim)

dearadh comhpháirte *f* component design *(Río)* *(gu.* dearaidh comhpháirte)

dearadh córas *f* systems design *(Río)* *(gu.* dearaidh córas)

dearadh eagraíochta *f* organizational design *(Air)* *(gu.* dearaidh eagraíochta)

dearadh fisiciúil *f* physical design *(Río)* *(gu.* deartha fhisiciúil)

dearadh fisiciúil sonraí *f* physical data design *(Río)* *(gu.* dearaidh/deartha fhisiciúil sonraí)

An sainiú bunachar sonraí atá le cur i ngníomh mar thoradh ar optamú na Samhla Fisiciúla de Shonraí.

dearadh loighce *f* logic design *(Río)* *(gu.* dearaidh loighce)

An t-aschur ó Staid 5, Dearadh Loighciúil. Cuimsíonn sé an tSamhail Loighciúil den Sreabhadh Sonraí atá de Dhíth, an phróiseáil loighciúil agus an Chatalóg Riachtanas. Is é an t-ionchur é don Dearadh Fisiciúil. *(mal* dearadh loighciúil *f gu.* dearaidh loighciúil *ai.* dearaí loighciúla) *(var* logical design)

dearadh loighciúil *f* logical design *(Río)* *(gu.* dearaidh loighciúil *ai.* dearaí loighciúla) *(mal* dearadh loighce *f gu.* dearaidh loighce) *(var* logical design)

dearadh loighciúil bunachar sonraí *f* logical database design *(Río)* *(gu.* dearaidh loighciúil bunachar sonraí)

dearadh lúibe *f* loop design *(Río)* *(gu.* dearaidh lúibe *ai.* dearaí lúibe)

dearadh ó bharr anuas *f* top-down design *(Río)* *(gu.* deartha ó bharr anuas)

Modh le réiteach a shainmhíniú i dtéarmaí na bpríomhfheidhmeanna atá le cur i ngníomh, agus ansin na príomhfheidhmeanna a bhriseadh síos ina bhfo-fheidhmeanna; dá fhad dá dtéann an briseadh síos, is ea is mó sonraí atá ann.

dearadh ó bhun aníos *f* bottom-up design *(Río)* *(gu.* deartha ó bhun aníos)

dearadh ríomhchuidithe *f* Computer-Aided Design (CAD) *(Río)* *(gu.* dearaidh ríomhchuidithe *ai.* dearaí ríomhchuidithe)

dearadh struchtúr sonraí *f* data structure design *(Río)* *(gu.* dearaidh struchtúr sonraí)

dearbh- *réi* absolute *(Río)*

dearbhaigh[1] *br* assert *(Río)* *(mal* fógair *br)*

dearbhaigh[2] *br* determine (establish) *(Gin)*

dearbhán *f* voucher *(Air)* *(gu.* dearbháin)

dearbh-chomhordanáid *b* absolute coordinate *(Río)* *(gu.* dearbh-chomhordanáide *ai.* dearbh-chomhordanáidí)

dearbhchosán *f* absolute path *(Río)* *(gu.* dearbhchosáin)

dearbhlód *f* absolute load *(Río)* *(gu.* dearbhlóid)

dearbhnasc *f* absolute link *(Río)* *(gu.* dearbhnaisc) *(mal* nasc seachtrach *f gu.* naisc sheachtraigh *ai.* naisc sheachtracha) *(var* external link)

dearbhsheolachán *f* absolute addressing *(Río)* *(gu.* dearbhsheolacháin)

dearbhsheoladh *f* absolute address *(Río)* *(gu.* dearbhsheolta *ai.* dearbhsheoltaí)

Ionad ar leith i gcuimhne ríomhaire nó gléis imeallaigh nach sainmhínítear trí thagairt d'aon seoladh eile. Tagtar air uaireanta trí bhunseoladh a chur le seoladh coibhneasta.

dearbhthagairt cille *b* absolute cell reference *(Río) (gu.* dearbhthagartha cille *ai.* dearbhthagairtí cille)

dearbhthosaíocht *b* absolute priority *(Air) (gu.* dearbhthosaíochta)

dearbhú *f* assertion *(Río) (gu.* dearbhaithe *ai.* dearbhuithe)

Ráiteas gur ann do choinníoll ar leith ag pointe áirithe i ríomhchlár. Féadtar dearbhuithe a úsáid le haghaidh dífhabhtaithe, fíoraithe nó mar nótaí tráchta.

dearbhú[1] *f* declaration[2] *(Air) (gu.* dearbhaithe *ai.* dearbhuithe)

dearbhú[2] *f* assurance *(Río) (gu.* dearbhaithe)

dearbhú cáilíochta *f* quality assurance *(Gin) (gu.* dearbhaithe cáilíochta)

Tacar de mheicníochtaí a ráthaíonn i dteannta a chéile go sroicheann gach táirge nó seirbhís ó thionscadal na caighdeáin riachtanacha.

dearcadh *f* perspective *(Gin) (gu.* dearcaidh)

dearcadh na ngaol conarthach *f* set of contracts perspective *(Air) (gu.* dhearcadh na ngaol conarthach)

Radharc de chorparáid mar thacar de ghaoil chonarthacha i measc daoine a bhfuil cuspóirí contrártha acu.

deargeolaire *f* red herring *(Air) (ai.* deargeolairí)

An chéad doiciméad a scaoileann frithgheallaí eisiúna nua le hinfheisteoirí ionchais.

dearg, uaine, gorm *aid* red, green, blue (RGB) *(Río)*

dearlaic *b* endowment *(Air) (gu.* dearlaice)

Téarma a úsáidtear ag tagairt do pholasaithe árachais. Séard is árachas dearlaice ann ná polasaí a mbíonn a shealbhóir i dteideal suime seasta ar dháta áirithe, trí phréimh bhliantúil ar leith a íoc.

deartháirnód *f* sibling node *(Río) (gu.* deartháirnóid)

Nóid leis an tuismitheoir céanna. *(mal* nód deirféarach *f gu.* nóid dheirféaraigh)

dearthóir *f* designer *(Gin) (gu.* dearthóra *ai.* dearthóirí)

deasc *b* desktop *(Río) (gu.* deisce *ai.* deasca)

deasc chabhrach *b* help desk *(Gin) (gu.* deisce cabhrach)

deaschliceáil *br* right click *(Río) (mal* deasghliogáil *br)*

deasghliogáil *br fch* deaschliceáil. *(Río)*

deasluach *f* R-value (right value) *(Río) (gu.* deasluacha *ai.* deasluachanna)

débheachtais *gma* double-precision *(Río)*

débhríocht *b* ambiguity *(Gin) (gu.* débhríochta)

débhríocht na nua-aimsearthachta *b* ambiguities of modernity *(For) (gu.* dhébhríocht na nua-aimsearthachta)

déchliceáil *br fch* cliceáil faoi dhó. *(Río)*

dédhlúis *gma* double-density *(Río)*

déghiotán *f* dibit *(Río) (gu.* déghiotáin)

deic *b* deck (of tape deck) *(Río) (gu.* deice *ai.* deiceanna)

deicibeil *b* decibel *(Río) (gu.* deicibeile *ai.* deicibeilí)

deicibeilí sa mhilleavata *b* decibels per milliwatt (dBm) *(Río)*

deicíl *b* decile *(Sta) (gu.* deicíle)

Gach ceann de naoi luach athróige a dhéanann dáileadh minicíochta a roinnt i ndeich ngrúpa chomhchothroma; gach ceann den deich ngrúpa a chruthaítear amhlaidh.

deicrimint *b* decrement[1] *(Río) (gu.* deicriminte *ai.* deicrimintí)

1. An chainníocht lena laghdaítear athróg. 2. I ríomhairí áirithe, cuid shonrach de ghiotánra treorach.

deicrimintigh *br* decrement[2] *(Río)*

deighil *br* partition[2] *(Río)*

deighilt[1] *b* segmentation *(Gin) (gu.* deighilte)

deighilt[2] *b* partition[1] *(Río) (gu.* deighilte)

deighilt[3] *b* separation *(Gin) (gu.* deighilte)

deighilt an mhargaidh *b* market segmentation *(Fio) (gu.* dheighilt an mhargaidh)

deighilt colúin *b* column split *(Río) (gu.* deighilte colún)

deighilt cuimhne *b* memory partitioning *(Río) (gu.* deighilte cuimhne)

deighilteoir *f* separator *(Río) (gu.* deighilteora *ai.* deighilteoirí)

deighilteoir aonad *f* unit separator (US) *(Río) (gu.* deighilteora aonad *ai.* deighilteoirí aonad)

deighilteoir móideim *f* modem splitter *(Río) (gu.* deighilteora móideim *ai.* deighilteoirí móideim)

deighilteoir taifead *f* record separator (RS) *(Río) (gu.* deighilteora taifead *ai.* deighilteoirí taifead)

deighleán *f* segment *(Gin) (gu.* deighleáin)

deighleán breise *f* extra segment *(Río) (gu.* deighleáin bhreise)

deighleán cóid *f* code segment *(Río) (gu.* deighleáin chóid)

deighleán cuimhne *f* memory segment *(Río) (gu.* deighleáin chuimhne)

deighleán dumpála *f* dump segment *(Río) (gu.* deighleáin dumpála)

deighleán lódála ar éileamh *f* load on demand segment *(Río) (gu.* deighleáin lódála ar éileamh)

deighleán nascála *f* linkage segment *(Río) (gu.* deighleáin nascála)

deilbh *b* frame[2] *(Gin)* *(gu.* deilbhe *ai.* deilbheacha)

deilbhín *f* icon *(Río)* *(ai.* deilbhíní)

Siombail ghrafach ar chomhéadan an úsáideora, a sheasann do chlár, do shraith treoracha, do chomhadlann, etc. *(mal* íocón *f gu.* íocóin)

deilbhín callaire *f* speaker icon *(Río)* *(ai.* deilbhíní callaire)

deilbhín grúpa *f* group icon *(Río)* *(ai.* deilbhíní grúpa)

déileáil *b* dealing *(Air)* *(gu.* déileála)

déileáil chos istigh *b* insider trading *(Air)* *(gu.* déileála cos istigh)

Trádáil stocmhargaidh, bunaithe ar fhaisnéis airgeadais a gnóthaíodh go míchuibhiúil laistigh de ghnólacht.

déileáil iar-ama *f* after-hours dealing *(Air)* *(gu.* déileála iar-ama *ai.* déileálacha iar-ama)

déileáil nua-ama *b* new time dealing *(Air)* *(gu.* déileála nua-ama *ai.* déileálacha nua-ama)

déileálacha ar an margadh oscailte *b* open market operations *(Air)*

Na ceannacháin nó na díolacháin a dhéanann an banc ceannais d'urrúis nó de shócmhainní eile.

déileálaí *f* dealer *(Air)* *(ai.* déileálaithe)

1. Trádálaí de chineál ar bith. 2. Duine a dhéanann déileáil mar phríomhaí, e.g. cruthaitheoir margaidh ar stocmhargadh, ceannaí tráchtearraí, etc., agus ní mar bhróicéir nó mar ghníomhaire.

deilte[1] *b* delta[1] *(Air)*

Cóimheas an athraithe i bpraghas rogha le hathrú beag i bpraghas na sócmhainne ar a bhfuil an rogha geallta.

deilte[2] *b* delta[2] *(Río)*

deilte-ionchódú/díchódú *f* delta encoding/decoding *(Río)* *(gu.* deilte-ionchódaithe/díchódaithe)

deiltemhodhnú *f* delta modulation *(Río)* *(gu.* deiltemhodhnaithe)

déimeagrafach *a1* demographic *(Fio)*

Bainteach le staidéar ar shonraí grúpa daonra i dtéarmaí saintréithe seachtracha, e.g., aois, ioncam, slí bheatha, leibhéal oideachais, cine, agus bunús náisiúnta.

deimhneach[1] *a1* certain *(Gin)* *(mal* cinnte *a3*)

deimhneach[2] *a1* positive *(Mat)*

deimhniú[1] *f* certification *(Gin)* *(gu.* deimhnithe)

deimhniú[2] *f* certificate[2] *(Air)* *(gu.* deimhnithe)

deimhniú inaistrithe taisce *f* negotiable certificate of deposit *(Air)*

deimhniú taisce *f* certificate of deposit (CD) *(Air)* *(gu.* deimhnithe taisce)

Ionstraim inaistrithe a eisíonn banc agus atá iníoctha leis an sealbhóir. Íocann deimhnithe taisce méid úis luaite agus aibíonn siad ar dháta luaite ach is féidir iad a dhíol agus a cheannach go laethúil ar mhargadh tánaisteach.

deimhniú taisce ar ráta comhlúthach *f* floating-rate CD *(Air)* *(gu.* deimhnithe taisce ar ráta comhlúthach)

Deimhniú taisce a eisíonn banc tráchtála, i margadh na nEorairgeadraí de ghnáth, a íocann ráta úis comhlúthach.

déine *b* intensity *(Río)*

dé-inlíneach *a1* dual inline *(Río)*

deireadh bliana *f* year end *(Air)* *(gu.* deiridh bliana)

deis *b* opportunity *(Gin)* *(gu.* deise *ai.* deiseanna)

deischostais *f* opportunity costs *(Air)*

Na roghanna is luachmhaire díobh siúd nach nglactar.

deis chun fáis *b* growth opportunity *(Air)* *(gu.* deise chun fáis *ai.* deiseanna chun fáis)

Deis chun infheistiú i dtionscadail bhrabúsacha.

deitéarmanant *f* determinant *(Río)* *(gu.* deitéarmanaint)

1. Luach a fhaightear mar thoradh ar oibríocht mhatamaiticiúil ar eagar. 2. Téarma san Anailís ar na Sonraí Coibhneasta a ainmníonn mír sonraí eochrach nó grúpa míreanna. Braitheann luach na míreanna sonraí eile sa ghaol ar luach an deitéarmanaint. Tá luach uathúil ag an deitéarmanant do gach tarlú dá ghaol.

dénártha *a3* binary[2] *(Río)*

Úsáid dhá staid (0, 1; tá, níl, etc.) le huimhreacha agus litreacha a léiriú.

dénárthach *f* binary[1] *(Mat)* *(gu.* dénárthaigh)

dénasctha *a3* double-linked *(Río)*

den dara grád *abairtín* secondary (standard) *(Gin)*

den tríú grád *abairtín* tertiary (standard) *(Gin)*

dé-ocsáid sileacain *b* silicon dioxide *(Río)* *(gu.* dé-ocsáide sileacain)

dé-óid *b* diode *(Río)* *(gu.* dé-óide *ai.* dé-óideanna)

dé-óid aon tolláin *b* unitunnel diode *(Río)* *(gu.* dé-óide aon tolláin *ai.* dé-óidí aon tolláin)

dé-óid astaithe solais *b* light-emitting diode (LED) *(Río)* *(gu.* dé-óide astaithe solais *ai.* dé-óideanna astaithe solais)

dé-óid ghearmáiniam *b* germanium diode *(Río)* *(gu.* dé-óide gearmáiniam *ai.* dé-óideanna gearmáiniam)

deonaigh *br* grant[3] *(Air)*

deontas *f* grant[1] *(Air)* *(gu.* deontais)

deontas caipitil *f* capital grant *(Air)* *(gu.* deontais caipitil)

déphléacsach *a1* duplex *(Río)*

dépholach *a1* bipolar *(Río)*

Cur síos ar an gcineál ciorcaid chomhtháite bhunúsaigh is coitianta, déanta de shraitheanna sileacain a bhfuil airíonna leictreacha éagsúla acu; de réir bunbhrí an fhocail, *a bhfuil dhá phol aige.*

déshraithe *gma* dual-layer *(Río)*

déspásáil *b* double spacing *(Río)* *(gu.* déspásála) *(mal* spásáil dhá líne *b gu.* spásála dhá líne) *(var* double line spacing)

déthaobhach *a1* bilateral *(Gin)*

déthéarmach *a1* binomial *(Air)*

déthoiseach *a* two-dimensional *(Río)*

déthreoch *a1* bidirectional *(Río)*

deutschmark (na Gearmáine) *f* deutschmark *(Air)*

diadach *a* dyadic *(Río)*

Ag trácht ar oibríocta a úsáideann dhá oibreann.

diagnóiseach *a1* diagnostic *(Gin)*

diagnóisic tosaithe *b* start-up diagnostics *(Río)* *(gu.* diagnóisice tosaithe)

diailchaoi chaolbhanda *b* narrowband dial-up *(Río)* *(gu.* diailchaoi caolbhanda)

diailchaoi leathanbhanda *b* broadband dial-up *(Río)* *(var* wideband dial-up)

diailiú *f* dialling *(Río)* *(gu.* diailithe)

diailiú digití randamacha *f* random digit dialling *(Río)* *(gu.* diailithe digití randamacha)

diall *f* deviation *(Mat)* *(gu.* diallta)

Fréamh chearnach dheimhneach an athraithis.

diall caighdeánach *f* standard deviation *(Air)* *(gu.* diallta chaighdeánaigh)

Fréamh chearnach dheimhneach an athraithis.

diall dian *f* rigorous deviation *(Air)* *(gu.* diallta dhian)

diall foistine *f* steady-state deviation *(Río)* *(gu.* diallta foistine)

diall ón lárphointe *f* deviation from mid-point *(Air)* *(gu.* diallta ón lárphointe)

dialóg *b* dialog(ue) *(Río)* *(gu.* dialóige *ai.* dialóga)

Ócáid ar a bhfuil Úsáideoir ag comhlíonadh feidhme ar líne. Sainíonn an dialóg an t-idirphlé a bhíonn ag an Úsáideoir leis an gcóras trí scáileán an teirminéil.

dian *aid* rigorous *(Gin)*

dianaithe *a3* exacerbated *(Gin)*

dian ar chaipiteal *aid* capital intensive *(Air)*

dian ar shaothar *aid* labour intensive *(For)*

dí-armáilte *a3* disarmed *(Río)*

dibhéirseacht *b* divergence *(Air)* *(gu.* dibhéirseachta)

díbhinn *b* dividend *(Air)* *(gu.* díbhinne *ai.* díbhinní)

Íocaíocht a dhéanann gnólacht lena úinéirí, in airgead tirim nó i stoc.

díbhinn airgid rialta *b* regular cash dividend *(Air)* *(gu.* díbhinne airgid rialta *ai.* díbhinní airgid rialta)

Íocaíocht airgid a dhéanann gnólacht lena scairshealbhóirí, ceithre huaire sa bhliain de ghnáth.

díbhinn ar feitheamh *b* pending dividend *(Air)* *(gu.* díbhinne ar feitheamh *ai.* díbhinní ar feitheamh)

díbhinn charnach *b* cumulative dividend *(Air)* *(gu.* díbhinne carnaí *ai.* díbhinní carnacha)

Díbhinn ar stoc tosaíochta a ghlacann tús áite ar íocaíochtaí díbhinní ar ghnáthstoc.

díbhinn chomhlán *b* gross dividend *(Air)* *(gu.* díbhinne comhláine *ai.* díbhinní comhlána)

díbhinní baile *b* homemade dividends *(Air)*

Ródhíbhinní a athinfheistítear.

díbhinn in aghaidh na scaire *b* dividend per share *(Air)* *(gu.* díbhinne in aghaidh na scaire *ai.* díbhinní in aghaidh na scaire)

An méid airgid a íoctar le scairshealbhóirí, curtha in iúl mar dhollair in aghaidh na scaire.

díbhinn leachtaithe *b* liquidating dividend *(Air)* *(gu.* díbhinne leachtaithe *ai.* díbhinní leachtaithe)

Íocaíocht a dhéanann gnólacht lena úinéirí ó chaipiteal seachas ó thuilleamh.

díbhinn sheasta *b* fixed dividend *(Air)* *(gu.* díbhinne seasta *ai.* díbhinní seasta)

díbhinn stoic *b* stock dividend *(Air)* *(gu.* díbhinne stoic *ai.* díbhinní stoic)

Díbhinn a íoctar i bhfoirm stoic seachas in airgead tirim.

díbhlog *br* defragment *(Río)*

díbhloghadh *f* defragmentation *(Río)* *(gu.* dibhloghta)

dibhoilsceoir *f* deflator *(Air)* *(gu.* dibhoilsceora *ai.* díbhoilsceoirí)

dícheall *f* best effort *(Air)* *(gu.* díchill)

Téarma i SAM ar eisiúint nua urrús nach bhfrithghealltar nó nach gceannaítear mar iomlán ach a ndíoltar an méid de is féidir a dhíol.

díchineálach *a1* degenerate *(Río)*

díchineálacht *b* degeneracy *(Río)* *(gu.* díchineálachta)

díchódaigh *br* decode *(Río)*

díchódóir *f* decoder *(Río)* *(gu.* díchódóra *ai.* díchódóirí)

Gléas a dhéanann amach cén chiall atá le tacar sonraí agus a thionscnaíonn gníomhaíocht éigin bunaithe ar an gciall sin.

díchódú *f* decoding *(Río)* *(gu.* díchódaithe)

díchódú seolta *f* address decoding *(Río)* *(gu.* díchódaithe seolta)

díchoilíniú *f* decolonization *(For)* *(gu.* díchoilínithe)

dí-chomhbhrúigh *br* decompress *(Río)*

dí-chomhdhéanamh *f* decomposition *(Air) (gu.* dí-chomhdhéanaimh/dí-chomhdhéanta)

díchriptigh *br* decrypt *(Río)*

díchriptiú *f* decryption *(Río) (gu.* díchriptithe)

Próiseáil a dhéanann glacadóir údaraithe ar theachtaireacht chriptithe chun teacht ar an mbunteachtaireacht.

díchuach *br* unbundle *(Río)*

díchuachadh *f* unbundling *(Río) (gu.* díchuachta)

díchuir *br* eject *(Río)*

díchumadh neamhlíneach *f* nonlinear distortion *(Río) (gu.* díchumtha neamhlínigh)

díchumadh pasmhinicíochta *f* phase frequency distortion *(Río) (gu.* díchumtha pasmhinicíochta)

díchumasaithe *a3* disabled *(Río)*

dídhaonrú *f* depopulation *(For) (gu.* dídhaonraithe)

dífhabhtaigh *br* debug *(Río)*

Botún a cheartú i ríomhchlár nó i mbogearraí.

dífhabhtóir *f* debugger *(Río) (gu.* dífhabhtóra *ai.* dífhabhtóirí)

dífhabhtú *f* debugging *(Río) (gu.* dífhabhtaithe)

Botún i ríomhchlár nó i mbogearraí a cheartú.

dífheistiú *f* divestment *(Air) (gu.* dífheistithe)

dífheistiú pleanáilte *f* planned divestment *(Air) (gu.* dífheistithe phleanáilte)

Cuid de ghnólacht a chéimniú amach thar thréimhse ama.

dífhormáidigh *br* unformat *(Río)*

dífhostaíocht *b* unemployment *(Fio) (gu.* dífhostaíochta)

difreáil[1] *b* differentiation *(Air) (gu.* difreála)

1. (Ginearálta) An próiseas trína bhforbraíonn fo-aonaid eagraíochta airíonna áirithe, mar fhreagairt ar riachtanais a leagann a bhfothimpeallachtaí orthu. Dá mhéid iad na difríochtaí idir airíonna na bhfo-aonad, is ea is mó an difreáil. 2. (Margaíocht) Modh margaíochta a úsáideann déantóir chun dlúthionannas a chruthú i margadh ar leith. Cuirfidh an déantóir saghsanna éagsúla den earra bunúsach céanna ar fáil, faoin ainm céanna, in earnáil áirithe earraí, agus sa tslí sin beidh an réimse iomlán earraí san earnáil sin á ndéanamh aige. 3. (Margaíocht) Branda a lonnú i slí a léireoidh nach ionann é agus brandaí atá i gcomórtas leis, chun íomhá shainiúil a chruthú.

difreáil[2] *br* differentiate *(Gin)*

difreáil táirgí *b* product differentiation *(Air) (gu.* difreála táirgí)

Táirge a fhorbairt atá uathúil ó na táirgí atá á gcur ar fáil ag iomaitheoirí, chun scair den mhargadh a choinneáil nó a fheabhsú.

difreáilte *a3* differentiated *(Air)*

difreálach[1] *f* differential[1] *(Mat) (gu.* difreálaigh)

difreálach[2] *a1* differential[2] *(Mat)*

difreálach toraidh *f* yield differential *(Air) (gu.* difreálaigh toraidh *ai.* difreálacha toraidh)

difríocht *b* difference *(Gin) (gu.* difriochta *ai.* difríochtaí)

(Ríomhaireacht) Ceann de na hocht n-oibríocht san ailgéabar coibhneasta.

difríocht idir dhá thacar *b* difference of two sets *(Loi) (gu.* difríochta idir dhá thacar)

Is ionann an *difríocht* (nó an *comhlánú coibhneasta*) idir na tacair A agus B agus tacar na mball sin de A nach bhfuil i B. (*mal* comhlánú coibhneasta dhá thacar *f gu.* comhlánaithe choibhneasta dhá thacar *ai.* comhlánuithe coibhneasta dhá thacar) (*var* relative complement of two sets)

díghlasáil *br* unlock *(Río)*

díghrádú réidh *f* graceful degradation *(Río) (gu.* díghrádaithe réidh)

díghrúpáil *br* ungroup *(Río)*

digit *b* digit *(Mat) (gu.* digite *ai.* digití)

digit dheachúlach *b* decimal digit *(Río) (gu.* digite deachúlaí *ai.* digití deachúlacha)

digit dhénártha *b* binary digit *(Río) (gu.* digite dénártha *ai.* digití dénartha) (*mal* giotán *f gu.* giotáin) (*var* bit)

digiteach *a1* digital *(Mat)*

digit iompraigh *b* carry digit *(Río) (gu.* digite iompraigh)

digit neamhcheadaithe *b* unallowable digit *(Río) (gu.* digite neamhcheadaithe *ai.* digití neamhcheadaithe)

dí-idirmheánú *f* disintermediation *(Air) (gu.* dí-idirmheánaithe)

Próiseas trína dtarraingíonn coigilteoirí taiscí ó idirghabhálaithe airgeadais chun iasachtaí a thabhairt díreach d'infheisteoirí agus do thomhaltóirí trí ionstraimí fiachais e.g. páipéar tráchtála, bannaí, agus Billí Státchiste, a cheannach.

dí-ilphléacsóir *f* demultiplexer *(Río) (gu.* dí-ilphléacsóra *ai.* dí-ilphléacsóirí)

Inbhéarta ilphléacsóra.

dí-ilphléacsú *f* demultiplexing *(Río) (gu.* dí-ilphléacsaithe)

dí-infheistiú *f* disinvestment *(Air) (gu.* dí-infheistithe)

díláithreach *f* displaced person *(Gin) (gu.* díláithrigh)

díláithriú *f* displacement *(Río) (gu.* díláithrithe)

díláithriú fiachais *f* debt displacement *(Air)* *(gu.* díláithrithe fiachais)

An méid d'iasacht a dhíláithrítear trí léasú.

dí-leithdháil *br* de-allocate *(Río)*

díliostáil *br* unsubscribe *(Río)*

dílleachta *f* orphan *(Río)* *(ai.* dílleachtaí)

dílseacht *b* loyalty *(Gin)* *(gu.* dílseachta)

dílseacht bhranda *b* brand loyalty *(Fio)* *(gu.* dílseachta branda)

dílseánach *f* proprietor *(Air)* *(gu.* dílseánaigh)

dílseánach aonair *f* sole proprietor *(Air)* *(gu.* dílseánaigh aonair)

Úinéir amháin a bhfuil gnólacht ina sheilbh.

dílseánacht *b* proprietorship *(Air)* *(gu.* dílseánachta)

dílseánacht aonair *b* sole proprietorship *(Air)* *(gu.* dílseánachta aonair)

Gnólacht gur le húinéir amháin é.

dílsigh *br* vest *(Air)*

dílsithe *a3* proprietary *(Gin)*

díluacháil *b* devaluation *(Air)* *(gu.* díluachála)

Laghdú tobann i margadhluach airgeadra i gcoibhneas le hairgeadra eile nó le sócmhainn fhírinneach.

dímheas *f* depreciation *(Air)* *(gu.* dímheasa)

Laghdú ar luach airgeadra. *(mal* luachlaghdú *f gu.* luachlaghdaithe)

dímheas de réir méid chothroim *f* straight line depreciation *(Air)* *(gu.* dímheasa de réir méid chothroim)

Modh dímheasa lena ndéanann gnólacht comhréir thairiseach den infheistíocht bhunaidh, lúide luach tarrthálais, a dhímheas gach bliain.

dímhodhnaigh *br* demodulate *(Río)*

dímhodhnóir *f* demodulator *(Río)* *(gu.* dímhodhnóra *ai.* dímhodhnóirí)

Gléas atá in ann tonn iompróra a ghlacadh agus na comharthaí analóige a aistriú go comharthaí digiteacha.

dínáisiúnú *f* denationalization *(For)* *(gu.* dínáisiúnaithe)

dínasc *br fch* scaoil. *(Río)*

dínasctha *a3* disconnected *(Río)*

díneadú oibríochtaí *f* denesting of operations *(Río)* *(gu.* díneadaithe oibríochtaí)

dinimiciúil *a2* dynamic *(Río)*

dínormalaithe *a3* denormalized *(Río)*

dintiúr *f* indenture *(Air)* *(gu.* dintiúir)

Comhaontú i scríbhinn idir eisitheoir fiachais chorparáidigh agus an t-iasachtóir, a leagann amach an dáta aibíochta, an ráta úis agus téarmaí eile.

dintiúr banna *f* bond indenture *(Air)* *(gu.* dintiúir banna)

Doiciméad dlíthiúil i SAM a leagann amach dualgais an eisitheora agus cearta an tsealbhóra.

díodán *f* dithering *(Río)* *(gu.* díodáin)

díol[1] *f* selling *(Fio)* *(gu.* díola)

Próiseas chun cabhrú le agus/nó chun áiteamh ar chustaiméir poitéinsiúil earraí nó seirbhísí a cheannach, nó gníomhú go fabhrach maidir le smaoineamh ar leith.

díol[2] *br* sell *(Gin)*

díol[3] *f* sale[2] *(Fio)*

díolachán *f* goods sold *(Fio)* *(gu.* díolacháin) *(var* sale)

díol agus aisléasú *f* sale and lease back *(Air)*

Socrú faoina ndíolann gnólacht a chuid sócmhainní le comhlacht airgeadais a léasaíonn ar ais leis an ngnólacht iad.

díolaim[1] *b* assembly[1] *(Río)* *(gu.* díolama *ai.* díolamaí)

díolaim[2] *br* assemble *(Río)*

díolamóir *f* assembler *(Río)* *(gu.* díolamóra *ai.* díolamóirí)

Ríomhchlár a úsáidtear chun teanga shiombalach a aistriú go meaisínteanga.

díolamóir dhá thardhul *f* two-pass assembler *(Río)* *(gu.* díolamóra dhá thardhul *ai.* díolamóirí dhá thardhul)

díolamóir/dídhíolamóir paicéad *f* packet assembler/disassembler (PAD) *(Río)* *(gu.* díolamóra/dídhíolamóra paicéad *ai.* díolamóirí/dídhíolamóirí paicéad)

Próiseálaí teanga a ghlacann focail, ráitis agus frásaí chun meaisíntreoracha a chur ar fáil. Ligeann díolamóir macraí deighleáin ar leith de ríomhchlár mór a chruthú agus a thástáil.

díolamóir teanga *f* language assembler *(Río)* *(gu.* díolamóra teanga *ai.* díolamóirí teanga)

díol gearr *f* short sale *(Air)* *(gu.* díola ghearr)

Díol urrúis nach leis an infheisteoir é ach atá faighte ar iasacht aige.

díolmhaigh *br* exempt[2] *(Air)*

díolmhaithe *a3* exempt[1] *(Air)*

díoltóir *f* vendor *(Fio)* *(gu.* díoltóra *ai.* díoltóirí) *(var* salesperson; seller)

díoltóireacht *b* merchandising *(Fio)* *(gu.* díoltóireachta)

1. Gníomhaíocht díolacháin nó tionscnaimh atá dírithe ar spéis a mhúscailt i dtáirge nó i bhfeachtas fógraíochta. 2. Gníomhaíocht stáisiúin, nó líonra, nó tréimhseacháin a chabhraíonn le fógróir táirge nó seirbhís a chur chun cinn, le hais na fógraíochta. 3. Iarratas ar thacaíocht ó dhíoltóirí agus ó mhiondíoltóirí d'fheachtas margaíochta.

díolúine b exemption *(Air) (ai.* díolúiní)

díolúine eisiúintí beaga b small issues exemption *(Air)*

Ní gá d'eisiúintí urrús, a bhfuil níos lú ná $1.5 milliún i gceist leo, ráiteas clárúcháin a chomhdú leis an SEC. Ina ionad sin, rialaítear iad faoi rialachán A.

díon br shield *(Río)*

díonadh[1] f immunization *(Gin) (gu.* díonta)

díonadh[2] f shielding *(Río) (gu.* díonta)

diongó f dingo *(Air)*

Eisiúint dollar Astráileach le cúpón nialasach a chruthaítear trí struipeáil a dhéanamh ar bhanna rialtais na hAstráile.

díorthach f derivative *(Air) (gu.* díorthaigh)

Ionstraim airgeadais a luacháltar de réir gluaiseachtaí ionchais praghais bunsócmhainne, ar féidir gur tráchtearraí, airgeadra nó urrús í. Is féidir díorthaigh a úsáid chun suíomh a fhálú nó chun suíomh oscailte sintéiseach a bhunú. Samplaí de dhíorthaigh is ea todhchaíochtaí, barántais, roghanna, babhtálacha, etc. *(var* derivative instrument)

díosal f diesel *(Gin) (gu.* díosail)

diosca f disk *(Río) (ai.* dioscaí)

Ceirnín clárach, rothlach, clúdaithe ar thaobh amháin nó ar an dá thaobh in ábhar inmhaighnéadaithe. Is iad an diosca crua agus an discéad an dá phríomhchineál diosca.

diosca aondlúis f single-density disk *(Río) (ai.* dioscaí aondlúis)

diosca aontaobhach f single-sided disk (SS) *(Río) (gu.* diosca aontaobhaigh *ai.* dioscaí aontaobhacha)

diosca ard-dlúis f high-density disk *(Río) (ai.* dioscaí ard-dlúis)

diosca ardtoillte f high-capacity disk *(Río) (ai.* dioscaí ardtoillte)

diosca ardtoillte inbhainte f high-capacity removeable disk *(Río) (ai.* dioscaí ardtoillte inbhainte)

diosca bog f floppy disk *(Río) (gu.* diosca bhoig *ai.* dioscaí boga) *(mal* discéad f gu. discéid) *(var* diskette)

diosca bog déthaobhach f double-sided floppy diskette (DS) *(Río) (gu.* diosca bhoig dhéthaobhaigh *ai.* dioscaí boga déthaobhacha)

diosca bútála f bootable disk *(Río) (ai.* dioscaí bútála)

diosca córais f system disk *(Río) (ai.* dioscaí córais)

diosca crua f hard disk *(Río) (gu.* diosca chrua *ai.* dioscaí crua)

Diosca nach bhfuil solúbtha. Is costasaí ná discéad é ach is féidir i bhfad níos mó sonraí a stóráil air. *(mal* cruadhiosca f ai. cruadhioscaí)

diosca crua inmheánach f internal hard disk *(Río) (gu.* diosca chrua inmheánaigh *ai.* dioscaí crua inmheánacha)

diosca cuardaigh f seek disk *(Río) (gu.* diosca cuardaigh *ai.* dioscaí cuardaigh)

diosca dédhlúis f double-density disk *(Río) (ai.* dioscaí dédhlúis)

diosca digiteach ilúsáide f digital versatile disk (DVD) *(Río) (gu.* diosca dhigitigh ilúsáide *ai.* dioscaí digiteacha ilúsáide)

diosca digiteach léasair f laser digital disk (LDD) *(Río) (ai.* dioscaí digiteacha léasair)

diosca inbhainte f removeable disk *(Río) (ai.* dioscaí inbhainte)

diosca inléite inscríofa f read-write disk (RW) *(Río) (ai.* dioscaí inléite inscríofa)

diosca inscríofa uair amháin il-inléite f write once/read many disk (WORM) *(Río) (ai.* dioscaí inscríofa uair amháin il-inléite)

Cineál diosca optúil cuimhne nach féidir scríobh chuige ach aon uair amháin, agus nach féidir a scrios ná a athfhormáidiú.

diosca léasair f laser disk (LD) *(Río) (ai.* dioscaí léasair)

diosca léasair cuimhne inléite amháin f laser disk-read-only-memory (LD-ROM) *(Río)*

diosca maighnéadach f magnetic disk *(Río) (gu.* diosca mhaighnéadaigh *ai.* dioscaí maighnéadacha)

Gléas maighnéadach chun faisnéis a stóráil ionas gur féidir le ríomhaire í a rochtain. Is féidir leis a bheith ina cheirnín dolúbtha (diosca crua) nó ina leathán plaisteach solúbtha (diosca flapach).

diosca maighnéadoptúil f magneto-optical disk (MO disk) *(Río) (gu.* diosca mhaighnéadoptúil *ai.* dioscaí maighnéadoptúla)

diosca optúil f optical disk *(Río) (gu.* diosca optúil *ai.* dioscaí optúla)

Cineál stórais thánaistigh a bhaineann úsáid as léasair.

diosca 3.5 orlach f 3.5 inch disk *(Río) (ai.* dioscaí 3.5 orlach)

diosca RAM f RAM disk *(Río) (ai.* dioscaí RAM)

diosca soladstaide f solid-state disk (SSD) *(Río) (ai.* dioscaí soladstaide)

diosca sprice f destination disk *(Río) (ai.* dioscaí sprice) *(var* target disk)

diosca taispeána f demo disk *(Río) (ai.* dioscaí taispeána)

diosca Winchester *f* Winchester disk *(Río) (ai.* dioscaí Winchester)

Dioscthiomáint inbhainte.

diosca Zip *f* Zip disk *(Río) (ai.* dioscaí Zip)

dioscrialaitheoir *f fch* rialaitheoir diosca. *(Río) (gu.* dioscrialaitheora *ai.* dioscrialaitheoirí)

dioscthaisce *b* disk cache *(Río) (ai.* dioscthaiscí)

Rannán den chuimhne ina bhfuil sonraí a léadh/scríobhadh ón dioscthiomáint. Cuireann sé dlús le dioscrochtain trí chóip a choimeád de líon áirithe bloc ón diosca atá inléite ón bpríomhchuimhne.

dioscúrsa *f* discourse *(Gin) (ai.* dioscúrsaí)

díothaigh *br* abolish *(Air)*

díothú *f* elimination *(Air) (gu.* díothaithe)

díothú AND *f* AND elimination *(Río) (gu.* díothaithe AND)

díphionnáil *b* unpinning *(Río) (gu.* díphionnála)

díphlugáil *br* unplug *(Río)*

dír- *réi fch* díreach. *(Río)*

dír-aschur *f* direct output *(Río) (gu.* dír-aschuir/dír-aschurtha *ai.* dír-aschuir)

díreach *a1* direct *(Río) (mal* dír- *réi)*

díreoigh *br* unfreeze *(Río)*

dírialáil *b* deregulation *(Gin) (gu.* dirialála)

dír-ionchur *f* direct input *(Río) (gu.* dír-ionchuir/dír-ionchurtha *ai.* dír-ionchuir)

dírithe (ar) *a3* directed (on) *(Gin)*

dírithe ar an gcóras *a3* system-oriented *(Río)*

dírmhapáilte *a3* direct-mapped *(Río)*

díroghnaigh *br* deselect *(Río)*

díroghnaigh (téacs) *br* deselect (text) *(Río)*

dír-rialú uimhriúil *f* direct numerical control (DNC) *(Río) (gu.* dír-rialaithe uimhriúil)

dír-rochtain *b* direct access *(Río) (gu.* dír-rochtana)

dír-rochtain cuimhne *b* direct memory access (DMA) *(Río) (gu.* dír-rochtana cuimhne)

Modh a úsáidtear chun teacht ar an gcuimhne go díreach gan dul tríd an LAP. Is ar bhunús ciogalghada a dhéantar aistrithe dír-rochtana gan idirghabháil an LAP. Seachnaítear na tabhaill le haghaidh dír-rochtana ar an mbus cuimhne. Bíonn an LAP curtha as feidhm dáiríre le linn oibríochtaí aistrithe sonraí dír-rochtana ar chuimhne; ní úsáidtear an LAP ach chun an t-aistriú a thionscnamh agus is é bandaleithead na cuimhne agus na bhforimeallach an t-aon rud a chuireann teorainn leis an ráta aistrithe.

dír-roghnóir baill *f* direct member selector *(Río) (gu.* dír-roghnóra baill *ai.* dír-roghnóirí baill)

dírsheolachán *f* direct addressing *(Río) (gu.* dírsheolacháin)

Seolachán chuig an suíomh sa chuimhne ina bhfuil na sonraí atá ag teastáil.

díscaoil *br* dissolve *(Air)*

díscaoileadh *f* dissolution *(Air) (gu.* díscaoilte)

discéad *f* diskette *(Río) (gu.* discéid)

Meán beag maighnéadach, solúbtha, ciorclach, ar bhun plaisteach, iata i gclúdach plaisteach nó páipéir, chun taifead a dhéanamh. Mar mheán stórála do mhicririomhairí is mó a úsáidtear é. Tugtar diosca bog air freisin. *(mal* diosca bog *f gu.* diosca bhoig *ai.* dioscaí boga) *(var* floppy disk)

díscoir *br* detach *(Gin)*

díscrios *br* undelete *(Río)*

díshrathú *f* de-layering *(Río) (gu.* díshrathaithe)

díshriantach *a1* open3 *(Dlí)*

díshuiteáil *br* uninstall *(Río)*

diúgaireacht *b* sponging *(Gin) (gu.* diúgaireachta)

diúltach *a1* negative *(Gin)*

diúltaigh *br* refuse *(Gin) (mal* séan *br)*

diúscair *br* dispose of (shares) *(Air)*

dízipeáil *br* unzip *(Río)*

D-laiste *f* D latch *(Río) (ai.* D-laistí)

Ciorcad laiste gan ach ionchur amháin aige.

D-laiste cloig *f* clocked D latch *(Río) (ai.* D-laistí cloig)

dleacht *b* duty *(Air) (gu.* dleachta *ai.* dleachtanna)

Íocaíocht dhlite a bhaintear amach de réir dlí nó nósmhaireachta; anois go háirithe, íocaíocht leis an ioncam poiblí a thoibhítear ar iompórtáil, ar easpórtáil, ar dhéantúsaíocht, nó ar dhíol earraí, ar aistriú maoine, ar cheadúnais, ar aitheantas dlíthiúil ar dhoiciméid, etc.

dleacht chustaim *b* customs duty *(Air) (gu.* dleachta custaim *ai.* dleachtanna custaim)

dleacht mháil *b* excise duty *(Air) (gu.* dleachta máil *ai.* dleachtanna máil)

dleacht stampála *b* stamp duty *(Air) (gu.* dleachta stampála *ai.* dleachtanna stampála)

dlí *f* law *(Dlí) (ai.* dlíthe)

dlí an aonphraghais *f* law of one price *(Air) (gu.* dhlí an aonphraghais)

dlí an bhuntáiste chomparáidigh *f* law of comparative advantage *(Air) (gu.* dhlí an bhuntáiste chomparáidigh)

Ráiteas é seo go ndíreoidh tír ar tháirgeadh agus go n-easpórtálfar na hearraí sin is féidir léi a tháirgeadh ar phraghas íseal i gcomparáid leis na costais a bhainfeadh lena dtáirgeadh i dtíortha eachtracha agus go n-iompórtálfar na hearraí sin nach féidir leis a tháirgeadh ach ar phraghas sách ard.

dlí an chearnfhaid inbhéartaigh *f* inverse square law *(Río)*

dlí an ionadaithe *f* law of substitution *(Loi)* (*gu.* dhlí an ionadaithe)

Ag staid ar bith de phróiseas cruthúnais, is féidir coibhéis tairisceana nó abairte oscailte a chur in ionad na tairisceana nó na habairte oscailte.

dlí an tsínis *f* sine law *(Mat)*

dlí na gconarthaí *f* contract law *(Fio)*

dlí na gcuideachtaí *f* company law *(Fio)*

dlí na hionbhlóide *f* law of involution *(Mat)* (*gu.* dhlí na hionbhlóide)

dlite *a3* due *(Air)*

dliteanas *f* liability[2] *(Air)* (*gu.* dliteanais)

1. Oibleagáid chun íocaíocht airgeadais a dhéanamh, e.g. iasacht bainc a aisíoc, stoc iasachta a fhuascailt, bille tráchtála a íoc, sonrasc gnó a íoc. Féadann an oibleagáid a bheith díreach nó intuigthe, e.g. an oibleagáid intuigthe atá ar bhanc an t-airgead atá i dtaisce ann a aisíoc. 2. I gcúrsaí árachais, an t-árachas a chuirtear ar an riosca go ndéanfar éilimh i leith míbhreithiúnais agus neamhinniúlachta ar fhostóirí agus ar lucht proifisiún (e.g. dochtúirí agus cuntasóirí).

dliteanas teagmhasach pinsin *f* contingent pension liability *(Air)* (*gu.* dliteanais theagmhasaigh pinsin *ai.* dliteanais theagmhasacha pinsin)

Tá dliteanas suas le 30% de ghlanluach an ghnólachta ar an ngnólacht i leith rannpháirtithe an phlean.

dlíthe an ionsú *f* laws of absorption *(Mat)* (*ai.* dhlíthe an ionsú)

dlíthe comhchumhachtacha *f* idempotent laws *(Río)*

dlíthe Kirchhoff *f* Kirchhoff's laws *(Río)*

dlíthiúil *a2* legal *(Gin)*

dlús *f* density *(Río)* (*gu.* dlúis)

An méid sonraíochta is féidir a stóráil ar dhiosca nó ar théip.

dlús (an) taifeadta fhisiciúil *f* physical recording density *(Río)*

dlús ceathartha *f* quad density *(Río)* (*gu.* dlúis cheathartha)

dlús diosca *f* disk density *(Río)* (*gu.* dlúis diosca)

dlús priontála *f* print density *(Río)* (*gu.* dlúis priontála)

dlús slis chuimhne *f* memory chip density *(Río)* (*gu.* dlúis slis chuimhne)

dlúth *a1* compact[1] *(Río)*

dlúthaigh *br* compact[2] *(Río)*

dlúthchúpláilte *a3* tightly-coupled *(Río)*

dlúthdhiosca *f* compact disc *(Río)* (*ai.* dlúthdhioscaí)

dlúthdhiosca (CD) *f* CD (compact disk) *(Río)* (*ai.* dlúthdhioscaí)

dlúthdhiosca cuimhne inléite amháin (CD-ROM) *f* CD-ROM (compact disk - read-only memory) *(Río)* (*gu.* dlúthdhiosca cuimhne inléite amháin *ai.* dlúthdhioscaí cuimhne inléite amháin)

dlúthdhiosca dédhlúis *f* double-density compact disc (DDCD) *(Río)* (*ai.* dlúthdhioscaí dédhlúis)

dlúthdhiosca físe *f* video compact disk (VCD) *(Río)* (*ai.* dlúthdhioscaí físe) (*var* video CD)

dlúthdhiosca idirghníomhach *f* compact disc - interactive (CD-I) *(Río)* (*gu.* dlúthdhiosca idirghníomhaigh *ai.* dlúthdhioscaí idirghníomhacha)

dlúthdhiosca ilmheán *f* multimedia compact disc (MMCD) *(Río)* (*ai.* dlúthdhioscaí ilmheán)

dlúthdhiosca in-athscríofa (CD-RW) *f* CD-RW (compact disk - rewritable) *(Río)* (*ai.* dlúthdhioscaí in-athscríofa)

dlúthdhiosca inscríofa uair amháin (CD-WO) *f* CD write-once (CD-WO) *(Río)* (*ai.* dlúthdhioscaí inscríofa uair amháin (CD-WO))

dlúthdhiosca intaifeadta (CD-R) *f* CD-R (compact disk - recordable) *(Río)* (*ai.* dlúthdhioscaí intaifeadta)

dlúthionannas *f* close identity *(Fio)* (*gu.* dlúthionannais)

dlúthú *f* compaction *(Río)* (*gu.* dlúthaithe) (*var* compacting)

dlúthú sonraí *f* data compaction *(Río)* (*gu.* dlúthaithe sonraí)

dlúthú stórais *f* storage compacting *(Río)* (*gu.* dlúthaithe stórais)

do-athnuaite *a3* unrenewable *(Gin)*

do-athraithe *a3* immutable *(Río)*

do-athraitheach lúibe *f* loop invariant *(Río)* (*gu.* do-athraithigh lúibe)

I dteangacha ríomhchláraithe, dearbhú ina bhfuil comhstruchtúr lúibe tríd síos.

dochar *f* debit *(Gin)* (*gu.* dochair)

dochealaithe *a3* noncancelable *(Air)*

dochruthaithe *a3* not provable *(Gin)*

dochtearraí *f* firmware *(Río)*

dochtúir *f* doctor *(Gin)* (*gu.* dochtúra *ai.* dochtúirí)

dóchúlacht *b* probability *(Gin)* (*gu.* dóchúlachta)

dóchúlacht charnach *b* cumulative probability *(Air)* (*gu.* dóchúlachta carnaí *ai.* dóchúlachtaí carnacha)

An dóchúlacht go mbeidh tarraingt ón dáileachán normalach caighdeánaithe faoi luach áirithe.

dócmhainneacht *b* insolvency *(Air)* (*gu.* dócmhainneachta)

dócmhainneacht cuntasaíochta *b* accounting insolvency *(Air)* (*gu.* dócmhainneachta cuntasaíochta)

Farasbarr iomlán na ndliteanas thar iomlán na sócmhainní.

dócmhainneacht theicniúil *b* technical insolvency *(Air)* *(gu.* dócmhainneachta teicniúla)

Loiceadh ar oibleagáid dhlíthiúil de chuid gnólachta.

do gach ... abairtín for all ... *(Loi)*

An cainníochtóir *do gach.* Úsáidtear é seo chun a léiriú go bhfuil abairt oscailte fíor (nó bréagach) do gach ball den tacar e.g. *do gach x ionas gur duine daonna é x, tá x básmhar.* (*var* for every ...)

doiciméad *f* document[2] *(Río)* *(gu.* doiciméid)

doiciméadaigh *br* document[3] *(Gin)*

doiciméad clibeáilte *f* tagged document *(Río)* *(gu.* doiciméid chlibeáilte)

doiciméad foinseach *f* source document *(Río)* *(gu.* doiciméid fhoinsigh *ai.* doiciméid fhoinseacha)

doiciméad Gréasáin *f* Web document *(Río)* *(gu.* doiciméid Gréasáin)

doiciméad riachtanais úsáideora *f* user requirements document *(Río)* *(gu.* doiciméid riachtanais úsáideora)

doiciméad riachtanas *f* requirements document *(Río)* *(gu.* doiciméid riachtanas)

doiciméadú *f* documentation *(Río)* *(gu.* doiciméadaithe)

doiciméadú an chórais *f* system documentation *(Río)*

dóigh *br* burn *(Río)*

doimhneacht *b* depth (of a tree) *(Río)* *(gu.* doimhneachta)

Uaisleibhéal aon nóid i gcrann.

doimhneacht ar dtús *abairtín* depth-first *(Río)*

doimhneacht ar leibhéal seasta *b* fixed-ply depth *(Río)*

doimhniú atriallach *f* iterative deepening *(Río)* *(gu.* doimhnithe atriallaigh)

dóire CDanna *f* CD-burner *(Río)* *(ai.* dóirí CDanna) *(mal* scríbhneoir CDanna *f gu.* scríbhneora CDanna *ai.* scríbhneoirí CDanna) *(var* CD-writer)

doláimhsithe *a3* intangible *(Air)*

dollar *f* dollar *(Air)* *(gu.* dollair)

dollar Cheanada *f* Canadian dollar *(Air)* *(gu.* dhollar Cheanada *ai.* dollair Cheanada)

dollar Hong Kong *f* Hong Kong dollar *(Air)* *(gu.* dhollar Hong Kong *ai.* dollair Hong Kong)

dollar na hAstráile *f* Australian dollar *(Air)* *(gu.* dhollar na hAstráile *ai.* dollair na hAstráile)

dollar na Stát Aontaithe *f* US dollar *(Air)* *(gu.* dhollar na Stát Aontaithe *ai.* dollair na Stát Aontaithe *gi.* dollar na Stát Aontaithe)

dolúbtha *a3* inflexible *(Río)* *(var* rigid)

domhain *a1* deep *(Gin)*

domhanda *a3* global *(Gin)*

(Ríomhaireacht) Téarma a úsáidtear le scóip aonáin a shainiú: tá teacht ar aonáin dhomhanda ó gach cuid de ríomhchlár. Ní féidir teacht ar aonáin logánta ach laistigh den mhodúl ríomhchláir ina sainítear iad.

domhandú *f* globalization *(For)* *(gu.* domhandaithe)

do-mhasctha *a3* non-maskable *(Río)*

dópáil *b* dope *(Río)* *(gu.* dópála)

doras dóiteáin *f* fire door *(Gin)* *(gu.* dorais dóiteáin)

d'ord níos airde *abairtín* higher-order *(Gin)*

dorochtana *gma* inaccessible *(Río)*

dosheachadta *a3* undeliverable *(Río)*

do-úsáidteacht *b* unavailability *(Río)* *(gu.* do-úsáidteachta)

drachma *f* drachma *(Air)* *(ai.* drachmaí)

drachma na Gréige *f* Greek drachma *(Air)*

draein *b* drain *(Río)* *(gu.* draenach *ai.* draenacha)

dramhaíl *b* garbage *(Río)* *(gu.* dramhaíola)

Téarma a úsáidtear go minic le cur síos a dhéanamh ar fhreagraí míchearta ó ríomhchlár, de ghnáth ag eascairt as mífheidhmiú trealaimh nó as botún i ríomhchlár.

dramhbhanna *f* junk bond *(Air)*

Banna de ghrád amhantrach a rátálann Moody ag Ba nó níos ísle nó a rátálann S&Panna ag BB nó níos ísle, nó banna neamhrátáilte. (*mal* banna ardtoraidh *f ai.* bannaí ardtoraidh; banna de ghrád íseal *f ai.* bannaí de ghrád íseal) (*var* high yield bond; low grade bond)

draoi *f* wizard *(Río)* *(ai.* draoithe)

dréacht *f* draft *(Gin)* *(gu.* dréachta *ai.* dréachtaí)

dréacht ar amharc *f* sight draft *(Air)* *(gu.* dréachta ar amharc *ai.* dréachtaí ar amharc)

Dréacht tráchtála ag éileamh íocaíochta láithreach.

dréacht oibre *f* working draft *(Río)* *(gu.* dréachta oibre *ai.* dréachtaí oibre)

dréacht tráchtála *f* commercial draft *(Air)* *(gu.* dréachta tráchtála *ai.* dréachtaí tráchtála)

Éileamh ar íocaíocht.

dreasacht *b* incentive *(Air)* *(gu.* dreasachta *ai.* dreasachtaí)

dreasachtaí cánach *f* tax incentives *(Air)*

drithliú *f* scintillation *(Río)* *(gu.* drithlithe)

drochtheascóg *b* bad sector *(Río)* *(gu.* drochtheascóige *ai.* drochtheascóga)

drogallach *a1* reluctant *(Gin)*

drogallach roimh rioscaí *a* risk averse *(Air)*

droichead agus ródaire *f* brouter *(bridge and router)* *(Río)*

droim ar ais *abairtín* reverse[2] *(Gin)*

droimín *f* land[2] *(Río) (ai.* droimíní)

dronlíne *b* straight line *(Río) (ai.* dronlínte)

dronnacht *b* convexity *(Air) (gu.* dronnachta)

dronuilleogach *a1* rectangular *(Mat)*

druma priontála *f* print drum *(Río) (ai.* drumaí priontála)

dúbailt *b* duplication *(Río) (gu.* dúbailte *ai.* dúbailtí)

dúbailte *a3* double *(Gin)*

dubh *a1* black *(Gin)*

dúblóir stáisiúin *f* station doubler *(Río) (gu.* dúblóra stáisiúin *ai.* dúblóirí stáisiúin)

Aonad chun rochtain a thabhairt don dara méarchlár nó monatóir ar PC amháin.

duchtú *f* ducting *(Río) (gu.* duchtaithe)

duille *f* leaf *(Río) (ai.* duillí)

duillín *f* slip *(Air) (ai.* duillíní)

duillnód *f fch* nód duille. *(Río) (gu.* duillnóid)

duine asáitithe *f* displaced individual *(Fio) (ai.* daoine asáitithe)

dul chun cinn *f* progress *(Gin)*

dul san amhantar *br fch* amhantar. *(Fio)*

dumpa *f* dump[1] *(Río) (ai.* dumpaí)

dumpáil[1] *br* dump[2] *(Río)*

dumpáil[2] *b* dumping *(Río) (gu.* dumpála)

dumpáil agus atosaigh *br* dump and restart *(Río)*

dumpáil roghbhlúirí *b* snapshot dump *(Río) (gu.* dumpála roghbhlúirí)

dún *br* close *(Río) (mal* iaigh *br)*

dúnadh *f* closing *(Air) (gu.* dúnta)

dúshaothrú *f* exploitation *(For) (gu.* dúshaothraithe)

E

éabhlóid *b* evolution *(Gin) (gu.* éabhlóide)

eachtarshuite *a3* extrapolative *(Air)*

eachtrach *a1 fch* iasachta. *(Gin)*

eachtrannach *f* foreigner *(Gin) (gu.* eachtrannaigh)

eacnamaíoch *a1* economic *(Air) (mal* eacnamúil *a2;* geilleagrach *a1)*

eacnamaíocht *b* economics *(Air) (gu.* eacnamaíochta)

Staidéar ar an tslí inar féidir le tíortha an úsáid is fearr a bhaint as na hacmhainní teoranta atá acu (acmhainní nádúrtha, lucht saothair agus caipiteal) chun an freastal is fearr a dhéanamh ar éileamh neamhtheoranta an phobail ar earraí agus ar sheirbhísí.

eacnamaíocht nuachlasaiceach *b* neo-classical economics *(For) (gu.* eacnamaíochta nuachlasaicí)

eacnamúil *a2 fch* eacnamaíoch. *(Air)*

éacú *f fch* Aonad Airgeadra Eorpach. *(Air)*

éadáil *b* acquisition *(Air) (gu.* éadála *ai.* éadálacha)

éadáil chaipitil *b* capital acquisition *(Air) (gu.* éadála caipitil *ai.* éadálacha caipitil)

éadáil incháinithe *b* taxable acquisition *(Air) (gu.* éadála incháinithe)

Éadáil ina ngnóthóidh scairshealbhóirí gnólachta ar glacadh seilbh air gnóthachain nó caillteanais a bheidh incháinithe.

eadráil[1] *b* tweening *(Río) (gu.* eadrála)

eadráil[2] *br* tween *(Río)*

eadránaí *f* arbiter *(Río) (ai.* eadránaithe)

eadránaí bus *f* bus arbiter *(Río) (ai.* eadránaithe bus)

Slis a shocraíonn cén gléas atá i bhfeighil an bhus.

eadránú *f* arbitration *(Río) (gu.* eadránaithe)

eadránú bus *f* bus arbitration *(Río) (ai.* eadránaithe bus)

eadránú bus comh-agach *f* round-robin bus arbitration *(Río) (ai.* eadránaithe bus comh-agach)

Ilphléacsú cioglach acmhainne (úsáid an bhus) i measc jabanna a bhfuil scealla ama socraithe dóibh.

éag[1] *f* expiry *(Air) (gu.* éaga)

éag[2] *br* expire[1] *(Air)*

eagair chomhuaineacha *f* parallel arrays *(Río) (gi.* eagair comhuaineach)

eagair iomarcacha dioscaí neamhchostasacha *f* redundant arrays of inexpensive disks (RAID) *(Río) (gi.* eagar iomarcach dioscaí neamhchostasacha) *(mal* eagair iomarcacha dioscaí neamhspleácha *f gi.* eagar iomarcach dioscaí neamhspleácha) *(var* redundant arrays of independent disks (RAID))

eagair iomarcacha dioscaí neamhspleácha *f* redundant arrays of independent disks (RAID) *(Río) (gi.* eagar iomarcach dioscaí neamhspleácha) *(mal* eagair iomarcacha dioscaí neamhchostasacha *f gi.* eagar iomarcach dioscaí neamhchostasacha) *(var* redundant arrays of inexpensive disks (RAID))

eagar[1] *f* organization[1] *(Gin) (gu.* eagair)

eagar[2] *f* array *(Río) (gu.* eagair)

Leagan amach de shonraí i dtoise amháin nó breis: liosta, tábla, nó leagan amach iltoiseach de mhíreanna. 2. I dteangacha ríomhchlárúcháin, comhiomlán de mhíreanna sonraí, le tréithe comhionanna, ar féidir tagairt a dhéanamh do gach aon cheann díobh le foscript.

eagar aontoiseach *f* one-dimensional array *(Río) (gu.* eagair aontoisigh *ai.* eagair aontoiseacha)

Uimhir shonraithe de shuíomhanna leantacha cuimhne. Is í an uimhir seo méid an eagair.

eagar carachtar *f* character array *(Río) (gu.* eagair carachtar)

Liosta ainmnithe nó maitrís de mhíreanna carachtarshonraí.

eagar ciorclach *f* circular array *(Río) (gu.* eagair chiorclaigh *gi.* eagair chiorclacha)

In eagar ciorclach, filleann na heilimintí timpeall ionas go leanann an chéad eilimint an ceann deiridh.

eagar déthoiseach *f* two-dimensional array *(Río) (gu.* eagair dhéthoisigh *ai.* eagair dhéthoiseacha)

1. Eagar uimhriúil le huimhreacha rangaithe i línte agus i gcolúin; tá an líon digití in aon ionad amháin inathraithe. 2. Eagar alfa-uimhriúil le grúpaí litreacha rangaithe mar liosta focal; is gá an líon carachtar i líne a bheith sonraithe agus ní féidir dul thar an líon sin.

Eagar Físghrafaice *f* Video Graphics Array (VGA) *(Río) (gu.* Eagair Físghrafaice)

eagar iltoiseach *f* multidimensional array *(Río) (gu.* eagair iltoisigh *ai.* eagair iltoiseacha)

Eagar le níos mó ná toise amháin. Ní mór gach eilimint sonraí a shonrú trí chomhordanáid amháin a thabhairt do gach toise.

eagar loighce ríomhchláraithe *f* programmed logic array *(Río) (gu.* eagair loighce ríomhchláraithe)

eagar teaghráin *f* string array *(Río) (gu.* eagair teaghráin)

eagarthóir *f* editor *(Río) (gu.* eagarthóra *ai.* eagarthóirí)

Ríomhchlár lenar féidir téacs a ionchur i gcuimhne ríomhaire, a thaispeáint ar scáileán agus a ionramháil mar is mian leis an úsáideoir. Is áis é eagarthóir chun ríomhchlár a scríobh. Is é an chomhpháirt lárnach é de phróiseálaí focal.

eagarthóireacht *b* editing *(Río) (gu.* eagarthóireachta)

eagarthóireacht de réir comhréire *b* syntax-directed editing *(Río) (gu.* eagarthóireachta de réir comhréire)

eagarthóireacht dhathchódaithe *b* colour-coded editing *(Río) (gu.* eagarthóireachta dathchódaithe)

eagarthóireacht nasc *b* link editing *(Río) (gu.* eagarthóireachta nasc)

eagarthóir Gréasáin *f* Web editor *(Río) (gu.* eagarthóra Gréasáin *ai.* eagarthóirí Gréasáin)

eagarthóir téacs *f* text editor *(Río) (gu.* eagarthóra téacs *ai.* eagarthóirí téacs)

1. Ríomhchlár a ligeann d'úsáideoir téacs a chruthú agus a athrú. 2. Clár a úsáidtear chun téacschomhaid a chruthú, a mhionathrú agus a phriontáil nó a thaispeáint.

eagar tríthoiseach *f* three-dimensional array *(Río) (gu.* eagair thríthoisigh *ai.* eagair thríthoiseacha)

1. Grúpaí d'eagair uimhríochtúla déthoiseacha. 2. Grúpáil tháblach d'eagar alfa-uimhriúil, agus focail i gcolúin agus sraitheanna; ní féidir le haon fhocal dul thar fhad socraithe.

Eagnaíocht, An *b* Enlightenment *(For) (gu.* Eagnaíochta) *(mal* Ré na hEagnaíochta *b)*

éagothroime *b* inequality *(Gin) (ai.* éagothroimí)

éagothrom *a* unequal *(Mat)*

eagraigh *br* organize *(Gin)*

eagraíocht *b* organization[2] *(Gin) (gu.* eagraíochta *ai.* eagraíochtaí)

Eagraíocht Idirnáisiúnta na gCaighdeán *b.* International Organization for Standardization (ISO) *(Río)*

Eagraíocht um Chomhar agus Fhorbairt Eacnamaíochta *b* OECD (Organization for Economic Cooperation and Development) *(Air)*

Eagraíocht idirnáisiúnta a gcuimsíonn a ballraíocht don chuid is mó na tíortha is forbartha ó thaobh eacnamaíochta ar domhan. Soláthraíonn an OECD fóram rialta d'airí airgeadais agus trádála na rialtas éagsúil chun ceisteanna eacnamaíochta a fhearann ar a leasanna frithpháirteacha a phlé, go háirithe maidir le fás eacnamaíoch agus trádáil idirnáisiúnta a chur chun cinn, agus comhordaíonn sé soláthar Cúnaimh Eacnamúil do thíortha tearcfhorbartha. Is príomhfhoinse sonraí eacnamúla idirnáisiúnta é an OECD agus tiomsaíonn agus foilsíonn sé staitisticí caighdeánaithe idirthíre go rialta.

eagraithe go loighciúil *a3* logically organized *(Río)*

eagrú cuimhne *f* memory organization *(Río) (gu.* eagraithe cuimhne)

éagsúlaigh *br* diversify *(Air)*

éagsúlú *f* diversification *(Gin) (gu.* éagsúlaithe)

(Airgeadas) 1. Leathadh punainne infheistíochta thar réimse leathan cuideachtaí chun mórchaillteanais a sheachaint má tharlaíonn meathlú in earnáil amháin den mhargadh. 2. Gníomhaíocht mhonaróra, thrádálaí, etc. chun raon níos leithne táirgí nó seirbhísí a chur ar fáil.

éagsúlú baile *f* homemade diversification *(Air) (gu.* éagsúlaithe baile)

Gníomhartha infheisteoirí chun a gcuid infheistíochtaí a éagsúlú thar chineálacha éagsúla sócmhainní.

éagumas *f* disability *(Gin) (gu.* éagumais)

éalaigh *br* escape[2] *(Gin)*

ealaín *b* art *(Gin) (gu.* ealaíne *ai.* ealaíona)

ealaín líneach *b* line art *(Río) (gu.* ealaíne líní)

éalú *f* escape[1] *(Gin) (gu.* éalaithe)

éanasctha *a3* unconnected *(Río)*

eang[1] *b* indent[1] *(Río) (gu.* eanga *ai.* eangaí)

eang[2] *b* notch *(Río) (gu.* eanga *ai.* eangaí)

eangach *b* grid[2] *(Air) (gu.* eangaí *ai.* eangacha)

eangach phaireachta *b* parity grid *(Air) (gu.* eangaí paireachta *ai.* eangacha paireachta)

Maitris de pharluachanna déthaobhacha d'airgeadraí bhallstáit an Chórais Airgeadaíochta Eorpaigh.

eangaigh *br* indent[2] *(Río)*

eang ar chlé *b fch* eang chlé *(Río) (gu.* eanga ar chlé)

eang ar dheis *b fch* eang dheas. *(Río) (gu.* eanga ar dheis)

eang chéadlíne *b* first line indent *(Río) (gu.* eanga céadlíne)

eang chlé *b* left indent *(Río) (gu.* eanga clé)

eang chosanta ar scríobh *b* write-protect notch *(Río) (gu.* eanga cosanta ar scríobh *ai.* eangaí cosanta ar scríobh)

eang chrochta *b* hanging indent *(Río) (gu.* eanga crochta *ai.* eangaí crochta)

eang dheas *b* right indent *(Río) (gu.* eanga deis) *(mal* eang ar dheis *b gu.* eanga ar dheis)

éaradh seirbhíse *f* outage *(Río) (gu.* éartha seirbhíse)

earcach *f* recruit *(Gin) (gu.* earcaigh)

earcaíocht *b* recruitment *(Gin) (gu.* earcaíochta)

earcú *f* recruiting *(Gin) (gu.* earcaithe)

éarlais *b* margin[2] *(Air) (gu.* éarlaise *ai.* éarlaisí)

An méid airgid agus/nó urrús nach mór a chur i dtaisce mar bhanna urrúis chun a chinntiú go ngníomhófar ar chonradh. *(mal* taisce *b ai.* taiscí) *(var* deposit)

éarlais tosaigh *b* initial margin *(Air) (gu.* éarlaise tosaigh *ai.* éarlaisí tosaigh)

An méid airgid a chaithfidh custaiméirí a chur suas agus suíomh todhchaíochtaí nó roghanna á bhunú acu chun a n-oibleagáidí conartha a ráthú.

earnáil *b* sector[2] *(Air) (gu.* earnála *ai.* earnálacha)

earnáil IT, an *b* IT sector, the *(Río)*

earnáil phríobháideach *b* private sector *(Air) (gu.* earnála priobháidí)

earnáil tionsclaíochta *b* industrial sector *(Fio) (gu.* earnála tionsclaíochta)

earr *b* tail *(Río) (gu.* eirre *ai.* earra)

earra *f* ware *(Air) (ai.* earraí) *(var* good)

earraí boga *f fch* bogearraí. *(Río)*

earraí crua *f fch* crua-earraí. *(Río)*

earráid *b* error *(Gin) (gu.* earráide *ai.* earráidí)

(Ríomhaireacht) Locht nó botún is cúis le teip ríomhchláir nó chórais ríomhaire na torthaí a mbeadh súil leo a chur ar fáil.

earráid chineáil *b* type error *(Río) (gu.* earráide cineáil *ai.* earráidí cineáil)

Tagairt do phaicéad nach bhfuil lipéadaithe i gceart maidir le faisnéis phrótacail.

earráid chomhréire *b* syntax error *(Río) (gu.* earráide comhréire *ai.* earráidí comhréire)

Earráid aga tiomsaithe toisc an chomhréir a bheith mícheart.

earráid chuimhne *b* memory error *(Río) (gu.* earráide cuimhne *ai.* earráidí cuimhne)

earráid dhocheartaithe *b* unrecoverable error *(Río) (gu.* earráide docheartaithe *ai.* earráidí docheartaithe) *(var* uncorrectable error)

earráid dhóchúil *b* probable error *(Río) (gu.* earráide dóchúla)

earráid easpa cuimhne *b* out-of-memory error *(Río) (gu.* earráide easpa cuimhne *ai.* earráidí easpa cuimhne)

earráid fearainn *b* domain error *(Río) (gu.* earráide fearainn *ai.* earráidí fearainn)

earráid frithchuimilte *b* frictional error *(Río) (gu.* earráide frithchuimilte *ai.* earráidí frithchuimilte)

earráid le linn rite *b* run-time error *(Río) (gu.* earráide le linn rite *ai.* earráidí le linn rite)

earráid mharfach *b* fatal error *(Río) (gu.* earráide marfaí *ai.* earráidí marfacha)

earráid neamhfhreagartha *b* non-response error *(Fio) (gu.* earráide neamhfhreagartha *ai.* earráidí neamhfhreagartha)

earráid oidhreachta *b* inherited error *(Río) (gu.* earráide oidhreachta)

earraí don stíl mhaireachtála *f* lifestyle goods *(Fio)*

earráid sa tarchur *b* transmission error *(Río) (gu.* earráide sa tarchur *ai.* earráidí sa tarchur)

earraí lagmheasa *f* inferior goods *(Air)*

earra intrádála *b* tradeable good *(Air) (ai.* earraí intrádála)

Tráchtearra is féidir a cheannach nó a dhíol nó a mhalartú chun brabús a dhéanamh.

earraí ríomh-mhiondíola *f* e-tailware *(Río)*

éascaigh *br* facilitate *(Gin) (var* ease)

éascaíocht *b* ease[1] *(Gin) (gu.* éascaíochta)

eascair *br* spring *(Gin)*

éascaitheoir *f* facilitator *(Gin) (gu.* éascaitheora *ai.* éascaitheoirí)

easnamh *f* deficit *(Air) (gu.* easnaimh)

An méid atá suim airgid níos ísle ná an méid atá ag teastáil.

easnamh ar an mbuiséad reatha f current budget deficit *(Air) (gu.* easnaimh ar an mbuiséad reatha)

easpa f lack *(Gin) (ai.* easpaí)

easpa cosanta eacnamaíoch b economic exposure *(Air) (gu.* easpa cosanta eacnamaíche)

An méid de thionchar is féidir a bheith ag luaineacht rátaí malairte ar luacháil láithreach gnólachta ar a shreafaí airgid sa todhchaí.

easpónant f exponent *(Río) (gu.* easpónaint)

Slí amháin chun an raon a scaradh ón mbeachtas is ea uimhreacha a shloinneadh de réir na gnáthnodaireachta eolaíochta n = f x 10^e áit arb é f an codán, nó an mhaintíse, agus ar slánuimhir dheimhneach nó dhiúltach é e, ar a dtugtar an t-easpónant. Tugtar an snámhphointe ar an leagan ríomhaireachta den nodaireacht seo.

easpórtáil[1] f exportation *(Fio) (gu.* easpórtála *ai.* easpórtálacha)

An gníomh nó cleachtas a ghabhann le hearraí nó seirbhísí a dhíol i dtír seachas sa tír inar táirgeadh iad. *(mal* onnmhairiú f gu. onnmhairithe)

easpórtáil[2] br export *(Fio)*

Prionsabal coitianta i ndíolachán domhanda; rud a tháirgtear i dtír amháin a dhíol i dtír eile. *(mal* onnmhairigh br)

easpórtáil comhad abairtín export file *(Río)*

easpórtálaí f exporter *(Air) (ai.* easpórtálaithe) *(mal* onnmhaireoir f gu. onnmhaireora ai. onnmhaireoirí)

eastát f estate *(Air) (gu.* eastáit)

eatramh[1] f fch idirlinn. *(Gin) (gu.* eatraimh)

eatramh[2] f slack time *(Río) (gu.* eatraimh)

eatramhach a1 interim *(Gin)*

eatramh seolta f send interval *(Río) (gu.* eatraimh seolta)

éiceachóras f ecosystem *(For) (gu.* éiceachórais)

éiceolaíocht b ecology *(For) (gu.* éiceolaíochta)

éifeacht b effect[1] *(Gin) (gu.* éifeachta *ai.* éifeachtaí) *(mal* iarmhairt b gu. iarmharta ai. iarmhairtí)

éifeachtach a1 fch éifeachtúil. *(Gin)*

éifeachtacht b efficiency *(Gin) (gu.* éifeachtachta)

éifeachtacht lag b weak form efficiency *(Air) (gu.* éifeachtachta laige)

An teoiric go bhfuil an margadh éifeachtach maidir le faisnéis ar phraghsanna stairiúla.

éifeachtacht leath-thréan b semistrong form efficiency *(Air) (gu.* éifeachtachta leath-thréine)

Hipitéis a luann go léiríonn praghsanna reatha sócmhainní gach faisnéis phoiblí go hiomlán.

éifeachtacht leithdháilte b allocational efficiency *(Air) (gu.* éifeachtachta leithdháilte)

Staid ag a mbíonn leithdháileadh acmhainne optamach.

éifeachtacht thréan b strong form efficiency *(Air) (gu.* éifeachtachta tréine)

An tuairim go bhfuil gach faisnéis ábhartha phoiblí agus phríobháideach léirithe cheana féin sna spotrátaí malairte atá i réim.

éifeacht an ioncaim b income effect (the) *(Air)*

éifeacht iolraitheora b multiplier effect *(Fio) (gu.* éifeachta iolraitheora)

éifeacht na léaslíne b horizon effect *(Río)*

éifeacht na ngnólachtaí beaga b small firm effect *(Air)*

éifeachtúil a2 efficient *(Gin) (mal* éifeachtach a1)

éifeachtúlacht costais b cost-effectiveness *(Air) (gu.* éifeachtúlachta costais)

éigeantach[1] a1 compulsory *(Gin)*

éigeantach[2] a1 mandatory *(Río)*

éighníomhach a1 passive *(Río)*

éiginnte a3 vague *(Gin)*

éigríoch b infinity *(Mat) (gu.* éigríche)

éigríochta a3 infinite *(Gin) (mal* infinideach a1)

éigríochta inchomhairthe a3 countably infinite *(Loi)*

éileamh[1] f demand *(Gin) (gu.* éilimh)

(Fiontraíocht) Méid na dúile atá ag an bpobal ceannaitheoirí i gcineál earra nó seirbhíse, nó in earra nó seirbhís dá leithéid ó chomhlacht ar leith.

éileamh[2] f claim *(Air) (gu.* éilimh)

éileamh teagmhasach f contingent claim *(Air) (gu.* éilimh theagmhasaigh ai. éilimh theagmhasacha)

Éileamh a bhfuil a luach ag brath go díreach nó atá teagmhasach ar luach na mbunsócmhainní.

éilimh a cuireadh ar an margadh f marketed claims *(Air)*

Éilimh is féidir a cheannach agus a dhíol sna margaí airgeadais.

eilimint b element[1] *(Río) (gu.* eiliminte ai. eiliminti)

eilimint ar leibhéal deice b deck-level element *(Río) (gu.* eiliminte ar leibhéal deice ai. eiliminti ar leibhéal deice)

eilimint ar tagraíodh di b referred-to element *(Río) (gu.* eiliminte ar tagraíodh di)

eilimint dialóige b dialogue element *(Río) (gu.* eiliminte dialóige ai. eiliminti dialóige)

Cuid den sreabhadh sonraí ionchuir/aschuir. D'fhéadfadh gan ach mír amháin a bheith ann nó mórán míreanna sonraí. Mar bhosca a thaispeántar an eilimint ar an Struchtúr Dialóige.

eilimint fholamh *b* empty element *(Río) (gu.* eiliminte foilmhe *ai.* eilimintí folmha)

eilimint ghrafach *b* graphic element *(Río) (gu.* eiliminte grafaí *ai.* eilimintí grafacha)

eilimint inlíne *b* inline element *(Río) (gu.* eiliminte inlíne *ai.* eilimintí inlíne)

eilimint shingil *b* single element *(Río) (gu.* eiliminte singile *ai.* eilimintí singile)

eilimint thagarthach *b* referring element *(Río) (gu.* eiliminte tagarthaí *ai.* eilimintí tagarthacha)

eilimint tromlaigh *b* majority element *(Río) (gu.* eiliminte tromlaigh *ai.* eilimintí tromlaigh)

éilips *f* ellipse *(Río) (ai.* éilipsí)

eim *gan inscne* em *(Río)*

eim-dais *b* em-dash *(Río) (gu.* eim-daise)

ein *gan inscne* en *(Río)*

ein-dais *b* en-dash *(Río) (gu.* ein-daise)

eireaball téipe *f* tape trailer *(Río) (gu.* eireaباill téipe)

eirgeanamaíocht *b* ergonomics *(Gin) (gu.* eirgeanamaíochta)

éirigh le *br* succeed *(Gin)*

eisceacht *b* exception *(Gin) (gu.* eisceachta *ai.* eisceachtaí)

(Ríomhaireacht) Tarlú neamhghnách agus ríomhchlár á rith agus a chaitear a láimhseáil láithreach. Earráidí ama rite is cúis leis an gcuid is mó de na heisceachtaí seo ach ní gá gur tubaistí iad.

eisceacht mharfach *b* fatal exception *(Río) (gu.* eisceachta marfaí *ai.* eisceachtaí marfacha)

eiseolacháin *f* dispatches *(Air)*

eisiach *a1* exclusive *(Gin)*

eisiamh sóisialta *f* social exclusion *(Gin) (gu.* eisiaimh shóisialta)

eisiatach *a1* exclusionary *(Air)*

eisiatacht *b* exclusion *(Río) (gu.* eisiachtachta)

eisigh *br* issue³ *(Air)*

eisigineach *a1* exogenous *(Fio)*

eisíontas *f* impurity *(Río) (gu.* eisíontais)

eisitheoir *f* issuer *(Gin) (gu.* eisitheora *ai.* eisitheoirí)

eisiúint *b* issue¹ *(Air) (gu.* eisiúna *ai.* eisiúintí)

1. An líon scaireanna nó an méid stoic atá ar tairiscint don phobal ag am ar leith. 2. An líon nótaí bainc a dháileann bainc cheannais ag am ar leith. (*var* issuance)

eisiúint de cheart *b* rights issue *(Air) (gu.* eisiúna de cheart *ai.* eisiúintí de cheart)

Modh trína gcruinníonn cuideachtaí, atá luaite ar stocmhalartán, caipiteal nua, mar mhalairt ar scaireanna nua. Éiríonn an t-ainm ó phrionsabal na gceart réamhcheannaigh: caitear na scaireanna nua a thairiscint do scairshealbhóirí atá ann cheana féin, dá réir, i gcomhréir lena sealúchas de sheanscaireanna (tairiscint de cheart).

eisiúint dhá airgeadra *b* dual currency issue *(Air) (gu.* eisiúna dhá airgeadra *ai.* eisiúintí dhá airgeadra)

Eisiúint a ainmnítear in airgeadra amháin le cúpón agus/nó le haisíoc bunairgid atá le déanamh ag ráta seasta in airgeadra eile.

eisiúintí Bund *b* Bund issues *(Air)*

Oibleagáidí fiachais Gearmánacha.

eisiúintí cúpón iarchurtha *b* deferred coupon issues *(Air)*

Bannaí ina gcuirtear líon réamhshocraithe d'íocaíochtaí cúpóin ar athló go dtí dátaí íocaíochta níos déanaí, ar chúiseanna cánach de ghnáth.

eisiúint nua neamhstéagaithe *b* unseasoned new issue *(Air) (gu.* eisiúna nua neamhstéagaithe) (*mal* iasacht a chur ar an margadh *b*; tairiscint tosaigh don phobal *b gu.* tairisceana tosaigh don phobal *ai.* tairiscintí tosaigh don phobal) (*var* flotation; initial public offering (IPO))

eisiúint phoiblí *b* public issue *(Air) (gu.* eisiúna poiblí *ai.* eisiúintí poiblí)

Díolachán urrús leis an bpobal.

eisiúint ró-shuibscríofa *b* oversubscribed issue *(Air) (gu.* eisiúna ró-shuibscríofa *ai.* eisiúintí ró-shuibscríofa)

Ní thig le hinfheisteoirí na scaireanna go léir atá uathu a cheannach, mar sin caithfidh frithgheallaithe na scaireanna a leithdháileadh i measc na n-infheisteoirí.

eislíon *f* extranet *(Río) (gu.* eislín *ai.* eislíonta)

eispéireas *f* experience² *(Gin) (gu.* eispéiris)

eis-sreabhadh *f* outflow *(Air) (gu.* eis-sreafa *ai.* eis-sreafaí)

eis-sreabhadh airgid *f* cash outflow *(Air) (gu.* eis-sreafa airgid *ai.* eis-sreafaí airgid)

eithne *b* kernel *(Río) (ai.* eithní) (*mal cór b) (var* core)

eitic ghnó *b* business ethics *(Gin) (gu.* eitice gnó)

eitilt *b* flight *(Fio) (gu.* eitilte *ai.* eitiltí)

eitnealárnach *a1* ethnocentric *(For)*

entrepôt *f* entrepôt *(Air)*

eochair¹ *b* key¹ *(Río) (gu.* eochrach *ai.* eochracha) (*mal* cnaipe *f ai.* cnaipí; luibhean *f gu.* luibhin *ai.* luibhne)

eochair² *b* key² *(Río) (gu.* eochrach *ai.* eochracha)

1. Réimse sainaitheanta taifid. 2. An réimse a n-úsáidtear a luach chun cnuasach taifead a chur isteach in ord sórtáilte. 3. (In SSADM) Tréith a sainaithníonn a luach go huathúil tarlú ar leith d'aonán. Braitheann luachanna na dtréithe eile go léir san aonán sin ar an eochair. San Anailís ar na Sonraí Coibhneasta, tagraítear go minic don eochair mar dheitéarmanant (de bhrí go ndearbhaíonn a luach luachanna uile na dtréithe eile). (*mal* eochairmhír *b gu.* eochairmhíre *ai.* eochairmhíreanna) (*var* key data item)

eochair aicearra *b* hot key *(Río)* (*gu.* eochrach aicearra *ai.* eochracha aicearra)

Eochair nó teaglaim d'eochracha ar mhéarchlár atá sainithe ag an úsáideoir do chuspóir ar leith. Cuireann an eochair aicearra an fheidhm áirithe atá sainithe ag an úsáideoir ag obair gan a bheith riachtanach Iontráil nó Fill a bhrú. (*var* shortcut key)

eochair aisfhillte *b* return key *(Río)* (*gu.* eochrach aisfhillte)

eochair Alt *b* Alt key *(Río)* (*gu.* eochrach Alt)

Séard is eochair Alt ann ná eochair iarrthóireachta nach roghnaítear mar eochair phríomhúil. (*mal* eochair mhalartúcháin *b gu.* eochrach malartúcháin) (*var* alternate key)

eochair Alt Gr *b* Alt Gr key *(Río)* (*gu.* eochrach Alt Gr) (*mal* eochair mhalartúcháin ghraife *b gu.* eochrach malartúcháin ghraife) (*var* alternate grave key)

eochairathróg *b* key variable *(Río)* (*gu.* eochairathróige *ai.* eochairathróga)

eochair bhaile *b* home key *(Río)* (*gu.* eochrach baile)

eochairbhuille *f* keystroke *(Río)* (*ai.* eochairbhuillí) (*mal* luibheanbhuille *f ai.* luibheanbhuillí)

eochairbhuille sábháilte *f* saved keystroke *(Río)* (*gu.* eochairbhuille shábháilte *ai.* eochairbhuillí sábháilte)

eochaircheap uimhriúil *f* numeric keypad *(Río)* (*gu.* eochairchip uimhriúil *ai.* eochaircheapa uimhriúla)

eochairchlár *f fch* méarchlár. *(Río)* (*gu.* eochairchláir)

eochairchlár clóscríobháin *f fch* méarchlár clóscríobháin. *(Río)* (*gu.* eochairchláir clóscríobháin)

eochair chosanta *b* protection key *(Río)* (*gu.* eochrach cosanta *ai.* eochracha cosanta)

eochair chuardaigh *b* search key *(Río)* (*gu.* eochrach cuardaigh *ai.* eochracha cuardaigh)

eochair chúrsóra *b* cursor key *(Río)* (*gu.* eochrach cúrsóra)

eochair éalaithe *b* escape key (Esc) *(Río)* (*gu.* eochrach éalaithe)

eochair eolais *b* legend *(Río)* (*gu.* eochrach eolais *ai.* eochracha eolais) (*mal* téacs míniúcháin *f ai.* téacsanna míniúcháin)

eochair fhisiciúil *b* physical key *(Río)* (*gu.* eochrach fisiciúla)

Gléas chun an taifead sprice a aimsiú ar an diosca fisiciúil. *Pointeoir* an t-aon ainm a thugtar air.

eochairfhocal *f* keyword *(Río)* (*gu.* eochairfhocail)

1. I dteangacha ríomhchlárúcháin, aonad léacsach a sheasann do chomhstruchtúr teanga éigin i gcomhthéacsanna áirithe; mar shampla, seasann MÁ do ráiteas a thosódh le *má*. Bíonn eochairfhocal i bhfoirm aitheantóra de ghnáth. 2. Ceann de na focail réamhshainithe i dteanga shaorga. 3. Ainm nó siombail a dhéanann paraiméadar a shainaithint.

eochair freastalaí *f* server key *(Río)* (*gu.* eochrach freastalaí) (*mal* dangal *f gu.* dangail) (*var* dongle)

eochair ghlasála *b* locking key *(Río)* (*gu.* eochrach glasála *ai.* eochracha glasála)

eochair iarrthóireachta *b* candidate key *(Río)* (*gu.* eochrach iarrthóireachta *ai.* eochracha iarrthóireachta)

Séard is eochair iarrthóireachta ann ná tréith nó comhcheangal de thréithe a aithníonn codach ar bith go sainiúil i ngaol agus nach féidir a bhriseadh síos gan an tsainiúlacht sin a chailleadh.

eochair iasachta *b* foreign key *(Río)* (*gu.* eochrach iasachta *ai.* eochracha iasachta)

Séard is eochair iasachta ann ná tréith nó comhcheangal de thréithe i ngaol amháin nach foláir go mbeadh a luachanna cothrom le luachanna eochrach príomhúla.

eochair iomlaoide *b* shift key *(Río)* (*gu.* eochrach iomlaoide)

eochair iontrála *b* enter key *(Río)* (*gu.* eochrach iontrála)

eochair lódála *b* load key *(Río)* (*gu.* eochrach lódála)

eochair mhalartúcháin *b* alternate key *(Río)* (*gu.* eochrach malartúcháin)

Séard is eochair mhalartúcháin ann ná eochair iarrthóireachta nach roghnaítear mar eochair phríomhúil. (*mal* eochair Alt *b gu.* eochrach Alt) (*var* Alt key)

eochair mhalartúcháin ghraife *b* alternate grave key *(Río)* (*gu.* eochrach malartúcháin ghraife) (*mal* eochair Alt Gr *b gu.* eochrach Alt Gr) (*var* Alt Gr key)

eochairmhír *b* key data item *(Río)* (*gu.* eochairmhíre *ai.* eochairmhíreanna)

1. Réimse sainaitheanta taifid. 2. An réimse a n-úsáidtear a luach chun cnuasach taifead a chur isteach in ord sórtáilte. 3. (In SSADM) Tréith a sainaithníonn a luach go huathúil tarlú ar leith d'aonán. Braitheann luachanna na dtréithe eile go léir san aonán sin ar an eochair. San Anailís ar na Sonraí Coibhneasta, tagraítear go minic don eochair mar dhéitearmanant (de bhrí go ndeimhníonn a luach luachanna uile na dtréithe eile). (*mal* eochair *b gu.* eochrach *ai.* eochracha) (*var* key)

eochair ordaithe *b* command key *(Río)* (*gu.* eochrach ordaithe *ai.* eochracha ordaithe)

eochair phoiblí *b* public key *(Río)* (*gu.* eochrach poiblí *ai.* eochracha poiblí)

eochair phríobháideach *b* private key *(Río)* (*gu.* eochrach príobháidí *ai.* eochracha príobháideacha)

eochair phríomhúil *b* primary key *(Río)* (*gu.* eochrach príomhúla *ai.* eochracha príomhúla)

Séard is eochair phríomhúil ann ná tréith ghaoil gan dúbailt.

eochair rialúcháin *b* control key (Ctrl) *(Río)* (*gu.* eochrach rialúcháin *ai.* eochracha rialúcháin)

eochair scóránaithe *b* toggle key *(Río)* (*gu.* eochrach scóránaithe *ai.* eochracha scóránaithe)

eochair shainfheidhme *b* special-function key *(Río)* (*gu.* eochrach sainfheidhme *ai.* eochracha sainfheidhme)

eochair shonraí *b* data key *(Río)* (*gu.* eochrach sonraí *ai.* eochracha sonraí)

eochair shórtála *b* sort key *(Río)* (*gu.* eochrach sórtála)

eochracha dúblacha *b* duplicate keys *(Río)*

eochracha rialúcháin (méarchláir) *b* keyboard control keys *(Río)* (*gi.* eochrach rialúcháin (méarchláir))

eochraigh isteach *br* key in *(Río)*

eochrú *f* keying *(Río)* (*gu.* eochraithe)

eochrú difreálach pasiomlaoide *f* differential phase-shift keying (DPSK) *(Río)* (*gu.* eochraithe dhifreálaigh pasiomlaoide)

eochrú iomlaoid mhinicíochta *f* frequency shift keying (FSK) *(Río)* (*gu.* eochraithe iomlaoid mhinicíochta)

Modh tarchurtha comharthaí ina seasann dhá mhinicíocht (ton) ar leith don 1 agus don o. Tugtar ar an minicíocht athrú ag amanna tábhachtacha trí thrasdula réidh chomh maith le trasdula groda. Go hiondúil seasann minicíocht amháin do 1-ghiotán, agus minicíocht eile do o-ghiotán.

eochrú íosiomlaoide *f* minimum shift keying (MSK) *(Río)* (*gu.* eochraithe íosiomlaoide)

eochrú pasiomlaoide *f* phase-shift keying (PSK) *(Río)* (*gu.* eochraithe pasiomlaoide)

eochrú pasiomlaoide cearnaithe *f* quadrature phase-shift keying (QPSK) *(Río)* (*gu.* eochraithe pasiomlaoide cearnaithe)

Eoiclídeach *a1* Euclidean *(Mat)*

eolaire *f* directory (list) *(Río)* (*ai.* eolairí)

Innéacs de shuímh na gcomhad.

eolaire diosca *f* disk directory *(Río)* (*ai.* eolairí diosca)

eolaire Gréasáin *f* Web directory *(Río)* (*ai.* eolairí Gréasáin)

eolaire leathanach *f* page directory *(Río)* (*ai.* eolairí leathanach)

eolas *f* knowledge *(Gin)* (*gu.* eolais)

I dteicneolaíocht faisnéise, is ionann eolas, do ghnólacht nó do dhuine aonair, agus bheith i seilbh faisnéise nó a bheith in ann teacht uirthi gan mhoill. I gcomhthéacs gnólachta nó úsáideora ríomhaire pearsanta, má deirtear go bhfuil eolas acu, tuigtear go bhfuil taithí agus fios a ngnó acu chomh maith le faisnéis fhíorasach nó fios cá bhfaighfear í.

eolasacht *b* informedness *(Río)* (*gu.* eolasachta)

eolas neamhinste *f* tacit knowledge *(Río)* (*gu.* eolais neamhinste)

Eorabhanc *f* Eurobank *(Air)* (*gu.* Eorabhainc)

Banc trádála a ghníomhaíonn mar idirghabhálaí airgeadais i margadh na nEorairgeadraí.

Eorabhanna *f* Eurobond *(Air)* (*ai.* Eorabhannaí)

Banna a dhíoltar i dtíortha seachas tír na hainmníochta.

Eoradhollar *f* Eurodollar *(Air)* (*gu.* Eoradhollair)

Taisce ainmnithe i ndollair i mbanc lasmuigh de Stáit Aontaithe Mheiriceá nó i Saoráidí Idirnáisiúnta Baincéireachta (IBF) i Stáit Aontaithe Mheiriceá.

Eoraichreidmheasanna *f* Eurocredits *(Air)*

Iasachtaí meántéarmacha d'Eorairgeadraí a thugann sindeacáití baincéireachta d'iasachtaithe corparáideacha agus do rialtais.

an Eoraip *b* Europe *(Gin)* (*gu.* na hEorpa)

Eorairéiteach *f* Euroclear *(Air)* (*gu.* Eorairéitigh)

Ceann den dá phríomhchóras imréitigh i margadh na nEorabhannaí.

Eorairgeadra *f* Eurocurrency *(Air)* (*ai.* eorairgeadraí)

Airgead a thaisctear i lárionad airgeadais lasmuigh de thír an airgeadra atá i gceist.

Eoramhargadh *f* Euromarket *(Air)* (*gu.* Eoramhargaidh)

Eoranóta *f* Euronote *(Air)* (*ai.* Eoranótaí)

Nóta gealltanais gearrthéarma sealbhóra atá go hiomlán inaistrithe agus a eisítear de ghnáth ag lascaine dá aghaidhluach ag aibíocht mhí amháin, trí mhí nó sé mhí.

Eorapháipéar *f* Europaper *(Air)* (*gu.* Eorapháipéir)

Eorapháipéar tráchtála *f* Euro-commercial paper *(Air)* (*gu.* Eorapháipéir thráchtála)

Nótaí oibleagáide coitianta, gearrthéarmacha, i bhfoirm ionstraime sealbhóra, a eisíonn corparáidí, bainc agus rialtais lasmuigh de thír an airgeadra.

Eorpach *a1* European *(Gin)*

escudo na Portaingéile *f* Portuguese escudo *(Air)*

Ethernet tanaí *f* thin Ethernet *(Río)* (*gu.* Ethernet thanaí)

euro *gan inscne* euro *(Air)*

ex-caipitliú *f* ex-capitalization *(Air)* (*gu.* ex-caipitlithe)

ex-díbhinn[1] *b* ex-dividend[1] *(Air) (gu.* ex-díbhinne *ai.* ex-díbhinní)

Tásc go bhfuil stoc ar díol gan ceart ná díbhinn a bheith fógartha le déanaí. *(var* ex-right)

ex-díbhinn[2] *gma* ex-dividend[2] *(Air)*

ex-post *dob* ex-post *(Air)*

F

fabhar *f fch* tosaíocht. *(Gin) (gu.* fabhair)

fabhraigh[1] *br* accrue *(Air)*

fabhraigh[2] *br* evolve *(For)*

fabht *f* bug *(Río) (ai.* fabhtanna)

Fadhb le ríomhchlár nó botún i mbogearraí.

fabhtcheartú *f* troubleshooting *(Río) (gu.* fabhtcheartaithe)

fachtóir *f* factor *(Gin) (gu.* fachtóra *ai.* fachtóirí)

(Airgeadas) Gnólacht a dhéanann sainfheidhmiú ar chuntais infhála a bhailiú.

fachtóir blianachta *f* annuity factor *(Air) (gu.* fachtóra blianachta *ai.* fachtóirí blianachta)

Áireamh ar luach láithreach shruth na n-íocaíochtaí cothroma do thréimhse sheasta.

fachtóir brainseála *f* branching factor *(Río) (gu.* fachtóra brainseála *ai.* fachtóirí brainseála)

fachtóir cailliúna *f* loss factor *(Río) (gu.* fachtóra cailliúna *ai.* fachtóirí cailliúna)

fachtóir cinnteachta *f* certainty factor *(Río) (gu.* fachtóra cinnteachta *ai.* fachtóirí cinnteachta)

fachtóireacht *b* factoring *(Air) (gu.* fachtóireachta)

Fachtóir ag ceannach cuntas infhála easpórtálaí gan dul i gcomhair leis an easpórtálaí.

fachtóireacht trasteorann *b* cross-border factoring *(Air) (gu.* fachtóireachta trasteorann)

Fachtóireacht thar teorainneacha le líonra fachtóirí.

fachtóir lascainithe *f* discount factor *(Air) (gu.* fachtóra lascainithe *ai.* fachtóirí lascainithe)

fachtóir líonta *f* fill factor *(Río) (gu.* fachtóra líonta)

facs *f* fax *(Río) (ai.* facsanna)

fad *f* length *(Gin) (gu.* faid)

fada rogha ar cheannach *abairtín* long a call option *(Air)*

fada rogha ar dhíol *abairtín* long a put option *(Air)*

fadbhreathnaitheacht *b* farsightedness *(Gin) (gu.* fadbhreathnaitheachta)

fadcheannach *a1* farseeing *(Gin)*

fadhb *b* problem *(Gin) (gu.* faidhbe *ai.* fadhbanna)

fadhb an tslabhra athsholáthair *b* replacement chain problem *(Air) (gu.* fhadhb an tslabhra athsholáthair)

An smaoineamh nach mór cinntí sa todhchaí faoi athsholáthar a chur san áireamh agus tionscadail á roghnú.

fadhb na réamhthagartha *b* forward reference problem *(Río) (gu.* fhadhb na réamhthagartha *ai.* fadhbanna na réamhthagartha)

Sa phróiseas díolama, tarlaíonn an fhadhb seo nuair a dhéantar tagairt do shiombail nach saineofar go dtí níos déanaí sa ríomhchlár.

fad taifid *f* record length *(Río) (gu.* faid taifid)

fadtéarma *f* long term *(Air)*

fadtéarmach *a1* long-term *(Fio)*

fadtréimhse *b* long run *(Air)*

Tréimhse ama ina mbíonn gach costas ina chostas athraitheach.

fadtréimhseach *a1* long-run *(Air) (var* long)

faigh[1] *br* receive *(Gin)*

faigh[2] *br* find[2] *(Gin)*

faigh le hoidhreacht *br* inherit *(Gin)*

faighte le hoidhreacht *aid* inherited *(Río)*

fáil eolais *b* knowledge acquisition *(Río) (gu.* fála eolais)

fáilteach *a1* welcoming *(Gin)*

fáilteach roimh rioscaí *a* risk loving *(Air)*

fáinne *f* ring *(Río) (ai.* fáinní)

Leagan amach líonra agus cumraíocht na gcáblaí i bhfoirm chiorcail.

fáinne ceadchomharthaí *f* token ring *(Río) (ai.* fáinní ceadchomharthaí)

fáinne fí *f* vicious circle *(Gin)*

fáinne fí na tearcfhorbartha *f* vicious circle of underdevelopment *(For)*

fáinne óir *f* virtuous circle *(Gin)*

fáinne óir na forbartha *f* virtuous circle of development *(For)*

faireachán (a dhéanamh) *f* polling *(Río) (gu.* faireacháin)

faireachán idirbhristeacha *f* interrupt polling *(Río) (gu.* faireacháin idirbhristeacha)

fairsingigh *br* expand[1] *(Río)*

fairsingiú *f* expansion[1] *(Gin) (gu.* fairsingithe)

(Fiontraíocht) Méadú i scóip na ngníomhaíochtaí nó sa scála oibríochtaí i gcás cuideachta, tíre nó eile.

fáisc-ealaín *b* clip art *(Río) (gu.* fáisc-ealaíne)

fáiscín páipéir *f* paper clip *(Río) (ai.* fáiscíní páipéir)

faisnéis *b* information *(Gin) (gu.* faisnéise)

Is ionann faisnéis agus spreagthaigh a bhfuil ciall leo i gcomhthéacs éigin don té a fhaigheann iad. Nuair a ionchuirtear agus a stóráiltear faisnéis i ríomhaire, is gnách sonraí a thabhairt uirthi. Tar éis iad a phróiseáil (e.g. trí fhormáidiú nó priontáil), féachtar ar na sonraí aschurtha mar fhaisnéis arís.

faisnéis a rochtain *abairtín* access information, to *(Gin)*

faisnéisíocht *b* informatics *(Río)* *(gu.* faisnéisíochta*)*

faisnéis nuashonraithe *b* updated information *(Río)* *(gu.* faisnéise nuashonraithe*)*

faisnéis ón taobh istigh *b* inside information *(Air)* *(gu.* faisnéise ón taobh istigh*)*

Faisnéis neamhphoiblí i dtaobh corparáide atá i seilbh daoine a bhfuil ionad speisialta acu sa ghnólacht.

faisnéis sioncronaithe *b* sync information *(Río)* *(gu.* faisnéise sioncronaithe*)*

fáltais *f* proceeds *(Gin)* *(gi.* fáltas*)*

fáltas *f* receipt[2] *(Air)* *(gu.* fáltais*)*

fálú *f* hedge *(Air)* *(gu.* fálaithe*)*

Gníomh a dhéantar chun gnólacht a chosaint ar luaineacht sa ráta malairte. *(var* hedging*)*

fálú fada *f* long hedge *(Air)* *(gu.* fálaithe fhada*)*

Costas ceannacháin sa todhchaí a chosaint trí chonradh todhchaíochtaí a cheannach mar chosaint ar athruithe i bpraghas sócmhainne.

fálú gearr *f* short hedge *(Air)* *(gu.* fálaithe ghearr*)*

Luach sócmhainne i seilbh a chosaint trí chonradh todhchaíochtaí a dhíol.

fálú margaidh airgid *f* money market hedge *(Air)* *(gu.* fálaithe margaidh airgid*)*

Oibríocht a dhéanann trádálaí nó déileálaí nuair is mian leis é/í féin a chosaint i riocht oscailte, go háirithe i ndíol nó i gceannach tráchtearra, airgeadra, urrúis, etc., ar móide go luaineoidh a phraghas le linn na tréimhse a bhfanfaidh an riocht sin oscailte.

fan *br* wait *(Gin)*

fána *b* slope *(Mat)*

fanacht *f* waiting *(Gin)* *(gu.* fanachta*)* *(mal* feitheamh *f gu.* feithimh*)*

faoiseamh cánach *f* tax relief *(Air)* *(gu.* faoisimh cánach*)*

faoi thiomáint idirbhristeacha *abairtín* interrupt-driven *(Río)*

faoi thiomáint orduithe *abairtín* command-driven *(Río)*

faoi thiomáint roghchláir *abairtín* menu-driven *(Río)*

faomhadh fodhlí *f* bye-law approval *(Air)* *(gu.* faofa fodhlí*)*

farasbarr *f* excess[3] *(Gin)* *(gu.* farasbairr*)*

fardal *f* inventory *(Air)* *(gu.* fardail*)*

Sócmhainn reatha, comhdhéanta d'amhábhar a bheidh á úsáid le haghaidh táirgthe, d'obair atá ar siúl agus d'earraí críochnaithe.

fás *f* growth *(Gin)* *(gu.* fáis*)*

fás an EPS *f* EPS growth *(Air)* *(gu.* fhás an EPS*)* *(mal* fás an tuillimh in aghaidh na scaire *f gu.* fhás an tuillimh in aghaidh na scaire*)* *(var* earnings per share growth*)*

fás an tuillimh in aghaidh na scaire *f* earnings per share growth *(Air)* *(gu.* fhás an tuillimh in aghaidh na scaire*)* *(mal* fás an EPS *f gu.* fhás an EPS*)* *(var* EPS growth*)*

fás fadtéarmach caipitil *f* long-term capital growth *(Air)* *(gu.* fáis fhadtéarmaigh caipitil*)*

feachtas *f* campaign *(Fio)* *(gu.* feachtais*)*

1. Clár d'fhógraí comhordaithe agus d'imeachtaí tionscnaimh ceaptha le haidhm shonrach margaíochta nó díolacháin a bhaint amach. 2. Sraith fógraí le téama díola coiteann.

feachtas bolscaireachta *f* publicity campaign *(Fio)* *(gu.* feachtais bolscaireachta*)*

feachtas fógraíochta *f* advertising campaign *(Fio)* *(gu.* feachtais fógraíochta*)*

Beart eagraithe, pleanáilte d'fhonn aidhmeanna réamhshainithe na fógraíochta a bhaint amach.

feadán *f* tube *(Río)* *(gu.* feadáin*)*

feadán ga-chatóideach *f* cathode ray tube (CRT) *(Río)* *(gu.* feadáin gha-chatóidigh *ai.* feadáin gha-chatóideacha*)*

Folústiúb mór le héadan amhairc, ina ndéantar leictreonléas a fhócasú agus a rialú chun carachtair agus íomhánna eile a chruthú. Is furasta an léas agus an pátrún a athrú chun beagnach aon fhormáid faisnéise a theastódh a chur ar fáil.

feadán tonn taistil *f* travelling-wave tube *(Río)* *(gu.* feadáin tonn taistil*)*

feadhain *b* troop *(Gin)* *(gu.* feadhna*)*

feanáil *br* fan (paper)[2] *(Gin)*

fearann *f* domain *(Río)* *(gu.* fearainn*)*

1. An chuid sin de líonra ríomhairí ina mbíonn na hacmhainní próiseála sonraí faoi rialú coiteann. 2. Tacar iomlán de na luachanna ónar féidir le tarlú ar bith de thréith a luach iarbhír a fháil.

fearann barrleibhéil *f* top-level domain (TLD) *(Río)* *(gu.* fearainn bharrleibhéil*)*

fearann (na d)tréithe *f* attribute domain *(Río)* *(gu.* fearainn tréithe/fhearann na dtréithe*)*

fearann poiblí *f* public domain *(Río)* *(gu.* fearainn phoiblí*)*

fearas *f* plant *(Air)* *(gu.* fearais*)* *(mal* trealamh *f gu.* trealaimh*)* *(var* equipment*)*

féichiúnaí *f* debtor *(Air)* *(ai.* féichiúnaithe)

Duine a bhfuil airgead ag duine eile air.

feidearálach *a1* federal *(Gin)*

féideartha *a3* feasible *(Gin)* *(mal* indéanta *a3)* *(var* possible)

féidearthacht *b* possibility *(Gin)* *(gu.* féidearthachta *ai.* féidearthachtaí) *(mal* indéantacht *b gu.* indéantachta) *(var* feasibility)

feidhm *b* function *(Río)* *(gu.* feidhme *ai.* feidhmeanna)

1. Aonán mhatamaiticiúil a mbraitheann a luach, is é sin, luach na hathróige spleáiche, ar bhealach sonrach ar luachanna athróige neamhspleáiche amháin nó níos mó, gan níos mó ná luach amháin de chuid na hathróige spleáiche a bheith ag freagairt do gach raon luacha ceadaithe as raonta na n-athróg neamhspleách faoi seach. 2. Toisc shonrach aonáin nó a sainghníomhaíocht. 3. Gníomhaíocht mheaisín e.g. aisfhilleadh carráiste nó fotha líne. 4. Foghnáthamh a aischuireann luach athróige singile agus a mbíonn asdul singil aige de ghnáth. 5. I dteangacha ríomhchláraithe C agus FORTRAN, grúpa ainmnithe de ráitis ar féidir é a ghlaoch agus a mheas agus ar féidir leis luach a aischur chuig an ráiteas a ghlaonn. 6. I dteanga ríomhchláraithe Pascal, gnáthamh a ghlaoitear trína ainm a chódú ar an taobh dheas de shannadh. Aischuireann an gnáthamh an toradh chuig an ríomhchlár a ghlaonn, trí ainm an ghnáthaimh. 7. (I SSADM) Amharc Úsáideora ar ghiota de phróiseáil córais; tá an phróiseáil mar a fheictear í ina taca do ghníomhaíocht gnó seachas do ghníomhaíocht córais nó oibríochtaí. Bristear an fheidhm i gcomhpháirteanna oibríochtúla níos lú chun críche próiseála, ar nós comhpháirteanna ionchurtha, comhpháirteanna aschurtha agus comhpháirteanna léite/scríofa an bhunachair shonraí. Rangaítear gach feidhm de réir mar is feidhm nuashonraithe nó fiosraithe í, má tá sí ar líne nó as líne, nó más é ionchur an Úsáideora, nó an córas féin a thruicearann í.

feidhm a glaodh *b* invoked function *(Río)* *(gu.* feidhme a glaodh *ai.* feidhmeanna a glaodh)

feidhm ar líne *b* online function *(Río)* *(gu.* feidhme ar líne *ai.* feidhmeanna ar líne)

Feidhm í seo a chuireann an ríomhaire i ngníomh fad atá an tÚsáideoir ag an teirminéal; tarlaíonn cumarsáid idir an córas agus an tÚsáideoir trí na teachtaireachtaí ionchuir agus aschuir fad atá an fheidhm á rith; agus bíonn tionchar ag na teachtaireachtaí aschuir a théann rompu ar na teachtaireachtaí ionchuir.

feidhm as líne *b* offline function *(Río)* *(gu.* feidhme as líne *ai.* feidhmeanna as líne)

Feidhm í seo a chuireann an ríomhaire i ngníomh gan idirghníomh teirminéil leis an Úsáideoir. Is féidir truicear na feidhme a ionchur ar líne, nó i mód baisce, ach déanfar an phróiseáil bunachair shonraí go léir ina dhiaidh sin gan tagairt don Úsáideoir.

feidhm athchúrsach *b* recursive function *(Río)* *(gu.* feidhme athchúrsaí *ai.* feidhmeanna athchúrsacha)

Feidhm ar uimhreacha aiceanta iad a luachanna atá díortha ó uimhreacha aiceanta de réir foirmle ionadaíochta ina bhfuil an fheidhm ina hoibreann.

feidhm atriallach *b* iterative function *(Río)* *(gu.* feidhme atriallaí *ai.* feidhmeanna atriallacha)

feidhm Boole *b* Boolean function *(Río)* *(gu.* feidhme Boole *ai.* feidhmeanna Boole)

feidhm chearnaithe *b* square function *(Río)* *(gu.* feidhme cearnaithe)

feidhmchláir chabhrach *f* helper applications *(Río)* *(gi.* feidhmchlár cabhrach)

feidhmchláirín *f* applet *(Río)* *(ai.* feidhmchláiríní)

Ríomhchlár beag a dhéanann tasc simplí amháin a chur i gcrích. Úsáidtear feidhmchláiríní go minic taobh istigh de leathanaigh Ghréasáin.

feidhmchláirín Java *f* Java applet *(Río)*

feidhmchlár *f* application (program) *(Río)* *(gu.* feidhmchláir)

Ríomhchlár a scríobhtar chun tasc sonrach a dhéanamh, e.g. cuntasaíocht, próiseáil focal, grafaic.

feidhmchlár ceapadóireachta *f* authoring application *(Río)* *(gu.* feidhmchláir ceapadóireachta)

feidhmchlár deartha *f* design application *(Río)* *(gu.* feidhmchláir deartha)

feidhmchlár ealaíne *f* art application *(Río)* *(gu.* feidhmchláir ealaíne)

feidhmchlár glaoite *f* calling application *(Río)* *(gu.* feidhmchláir ghlaoite)

feidhmchlár ilardán *f* multiplatform application *(Río)* *(gu.* feidhmchláir ilardán)

feidhmchlár láimhseála sonraí *f* data-handling application *(Río)* *(gu.* feidhmchláir láimhseála sonraí)

feidhmchlár láithreoireachta *b* presentation application *(Río)* *(gu.* feidhmchláir láithreoireachta)

feidhmchlár neamhfhuinneogach *f* nonwindows application *(Río)* *(gu.* feidhmchláir neamhfhuinneogaigh *ai.* feidhmchláir neamhfhuinneogacha)

feidhmchlár trí chiseal *f* three-tier application *(Río)* *(gu.* feidhmchláir trí chiseal)

feidhmchód *f* function code *(Río)* *(gu.* feidhmchóid)

feidhm chuardaigh tábla *b* lookup function *(Río)* *(gu.* feidhme cuardaigh tábla)

feidhm dhiagnóiseach *b* diagnostic function (DF) *(Río)* *(gu.* feidhme diagnóisí)

feidhmeanna áirgiúlachta *b* utility functions *(Air)*

feidhmeanna carachtair ilbheart *b* multibyte character functions *(Río)*

feidhmeannach *f* executive[1] *(Gin)* *(gu.* feidhmeannaigh)

feidhmeannach airgeadais *f* finance executive *(Air)* *(gu.* feidhmeannaigh airgeadais)

feidhmeannach cuntas *f* account executive *(Air)* *(gu.* feidhmeannaigh chuntas)

Díoltóir i ngnólacht bróicéireachta. *(var* registered representative)

feidhmeanna comhfhreagracha *b* corresponding functions *(Río)*

feidhmeanna mapála *b* mapping functions *(Río)*

feidhmeochair *b* function key *(Río)* *(gu.* feidhmeochrach *ai.* feidhmeochracha)

Eochracha speisialta ar mhéarchlár a bhfuil baint idir iad agus aonán grafach áirithe agus a úsáidtear chun gnásanna áirithe a rith.

feidhm fabhair *b* preference function *(Air)* *(gu.* feidhme fabhair *ai.* feidhmeanna fabhair)

feidhm fréimhe cearnaí *b* square root function *(Río)* *(gu.* feidhme fréimhe cearnaí)

feidhm ghairme *b* invoking function *(Río)* *(gu.* feidhme gairme *ai.* feidhmeanna gairme)

feidhmigh[1] *br* apply *(Río)*

feidhmigh[2] *br* perform *(Gin)*

feidhm inbhéartach *b* inverse function *(Río)* *(gu.* feidhme inbhéartaí *ai.* feidhmeanna inbhéartacha)

feidhmíocht *b* performance[2] *(Gin)* *(gu.* feidhmíochta)

feidhmíocht praghais *b* price performance *(Air)* *(gu.* feidhmíochta praghais)

feidhmíocht punainne *b* portfolio performance *(Air)* *(gu.* feidhmíochta punainne)

feidhm ionsáite *b* insertion function *(Río)* *(gu.* feidhme ionsáite *ai.* feidhmeanna ionsáite)

feidhmiúcháin *gma* executive[2] *(Air)*

feidhmiúil *a2* functional *(Río)*

feidhm láimhseála cuimhne *b* memory handling function *(Río)* *(gu.* feidhme láimhseála cuimhne *ai.* feidhmeanna láimhseála cuimhne)

feidhm leabharlainne *b* library function *(Río)* *(gu.* feidhme leabharlainne *ai.* feidhmeanna leabharlainne)

an fheidhm MAIN *b* MAIN function *(Río)* *(gu.* na feidhme MAIN)

Sa teanga C, feidhm a bhfuil an t-aitheantóir MAIN aici. Ní fhéadann gach clár ach aon fheidhm amháin a bheith aige dar teideal MAIN. Is í an fheidhm MAIN an chéad fheidhm úsáideora a fhaigheann smacht nuair a thosaíonn clár ag rith.

feidhm mhatamaiticiúil *b* mathematical function *(Río)* *(gu.* feidhme matamaiticiúla *ai.* feidhmeanna matamaiticiúla)

feidhm neamhphriontála *b* nonprint function *(Río)* *(gu.* feidhme neamhphriontála *ai.* feidhmeanna neamhphriontála)

feidhm pheiriadach *b* periodic function *(Río)* *(gu.* feidhme peiriadaí *ai.* feidhmeanna peiriadacha)

feidhm praisithe *b fch* haisfheidhm. *(Río)* *(gu.* feidhme praisithe *ai.* feidhmeanna praisithe)

feidhm Scoiléim *b* Skolem function *(Río)* *(gu.* feidhme Scoiléim)

feidhm staitistiúil *b* statistical function *(Mat)* *(gu.* feidhme staitistiúla *ai.* feidhmeanna staitistiúla)

feidhm thriantánúil *b* trigonometric function *(Río)* *(gu.* feidhme triantánúla *ai.* feidhmeanna triantánúla)

feidhm uimhríochta *b* arithmetic function *(Mat)* *(gu.* feidhme uimhríochta *ai.* feidhmeanna uimhríochta)

féimheacht *b* bankruptcy *(Air)* *(gu.* féimheachta)

Bheith sa riocht nach féidir fiachais a íoc.

féimheacht dhlíthiúil *b* legal bankruptcy *(Air)* *(gu.* féimheachta dlíthiúla)

Nós imeachta dlíthiúil le gnólacht a leachtú nó a atheagrú.

feimineachas *f* feminism *(For)* *(gu.* feimineachais)

feimteasoicind *f* femtosecond *(Río)* *(ai.* feimteasoicindí)

féinchoibhneasta *a3* self-relative *(Río)*

féinfhostaíocht *b* self-employment *(Air)* *(gu.* féinfhostaíochta)

féinfhostaithe *a3* self-employed *(Fio)*

feiniméan *f* phenomenon *(Gin)* *(gu.* feiniméin)

féiníomhá *b* self-image *(Fio)*

féinmhacasamhlú *f* self-replication *(Río)* *(gu.* féinmhacasamhlaithe)

féinriail logánta *b* local autonomy *(Río)* *(gu.* féinrialach logánta)

féintairiscint *b* self-tender *(Air)* *(gu.* féintairisceana *ai.* féintairiscintí)

féintairiscint eisiatach *b* exclusionary self-tender *(Air)* *(gu.* féintairisceana eisiataí *ai.* féintairiscintí eisiatacha)

Tairiscint a dhéantar ar stoc gnólachta ach a fhágann scairshealbhóirí ar leith as an áireamh.

féintástáil *b* self-test *(Río)* *(gu.* féintástála)

feitheamh *f fch* fanacht. *(Gin)* *(gu.* feithimh)

feitheamh gnóthach *f* busy waiting *(Río)* *(gu.* feithimh ghnóthaigh)

Is é an príomh-mhíbhuntáiste a bhaineann le I/A ríomhchláraithe ná go gcaitheann an LAP an chuid is mó den am i lúb theann ag fanacht go dtí go mbeidh an gléas ullamh. Glaoitear feitheamh gnóthach ar an staid seo.

feodachas *f* feudalism *(For)* *(gu.* feodachais)

FET teatróide *f* tetrode FET *(Río)* *(mal* trasraitheoir tionchar réimse teatróide *f gu.* trasraitheora tionchar réimse teatróide *ai.* trasraitheoirí tionchar réimse teatróide) *(var* tetrode field-effect transistor)

fiach *f* debt *(Air)* *(gu.* féich *ai.* fiacha)

1. Suim atá dlite ar dhuine amháin do dhuine eile. 2. Comhaontú iasachta ar dliteanas é don ghnólacht. *(mal* fiachas *f gu.* fiachais) *(var* liability)

fiachas *f* liability[1] *(Air)* *(gu.* fiachais) *(mal* fiach *f gu.* féich *ai.* fiacha) *(var* debt)

fiachas cistithe *f* funded debt *(Air)* *(gu.* fiachais chistithe)

fiachas eachtrach *f* external debt *(Air)* *(gu.* fiachais eachtraigh *ai.* fiachais eachtracha)

Fiachas poiblí atá dlite do neamhchónaithigh.

fiachas fadtéarma *f* long-term liability *(Air)* *(gu.* fiachais fadtéarma)

Suim dhlite nach gá a aisíoc taobh istigh den chéad tréimhse chuntasaíochta eile ag gnólacht. I gcomhthéacsanna áirithe, d'fhéachfaí ar fhiachas fadtéarma mar dhliteanas nach mbeadh le haisíoc taobh istigh de trí, nó b'fhéidir deich, mbliana.

fiachas gearrthéarma *f* short term debt *(Air)* *(gu.* fiachais ghearrthéarma)

Oibleagáid le haibíocht de bhliain amháin nó níos lú ón dáta ar eisíodh é *(mal* fiach gearrthéarma *f gu.* féich ghearrthéarma *ai.* fiacha gearrthéarma) *(var* short-term debt)

fiachas neamhchistithe *f* unfunded debt *(Air)* *(gu.* fiachais neamhchistithe)

Fiachas gearrthéarma.

fiachas reatha *f* current liability *(Air)* *(gu.* fiachais reatha)

Oibleagáid a bhfuil súil go gcaithfear a híoc le hairgead tirim taobh istigh de bhliain amháin nó den tréimhse oibriúcháin.

fiach fadtéarma *f* long-term debt *(Air)* *(gu.* féich fadtéarma *ai.* fiacha fadtéarma)

Oibleagáid a shroichfidh aibíocht breis is bliain ón dáta ar eisíodh í.

fiach gearrthéarma *f* short-term debt *(Air)* *(gu.* féich ghearrthéarma *ai.* fiacha gearrthéarma)

Oibleagáid le haibíocht de bhliain amháin nó faoi sin ón dáta ar eisíodh é. *(mal* fiachas gearrthéarma *f gu.* fiachais ghearrthéarma) *(var* short term debt)

fiachmhúchadh *f* debt-extinguishing *(Air)* *(gu.* fiachmhúchta)

fiaclóir *f* dentist *(Gin)* *(gu.* fiaclóra *ai.* fiaclóirí)

fiaclóir Beilgeach *f* Belgian dentist *(Air)* *(gu.* fiaclóra Bheilgigh)

Steiréitíopa den ghnáthinfheisteoir in Eorabhannaí.

fianán *f* cookie *(Río)* *(gu.* fianáin)

Is uirlis Gréasáin é fianán a stóráiltear ar dhiosca crua an úsáideora agus a thugann fianaise don bhfreastalaí Gréasáin ar nósanna cuardaigh agus oibre an úsáideora. *(mal* cuach *b gu.* cuaiche *ai.* cuacha)

fianán dianseasmhach *f* persistent cookie *(Río)* *(gu.* fianáin dhianseasmhaigh *ai.* fianáin dhianseasmhacha)

fianán neamhbhuan *f* transient cookie *(Río)* *(gu.* fianáin neamhbhuain *ai.* fianáin neamhbhuana) *(mal* fianán seisiúin *f gu.* fianáin seisiúin) *(var* session cookie)

fianán seisiúin *f* session cookie *(Río)* *(gu.* fianáin seisiúin) *(mal* fianán neamhbhuan *f gu.* fianáin neamhbhuain *ai.* fianáin neamhbhuana) *(var* transient cookie)

fiar *a3* oblique *(Gin)*

fill *br* return[3] *(Gin)*

fillteán *f* folder *(Río)* *(gu.* fillteáin) *(mal* comhadlann *b gu.* comhadlainne *ai.* comhadlanna) *(var* directory (storage))

fillteán ceanán *f* favorites folder *(Río)* *(gu.* fillteáin cheanán)

fillteán oibre *f* working folder *(Río)* *(gu.* fillteáin oibre) *(mal* comhadlann oibre *b gu.* comhadlainne oibre *ai.* comhadlanna oibre) *(var* working directory)

fillteán reatha *f* current folder *(Río)* *(gu.* fillteáin reatha) *(mal* comhadlann reatha *b gu.* comhadlainne reatha *ai.* comhadlanna reatha) *(var* current directory)

fillteán staire *f* history folder *(Río)* *(gu.* fillteáin staire)

fine clófhoirne *b* font family *(Río)* *(ai.* fíní clófhoirne)

an Fhionnlainn *b* Finland *(Gin)* *(gu.* na Fionnlainne)

fionraí *f* suspension *(Gin)*

fiontar[1] *f* enterprise *(Air)* *(gu.* fiontair)

fiontar[2] *f* venture *(Air)* *(gu.* fiontair) *(var* amhantar)

fiontraí *f* entrepreneur *(Fio)* *(ai.* fiontraithe)

fiontraíocht *b* entrepreneurship *(Fio)* *(gu.* fiontraíochta)

fíor *a1* true *(Gin)*

fíor- *réi fch* réadach. *(Gin)*

fíoraigh *br* realize (make real) *(For)*

fíoraitheoir sínithe *f* signature verifier *(Río)* *(gu.* fíoraitheora sínithe *ai.* fíoraitheoirí sínithe)

fíor-am *f* real time *(Río)* *(gu.* fíor-ama)

fíorchló *f* true type *(Río)* *(ai.* fíorchlónna)

fíor-chomhrith *f* real concurrency *(Río)* *(gu.* fíor-chomhreatha)

fíorchostas *f* real cost *(Air)* *(gu.* fíorchostais)

fíorchostas an fhálaithe *f* real cost of hedging *(Air)* *(gu.* fhíorchostas an fhálaithe *ai.* fíorchostais an fhálaithe)

An costas breise a bhíonn ar fhálú nuair a chuirtear i gcomparáid é le gan fálú.

fíordhath *f* true colour *(Río)* *(gu.* fíordhatha)

fíordheimhniú *f* authentication *(Río)* *(gu.* fíordheimhnithe)

fíordheimhniú cliaint *f* client authentication *(Río)* *(gu.* fíordheimhnithe cliaint)

fíordheimhniú sonraí *f* data authentication *(Río)* *(gu.* fíordheimhnithe sonraí)

fíorfhás *f* real growth *(Air)* *(gu.* fíorfháis)

fíormhód *f* real mode *(Río)* *(gu.* fíormhóid)

Nuair a oibríonn LAPanna 80286 agus níos airde taobh istigh de theorainn seolta 1M DOS, bíonn siad ag oibriú i bhfíormhód.

fíorsheoladh *f* real address *(Río)* *(gu.* fíorsheolta *ai.* fíorsheoltaí)

fíorshreabhadh *f* real flow *(Air)* *(gu.* fíorshreafa *ai.* fíorshreafaí)

fíorshreabhadh airgid (thirim) *f* real cash flow *(Air)* *(gu.* fíorshreafa airgid (thirim) *ai.* fíorshreafaí airgid (thirim))

Sloinntear sreabhadh airgid thirim i bhfíorthéarmaí má thugtar cumhacht cheannaigh reatha, nó ar dháta o, an tsreafa airgid.

fíorstóras *f* real storage *(Río)* *(gu.* fíorstórais)

fíorú[1] *f* verification *(Río)* *(gu.* fíoraithe)

fíorú[2] *f* realization (making real) *(For)* *(gu.* fíoraithe)

fíorú eochairbhuille *f* keystroke verification *(Río)* *(gu.* fíoraithe eochairbhuille)

fíorúil *a2* virtual *(Río)*

fíorúlú *f* virtualization *(Río)* *(gu.* fíorúlaithe)

fiosrú[1] *f* investigation *(Gin)* *(gu.* fiosraithe *ai.* fiosruithe)

fiosrú[2] *f* inquiry *(Río)* *(gu.* fiosraithe *ai.* fiosruithe)

fip (fichiú de phointe) *b* twip (twentieth of a point) *(Río)* *(gu.* fipe *ai.* fipeanna)

fireann *a1* male *(Gin)*

firic *b* fact *(Gin)* *(gu.* fírice *ai.* firicí)

firinne *b* truth *(Gin)* *(ai.* firinní)

fírinneach *a1 fch* réadach. *(Gin)*

fís- *réi* video- *(Río)*

físchaighdeáin *f* video standards *(Río)* *(gi.* físchaighdeán)

físchárta *f* video card *(Gin)* *(ai.* físchártaí)

físcheamara *f* video camera *(Gin)* *(ai.* físcheamaraí)

físcheamara digiteach *f* digital video camera *(Río)* *(gu.* físcheamara dhigitigh *ai.* físcheamaraí digiteacha)

físchomhartha *F* video signal *(Río)* *(ai.* físchomharthaí)

físchomhdháil *b* video conference *(Río)* *(gu.* físchomhdhála *ai.* físchomhdhálacha) *(mal* comhdháil físe *b gu.* comhdhála físe *ai.* comhdhálacha físe)

físchomhdháil ar an Idirlíon *b* Internet video-conferencing *(Río)* *(gu.* físchomhdhála ar an Idirlíon)

físdigitiú *f* video digitization *(Río)* *(ai.* fisdigitithe)

físdiosca *f* video disk *(Río)* *(ai.* físdioscaí)

físdiosca idirghníomhach *f* interactive video disk *(Río)* *(gu.* físdiosca idirghníomhaigh *ai.* físdioscaí idirghníomhacha)

físeagarthóir *f* video editor *(Río)* *(gu.* físeagarthóra *ai.* físeagarthóirí)

físeán *f* video (film) *(Río)* *(gu.* físeáin)

físeán digiteach *f* digital video *(Río)* *(gu.* físeáin dhigitigh)

físeán digiteach idirghníomhach *f* digital video interactive (DVI) *(Río)* *(gu.* físeáin dhigitigh idirghníomhaigh)

físéim *b* viseme *(Río)* *(gu.* fiséime *ai.* fiséimí)

Coibhéis fhísiúil na fóinéime - á n-úsáid seo, féadann daoine ar lagéisteacht fuaimeanna a fheiceáil.

físghabháil *b* video capture *(Río)* *(gu.* físghabhála)

fisiciúil *a1* physical *(Gin)*

fisic sholadstaide *b* solid-state physics *(Río)* *(gu.* fisice soladstaide)

fisRAM *f* video RAM *(Río)*

fís-seat *f* video shot *(Gin)* *(ai.* fís-seatanna)

fístaispeáint dhigiteach *b* digital video display *(Río)* *(gu.* fístaispeána digití)

fístaispeáint sruthaithe *b* streaming video *(Río)* *(gu.* fístaispeána sruthaithe)

Seicheamh d'íomhánna gluaiste a fheictear i bhfoirm chomhbhrúite ar an Idirlíon agus a thaispeántar ar an scaileán de réir mar a thagann siad; is ionann meáin sruthaithe agus fístaispeáint sruthaithe le fuaim.

fístéip *b* video tape *(Río)* *(gu.* fistéipe *ai.* fistéipeanna)

fiúchas *f* worth *(Air)* *(gu.* fiúchais)

fiúchas reatha *f* current worth *(Air)* *(gu.* fiúchais reatha)

fiúntas f merit *(Gin)* *(gu.* fiúntais)

flaithiúnas f sovereignty *(Gin)* *(gu.* flaithiúnais)

flapach a1 fch bog. *(Río)*

fleiscín f hyphen *(Río)* *(ai.* fleiscíní)

fleiscíniú f hyphenation *(Río)* *(gu.* fleiscínithe)

fleiscín leabaithe f embedded hyphen *(Río)* *(ai.* fleiscíní leabaithe) *(mal* fleiscín riachtanach f *gu.* fleiscín riachtanaigh *ai.* fleiscíní riachtanacha) *(var* required hyphen)

fleiscín riachtanach f required hyphen *(Río)* *(gu.* fleiscín riachtanaigh *ai.* fleiscíní riachtanacha) *(mal* fleiscín leabaithe f *ai.* fleiscíní leabaithe) *(var* embedded hyphen)

flop flap f flip-flop *(Río)* *(ai.* flop flapanna)

flop flap ciumhaistruiceartha f edge-triggered flip-flop *(Río)* *(gu.* flop flap chiumhaistruiceartha)

Gléas nó ciorcad é flop flap atá in ann ceann de dhá staid chobhsaí a ghabháil (o nó 1). Ní tharlaíonn an trasdul ó staid go staid nuair a bhíonn an clog ag 1 ach le linn don chlog a bheith ag trasdul ó o go 1 nó ó 1 go o. Is é an difríocht atá idir flop flap agus laiste ná gur gléas ciumhaistruiceartha é flop flap agus gur gléas leibhéaltruiceartha é laiste. Is minic, áfach, a dhéantar na téarmaí a idirmhalartú.

flop flap D-chineálach ciumhaistruiceartha f D-type edge-triggered flip-flop *(Río)* *(ai.* flop flapanna D-chineálacha ciumhaistruiceartha)

flop flap leibhéaltruiceartha f level-triggered flip-flop *(Río)*

Laiste é seo dáiríre, is é sin leagan amach nó ciorcad a úsáidtear, de ghnáth faoi rialúchán leagain amach nó ciorcaid eile, chun sonraí a choinneáil ullamh go dtí go dteastaíonn siad.

flop flap NAND f NAND flip-flop *(Río)* *(ai.* flop flapanna NAND)

fo- réi subordinate[2] *(Gin)*

fo-aicme b subclass *(Río)* *(ai.* fo-aicmí)

Aicme a ghabhann ó aicme eile. Is féidir líon ar bith fo-aicmí a bheith ag aicme cé nach féidir ach foraicme amháin a bheith aici.

fo-aonad f subunit *(Río)* *(gu.* fo-aonaid)

fobhintiúr f subordinated debenture *(Air)* *(gu.* fobhintiúir)

focail sa nóiméad f words per minute (WPM) *(Río)* *(gu.* focal sa nóiméad)

focal f word[1] *(Gin)* *(gu.* focail)

focal coimeádta f reserved word *(Río)* *(gu.* focail choimeádta)

focal cuardaigh f search word *(Río)* *(gu.* focail chuardaigh)

focal faire f fch pasfhocal. *(Río)* *(gu.* focail faire)

focal ordaithe f command word *(Río)* *(gu.* focail ordaithe)

fócas f focus[1] *(Gin)* *(gu.* fócais)

fócasaigh br focus[2] *(Gin)*

fochéim b step[2] *(Río)* *(gu.* fochéime)

Fo-aonad gníomhaíochta le linn staide. Cosúil le staid tá ionchuir agus táirgí ceaptha dó.

fochineál f subtype *(Río)* *(gu.* fochineáil *ai.* fochineálacha)

fochineál aonáin f entity subtype *(Río)* *(gu.* fochineáil aonáin)

Dhá chineál aonáin nó níos mó a bhfuil airíonna coiteanna tábhachtacha acu, go háirithe réimsí eochracha. D'fhéadfadh gur sampla é Feithiclí atá i seilbh cuideachta; an réimse eochrach a bheadh ann ná ID feithicle, ach faisnéis dhifriúil a bheadh ag teastáil más Gluaisteán nó más Truc atá ann. Cruthófaí gaoil choiteanna, Seirbhís, mar shampla, leis an bhforchineál aonáin (Feithicil); bheadh na cinn leis an Truc amháin ceangailte leis an bhfochineál sin amháin.

fochiúb f subcube *(Río)* *(gu.* fochiúib *ai.* fochiúbanna)

Cúlphlána ar an Nascmheaisín.

fochomhadlann b subdirectory *(Río)* *(gu.* fochomhadlainne *ai.* fochomhadlanna) *(mal* fofhillteán f *gu.* fofhillteáin) *(var* subfolder)

fochóras f subsystem *(Río)* *(gu.* fochórais)

fochóras ionchurtha/aschurtha f input/output subsystem *(Río)* *(gu.* fochórais ionchurtha/aschurtha)

fochrann ar dheis f fch fochrann deas. *(Río)* *(gu.* fochrainn ar dheis)

fochrann deas f right subtree *(Río)* *(gu.* fochrainn dheis *ai.* fochrainn dheasa) *(mal* fochrann ar dheis f *gu.* fochrainn ar dheis)

fochuideachta b subsidiary *(Air)* *(ai.* fochuideachtaí)

foclóir f dictionary *(Gin)* *(gu.* foclóra *ai.* foclóirí)

foclóir athshuite f relocation dictionary *(Río)* *(gu.* foclóra athshuite *ai.* foclóirí athshuite)

foclóir caighdeánach f standard dictionary *(Río)* *(gu.* foclóra chaighdeánaigh *ai.* foclóirí caighdeánacha) *(mal* príomhfhoclóir f *gu.* príomhfhoclóra *ai.* príomhfhoclóirí) *(var* main dictionary)

foclóir eiliminti sonraí f data element dictionary (DED) *(Río)* *(gu.* foclóra eiliminti sonraí *ai.* foclóirí eiliminti sonraí)

foclóirín f vocabulary *(Río)* *(ai.* foclóiríní)

foclóir sonraí f data dictionary *(Río)* *(gu.* foclóra sonraí *ai.* foclóirí sonraí)

Coinnítear eolas faoin CBBS san fhoclóir sonraí.

fodhoiciméad f subdocument *(Río)* *(gu.* fodhoiciméid)

fódóireacht b housekeeping *(Río)* *(gu.* fódóireachta)

fo-eagar *f* subarray *(Río)* *(gu.* fo-eagair)

fofhiach *f fch* fofhiachas. *(Air)* *(gu.* fofhéich *ai.*
fofhiacha)

fofhiachas *f* subordinate debt *(Air)* *(gu.* fofhiachais)

Fiachas a bhfuil éileamh ag a shealbhóirí ar
shócmhainní an ghnólachta ach éilimh shealbhóirí
sinsearacha fiachais an ghnólachta a shásamh roimh
ré. *(mal* fofhiach *f gu.* fofhéich *ai.* fofhiacha)

fofhillteán *f* subfolder *(Río)* *(gu.* fofhillteáin) *(mal*
fochomhadlann *b gu.* fochomhadlainne *ai.*
fochomhadlanna) *(var* subdirectory)

fógair[1] *br* declare *(Río)*

Na siombailí d'athróga atá le húsáid a shainaithint ag
am réamhdhíolama.

fógair[2] *br fch* dearbhaigh. *(Río)*

fógairt *b fch* fógra. *(Río)* *(gu.* fógartha *ai.* fógairti)

fógairt aicme stórais *b* storage class declaration *(Río)*
(gu. fógartha aicme stórais *ai.* fógairtí aicme stórais)

foghlaim ríomhchuidithe teangacha *b* Computer-
Aided Language Learning (CALL) *(Río)* *(gu.* foghlama
ríomhchuidithe teangacha)

foghnáthamh *f* subroutine *(Río)* *(gu.* foghnáthaimh)

foghnáthamh ionsáite *f* inserted subroutine *(Río)* *(gu.*
foghnáthaimh ionsáite)

foghnáthamh neadaithe *f* nesting subroutine *(Río)*
(gu. foghnáthaimh neadaithe) *(var* nested subroutine)

foghrúpa *f* subgroup *(Mat)* *(ai.* foghrúpaí)

Is *foghrúpa* den ghrúpa G é fo-thacar de G más gá
agus más leor go ndéanann a bhaill grúpa i
gcoibhneas le hoibríocht * de chuid G.

Is léir nach mór d'fhoghrúpa F de chuid G céannacht e
de chuid G a bheith ann, agus má tá a in F, gur ionann
a inbhéarta a' in F agus a inbhéarta i G.

fógra *b* declaration[1] *(Río)* *(ai.* fógraí)

Ceann den dá mhórchineál eiliminte i ríomhchlár
gnásúil; ráiteas is ea an ceann eile. Tugann fógra
réamheolas ar aonán do chuid den ríomhchlár - a
scóip - á ainmniú agus ag soiléiriú a airíonna statacha.
Samplaí d'fhógraí is ea athróga, fógraí faoi ghnáis,
fógraí faoi phoirt ionchuir/aschuir nó faoi chomhaid.
(mal fógairt *b gu.* fógartha *ái.* fógairti)

fógra aonáin *f* entity declaration *(Río)* *(ai.* fógraí
aonáin)

fógra athróige *f* variable declaration *(Río)* *(ai.* fógraí
athróige)

fógra cineáil *f* type declaration *(Río)* *(ai.* fógraí cineáil)

1. Sonrú an chineáil agus, b'fhéidir, fad athróige nó
feidhme i ráiteas sonraíochta. 2. I dteanga
ríomhchláraithe Pascal, sonrú cineáil sonraí. Is féidir
léirfhógra a dhéanamh nó féadann an fógra a bheith
laistigh d'fhógra athróige.

fógra coimpléascach *f* complex declaration *(Río)* *(gu.*
fógra choimpléascaigh *ai.* fógraí coimpléascacha)

fógra comhréire *f* syntax declaration *(Río)* *(ai.* fógraí
comhréire)

fógra feidhme *f* function declaration *(Río)* *(ai.* fógraí
feidhme)

fógra intuigthe *f* implicit declaration *(Río)* *(ai.* fógraí
intuigthe)

I dteangacha ríomhchlárúcháin, fógra a dhéantar de
bharr aitheantóir a tharlú agus a bhfuil a thréithe
réamhshocraithe.

fógraíocht *b* advertising *(Fio)* *(gu.* fógraíochta)

Foilsiú fíricí nó tuairimí maidir le hearraí nó seirbhísí,
chun suim an phobail a mhúscailt agus áiteamh orthu
iad a cheannach.

fógra na dtairiseach *f* constant declaration *(Río)* *(ai.*
fógraí na dtairiseach)

fógra (na d)tréithe *f* attribute declaration *(Río)* *(ai.*
fógraí (na d)tréithe)

fógra neamhiomlán *f* incomplete declaration *(Río)* *(ai.*
fógra neamhiomláin *ai.* fógraí neamhiomlána)

fógra neamhshainitheach *f* non-defining declaration
(Río) *(gu.* fógra neamhshainithigh *ai.* fógraí
neamhshainitheacha)

fógra paraiméadar feidhme *f* function parameter
declaration *(Río)* *(ai.* fógraí paraiméadar feidhme)

fógra scóipe logánta *f* local scope declaration *(Río)* *(ai.*
fógraí scóipe logánta)

fógróir *f* declarator *(Río)* *(gu.* fógróra *ai.* fógróirí)

Aitheantóir agus siombailí roghnacha a dhéanann cur
síos ar chineál na sonraí i gcóras oibriúcháin AIX.

fo-iarratas *f* sub-query *(Río)* *(gu.* fo-iarratais)

fo-iarsma *f* side effect *(Gin)* *(ai.* fo-iarsmaí)

(Ríomhaireacht: i leith scóipe aitheantóirí) An t-athrú
neamhléir a thagann in athróg dhomhanda mar
thoradh ar ghnás nó ar fheidhm a ghlaoch. Tá
dainséar ag baint leis mar gur féidir leis torthaí nach
raibh beartaithe (agus gur deacair iad a rianú) a
ghiniúint in iompar ríomhchláir. (Airgeadas) An
éifeacht a bheadh ag tionscadal atá á bheartú ar
chodanna eile de ghnólacht.

fo-idirbheart *f* subtransaction *(Río)* *(gu.* fo-idirbhirt)

foilsigh *br* publish *(Gin)*

foilsitheoireacht *b* publishing[1] *(Gin)* *(gu.*
foilsitheoireachta)

An *próiseas* foilsitheoireachta

foilsitheoireacht deisce *b* desktop publishing (DTP)
(Río) *(gu.* foilsitheoireachta deisce)

1. Aicme bogearraí a chomhshnaidhmeann téacs agus grafaic chun leathanaigh a leagan amach go leictreonach. 2. An úsáid a bhaintear as a leithéid de bhogearraí chun leathanaigh nó grafaic a dhearadh. (mal foilsiú deisce f gu. foilsithe deisce)

foilsitheoireacht ilmheán b multimedia publishing (Río) (gu. foilsitheoireachta ilmheán)

foilsiú f publishing² (Gin) (gu. foilsithe)

An gníomh foilsithe.

foilsiú deisce f fch foilsitheoireacht deisce. (Río) (gu. foilsithe deisce)

fóinéim b phoneme (Río) (gu. fóinéime ai. fóinéimí)

foinse f source¹ (Gin) (ai. foinsí)

foinseach a1 source² (Gin)

foinse chónaitheach teachtaireachtaí b stationary message source (Río) (gu. foinse cónaithí teachtaireachtaí)

foinse teachtaireachtaí b message source (Río)

foinsigh allamuigh br outsource (Fio)

foinsiú allamuigh f outsourcing (Fio) (gu. foinsithe allamuigh)

fo-iomlán f subtotal (Río) (gu. fo-iomláin)

fóir b boundary (Río) (gu. fóireach)

foirceann br wind up (Air)

foirceannadh f winding-up (Air) (gu. foirceanta)

fóirchoinníollacha f boundary conditions (Río)

Má tá líon **r** de thairisigh threallacha sa réiteach ar chothromóid dhifreálach nó ar chothromóid difriochta, is féidir na tairisigh seo a dhíothú le réiteach uathúil a thabhairt ar fhadhb má tá líon **r** de choinníollacha tugtha ar gá iad a shásamh. D'fhéadfadh gur fóirchoinníollacha nó coinníollacha tosaigh cuid díobh seo. Féadfar fóirchoinníollacha don fheidhm agus/nó a díorthaigh ag fóirphointí ar leith a úsáid le teacht ar réiteach atá bailí sa réigiún sonraithe ag na coinníollacha. Do chórais a fhabhraíonn le himeacht ama, coinníollacha tosaigh is ea iad siúd ar gá iad a shásamh trí fheidhm agus trí dhíorthaigh an réitigh ó thús.

fóirdheontas f subsidy (Air) (gu. fóirdheontais)

fóirdheontas úis f interest subsidy (Air) (gu. fóirdheontais úis)

An asbhaint íocaíochtaí úis ar a fhiachas óna thuilleamh a dhéanann gnólacht sula n-áirítear an bille cánach.

foireann an phríomhchláraitheora b chief programmer team (Río) (gu. fhoireann an phríomhchláraitheora)

foireann carachtar b character set (Río) (gu. foirne carachtar) (mal tacar carachtar f gu. tacair carachtar)

foireann deartha b design team (Río) (gu. foirne deartha)

foirfe a3 perfect (Gin)

fóir giotánra b word boundary (Río) (gu. fóireach giotánra ai. fóireacha giotánra)

Aon suíomh sa stóras ag a gcaitear sonraí a ailíniú le haghaidh oibríochtaí áirithe próiseála sa chóras ríomhaireachta System/370.

foirgneamh f building² (Gin) (gu. foirgnimh)

foirgníocht b building¹ (For) (gu. foirgníochta) (mal tógáil b gu. tógála) (var construction)

fóirluach f boundary value (Río) (gu. fóirluacha ai. fóirluachanna)

In inneltóireacht bhogearraí (tástáil), teicníocht lena roghnaítear sonraí tástála atá gar do 'fhóireacha' nó d'uasteorainneacha agus íosteorainneacha aicmí, struchtúr sonraí, paraiméadar gnáis agus araile a bhaineann le fearann ionchuir (nó raon aschuir). Is minic a roghnaítear an t-uasluach agus an t-íosluach atá sa raon agus an t-íosluach atá lasmuigh de.

foirm b form (Gin) (gu. foirme ai. foirmeacha)

foirm aiseolais b feedback form (Río) (gu. foirme aiseolais ai. foirmeacha aiseolais)

foirm bhreisithe Backus-Naur b extended Backus-Naur form (EBNF) (Río) (gu. fhoirm bhreisithe Backus-Naur)

foirmiúil a2 formal (Gin)

foirmiúlachas f formalism (Mat) (gu. foirmiúlachais)

foirmle b formula (Loi) (ai. foirmlí)

Is slonn é foirmle thairisceanach oscailte (nó foirmle, mar a thugtar air go coitianta) ina bhfuil líon críochta athróg p, q, r, etc., agus líon críochta de na hoibríochtaí loighciúla: ^ (agus), _ (nó), : (ní),! (impleacht), agus$ (coibhéis), a ndéantar tairiscint de nuair a chuirtear tairiscintí sonracha in ionad na n-athróg. (mal foirmle thairisceanach oscailte b) (var open propositional formula)

foirmle dhea-chumtha b well-formed formula (Mat)

foirmle shochar an aonaid b unit benefit formula (Air)

Modh a úsáidtear chun sochar rannpháirtithe i bplean sainithe sochair a chinntiú trí bhlianta seirbhíse a iolrú faoi chéatadán den tuarastal.

foirmle sochair chomhréidh b flat benefit formula (Air)

Modh a úsáidtear chun sochair rannpháirtí i bplean sainithe sochar a dhearbhú trí mhíonna seirbhíse a mhéadú faoi shochar comhréidh míosúil.

foirmle thairisceanach oscailte b open propositional formula (Loi)

Is slonn é foirmle thairisceanach oscailte (nó *foirmle*, mar a thugtar air go coitianta) ina bhfuil líon críochta athróg p, q, r, etc., agus líon críochta de na hoibríochtaí loighciúla: ^ (**agus**), _ (**nó**), : (**ní**),! (**impleacht**), agus$ (**coibhéis**), a ndéantar tairiscint de nuair a chuirtear tairiscintí sonracha in ionad na n-athróg. (*mal* foirmle *b ai.* foirmlí) (*var* formula)

foirm mheastacháin uainiúcháin *b* timing estimation form *(Río)* (*gu.* foirme meastacháin uainiúcháin)

Foirm a dheartar i rith Staid 6, Dearadh Fisiciúil. Deartar í tar éis an DBMS nó an córas comhad sprice a rangú, agus is í a haidhm a thaispeáint cé chomh fada a thógfaidh sé idirbheart sainithe a chur i gcrích, de réir dhearadh an bhunachair shonraí agus shaoráidí an DBMS sprice.

foirm normalach *b* normal form *(Río)* (*gu.* foirme normalaí *ai.* foirmeacha normalacha)

foirm normalach Boyce-Codd *b* Boyce-Codd normal form (BCNF) *(Río)* (*gu.* fhoirm normalach Boyce-Codd)

foirm normalaithe *b* normalized form *(Río)* (*gu.* foirme normalaithe)

foistine[1] *b* steady state *(Río)*

foistine[2] *gma* steady-state *(Río)*

folach faisnéise *f* information hiding *(Río)* (*gu.* folaigh faisnéise)

Tugtar imchochlú air seo freisin. Feidhmeanna nach bhfuil baint dhíreach acu leis an bhfadhb i modúil a aonarú le nach mbeidh athruithe i struchtúr ná i loighic an chláir riachtanach mar thoradh ar athruithe sa timpeallacht próiseála. (*mal* folú faisnéise *f gu.* folaithe faisnéise)

folaigh *br* hide *(Río)*

foláireamh bréige víris *f* virus hoax *(Río)* (*gu.* foláirimh bhréige víris)

foláireamh faoi shonraí ag teacht isteach *f* incoming data alert (IDA) *(Río)* (*gu.* foláirimh faoi shonraí ag teacht isteach)

foláireamh víris *f* virus alert *(Río)* (*gu.* foláirimh víris)

folaithe *a1* hidden *(Río)* (*mal* ceilte *a1*)

foláithreán *f* sitelet *(Río)* (*gu.* foláithreáin)

folamh *a1* empty *(Gin)*

folíonra *f* subnet(work) *(Río)* (*ai.* folíonraí)

folláine *b* wellbeing *(Gin)*

folláine shóisialta *b* social wellbeing *(For)* (*gu.* folláine sóisialta)

follasacht *b* transparency[1] *(Gin)* (*gu.* follasachta)

folú faisnéise *f fch* folach faisnéise. *(Río)* (*gu.* folaithe faisnéise)

folús *f* vacuum *(Río)* (*gu.* folúis)

folúsfheadán *f* vacuum tube *(Río)* (*gu.* folúsfheadáin)

fónamh *f* servicing[1] *(Air)* (*gu.* fónaimh)

fónamh d'fhiachas *f* debt service *(Air)* (*gu.* fónaimh d'fhiachas)

Íocaíochtaí úis mar aon le haisíocaíochtaí bunairgid le creidiúnaithe.

Fonds d'État *f* Fonds d'État *(Air)*

An earnáil is leachtaí de mhargadh bannaí na Fraince. Is ann a tharlaíonn 60-70% den ghníomhaíocht trádála ar fad, agus thart ar 30% den mhéid trádála atá amuigh.

fonóta *f* footnote *(Gin)* (*ai.* fonótaí)

fón póca (coit.) *f fch* teileafón póca. *(Río)* (*gu.* fóin póca)

fóntachas *f* utilitarianism *(Fio)* (*gu.* fóntachais)

fopháirteachas *f* subparticipation *(Air)* (*gu.* fopháirteachais)

Banc amháin a pháirtsannann do bhanc eile an ceart ar shuimeanna airgeadaíochta a fháil ó iasachtaí.

for- *réi* super (position)[2] *(Gin)*

foraicme *b* superclass *(Río)* (*gu.* foraicme *ai.* foraicmí)

Aicme a sholáthraíonn na fógairtí bunúsacha d'aicme eile.

foráil *b* provision *(Gin)* (*gu.* forála *ai.* forálacha)

foráil aischeannaithe *b* call provision *(Air)* (*gu.* forála aischeannaithe)

Comhaontas i scríbhinn idir corparáid eisiúna agus a bannashealbhóirí a thugann an chéadrogha don chorparáid an banna a fhuascailt ar phraghas sonraithe roimh dháta a aibíochta.

foráil aisdíolta *b* put provision *(Air)* (*gu.* forála aisdíolta *ai.* forálacha aisdíolta)

Ceart sealbhóra banna ráta chomhlúthaigh a nóta a fhuascailt ag par ar dháta íocaíochta an chúpóin.

foráil do ró-leithroinnt *b* green shoe provision *(Air)*

Foráil conartha a thugann an chéadrogha don fhrithgheallaí scaireanna breise a cheannach ar an bpraghas tairisceana chun ró-leithroinnt a chumhdach.

foráil trasmhainneachtana *b* cross-default provision *(Air)* (*gu.* forála trasmhainneachtana)

Foráil i gcomhaontú iasachta a cheadaíonn don iasachtóir a dhearbhú go bhfuil an iasacht íníoctha láithreach agus críoch a chur le haon síneadh creidmheasa eile má loiceann an t-iasachtaí ar aon fhiachas eile.

fóram *f* forum *(Air)* (*gu.* fóraim)

foraoiseacht *b* forestry *(Fio)* (*gu.* foraoiseachta)

foras *f fch* institiúid. *(Gin)* (*gu.* forais)

forásach *a1* progressive *(Gin)*

forbair *br* develop *(Gin)*

forbairt *b* development *(Fio)* *(gu.* forbartha *ai.* forbairtí)

forbairt bogearraí *b* software development *(Río)* *(gu.* forbartha bogearraí)

forbairt córais *b* system development *(Río)* *(gu.* forbartha córais)

forbairt inchothaithe *b* sustainable development *(For)* *(gu.* forbartha inchothaithe)

forbairt táirgí *b* product development *(Fio)* *(gu.* forbartha táirgí)

Giniúint smaointe nua d'earraí nua nó d'earraí feabhsaithe le cur le hearraí atá ann cheana féin nó le cur ina n-ionad.

forbhreathnú *f* overview *(Gin)* *(gu.* forbhreathnaithe)

forbróir *f* developer *(Air)* *(gu.* forbróra *ai.* forbróiri) *(mal* réalóir *f gu.* réalóra *ai.* réalóirí)

forchineál *f* supertype *(Río)* *(gu.* forchineáil *ai.* forchineálacha)

forchineál aonáin *f* entity supertype *(Río)* *(gu.* forchineáil aonáin)

Féach fochineál aonáin. An cineál aonáin a chuimsíonn dhá fhochineál nó níos mó. Sa sampla thuas, forchineál de Ghluaisteán agus Truc a bheadh i Feithicil.

forchostais sheasta *f* fixed overheads *(Air)* *(gi.* forchostas seasta)

Aon chostais neamhdhíreacha nach n-athraíonn de réir mar a thagann athrú ar leibhéal táirgthe. Áirítear ina measc ciosanna agus dímheas sócmhainní seasta agus a leithéid, nithe nach n-athraíonn a gcostas iomlán in ainneoin athruithe i leibhéal na gníomhaíochta.

forchostas *f* overhead *(Air)* *(gu.* forchostais)

Costas a bhaineann le déantúsaíocht, cé nach n-aithnítear go mbaineann sé go díreach le haon mhír ar leith atá á táirgeadh. Samplaí is ea costais bhainistíochta, costais díolacháin, etc.

forchuir *br* impose *(Air)*

forfháidiú *f* forfaiting *(Air)*

Modh chun trádáil idirnáisiúnta in earraí caipitiúla a mhaoiniú.

forfheidhm *b* superfunction *(Río)* *(gu.* forfheidhme *ai.* forfheidhmeanna)

forimeallach[1] *f* peripheral[2] *(Río)* *(gu.* forimeallaigh)

forimeallach[2] *a1* peripheral[3] *(Río)*

foriomlán *a1* overall *(Gin)*

forlámhas *f* supremacy *(Gin)* *(gu.* forlámhais)

forleagan *f* overlay *(Río)* *(gu.* forleagain)

forleathadh (na) nuashonrúchán *f* update propagation *(Río)*

forleathantas *f* propagation *(Río)* *(gu.* forleathantais)

forleathnú coilíneach *f* colonial expansion *(For)* *(gu.* forleathnaithe choilínigh)

forlíon[1] *br* supplement *(Río)*

forlíon[2] *br* expand[2] *(Río)*

forlíonadh *f* expansion[2] *(Río)* *(gu.* forlíonta)

forlíonadh ioncaim teaghlaigh *f* family income supplement *(Air)* *(gu.* forlíonaidh ioncaim teaghlaigh)

forlíontach *a1* supplementary *(Gin)* *(var* supplemental)

forlíontán (crua-earraí) *f* add-on *(Río)* *(gu.* forlíontáin)

forlíontán poirt *f* port expander *(Río)* *(gu.* forlíontáin poirt)

forlódáil modhanna *b* method overloading *(Río)* *(gu.* forlódála modhanna)

Is féidir an t-ainm céanna a ghlaoch ar mhodhanna a bhaineann leis an aicme céanna, a fhad is atá a liostaí paraiméadar éagsúil. Glaoitear forlódáil modhanna ar an teicníc seo (ríomhchláru bunaithe ar oibiachtaí).

forluí *f* overlap[1] *(Río)*

forluigh *br* overlap[2] *(Río)*

forluiteach *a1* overlapping *(Río)*

formáid *b* format[1] *(Río)* *(gu.* formáide *ai.* formáidí)

1. An fhoirm ina gcaithfear treoir i meaisínteanga a scríobh chun é a rith i gceart. 2. Eagar réamhshocraithe a chuirtear ar shonraí, fhocail, litreacha, charachtair, chomhaid, etc.

formáid aschuir *b* output format *(Río)* *(gu.* formáide aschuir)

formáid carachtair *b* character format *(Río)* *(gu.* formáide carachtair *ai.* formáidí carachtair)

formáid cille *b* cell format *(Río)* *(gu.* formáide cille *ai.* formáidí cille)

formáid comhaid *b* file format *(Río)* *(gu.* formáide comhaid)

formáid dhénártha *b* binary format *(Río)* *(gu.* formáide dénártha)

Formáid Doiciméad Iniompartha *b* Portable Document Format (PDF) *(Río)* *(gu.* Formáide Doiciméad Iniompartha)

formáid ghrafach *b* graphic format *(Río)* *(gu.* formáide grafaí *ai.* formáidí grafacha)

Formáid Idirmhalartaithe Grafaice *b* Graphics Interchange Format (GIF) *(Río)* *(gu.* Formáide Idirmhalartaithe Grafaice)

formáidigh *br* format[2] *(Río)*

formáidithe *a3* formatted *(Río)*

formáidiú *f* formatting *(Río)* *(gu.* formáidithe)

1. Diosca crua nó discéad a ullmhú le sonraí a ghlacadh. 2. I bpróiseáil focal, i scarbhileoga, i ngrafaicí nó i mbunachair shonraí, sonraí a leagan amach i slí is go mbeidh cruth áirithe orthu ar an scáileán nó i gcló.

formáidiú eas-scáileáin *f* offscreen formatting *(Río)* *(gu.* formáidithe eas-scáileáin*)*

Formáid Mhéith-Théacs *b* Rich Text Format (RTF) *(Río)* *(gu.* Formáide Méith-Théacs*)*

formáid phriontála *b* print format *(Río)* *(gu.* formáide priontála*)*

formáid snámhphointe *b* floating-point format *(Río)* *(gu.* formáide snámhphointe *ai.* formáidí snámhphointe*)*

1. I léiriú snámhphointí dénártha, seo an fhormáid stórála a úsáidtear le luach snámhphointe dénártha a léiriú. 2. An fhoirm a úsáidtear le tairiseach snámhphointe a chur in iúl; mar shampla, léiriú uimhreach comhdhéanta de chomhartha roghnach á leanúint ag pointe deachúil, á leanúint ag an litir E, á leanúint ag tairiseach slánuimhreach agus suas le 3 dhigit bhunúsacha: tá 3.0E-2 cothrom le 3 huaire 10 go cumhacht -2 nó 0.03.

formáid sonraí *b* data format *(Río)* *(gu.* formáide sonraí *ai.* formáidí sonraí*)*

formáid téacs *b* text format *(Río)* *(gu.* formáide téacs*)*

formáid treorach *b* instruction format *(Río)* *(gu.* formáide treorach *ai.* formáidí treorach*)*

Comhdhéanamh agus leagan amach ríomhthreorach.

Formáid Uilíoch Dioscaí *b* Universal Disk Format (UDF) *(Río)* *(gu.* Formáide Uilíche Dioscaí*)*

formáid uimhreach *b* number format *(Río)* *(gu.* formáide uimhreach*)*

formáid uimhriúil *b* numeric format *(Río)* *(gu.* formáide uimhriúla *ai.* formáidí uimhriúla*)*

formhuiniú *f* endorsement *(Gin)* *(gu.* formhuinithe*)*

fo-roghchlár *f* submenu *(Río)* *(gu.* fo-roghchláir*)*

forphriontáil *br* overtype *(Río)*

forrántacht *b* aggression *(Gin)* *(gu.* forrántachta*)*

forrántacht chainte *b* verbal aggression *(Gin)* *(gu.* forrántachta cainte*)*

fórsa *f* force *(Gin)* *(ai.* fórsaí*)*

fórsaí an mhargaidh *f* market forces *(Air)*

forscript *b* superscript *(Río)* *(gu.* forscripte *ai.* forscripteanna*)*

Sa phróiseáil focal, carachtar a scríobhtar beagán os cionn leibhéal na líne.

forsheoltacht *b* superconductivity *(Río)* *(gu.* forsheoltachta*)*

forshuíomh *f* superposition *(Río)* *(gu.* forshuíomh *ai.* forshuíomhanna*)*

forthairiscint *b* tender offer *(Air)* *(gu.* forthairisceana *ai.* forthairiscintí*)*

Tairiscint phoiblí chun scaireanna i spriocghnólacht a cheannach.

fortheilg *br* project[2] *(Air)*

fortheilgeach *a1 fch* teilgeach. *(Fio)*

fortheilgthe *a3* projected *(Air)*

forúsáideoir *f* superuser *(Río)* *(gu.* forúsáideora *ai.* forúsáideoirí*)*

forzaipeáil *b* superzapping *(Río)* *(gu.* forzaipeála*)*

foscríbhinn *b* caption (below diagram) *(Río)* *(gu.* foscríbhinne *ai.* foscríbhinní*)*

foscript *b* subscript *(Río)* *(gu.* foscripte *ai.* foscripteanna*)*

Sa phróiseáil focal, carachtar a scríobhtar beagán faoi leibhéal na líne.

foscript eagair *b* array subscript *(Río)* *(gu.* foscripte eagair *ai.* foscripteanna eagair*)*

Déanann an fhoscript eagair difreáil idir eilimintí den eagar céanna.

foscriptiú *f* subscripting *(Río)* *(gu.* foscriptithe*)*

I dteangacha ríomhchláirúcháin, meicníocht le tagairt d'eilimint eagair trí thagairt eagair agus slonn amháin nó níos mó a thugann ionad na heiliminte nuair a déantar é a mheas.

fosfar *f* phosphor *(Río)* *(gu.* fosfair*)*

foshampláil *b* subsampling *(Río)* *(gu.* foshamplála*)*

foshlonn *f* subexpression *(Río)* *(gu.* foshloinn*)*

foshraith rialú loighciúil an naisc *b* logical link control (LLC) sublayer *(Río)*

foshuíomh *f* assumption *(Loi)* *(gu.* foshuímh) *(mal* aicsím *b gu.* aicsíme *ai.* aicsímí *gi.* aicsímí*)* *(var* axiom*)*

foshuíomh an domhain iata *f* closed world assumption *(Loi)*

fosprioc *b* subgoal *(Air)* *(gu.* fosprice *ai.* fospriocanna*)*

fostaí *f* employee *(Fio)* *(ai.* fostaithe*)*

Duine a fhostaíonn stór nó oibríocht miondíola eile nó duine eile chun obair a dhéanamh ar phá (tuarastal nó coimisiún).

fostóir *f* employer *(Air)* *(gu.* fostóra*)*

fostríoc *br* underscore *(Río)*

fostúchas *f* employability *(Gin)* *(gu.* fostúchais*)*

fótachóip *b* photocopy[1] *(Gin)* *(gu.* fótachóipe *ai.* fótachóipeanna*)*

fótachóipeáil *br* photocopy[2] *(Gin)*

fótacrómach *a1* photochromic *(Río)*

fotha *f* feed[1] *(Río)*

fo-thacar *f* subset *(Loi)* *(gu.* fo-thacair*)*

Is *fo-thacar* den tacar B é an tacar A más gá agus más leor gur ball de B é gach ball de A.

fo-thacar cóir *f* proper subset *(Loi)* (*gu.* fo-thacair chóir *ai.* fo-thacair chóra *gi.* fo-thacar cóir)

Is *fo-thacar* cóir de B é tacar A más ga agus más leor gur fo-thacar de B é A agus go bhfuil ball amháin ar a laghad de B nach ball de A é.

fo-thacar neamhfholamh *f* non-empty subset *(Loi)* (*gu.* fo-thacair neamhfholaimh *ai.* fo-thacair neamhfholmha)

fotha foirme *f* form feed *(Río)*

fotha frithchuimilte *f* friction feed *(Río)*

fothaigh *br* feed[2] *(Río)*

fothaire páipéir *f* paper feed *(Río)* (*ai.* fothairí páipéir)

fotha líne *f* line feed *(Río)*

fotheaghrán *f* substring *(Río)* (*gu.* fotheaghráin)

Cuid de theaghrán carachtar.

fotheanga sonraí *b* data sublanguage *(Río)* (*ai.* fotheangacha sonraí)

fothimpeallacht *b* subenvironment *(Air)* (*gu.* fothimpeallachta *ai.* fothimpeallachtaí)

fothú *f* feeding *(Río)* (*gu.* fothaithe)

fothú ar éileamh *f* demand feeding *(Río)* (*gu.* fothaithe ar éileamh)

Modh chun cuimhne fhíorúil a oibriú, ar analach an algartaim aitheanta beathaithe naíonáin ar éileamh: nuair a chaoineann an naíonán, beathaíonn tú é (mar mhalairt ar é a bheathú ag amanna rialta i rith an lae). (*var* baby feeding)

fótón *f* photon *(Río)* (*gu.* fótóin)

an Fhrainc *b* France *(Gin)* (*gu.* na Fraince)

fráma *f* frame[1] *(Río)* (*ai.* frámaí)

fráma anuas *f* drop-down frame *(Río)* (*ai.* frámaí anuas)

fráma cruaiche *f* stack frame *(Río)* (*ai.* frámaí cruaiche)

fráma gníomhachtaithe *f* activation frame *(Río)* (*ai.* frámaí gníomhachtaithe)

Taispeánann fráma gníomhachtaithe luachanna paraiméadar gach glao feidhme athchúrsaí agus tugann achoimre ar a rith.

frámaigh *br* frame[3] *(Río)*

frámaí sa soicind *f* frames per second (FPS) *(Río)*

fráma leathanaigh *f* page frame *(Río)* (*ai.* frámaí leathanaigh)

fráma maoirseachta *f* supervisory frame *(Río)* (*ai.* frámaí maoirseachta)

fráma samplála *f* sampling frame *(Air)* (*ai.* frámaí samplála)

frámú *f* framing *(Río)* (*gu.* frámaithe)

franc *f* franc *(Air)* (*ai.* francanna)

franc na Beilge *f* Belgian franc *(Air)* (*ai.* frainc na Beilge)

franc na Fraince *f* French franc *(Air)* (*ai.* frainc na Fraince)

franc na hEilvéise *f* Swiss franc *(Air)*

frása *f* phrase *(Gin)* (*ai.* frásaí)

freagair *br* reply *(Río)* (*var* respond)

freagairt *b* response *(Río)* (*gu.* freagartha)

freagairt láimhe *b* manual answering *(Río)* (*gu.* freagartha láimhe)

freagracht *b* responsibility *(Gin)* (*gu.* freagrachta)

fréamh *b* root[1] *(Gin)* (*gu.* fréimhe *ai.* fréamhacha) *(Ríomhaireacht)* An leibhéal is airde in ordlathas.

fréamhchomhadlann *b* root directory *(Río)* (*gu.* fréamhchomhadlainne *ai.* fréamhchomhadlanna)

I mórán córas oibríochta, is í seo an chomhadlann a chruthaítear ar gach diosca agus tiomáint nuair a fhormáidítear iad. (*mal* fréamhfhillteán *f gu.* fréamhfhillteáin) (*var* root folder)

fréamheilimint *b* root element *(Río)* (*gu.* fréamheiliminte *ai.* fréamheiliminti)

fréamhfhillteán *f* root folder *(Río)* (*gu.* fréamhfhillteáin)

I mórán córas oibríochta, is í seo an chomhadlann a chruthaítear ar gach diosca agus tiomáint nuair a fhormáidítear iad. (*mal* fréamhchomhadlann *b gu.* fréamhchomhadlainne *ai.* fréamhchomhadlanna) (*var* root directory)

fréamhfhillteán cianda *f* remote root folder *(Río)* (*gu.* fréamhfhillteáin chianda)

fréamhfhillteán logánta *f* local root folder *(Río)* (*gu.* fréamhfhillteáin logánta)

fréamhshamhail *b* prototype *(Gin)* (*gu.* fréamhshamhla *ai.* fréamhshamhlacha)

fréamhshamhail d'fheidhm *b* function prototype *(Río)* (*gu.* fréamhshamhla d'fheidhm *ai.* fréamhshamhlacha d'fheidhm)

fréamhshamhaltú *f* prototyping *(Río)* (*gu.* fréamhshamhaltaithe)

Modh chun ionsamhladh a sholáthar don Úsáideoir den tslí ina n-oibreoidh an córas. Múnlaítear agus taispeántar an t-ionsamhladh ar uirlis speisialtóra a dhéanann aithris ar ghnéithe den timpeallacht ina bhfuil sé le cur i ngníomh. Úsáidtear in SSADM é chun riachtanais an Úsáideora a dheimhniú nó a shoiléiriú.

fréamhshamhaltú de réir sonraíochta *f* specification prototyping *(Río)* (*gu.* fréamhshamhaltaithe de réir sonraíochta)

Teicníc a mbaintear úsáid as in SSADM chun riachtanais roghnaithe Úsáideora a bhailíochtú trí dhialóga agus gnásanna áirithe a fhréamhshamhaltú. Ní úsáidtear é mar bhealach incriminteach chun córas a thógáil, ach mar chleachtadh bailíochtaithe leis na hÚsáideoirí.

freastalaí *f* server *(Río) (ai.* freastalaithe) *(mal* friothálaí *f ai.* friothálaithe)

freastalaí ainmneacha fearainn *f* domain name server (DNS) *(Río) (ai.* freastalaithe ainmneacha fearainn)

freastalaí cianrochtana *f* remote-access server *(Río) (ai.* freastalaithe cianrochtana)

freastalaí comhad *f* file server *(Río) (ai.* freastalaithe comhad)

freastalaí comhoibríoch *f* collaborative server *(Rio) (ai.* freastalaithe comhoibríocha)

freastalaí curtha teachtaireachtaí *f* messaging server *(Río) (ai.* freastalaithe curtha teachtaireachtaí)

Freastalaí Faisnéise Achair Fhairsing *f* Wide Area Information Server (WAIS) *(Río) (ai.* Freastalaithe Faisnéise Achair Fhairsing)

freastalaí feidhmchláir *f* application server *(Río) (ai.* freastalaithe feidhmchláir)

freastalaí fíorúil *f* virtual server *(Río) (gu.* freastalaí fhíorúil *ai.* freastalaithe fíorúla)

freastalaí fógraí *f* ad-server *(Río) (ai.* freastalaithe fógraí)

freastalaí Gréasáin *f* Web server *(Rio) (ai.* freastalaithe Gréasáin)

freastalaí ríomhphoist *f* mail server *(Río) (ai.* freastalaithe ríomhphoist)

freastalaí rochtana líonra *f* network access server *(Río) (ai.* freastalaithe rochtana líonra)

freastalaí slán *f* secure server *(Río) (gu.* freastalaí shláin *ai.* freastalaithe slána)

freastalaí teirmineál *f* terminal server *(Río) (ai.* freastalaithe teirmineál)

freastalaí tiomnaithe comhad *f* dedicated file server *(Río) (ai.* freastalaithe tiomnaithe comhad)

freastal ar idirbhristeacha *f* servicing interrupts *(Río) (gu.* freastail ar idirbhristeacha)

friotaíocht borrtha surge resistance *(Río) (gu.* friotaíochta borrtha)

friothálaí *f fch* freastalaí. *(Río) (ai.* friothálaithe)

friotóir *f* resistor *(Río) (gu.* friotóra *ai.* friotóirí)

frítháireamh *f* offset *(Air) (gu.* frítháirimh)

frithchaitheamh *f* reflection *(Río) (gu.* frithchaithimh/frithchaite)

frithcheannach *f* counterpurchase *(Air) (gu.* frithcheannaigh)

Malartú earraí idir dhá pháirtí faoi dhá chonradh leithleacha ráite i dtéarmaí airgid.

frithchuimilt *b* friction *(Río) (gu.* frithchuimilte)

frithdheimhneach[1] *f* contrapositive[1] *(Mat) (gu.* frithdheimhnigh)

frithdheimhneach[2] *a1* contrapositive[2] *(Mat)*

frithdhleathacht *b* antinomy *(Gin) (gu.* frithdhleathachta)

frithgheall *br* underwrite *(Air)*

frithghealladh *f* underwriting *(Air) (gu.* frithgheallta)

frithghealladh an raoin difríochta *f* spread underwriting *(Air) (gu.* fhrithghealladh an raoin difríochta) *(mal* raon difríochta a fhrithghealladh *f*)

frithghealladh ceangaltais dhaingin *f* firm commitment underwriting *(Air) (gu.* frithgheallta ceangaltais dhaingin)

Frithghealladh ina ndéanann gnólacht baincéireachta infheistíochta ceangaltas chun an eisiúint iomlán a cheannach agus go nglacann sé iomlán na freagrachta airgeadais maidir le haon scaireanna nach ndíoltar.

frithghealladh díchill *f* best efforts underwriting *(Air) (gu.* frithgheallta díchill)

Tairiscint ina dtoilíonn an frithgheallaí an méid is féidir den tairiscint a dháileadh agus aon scaireanna neamhdhíolta a thabhairt ar ais don eisitheoir.

frithghealladh teannta *f* standby underwriting *(Air) (gu.* frithgheallta teannta)

Comhaontú faoina dtoilíonn frithgheallaí aon stoc a cheannach nach gceannaíonn an t-infheisteoir poiblí.

frithgheallaí *f* underwriter *(Air) (ai.* frithgheallaithe)

Duine (nó banc marsantachta nó teach imréitigh níos minicí) a thoilíonn eisiúint scaireanna comhlachta a fhrithghealladh. Ciallaíonn sé seo go dtoilíonn sé nó siad comhréir áirithe de na scaireanna a thógáil suas ar coimisiún mura suibscríobhann an pobal na scaireanna sin. Is minic a bhíonn gaol idir an méid a thoilíonn siad a thógáil suas agus an t-iosluach a luaitear ar shuibscríbhinn sa réamheolaire.

frithghealltanais *gma* underwritten *(Air)*

frithghníomhach *a1* reactive *(Gin)*

frithpháirteach *a1* mutual *(Air)*

frithstatach *a1* anti-static *(Río)*

fritrádáil *b* countertrade *(Air) (gu.* fritrádála)

Díolachán earraí le tír amháin atá nasctha le ceannach nó malartú earraí ón tír chéanna sin.

FSK caolbhanda *ain* narrowband FSK *(Río)*

fuaim *b* sound[1] *(Gin) (gu.* fuaime *ai.* fuaimeanna)

fuaim a shábháil *abairtín* saving sound *(Río)*

fuaimiúil *a2* acoustic *(Gin)*

fuaimniú *f* pronunciation *(Gin)* *(gu.* fuaimnithe)

Foghraíocht focail nó focal; an bealach ina bhfoghraítear focal, go háirithe maidir le caighdeán aitheanta.

fuaim shruthaithe *b* streaming sound *(Río)* *(gu.* fuaime sruthaithe)

fuascail *br* redeem *(Gin)*

fuascailt *b* redemption *(Air)* *(gu.* fuascailte *ai.* fuascailtí)

Scaoileadh oibleagáide banna nuair a íocann a eisitheoir aghaidhluach an bhanna lena shealbhóir.

fuinneamh *f* energy *(Fio)* *(gu.* fuinnimh)

fuinneog *b* window *(Gin)* *(gu.* fuinneoige *ai.* fuinneoga)

(Ríomhaireacht) Achar iniata, dronuilleogach ar scáileán. Bíonn comhéadan grafach ag formhór córas oibriúcháin an lae inniu, a ligeann duit an scáileán a roinnt i bhfuinneoga. Féadann tú clár éagsúil a rith, nó sonraí éagsúla a thaispeáint, i ngach fuinneog.

fuinneoga, deilbhíní, luch, roghchláir anuas *ain* windows, icons, mouse, pull-down menus (WIMP) *(Río)*

fuinneoga forluiteacha *b* overlapping windows *(Río)*

fuinneoga fhorluiteach taibhle *b* overlapping register window *(Río)* *(gu.* fuinneoige forluití taibhle *ai.* fuinneoga forluiteacha taibhle)

fuinneog ghníomhach *b* active window *(Río)* *(gu.* fuinneoige gníomhaí *ai.* fuinneoga gníomhacha)

fuinneog nasc diailithe *b* dial-up connection window *(Río)* *(gu.* fuinneoige nasc diailithe *ai.* fuinneoga nasc diailithe)

fuinneog shleamhnáin *b* sliding window *(Río)* *(gu.* fuinneoige sleamhnáin *ai.* fuinneoga sleamhnáin)

fuinneog thabhaill *b* register window *(Río)* *(gu.* fuinneoige tabhaill *ai.* fuinneoga tabhaill)

fuinnmhigh *br* energize *(Río)*

fulaing *br* suffer *(Gin)*

fútar *f* jabber[1] *(Río)* *(gu.* fútair)

fútráil *br* jabber[2] *(Río)*

G

ga *f* ray *(Río)* *(ai.* gathanna)

gabh[1] *br* fetch *(Río)*

gabh[2] *br* capture *(Río)*

gabhálaí frámaí *f* frame grabber *(Río)* *(gu.* gabhálaithe frámaí)

gach rud *abairtín* all *(Río)*

gafa *a3* taken *(Gin)*

gafa le *aid* engaged in *(Gin)*

gailearaí stíleanna *f* style gallery *(Río)*

gair *br* invoke *(Río)* *(mal* glaoigh *br)* *(var* call)

gairide *b* recency *(Río)*

gaiste *f* trap *(Río)* *(ai.* gaistí)

gaiste poill *f* hole trap *(Río)*

gáitéar *f* gutter *(Río)* *(gu.* gáitéir)

gáma *f* gamma *(Air)*

Cóimheas athraithe i ndeilte na chéadrogha le hathrú beag i bpraghas sócmhainne ar a bhfuil an rogha scríofa.

gáma-cheartú *f* gamma correction *(Río)* *(gu.* gáma-cheartaithe)

gan filleadh ar nialas *abairtín* non-return-to-zero *(Río)*

gan freagairt *abairtín* not responding *(Río)*

gan fuaim *abairtín* mute *(Río)*

gan íoc *abairtín* outstanding *(Air)* *(mal* amuigh *dob)*

gan nasc *abairtín* connectionless *(Río)*

gannchion *f* shortfall *(Air)*

Ganntanas, easnamh sa mhéid a raibh súil leis, meath, easpa, caillteanas.

ganndíoltóir *f* short seller *(Air)* *(gu.* ganndíoltóra *ai.* ganndíoltóirí)

Bíonn ganndíoltóir ag súil go dtitfidh praghsanna ionas gur féidir an díol gearr a cheannach isteach ar bhrabús sula gcaithfear an seachadadh a dhéanamh. Béar is ea ganndíoltóir.

gannmhaitrís *f* sparse matrix *(Río)* *(gu.* gannmhaitríse *ai.* gannmhaitrísí)

Maitrís a thagann i gceist de ghnáth i gcomhthéacs cothromóidí algéabracha líneacha san fhoirm Ax 3D b, áit a bhfuil A ollmhór agus go bhfuil coibhneas ard d'eilimintí nialasacha ann (níos mó, abair, ná 90%). Tá teicnící ar leith ar fáil a shaothraíonn an líon mór nialas agus a laghdaíonn go mór an iarracht ríomhaireachta i gcomparáid le maitrís iomlán ghinearálta.

gannsreabhadh *f* underflow *(Río)* *(gu.* gannsreafa)

ganntanas *f* shortage *(Air)* *(gu.* ganntanais)

gan ord *abairtín* unordered *(Río)*

gan scoilteoir *abairtín* splitterless *(Río)*

gan spleáchas ar bhloghadh (na) (sonraí) *abairtín* fragmentation independence *(Río)*

gan spleáchas ar mhacasamhlú (na) (sonraí) *abairtín* replication independence *(Río)*

gaol[1] *f* relation[1] *(Gin)* *(gu.* gaoil *ai.* gaolta)

(Loighic) Is ionann gaol idir dhá athróg agus *tacar firinne abairte oscailte* a bhfuil dhá athróg inti.

gaol[2] *f* relationship *(Gin)* *(gu.* gaoil *ai.* gaolta)

(Ríomhaireacht) I SSADM, ceangal idir dhá aonán. Ní mór do ghaol a aithnítear ar Shamhail Loighciúil de Shonraí a bheith fíor do gach tarlú de na haonáin sin.

gaol aicmeach *f fch* gaol idir aicmí. *(For) (gu.* gaoil aicmigh *ai.* gaolta aicmeacha)

gaol athchúrsach *f* recursive relationship *(Río) (gu.* gaoil athchúrsaigh *ai.* gaolta athchúrsacha)

gaol coibhéise *f* equivalence relation *(Loi) (gu.* gaoil choibhéise *ai.* gaolta coibhéise)

Is ionann gaol a * b idir dhá aonán mhatamaiticiúla agus *gaol coibhéise* más gá agus más leor go bhfuil na hairíonna seo aige:

1. a * a

2. má tá a * b ansin tá b * a

3. má tá a * b agus má tá b * c, ansin tá a * c.

gaol díorthaithe *f* derived relation *(Río) (gu.* gaoil dhíorthaithe *ai.* gaolta díorthaithe)

gaol eisiach *f* exclusive relationship *(Río) (gu.* gaoil eisiach *ai.* gaolta eisiacha)

gaol idir aicmí *f* class relations *(For) (gu.* gaoil idir aicmí *ai.* gaolta idir aicmí) *(mal* gaol aicmeach *f gu.* gaoil aicmigh *ai.* gaolta aicmeacha)

gaothaire fuaraithe *f* cooling vent *(Gin) (ai.* gaothairí fuaraithe) *(mal* poll aeir *f gu.* poill aeir)

gaothrán *f* fan[1] *(Río) (gu.* gaothráin)

garbhánta *a1* coarse-grained *(Río)*

garchlann *b* grandchildren *(Gin) (gu.* garchlainne)

gealaraí Gréasáin *f* Web gallery *(Río) (ai.* gealaraithe Gréasáin)

geallaí *f* writer *(Air) (gu.* geallaithe)

geallaí rogha *f* option writer *(Air) (ai.* geallaithe rogha)
An duine a dhíolann nó a thugann rogha mar mhalairt ar phréimh agus a bhfuil oibleagáid air gníomhú má fheidhmíonn sealbhóir na rogha a cheart faoin gconradh rogha.

geallsealbhóirí *f* stakeholders *(Air)*
Stocshealbhóirí agus sealbhóirí bannaí araon.

gealltán *f* pledge *(Gin) (gu.* gealltáin)

gealltanais *gma* promissory *(Air)*

gealltanas *f* undertaking *(Dlí) (gu.* gealltanais)

gealltán diúltach *f* negative pledge *(Air) (gu.* gealltáin dhiúltach *ai.* gealltáin dhiúltacha)
Gealltanas conarthach a thugann iasachtaí, in eisiúint bannaí nó in iasacht sindeacáite, gan tabhairt faoi ghníomh áirithe sa todhchaí.

an Ghearmáin *b* Germany *(Gin) (gu.* na Gearmáine)

gearr[1] *aid* short *(Gin)*

gearr[2] *br* charge[3] *(Air)*

gearradh *f* cut *(Gin) (gu.* gearrtha *ai.* gearrthacha)

gearradh cumhachta *f fch* gearradh leictreachais. *(Río) (gu.* gearrtha cumhachta)

gearradh leictreachais *f* power cut *(Río) (gu.* gearrtha leictreachais) *(mal* gearradh cumhachta *f gu.* gearrtha cumhachta)

gearr agus greamaigh *br* cut and paste *(Río)*
Teicníc a úsáidtear le mír sonraí a aistriú (téacs i bpróiseálaí focal, nó léaráidí agus téacs i bpacáiste cumtha leathanach) ó chuid amháin de dhoiciméad go cuid eile den doiciméad céanna, nó go dtí doiciméad eile. I roinnt córas coinnítear na sonraí i láthair sealadach stórála ar a dtugtar an ghearrthaisce. Bíonn na sonraí ar fáil go dtí go scríobhtar tharstu le sonraí nua.

gearrchiorcad[1] *f* short-circuit[1] *(Río) (gu.* gearrchiorcaid)

gearrchiorcad[2] *br* short-circuit[2] *(Río) (var* short out)

gearr, cóipeáil, greamaigh *br* cut, copy, paste *(Río)*

gearróg *b* short bit *(Gin) (gu.* gearróige *ai.* gearróga)

gearróg fuaime *b* sound bite *(Gin) (gu.* gearróige fuaime)
Seachghlór a úsáidtear chun cur le físamharc. *(mal* giotán fuaime *f gu.* giotán fuaime)

gearr rogha ar cheannach *abairtín* short a call option *(Air)*

gearr rogha ar dhíol *abairtín* short a put option *(Air)*

gearrthaisce *b* clipboard *(Río) (gu.* gearrthaisce *ai.* gearrthaiscí)
Áit a stóráltar sonraí go sealadach. *(var* scratchpad)

gearrthéarma *f* short term[1] *(Air) (ai.* gearrthéarmaí)

gearrthéarmach *a1* short-term[2] *(Gin)*

gearrthonn *b* short wave (SW) *(Río) (gu.* gearrthoinne *ai.* gearrthonnta)

gearrthréimhseach *a1* short-run *(Air)*

geata[1] *f* gate *(Río) (ai.* geataí)
1. Ciorcad loighce le dhá ionchur nó breis agus iad ag rialú aschuir amháin. 2. An eilimint rialúcháin i dtrasraitheoirí tionchar réimse, a rialaíonn sreabhadh an tsrutha ó fhoinse go draein.

geata[2] *f* gateway *(Río) (ai.* geataí)

geata AND *f* AND gate *(Río) (ai.* geataí AND)
Ciorcad a dhéanann an fheidhm AND a chomhlíonadh. Is ciorcad comhartha é an geata AND ina bhfuil dhá shreang ionchurtha, nó breis, ina dtugann an sreang aschurtha comhartha sa chás, agus sa chás amháin, go bhfaigheann na sreanga ionchurtha go léir comharthaí comhtheagmhasacha.

geata dépholach *f* bipolar gate *(Río) (gu.* geata dhépholaigh *ai.* geataí dépholacha)

Is iad an dá phríomhtheicneolaíocht a úsáidtear chun geataí a dhéanamh ná an dépholaraíocht agus an leathsheoltóir ocsaíd mhiotail. Is iad na príomhchineálacha dépholaraíochta ná an Loighic Thrasraitheora is Thrasraitheora atá ina crann taca sa leictreonaic dhigiteach le blianta, agus an Loighic Astaíre-Chúpláilte, a úsáidtear nuair a bhíonn gá le hoibríocht ardluais.

geata eisiatachta *f* exclusion gate *(Río)*

geata loighce *f* logic gate *(Río)* *(ai.* geataí loighce)

geata méire *f* finger gateway *(Río)* *(ai.* geataí méire)

geata NAND *f* NAND gate *(Río)* *(ai.* geataí NAND)

Geata AND agus inbhéartóir á leanúint. Más 1 an luach atá ag na hionchuir go léir, is ionann an t-aschur agus o, agus más o an luach atá ag aon cheann de na hionchuir, 1 a bheidh mar aschur. Tá seo contrártha le geata AND.

geata NOR *f* NOR gate *(Río)* *(ai.* geataí NOR)

Ciorcad nó geata a mbíonn a aschur fíor sa chás agus sa chás amháin go mbíonn na hionchuir go léir bréagach.

geata NOT *f* NOT gate *(Río)* *(ai.* geataí NOT)

Ciorcad nó geata a mbíonn a aschur fíor nuair a bhíonn an t-ionchur bréagach, agus a aschur bréagach nuair a bhíonn an t-ionchur fíor.

geata OR *f* OR gate *(Río)* *(ai.* geataí OR)

Ciorcad ríomhaire ina bhfuil dhá lasc arb é a n-aschur ná 1 dénártha más 1 dénártha an t-ionchur in aon cheann amháin díobh nó sa dá cheann. Cuireann sé an t-oibreoir OR i ngníomh.

geata ríomhphoist *f* mail gateway *(Río)* *(ai.* geataí ríomhphoist)

geata tromlaigh *f* majority gate *(Río)* *(ai.* geataí tromlaigh)

geilleagar *f* economy *(Gin)* *(gu.* geilleagair)

1. Eagrú nó ord pobail nó náisiúin i leith a acmhainní agus a chúraimí (ábhartha, go speisialta). 2. Cur síos ar thír i dtéarmaí chomhdhéanamh iomlán a ghníomhaíochtaí eacnamúla agus mar áit ina ndéantar an cinneadh deiridh ar chomhairlí eacnamúla.

geilleagar iata *f* closed economy *(Fio)* *(gu.* geilleagair iata)

geilleagrach *a1 fch* eacnamaíoch. *(Air)*

géillphointe *f* yield point *(Fio)* *(ai.* géillphointí)

géire *b* sharpness *(Río)*

gensaki *f* gensaki *(Air)*

Comhaontas athcheannaigh de thrí mhí nó níos lú a n-úsáidtear bannaí rialtais, bintiúir bhainc nó bannaí bardasacha de ghnáth mar chomhthaobhacht dó.

geografach *a1* geographical *(Gin)* *(var* locational)

geoiméadrach *a1* geometric *(Mat)*

geolárnach *a1* geocentric *(Fio)*

geopholaitiúil *a2* geo-political *(For)*

Ghréig, An *b* Greece *(Gin)* *(gu.* na Gréige)

giaráil *b* gearing *(Air)* *(gu.* giarála)

giaráil airgeadais *b* financial leverage *(Air)* *(gu.* giarála airgeadais)

An méid atá gnólacht i muinín fiachais.

giaráil bhaile *b* homemade leverage *(Air)* *(gu.* giarála baile)

An smaoineamh gur féidir le daoine éifeachtaí giarála corparáide a dhúbláil iad féin chomh fada agus a thógann siad agus a thugann siad iasachtaí ar na téarmaí céanna leis an ngnólacht.

giaráil chaipitiúil *b* leverage *(Air)* *(gu.* giarála caipitiúla)

Nuair a úsáideann cuideachta a sócmhainní teoranta chun iasachtaí substaintiúla a ráthú lena gnó a mhaoiniú. *(var* capital gearing)

giaráil chaipitiúil oibriúcháin *b* operating leverage *(Air)* *(gu.* giarála caipitiúla oibriúcháin)

An méid seasmhachta seachas athraithis a bhaineann le costais oibriúcháin cuideachta.

gigibheart *f* gigabyte *(Río)* *(gu.* gigibhirt *ai.* gigibhearta)

gildear *f* guilder *(Air)*

gildear na hOllainne *f* Dutch guilder *(Air)*

gineadóir cainte *f* speech generator *(Río)* *(gu.* gineadóra cainte *ai.* gineadóirí cainte)

gineadóir feidhme inathraithe *f* variable function generator *(Río)* *(gu.* gineadóra feidhme inathraithe *ai.* gineadóirí feidhme inathraithe)

gineadóir feidhme seasta *f* fixed function generator *(Río)* *(gu.* gineadóra feidhme seasta *ai.* gineadóirí feidhme seasta)

gineadóir loighce mórstaide *f* major-state logic generator *(Río)* *(gu.* gineadóra loighce mórstaide)

gineadóir tuarascála *f* report generator *(Río)* *(gu.* gineadóra tuarascála *ai.* gineadóirí tuarascála)

gineadóir uimhreacha randamacha *f* random number generator *(Río)* *(gu.* gineadóra uimhreacha randamacha *ai.* gineadóirí uimhreacha randamacha)

Gléas nó gnáthamh a ghineann uimhreacha randamacha. Ar an gcuid is mó de chórais ríomhairí, áfach, ní randamach atá siad ach súdarandamach.

ginearálta *a3* general *(Gin)*

ginearálú *f* generalization *(Gin)* *(gu.* ginearálaithe)

giniúint *b* generation[2] *(Gin)* *(gu.* giniúna)

giniúint agus eagrú sonraí *b* generation and organization of data *(Gin)* *(gu.* giniúna agus eagraithe sonraí)

giniúint eisceachta *b* throwing an exception *(Río) (gu.* giniúna eisceachta *ai.* giniúinti eisceachta)

Nuair a ghintear eisceacht, aistrítear rialú ríomhchláir go dtí an láimhseálaí eisceachta oiriúnach is cóngaraí.

giniúint 3 smaoineamh *b* 3-idea generation *(Fio) (gu.* giniúna 3 smaoineamh)

ginnie maes *f* ginnie maes *(Air)*

Bannaí a bhfuil tacaíocht acu ó chomhthiomsú morgáistí. *(var* GNMAs)

giodam *f* jitter *(Río) (gu.* giodaim)

giodamaíocht *b* jittering *(Río) (gu.* giodamaíochta)

giorrúchán *f fch* nod. *(Gin) (gu.* giorrúcháin)

giorrúchán trí litir *f* three-letter abbreviation (TLA) *(Río) (gu.* giorrúcháin trí litir)

giotáin san orlach *f* bits per inch (Bpi) *(Río)*

giotáin sa phicteilín *f* bits per pixel (Bpp) *(Río)*

giotáin sa soicind *f* bits per second (Bps) *(Río)*

giotán *f* bit *(Río) (gu.* giotáin)

Ceachtar de na digití o nó 1 agus iad á n-úsáid sa chóras dénártha. Comhchiallach le digit dhénártha. *(mal* digit dhénártha *b gu.* digite dénártha *ai.* digiti dénartha) *(var* binary digit)

giotán feithimh múscailte *f* wakeup waiting bit *(Río) (gu.* giotáin feithimh múscailte)

giotán fuaime *f fch* gearróg fuaime. *(Gin) (gu.* giotáin fuaime)

giotán gan sín *f* unsigned bit *(Río) (gu.* giotáin gan sín)

giotán iompraigh *f* carry bit *(Río) (gu.* giotáin iompraigh)

An digit a shuimítear leis an gcéad ionad digite eile is airde nuair is mó suim na ndigití san ionad íseal ná an bhonnuimhir.

giotán is lú suntas *f* least significant bit (LSB) *(Río) (gu.* giotáin is lú suntas)

giotán is mó suntas *f* most significant bit (MSB) *(Río) (gu.* giotáin is mó suntas)

An giotán a thugann an luach is mó d'uimhir dhénártha; i nodaireacht dhénártha, an digit ar clé ar fad.

giotán neamhnithe *f* annul bit *(Río) (gu.* giotáin neamhnithe)

Is cleas é an giotán neamhnithe chun fáil réidh le sliotáin mhoillaga. Más o é i mbrainse coinníollach, ritear an sliotán moillaga mar is gnáth. Más 1 é, áfach, ní ritear an sliotán moillaga ach sa chás go mbíonn an brainse gafa. Mura mbíonn sé gafa, léimtear thar an treoir a thagann i ndiaidh an bhrainse choinníollaigh.

giotán paireachta *f* parity bit *(Río) (gu.* giotáin phaireachta)

giotánra *f* word[2] *(Río) (ai.* giotánraí)

giotánra uimhriúil *f* numeric word *(Río) (ai.* giotánraí uimhriúla)

giotán rialúcháin *f* control bit *(Río) (gu.* giotáin rialúcháin)

giotán salach *f* dirty bit *(Río) (gu.* giotáin shalaigh *ai.* giotáin shalacha)

giotán seiceála *f* check bit *(Río) (gu.* giotáin seiceála)

giotán stádais *f* status bit *(Río) (gu.* giotáin stádais)

giotán stoptha *f* stop bit *(Río) (gu.* giotáin stoptha)

giotán tosaithe *f* start bit *(Río) (gu.* giotáin tosaithe)

giuirléid *b* widget *(Río) (gu.* giuirléide *ai.* giuirléidí)

glac *br* accept *(Gin)*

glacacht *b* receptiveness *(Gin) (gu.* glacachta)

glacadh[1] *f* acceptance[1] *(Gin) (gu.* glactha)

glacadh[2] *f* reception *(Río) (gu.* glactha *ai.* glacthaí)

glacadh bainc *f* banker's acceptance *(Air) (gu.* glactha bainc)

Dréacht a tharraingítear ar an mbanc agus a nglacann an banc leis rud a chiallaíonn go n-onóróidh an banc é ag a phointe aibíochta.

glacadh cothrománach *f* horizontal acquisition *(Air) (gu.* glactha chothrománaigh)

Cumasc idir dhá chomhlacht a tháirgeann earraí agus seirbhísí cosúla.

glacadh ilchuideachta *f* conglomerate acquisition *(Air) (gu.* glactha ilchuideachta)

Áit nach bhfuil aon ghaol idir an gnólacht féin agus an gnólacht a ghlactar.

glacadh ingearach *f* vertical acquisition *(Air) (gu.* glactha ingearaigh)

Glacadh ina bhfuil an gnólacht éadála agus an gnólacht a bhfuil seilbh á glacadh air ag staideanna difriúla den phróiseas táirgthe.

glacadóir *f* receiver *(Río) (gu.* glacadóra *ai.* glacadóirí)

glacadóir bus *f* bus receiver *(Río) (gu.* glacadóra bus *ai.* glacadóirí bus)

Slis a nascann sclábhaí bus le bus.

glacadóir/tarchuradóir aisioncronach uilíoch *f* universal asynchronous receiver-transmitter (UART) *(Río) (gu.* glacadóra/tarchuradóra aisioncronaigh uilíoch)

glacadóir/tarchuradóir sioncronach aisioncronach uilíoch *f* universal synchronous asynchronous receiver-transmitter (USART) *(Río) (gu.* glacadóra/tarchuradóra sioncronaigh aisioncronaigh uilíoch)

glac v (le) *br* assume *(Río)*

glan[1] *a1* clear *(Gin)*

glan[2] *a1* effective[1] *(Gin)*

glan[3] *a1* net *(Air)*

glan[4] *br* settle *(Air)*

glan[5] *br* purge[2] *(Río)*

glan-achar inligthe *f* net lettable space *(Air)* *(gu.* glan-achair inligthe)

glanadh[1] *f* netting out *(Air)* *(gu.* glanta)
Glanadh mar bhrabús.

glanadh[2] *f* purge[1] *(Río)* *(gu.* glanta)

glanchaillteanais oibriúcháin *f* net operating losses *(Air)* *(gi.* glanchaillteanas oibriúcháin)
Caillteanais ar féidir le gnólacht leas a bhaint astu chun cánacha a laghdú.

glanchaillteanas *f* net loss *(Air)* *(gu.* glanchaillteanais)

glanchaipiteal *f* net capital *(Air)* *(gu.* glanchaipitil)

glanchaipiteal oibre *f* net working capital *(Air)* *(gu.* glanchaipitil oibre)
Sócmhainní reatha lúide dliteanais reatha.

glan-chúlchnap *f* net float *(Air)* *(gu.* glan-chúlchnaip *ai.* glan-chúlchnapanna)
Suim an chúlchnaip íocaíochtaí amach agus an chúlchnaip bailiúcháin.

glandíbhinn deiridh *b* net final dividend *(Air)* *(gu.* glandíbhinne deiridh)

glandíbhinn eatramhach *b* net interim dividend *(Air)* *(gu.* glandíbhinne eatramhaí *ai.* glandíbhinní eatramhacha)

glanfhiúchas *f* net worth *(Air)* *(gu.* glanfhiúchais)

glan-iarmhéid airgid *f* net cash balance *(Air)*
Iarmhéid tosaigh airgid móide fáltais airgid thirim lúide íocaíochtaí airgid thirim.

glaninfheistíocht *b* net investment *(Air)* *(gu.* glaninfheistíochta *ai.* glaninfheistíochtaí)
Ollinfheistíocht nó infheistíocht iomlán lúide dímheas. (*mal* infheistíocht ghlan *b gu.* infheistíochta glaine *ai.* infheistíochtaí glana)

glanioncam úis *f* net interest income *(Air)* *(gu.* glanioncaim úis)

glanluach *f* net value *(Air)* *(gu.* glanluacha)

glanluacháil *b* netting *(Air)* *(gu.* glanluachála)
Próiseas chun díolacháin agus ceannacháin chomhoiriúnacha a fhritháireamh in aghaidh a chéile, go háirithe díolacháin agus ceannacháin todhchaíochtaí, roghanna agus réamhairgeadraí. Teach imréitigh is ea a sholáthraíonn an tseirbhís seo de ghnáth do mhalartán nó do mhargadh.

glanluach fírinneach easpórtálacha *f* real net exports *(Air)* *(gu.* glanluacha fhírinnigh easpórtálacha)
Luach easpórtálacha coigeartaithe do bhoilsciú lúide luach iompórtálacha coigeartaithe do bhoilsciú.

glanluach láithreach *f* net present value (NPV) *(Air)* *(gu.* glanluacha láithrigh *ai.* glanluachanna láithreacha)
Luach láithreach airgid thirim a aisíocfar sa todhchaí, lascainithe ag an ráta úis cuí de réir an mhargaidh, lúide luach láithreach chostas na hinfheistíochta.

glanluach láithreach na ndeiseanna fáis *f* net present value of growth opportunities (NPVGO) *(Air)* *(gu.* ghlanluach láithreach na ndeiseanna fáis)
Samhail luachála gnólachta ina ndéantar dearbhscrúdú ar ghlanluach infheistíochtaí nua.

glanluach sócmhainní *f* net asset value (NAV) *(Air)* *(gu.* glanluacha sócmhainní)

glanmhéid *f* net amount *(Air)*

glansócmhainn *b* net asset *(Air)* *(gu.* glansócmhainne *ai.* glansócmhainní)

glanspás *f* net space *(Air)* *(gu.* glanspáis)

glantóir téipe *f* tape cleaner *(Río)* *(gu.* glantóra téipe)

glao *f* call[1] *(Río)* *(ai.* glaonna)
Aistriú smachta chuig foghnáthamh iata ar leith.

glao ag feitheamh *abairtín* call waiting *(Río)*

glao ar an gcóras *f* system call *(Río)*

glao athchúrsach *f* recursive call *(Río)* *(gu.* glao athchúrsaigh *ai.* glaonna athchúrsacha)

glaoch iarchurtha *f* deferred call *(Air)* *(gu.* glaoigh iarchurtha)
Foráil a thoirmisceann an gnólacht ó bhanna a ghlaoch roimh dháta áirithe.

glaoch láimhe *f* manual calling *(Río)* *(gu.* glaoigh láimhe)

glao de réir luacha *f* call by value *(Río)* *(ai.* glaonna de réir luacha)
Tugtar luach na hargóna don ghnáthamh a glaodh

glao de réir tagartha *f* call by reference *(Río)* *(ai.* glaonna de réir tagartha)
Is é seoladh na hargóna, agus ní hé a luach, a fhaigheann an gnáthamh a glaodh.

glao feidhme *f* function call *(Río)* *(ai.* glaonna feidhme)

glao fíorúil *f* virtual call *(Río)* *(gu.* glao fhíorúil *ai.* glaonna fíorúla)

glaogheata *f* call gate *(Río)* *(ai.* glaogheataí)
Tuairisceoir a thugann seoladh gnáis atá le glaoch.

glao gnáis *f* procedure call *(Río)* *(ai.* glaonna gnáis)

glaoigh[1] *br* call[2] *(Río)*

glaoigh[2] *br* invoke *(Río)*

glaoire *f* pager *(Río)* *(ai.* glaoirí)

glaoireacht *b* paging (of calling) *(Río)* *(gu.* glaoireachta)

glaoire déthreo *f* two-way pager *(Río)* *(ai.* glaoirí déthreo)

glaoiteoir *f* caller *(Gin)* *(gu.* glaoiteora *ai.* glaoiteoirí)

glaomhargadh *f* call market *(Air)* *(gu.* glaomhargaidh *ai.* glaomhargaí)

glaonna a chur ar aghaidh *f* call forwarding *(Río)*

glaoráta *f* call rate *(Air)* *(ai.* glaorátaí)

glaosheicheamh *f* calling sequence *(Río)* *(gu.* glaosheichimh)

An tacar treoracha ríomhchláir arb é a n-aidhm na chéadchúinsí riachtanacha a chur in áit sula ndéantar glao ar fhoghnáthamh.

glaothreoir *b* call instruction *(Río)* *(gu.* glaothreorach *ai.* glaothreoracha)

glaothreoir feidhme *b* function call instruction *(Río)* *(gu.* glaothreorach feidhme *ai.* glaothreoracha feidhme)

glas *f* lock *(Air)* *(gu.* glais)

glasáil *b* locking *(Río)* *(gu.* glasála)

glasáilte *a3* locked *(Gin)*

glas ceannlitreacha *f* caps lock *(Río)* *(gu.* glais ceannlitreacha)

glas comhroinnte *f* shared lock *(Río)* *(gu.* glais chomhroinnte)

glas eisiach *f* exclusive lock *(Río)* *(gu.* glais eisiach *ai.* glais eisiacha)

glas méarchláir *f* keyboard lock *(Río)* *(gu.* glais méarchláir)

glasmhál *f* greenmail *(Air)*

Íocaíochtaí le tairgeoirí poitéinsiúla chun stop a chur le hiarrachtaí táthcheangail neamhchairdiúla.

gléas[1] *f* device *(Río)* *(gu.* gléis *ai.* gléasanna)

gléas[2] *br* mount *(Río)*

gléas aitheanta gutha *f* voice recognition device *(Río)* *(gu.* gléis aitheanta gutha)

gléasanna comhoiriúnacha *f* compatible devices *(Río)*

gléas aschurtha *f* output device *(Río)* *(gu.* gléis aschurtha *ai.* gléasanna aschurtha)

Aonad a úsáidtear chun sonraí a ghlacadh ó ríomhaire agus iad a chur ar fáil don úsáideoir san fhoirm a theastaíonn.

gléas cumarsáide *f* communications device *(Río)* *(gu.* gléis chumarsáide *ai.* gléasanna cumarsáide)

gléas éighníomhach *f* passive device *(Río)* *(gu.* gléis éighníomhaigh *ai.* gléasanna éighníomhacha)

gléas freagartha *f* answerphone *(Gin)* *(gu.* gléis freagartha *ai.* gléasanna freagartha)

gléas glasála teirminéil *f* terminal locking device (TLD) *(Río)* *(gu.* gléis ghlasála teirminéil *ai.* gléasanna glasála teirminéil)

gléas I/A *f* I/O device *(Río)* *(gu.* gléis I/A *ai.* gléasanna I/A) *(mal* gléas ionchurtha/aschurtha *f gu.* gléis ionchurtha/aschurtha *ai.* gléasanna ionchurtha/aschurtha) *(var* input/output device)

gléas ionchurtha *f* input device *(Río)* *(gu.* gléis ionchurtha *ai.* gléasanna ionchurtha)

Gléas a chuireann sonraí isteach i ríomhaire, mar shampla, méarchlár nó luch.

gléas ionchurtha/aschurtha *f* input/output device *(Río)* *(gu.* gléis ionchurtha/aschurtha *ai.* gléasanna ionchurtha/aschurtha) *(mal* gléas I/A *f gu.* gléis I/A *ai.* gléasanna I/A) *(var* I/O device)

gléas ionchurtha fuaime *f* audio input device *(Río)* *(gu.* gléis ionchurtha fuaime *ai.* gléasanna ionchurtha fuaime)

gléas léirmhínithe *f* interpreter device *(Río)* *(gu.* gléis léirmhínithe *ai.* gléasanna léirmhínithe)

gléas scanta *b* scan device *(Río)* *(gu.* gléis scanta *ai.* gléasanna scanta)

gléas scanta rastair *b* raster scan device *(Río)* *(gu.* gléis scanta rastair *ai.* gléasanna scanta rastair)

gléas seachtrach *f* external device *(Río)* *(gu.* gléis sheachtraigh *ai.* gléasanna seachtracha)

gléas slándála teirminéal *f* terminal security device (TSD) *(Río)* *(gu.* gléis slándála teirminéal *ai.* gléasanna slándála teirminéal)

gléas stórála *f* storage device *(Río)* *(gu.* gléis stórála *ai.* gléasanna stórála)

gléas trí staid *f* tri-state device *(Río)* *(gu.* gléis trí staid)

gléine *b* definition[2] (clarity) *(Río)*

gliogáil *br fch* cliceáil. *(Gin)*

glórphost *f* voicemail *(Río)* *(gu.* glórphoist)

glórthairseach *b* voice portal *(Río)* *(gu.* glórthairsí)

gluais[1] *b* glossary *(Río)* *(gu.* gluaise *ai.* gluaiseanna)

gluais[2] *br* move[1] *(Gin)*

gluaiseacht *b* movement *(Gin)* *(gu.* gluaiseachta *ai.* gluaiseachtaí)

gluaiseacht praghsanna *b* price movement *(Air)* *(gu.* gluaiseachta praghsanna *ai.* gluaiseachtaí praghsanna)

gluaiseacht scairphraghsanna *b* share price movement *(Air)* *(gu.* gluaiseachta scairphraghsanna *ai.* gluaiseachtaí scairphraghsanna)

glúin *b* generation[1] *(Gin)* *(gu.* glúine)

gnás[1] *f* convention[1] *(Gin)* *(gu.* gnáis *ai.* gnásanna)

gnás[2] *f* procedure *(Gin)* *(gu.* gnáis *ai.* gnásanna)

(Ríomhaireacht) 1. I dteanga clárúcháin: bloc, le paraiméadair fhoirmiúla nó gan iad, a chuirtear á rith trí ghlao gnáis. 2. I bPascal: gnáthamh a ghlaoitear trína ainm a chódú mar ráiteas, nach dtugann toradh ar ais chuig an gclár a ghlaonn.

gnás- *réi fch* gnásúil. *(Río)*

gnásanna tionscadail *f* project procedures *(Río)*

Uirlisí Bainistíochta Tionscadail a thacaíonn le gníomhaíochtaí chroílár SSADM. Áirítear orthu seo gníomhaíochtaí ar nós Anailís Riosca, Pleanáil Cumais, Meastachán, agus Bainistíocht Cumraíochta. Foirne de speisialtóirí lasmuigh d'fhoireann cleachtóirí SSADM a láimhseálann iad, agus déanann siad comhéadan tríd an mBainistíocht Tionscadail.

gnás aschurtha *f* output procedure *(Río) (gu.* gnáis aschurtha *ai.* gnásanna aschurtha)

gnás athchúrsach *f* recursive procedure *(Río) (gu.* gnáis athchúrsaigh *ai.* gnáis athchúrsacha)

gnás cúltaca *f* backup procedure *(Río) (gu.* gnáis cúltaca *ai.* gnásanna cúltaca)

gnás duille *f* leaf procedure *(Río) (gu.* gnáis duille)

gnás éigeandála *f* emergency procedure *(Río) (gu.* gnáis éigeandála)

gnás formáidithe sonraí *f* data format convention *(Río) (gu.* gnáis formáidithe sonraí)

gnás na ndátaí *f* dates convention *(Air) (gu.* ghnás na ndátaí)

Déileáil le sreafaí airgid mar a fuarthas iad ar dhátaí cruinne in ionad de réir ghnás dheireadh na bliana.

gnás seachadta argóna *f* argument-passing convention *(Río) (gu.* gnáis seachadta argóna *ai.* gnásanna seachadta argóna)

Gnás le hargóintí a sheachadadh in C. Ar comhchiall le gnás seachadta paraiméadar.

gnásúil[1] *a2* conventional[1] *(Gin)*

gnásúil[2] *a2* procedural *(Río) (mal* gnás- *réi)*

gnáth- *réi* ordinary *(Gin) (mal* normálta *a3) (var* normal)

gnáthamh *f* routine *(Río) (gu.* gnáthaimh)

Tacar treoracha in ord ar leith a úsáidtear chun a thabhairt ar an ríomhaire tasc nó oibríocht amháin, nó breis, a chur i ngníomh.

gnáthamharc *f* normal view *(Río) (gu.* gnáthamhairc)

gnáthamh bútála *f* bootstrap routine *(Río) (gu.* gnáthaimh bhútála)

gnáthamh caighdeánach ionchurtha/aschurtha *f* standard input/output routine *(Río) (gu.* gnáthaimh chaighdeánaigh ionchurtha/aschurtha *ai.* gnáthaimh chaighdeánacha ionchurtha/aschurtha)

gnáthamh fódóireachta *f* housekeeping routine *(Río) (gu.* gnáthaimh fódóireachta)

gnáthamh seirbhíse idirbhristeacha *f* interrupt service routine *(Río) (gu.* gnáthaimh seirbhíse idirbhristeacha)

gnáthbhabhtáil *b* plain vanilla swap *(Air) (gu.* gnáthbhabhtála)

Babhtáil chlasaiceach idir ráta úis seasta v comhlúthach.

gnáthchothromas *f* common equity *(Air) (gu.* gnáthchothromais)

Luach de réir na leabhar.

gnáthfhoirm bhlianachta *b* normal annuity form *(Air) (gu.* gnáthfhoirme blianachta *ai.* gnáthfhoirmeacha blianachta)

An dóigh ina ndéantar sochair scoir a íoc.

gnáthóg *b* habitat *(Gin) (gu.* gnáthóige *ai.* gnáthóga)

gnáthscair *b* ordinary share *(Air) (gu.* gnáthscaire *ai.* gnáthscaireanna)

Ceann de líon teideal úinéireachta i gcuideachta; ní bhíonn méid na díbhinne ráthaithe i leith ghnáthscaireanna ach bíonn cearta vótála ag dul leo. *(var* equity (share))

gnáthsheilbh *b* occupancy *(Air) (gu.* gnáthsheilbhe)

gnáthstoc *f* common stock *(Air) (gu.* gnáthstoic)

Éilimh chothromais atá i seilbh *úinéirí* iarmharacha an ghnólachta, arb iad na daoine deireanacha iad a gheobhadh aon dáileadh de thuilleamh nó de shócmhainní.

gnáth-théacs *f* plain text *(Río)*

1. Sonraí téacs i bhformáid ASCII. Is é an gnáth-théacs an fhormáid is iniompartha mar go dtacaíonn beagnach gach feidhmchlár ar gach cineál meaisín leis. Tá sé teoranta, áfach, sa mhéid is nach féidir aon orduithe formáidithe a bheith ann. 2. Téacs nach bhfuil incriptithe, nó atá díchriptithe, seachas téacs rúnscríofa.

gnáth-theimpléad *f* normal template *(Río) (gu.* gnáth-theimpléid)

gné[1] *b* aspect *(Gin) (ai.* gnéithe)

gné[2] *b* feature *(Gin) (ai.* gnéithe)

gnéithe nascleanúna *f* navigation features *(Río)*

gníomh *f* action *(Gin) (gu.* gnímh *ai.* gníomhartha)

gníomhach *a1* active *(Río)*

gníomhachtaigh *br* activate *(mal* cuir i ngníomh)

gníomhachtúchán gutha *f* voice activation *(Río) (gu.* gníomhachtúcháin gutha)

gníomhaíocht *b* activity *(Gin) (gu.* gníomhaíochta *ai.* gníomhaíochtaí)

(Ríomhaireacht) Gníomh ar bith a dhéanann táirge a thrasfhoirmiú. Ba chóir tuairisc a choimeád de gach gníomhaíocht, ag sainiú na n-ionchur, na n-aschur agus na rannpháirtithe agus ag míniú cad é an trasfhoirmiú.

gníomhaíochtaí oibriúcháin *b* operating activities *(Air)*
An seicheamh de theagmhais agus de chinntí a chruthaíonn insreafaí agus eis-sreafaí airgid thirim an ghnólachta.

gníomhaíocht dhaonna *b* human activity *(Río)* *(gu. gníomhaíochta daonna ai.* gníomhaíochtaí daonna)

gníomhaire *f* agent *(Air)* *(ai.* gníomhairí)

gníomhaireacht *b* agency *(Air)* *(gu.* gníomhaireachta *ai.* gníomhaireachtaí) *(mal* áisíneacht *b gu.* áisíneachta *ai.* áisíneachtaí)

gníomhaireacht ráthaithe infheistíochtaí iltaobhacha *b* multilateral investment guarantee agency *(Air)* *(gu.* gníomhaireachta ráthaithe infheistíochtaí iltaobhacha *ai.* gníomhaireachtaí ráthaithe infheistíochtaí iltaobhacha)

gníomhaire aistrithe teachtaireachtaí *f* message transfer agent (MTA) *(Río)* *(ai.* gníomhairí aistrithe teachtaireachtaí)

gníomhaire cliste *f* intelligent agent *(Río)* *(gu.* gníomhaire chliste *ai.* gníomhairí cliste)

gníomhaire íocaíochta *f* paying agent *(Air)* *(ai.* gníomhairí íocaíochta)
Banc nó sindeacáit de bhainc atá freagrach as an ús agus an bunairgead in eisiúint bannaí a íoc le sealbhóirí bannaí ar son an eisitheora bannaí.

gníomhaire úsáideora *f* user agent (UA) *(Río)* *(ai.* gníomhairí úsáideora)

gníomhais teidil *f* title deeds *(Dlí)* *(gi.* gníomhas teidil)

gníomhas *f* deed *(Dlí)* *(gu.* gníomhais)

gníomhas iontaobhais *f* deed of trust *(Air)* *(gu.* gníomhais iontaobhais)
Dintiúr.

gníomhiarratas *f* action query *(Río)* *(gu.* gníomhiarratais)

gníomhú *f* performance[1] *(Gin)* *(gu.* gníomhaithe)

gnó *f* business[1] *(Gin)* *(ai.* gnóthaí)

gnó déanta agus luachan am scoir *f* business done and closing quotation *(Air)*

gnó domhanda *f* global business *(Gin)* *(gu.* gnó dhomhanda)

gnólacht *f* business[2] *(Fio)* *(gu.* gnólachta *ai.* gnólachtaí)
Táirgeoir nó dáileoir earraí nó seirbhísí. *(mal* gnóthas *f gu.* gnóthais) *(var* firm)

gnóthach *a1* busy *(Gin)*

gnóthachain chaipitiúla *f* capital gains *(Air)* *(gi.* gnóthachan caipitiúil)
Méadú ar luach caipitiúil sócmhainne idir an t-am a fhaigheann a húinéir í agus an t-am a dhíolann sé í.

gnóthachan *f* gain *(Air)* *(gu.* gnóthachain)

gnóthachan glan *f* net gain *(Air)* *(gu.* gnóthachain ghlan)

gnóthachan glan de bharr éagsúlaithe *f* net (gain from) diversification *(Air)* *(gu.* gnóthachain ghlan de bharr éagsúlaithe)

gnóthachan glan de bharr roghnaíochta *f* net (gain from) selectivity *(Air)* *(gu.* gnóthachain ghlan de bharr roghnaíochta)

gnóthas *f* firm[1] *(Fio)* *(gu.* gnóthais)
Táirgeoir nó dáileoir earraí nó seirbhísí. *(mal* gnólacht *f gu.* gnólachta *ai.* gnólachtaí) *(var* business)

gnóthas beag *f* small business *(Air)* *(gu.* gnóthais bhig *ai.* gnóthais bheaga)

gnóthas leantach *f* going concern *(Air)* *(gu.* gnóthais leantaigh *ai.* gnóthais leantacha)
Gnólacht atá ag trádáil agus a bhfuiltear ag súil go leanfaidh sé ag trádáil sa todhchaí.

gnóthú *f* recovery[1] *(Air)* *(gu.* gnóthaithe)

goid *b* stealing *(Gin)* *(gu.* gada)

goid bogearraí *b* software theft *(Río)* *(gu.* gada bogearraí)

goid ciogal *b* cycle stealing *(Río)* *(gu.* gada/goidte ciogal)
Modh chun rith ríomhchláir a mhoilliú chun oibríocht a cheadú a ghlacfadh ciogal iomlán chun a chur i gcrích de ghnáth. Ceadóidh cainéal sonraí gada ciogal giotánra sonraí a stóráil gan loighic an phróiseálaí a athrú. Tar éis an giotánra a stóráil, féadann an ríomhchlár leanúint ar nós nár stop sé riamh. Ní hionann goid ciogal agus idirbhriseadh mar nach n-athraíonn an ghoid ciogal an t-ábhar atá i dtabhall seolacháin.

goradánach *a1* incubatory *(Fio)*

gormshlis *b* blue chip *(Air)* *(gu.* gormshlise)
Gnáthstoc comhlachtaí a bhfuil scileanna bainistíochta agus saineolas cruthaithe acu. Mórchomhlachtaí a bhíonn i gceist de ghnáth a chruthaigh go maith maidir le tuilleamh agus le díbhinní agus a gcruthaíonn a gcuid scaireanna thar an meán.

grád *f* grade *(Gin)* *(gu.* gráid)

grádán *f* gradient *(Mat)* *(gu.* grádáin)

graf *f* graph *(Río)* *(gu.* graif)
Gaol mórán le mórán idir aidhmeanna i mbunachar sonraí, léirithe mar chnuasach de nóid agus de chiumhaiseanna agus iad á n-uamadh.

grafach *a1* graphic *(Río)*

grafaic *b* graphics *(Río)* *(gu.* grafaice)

grafaiceoir *f* graphicist *(Río)* *(gu.* grafaiceora *ai.* grafaiceoirí)

grafaic ghiotánmhapach *b* bitmap(ped) graphics *(Río)* *(gu.* grafaice giotánmhapaí)

grafaicí formáidithe *b* formatting graphics *(Río)*

Grafaic Iniompartha Líonra *b* Portable Network Graphics (PNG) *(Río)* *(gu.* Grafaice Iniompartha Líonra)

Grafaic Inscálaithe Veicteoireach *b* Scalable Vector Graphics (SVG) *(Río)* *(gu.* Grafaice Inscálaithe Veicteoirí)

grafaic ísealtaifigh *b* low-resolution graphics *(Río)* *(gu.* grafaice ísealtaifigh)

grafaic rastair *b* raster graphics *(Río)* *(gu.* grafaice rastair)

grafaic veicteoireach *f* vector graphics *(Río)*

graf AND/OR *f* AND/OR graph *(Río)* *(gu.* graif AND/OR)

grafdhathú *f* graph colouring *(Río)* *(gu.* grafdhathaithe)

graf dírithe *f* digraph *(Río)* *(gu.* graif dhírithe)

Graf ina bhfuil imeall idir dhá nód suite i dtreo ar leith. *(var* directed graph)

graf dírithe achioglach *f* directed acyclic graph (DAG) *(Río)* *(gu.* graif dhírithe achioglaigh)

graf fréamhaithe *f* rooted graph *(Río)* *(gu.* graif fhréamhaithe)

graf lipéadaithe *f* labelled graph *(Río)* *(gu.* graif lipéadaithe)

graf logartamach *f* logarithmic graph *(Río)* *(gu.* graif logartamaigh *ai.* graif logartamacha)

graif *b* backquote *(Río)* *(gu.* graife) *(var* grave accent)

graim sa mhéadar cearnach *f* grams per square metre (GSM) *(Río)*

gram *f* gram *(Río)* *(gu.* graim)

gramadach na comhréire *b* syntax grammar *(Río)* *(gu.* ghramadach na comhréire)

gramadóir (coit.) *f fch* seiceálaí gramadaí. *(Río)* *(gu.* gramadóra *ai.* gramadóirí)

grán *f* grain *(Gin)* *(gu.* gráin)

gránmhéid *f* grain size *(Río)*

greamaigh *br* paste *(Gin)*

Gréasán *f* Web *(Río)* *(gu.* Gréasáin)

Gréasán Domhanda, An *f* World Wide Web (WWW) *(Río)* *(gu.* An Ghréasáin Dhomhanda)

gréasán luaidreán *f* grapevine *(Fio)* *(gu.* gréasáin luaidreán)

Bealach neamhfhoirmiúil ina ndéantar faisnéis (rúnda nó phríobháideach, go minic) nó ráfla, a scaipeadh.

greille *b* grid[1] *(Río)* *(ai.* greillí)

greille poncmhaitríse *b* dot matrix grid *(Río)* *(ai.* greillí poncmhaitríse)

grianchloch *b* quartz *(Río)* *(gu.* grianchloiche)

GRMA (go raibh maith agat) *abairtín* thank you *(Río)*

grod *a1* abrupt *(Río)*

grúpa *f* group *(Gin)* *(ai.* grúpaí)

(Matamaitic) Is ionann *grúpa* agus tacar G ar féidir oibríocht dhénártha * a chur in ngníomh ar a bhaill. Tá na hairíonna seo a leanas ag an oibríocht * nuair a chuirtear i ngníomh ar bhaill G í:

iamh

comhthiomsaitheacht

eiseadh baill céannachta

eiseadh inbhéarta.

grúpa cómhalartach *f* commutative group *(Mat)* *(gu.* grúpa chómhalartaigh *ai.* grúpaí cómhalartacha)

Tugtar *grúpa cómhalartach* ar ghrúpa má tá airí na cómhalartachta aige.

grúpa díola *f* selling group *(Air)* *(ai.* grúpaí díola)

Na bainc go léir atá ag gabháil d'eisiúint nua bannaí a dhíol nó a chur ar an margadh.

grúpa feidhmchlár *f* applications group *(Río)* *(ai.* grúpaí feidhmchlár)

grúpa fócais *f* focus group *(Gin)* *(ai.* grúpaí fócais)

grúpa iata úsáideoirí *f* closed user group *(Río)* *(ai.* grúpaí iata úsáideoirí)

grúpaí comhghlactha *f* pickup groups *(Río)*

grúpaí iseamorfacha *f* isomorphic groups *(Mat)* *(mal* iseamorfacht *b gu.* iseamorfachta) *(var* isomorphism)

grúpáil *b* grouping *(Gin)* *(gu.* grúpála)

grúpaí le luachan poiblí *f* publicly quoted groups *(Air)*

grúpáil loighciúil d'eilimin. dialóige *b* logical grouping of dialogue elements (LGDE) *(Río)* *(gu.* grúpála loighciúil d'eiliminí dialóige)

Grúpáil le chéile d'eilimintí dialóige, ar chúiseanna oibríochtúla, de ghnáth. Aithnítear é i gCéim 510, Dearadh an Idirphlé, trí na heilimintí cuí a thiomsú le chéile ag duillí na Struchtúr Ionchuir/Aschuir.

grúpaí meán *f* media groups *(Río)*

grúpaí réamhshocraithe *f* built-in groups *(Río)*

grúpa logánta *f* local group *(Río)* *(ai.* grúpaí logánta)

grúpa nuachta *f* newsgroup *(Río)* *(ai.* grúpaí nuachta)

grúpa oibre *f* workgroup *(Gin)* *(ai.* grúpaí oibre)

grúpa oiriúintí *f* accessories group *(Río)* *(ai.* grúpaí oiriúintí)

grúpa ríomhchlár *f* program group *(Río)* *(ai.* grúpaí ríomhchlár)

grúpa ríomhphoist *f* e-mail group *(Río)* *(ai.* grúpaí ríomhphoist)

grúpa roghanna *f* option group *(Río)* *(ai.* grúpaí roghanna)

H

hais- *réi* hash *(Río)*

haischáilitheoir *f* hash qualifier *(Río)* (*gu.* haischáilitheora *ai.* haischáilitheoirí)

haischódú *f* hash coding *(Río)* (*gu.* haischódaithe)

Teicníc chun cuimhne chomhthiomsaitheach a ionsamhladh. Chun an modh seo a úsáid, bíonn gá le feidhm *haiseála* a dhéanann siombailí a mhapáil ar shlánuimhreacha sa raon 0 go k - 1.

haiseáil *br* hashing *(Río)*

Próiseas ginte uimhreach, de ghnáth trí áireamh éigin ar na luachanna i réimse, i dtaifead nó i raon stórais gan bacadh lena mbrí. D'fhéadfaí ansin an uimhir seo a úsáid mar haisiomlán, mar ionad i dtábla, mar ionad ar dhiosca, etc.

haisfheidhm *b* hash function *(Río)* (*gu.* haisfheidhme *ai.* haisfheidhmeanna)

Áireamh a fheidhmítear ar eochairluach chun teacht ar sheoladh. (*mal* feidhm praisithe *b gu.* feidhme praisithe *ai.* feidhmeanna praisithe)

hanla *f* handle *(Río)* (*ai.* hanlaí)

hanla athraithe méide *f* resizing handle *(Río)* (*ai.* hanlaí athraithe méide)

hanla líonta *f* fill handle *(Río)* (*ai.* hanlaí líonta)

haptaic *f* haptics *(Río)* (*gu.* haptaice)

heicsidheachúlach *a1* hexidecimal *(Río)*

Sa mhatamaitic, cur síos ar chóras uimhrithe le bonn 16. Úsáidtear an córas seo toisc gur féidir beart, atá comhdhéanta d'ocht ngiotán, a rá mar dhá dhigit heicsidheachúlacha. Cuirtear in iúl digití idir 10 deachúlach agus 15 deachúlach trí na litreacha A go F a úsáid faoi seach, e.g. cuirtear in iúl an uimhir dheachúlach 26 le huimhir heicsidheachúlach 1A.

heirts (Hz) *f* Hz (hertz) *(Río)*

heitrisceideastacht *b* heteroscedasticity *(Air)* (*gu.* heitrisceideastachta)

Tarlú ina mbíonn athraitheas na hearráide níos airde d'ardluachanna na hathróige neamhspleáiche ná do luachanna níos ísle.

heorastaic *b* heuristics *(Río)* (*gu.* heoraistaice)

heorastúil *a2* heuristic *(Río)*

hidríd mhiotail nicile *b* nickel metal hydride (NiMH) *(Río)* (*gu.* hidríde miotail nicile)

hipeardhomhandaí *f* hyperglobalist *(For)* (*ai.* hipeardhomhandaithe)

hipeargraf *f* hypergraph *(Río)* (*gu.* hipeargraif)

hipearnasc *f* hyperlink *(Río)* (*gu.* hipearnaisc)

Focal, frása, deilbhín nó siombail ghrafach a bhfuil cóid speisialta faoi cheilt ar a chúl, ionas nuair a chliceáltar air le luch, go dtugann sé cuid eile den doiciméad céanna, nó de dhoiciméad eile, nó de shuíomh eile ar fad, chun radhairc. (*mal* nasc hipirtéacs *f gu.* naisc hipirtéacs) (*var* hypertext link)

hipearspás *f* hyperspace *(Río)* (*gu.* hipirspáis)

hipearstua *f* hyperarc *(Río)* (*ai.* hipearstuanna)

hipirchiúb *f* hypercube *(Río)* (*gu.* hipirchiúib)

I hipirchiúb, ceanglaítear 2n próiseálaithe i gciúb n-toiseach.

hipirmheáin *f* hypermedia *(Río)* (*gi.* hipirmheán)

hipirtéacs *f* hypertext *(Río)*

hipitéis *b* hypothesis *(Gin)* (*gu.* hipitéise *ai.* hipitéisí)

hipitéis an fhabhair don leachtacht *b* liquidity preference hypothesis *(Air)*

An teoiric go sáraíonn an réamhráta na rátaí ionchais sa todhchaí.

hipitéis an réamhráta neamhhlaofa *b* unbiased forward rate hypothesis *(Air)*

An hipitéis gur réamhaithriseoir neamhchlaonta é an réamhráta ar an spotráta mar a bheidh sa todhchaí.

hipitéis na n-ionchas *b* expectations hypothesis *(Air)*

An teoiric gur meastacháin neamhchlaonta iad réamhrátaí malairte ar rátaí ionchais úis sa todhchaí.

homaisceideastacht *b* homoscedasticity *(Air)* (*gu.* homaisceideastachta)

HTML (teanga mharcála hipirtéacs) *b* HTML (hypertext mark-up language) *(Río)*

Na cóid a úsáidtear chun leathanach Gréasáin a mharcáil le go dtaispeánfaidh an brabhsálaí Gréasáin é i gcruth ar leith agus go mbeidh nascanna in áiteanna sonraithe sa leathanach idir é agus leathanaigh eile.

I

iaigh[1] *br* attach *(Río)* (*mal* ceangail *br*)

iaigh[2] *br fch* dún. *(Río)*

I/A (ionchur/aschur) *f* I/O (input/output) *(Río)* (*gu.* I/A (ionchuir (ionchurtha)/aschuir (aschurtha))

I/A (ionchur/aschur) ríomhchláraithe *f* programmed I/O *(Río)* (*gu.* I/A (ionchurtha/aschurtha) ríomhchláraithe)

Is é an I/A ríomhchláraithe, a úsáidtear i roinnt micreaphróiseálaithe bunúsacha, an modh I/A is simplí atá ann. Bíonn treoir shingil ionchurtha agus treoir shingil aschurtha ag na micriríomhairí sin. Roghnaíonn gach ceann de na treoracha sin ceann amháin de na gléasanna I/A.

iallach *f* constraint *(Río) (gu.* iallaigh)

I/A mapáilte sa chuimhne *f* memory-mapped I/O *(Río)*

iamh *f* closure[1] *(Gin) (gu.* iaimh)

(Matamaitic) Sainmhínítear airí an iaimh mar leanas:

Do gach aon ordphéire a agus b sa ghrúpa G, is eilimint uathúil c de G é an teaglaim a * b.

Is é sin le rá, nuair a chuirtear an oibríocht * i ngníomh ar dhá bhall den ghrúpa, is ball eile den ghrúpa é a thoradh.

ian diúltach *f* negative ion *(Río) (gu.* iain dhiúltaigh *ai.* iain dhiúltacha)

iar-ama *gma* after-hours *(Air)*

iarbhír *gma* actual *(Gin)*

iarbhlianacht *b* annuity in arrears *(Air) (gu.* iarbhlianachta *ai.* iarbhlianachtaí)

Blianacht le tréimhse chéadíocaíochta bliain ón am seo.

iarcheangail *br* append *(Gin)*

iarchoinníoll *f* postcondition *(Río) (gu.* iarchoinníll *ai.* iarchoinníollacha)

iarchuir *br* defer *(Air)*

iarchurtha *aid br* deferred *(Air)*

iardhíola *gma* after-sales *(Fio)*

iarfhocal *f* epilogue *(Río) (gu.* iarfhocail)

iarfhocal gnáis *f* procedure epilogue *(Río) (gu.* iarfhocail ghnáis)

iarghiotáin *f* postamble *(Río) (gi.* iarghiotán)

iarmhairt *b fch* éifeacht. *(Gin) (gu.* iarmharta *ai.* iarmhairtí)

iarmhairt chomhárachais *b* co-insurance effect *(Air) (gu.* iarmharta comhárachais *ai.* iarmhairtí comhárachais)

An argóint go n-íslíonn cumasc dhá ghnólacht an dóchúlacht go loicfidh aon cheann díobh ar a fhiachas.

iarmhairt chraicinn *b* skin effect *(Río) (gu.* iarmhairte craicinn *ai.* iarmhairtí craicinn)

iarmhairt idirnáisiúnta Fisher *b* international Fisher effect (IFE) *(Air)*

An teoiric go mbeidh cothromaíocht, nach mór, idir an brabús a dhéanfar de bharr ioncaim úis níos airde ar infheistíocht in airgeadra amháin agus an caillteanas de bharr dímheasa an airgeadra sin in aghaidh airgeadra eile.

iarmhairt na cliantachta *b* clientele effect *(Air) (gu.* iarmharta na cliantachta *ai.* iarmhairtí na cliantachta)

An argóint go dtarraingíonn stoic cliantachtaí bunaithe ar thoradh na díbhinne nó ar chánacha.

iarmhairt na faisnéise *b* information content effect *(Air) (gu.* iarmharta na faisnéise *ai.* iarmhairtí na faisnéise)

Ardú sa stocphraghas tar éis chomhartha na díbhinne.

iarmhairt neasachta *b* proximity effect *(Río) (gu.* iarmhairte neasachta)

iarmhairt ó ionadú *b* substitution effect *(Air) (gu.* iarmharta ó ionadú)

iarmhairt Schottky *b* Schottky effect *(Río) (gu.* iarmhairte Schottky)

iarmhairt tolláin *b* tunnel effect *(Río) (gu.* iarmharta tolláin)

iarmharach *a1* residual *(Gin)*

iarmharacht *b* remanence *(Río) (gu.* iarmharachta)

iarmhéid *f fch* comhardú. *(Gin)*

iarmhéid cúiteach *f* compensating balance *(Air) (gu.* iarmhéid chúitigh)

Taisce a choimeádann gnólacht sa bhanc i gcuntas le hús íseal nó i gcuntas gan ús chun bainc a chúiteamh as iasachtaí agus seirbhísí bainc.

iarmhír[1] *b* suffix *(Río) (gu.* iarmhíre *ai.* iarmhíreanna)

iarmhír[2] *b* extension[2] (of file) *(Río) (gu.* iarmhíre *ai.* iarmhíreanna)

iarmhír comhadainm *b* file extension *(Río) (gu.* iarmhíre comhadainm *ai.* iarmhíreanna comhadainm) *(var* file-name extension)

iarmhír fhada *b* long suffix *(Río) (gu.* iarmhíre fada *ai.* iarmhíreanna fada)

iarnóta *f* endnote *(Gin) (ai.* iarnótaí)

iarnród *f* railway *(Gin) (gu.* iarnróid)

iaroird *gma* postorder *(Río)*

iarracht *b* effort *(Gin) (gu.* iarrachta *ai.* iarrachtaí)

iarraidh *b* asking *(Air) (gu.* iarrata)

iarratas[1] *f* query[2] *(Río) (gu.* iarratais)

iarratas[2] *f* request *(Gin) (gu.* iarratais)

iarratas APPEND *f* APPEND query *(Río) (gu.* iarratais APPEND)

iarratas ar idirbhriseadh *f* interrupt request (IRQ) *(Río) (gu.* iarratais ar idirbhriseadh)

iarratas ar sheoladh *br* request to send *(Río)*

iarratas cartlainne *f* archive query *(Río) (gu.* iarratais cartlainne)

iarratas crostáblach *f* crosstab query *(Río) (gu.* iarratais chrostáblaigh *ai.* iarratais chrostáblacha)

iarratas DELETE *f* DELETE query *(Río) (gu.* iarratais DELETE)

iarratas SELECT *f* SELECT query *(Río) (gu.* iarratais SELECT)

iarratas tástálach *f* query by example (QBE) *(Río) (gu.* iarratais thástálaigh *ai.* iarratais thástálacha)

iarratas UPDATE *f* UPDATE query *(Río) (gu.* iarratais UPDATE)

iarscript *b* postscript *(Río) (gu.* iarscripte *ai.* iarscripteanna)

iarshuite *a3* postfix *(Río)*

iartharú *f* westernization *(Fio) (gu.* iartharaithe)

iartheachtach *a1* subsequent *(Mat)*

iasacht *b* loan *(Gin) (gu.* iasachta *ai.* iasachtaí)

iasachta *gma* foreign *(Gin) (mal* coigríche *gma;* ·eachtrach *a1)*

iasacht a chur ar an margadh *b* flotation *(Air) (mal* eisiúint nua neamhstéagaithe *b gu.* eisiúna nua neamhstéagaithe; tairiscint tosaigh don phobal *b gu.* tairisceana tosaigh don phobal *ai.* tairiscintí tosaigh don phobal) *(var* initial public offering (IPO); unseasoned new issue)

iasacht a fháil *b* borrowing *(Air)*

iasachtaí *f* borrower *(Air) (ai.* iasachtaithe)

Duine, comhlacht nó institiúid a fhaigheann airgead nó sócmhainn éigin eile (innealra, sealúchas, mar shampla) i bhfoirm iasachta, morgáiste nó socraíochta léasaithe, ó iasachtóir, chun tomhaltas nó infheistíocht a mhaoiniú.

iasachtaí Eorachreidmheasa sindeacáite *b* syndicated Eurocredit loans *(Air)*

Iasachtaí a sholáthraíonn grúpa banc i margadh na nEoraichreidmheasanna.

iasacht choibhéiseach *b* equivalent loan *(Air) (gu.* iasachta coibhéisí *ai.* iasachtaí coibhéiseacha)

Iasacht de mhéid a fhágann go bhfuil léasú coibhéiseach le ceannach le maoiniú fiachais, chomh fada agus a bhaineann le laghdú cumais fiachais.

iasacht chomhuaineach *b* parallel loan *(Air) (gu.* iasachta comhuainí *ai.* iasachtaí comhuaineacha)

Malartú airgeadraí idir dhá pháirtí agus geallúint á tabhairt go n-athmhalartófar na hairgeadraí ag ráta malairte agus ar dháta sonraithe sa todhchaí. *(var* back to back loan)

iasacht fardail *b* inventory loan *(Air) (gu.* iasachta fardail *ai.* iasachtaí fardail)

Iasacht urraithe ghearrthéarma chun fardal a cheannach.

iasacht idirlinne *b* bridging loan *(Air) (gu.* iasachta idirlinne *ai.* iasachtaí idirlinne)

iasacht Lombard *b* Lombard Loan *(Air) (gu.* iasachta Lombard *ai.* iasachtaí Lombard)

Airleacan in aghaidh comhthaobhacht urrús liostaithe áirithe san Eoraip.

iasachtóir *f* lender *(Air) (gu.* iasachtóra)

iasachtú *f* lending *(Air) (gu.* iasachtaithe)

iatán *f* attachment *(Río) (gu.* iatáin) *(mal* ceangaltán *f gu.* ceangaltáin)

idéagram *f* ideogram *(Río) (gu.* idéagraim)

idirbheart *f* transaction *(Air) (gu.* idirbhirt *ai.* idirbhearta)

Gníomh trádála nó ceannaigh nó díola. *(mal* beart *f gu.* birt *ai.* bearta) *(var* deal)

idirbhearta dáilte *f* distributed transactions *(Río) (gi.* idirbheart dáilte)

idirbheartaíocht[1] *b* negotiation *(Gin) (gu.* idirbheartaíochta)

idirbheartaíocht[2] *b fch* beartaíocht. *(Gin) (gu.* idirbheartaíochta)

idirbheart airgeadais *f* financial transaction *(Air) (gu.* idirbhirt airgeadais *ai.* idirbhearta airgeadais)

idirbhearta sa soicind *f* transactions per second (TPS) *(Río) (gi.* idirbheart sa soicind)

idirbheart barrleibhéil *f* top-level transaction *(Río) (gu.* idirbhirt bharrleibhéil *ai.* idirbhearta barrleibhéil)

idirbheart cothromais *f* equity bargain *(Air) (gu.* idirbhirt chothromais *ai.* idirbhearta cothromais)

idirbheart neadaithe *f* nested transaction *(Río) (gu.* idirbhirt neadaithe *ai.* idirbhearta neadaithe)

idirbheart órchiumhsach *f* gilt-edged bargain *(Air) (gu.* idirbhirt órchiumhsaigh *ai.* idirbhearta órchiumhsacha)

idirbhris *br* interrupt[2] *(Río)*

idirbhriseadh *f* interrupt[1] *(Río) (gu.* idirbhriste)

Treoir a ordaíonn don mhicreaphróiseálaí stad den rud atá sé a dhéanamh agus gnáthamh sonraithe a rith. Nuair atá an gnáthamh críochnaithe, tosaíonn an micreaphróiseálaí ag déanamh na bunoibre arís.

idirbhriseadh ainneonach *f* involuntary interrupt *(Río) (gu.* idirbhriste ainneonaigh *ai.* idirbhristeacha ainneonacha)

idirbhriseadh ardtosaíochta *f* high priority interrupt *(Río) (gu.* idirbhriste ardtosaíochta *ai.* idirbhristeacha ardtosaíochta)

idirbhriseadh bogearraí *f* software interrupt *(Río) (gu.* idirbhriste bogearraí *ai.* idirbhristeacha bogearraí)

idirbhriseadh I/A *f* I/O interrupt *(Río) (gu.* idirbhriste I/A *ai.* idirbhristí I/A)

idirbhriseadh tosaíochta *b* priority interrupt *(Río) (gu.* idirbhriste tosaíochta *ai.* idirbhristeacha tosaíochta)

idirbhriseadh uaineadóra *f* timer interrupt *(Río) (gu.* idirbhriste uaineadóra *ai.* idirbhristí uaineadóra)

idirbhriseadh veicteoireach *f* vectored interrupt *(Río) (gu.* idirbhriste veicteoirigh *ai.* idirbhristeacha veicteoireacha)

idircheangailteacht dhomhanda *b* global interconnectedness *(Fio)* *(gu.* idircheangailteachta domhanda)

idircheap *f* intercept *(Río)* *(gu.* idirchip *ai.* idircheapa)

idirchúplóir *f* intercoupler *(Río)* *(gu.* idirchúplóra *ai.* idirchúplóirí)

idirdhealaí *f* discriminant *(Río)* *(ai.* idirdhealaithe) Comhpháirt de thaifead a shainítear i dtaca lena comhréir. D'fhéadfadh gurbh ar luach idirdhealaí a bhraithfeadh sé arbh ann nó as i dtaifead do chomhpháirteanna eile (seachas idirdhealaithe).

idirdhealaitheach *a1* discriminatory *(Gin)* *(var* discriminating)

idirdhuillithe *a3* interleaved *(Río)*

idirdhuilliú *f* interleaving *(Río)* *(gu.* idirdhuillithe)

idirdhuilliú teascóg *f* sector interleaving *(Río)* *(gu.* idirdhuillithe teascóg)

idirghabh *br* intervene *(Gin)*

idirghabháil *b* intervention *(Air)* *(gu.* idirghabhála) Bainc lárnacha ag ceannach agus ag díol airgeadraí chun tionchar a bheith acu ar an ráta malairte.

idirghabháil neamhsteirilithe *b* non-sterilized intervention *(Air)* *(gu.* idirghabhála neamhsteirilithe) Idirghabháil sa mhargadh airgeadraí gan coigeartú a dhéanamh maidir le hathrú sa soláthar airgid.

idirghabháil rialtais *b* government intervention *(For)* *(gu.* idirghabhála rialtais)

idirghabháil steirilithe *b* sterilized intervention *(Air)* *(gu.* idirghabhála steirilithe) Idirghabháil sa mhargadh airgeadraí ach an soláthar airgid atá ann cheana féin a choinneáil.

idirghabhálaí *f* intermediary *(Air)* *(ai.* idirghabhálaithe) *(mal* idirghníomhaire *f ai.* idirghníomhairí)

idirghabhálaí airgeadais *f* financial intermediary *(Air)* *(ai.* idirghabhálaithe airgeadais) Institiúid a chomhlíonann an fheidhm margaidh a mheaitseálann iasachtaithe agus iasachtóirí le chéile.

idirghaol *f* inter-relationship *(Gin)* *(gu.* idirghaoil)

idirghnásúil *a2* interprocedural *(Río)*

idirghníomh *f* interaction *(Río)* *(gu.* idirghníomh)

idirghníomhaíocht *b* interactivity *(Gin)* *(gu.* idirghníomhaíochta)

idirghníomhaire *f fch* idirghabhálaí. *(Air)* *(ai.* idirghníomhairí)

idirghníomhú leis an úsáideoir *f* user interaction *(Río)* *(gu.* idirghníomhaithe leis an úsáideoir)

idirleathadh *f* diffusion *(Gin)* *(gu.* idirleata)

idirlinn *b* interval *(Gin)* *(gu.* idirlinne) *(mal* eatramh *f gu.* eatraimh)

idirlíon *f* internet *(Río)* *(gu.* idirlín *ai.* idirlíonta)

Aon tsraith líonraí agus ródairí á nascadh le chéile. Is é an tIdirlíon (le ceannlitir) an sampla is mó d'idirlíon.

idirlíonrú *f* internetworking *(Río)* *(gu.* idirlíonraithe)

idirmhalartach *a1* fungible *(Air)*

idirmhalartaigh *br* interchange[2] *(Río)*

idirmhalartú *f* interchange[1] *(Río)* *(gu.* idirmhalartaithe)

idirmheánach *a1* intermediate *(Gin)*

idirmhír *b* intersection[2] *(Gin)* *(gu.* idirmhíre *ai.* idirmhíreanna *gi.* idirmhíreanna) (Loighic) Idirmhír dá thacar. (Ríomhaireacht) Gaol amháin a chruthú ó dhá ghaol, atá comhdhéanta de gach uile chodach sa dá chodach.

idirmhír dhá thacar *b* intersection of two sets *(Loi)* Is ionann idirmhír na dtacar A agus B agus tacar na mball a bhaineann go comhuaineach le A agus le B. [Is mar a chéile é do líon níos mó tacar (fiú do líon éigríochta).] *(mal* iolrach dhá thacar *f*) *(var* product of two sets)

idirnáisiúnta *a3* international *(Gin)*

idirnáisiúnú *f* internationalization *(For)* *(gu.* idirnáisiúnaithe)

idirnasc *f* interconnection *(Río)* *(gu.* idirnaisc)

idirnasc comhpháirteanna forimeallach *f* peripheral component interconnect (PCI) *(Río)* *(gu.* idirnaisc comhpháirteanna forimeallach)

Idirnasc Córas Oscailte *f* Open Systems Interconnection (OSI) *(Río)* *(gu.* Idirnaisc Córas Oscailte)

idirshuí *f* interpolation[2] *(Río)* *(gu.* idirshuite)

idirshuigh *br* interpolate *(Río)*

idirshuíomh *f* interpolation[1] *(Río)* *(gu.* idirshuímh)

idirshuíomh cainte *f* speech interpolation *(Río)* *(gu.* idirshuímh cainte *ai.* idirshuíomhanna cainte)

idirshuíomh cainte digití *f* digital speech interpolation (DSI) *(Río)* *(gu.* idirshuímh cainte digití)

idirshuíomh cainte sannacháin ama *f* time-assignment speech interpolation (TASI) *(Río)* *(gu.* idirshuímh cainte sannacháin ama *ai.* idirshuíomhanna cainte sannacháin ama)

idirstad *f* colon *(Gin)* *(ai.* idirstadanna)

ID úsáideora *f fch* aitheantas úsáideora. *(Río)*

il- *réi* multi- *(Gin)* *(mal* iolrach[2]) *(var* multiple[2])

ilamhairc úsáideora *f* multiple user views *(Río)*

ilastaíre *f* multiple emitter *(Río)* *(ai.* ilastaírí)

ilchineálach *a1* heterogeneous *(Gin)*

ilchineálacht *b* heterogeneity *(Río)* *(gu.* ilchineálachta)

ilchiníochas *f* multiracialism *(Gin)* *(gu.* ilchiníochais)

ilchodach *a1* composite *(Río)*

ilchuideachta *b* conglomerate *(Air)* *(ai.* ilchuideachtaí)

ileiliminti *b* multiple elements *(Río)*

ileitneachas *f* multi-ethnicity *(Gin)* *(gu.* ileitneachais)

ilfhardail *gma* blanket-inventory *(Air)*

ilfhréamhacha réadacha *b* multiple real roots *(Río)*

ilfhuinneoga *b* multiple windows *(Río)* *(gi.* ilfhuinneog)

ilghnéitheacht *b* variety^2 *(Gin)* *(gu.* ilghnéitheachta)

ilghrafaicí *b* multiple graphics *(Río)*

iliomad *ain* multiplicity *(Gin)*

I-líon *f* I-net *(Río)* *(gu.* I-lín)

Téarma a thagraíonn do na teicneolaíochtaí go léir a chuimsíonn Idirlíon, inlíon nó eislíon (nó iad go léir).

ilmheáin *f* multimedia *(Río)* *(gi.* ilmheán)

ilnáisiúnta *a3* multinational *(Gin)*

iloilte *a3* multiskilled *(Gin)*

ilphléacsóir *f* multiplexer *(Río)* *(gu.* ilphléacsóra *ai.* ilphléacsóirí)

Gléas a shamplálann líon áirithe cainéal agus a tháirgeann sonraíocht ilchodach ó na cainéil shampláilte go léir. Nuair a fhaigheann an dí-ilphléacsóir an tsonraíocht, athchruthaíonn sé na bunchainéil go léir.

ilphléacsóir sonraí *f* data multiplexor *(Río)* *(gu.* ilphléacsóra sonraí *ai.* ilphléacsóirí sonraí)

ilphléacsú *f* multiplexing *(Río)* *(gu.* ilphléacsaithe)

ilphléacsú ortagánach roinnte minicíochta *f* orthogonal frequency-division multiplexing (OFDM) *(Río)* *(gu.* ilphléacsaithe)

ilphléacsú roinnte ama *f* time-division multiplexing (TDM) *(Río)* *(gu.* ilphléacsaithe roinnte ama) *(var* TDM)

ilphléacsú roinnte dlúth-thonnfhad *f* dense wavelength division multiplexing (DWDM) *(Río)* *(gu.* ilphléacsaithe roinnte dlúth-thonnfhad)

ilphléacsú roinnte minicíochta *f* frequency division multiplexing (FDM) *(Río)* *(gu.* ilphléacsaithe roinnte minicíochta)

ilphléacsú staitistiúil roinnte ama *f* statistical time-division multiplexing (STDM) *(Río)* *(gu.* ilphléacsaithe staitistiúil roinnte ama) *(mal* STDM *f*)

ilphróiseáil *b* multiprocessing *(Río)* *(gu.* ilphróiseála)

ilphróiseáil shiméadrach *b* symmetric multiprocessing (SMP) *(Río)* *(gu.* ilphróiseála siméadraí)

ilphróiseálaí *f* multiprocessor *(Río)* *(ai.* ilphróiseálaithe)

ilphróiseálaí neamhshiméadrach *f* asymmetrical multiprocessor *(Río)* *(gu.* ilphróiseálaí neamhshiméadraigh *ai.* ilphróiseálaithe neamhshiméadracha)

ilphróiseálaí siméadrach *f* symmetrical multiprocessor *(Río)* *(gu.* ilphróiseálaí shiméadraigh *ai.* ilphróiseálaithe siméadracha)

ilrátaí *f* multiple rates *(Air)*

ilrátaí toraidh *f* multiple rates of return *(Air)*

Níos mó ná ráta toraidh amháin ón tionscadal céanna a fhágann go bhfuil glanluach láithreach an tionscadail cothrom le nialas.

ilríomhaire *f* multicomputer *(Río)* *(ai.* ilríomhairí)

ilrochtain chódroinnte *b* code-division multiple access (CDMA) *(Río)* *(gu.* ilrochtana códroinnte)

ilrochtain roinnte ama *b* time-division multiple access (TDMA) *(Río)* *(gu.* ilrochtana roinnte ama)

ilrochtain roinnte spáis *b* spatial division multiple access (SDMA) *(Río)* *(gu.* ilrochtana roinnte spáis)

ilrochtana *gma* multi-access *(Río)*

ilsuimiú *f* multiple addition *(Río)* *(gu.* ilsuimithe) *(mal* suimiú iolraithe *f gu.* suimithe iolraithe)

iltaobhach *a1* multilateral *(Gin)*

iltascáil *b* multitasking *(Río)* *(gu.* iltascála)

iltascáil neamh-réamhghabhálach *b* nonpre-emptive multitasking *(Río)* *(gu.* iltascála neamh-réamhghabhálaí)

iltéarmach *f* polynomial *(Mat)* *(gu.* iltéarmaigh)

Slonn matamaiticiúil ar suim de théarmaí é, gach téarma díobh ina iolrach de thairiseach agus de chumhacht neamhshéantach (nó nialasach) d'athróg nó d'athróga.

iltoiseach *a1* multidimensional *(Río)*

ilúsáidteacht *b* versatility *(Gin)* *(gu.* ilúsáidteachta)

i mbéal forbartha *abairtín* developing *(For)*

imbhualadh *f* collision *(Río)* *(gu.* imbhuailte *ai.* imbhuailtí)

Fadhb a tharlaíonn le linn haiseála nuair a haiseálann dhá mhír chuig an suíomh céanna.

imchlúdach *f* envelope^1 *(Río)* *(gu.* imchlúdaigh)

imchlúdaigh *br* envelope^2 *(Río)*

imchochlú *f* encapsulation *(Río)* *(gu.* imchochlaithe)

Oibiacht (nó cuid di) a chosaint ón domhan taobh amuigh. Is ionann é agus leibhéal príobháideach rochtana a thabhairt d'athróg nó do mhodh.

imdháileadh *f fch* dáileadh. *(Air)* *(gu.* imdháilte)

imdhíonacht ar thorann *b* noise immunity *(Río)* *(gu.* imdhíonachta ar thorann)

imeall *f* margin^3 *(Río)* *(gu.* imill)

imeallach^1 *a1* peripheral^1 *(Gin)*

imeallach^2 *a1* marginal *(Air)*

imeallú *f* marginalization *(Gin)* *(gu.* imeallaithe)

imeallú eacnamaíoch *f* economic marginalization *(For)* *(gu.* imeallaithe eacnamaíoch)

imeascadh ceartingearach *f fch* imeascadh ingearach. *(Air)* *(gu.* imeasctha cheartingearaigh)

imeascadh cothrománach *f* horizontal integration *(Air)* *(gu.* imeasctha chothrománaigh)

Gnólacht ag ceannach gnólachta eile atá ag an bpointe céanna leis sa slabhra margaíochta.

imeascadh ingearach *f* vertical integration *(Air)* *(gu.* imeasctha ingearaigh)

Gnólacht ag ceannach gnólachta eile atá sa chéim díreach roimhe nó díreach ina dhiaidh sa slabhra margaíochta. *(mal* imeascadh ceartingearach *f gu.* imeasctha cheartingearaigh)

imlíne[1] *b* outline[1] *(Gin)* *(ai.* imlínte)

imlíne[2] *b* border *(Gin)* *(ai.* imlínte)

imlíne[3] *b* contour *(Río)* *(ai.* imlínte)

Imlíne crainn

imlíneach *a1* outline[2] *(Gin)*

imlíne amuigh *b* outside border *(Río)* *(ai.* imlínte amuigh)

impiriciúil *a2* empirical *(Gin)*

impiriúlachas *f* imperialism *(For)* *(gu.* impiriúlachais)

impleacht *b* implication *(Loi)* *(gu.* impleachta *ai.* impleachtaí)

Is ionann impleacht agus tairiscint a chumtar mar ráiteas má ... ansin ...

imprisean *f* impression *(Gin)* *(gu.* imprisin)

imréiteach *f* clearing *(Air)* *(gu.* imréitigh)

Malartú seiceanna agus comhardú cuntas idir bainc.

imréiteach margaidh *f* market clearing *(Air)* *(gu.* imréitigh margaidh)

Tarlaíonn imréiteach margaidh nuair a bhíonn iomlán na n-éileamh ar iasachtaí ó iasachtaithe cothrom le hiomlán an tsoláthair iasachtaí ó iasachtóirí. Glanann an margadh ag an ráta úis coibhéiseach.

imrothluithe sa nóiméad *f* revolutions per minute (rpm) *(Río)*

in aghaidh leithcheala *abairtín* anti-discrimination *(Gin)*

ináirithe *a3* calculable *(Fio)*

in-aischurtha *a3* returnable *(Air)*

in-aisiompaithe *a3* reversible *(Río)*

inaistrithe *a3* transferable *(Air)* *(var* negotiable)

ina leathanaigh *abairtín* paged *(Río)*

inamhairc *gma* viewable *(Río)*

in-atáirgtheacht *b* reproducibility *(Río)* *(gu.* in-atáirgtheachta)

in-athiontráilte *a3* re-enterable *(Río)*

inathraithe *a3* alterable *(Río)* *(var* variable)

in-athshuiteacht *b* relocatability *(Río)* *(gu.* in-athshuiteachta)

inbhainte *a3* removeable *(Gin)*

inbhéarta *f* inverse[1] *(Mat)* *(ai.* inbhéartaí)

inbhéarta baill de ghrúpa *f* inverse of an element of a group *(Mat)*

Maidir le gach x in G tá ball uathúil x' ann leis an airí x * xo = xo * x = e

inbhéartach *a1* inverse[2] *(Mat)*

inbhéartaigh *br* invert *(Río)*

inbhéartóir *f* inverter *(Río)* *(gu.* inbhéartóra *ai.* inbhéartóirí)

inbhéartú *f* inversion *(Río)* *(gu.* inbhéartaithe)

inbhéartúchán *f* inverting *(Río)* *(gu.* inbhéartúcháin)

inbhreisithe *a3* extensible *(Río)*

inbhreisitheacht *b* extensibility *(Río)* *(gu.* inbhreisitheachta)

inbhuanaithe *a3 fch* inchothaithe. *(Gin)*

incháinithe *a3* taxable *(Air)*

inchaite *a3* consumable *(Air)*

inchinntithe *a3* determinable *(Gin)*

inchloiste *a3* audible *(Gin)*

inchoigeartaithe *a3* adjustable *(Air)*

in-chomhbhrúite *a3* compressible *(Río)*

in-chomhshóite *a3* convertible *(Air)*

in-chomhshóiteacht *b* convertibility[3] *(Air)* *(gu.* in-chomhshóiteachta)

inchothaithe *a3* sustainable *(Gin)* *(mal* inbhuanaithe *a3)*

inchuileáilte *a3* discardable *(Río)*

inchurtha i leith *a3* attributable *(Air)*

incriminteach *a1* incremental *(Gin)*

incrimintigh *br* increment *(Río)*

1. Uimhir a shuimiú le huimhir eile; luach nó cainníocht a mhéadú. 2. Luach giotánra dhénártha i dtabhall a mhéadú trí 1 a chur leis.

indéanta *a3* possible *(Gin)* *(mal* féideartha *a3)* *(var* feasible)

indéanta athuair *a3* repeatable *(Río)*

indéantacht *b* feasibility *(Gin)* *(gu.* indéantachta) *(mal* féidearthacht *b gu.* féidearthachta *ai.* féidearthachtaí) *(var* possibility)

indibhidiúil *a2* individual *(Gin)*

indibhidiúlachas *f* individualism *(For)* *(gu.* indibhidiúlachais)

indifreáilte *a3* differentiable *(Mat)*

indíola *a1* puttable *(Air)*

indíolta *a1* marketable *(Air)*

indíoltacht *b* marketability *(Air) (gu.* indíoltachta)

indíreach *a1* indirect *(Gin) (mal* neamhdhíreach *a1)*

in-díscortha *a3* detachable *(Gin)*

indiúscartha *a3* disposable *(Fio)*

Deartha le go gcaithfí amach é tar éis babhta amháin úsáide; níl sé le ní nó le hathlíonadh.

inéagsúlaithe *a3* diversifiable *(Air)*

infhairsingithe *a3* expanding *(Río)*

infheicthe *a3* visible *(Gin)*

infheidhmithe *a3* applicable *(Río)*

infheisteoir *f* investor *(Air) (gu.* infheisteora *ai.* infheisteoirí)

infheistigh *br* invest *(Air)*

infheistíocht *b* investment *(Air) (gu.* infheistíochta *ai.* infheistíochtaí)

1. Earraí caipitiúla a cheannach, ar nós fearais agus innealra i monarcha, chun earraí a tháirgeadh lena gcaitheamh sa todhchaí. 2. Sócmhainní a cheannach, ar nós urrús, saothar ealaíne, taiscí bainc nó cumainn foirgníochta, etc., go príomha ar son a dtoraidh airgeadais, bíodh sin mar ioncam nó mar ghnóthachan caipitiúil.

infheistíocht chaipitiúil *b* capital investment *(Air) (gu.* infheistíochta caipitiúla *ai.* infheistíochtaí caipitiúla)

Earraí caipitiúla a cheannach, ar nós fearais agus innealra i monarcha, chun earraí a tháirgeadh lena gcaitheamh sa todhchaí.

infheistíocht dhíreach *b* direct investment *(Air) (gu.* infheistíochta dírí *ai.* infheistíochtaí díreacha)

1. Infheistíocht chothromais trasteorann le rialúchán, trí stoc a cheannach, trí chomhlacht eachtrach a ghlacadh, nó trí fhochuideachta nua a bhunú. 2. Earraí caipitiúla a cheannach, ar nós fearais agus innealra i monarcha, chun earraí a tháirgeadh lena gcaitheamh sa todhchaí.

infheistíocht ghlan *b fch* glaninfheistíocht. *(Air) (gu.* infheistíochta glaine *ai.* infheistíochtaí glana)

infheistíocht neamhdhíreach *b* indirect investment *(Air) (gu.* infheistíochta neamhdhírí *ai.* infheistíochtaí neamhdhíreacha)

Sócmhainní a cheannach, ar nós urrús, saothar ealaíne, taiscí bainc nó cumainn foirgníochta, etc., go príomha ar son a dtoraidh airgeadais, bíodh sin mar ioncam nó mar ghnóthachan caipitiúil.

infinideach *a1 fch* éigríochta. *(Gin)*

infreastruchtúr *f fch* bonneagar. *(For) (gu.* infreastruchtúir)

infreastruchtúr eochrach poiblí *f fch* bonneagar eochrach poiblí. *(Río) (gu.* infreastruchtúir eochrach poiblí)

infridhearg *a1* infrared *(Río)*

ingearach *a1* vertical *(Gin)*

inghiorraithe *a3* retractable *(Air)*

inghlactha *a3* acceptable *(Gin)*

inghlacthacht[1] *b* admissability *(Gin) (gu.* inghlacthachta)

inghlacthacht[2] *b* acceptance[2] *(Río) (gu.* inghlacthachta)

inghlactha go logánta *a3* locally admissible *(Río)*

inghlaoite *a3* callable *(Air)*

iniaigh[1] *br* enclose *(Río)*

iniaigh[2] *br* include *(Río)*

iniamh *f* inclusion *(Gin) (gu.* iniaimh)

iniatach *a1* inclusive *(Gin)*

in-idirmhalartaithe *a3* interchangeable *(Río)*

iníoctha *a3* payable *(Air)*

iníocthacht *b* payability *(Air) (gu.* iníocthachta)

iniompartha *a3* portable[1] *(Río)*

iniomparthacht *b* portability *(Río) (gu.* iniomparthachta)

Inriteacht ríomhchláir ar chineálacha éagsúla córas próiseála sonraí gan é a thiontú go teanga eile agus gan ach beagán mionathraithe a dhéanamh air, nó gan mionathrú ar bith.

iniúchadh *f* audit *(Gin) (gu.* iniúchta *ai.* iniúchtaí)

iniúchadh ríomhchórais *f* computer-system audit *(Río) (gu.* iniúchta ríomhchórais)

iniúchóir *f* auditor *(Air) (gu.* iniúchóra *ai.* iniúchóirí)

inláimhsithe *a3* tangible *(Gin)*

in-léirscriosta *a3* erasable *(Río)*

inléiteacht *b* readability *(Río) (gu.* inléiteachta)

inléite ag meaisín *abairtín* machine readable *(Río)*

inléite amháin *a3* read-only *(Río)*

inligthe *a3* lettable *(Air)*

inlíne *gma* inline *(Río)*

inlíon *f* intranet *(Río) (gu.* inlín *ai.* inlíonta)

Líonra, nó grúpa líonraí ceangailte le chéile, a chuirtear ar bun chun gnó ar leith a dhéanamh. Tá inlíon ag dreamanna áirithe, An Garda Síochána, ollscoileanna, ospidéil, gnólachtaí, etc. nach bhfuil teacht ag an bpobal go ginearálta orthu. *(mal* líonra inmheánach *f gu.* líonra inmheánaigh *ai.* líonraí inmheánacha)

inmhalartacht *b* convertibility[2] *(Air) (gu.* inmhalartachta)

inmhalartacht airgeadra *b* convertibility[1] *(Air) (gu.* inmhalartachta airgeadra)

Saoirse chun airgeadra a mhalartú gan srianta nó rialúcháin rialtais.

inmharthana *a3* viable *(Gin)*

inmharthanacht *b* viability *(Gin) (gu.* inmharthanachta)

inmhasctha *a3* maskable *(Río)*

inmheánach *a1* internal *(Gin)*

inmhianaitheacht *b* desirability *(Gin) (gu.* inmhianaitheachta)

in-mhionathraitheacht *b* modifiability *(Río) (gu.* in-mhionathraitheachta)

inmhuirir *a3* chargeable *(Air)*

inneachar *f* content(s) *(Río) (gu.* inneachair)

inneachar sonraí *f* data content *(Río) (gu.* inneachair shonraí)

innéacs *f* index[1] *(Gin) (ai.* innéacsanna) *(mal* treoiruimhir *b gu.* treoiruimhreach *ai.* treoiruimhreacha)

innéacsaigh *br* index[2] *(Gin)*

innéacs aischuir iomláin *f* total return index *(Air)*

innéacsaithe *a3* indexed *(Gin)*

Innéacs an Ghrúpa Airgeadais *f* Financial Group Index *(Air)*

Innéacs an Ghrúpa Thionsclaíoch *f* Industrial Group Index *(Air)*

innéacsanna cothromais idirnáisiúnta *f* international equity indices *(Air)*

innéacsanna cothromais na hEorpa *f* European equity indices *(Air)*

innéacsanna úis sheasta achtúirí an FT *f* FT- actuaries fixed interest indices *(Air)*

Innéacs an 500-scair *f* 500-Share Index *(Air)*

innéacs bannaí fadtéarmacha *f* long bond index *(Air)*

innéacs bannaí fadtéarmacha SAM *f* US long bond index *(Air)*

innéacs brabúsachta *f* profitability index *(Air)*

Modh a úsáidtear chun tionscadail [LPC1] a mheas.

innéacs cainníochta *f* quantity index *(Air)*

Innéacs Caipitil Idirnáisiúnta an Domhain *f* Capital International World Index *(Air)*

Meán uimhríochtúil a ualaítear de réir mhargadhluach 1,100 stoc nó mar sin atá liostaithe ar stocmhalartáin sna Stáit Aontaithe, i gCeanada, san Astráil agus sa Chianoirthear. Tomhas garbh is ea é ar fheidhmíocht phríomhstocmhalartáin an domhain go comhiomlán.

Innéacs Caipitil Morgan Stanley (MSCI) *f* Morgan Stanley Capital Index (MSCI) *(Air)*

innéacs cártaí *f fch* cárta-innéacs. *(Río) (ai.* innéacsanna cártaí)

innéacs comha(i)d *f* file index *(Río) (ai.* innéacsanna comha(i)d)

innéacs 100 FT-SE *f* FT-SE 100 index *(Air)*

innéacs geoiméadrach neamhualaithe *f* unweighted geometric index *(Air) (gu.* innéacs gheoiméadraigh neamhualaithe)

innéacs gnáthscaireanna an FT *f* FT ordinary share index *(Air)*

innéacs gnáthscaireanna an FTA *f* FTA equity index *(Air)*

innéacs ilchodach stoc ardteicneolaíochta S & P *f* S&P high tech composite index *(Air)*

innéacs ilscaireanna achtúirí an FT *f* FT-actuaries all-share index *(Air)*

innéacs ilscaireanna an FT *f* Financial Times (FT) all-share index *(Air)*

innéacs ISEQ *f* ISEQ index *(Air)*

innéacs margaidh bannaí *f* bond market index *(Air)*

Príomh-mhargadh nó margadh tánaisteach d'urrúis fiachais bhardasaigh nó chorparáidigh rialtais.

innéacs mheán thionsclaíoch Dow Jones *f* Dow Jones industrial average index *(Air)*

innéacs neamhluachálaithe SA *f* US non value weighted index *(Air)*

innéacs neamhualaithe *f* unweighted index *(Air) (ai.* innéacsanna neamhualaithe)

innéacs Nikkei *f* Nikkei Index *(Air)*

Tomhas de leibhéal na stocphraghsanna ar Stocmhalartán Tokyo.

innéacs praghsanna *f* price index *(Fio) (ai.* innéacsanna praghsanna)

Innéacs a dhéanann luach sampla ionadaíoch d'earraí agus de sheirbhísí a thomhas. *(mal* treoiruimhir phraghsanna *b gu.* treoiruimhreach praghsanna *ai.* treoiruimhreacha praghsanna)

innéacs praghsanna do thomhaltóirí *f fch* innéacs praghsanna tomhaltais. *(Air)*

innéacs praghsanna tomhaltais *f* retail price index *(Air)*

Innéacs de phraghsanna na n-earraí agus na seirbhísí i siopaí miondíola a cheannaíonn meánteaghlaigh. Sloinntear na praghsanna i dtéarmaí céatadáin, bainteach le bonnbhliain a nglactar léi mar 100. (*mal* innéacs praghsanna do thomhaltóirí *f*) (*var* consumer price index)

innéacs praghsanna tosaíochta *f* preference price index *(Air)* (*ai.* innéacsanna praghsanna tosaíochta)

innéacs 30-scair an FT *f* FT 30-share index *(Air)*

innéacs stocmhalartáin *f* stock exchange index *(Air)* (*gu.* innéacsanna stocmhalartán)

innéacs tabhaill *f* register index *(Río)* (*ai.* innéacsanna tabhaill)

innéacs toraidh *f* yield index *(Air)* (*ai.* innéacsanna toraidh)

innéacs tráchtearraí *f* commodity index *(Air)* (*ai.* innéacsanna tráchtearraí)

innéacsú *f* indexing *(Gin)* (*gu.* innéacsaithe)

(Ríomhaireacht) Teicníc a úsáidtear chun eilimintí tábla, veicteora nó eagair a rochtain, nuair atá an fad beart céanna i ngach eilimint. Ní gá a bheith ar eolas ach seoladh (fisiciúil nó siombalach) na chéad eiliminte. Déantar eilimintí eile a rochtain trína n-ionad i gcoibhneas leis an gcéad eilimint a úsáid mar innéacs.

innéacs ualaithe ó thaobh trádála an phuint Éireannaigh *f* Irish pounds trade-weighted index *(Air)*

innéacsú aontéarmach *f* uniterm indexing *(Río)* (*gu.* innéacsaithe aontéarmaigh)

Innéacs Uilechomónta Stocmhalartán Nua Eabhrac *f* New York Stock Exchange All Common Index *(Air)*

An t-innéacs leis an mbonn is leithne as measc innéacsanna Stáit Aontaithe Mheiriceá, ag cumhdach na ngnáthscaireanna go léir atá liostaithe ar an malartán.

innéacs uimhriúil ualaithe *f* weighted arithmetic index *(Air)* (*gu.* innéacs uimhriúil ualaithe)

Inneall Anailíse *f* Analytical Engine *(Río)* (*gu.* Innill Anailíse)

inneall clóchuradóireachta *f* typesetting engine *(Río)* (*gu.* innill chlóchuradóireachta)

inneall cuardaigh *f* search engine *(Río)* (*gu.* innill chuardaigh)

inneall cuardaigh tiomnaithe *f* dedicated search engine *(Río)* (*gu.* innill cuardaigh tiomnaithe)

inneall difríochta *f* difference engine *(Río)* (*gu.* innill difríochta)

Gléas meicniúil, nár fhéad ach suimiú agus dealú a dhéanamh, a dearadh chun táblaí uimhreacha, a bheadh úsáideach le haghaidh loingseoireachta, a ríomh.

inneall meiteachuardaigh *f* metasearch engine *(Río)* (*gu.* innill mheiteachuardaigh)

inneall stíle *f* style engine *(Río)* (*gu.* innill stíle)

innealra *f* machinery *(Gin)*

innealtóir *f* engineer *(Río)* (*gu.* innealtóra *ai.* innealtóirí)

innealtóir bogearraí *f* software engineer *(Río)* (*gu.* innealtóra bogearraí *ai.* innealtóirí bogearraí)

innealtóireacht *b* engineering *(Río)* (*gu.* innealtóireachta)

innealtóireacht bogearraí *b* software engineering *(Río)* (*gu.* innealtóireachta bogearraí)

innealtóireacht eolais *b* knowledge engineering *(Río)* (*gu.* innealtóireachta eolais)

in-neamhnitheacht *b* nullability *(Río)* (*gu.* in-neamhnitheachta)

inniúlacht *b* ability *(Gin)* (*gu.* inniúlachta)

in-nuashonraithe *a3* updateable *(Río)*

i-nód *f* i-node *(Río)* (*gu.* i-nóid *ai.* i-nóid)

I gcóras oibríochta UNIX, comhthiomsaithe le gach comhad (agus le gach comhadlann, mar is comhad é comhadlann freisin) bíonn bloc faisnéise 64-beart ar a dtugtar i-nód. Insíonn an i-nód cé leis an comhad, cé na hoibríochtaí atá ceadaithe, cén áit a dtiocfar ar shonraí, agus nithe mar sin.

inoiriúnaitheacht *b* adaptability *(Río)* (*gu.* inoiriúnaitheachta)

in ord[1] *abairtín fch* ordaithe. *(Río)*

in ord[2] *dob* in-order *(Río)*

inphróiseáilte *a3* processable *(Río)*

inphróiseáilteacht *b* processability *(Río)* (*gu.* inphróiseáilteachta)

in-réamhshocraithe *a3* presettable *(Río)*

inréimniú *f* convergence *(Río)* (*gu.* inréimnithe)

inríofa *a3* computationally feasible *(Río)*

in-ríomhchláraithe *a3* programmable *(Río)*

inrite *a3* executable[1] *(Río)*

inrite ar chineálacha éagsúla ríomhairí *a3* portable[2] *(Río)*

inrochtaineacht *b* accessibility *(Río)* (*gu.* inrochtaineachta)

inrochtaineacht Gréasáin *b* Web accessibility *(Río)* (*ai.* inrochtaineachta Gréasáin)

inrochtana *gma* accessible[2] *(Río)*

inródaithe *a3* routable *(Río)*

in-saincheaptha *a3* customizable *(Río)*

insásaithe *a3* satisfiable *(Gin)*

inscálaithe *a3* scalable *(Río)*

inseachadta *a3* deliverable *(Air)*

inseolacháin *f* arrivals *(Air)* (*gi.* inseolachán)

insínte *a3* extendable *(Air)*

insreabhadh *f* inflow *(Air)* *(gu.* insreafa)

insreabhadh airgid *f* cash inflow *(Air)* *(gu.* insreafa airgid)

insroichte *a3* accessible[1] *(Gin)*

instealladh *f* injection *(Río)* *(gu.* insteallta *ai.* instealltaí)

institiúid *b* institution *(Gin)* *(gu.* institiúide *ai.* institiúidí) *(mal* foras *f gu.* forais)

intaifeadta *a3* recordable *(Río)*

intíre *a3* domestic *(Gin)* *(var* home)

intleacht *b* intelligence *(Gin)* *(gu.* intleachta *ai.* intleachtaí)

intleachtacht *b* ingenuity *(Gin)* *(gu.* intleachtachta)

intleacht shaorga *b* artificial intelligence *(Río)* *(gu.* intleachta saorga)

intomhaiste *a3* measurable *(Gin)*

intrádála *a3* tradeable *(Air)*

intreach *a1* intrinsic *(Gin)*

intuigthe[1] *a3* implicit[1] *(Gin)*

intuigthe[2] *a3* implied *(Gin)*

inúsáidte *a3* available *(Río)* *(var* usable)

inúsáidteacht *b* usability *(Río)* *(gu.* inúsáidteachta) *(var* availability)

inúsáidteacht córais *b* system availability *(Río)* *(gu.* inúsáidteachta córais)

íoc *br* pay[2] *(Gin)*

íocaí *f* payee *(Air)* *(ai.* íocaithe)

íocaíocht *b* payment *(Air)* *(gu.* íocaíochta *ai.* íocaíochtaí) *(var* disbursement; payout)

íocaíocht aistritheach *b* transfer payment *(Air)* *(gu.* íocaíochta aistrithí *ai.* íocaíochtaí aistritheacha)

íocaíocht díbhinne *b* dividend payout *(Air)* *(gu.* íocaíochta díbhinne *ai.* íocaíochtaí díbhinne)

An méid airgid thirim a íoctar le scairshealbhóirí curtha in iúl mar chéatadán de thuilleamh in aghaidh na scaire.

íocaíocht ionchais dollar *b* expected dollar payment *(Air)* *(gu.* íocaíochta ionchais dollar *ai.* íocaíochtaí ionchais dollar)

íocaíocht ionchais dollar an (na) tréimhse dár gcionn *b* expected dollar payment (of) next period *(Air)*

íocaíocht réamhúdaraithe *b* pre-authorized payment *(Air)* *(gu.* íocaíochta réamhúdaraithe *ai.* íocaíochtaí réamhúdaraithe)

Modh chun dlús a chur le hinsreafaí airgid thirim trí údarú a fháil chun muirear a leagan ar chuntas bainc custaiméara.

íochtarán *f* subordinate[1] *(Gin)* *(gu.* íochtaráin)

íocón *f fch* deilbhín. *(Río)* *(gu.* íocóin)

an lodáil *b* Italy *(Gin)* *(gu.* na hIodáile)

íogaireacht *b* sensitivity *(Air)* *(gu.* íogaireachta)

iolrach[1] *f* multiple[1] *(Mat)* *(gu.* iolraigh)

iolrach[2] *a1* multiple[2] *(Gin)* *(mal* il- *réí)* *(var* multi-)

iolrach[3] *f* product[2] *(Mat)* *(gu.* iolraigh)

iolrach Cairtéiseach *f* Cartesian product *(Mat)* *(gu.* iolraigh Chairtéisigh)

iolrach dhá thacar *f* product of two sets *(Loi)* *(mal* idirmhír dhá thacar *b gu.* idirmhír dhá thacar) *(var* intersection of two sets)

iolrach scálach *f* scalar product *(Río)* *(gu.* iolraigh scálaigh *ai.* iolraigh scálacha)

iolraigh[1] *f* multiples *(Air)* *(mal* cóimheas praghais is tuillimh *f gu.* cóimheasa praghais is tuillimh) *(var* price to earnings ratio)

iolraigh[2] *br* multiply *(Mat)*

iolraitheoir *f* multiplier *(Air)* *(gu.* iolraitheora *ai.* iolraitheoirí)

iolraitheoir gnáthscaireanna *f* equity multiplier *(Air)* *(gu.* iolraitheora gnáthscaireanna *ai.* iolraitheoirí gnáthscaireanna)

Sócmhainní roinnte ar ghnáthscaireanna.

iolrán *f* factorial *(Río)* *(gu.* iolráin)

iolrú *f* multiplication *(Mat)* *(gu.* iolraithe)

iomaíoch *aid* competing *(For)* *(var* competitive)

iomaíochas costais *f* cost competitiveness *(Río)* *(gu.* iomaíochais chostais)

iomaíocht *b* competition[1] *(Fio)* *(gu.* iomaíochta)

Próiseas coimhlinte gníomhaí idir díoltóirí táirge áirithe agus iad ag iarraidh éileamh an cheannaitheora dtairiscintí a ghnóthú agus a choimeád. Is iomaí cineál éagsúil iomaíochta ann, ar nós praghasghearradh, fógraíocht agus tionscnaimh díolacháin, pacáistiú agus dearadh, agus deighilt an mhargaidh.

iomaíocht fhoirfe *b* perfect competition *(Fio)* *(gu.* iomaíochta foirfe)

iomaitheoir *f* competitor *(Fio)* *(gu.* iomaitheora *ai.* iomaitheoirí)

Coimhlinteoir gnó, a thairgeann earraí nó seirbhísí cosúla de ghnáth.

iomalartú *f* permutation *(Gin)* *(gu.* iomalartaithe *ai.* iomalartuithe)

iomarcach *a1* redundant *(Río)*

iomarcaíocht *b* redundancy *(Air)* *(gu.* iomarcaíochta)

iomas *f* intuition *(Gin)* *(gu.* iomais)

iomasach *a1* intuitive *(Gin)*

íomhá *b* image *(Río)* (*ai.* íomhánna)

íomhá bheo *b* animated image *(Río)* (*gu.* íomhá beo *ai.* íomhánna beo)

íomhá chódaithe *b* coded image *(Río)* (*ai.* íomhánna códaithe)

íomhá ghiotánmhapach *b* bitmap(ped) image *(Río)* (*gu.* íomhá giotánmhapaí *ai.* íomhánna giotánmhapacha)

íomhá ghrafach *b* graphic image *(Río)* (*gu.* íomhá grafaí *ai.* íomhánna grafacha)

íomhá inlíne *b* inline image *(Río)* (*ai.* íomhánna inlíne)

íomhánna a shábháil *abairtín* saving images *(Río)*

íomhá scáthánach *b* mirror image *(Río)* (*gu.* íomhá scáthánaí *ai.* íomhánna scáthánacha)

íomhá thulrach *b* foreground image *(Río)* (*gu.* íomhá tulraí *ai.* íomhánna tulracha)

íomhá veicteoireach *b* vectored image *(Río)* (*gu.* íomhá veicteoirí *ai.* íomhánna veicteoireacha)

iomlán[1] *f* total[1] *(Gin)* (*gu.* iomláin)

iomlán[2] *a1* total[2] *(Gin)*

iomlán na scríobhanna taisce *f* total cache writes *(Río)*

iomlaoid *b* shift[1] *(Río)* (*gu.* iomlaoide *ai.* iomlaoidí)

iomlaoid chioglach *b* cyclic shift *(Río)* (*gu.* iomlaoide cioglaí *ai.* iomlaoidí cioglacha)

Oibríocht ar iomlaoid loighciúil é trína mbogtar carachtair amach as ceann amháin d'fhocal nó de chlár ríomhaire agus go n-athiontráiltear iad ag an gceann eile. (*var* circular shift operation)

iomlaoideoir *f* shifter *(Río)* (*gu.* iomlaoideora *ai.* iomlaoideoirí)

Ciorcad a dhéanann digití nó carachtair i dtabhall a bhogadh ar dheis nó ar chlé, ag aistriú na faisnéise nó ag déanamh oibríochta uimhriúla. (*mal* ciorcad iomlaoide *f gu.* ciorcaid iomlaoide) (*var* shifter circuit)

iomlaoidigh *br* shift[2] *(Río)*

iompar *f* transport *(Fio)* (*gu.* iompair)

iompar (achair) logánta *f* local area transport (LAT) *(Río)* (*gu.* iompair (achair) logánta)

iompórtáil[1] *b* import[1] *(Air)* (*gu.* iompórtála *ai.* iompórtálacha)

Earra indíola a thugtar isteach i dtír as an tír inar táirgeadh é. (*mal* allmhaire *b ai.* allmhairí)

iompórtáil[2] *br* import[2] *(Air)* (*mal* allmhairigh *br*)

iompórtáilte *a3* imported *(Air)*

iompórtálaí *f* importer *(Air)* (*ai.* iompórtálaithe) (*mal* allmhaireoir *f gu.* allmhaireora *ai.* allmhaireoirí)

iomprach *f* carry *(Río)* (*gu.* iompraigh)

iomprach ardluais *f* high-speed carry *(Río)* (*gu.* iompraigh ardluais)

iomprach tonnánach *f* ripple carry *(Río)* (*gu.* iompraigh thonnánaigh)

iompróir *f* carrier *(Gin)* (*gu.* iompróra *ai.* iompróirí)

(Ríomhaireacht) Comhartha radaimhinicíochta de thonnfhad sonrach, modhnaithe de ghnáth le hathruithe minicíochta nó aimplitiúide a léiríonn go bhfuil eolas le hiompar.

iomrall *f fch* teagmhas mínormálta. *(Río)* (*gu.* iomraill)

iomrall sféarúil *f* spherical aberration *(Río)* (*gu.* iomraill sféarúil *ai.* iomraill sféarúla)

ionad *f* position[4] *(Río)* (*gu.* ionaid)

ionadaí *f* substitute[1] *(Gin)* (*ai.* ionadaithe)

ionadaíoch *a1* substitute[2] *(Gin)*

ionad deachúlach *f* decimal place *(Mat)* (*gu.* ionaid dheachúlaigh *ai.* ionaid dheachúlacha) (*mal* ionad de dheachúlacha *f*)

ionad de dheachúlacha *f fch* ionad deachúlach. *(Mat)*

ionadú *f* substitution *(Fio)* (*gu.* ionadaithe)

ionadú iompórtálacha *f* import substitution *(Fio)* (*gu.* ionadaithe iompórtálacha)

ioncam *f* income *(Air)* (*gu.* ioncaim)

Suim ar bith a fhaigheann duine nó eagraíocht mar luach saothair (tuarastal nó brabús trádála) nó mar thoradh ar infheistíocht (cíos nó ús). Ó thaobh cánach de, ní mór ioncam a idirdhealú ó chaipiteal.

ioncam gan amúchadh *f* unamortised income *(Gin)* (*gu.* ioncaim gan amúchadh)

ioncam indiúscartha *f* disposable income *(Fio)* (*gu.* ioncaim indiúscartha)

Fuílleach ioncaim phearsanta tar éis déaduchtuithe reachtúla a dhéanamh ag an bhfoinse.

ioncam neamh-úis *f* non-interest income *(Air)* (*gu.* ioncaim neamh-úis)

ioncam pearsanta *f* personal income *(Air)* (*gu.* ioncaim phearsanta)

ioncam (reatha) *f* revenue *(Air)* (*gu.* ioncaim (reatha))

ioncam roghnach *f* discretionary income *(Fio)* (*gu.* ioncaim roghnaigh)

Méid an ioncaim indiúscartha atá fágtha tar éis íoc as riachtanais ar nós bia, foscaidh, agus éadaí. Téann lucht díolta earraí in iomaíocht leis na riachtanais seo chun ceannacháin a ghnóthú. I rith geilleagair laig, díríonn daoine ar na riachtanais agus is minic a bhíonn níos lú airgid acu d'earraí agus do sheirbhísí fógartha.

ionchais aonchineálacha *f* homogeneous expectations *(Air)* (*gi.* ionchas aonchineálach)

An smaoineamh go bhfuil an creideamh céanna ag gach duine maidir le hinfheistíochtaí, le brabús agus le díbhinní sa todhchaí.

ionchais eachtarshuite *f* extrapolative expectations *(Air) (gi.* ionchas eachtarshuite)

Samhail phraghsála ina gcruthaítear ionchais ionas má tharlaíonn athrú sa spotphraghas reatha go leanfaidh athrú eile sa treo céanna é.

ionchais ilchineálacha *f* heterogeneous expectations *(Air) (gi.* ionchas ilchineálach)

ionchais oiriúnaitheacha *f* adaptive expectations *(Air) (gi.* ionchas oiriúnaitheach)

Samhail d'iompraíocht phraghsanna trína gcruthaítear ionchais den spotphraghas sa todhchaí ó mheán ualaithe den spotphraghas reatha agus de na praghsanna ionchais righneáilte.

ionchais réasúnacha *f* rational expectations *(Air) (gi.* ionchas réasúnach)

Ionchais d'athróga eacnamúla atá bunaithe go hiomlán ar fhaisnéis an mhargaidh.

ionchas *f* expectation[1] *(Air) (gu.* ionchais)

ionchas coinníollach *f* conditional expectation *(Air) (gu.* ionchais choinníollaigh *ai.* ionchais choinníollacha)

Luach ionchais athróige, coinníollach ar fhaisnéis áirithe a bheith ar eolas.

ionchas marthana *f* expectation of life *(Air) (gu.* ionchais mharthana)

ionchas saoil *f* life expectancy *(For) (gu.* ionchais saoil)

ionchódaigh *br* encode *(Río)*

ionchódóir *f* encoder *(Río) (gu.* ionchódóra *ai.* ionchódóirí)

Aon ghléas nó ciorcad a dhéanann comhartha cumais a chur ar fáil chun ligean do chóras nó do ghléas nach mbeadh inúsáidte gan é, a bheith á úsáid i dtimpeallacht ina bhfuil gá leis an gcód.

ionchódú *f* encoding *(Río) (gu.* ionchódaithe)

ionchódú déghiotánach *f* dibit encoding *(Río) (gu.* ionchódaithe dhéghiotánaigh)

Is éard is déghiotán ann ná grúpa de dhá ghiotán. Mar a úsáidtear i roinnt córas modhnúcháin iad, mar shampla i dtacar sonraíochta Bell 201, déantar gach déghiotán a ionchódú mar cheann de cheithre phasiomlaoid uathúil iompróra: 00, 01, 10, nó 11.

ionchódú dénártha sonraí *f* binary data encoding *(Río) (gu.* ionchódaithe dhénártha sonraí)

ionchódú fad reatha *f* run length encoding (RLE) *(Río) (gu.* ionchódaithe fad reatha)

ionchuir *br* input[2] *(Río)*

ionchur *f* input[1] *(Río) (gu.* ionchuir/ionchurtha)

Gléas, nó tacar gléasanna a úsáidtear chun sonraí a thabhairt isteach i ngléas eile; mar shampla, méarchlár nó luch. D'fhéadfadh ionchur a bheith ina chainéal chun staid nó coinníoll a chur i bhfáth nó a ionsá ar ghléas eile, nó ina ghléas nó ina phróiseas a bheadh á úsáid in oibríocht ionchurtha. Úsáidtear ionchur go minic mar théarma cuimsitheach ar shonraí ionchurtha, ar chomhartha ionchurtha, nó ar theirminéal ionchurtha nuair atá an úsáid sin soiléir sa chomhthéacs atá i gceist.

ionchur/aschur comhuaineach *f* parallel input/output (PIO) *(Río) (gu.* ionchurtha/aschurtha chomhuainigh)

ionchur/aschur faoi rialú idirbhristeacha *f* interrupt-controlled I/O *(Río) (gu.* ionchurtha/aschurtha faoi rialú idirbhristeacha)

ionchur/aschur srathach *f* serial input/output (SIO) *(Río) (gu.* ionchuir/aschuir (ionchurtha/aschurtha) shrathaigh)

ionchur córais *f* system input (sysin) *(Río) (gu.* ionchuir chórais)

ionchur formáidithe *f* formatted input *(Río) (gu.* ionchuir fhormáidithe)

ionchur ionchais *f* expected input *(Río) (gu.* ionchuir ionchais)

ionchur láimhe *f* manual input *(Río) (gu.* ionchurtha láimhe)

ionfhabhtaigh *br* infect *(Río)*

ionfhabhtaithe *a3* infected *(Río)*

ionfhabhtú *f* infection *(Río) (gu.* ionfhabhtaithe)

ionramháil *b* manipulation *(Río) (gu.* ionramhála)

ionramháil ar leibhéal na ngiotán *b* bit-level manipulation *(Río) (gu.* ionramhála ar leibhéal na ngiotán)

ionramháil clásail/clásal *b* clause manipulation *(Loi) (gu.* ionramhála clásail/clásal)

ionramháil sonraí *b* data manipulation *(Río) (gu.* ionramhála sonraí)

ionramháil téacs *b* text manipulation *(Río) (gu.* ionramhála téacs)

ionsá[1] *f* insertion *(Río) (ai.* ionsánna)

1. Gnás a chuireann nód le liosta nasctha nó le crann.
2. Gnás trína gcuirtear teaghrán ar leith isteach i lár teaghráin eile.

ionsá[2] *f* insert[1] *(Gin) (ai.* ionsánna)

ionsáigh *br* insert[2] *(Gin)*

ionsáigh bileog oibre *br* insert worksheet *(Gin)*

ionsáigh hipearnasc *br* insert hyperlink *(Gin)*

ionsamhail *br* simulate *(Río)*

ionsamhladh *f* simulation *(Gin) (gu.* ionsamhalta)

(Airgeadas) Teicníc chun neamhchinnteacht a mheasúnú. (Ríomhaireacht) 1. Léiriú ríomhairiúil d'imeacht réad-ama. 2. Oibríocht a bhfuil mar aidhm léi aithris shaorga a dhéanamh ar dhálaí réadacha.

ionsamhlóir *f* simulator *(Río)* *(gu.* ionsamhlóra *ai.* ionsamhlóirí)

ionsamhlóir ROM *f* ROM simulator *(Río)* *(gu.* ionsamhlóra ROM *ai.* ionsamhlóirí ROM)

ionstraim *b* instrument *(Air)* *(gu.* ionstraime *ai.* ionstraimí)

Urrúis airgeadais, ar nós ionstraimí an mhargaidh airgeadais nó ionstraimí an mhargaidh caipitil.

ionstraim chreidmheasa *b* credit instrument *(Air)* *(gu.* ionstraime creidmheasa *ai.* ionstraimí creidmheasa)

Gléas trína dtairgeann gnólacht creidmheas.

ionstraim dliteanais theoranta *b* limited liability instrument *(Air)* *(gu.* ionstraime dliteanais theoranta *ai.* ionstraimí dliteanais theoranta)

Urrús é seo nach féidir lena shealbhóir a chailliúint ach an méid tosaigh a cuireadh isteach ann.

ionstraim inseachadta *b* deliverable instrument *(Air)* *(gu.* ionstraime inseachadta *ai.* ionstraimí inseachadta)

Sócmhainn i réamhchonradh a sheachadfar sa todhchaí ar phraghas comhaontaithe.

ionstraim sealbhóra *b* bearer instrument *(Air)* *(gu.* ionstraime sealbhóra *ai.* ionstraimí sealbhóra)

Ionstraim inaistrithe atá iníoctha ar éileamh le sealbhóir na hionstraime.

ionsú *f* absorption *(Air)*

ionsuite[1] *a3* built-in *(Gin)*

ionsuite[2] *a3* infix *(Río)*

iontaobh *b* trust[1] *(Gin)* *(gu.* iontaoibhe) *(mal* muinín *b gu.* muiníne)

iontaobhaí *f* trustee *(Air)* *(gu.* iontaobhaí *ai.* iontaobhaithe)

Duine a bhfuil teideal dlíthiúil maoine i seilbh aige ach nach é a húinéir tairbhiúil é.

iontaobhas *f* trust[2] *(Air)* *(gu.* iontaobhais)

iontaobhas aonad *f* unit trust *(Air)* *(gu.* iontaobhais aonad)

iontaofa[1] *a3* reliable *(Gin)*

iontaofa[2] *a3* sound[2] *(Gin)*

iontaofacht *b* reliability *(Gin)* *(gu.* iontaofachta)

iontaofacht sonraí *b* data reliability *(Río)* *(gu.* iontaofachta sonraí)

iontonú *f fch* tuin chainte. *(Fio)* *(gu.* iontonaithe)

iontráil[1] *b* entry *(Río)* *(gu.* iontrála *ai.* iontrálacha)

iontráil[2] *br* enter[1] *(Río)*

iontráil innéacs *b* index entry *(Río)* *(gu.* iontrála innéacs *ai.* iontrálacha innéacs)

iontráil sonraí *b* data entry *(Río)* *(gu.* iontrála sonraí *ai.* iontrálacha sonraí)

an Iorua *b* Norway *(Gin)* *(gu.* na hIorua)

íos- *réi fch* is lú. *(Gin)*

íosairde *b* minimum height *(Río)*

íosathraitheas *f* minimum variance *(Air)* *(gu.* íosathraithis)

íoslaghdaigh *br* minimize *(Gin)*

íosleithead *f* minimum width *(Río)* *(gu.* íosleithid)

íoslódáil *br* download *(Río)* *(mal* lódáil anuas *br)*

íoslódáil comhaid *b* file download *(Río)* *(gu.* íoslódála comhaid)

íosluach *f* minimum[1] *(Gin)* *(gu.* íosluacha)

An luach is ísle. *(var* minimum value)

íosmhód *f* minimum mode *(Río)* *(gu.* íosmhóid)

íosnasc *f* downlink *(Río)* *(gu.* íosnaisc)

íosphointe *f* minimum point *(Río)*

íosta[1] *a3 fch* íos-. *(Gin)*

íosta[2] *a3* minimal *(Gin)*

íosuas *f* minimax *(Río)*

iriseán *f* journal *(Río)* *(gu.* iriseáin)

is ann do ... *abairtín* existentially quantified *(Loi)*

is ann do x ionas go bhfuil *abairtín* there exists an x such that *(Loi)*

An cainníochtóir *is ann do x (sa tacar áirithe) ionas go bhfuil* ráiteas oscailte éigin fíor (bréagach).

Is ball den tacar ... é ... *abairtín* element of (the) set *(Loi)*

An gaol idir ball agus tacar a léirítear sa ráiteas *is ball den tacar X é x* agus a scríobhtar mar x ∋ X. Glactar leis gur gaol neamhshainithe é seo. *(mal* Tá ... ina bhall den tacar ... *abairtín)*

is déanaí isteach is túisce amach *abairtín* last-in-first-out (LIFO) *(Gin)*

(Airgeadas) Modh chun míreanna aonchineálacha stoic a bhreacadh chun dochair do tháirgeacht nuair a athraíonn costas na míreanna. Glactar leis, le haghaidh costála agus le haghaidh luachála stoic, maidir leis na míreanna is déanaí a tugadh isteach sa stoc, gur úsáideadh iad sa táirgeacht, cé nach gá go mbeadh sé seo ag réiteach lena mbeadh déanta go fisiciúil leis na hearraí sin.

iseamorfach *a1* isomorphic *(Río)*

iseamorfacht *b* isomorphism *(Mat)* *(gu.* iseamorfachta)

Bíodh *G* ina ghrúpa le heilimintí *a, b*, etc., agus le hoibríocht *; freisin, bíodh *G'* ina ghrúpa le heilimintí *a', b',*, etc., agus le hoibríocht *. Ansin, *iseamorfacht* is ea comhfhreagras 1 le 1 idir G agus G' a shainítear le a $ ao, b $ bo, etc., más gá agus más leor, i gcás gach *a* agus *b*, go bhfuil

a * b $ ao * bo

Deirtear go bhfuil na grúpaí *G* agus *G' iseamorfach.* (*mal* grúpaí iseamorfacha *f*) (*var* isomorphic groups)

is gá agus is leor ... *abairtín* if and only if, ... *(Loi)* (*var* iff)

íslitheach *a1* descending *(Mat)*

ísliú *f* reduction *(Air)* (*gu.* íslithe)

ísliú cáilmheasa *f* reduction of goodwill *(Air)* (*gu.* íslithe cáilmheasa)

is lú *a3* least *(Gin)* (*mal* íos- réi; íosta *a3*) (*var* minimum)

is túisce isteach is túisce amach *a* first-in-first-out (FIFO) *(Gin)*

J

jab *f* job *(Gin)* (*mal* post *f gu.* poist) (*var* post)

JPEG forásach *f* progressive JPEG *(Río)* (*gu.* JPEG fhorásaigh)

K

k-nascóir *f* k-connector *(Río)* (*gu.* k-nascóra *ai.* k-nascóirí)

L

lá *f* day *(Gin)* (*gu.* lae *ai.* laethanta)

lá an fhógartha *f* announcement day *(Air)* (*gu.* lá an fhógartha)

An lá a ndéantar eisiúint nua bannaí a fhógairt go poiblí.

(lá) arna mhárach *abairtín* next day *(Gin)*

lacáiste *f* rebate *(Fio)* (*ai.* lacáistí)

lá cuntais *f* account day *(Air)* (*gu.* lae cuntais *ai.* laethanta cuntais)

An lá ar a dtarlaíonn aistriú iarbhír dhá airgeadra nó aistriú iarbhír airgid ar shócmhainn, ar phraghas réamhshocraithe. (*mal* lá socraíochta *f gu.* lae socraíochta *ai.* laethanta socraíochta) (*var* settlement day)

lá déileála *f* dealing day *(Air)* (*gu.* lae déileála *ai.* laethanta déileála)

lá deiridh *f* closing day *(Air)* (*gu.* lae deiridh *ai.* laethanta deiridh)

An lá a sheachadtar bannaí nua ón iasachtaí in aghaidh íocaíochta ó bhaill de shindeacáit eisiúna bannaí.

laethúil *a2* daily *(Gin)*

lag *a1* weak *(Gin)*

lagchúpláilte *a3* loosely-coupled *(Río)*

laghdaigh *br* decrease *(Río)*

laghdaigh eang *br* decrease indent *(Río)*

laghdaithe *a3* decreased *(Gin)*

laghdú méide *f* downsizing *(Río)* (*gu.* laghdaithe méide)

láimhdeachas *f* turnover *(Air)* (*gu.* láimhdeachais)

láimhdeachas margaidh *f* market turnover *(Air)* (*gu.* láimhdeachais margaidh)

láimhdeachas na gcuntas infhála *f* accounts receivable turnover *(Air)*

Díolacháin chreidmheasa roinnte ar mheán na gcuntas infhála.

láimhdeachas na nEorabhannaí *f* Eurobond turnover *(Air)*

láimhdeachas stoic *f* stock turnover *(Air)* (*gu.* láimhdeachais stoic)

láimhe[1] *gma* hand-held *(Río)*

láimhe[2] *gma fch* lámh-. *(Río)*

láimhseáil *b* handling (management)[1] *(Gin)* (*gu.* láimhseála)

láimhseálaí *f* handler *(Río)* (*ai.* láimhseálaithe)

láimhseálaí eisceachtaí *f* exception handler *(Río)* (*ai.* láimhseálaithe eisceachtaí)

láimhseálaí gaistí *f* trap handler *(Río)* (*ai.* láimhseálaithe gaistí)

láimhseálaí idirbhristeacha *f* interrupt handler *(Río)* (*ai.* láimhseálaithe idirbhristeacha)

Próiseas a chuirtear i bhfeidhm láithreach nuair a tharlaíonn idirbhriseadh. Tá sé deartha le líon beag feidhmeanna a bhaineann leis an idirbhriseadh, agus atá criticiúil ó thaobh ama, a chur i gcrích.

láimhsiú *f* handling (physical)[2] *(Gin)* (*gu.* láimhsithe)

lainseáil *br* launch *(Río)*

lainseáil brabhsálaí *br* launch browser *(Río)*

laiste[1] *f* latch *(Río)* (*ai.* laistí)

laiste[2] *gma* latched *(Río)*

laiste cloig *f* clocked latch *(Río)* (*ai.* laistí cloig)

laiste socraithe agus athshocraithe *f* setting and resetting (SR) latch *(Río)* (*ai.* laistí socraithe is athshocraithe) (*mal* laiste SR *f ai.* laistí SR) (*var* SR latch)

laiste SR *f* SR latch *(Río)* (*ai.* laistí SR) (*mal* laiste socraithe agus athshocraithe *f ai.* laistí socraithe is athshocraithe) (*var* setting and resetting (SR) latch)

laiste SR cloig *f* clocked SR latch *(Río)* (*ai.* laistí SR cloig)

láithreach *a1* immediate *(Gin)* (*var* present)

láithreán *f fch* suíomh. *(Río)* (*gu.* láithreáin)

láithreán comhrá *f fch* suíomh comhrá. *(Río)* (*gu.* láithreáin chomhrá)

láithreán Gréasáin *f fch* suíomh Gréasáin. *(Río)* (*gu.* láithreáin Gréasáin)

láithreán neamhbhuan *f* transient site *(Gin)* (*gu.* láithreáin neamhbhuain *ai.* láithreáin neamhbhuana)

láithreán stad *f* halting site *(Gin)* (*gu.* láithreáin stad)

láithreoireacht *b* presentation[1] *(Gin)* (*gu.* láithreoireachta) (*mal* cur i láthair *abairtín*)

láithreoireacht priontála *b* print presentation *(Río)* (*gu.* láithreoireachta priontála)

láithriú *f* placing *(Air)* (*gu.* láithrithe)

Scaireanna á ndíol ag cuideachta le grúpa roghnaithe de dhaoine aonair nó d'eagraíochtaí. (*var* location; placement)

láithriú príobháideach *f* private placing *(Air)* (*gu.* láithrithe phríobháidigh *ai.* láithrithe príobháideacha)

Díol na scaireanna i gcuideachta phríobháideach díreach le hinfheisteoirí, go minic gan stocbhróicéir mar idirghníomhaire. (*var* private placement)

lambda *f* lambda *(Río)* (*ai.* lambdaí)

lámh- *a (réimír)* manual *(Río)* (*mal* láimhe *gma*)

lamháltas[1] *f* tolerance *(Río)* (*gu.* lamháltais)

lamháltas[2] *f* concession *(Air)* (*gu.* lamháltais)

lamháltas díola *f* selling concession *(Air)* (*gu.* lamháltais díola)

An chuid sin de tháillí iomlána baincéireachta infheistíochta a fhabhraíonn don ghrúpa díola.

lamháltas lochtanna córais *f* system fault tolerance (SFT) *(Río)* (*gu.* lamháltais lochtanna córais)

lamháltóir *f* concessionaire *(Air)* (*gu.* lamháltóra *ai.* lamháltóirí)

lámhleabhar an chórais *f* system handbook *(Río)*

lámhleabhar teicniúil *f* technical manual *(Río)* (*gu.* lámhleabhair theicniúil *ai.* lámhleabhair theicniúla)

lánchead pleanála *f* full planning permission *(Air)* (*gu.* láncheada pleanála)

lán-chomhoiriúint *b* exact matching *(Air)* (*gu.* lán-chomhoiriúna *ai.* lán-chomhoiriúintí)

Ag aimsiú na punainne is ísle costas a tháirgeann sreafaí airgid thirim a mheaitseálann go cruinn na heis-sreafaí atá á maoiniú ag an infheistíocht.

lánchuardach *f* exhaustive search *(Río)* (*gu.* lánchuardaigh)

lánchumarsáid thionscantach *b* full handshake *(Río)* (*gu.* lánchumarsáide tionscantaí)

LAN gan sreang *f* wireless LAN *(Río)*

lániomaíoch *a1* perfectly competitive *(Air)*

lánluach cíosa *f* full rental value (FRV) *(Air)* (*gu.* lánluacha cíosa)

lánscáileán *f* full screen *(Río)* (*gu.* lánscáileáin)

lánstad *f* period[2] *(Río)* (*ai.* lánstadanna) (*var* full stop)

lánsuimitheoir *f* full adder *(Río)* (*gu.* lánsuimitheora *ai.* lánsuimitheoirí)

Ciorcad nó gléas, comhdhéanta de dhá leathshuimitheoir, a dhéanann suimiú iomlán agus oibríochtaí iompraigh.

laofacht *b* bias *(Air)* (*gu.* laofachta)

Luí nó claonadh intinne, go háirithe roghnaíocht nó réamhchlaonadh míréasúnta.

laofacht réamhaisnéise *b* forecast bias *(Air)* (*gu.* laofachta réamhaisnéise)

Ag meas róghearr nó thar ceart go rialta ó réamhaisnéis.

laomchuimhne *b* flash memory *(Río)*

lár *f* centre[1] *(Gin)* (*gu.* láir)

láraigh *br* centre[3] *(Gin)*

láraithe *a3* centralized *(Gin)*

láraonad *f* central unit *(Río)* (*gu.* láraonaid)

láraonad próiseála (LAP) *f* central processing unit (CPU) *(Río)* (*gu.* láraonaid phróiseála)

1. Comhchiallach le haonad próiseála. 2. An chuid sin den ríomhaire ina bhfuil na ciorcaid a rialaíonn léirmhíniú agus rith treoracha.

lárionad *f* centre[2] *(Gin)* (*gu.* lárionaid)

lárionad costais *f* cost centre *(Río)* (*gu.* lárionaid chostais)

Lárionad Faisnéise Líonraí an Idirlín *f* Internet Network Information Centre (InterNIC) *(Río)*

lárionad glaonna *f* call centre *(Río)* (*gu.* lárionaid glaonna)

lárionad ríomhairí *f* computer centre *(Río)* (*gu.* lárionaid ríomhairí)

lárionaid airgeadais entrepôt *f* entrepôt financial centres *(Air)*

Lárionaid airgeadais dhomhanda a thugann iasachtaithe agus iasachtóirí eachtracha le chéile.

lárlárnach *a1* centrocentric *(Air)*

lárnach *a1* central *(Gin)*

Lároifig Staidrimh, An *b* Central Statistics Office (CSO) *(Air)*

lárphraghas *f* middle price *(Air)* *(gu.* lárphraghais)

lárphraghas scoir *f* closing middle price *(Air)* *(gu.* lárphraghais scoir)

lárshrutha *gma* mainstream *(Gin)* *(mal* príomhshrutha *gma)*

lasc *b* switch *(Río)* *(gu.* laisce *ai.* lascanna)

lascachán *f* switching² *(Río)* *(gu.* lascacháin)

lascadh *f* switching¹ *(Río)* *(gu.* lasctha)

lascadh paicéad *f* packet-switching *(Río)* *(gu.* lasctha paicéad)

lascadh paicéad gan nasc *f* connectionless packet-switching *(Río)* *(gu.* lasctha paicéad gan nasc)

lascaine *b* discount¹ *(Air)* *(ai.* lascainí)

An difríocht idir an praghas ar ar eisíodh urrús agus an praghas atá air anois.

lascainigh *br* discount² *(Air)*

lascainiú *f* discounting *(Air)* *(gu.* lascainithe)

A luach láithreach a ríomh do shuim sa todhchaí.

lasc ann *br fch* cuir air *(coit.)*. *(Río)*

lasc as *br fch* cuir as *(coit.)*. *(Río)*

lasc chrosbharra *b* crossbar switch *(Río)* *(gu.* laisce crosbharra *ai.* lascanna crosbharra)

An ciorcad is simplí chun *n* LAPanna a nascadh le *k* cuimhní. Tá lascanna crosbharra á n-úsáid le blianta i malartáin lasctha teileafóin chun grúpa línte atá ag teacht isteach a nascadh go treallach le tacar de línte atá ag dul amach. Ceann de na hairíonna is deise atá ag an lasc chrosbharra ná gur líonra neamhbhacainneach é.

lasc dhénártha ardluais *b* high-speed binary switch *(Río)* *(gu.* laisce dénártha ardluais *ai.* lascanna dénártha ardluais)

lasc ilionad *b* multiposition switch *(Río)* *(gu.* laisce ilionad *ai.* lasca ilionad)

lasc scoránaithe *b* toggle switch *(Río)* *(gu.* laisce scoránaithe *ai.* lasca scoránaithe)

lasc sonraí *b* data switch *(Río)* *(gu.* laisce sonraí *ai.* lascanna sonraí)

lasctheileafón *f* switched telephone *(Río)* *(gu.* lasctheileafóin)

lá socraíochta *f* settlement day *(Air)* *(gu.* lae socraíochta *ai.* laethanta socraíochta)

An lá ar a dtarlaíonn aistriú iarbhír dhá airgeadra nó aistriú airgid ar shócmhainn, ar phraghas réamhshocraithe. *(mal* lá cuntais *f gu.* lae cuntais *ai.* laethanta cuntais) *(var* account day)

lastas *f* shipment *(Air)* *(gu.* lastais)

last-táille *b* freight (charge) *(Air)* *(ai.* last-táillí)

An t-airgead a íocann cairtfhostóir le húinéir loinge i leith ligean na loinge nó ligean spáis sa long. Ní bhíonn an t-airgead iníoctha go dtí go seachadtar na hearraí chun na loinge.

lá tairisceana *f* offering day *(Air)* *(gu.* lae tairisceana *ai.* laethanta tairisceana)

An lá ar a sínítear na téarmaí deireanacha in eisiúint bannaí idir na bainc bhainistíochta agus an t-iasachtaí.

leabaithe *a3* embedded *(Río)*

leaba nasctha *b* docking cradle *(Río)* *(gu.* leapa nasctha *ai.* leapacha nasctha)

leabhair na gcánacha *f* tax books *(Air)*

Sraith leabhar, a choimeádann bainisteoirí gnólachta do na Coimisinéirí Ioncaim, a leanann rialacha na gCoimisinéirí Ioncaim.

leabhar *f* book *(Gin)* *(gu.* leabhair)

Leabhar Bán, An *F* White Book, The *(Río)* *(gu.* Leabhair Bháin, An)

Leabhar Buí, An *f* Yellow Book, The *(Río)* *(gu.* Leabhair Bhuí, An)

leabhar ceannachán *f* purchases book *(Air)* *(gu.* leabhair ceannachán)

leabharchoimeád *f* book-keeping *(Air)* *(gu.* leabharchoimeádta)

leabharchoimeád iontrála dúbailte *f* double-entry bookkeeping *(Air)* *(gu.* leabharchoimeádta iontrála dúbailte)

Modh cuntasaíochta ina dtaifeadtar gach beart mar shochar agus mar dhochar.

An Leabhar Dearg *f* Red Book *(Río)*

leabharlann *b* library *(Río)* *(gu.* leabharlainne *ai.* leabharlanna)

Cnuasach de chomhaid ghaolmhara.

leabharlann córais *b* system library (syslib) *(Río)* *(gu.* leabharlainne córais)

leabharlann dhigiteach *b* digital library *(Río)* *(gu.* leabharlainne digití *ai.* leabharlanna digiteacha)

leabharlann réamhthiomsaithe *b* precompiled library *(Río)* *(gu.* leabharlainne réamhthiomsaithe *ai.* leabharlanna réamhthiomsaithe)

leabharmharc *f* bookmark *(Río)* *(gu.* leabharmhairc *ai.* leabharmharcanna)

Leabhar Scarlóideach, An *f* Scarlet Book *(Río)* *(gu.* Leabhair Scarlóidigh, An)

leabhar seoltaí *f* address book *(Río)* *(gu.* leabhair seoltaí)

leabú *f* embedding *(Río)* *(gu.* leabaithe)

leac *b* slab *(Río)* *(gu.* leice *ai.* leaca)

leacaigh *br* collapse *(Río)*

leacht *f* liquid[1] *(Gin)* *(gu.* leachta *ai.* leachtanna)

leachtach *a1* liquid[2] *(Air)*

leachtacht *b* liquidity *(Air)* *(gu.* leachtachta)

An éascaíocht a bhaineann le sócmhainní a shóinseáil go hairgead tirim.

leachtacht cuntasaíochta *b* accounting liquidity *(Air)* *(gu.* leachtachta cuntasaíochta)

An éascaíocht agus an luas lenar féidir sócmhainní a thiontú go hairgead tirim.

leachtaigh *br* liquidate *(Air)*

Cuideachta theoranta a dhíscaoileadh nó a fhoirceannadh. Féadann na stiúrthóirí nó na scairshealbhóirí tabhairt faoi seo. Má tá an chuideachta sócmhainneach, is é sin, más mó a sócmhainní ná a dliteanais, roinnfear na sócmhainní ar na scairshealbhóirí.

leachtchriostail fhearóileictreacha *f* ferroelectric liquid crystals (FLC) *(Río)* *(gi.* leachtchriostal fearóileictreach)

leachtchriostal *f* liquid crystal *(Río)* *(gu.* leachtchriostail)

leachtú *f* liquidation *(Air)* *(gu.* leachtaithe)

Scor gnólachta mar ghnóthas leantach.

léacsach *a1* lexical *(Río)*

leac uaighe *b* tombstone *(Air)*

Fógra ó bhainc atá páirteach i gcreidmheas sindeacáite chun a rannpháirteachas san iasacht a thaifeadadh, nó in eisiúint bannaí chun a ról i mbainistiú, frithghealladh, nó láithriú na mbannaí a thaifead.

leag *br* set[2] *(Air)*

leagan *f* version *(Gin)* *(gu.* leagain)

leagan amach[1] *f* layout *(Río)*

leagan amach[2] *f* arrangement[1] *(Gin)*

leagan amach leathanaigh *f* page layout *(Río)* *(gu.* leagain amach leathanaigh)

leagan is déanaí, an *f* latest version *(Gin)* *(gu.* an leagain is déanaí)

leaisteachas *f* elasticity *(Fio)* *(gu.* leaisteachais)

léamh *f* read[1] *(Río)* *(gu.* léimh *ai.* léamhanna)

léamh dodhéanta athuair *f* unrepeatable read *(Río)*

léamh salach *f* dirty read *(Río)* *(gu.* léimh shalaigh)

leamhshháinn *b* deadlock *(Río)* *(gu.* leamhshháinne *ai.* leamhshháinneacha)

lean[1] *br* continue *(Gin)*

lean[2] *br* follow *(Gin)*

lean de *br* imply *(Loi)*

leantach[1] *a1* consecutive *(Mat)*

leantach[2] *a1 fch* leanúnach. *(Gin)*

leanúnach[1] *a1* continuous *(Gin)* *(mal* leantach *a1)*

leanúnach[2] *a1* constant[2] *(Gin)*

léaráid *b* diagram *(Río)* *(gu.* léaráide *ai.* léaráidí)

léaráid céim ar chéim *b* stepwise diagram (of programs) *(Río)* *(gu.* léaráide céim ar chéim *ai.* léaráidí céim ar chéim)

léaráid de chomhfhreagairt na dtionchar *b* effect correspondence diagram *(Río)* *(gu.* léaráide de chomhfhreagairt na dtionchar *ai.* léaráidí de chomhfhreagairt na dtionchar)

léaráid de chruach *b* stack diagram *(Río)* *(gu.* léaráide de chruach *ai.* léaráidí de chruacha)

léaráid de ghaoil na n-aonán *b* entity relationship diagram *(Río)* *(ai.* léaráidí de ghaoil na n-aonán)

léaráid den chomhréir *b* syntax diagram *(Río)* *(gu.* léaráide den chomhréir *ai.* léaráidí den chomhréir)

Léiriú léaráideach de rialacha comhréire teanga ríomhchlárúcháin.

léaráid den chomhthéacs *b* context diagram *(Río)* *(gu.* léaráide den chomhthéacs)

Léaráid is féidir a tharraingt ag tús tionscnaimh, nó ag tráth an staidéir féidearthachta. Sainíonn sé teorainn an chórais agus na príomh-ionchuir agus -aschuir a thrasnaíonn an teorainn sin. D'fhéadfadh an Léaráid den Chomhthéacs a bheith ar an gcéad táirge i bhforbairt Léaráidí den Sreabhadh Sonraí.

léaráid den chumraíocht *b* set-up diagram *(Río)* *(gu.* léaráide den chumraíocht *ai.* léaráidí den chumraíocht)

léaráid den sreabhadh acmhainní *b* resource flow diagram *(Río)* *(gu.* léaráide den sreabhadh acmhainní)

Comhpháirt den Léaráid den Sreabhadh Sonraí. Is í a aidhm ná gluaiseacht fhisiciúil na n-earraí i gcóras a thaispeáint, seachas gluaiseacht na faisnéise. Is í a fheidhm ná cuidiú le scóipeáil tosaigh an chórais, agus cuidiú chun sreafaí sonraí a aithint go luath san anailís.

léaráid den sreabhadh doiciméad *b* document flow diagram *(Río)* *(gu.* léaráide den sreabhadh doiciméad)

An tardhul tosaigh agus córas á scóipeáil chun léaráidí den sreabhadh doiciméad a tharraingt. Taispeánann an léaráid sreabhadh na ndoiciméad thart timpeall córais mar shreafaí chuig agus ó fhoinsí agus fhaighteoirí gach cinn acu. Ní thaispeántar próiseáil na ndoiciméad ar an léaráid seo.

léaráid den sreabhadh sonraí *b* data flow diagram (DFD) *(Río)* *(gu.* léaráide den sreabhadh sonraí)

Léaráid d'amharc feidhmeach ar an gcóras atá á iniúchadh. Ceithre mhír atá i gceist sa nodaireacht: próiseas, stór sonraí, aonán seachtrach, agus sreabhadh sonraí. Is í an phríomhaidhm atá leis ná tuiscint an anailísí ar scóip an chórais, ar an bpróiseáil atá le déanamh, agus ar an idirghníomhaíocht leis an timpeallacht a chur in iúl don Úsáideoir.

léaráid den sreangú *b* wiring diagram *(Río) (gu. léaráide den sreangú ai. léaráidí den sreangú)*

léaráid de struchtúir *b* structure diagram *(Río) (gu. léaráide de struchtúir)*

Nodaireacht léaráideach de struchtúir nó de ghnásanna, a thaispeántar i dtéarmaí seichimh, roghnaithe, agus atrialla. Is leor na trí bhunchomhstruchtúr seo chun na struchtúir a dhealbhú go saibhir. Tá siad bunaithe ar léaráidí Jackson, agus úsáidtear iad i ríomhchlárúchán struchtúrtha Jackson (JSP) agus i ndearadh struchtúrtha Jackson (JSD).

léaráid loighciúil den sreabhadh sonraí *b* logical data flow diagram *(Río) (gu. léaráide loighciúla den sreabhadh sonraí)*

Tuairisc ar an timpeallacht fhisiciúil reatha, tar éis gach tagairt d'fhachtóirí fisiciúla agus teagmhasacha a bhaint. Is í an aidhm atá leis ná an loighic gnó atá mar bhunús do chleachtais reatha a thuiscint, seachas samhail shimplí de na gnásanna atá i bhfeidhm a sholáthar, is cuma cé chomh bailí is atá siad. Go tipiciúil, baintear tagairtí do shriantachtaí a tharlaíonn de thoradh cúrsaí geografacha, gnásanna a bhaineann le meaisíní (e.g., fótachóipeáil, ullmhú sonraí), polaitíocht na hoifige, nó gnásanna oifige ón DFD Fisiciúil Reatha, agus ní fhágtar ann ach an loighic gnó. Tarlaíonn sé seo ag Céim 150.

léaráid pionnála *f* pinout *(Río) (gu. léaráide pionnála)*

Léaráid a thaispeánann leagan amach agus ainmneacha na gcomharthaí a sheoltar tríd na pionnaí i nascóir ar leith. Déantar gach pionna nascóra a uimhriú ar bhealach caighdeánach ar an nascóir, agus úsáidtear na huimhreacha sin sa phionnú.

léaráid Veitch *b* Veitch diagram *(Río)*

léarscáileanna GIS *f* GIS maps *(Río)*

leas *f* interest[2] *(Air) (gu. leasa ai. leasanna)*

léas¹ *f* lease¹ *(Air) (gu. léasa ai. léasanna)*

Socrú conarthach chun úsáid sócmhainní seasta sonracha a mhalartú ar íocaíocht ar feadh tréimhse sonraithe.

léas² *f* beam *(Río) (gu. léis ai. léasacha)*

léasacht *b* leasehold *(Air) (gu. léasachta)*

léasaí *f* lessee *(Air) (ai. léasaithe)*

An té a ghlacann úsáid sócmhainní faoi léas.

leasaigh *br* reform[2] *(Gin) (var amend)*

léasaigh *br* lease[2] *(Air)*

leasainm *f* nickname *(Río) (ai. leasainmneacha)*

léas airgeadais *f* financial lease *(Air) (gu. léasa airgeadais ai. léasanna airgeadais)*

Léas fadtéarma dochealaithe, ar gnách gur gá don léasaí na costais chothabhála go léir a íoc ina leith.

leasaithe *a3* enhanced[2] *(Gin)*

léasar *f* laser *(Río) (gu. léasair)*

léasar athraonta *f* refraction laser *(Río) (gu. léasair athraonta)*

leaschathaoirleach feidhmiúcháin *f* executive deputy chairperson *(Air) (gu. leaschathaoirligh feidhmiúcháin)*

leas dílsithe *f* vested interest *(Gin) (gu. leasa dhílsithe ai. leasanna dílsithe)*

léas díola *f* sales type lease *(Air) (gu. léasa díola ai. léasanna díola)*

Socrú faoina léasaíonn gnólacht a threalamh féin ag iomaíocht ar an dóigh sin le cuideachta léasaithe neamhspleách.

léas díreach *f* direct lease *(Air) (gu. léasa dhírigh ai. léasanna díreacha)*

Léas faoina gceannaíonn an léasóir trealamh ó dhéantúsóir agus é a léasú leis an léasaí.

léas le giaráil *f* leveraged lease *(Air) (gu. léasa le giaráil ai. léasanna le giaráil)*

Socrú léasaithe cáindírithe a bhfuil iasachtaí tríú páirtí amháin nó breis páirteach ann.

léaslíne *b* horizon *(Gin)*

leasmhar *a1* interested *(Air)*

léas oibriúcháin *f* operating lease *(Air) (gu. léasa oibriúcháin ai. léasanna oibriúcháin)*

Cineál léasa ina bhfuil tréimhse an chonartha níos giorra ná ionchas marthana an fhearais agus ina n-íocann an léasóir na costais chothabhála agus seirbhíse go léir.

léasóir *f* lessor *(Air) (gu. léasóra ai. léasóirí)*

An té a thíolacann úsáid sócmhainní faoi léas.

leas oscailte *f* open interest *(Air) (gu. leasa oscailte)*

Líon iomlán na gconarthaí todhchaíochtaí nó roghanna ar thráchtearra ar leith nár fritháiríodh le hidirbheart todhchaíochtaí nó roghanna contrártha nó nár comhlíonadh tríd an tráchtearra a sheachadadh nó tríd an rogha a fheidhmiú.

leas-phríomhfheidhmeannach *f* deputy chief executive *(Air) (gu. leas-phríomhfheidhmeannaigh)*

léas tearmainn *f* safe harbour lease *(Air) (gu. léasa tearmainn ai. léasanna tearmainn)*

Léas chun sochair chánach úinéireachta a aistriú ón léasaí.

leasú¹ *f* reform¹ *(Gin) (gu. leasaithe ai. leasuithe) (var amendment)*

leasú[2] *f* revision s (of document) *(Río) (gu.* leasaithe *ai.* leasuithe)

léasú *f* leasing *(Air) (gu.* léasaithe)

leasú íomhá(nna) *f* image enhancement *(Río) (gu.* leasaithe íomhá(nna))

leasú ollmhórlaigh *f* super majority amendment *(Air) (gu.* leasaithe ollmhórlaigh)

Oirbheart cosantach a éilíonn go nglacfadh 80% de scairshealbhóirí le cumasc.

leas urlámhais *f* controlling interest *(Air) (gu.* leasa urlámhais *ai.* leasanna urlámhais)

leath- *réi* half *(Gin)*

leathadh *f* spread[2] *(Gin) (gu.* leata)

leathanach *f* page *(Gin) (gu.* leathanaigh)

leathanach atá éasca a phriontáil *f* printer-friendly page *(Río) (gu.* leathanaigh atá éasca a phriontáil)

leathanach baile *f* home page *(Río) (gu.* leathanaigh baile)

An chéad leathanach de shuíomh Gréasáin.

leathanach baile réamhshocraithe *f* default home page *(Río) (gu.* leathanaigh bhaile réamhshocraithe)

leathanach bán *f* blank page *(Río) (gu.* leathanaigh bháin *ai.* leathanaigh bhána)

leathanach fáilte *f* welcome page *(Río) (gu.* leathanaigh fáilte)

leathanach fíorúil *f* virtual page *(Río) (gu.* leathanaigh fhíorúil *ai.* leathanaigh fhíorúla)

leathanach Gréasáin *f* Web page *(Río) (gu.* leathanaigh Gréasáin)

leathanach Gréasáin a shábháil *abairtín* saving a Web page *(Río)*

leathanach síos *abairtín* page down[1] *(Río)*

leathanach suas *abairtín* page up[1] *(Río)*

leathanbhanda *f* broadband[1] *(Río) (ai.* leathanbhandaí)

leathanbhandach *a1* broadband[2] *(Río)*

leathán (páipéir, miotail, etc.) *f* sheet (paper, metal, etc.) *(Gin) (gu.* leatháin)

leathán singil *f* single sheet *(Río) (gu.* leatháin shingil)

leathbheart *f* nibble *(Río) (gu.* leathbhirt)

leath-chomhdhlúite *a3* semicondensed *(Río)*

leath-dhépléacsach *a1* half-duplex *(Río)*

leathfhairsingithe *a3* semi-expanded *(Río)*

leathmhiotal *f* semimetal *(Río) (gu.* leathmhiotail)

leathnaigh *br* widen *(Río)*

leathsheoltóir *f* semiconductor *(Río) (gu.* leathsheoltóra *ai.* leathsheoltóirí)

leathsheoltóir eistreach *f* extrinsic semiconductor *(Río) (gu.* leathsheoltóra eistrigh *ai.* leathsheoltóirí eistreacha)

leathsheoltóir intreach *f* intrinsic semiconductor *(Río) (gu.* leathsheoltóra intrigh *ai.* leathsheoltóirí intreacha)

leathsheoltóir ocsaíd mhiotail *f* metal-oxide semiconductor (MOS) *(Río) (gu.* leathsheoltóra ocsaíd mhiotail *ai.* leathsheoltóirí ocsaíd mhiotail)

Bunteicneolaíocht le haghaidh gléasanna gníomhacha comhtháite a dhéanamh ag úsáid trasraitheoirí tionchar réimse i líon mór cumraíochtaí éagsúla. Bíonn toilleas níos mó de ghnáth ag gléasanna MOS, rud a dhéanamh níos moille iad ná a macasamhla de ghléasanna dépholacha; is lú costais a bhaineann lena ndéanamh, áfach, toisc nach gá an líon céanna céimeanna próiseála chun dlús feidhmiúil níos airde a bhaint amach iontu.

leathshuimitheoir *f* half adder *(Río) (gu.* leathshuimitheora *ai.* leathshuimitheoirí)

Ciorcad a dhéanann suimiú; ríomhann sé suim na n-ionchur agus an iompraigh go dtí an chéad ionad eile (ar chlé).

leathstad *f* semicolon *(Río) (ai.* leathstadanna)

leath-thon *f* half-tone[1] *(Río) (gu.* leath-thoin)

leath-thonach *a1* half-tone[2] *(Río)*

leath-thréan *a1* semi-strong *(Air)*

leibhéal *f* level *(Gin) (gu.* leibhéil)

leibhéal an mhicreachláraithe *f* microprogramming level *(Río)*

leibhéal candamaithe *f* quantization level *(Río) (gu.* leibhéil candamaithe)

leibhéal coincheapúil *f* conceptual level *(Río) (gu.* leibhéil choincheapúil)

Cur síos ar na sonraí ar fad atá sa BS.

leibhéal eisíontais *f* impurity level *(Río) (gu.* leibhéil eisíontais)

leibhéal gléis *f* device level *(Río) (gu.* leibhéil gléis)

leibhéal gnásúil meaisíní *f* conventional machine level *(Río) (gu.* leibhéil ghnásúil meaisíní)

leibhéal infheictheachta Java *f* Java visibility level *(Río) (gu.* leibhéil infheictheachta Java)

leibhéal inmheánach *f* internal level *(Río) (gu.* leibhéil inmheánaigh)

Cur síos ar an tslí agus ar an bhfoirm ina soláthraítear sonraí ar dhiosca, na struchtúir shonraí atá in úsáid, etc.

leibhéal na seirbhíse *f* service-level *(Río)*

leibhéal rochtana *f* access level *(Río) (gu.* leibhéil rochtana)

Scóip nó infheictheacht modha nó athróige i leith aicmí eile. Tá cúig leibhéal rochtana ag Java: poiblí, príobháideach, cosanta, pacáiste agus leibhéal réamhshocraithe.

leibhéal seachtrach *f* external level *(Río) (gu.* leibhéil sheachtraigh)

Cur síos ar na sonraí cuí i gcomhair grúpaí éagsúla úsáideoirí.

leibhéaltruiceartha *a3* level-triggered *(Río)*

leictreach *a1* electrical *(Río)*

leictreachas *f* electricity *(Río) (gu.* leictreachais)

leictreachas diúltach *f* negative electricity *(Río) (gu.* leictreachais dhiúltaigh)

leictreoid dhiúltach *b* negative electrode *(Río) (gu.* leictreoide diúltaí *ai.* leictreoidí diúltacha)

leictreon *f* electron *(Río) (gu.* leictreoin)

leictreonach *a1* electronic *(Río)*

leictreonaic *b* electronics *(Río) (gu.* leictreonaice)

leictreonaic chandamach *b* quantum electronics *(Río) (gu.* leictreonaice candamaí)

leictreonaic gléasanna comhtháite *b* integrated device electronics (IDE) *(Río) (gu.* leictreonaice gléasanna comhtháite)

leictreonléas *f* electron beam *(Río) (gu.* leictreonléis *ai.* leictreonléasacha)

leid *b* prompt *(Río) (gu.* leide *ai.* leideanna)

Teachtaireacht infheicthe nó inchloiste a thugann ríomhchlár, ag éileamh freagra ón úsáideoir.

leidchárta *f* cue card *(Gin) (ai.* leidchártaí)

leid DOS *b* DOS prompt *(Río)*

leid ordaithe *b* command prompt *(Río) (gu.* leide ordaithe *ai.* leideanna ordaithe)

léigh *br* read² *(Gin)*

léigh isteach *br* read in *(Río)*

léigh rud ar bith/scríobh uile *abairtín* read any/write all (RAWA) *(Río)*

léim *b* jump *(Río) (gu.* léime *ai.* léimeanna)

Treoir a fhórsálann luach nua isteach san áiritheoir ríomhchláir, agus a imíonn dá réir ón dul chun cinn aon chéime a bhíonn i gceist de ghnáth go seoladh na chéad treorach eile atá le gabháil. Is gnách go ngabhann LÉIM an chéad treoir eile ón bpríomhchlár, seachas ó BHRAINSE, a aistríonn an smacht go foghnáthamh. Féadann LÉIM dul chun tosaigh nó chun deiridh ó sheoladh na treorach reatha.

léim choinníollach *b* conditional jump *(Río) (gu.* léime coinníollaí *ai.* léimeanna coinníollacha)

Léim nach dtarlaíonn ach amháin nuair a shásaítear critéir shonraithe. Nuair a thugtar treoir léime coinníollaí, d'fhéadfadh a bheith de thoradh uirthi go bhfaighfí na seoltaí cearta don chéad treoir eile a ghineann aistriú rialúcháin. Féadann an chéad treoir eile a bheith ag brath ar na critéir shonraithe chun a chinneadh an amhlaidh atá gá le léim nó le foléim go treoir eile.

léim go greille *abairtín* snap to grid *(Río)*

léim mhoillithe *b* delayed jump *(Río) (gu.* léime moillithe *ai.* léimeanna moillithe)

léim neamhlogánta *b* nonlocal jump *(Río) (gu.* léime neamhlogánta *ai.* léimeanna neamhlogánta)

léimneoir *f* jumper *(Río) (gu.* léimneora *ai.* léimneoirí)

léir *a1* explicit *(Río)*

léirfheidhmitheoir líne na n-orduithe *f fch* léirmhínitheoir líne na n-orduithe. *(Río)*

léirigh *br* illustrate *(Gin)*

léiriú *f* representing *(Gin) (gu.* léirithe) *(var* illustrating)

léiriúcháin *f* representations *(Air) (gi.* léiriúchán)

Séard atá i gceist le léiriúcháin ná ráitis a dhéanann iasachtaí i gcreidmheas sindeacáite nó in eisiúint bannaí ag cur síos ar chúrsaí reatha an iasachtaí ar nós tosca airgeadais an iasachtaí.

léiriúchán *f* illustration *(Gin) (gu.* léiriúcháin) *(var* representation)

léiriú coincheapúil *f* conceptual representation *(Río) (gu.* léirithe choincheapúil)

léiriú dénártha *f* binary representation *(Río) (gu.* léirithe dhénártha)

léiriú eolais *f* knowledge representation *(Río) (gu.* léirithe eolais)

léirmhínigh *br* interpret *(Río)*

léirmhínitheoir *f* interpreter *(Río) (gu.* léirmhínitheora *ai.* léirmhínitheoirí)

léirmhínitheoir aisfhotha *f* feedback interpreter *(Río) (gu.* léirmhínitheora aisfhotha *ai.* léirmhínitheoirí aisfhotha)

léirmhínitheoir líne na n-orduithe *f* command-line interpreter *(Río) (mal* léirfheidhmitheoir líne na n-orduithe *f*)

léirmhínitheoir orduithe *f* command-interpreter *(Río) (gu.* léirmhínitheora orduithe)

léirmhínitheoir teanga *f* language interpreter *(Río) (gu.* léirmhínitheora teanga *ai.* léirmhínitheoirí teanga)

léirmhíniú *f* interpretation *(Río) (gu.* léirmhínithe)

léirscaoileadh an gheilleagair *f* liberalization of the economy *(For)*

léirscrios *br* erase *(Río)*

léirscriosán *f* eraser *(Río) (gu.* léirscriosáin)

léirscriosán téipe agus diosca *f* tape and disk eraser *(Río) (gu.* léirscriosáin téipe agus diosca)

léirthúsaitheoir *f* explicit initializer *(Río) (gu.* léirthúsaitheora *ai.* léirthúsaitheoirí)

leithcheal *f* discrimination *(Gin) (gu.* leithcheala)

leithdháileadh *f* allocation *(Air) (gu.* leithdháilte *ai.* leithdháiltí)

1. Miondealú costas agus ioncaim i leith táirgí, feidhmeanna nó ranna cuideachta nuair is féidir costais (agus ioncam) a chur go díreach i leith na ranna ina dtarlaíonn na costais (an t-ioncam). 2. An próiseas lena sanntar ábhar atá i stoc chun orduithe i dtaca le táirgí sonraithe a chomhlíonadh.

leithdháileadh acmhainní *f* resource allocation *(Río) (gu.* leithdháilte acmhainní)

leithdháileadh dinimiciúil *f* dynamic allocation (of memory) *(Río) (gu.* leithdháilte dhinimiciúil *ai.* leithdháiltí dinimiciúla)

Teicníc leithdháilte ina socraítear na hacmhainní a shanntar le rith ríomhchláir de réir critéar a chuirtear i bhfeidhm ag am an riachtanais.

leithdháileadh sócmhainní *f* asset allocation *(Air) (gu.* leithdháilte sócmhainní)

Cinntiúchán ar cén comhcheangal de stocanna agus de bhannaí intíre agus idirnáisiúnta is fearr le hinfheistiú ann.

leithdháileadh stórais *f* storage allocation *(Río) (gu.* leithdháilte stórais *ai.* leithdháiltí stórais)

Sannadh réimsí stórála le sonraí ar leith.

leithdháileadh tabhall *f* register allocation *(Río) (gu.* leithdháilte tabhall)

leithdháileadh tabhall idir ghnásanna *f* interprocedural register allocation *(Río) (gu.* leithdháilte tabhall idir ghnásanna)

leithead *f* width *(Gin) (gu.* leithid)

leithead, airde, doimhneacht *ain* width, height, depth (WHD) *(Río)*

leithead ar dtús *abairtín* breadth-first *(Río)*

leithead banda *f fch* bandaleithead. *(Río) (gu.* leithid banda)

leithead colúin *f* column width *(Río) (gu.* leithid colúin)

leithead leathanaigh *f* page width *(Río) (gu.* leithid leathanaigh)

leithead réimse *f* field width *(Río) (gu.* leithid réimse)

An líon carachtar i réimse.

léitheoir *f* reader *(Gin) (gu.* léitheora *ai.* léitheoirí)

léitheoir barrachód *f* bar code reader *(Río) (gu.* léitheora barrachód *ai.* léitheoirí barrachód) (*mal* scanóir barrachód *f gu.* scanóra barrachód *ai.* scanóirí barrachód) (*var* bar code scanner)

léitheoir cártaí *f* card reader *(Río) (gu.* léitheora cártaí *ai.* léitheoirí cártaí)

léitheoir cártaí rialúcháin *f* control card reader *(Río) (gu.* léitheora cártaí rialúcháin *ai.* léitheoirí cártaí rialúcháin)

léitheoir fuaime *f* audio reader *(Río) (gu.* léitheora fuaime *ai.* léitheoirí fuaime)

léitheoir marcanna optúla *f* optical mark reader (OMR) *(Río) (gu.* léitheora marcanna optúla *ai.* léitheoirí marcanna optúla)

léitheoir/printéir micrifíse *f* microfiche reader/printer *(Río) (gu.* léitheora/printéara micrifíse *ai.* léitheoirí/printéirí micrifíse)

leithleach *a1* separate *(Gin)*

leithlisiú *f fch* aonrú. *(Río) (gu.* leithlisithe)

lian *f* lien *(Air) (gu.* liain)

lian ilfhardail *f* blanket inventory lien *(Air) (gu.* liain ilfhardail)

Urrús a thugann lian don iasachtóir in aghaidh fardail uile an iasachtaí.

liath *aid* grey *(Gin)*

liathróid rubair *b* rubber ball *(Río) (gu.* liathróide rubair)

liathscála *f* greyscale *(Río)*

limistéar *f* area^2 *(Gin) (gu.* limistéir)

limistéar ionchuir *f* input area *(Río) (gu.* limistéir ionchuir)

limistéar oibre *f* work area *(Gin) (gu.* limistéir oibre)

limistéar stórála *f* storage area *(Río) (gu.* limistéir stórála)

limistéar téacs *f* text area *(Río) (gu.* limistéir téacs)

líne *b* line^1 *(Gin) (ai.* línte)

líneach *a1* linear *(Mat)*

líneacht *b* linearity *(Air) (gu.* líneachta)

líne aonphléacsach *b* simplex line *(Río) (gu.* líne aonphléacsaí *ai.* línte aonphléacsacha)

líne bhán *b* blank line *(Río) (gu.* líne báine *ai.* línte bána)

líne chabhrach *b* help line *(Gin) (gu.* líne cabhrach *ai.* línte cabhrach)

líne cheadaithe bus *b* bus grant line *(Río) (gu.* líne ceadaithe bus *ai.* línte ceadaithe bus)

líne chreidmheasa *b* line of credit *(Air) (ai.* línte creidmheasa)

Banc tráchtála ag cur síneadh le hiasachtaí gearrthéarma gnólachta.

líne chríochnaithe *b* terminated line *(Río) (gu.* líne críochnaithe *ai.* línte críochnaithe)

Líne Dhigiteach Rannpháirtí *b* Digital Subscriber Line (DSL) *(Río)* *(gu.* Líne Digití Rannpháirtí)

líneghraf *f* line graph *(Río)* *(gu.* líneghraif)

líne ghreille *b* gridline *(Río)* *(gu.* líne greille *ai.* línte greille)

líne ghutháin *b* telephone line *(Río)* *(gu.* line gutháin *ai.* línte gutháin) *(mal* líne theileafóin *b gu.* líne teileafóin *ai.* línte teileafóin)

líne iarrtha bus *b* bus request line *(Río)* *(ai.* línte iarrtha bus)

líne ísealchailliúna *b* low-loss line *(Río)* *(ai.* línte ísealchailliúna)

líne lán-déphléacsach *b* full duplex line *(Río)* *(gu.* line lán-déphléacsaí)

I gcórais agus i ngléasanna cumarsáide, tagraíonn sé do tharchur débhealaigh comhuaineach neamhspléach, ina dtarlaíonn tarchur agus glacadóireacht le chéile gan cur isteach ar a chéile.

líne lasctha *b* switched line *(Río)* *(ai.* línte lasctha)

líne leath-dhéphléacsach *b* half-duplex line *(Río)* *(gu.* líne leath-dhéphléacsaí *ai.* línte leath-dhéphléacsacha)

Is féidir le líne leath-dhéphléacsach sonraí a chur agus a fháil sa dá threo, ach ní go comhuaineach. Le linn aon tarchurtha, is tarchuradóir é móideim amháin agus is glacadóir é an móideim eile.

líne mhargadh an chaipitil *b* capital market line (CML) *(Air)* *(ai.* línte mhargadh an chaipitil)

Tacar éifeachtúil na sócmhainní go léir, idir rioscúil agus gan riosca, a sholáthraíonn na deiseanna is fearr is féidir don infheisteoir.

líne mhargadh na n-urrús *b* security market line SML *(Air)*

Líne dhíreach a thaispeánann an gaol cothromaíochta idir riosca córasach agus rátaí ionchais toraidh d'urrúis ar leith.

líne mhoillithe *b* delay line *(Río)* *(gu.* líne moillithe *ai.* línte moillithe)

líne mhoillithe fuaime *b* acoustic delay line *(Río)* *(ai.* línte mhoillithe fuaime)

líne mhoillithe shonach *b* sonic delay line *(Río)* *(gu.* líne moillithe sonaí *ai.* línte moillithe sonacha)

líne na n-orduithe *b* command-line *(Río)* *(ai.* línte na n-orduithe)

Líne taispeána ar scáileán, de ghnáth ag a bhun, nach féidir ach orduithe a iontráil ann.

líne stádais *b* status line *(Río)* *(ai.* línte stádais)

líne tháirgí *b* product line *(Fio)* *(gu.* líne táirgí *ai.* línte táirgí)

líne thapáilte *b* tapped line *(Río)* *(gu.* líne tapáilte *ai.* línte tapáilte)

líne theileafóin *b fch* líne ghutháin. *(Río)* *(gu.* líne teileafóin *ai.* línte teileafóin)

líne-uimhir *b* line number *(Río)* *(gu.* líne-uimhreach *ai.* líne-uimhreacha)

Uimhir ag tús líne de chlár foinseach i dteangacha ríomhchlárúcháin ar nós BASIC chun an líne a shainaithint.

líníocht *b* drawing[1] *(Río)* *(gu.* líníochta)

líníocht theicniúil *b* technical drawing *(Río)* *(gu.* líníochta teicniúla)

linn mhaolán *b* buffer pool *(Río)* *(gu.* linne maolán *ai.* linnte maolán)

línte babhtála *b* swap lines *(Air)*

Línte creidmheasa a shíneann ó rialtas amháin go rialtas eile ar féidir tarraingt orthu chun na hairgeadraí atá de dhíth d'idirghabháil oifigiúil sa mhargadh malairte a sholáthar.

línte rialaithe tiomsaitheora *b* compiler control lines *(Río)*

Tá réamhphróiseálaí i dtiomsaitheoir C atá inniúil ar ionadú macraí, ar thiomsú coinníollach, agus ar áireamh comhad ainmnithe. Déanann línte a thosaíonn leis an gcomhartha uimhreach nó hais cumarsáid leis an réamhphróiseálaí seo. Tá comhréir neamhspléach ar an gcuid eile den teanga ag na línte seo; féadann siad bheith in aon áit agus bíonn siad i bhfeidhm (neamhspléach ar scóip) go dtí deireadh chomhad an ríomhchláir fhoinsigh.

liobrálach *a1* liberal[2] *(For)*

liobrálaí *f* liberal[1] *(For)* *(ai.* liobrálaithe)

líofacht *b* fluency *(Río)* *(gu.* líofachta)

líon[1] *br* fill *(Gin)*

líon[2] *f* quotient *(Mat)* *(gu.* lín)

An toradh a bhíonn ar uimhir amháin nó iltéarmach a roinnt ar cheann eile. I q = a/b deirtear: *is é q líon b.*

líon ásc de ghaoil (an) *f* number of relationship instances (the) *(Río)* *(gu.* lín ásc de ghaoil (an))

líon focal *f* word count *(Río)* *(gu.* lín focal *ai.* líonta focal)

líonra *f* network *(Río)* *(ai.* líonraí)

líonra achair fhairsing *f* wide area network (WAN) *(Río)* *(ai.* líonraí achair fhairsing) *(mal* líonra fairsing *f gu.* líonra fhairsing *ai.* líonraí fairsinge)

líonra achair logánta *f* local area network (LAN) *(Río)* *(ai.* líonraí achair logánta) *(mal* líonra logánta *f ai.* líonraí logánta)

líonra achair phearsanta *f* personal area network (PAN) *(Río)* *(ai.* líonraí achair phearsanta)

líonra achar cathrach *f* metropolitan area network (MAN) *(Río)* *(ai.* líonraí achar cathrach) *(mal* líonra cathrach *f ai.* líonraí cathrach)

líonra blocála *f* blocking network *(Río)*

líonra breisluacha *f* value-added network (VAN) *(Río)* *(ai.* líonraí breisluacha)

líonra bunaithe ar fhreastalaí *f* server-based network *(Río)* *(ai.* líonraí bunaithe ar fhreastalaí)

líonra cathrach *f fch* líonra achar cathrach. *(Río)* *(ai.* líonraí cathrach)

líonra cliaint/freastalaí *f* client/server network *(Río)* *(ai.* líonraí cliaint/freastalaí)

líonra cnámh droma *f* backbone network *(Río)* *(ai.* líonraí cnámh droma)

líonra crainn *f* tree network *(Río)* *(ai.* líonraí crainn)

líonra craolacháin *f* broadcast network *(Río)* *(ai.* líonraí craolacháin) *(var* broadcasting network)

líonra crosála leictreonach *f* electronic crossing network *(Air)* *(gu.* líonra crosála leictreonaigh *ai.* líonraí crosála leictreonacha)

líonra dáilte *f* distributed network *(Río)* *(gu.* líonra dháilte *ai.* líonraí dáilte)

Líonra Digiteach de Sheirbhísí Comhtháite *f* Integrated Services Digital Network (ISDN) *(Río)* *(gu.* Líonra Dhigitigh de Sheirbhísí Comhtháite *ai.* Líonraí Digiteacha de Sheirbhísí Comhtháite)

Líonra teileachumarsáide atá in ann físeáin, téacs, sonraí, fuaim, facsanna, etc., a láimhseáil trí línte teileafóin agus líonraí ríomhairí atá ar fáil cheana a úsáid.

líonra fáinneach *f* ring network *(Río)* *(gu.* líonra fháinnigh *ai.* líonraí fáinneacha)

líonra fáinneach sliotánach *f* slotted-ring network *(Río)* *(gu.* líonra fháinnigh shliotánaigh *ai.* líonraí fáinneacha sliotánacha)

líonra fairsing *f fch* líonra achair fhairsing. *(Río)* *(gu.* líonra fhairsing *ai.* líonraí fairsinge)

líonra gníomhaíochta *f* activity network *(Río)* *(ai.* líonraí gníomhaíochta)

Léaráid a léiríonn seicheamh agus spleáchais na ngníomhaíochtaí uile. Úsáidtear é mar chúnamh chun scálaí ama a phleanáil agus chun cláir oibre agus acmhainní a leagan amach.

líonra hibrideach comhaiseach snáithín *f* hybrid fibre coaxial network *(Río)* *(gu.* líonra hibridigh chomhaisigh snáithín *ai.* líonraí hibrideacha comhaiseacha snáithín)

líonra idir comhghleacaithe *f* peer to peer network *(Río)*

líonraí eolais *f* knowledge networks *(Río)*

líonra ilphointí *f* multipoint network *(Río)* *(ai.* líonraí ilphointí)

líonra inmheánach *f fch* inlíon. *(Río)* *(gu.* líonra inmheánaigh *ai.* líonraí inmheánacha)

líonra lán-nasctha *f* fully-connected network *(Río)* *(ai.* líonraí lán-nasctha)

líonra lasctha ilchéimeanna *f* multistage switching network *(Río)* *(ai.* líonraí lasctha ilchéimeanna)

líonra limistéar stórála *f* storage area network (SAN) *(Río)*

líonra logánta *f fch* líonra achair logánta. *(Río)* *(ai.* líonraí logánta)

líonra neamhbhacainneach *f* nonblocking network *(Río)* *(gu.* líonra neamhbhacainnigh *ai.* líonraí neamhbhacainneacha)

líonra néarach *f* neural network *(Río)* *(gu.* líonra néaraigh *ai.* líonraí néaracha)

líonra óimige athfhillteach *f* recirculating omega network *(Río)* *(ai.* líonraí óimige athfhillteacha)

líonra ó phointe go pointe *f* point-to-point network *(Río)* *(ai.* líonraí ó phointe go pointe)

líonra plánach *f* planar network *(Río)* *(gu.* líonra phlánaigh *ai.* líonraí plánacha)

líonra poiblí lasctheileafóin *f* public switched telephone network (PSTN) *(Río)* *(gu.* líonra phoiblí lasctheileafón *ai.* líonraí poiblí lasctheileafón)

líonra poiblí sonraí *f* public data network (PDN) *(Río)* *(gu.* líonra phoiblí sonraí *ai.* líonraí poiblí sonraí)

líonra príobháideach fíorúil *f* virtual private network *(Río)* *(gu.* líonra phríobháidigh fhíorúil *ai.* líonraí príobháideacha fíorúla)

líonra réaltach *f* star network *(Río)* *(gu.* líonra réaltaigh *ai.* líonraí réaltacha)

líonra séimeantach *f* semantic network *(Río)* *(gu.* líonra shéimeantaigh *ai.* líonraí séimeantacha)

líonra sonraí paicéadlasctha *f* packet-switched data network (PSDN) *(Río)* *(ai.* líonraí sonraí paicéadlasctha)

líonra sprice *f* destination network *(Río)* *(ai.* líonraí sprice)

líonra sraithe/comhuainíochta *f* series-parallel network *(Río)* *(ai.* líonraí sraithe/comhuainíochta)

líonra taighde *f* research network *(Río)* *(ai.* líonraí taighde)

líonra teileafón *f* telephone network *(Río)* *(ai.* líonraí teileafón)

líonrú *f* networking *(Fío)* *(gu.* líonraithe)

Gaol a chothú nó cumarsáid a dhéanamh le gréasán daoine ar mhaithe le leas pearsanta nó eagrais.

líontán sábhála *f* safety-net *(Gin)* *(gu.* líontáin sábhála)

liosta *f* list *(Río)* *(ai.* liostaí)

Tacar d'eilimintí sonraí gaolmhara sa phríomhchuimhne.

liosta áirithe *f* enumeration *(Mat)* *(ai.* liostaí áirithe)

liosta anuas *f* drop-down list *(Río)* *(ai.* liostaí anuas)

liosta brú aníos *f* pushup list *(Río)*

liosta brú anuas *f* pushdown list *(Río)*

liosta ciorclach *f* circular list *(Río)* (*gu.* liosta chiorclaigh *ai.* liostaí ciorclacha)

Ní hionann agus nialas é réimse pointeora na heiliminte deiridh i liosta. Ina ionad sin, pointeálann sí ar ais chuig an gcéad eilimint sa liosta.

liosta cóngarachta *f* adjacency list *(Río)* (*ai.* liostaí cóngarachta)

liosta dénasctha *f* double-linked list *(Río)* (*gu.* liosta dhénasctha *ai.* liostaí dénasctha)

Liosta nasctha ina bhfuil dhá phointeoir ag gach nód, ceann i dtreo a réamhtheachtaí agus ceann i dtreo a chomharba, rud a cheadaíonn an liosta a thrasnáil chun deiridh agus chun tosaigh.

liosta dénasctha ciorclach *f* double-linked circular list *(Río)* (*gu.* liosta dhénasctha chiorclaigh *ai.* liostaí dénasctha ciorclacha)

liosta folamh *f* empty list *(Río)* (*gu.* liosta fholaimh *ai.* liostaí folmha)

Liosta le nóid nialasacha.

liostáil *br* subscribe *(Río)*

liosta ilnasctha *f* multiple-linked list *(Río)* (*ai.* liostaí ilnasctha)

Struchtúr liosta nasctha a bhfuil nascanna aige do gach ceann de réimse ord ina bhfuil an liosta le trasnú. (*var* multilinked list)

liosta inbhéartaithe *f* inverted list *(Río)* (*ai.* liostaí inbhéartaithe)

liosta le hurchair *f* bulleted list *(Río)* (*ai.* liostaí le hurchair)

liosta líneach *f* linear list *(Río)* (*gu.* liosta línigh *ai.* liostaí líneacha)

Tacar, atá ordaithe go líneach, d'eilimintí sonraí a bhfuil an struchtúr céanna acu agus a gcaomhnaítear a n-ord sa stóras trí leas a bhaint as leithdháileadh seicheamhach.

liosta na n-argóintí *f* argument list *(Río)* (*ai.* liostaí na n-argóintí)

Liosta d'athróga neamhspleácha ar a dtugtar argóintí.

liosta nasctha *f* linked list *(Río)* (*ai.* liostaí nasctha)

Liosta ina bhféadfadh na heilimintí sonraíochta a bheith easraithe ach ina bhfuil faisnéis i ngach eilimint sonraíochta chun teacht ar an gcéad cheann eile. (*var* chained list)

liosta nasctha líneach *f* linear linked list *(Río)* (*gu.* liosta nasctha línigh *ai.* liostaí nasctha líneacha)

Liosta nasctha atá ordaithe go líneach.

liosta n-snáithíneach *f* n-braid list *(Río)* (*gu.* liosta n-snáithínigh *ai.* liostaí n-snáithíneacha)

liosta ortagánach *f* orthogonal list *(Río)* (*gu.* liosta ortagánaigh *ai.* liostaí ortagánacha)

liosta paraiméadar *f* parameter list *(Río)* (*ai.* liostaí paraiméadar)

liosta réimsí *f* field list *(Río)* (*ai.* liostaí réimsí)

liosta saor *f* free list *(Río)* (*gu.* liosta shaoir *ai.* liostaí saora)

Chun spás a leithdháileadh do chomhad ar an diosca, ní mór don chóras oibriúcháin tuairisc a choinneáil ar cé na haonaid leithdháiliúcháin atá saor, agus cé na cinn atá in úsáid cheana ag stóráil comhad eile. Modh amháin is ea liosta a choinneáil de na poill go léir. Is éard is poll ann, líon ar bith aonad leithdháilte atá buailte le chéile. Tugtar liosta saor ar an liosta seo.

liosta seachadta *f* mailing list[1] *(Río)* (*ai.* liostaí seachadta) (*var* distribution list)

liosta seoltaí *f* mailing list[2] *(Río)* (*ai.* liostaí seoltaí) (*var* address list)

liosta uimhrithe *f* numbered list *(Río)* (*ai.* liostaí uimhrithe)

liostú *f* listing *(Air)* (*gu.* liostaithe)

Próiseas foirmiúil a bhfuil gá leis le praghas banna nó urrúis eile a lua go rialta ar stocmhalartán.

lipéad *f* label *(Gin)* (*gu.* lipéid)

(Ríomhaireacht) Tacar siombailí nó ainm a cheanglaítear le treoir nó le ráiteas, i gclár a shainaithníonn an seoladh sa chuimhne ag a bhfuil an treoir nó an ráiteas sin stóráilte.

lipéad ráitis *f* statement label *(Río)* (*gu.* lipéid ráitis)

lipéadú *f* labelling *(Río)* (*gu.* lipéadaithe)

lira *f* lira *(Air)*

lira na hIodáile *f* Italian lira *(Air)*

lí, sáithiú, gile (HSB) *abairtín* hue, saturation, brightness (HSB) *(Río)*

lí, sáithiú, lonras (HSL) *abairtín* hue, saturation, luminance (HSL) *(Río)*

litearthacht *b* literacy *(For)* (*gu.* litearthachta)

litearthacht (ar) ríomhairí *b* computer literacy *(Río)* (*gu.* litearthachta (ar) ríomhairí)

litir *b* letter *(Gin)* (*gu.* litreach *ai.* litreacha)

litir chás íochtair *b* lowercase letter *(Río)* (*gu.* litreach cás íochtair *ai.* litreacha cás íochtair)

litir chás uachtair *b* uppercase letter *(Río)* (*gu.* litreach cás uachtair *ai.* litreacha cás uachtair)

litir chreidmheasa inaistrithe *b* transferable letter of credit *(Air)* (*gu.* litreach creidmheasa inaistrithe *ai.* litreacha creidmheasa inaistrithe)

Ionstraim a cheadaíonn don chéad tairbhí ar litir chreidmheasa theannta cuid den chéadlitir chreidmheasa nó a hiomlán a aistriú chuig tríú páirtí.

litir chreidmheasa theannta *b* standby letter of credit *(Air)* (*gu.* litreach creidmheasa teannta *ai.* litreacha creidmheasa teannta)

Ráthú íocaíochtaí sonraisc do sholáthraí; geallann sé an tairbhí a íoc má theipeann ar an gceannaitheoir íoc.

litir thráchta b letter of comment *(Air)* *(gu.* litreach tráchta *ai.* litreacha tráchta)

Cumarsáid chuig gnólacht ón SEC a mholann athruithe a dhéanamh i ráiteas clárúcháin.

litreacha creidmheasa b letters of credit *(Air)*

Litreacha a eisíonn banc, ag léiriú go n-onórfaidh an banc tosaigh nó banc eile dréachtanna má bhíonn doiciméid shonraithe faoi choinníollacha sonraithe in éineacht leo.

litreoir *(coit.)* f spellcheck *(fam.)* *(Río)* *(gu.* litreora *ai.* litreoiri) *(mal* seiceálaí litrithe f *ai.* seiceálaithe litrithe) *(var* spelling checker)

litriú agus gramadach f/b spelling and grammar *(Río)*

liúntas f allowance *(Air)* *(gu.* liúntais)

Méid nó suim theoranta, airgid nó bia go speisialta, a dheonaítear chun speansais nó riachtanais eile a chlúdach.

liúntas cánach f tax allowance *(Air)* *(gu.* liúntais chánach)

Liúntais agus asbhaintí is féidir a thógáil as ioncam comhlán cáiníocóra sula ríomhtar an dliteanas cánach ioncaim.

liúntas frithgheallta f underwriting allowance *(Air)* *(gu.* liúntais frithgheallta)

An rann d'iomlán táillí baincéireachta infheistíochta atá ag fabhrú don ghrúpa frithgheallta.

lócas rialúcháin f locus of control *(Air)* *(gu.* lócais rialúcháin)

locht f fault *(Gin)* *(gu.* lochta *ai.* lochtanna) *(var* defect)

locht ar leathanach f page fault *(Río)* *(gu.* lochta ar leathanach *ai.* lochtanna ar leathanach)

locht treallach f sporadic fault *(Río)* *(gu.* lochta threallaigh *ai.* lochtanna treallacha)

lód f load[1] *(Gin)* *(gu.* lóid) *(mal* ualach f *gu.* ualaigh) *(var* burden)

lódáil[1] b loading *(Río)* *(gu.* lódála)

lódáil[2] br load[2] *(Río)*

Clár nó sonraí a aistriú ó stóras tánaisteach (diosca, mar shampla) go cuimhne randamrochtana ríomhaire.

lódáil anuas br fch íoslódáil. *(Río)*

lódáil fachtóra b factor loadings *(Air)*

lódáil suas br fch uaslódáil. *(Río)*

lódálaí f loader *(Río)* *(ai.* lódálaithe)

Ríomhchlár a oibríonn mar ghléas ionchurtha chun sonraí a aistriú ó chuimhne as líne go cuimhne ar líne.

lódálaí bútála f bootstrap loader *(Río)* *(ai.* lódálaithe bútála)

lód moillithe f delayed load *(Río)* *(gu.* lóid mhoillithe)

lód toirsiúnach f torsional load *(Río)* *(gu.* lóid thoirsiúnaigh *ai.* lóid thoirsiúnacha)

log f pit *(Río)* *(gu.* loig)

loga córais f system log *(Río)* *(ai.* logaí córais)

Sraith taifead den eolas go léir a bhaineann le jabanna.

logáil br log *(Río)*

logáil amach br log off *(Río)* *(var* log out)

logáil fearainn b domain login *(Río)* *(gu.* logála fearainn *ai.* logálacha fearainn)

logáil isteach br log on *(Río)* *(var* log in)

logánaigh br localize *(Air)*

logánta a3 local *(Río)*

Ní féidir rochtain a fháil ar aonáin logánta ach amháin sa mhodúl cláir ina ndéantar iad a shainiú. *(mal* áitiúil a2)

logánú f localization *(Río)* *(gu.* logánaithe)

An tacar de theicnící agus de chaighdeáin a úsáidtear i gcórais oibriúcháin éagsúla chun ligean d'fheidhmchlár a chomhéadan úsáideora a chur in oiriúint d'éagsúlachtaí i dteangacha daonna, in aonaid fhisiciúla agus in airgeadraí, in amchriosanna, i bhformáidiú dátaí etc. de réir mar a chumraíonn an t-úsáideoir iad.

logartam f logarithm *(Mat)* *(gu.* logartaim)

logartam aiceanta f natural logarithm *(Río)* *(gu.* logartaim aiceanta)

logdhomhandú f glocalization *(Río)* *(gu.* logdhomhandaithe)

lógó f logo *(Gin)* *(ai.* lógónna)

loic br fch mainnigh. *(Air)*

loiceach f fch mainnitheoir. *(Air)* *(gu.* loicigh)

loiceadh f fch mainneachtain. *(Air)* *(gu.* loicthe)

loighciú f logicalization *(Río)* *(gu.* loighcithe)

Próiseas chun DFD na timpeallachta reatha a thiontú ón gcur síos fisiciúil go dtí tuairisc a léiríonn an loighic ghnó agus é sin amháin. Séard atá i gceist sa phróiseas ná cuíchóiriú a dhéanamh ar na próisis agus ar na stórais sonraí.

loighciúil a2 logical *(Río)*

loighic b logic *(Río)* *(gu.* loighce)

loighic astaíre-chúpláilte b emitter-coupled logic (ECL) *(Río)* *(gu.* loighce astaíre-chúpláilte)

Aicme loighce a úsáideann cúpláil comharthaí díreach isteach in astaírí trasraitheoirí.

loighic bunaithe ar thairiscintí b propositional logic *(Loi)* *(gu.* loighce bunaithe ar thairiscintí)

loighic chlásal Horn b Horn clause logic *(Río)*

loighic dé-óideanna is trasraitheoirí *b* diode transistor logic (DIL) *(Río)* *(gu.* loighce dé-óideanna is trasraitheoirí)

loighic dheimhneach *b* positive logic *(Río)* *(gu.* loighce deimhní)

loighic dhigiteach *b* digital logic *(Río)* *(gu.* loighce digití)

Tagairt do na cineálacha coitianta aicmí loighce a úsáidtear i gciorcaid agus i gcórais chomhlánaithe dhigiteacha, e.g.: loighic thrasraitheora is thrasraitheora (TTL), loighic astaíre- chúpláilte (ECL), loighic ardtairsí (HTL) agus loighic chomhtháite inteilgin (I2 L).

loighic dhigiteach in-ríomhchláraithe *b* programmable digital logic (PDL) *(Río)* *(gu.* loighce digití in-riomhchláraithe)

loighic dhiúltach *b* negative logic *(Río)* *(gu.* loighce diúltaí)

loighic fhoirmiúil *b* formal logic *(Río)* *(gu.* loighce foirmiúla)

loighic friotóirí is trasraitheoirí *b* resistor-transistor logic (RTL) *(Río)* *(gu.* loighce friotóirí is trasraitheoirí)

loighic mhatamaiticiúil *b* mathematical logic *(Río)* *(gu.* loighce matamaiticiúla)

loighic rite treorach *b* instruction execution logic *(Río)* *(gu.* loighce rite treorach)

An loighic a cheadaíonn treoracha a aisghabháil nó a ghabháil ón gcuimhne, a dhíchódú agus a rith.

loighic sheicheamhach *b* sequential logic *(Río)* *(gu.* loighce seicheamhaí)

loighic shiombalach *b* symbolic logic *(Río)* *(gu.* loighce siombalaí)

loighic thrasraitheora is thrasraitheora *b* transistor-transistor logic (TTL) *(Río)* *(gu.* loighce trasraitheora is trasraitheora)

Loighic ciorcaid chomhtháite dhépholaigh a úsáideann trasraitheoirí le hilastairí.

loighisteach *a1* logistic *(Gin)*

loighistic *b* logistics *(Gin)* *(gu.* loighistice)

lóisteáil[1] *b* lodgement *(Gin)* *(gu.* lóisteála *ai.* lóisteálacha) *(mal* taisce *b ai.* taiscí)

lóisteáil[2] *br fch* taisc. *(Gin)*

loitiméir *f* vandal *(Río)* *(gu.* loitiméara *ai.* loitiméirí)

loitiméireacht *b* vandalism *(Río)* *(gu.* loitiméireachta)

long *b* ship *(Gin)* *(gu.* loinge *ai.* longa)

longúinéir *f* shipowner *(Air)* *(gu.* longúinéara)

lorg[1] *f* tracing *(Río)* *(gu.* lorgtha)

lorg[2] *br* trace *(Río)*

lorg[3] *f* footprint *(Río)* *(gu.* loirg)

lorgaire róid *f* traceroute (utility) *(Río)* *(ai.* lorgairí róid)

lorgán comhaid *f* file handle *(Río)* *(gu.* lorgáin chomhaid)

Chun comhad a úsáid, ní mór é a oscailt ar dtús, rud a chuireann tuairisceoir comhaid (ar a dtugtar lorgán comhaid in OS/2) ar ais chuig an nglaoiteoir.

luach *f* value[1] *(Gin)* *(gu.* luacha *ai.* luachanna)

(Airgeadas) Luach airgid táirge nó sócmhainne. Tomhaistear luach i dtéarmaí an phraghais atá ceannaitheoirí sásta a íoc ar an táirge nó ar an tsócmhainn. Braitheann an méid atá siad sásta a íoc ar na sochair atá súil acu a ghnóthú as seilbh nó tomhailt an ruda.

luacháil[1] *b* valuation *(Air)* *(gu.* luachála)

luacháil[2] *br* value[2] *(Air)*

luacháil sloinn *b* expression evaluation *(Río)* *(gu.* luachála sloinn *ai.* luachálacha sloinn)

luach ainmniúil *f* nominal value *(Air)* *(gu.* luacha ainmniúil)

An praghas a chuirtear ar urrús nuair a eisítear é. Tugtar aghaidhluach nó parluach air freisin.

luach airgid *f* money value *(Fio)* *(gu.* luacha airgid)

luach amárach (an) *f* value tomorrow *(Air)*

Idirbheart speisialta airgeadraí ina ndéantar seachadadh agus íocaíocht ar an gcéad lá gnó tar éis an chonartha.

luachan *b* quotation[1] *(Air)* *(gu.* luachana)

luachan dhíreach *b* direct quotation *(Air)* *(gu.* luachana dírí *ai.* luachana direacha)

Ráta malairte a luaitear mar aonaid d'airgeadra eachtrach in aghaidh gach aonaid den airgeadra intíre.

luachan indíreach *b* indirect quotation *(Air)* *(gu.* luachana indírí *ai.* luachana indíreacha)

Ráta malairte a luaitear mar aonaid d'airgeadra intíre in aghaidh gach aonaid d'airgeadra eachtrach.

luach ar an margadh *f fch* margadhluach. *(Air)* *(gu.* luacha ar an margadh *ai.* luachanna ar an margadh)

luach athsholáthair *f* replacement value *(Air)* *(gu.* luacha athsholáthair)

An costas reatha a bhainfeadh le sócmhainní gnólachta a athsholáthar.

luach caipitiúil *f* capital value *(Air)* *(gu.* luacha chaipitiúil)

luach ceannaigh *f* purchase price *(Air)* *(gu.* luacha ceannaigh)

luach cóir *f* fair value *(Air)* *(gu.* luacha chóir *ai.* luachanna córa)

Luach teoiriciúil rogha nó conartha todhchaíochtaí a shíolraítear ó shamhail mhatamaiticiúil luachála.

luach comhshó f conversion value *(Air)* *(gu.* luacha comhshó)

An luach a bheadh ag banna in-chomhshóite dá dtiontófaí láithreach é ina ghnáthstoc ar an bpraghas reatha.

luach comparáideach f comparative value *(Air)* *(gu.* luacha comparáidigh *ai.* luachanna comparáideacha)

luach cumaisc f future value *(Air)* *(gu.* luacha cumaisc *ai.* luachanna cumaisc)

An luach a bheidh sa todhchaí ar shuim airgid (an luach láithreach) a infheistítear ar ráta úis athiolraithe. *(mal* luach iolraithe f *gu.* luacha iolraithe *ai.* luachanna iolraithe) *(var* compound value)

luach cumhachta ceannaigh f purchasing power value *(Air)* *(gu.* luacha cumhachta ceannaigh)

luach de réir na leabhar f book value *(Air)* *(gu.* luacha de réir na leabhar)

luach dramhaíola f garbage value *(Río)* *(gu.* luacha dramhaíola)

luach fhréamh mheán na gcearnóg f root-mean-square value (rms value) *(Río)*

luach fírinne tairisceana f truth value of a proposition *(Loi)* *(gu.* luacha fírinne tairisceana *ai.* luachanna fírinne tairiscintí)

Féadann luach loighciúil tairisceana a bheith *fíor* nó *bréagach* ach ní fhéadann sé a bheith *fíor* agus *bréagach.*

luach fógartha f declared value *(Río)* *(gu.* luacha fhógartha *ai.* luachanna fógartha)

luach iarmharach f residual value *(Air)* *(gu.* luacha iarmharaigh *ai.* luachanna iarmharacha)

An luach atá ar mhaoin léasóra ag an am a éagann an léas.

luachinnéacs f value index *(Río)* *(ai.* luachinnéacsanna)

luach innéacs f index value *(Air)* *(gu.* luacha innéacs *ai.* luachanna innéacs)

luach inniu (an) f value today *(Air)*

Idirbheart speisialta airgeadraí ina ndéantar seachadadh agus íocaíocht ar an dáta céanna leis an gconradh, in ionad na gnáthrighneála de lá amháin gnó nó dhó.

luach intreach f intrinsic value *(Air)* *(gu.* luacha intrigh *ai.* luachanna intreacha)

An méid lena bhfuil rogha san airgead.

luach iolraithe f compound value *(Air)* *(gu.* luacha iolraithe *ai.* luachanna iolraithe)

Luach suime tar éis í a infheistiú ar feadh tréimhse amháin nó níos mó. *(mal* luach cumaisc f *gu.* luacha cumaisc *ai.* luachanna cumaisc) *(var* future value)

luach ionchais f expected value *(Air)* *(gu.* luacha ionchais)

luachlaghdaigh br depreciate *(Air)*

luachlaghdú f fch dímheas. *(Air)* *(gu.* luachlaghdaithe)

luach láithreach f present value *(Air)* *(gu.* luacha láithrigh *ai.* luachanna láithreacha)

An luach a bheidh ar shreabhadh airgid thirim sa todhchaí agus é lascainithe ag an ráta úis cuí de réir an mhargaidh.

luach láithreach (na) punainne margaidh f present value of (the) market portfolio *(Air)* *(gu.* luacha láithrigh (na) punainne margaidh)

luach láithreach urrúis f present value of a security *(Air)* *(gu.* luacha láithrigh urrúis)

luach leachtaithe f liquidation value *(Air)* *(gu.* luacha leachtaithe)

luach maighdeogach f pivot value *(Río)* *(gu.* luacha mhaighdeogaigh *ai.* luachanna maighdeogacha)

luachmhar a1 valuable *(Gin)*

luachmhéadaigh br appreciate *(Air)*

luachmhéadú f appreciation *(Air)* *(gu.* luachmhéadaithe)

luach neamhnitheach f null value *(Río)* *(gu.* luacha neamhnithigh *ai.* luachanna neamhnitheacha)

luach réamhshocraithe f default value *(Río)* *(gu.* luacha réamhshocraithe *ai.* luachanna réamhshocraithe)

Luach a nglactar leis a bheith ann nuair nach sonraítear luach ar bith.

luach réamhshocraithe an phointeora f default pointer value *(Río)*

luach seasta f fixed value *(Río)* *(gu.* luacha sheasta *ai.* luachanna seasta)

luach snámhphointe f floating-point value *(Río)* *(gu.* luacha snámhphointe *ai.* luachanna snámhphointe)

luach sócmhainní an chomhlachta f asset value of the company *(Air)*

luach tabhaill f register value *(Río)* *(gu.* luacha tabhaill *ai.* luachanna tabhaill)

luach tairisigh f constant value *(Gin)* *(gu.* luacha tairisigh)

luach tosaigh f opening value *(Air)* *(gu.* luacha tosaigh)

luach tréithe f attribute value *(Río)* *(gu.* luacha tréithe *ai.* luachanna tréithe)

luach uimhriúil f absolute value *(Mat)* *(gu.* luacha uimhriúil *ai.* luachanna uimhriúla)

1. Uimhir dheimhneach ar ionann a méid agus méid uimhreach tugtha. Mar sin, is é luach uimhriúil 6 ná 6, agus is é luach uimhriúil -6 ná 6. Scríobhtar luach uimhriúil uimhreach tríd an nodaireacht |a| a úsáid.

2. Fad veicteora. Don veicteoir $x\mathbf{i}+y\mathbf{j}+z\mathbf{k}$, tugann $px^2 + y^2 + z2$ an luach uimhriúil.

luaidreán f rumour *(Gin)* *(gu.* luaidreáin)

luaigh[1] br state[2] *(Air)*

luaigh[2] *br* quote *(Air)*

luaineacht *b* volatility *(Air)* *(gu.* luaineachta)

Tomhas den mhéid a d'athraigh praghas sócmhainne thar thréimhse áirithe. *(var* fluctuation)

luaineacht intuigthe *b* implied volatility *(Air)* *(gu.* luaineachta intuigthe)

Luaineacht praghais sócmhainne sa todhchaí, a bhfuil súil ag an margadh leis faoi láthair, bunaithe ar phraghas reatha conartha chéadrogha áirithe.

luainigh *br* fluctuate *(Air)*

luamhán stiúrtha *f* joystick *(Río)* *(gu.* luamháin stiúrtha)

luas *f* speed *(Gin)* *(gu.* luais)

luas an chloig *f fch* clogluas. *(Río)*

luascadh *f* swing *(Air)* *(gu.* luasctha) *(var* oscillation)

luascáil *br* yaw *(Río)*

luasghéaraigh *br fch* luathaigh. *(Gin)*

luas rian go rian *f* track-to-track speed *(Río)* *(ai.* luais rian go rian)

luathaigh *br* accelerate *(Gin)* *(mal* luasghéaraigh *br)*

luathaithe *a3* accelerated *(Gin)*

luathú *f* acceleration *(Gin)* *(gu.* luathaithe) *(var* speeding up)

lúb[1] *br* bend *(Río)*

lúb[2] *b* loop *(Río)* *(gu.* lúibe *ai.* lúba)

Ciumhais a dhéanann nód i ngraf a cheangal léi féin.

lúba coinníollacha *b* conditional loops *(Río)* *(gi.* lúb coinníollach)

Nuair is féidir an méid uaireanta a athdhéantar lúb a shocrú trí choinníoll a lua.

lúbadh *f* looping *(Río)* *(gu.* lúbtha)

lúba faoi rialú fairtheora *b* sentinel-controlled loops *(Río)* *(gi.* lúb faoi rialú fairtheora)

lúb éigríochta *b* infinite loop *(Río)* *(gu.* lúibe éigríochta *ai.* lúba éigríochta)

Lúb nach bhfuil aon asdul uaithi, seachas tríd an riomhchlár a chríochnú.

lúb logánta *b* local loop *(Río)* *(gu.* lúibe logánta *ai.* lúba logánta)

lúb neadaithe *b* nested loop *(Río)* *(gu.* lúibe neadaithe *ai.* lúba neadaithe)

lúb rialaithe aisfhotha *b* feedback control loop *(Río)* *(gu.* lúibe rialaithe aisfhotha)

luch *b* mouse *(Río)* *(gu.* luiche *ai.* lucha)

Gléas aon-, dhá-, nó trí chnaipe, a úsáidtear in éineacht le nó mar rogha ar mhéarchlár, chun sonraí a ionchur. *(mal* luchóg *b gu.* luchóige)

luch mheicniúil *b* mechanical mouse *(Río)* *(gu.* luiche meicniúla *ai.* lucha meicniúla)

luchóg *b fch* luch. *(Río)* *(gu.* luchóige)

luch optaimeicniúil *b* optomechanical mouse *(Río)* *(gu.* luiche optaimeicniúla *ai.* lucha optaimeicniúla)

luch optúil *b* optical mouse *(Río)* *(gu.* luiche optúla *ai.* lucha optúla)

luch shrathach *b* serial mouse *(Río)* *(gu.* luiche srathaí *ai.* lucha srathacha)

lucht[1] *f* people[2] *(Gin)* *(gu.* luchta)

lucht[2] *f* lading *(Air)* *(gu.* luchta)

Lasta, ládáil.

lucht[3] *f* charge[2] *(Río)* *(gu.* luchta *ai.* luchtanna)

lucht iarrtha tearmainn *f* asylum-seekers *(Gin)*

lucht oibre *f fch* lucht saothair. *(Air)* *(gu.* luchta oibre)

lucht saothair *f* labour force *(Air)* *(gu.* luchta saothair) *(mal* lucht oibre *f gu.* luchta oibre)

lucht saothair breacoilte *f* semi-skilled labour *(For)* *(gu.* luchta saothair bhreacoilte)

lucht statach *f* static charge *(Río)* *(gu.* luchta stataigh *ai.* luchtanna statacha)

an Lucht Taistil *f* the Travelling Community *(Gin)*

luibhean *f fch* eochair. *(Río)* *(gu.* luibhin *ai.* luibhne)

luibheanbhuille *f fch* eochairbhuille. *(Río)* *(ai.* luibheanbhuillí)

lúibín *f* bracket *(Río)* *(ai.* lúibíní)

lúibín cearnach *f* square bracket *(Río)* *(gu.* lúibín chearnaigh *ai.* lúibíní cearnacha)

Siombail [ ] a chomharthaíonn grúpáil loighce, mar a dhéanann lúibíní agus lúibíní slabhracha.

lúibín clé *f* left parenthesis *(Río)* *(gu.* lúibín chlé)

lúibín deas *f* right parenthesis *(Río)* *(gu.* lúibín dheis)

lúibín deiridh *f* closing bracket *(Río)* *(ai.* lúibíní deiridh)

lúibíní slabhracha { } *f* braces { } *(Río)*

Siombail {} a chomharthaíonn grúpáil loighce, mar a dhéanann lúibíní agus lúibíní cearnacha.

lúibíní slabhracha neadaithe *f* nested braces *(Río)*

lúibín tosaigh *f* open(ing) bracket *(Río)*

lúibín uilleach *f* angle bracket *(Río)* *(gu.* lúibín uilligh *ai.* lúibíní uilleacha)

lúide *a* minus[2] *(Mat)*

M

M1 *f* M1 *(Air)*

Tomhas den soláthar airgid a chuimsíonn taiscí éilimh i mbainc thráchtála agus airgeadra i gcúrsaíocht.

macasamhlú *f* replication *(Río)* *(gu.* macasamhlaithe)

macasamhlú sioncronach *f* synchronous replication *(Río) (gu.* macasamhlaithe shioncronaigh)

macnód *f* child node *(Río) (gu.* macnóid *ai.* macnóid)

Sliocht de chuid nóid roimhe ar chrann, a mháthairnód nó a nód sinsir.

macra *f* macro *(Río) (ai.* macraí)

Nod do shliocht téacs. Comhchiallach do mhacraithreoir.

macra dífhabhtúcháin *f* debug macro *(Río) (ai.* macraí dífhabhtúcháin)

macraghlao *f* macro call *(Río) (ai.* macraghlaonna)

macrailtireacht *b* macroarchitecture *(Río) (ai.* macrailtireachta)

macraithreoir *b* macroinstruction *(Río) (gu.* macraithreorach *ai.* macraithreoracha)

macrathaifead *f* macro record *(Río) (gu.* macrathaifid)

macrathaifeadadh *f* macro recording *(Río) (gu.* macrathaifeadta)

maghar bladhmtha *f* flame bait *(Río) (gu.* maghair bhladhmtha)

maicreacnamaíocht *b* macroeconomics *(Air) (gu.* maicreacnamaíochta)

maighnéadach *a1* magnetic *(Río)*

maighnéadaileictreach *a1* magnetoelectric *(Río)*

maighnéadas *f* magnetism *(Río) (gu.* maighnéadais)

mainneachtain *b* default[1] *(Air) (gu.* mainneachtana) (*mal* loiceadh *f gu.* loicthe)

mainnigh *br* default[2] *(Air) (mal* loic *br)*

mainnitheoir *f* defaulter *(Air) (gu.* mainnitheora *ai.* mainnitheoirí) (*mal* loiceach *f gu.* loicigh)

maintíse *b* mantissa *(Río) (ai.* maintísí)

1. An chuid chodánach neamhdhiúltach de léiriú logartaim. 2. I léiriú snámhphointe, an uimhir a mhéadaítear faoi bhonn an tsnámhphointe intuigthe easpónantaithe le teacht ar an réaduimhir atá á léiriú; mar shampla, léiriú snámhphointe den uimhir 0.0001234 is ea 0.1234-3, áit arb é .1234 an mhír fosphointe agus arb é -3 an t-easpónant. Comhchiallach le mír fosphointe. 3. I bhformáid shnámhphointe, an uimhir a théann roimh an E. Is éard atá sa luach a léirítear ná toradh na maintíse agus cumhacht 10 mar a shonraíonn an t-easpónant é.

maireachtáil *b* living *(Gin) (gu.* maireachtála)

maisíochtaí *b* special effects (SFX) *(Río)*

maisíocht fuaime *b* sound effect(s) *(Gin) (gu.* maisíochta fuaime)

maisíocht líonta *b* fill effects *(Río) (gu.* maisíochta líonta)

máistir *f* master *(Gin) (ai.* máistrí)

máistiraonán *f* master entity *(Río) (gu.* máistiraonáin)

An t-aonán ag ceann an *aoin* de ghaol i LDS. Den dá aonán i ngaol, tá comhcheangal idir aonán amháin díobh agus tarlú, agus gan ach tarlú amháin, den aonán eile, fad is féidir go mbeadh comhcheangal idir an t-aonán eile agus níos mó ná tarlú amháin den chéad aonán. An t-aonán mionsonraí a thugtar ar an aonán a fhéadann tarlú níos nó ná uair amháin agus an máistiraonán a thugtar ar an aonán nach dtarlaíonn ach aon uair amháin.

máistirbhileog *b* master sheet *(Río) (gu.* máistirbhileoige *ai.* máistirbhileoga)

máistir bus *f* bus master *(Río) (ai.* máistrí bus)

An gléas a rialaíonn an idirbheartaíocht reatha maidir leis an mbus i struchtúr bus ina bhfuil an próiseálaí láir agus gléasanna forimeallacha a bhaineann leis comhpháirteach i rialú aistriúchán sonraí ar an mbus.

máistirchlog *f* master clock *(Río) (gu.* máistirchloig)

máistirchomhad *f* master file *(Río) (gu.* máistirchomhaid)

máistir-chomhaontú *f* master agreement *(Air) (gu.* máistir-chomhaontaithe *ai.* máistir-chomhaontuithe)

Comhaontú déthaobhach a sholáthraíonn tacar de théarmaí atá infheidhmithe idir na páirtithe atá ag gabháil do bhabhtáil agus do chonarthaí díorthach eile.

máistirdhoiciméad *f* master document *(Río) (gu.* máistirdhoiciméid)

máistirstáisiún *f* master station *(Río) (gu.* máistirstáisiúin)

maitrís *b* matrix *(Gin) (gu.* maitríse *ai.* maitrísí)

(Matamaitic) Tacar cainníochtaí (ar a dtugtar eilimintí) rangaithe in eagar dronuilleogach, le rialacha áirithe ag rialú a gcomhcheangal. De réir gnáis, bíonn an t-eagar iata i lúibíní nó, anois is arís, idir línte dúbailte ingearacha. Murab ionann is deitéarmanant, ní bhíonn luach uimhriúil ag maitrís, ach is féidir maitrísí a úsáid freisin chun déileáil le fadhbanna gaoil idir na heilimintí. (Ríomhaireacht) Struchtúr eagraíochta a chiallaíonn go mbíonn daoine aonair freagrach do bhreis is aon bhainisteoir roinne nó feidhme amháin. Bíonn an iliomad gaol freagrachta (go poitéinsiúil) in ionad an tslabhra shimplí ceannais a bhíodh sa mhaorlathas clasaiceach. 2. Eagar dronuilleogach de shonraí aibítreacha nó uimhriúla á dtaispeáint mar línte nó mar cholúin. Úsáidtear maitrísí i scarbhileoga chun sonraí a léiriú agus a láimhseáil.

maitrís comhathraithis *b* covariance matrix *(Air) (gu.* maitríse comhathraithis)

maitrís comhghaolaithe *b* correlation matrix *(Air) (gu.* maitríse comhghaolaithe *ai.* maitrísí comhghaolaithe)

maitrís cóngarachta *b* adjacency matrix *(Río) (gu.* maitríse cóngarachta *ai.* maitrísí cóngarachta)

maitrís infheistíochta coigríche *b* foreign investment matrix *(Air)* (*gu.* maitríse infheistíochta coigríche *ai.* maitrísí infheistíochta coigríche)

Léiríonn sé riosca airgeadais agus polaitiúil maidir le tréimhsí ama ionas gur féidir gach tír a shuíomh de réir a rátála riosca.

maitrís próiseas/aonán *b* process/entity matrix *(Río)* (*gu.* maitríse próiseas/aonán)

Uirlis é seo a chuidíonn chun próisis bhunleibhéil a ghrúpáil le linn loighcithe. Úsáidtear freisin é chun crosbhailíochtú a dhéanamh idir LDS agus DFD, trína chinntiú go dtéann teagmhas cruthaithe amháin agus teagmhas scriosta amháin ar a laghad i gcion ar gach aonán.

maitrís rolla/feidhmeanna úsáideoirí *b* user roll/function matrix *(Río)* (*gu.* maitríse rolla/feidhmeanna úsáideoirí)

Úsáidtear é chun dialóga a aithint. Greille is ea an Mhaitrís Rolla/Feidhmeanna Úsáideoirí a mheaitseálann Rolla Úsáideoirí le feidhmeanna ar líne. Áit a dtarlaíonn meaitseáil, bíonn dialóg de dhíth.

maitrís teagmhais/aonáin *b* event/entity matrix *(Río)* (*gu.* maitríse teagmhais/aonáin)

Teicníc í seo chun scrúdú a dhéanamh ar na teagmhais go léir a fhearann ar shonraí sa chóras, ag tagairt do na haonáin go léir ar a bhfearann gach teagmhas. Soláthraíonn sé trastagairtí idir LDS agus ELH trí chinntiú go gcruthaítear, go mionathraítear agus go scriostar gach aonán de thoradh teagmhas aitheanta; go contrártha, cinntíonn sé go bhfearann gach teagmhas aitheanta ar aonán amháin, ar a laghad.

mál *f* excise *(Air)* (*gu.* máil)

malairt *b* exchange[1] *(Gin)* (*gu.* malairte)

malartach[1] *a1* alternate *(Gin)*

malartach[2] *a1* alternative *(Río)*

malartaigh *br* exchange[3] *(Río)*

malartán *f* exchange[2] *(Gin)* (*gu.* malartáin)

malartán brainseach príobháideach uathoibríoch *f* private automatic branch exchange (PABX) *(Río)* (*gu.* malartáin bhrainsigh phríobháidigh uathoibríoch)

Malartán Céadroghanna na hEorpa *f* European Options Exchange (EOE) *(Air)* (*gu.* Mhalartán Céadroghanna na hEorpa)

Malartán Idirnáisiúnta Todhchaíochtaí Airgeadais Londain *f* London International Financial Futures Exchange (LIFFE) *(Air)* (*gu.* Mhalartán Idirnáisiúnta Todhchaíochtaí Airgeadais Londain)

malartán logánta *f* local exchange *(Río)* (*gu.* malartáin logánta)

malartán miotail *f* metal exchange *(Air)* (*gu.* malartáin miotail)

Malartán Roghanna agus Todhchaíochtaí na hÉireann *f* Irish Futures and Options Exchange (IFOX) *(Air)* (*gu.* Mhalartán Roghanna agus Todhchaíochtaí na hÉireann)

malartóir cineáil *f* gender changer *(Río)* (*gu.* malartóra cineáil)

malartú faisnéise *f* exchange of information *(Río)* (*gu.* malartaithe faisnéise)

malartú leathanach *f* paging *(Río)* (*gu.* malartaithe leathanaigh)

malartú leathanach ar éileamh *f* demand paging *(Río)* (*gu.* malartaithe leathanach ar éileamh)

Bealach chun cuimhne fhíorúil a oibriú, ar analach an algartaim aitheanta beathaithe ar éileamh do naíonán: nuair a chaoineann an naíonán, beathaíonn tú é (mar mhalairt ar é a bheathú ag amanna rialta i rith an lae).

Malartú Seicheamhach Paicéad *f* Sequenced Packet Exchange (SPX) *(Río)* (*gu.* Malartaithe Sheicheamhaigh Paicéad)

mallacht *b* curse *(Gin)* (*gu.* mallachta *ai.* mallachtaí)

mallacht an bhuaiteora *b* winners curse *(Air)* (*gu.* mhallacht an bhuaiteora)

Buann an t-infheisteoir coitianta mar gur sheachain na daoine a raibh níos mó eolais acu an eisiúint.

maoin *b* property[1] *(Air)* (*gu.* maoine)

maoin intleachta *b* intellectual property *(Río)* (*gu.* maoine intleachta)

maoiniú *f* financing *(Air)* (*gu.* maoinithe)

maoiniú de réir cuntas infhála *f* accounts receivable financing *(Air)* (*gu.* maoinithe de réir cuntas infhála)

Soláthraíonn easpórtálaí maoiniú indíreach d'iompórtálaí trí earraí a easpórtáil agus glacadh le híocaíocht ag dáta níos déanaí.

maoiniú idirlinne *f* bridging finance *(Air)* (*gu.* maoinithe idirlinne)

Maoiniú meántéarmach ag rátaí úis luaineacha de ghnáth, i bhfoirm rótharraingtí in-athnuaite nó saoráidí lascainithe.

maoiniú inmheánach *f* internal financing *(Air)* (*gu.* maoinithe inmheánaigh *ai.* maoinithe inmheánacha)

Glanioncam móide dímheas lúide díbhinní.

maoiniú lasmuigh den chlár comhardaithe *f* off balance sheet financing *(Air)* (*gu.* maoinithe lasmuigh den chlár comhardaithe)

Maoiniú nach dtaispeántar mar dhliteanas ar chlár comhardaithe comhlachta.

maoirseacht *b* supervision *(Gin)* (*gu.* maoirseachta)

maolán *f* buffer[1] *(Río)* (*gu.* maoláin)

maolánach *a1* buffer[2] *(Río)*

maolán aschuir *f* output buffer *(Río)* *(gu.* maoláin aschuir)

maolán ciorclach *f* circular buffer *(Río)* *(gu.* maoláin chiorclaigh *ai.* maoláin chiorclacha)

maolán inbhéartúcháin *f* inverting buffer *(Río)* *(gu.* maoláin inbhéartúcháin)

maolán ionchuir *f* input buffer *(Río)* *(gu.* maoláin ionchuir)

maolán líonra *f* network buffer *(Río)* *(gu.* maoláin líonra)

maolán na n-orduithe *f* command buffer *(Río)* *(gu.* mhaolán na n-orduithe)

maolán neamhinbhéartúcháin *f* non-inverting buffer *(Río)* *(gu.* maoláin neamhinbhéartúcháin)

maolú *f* flattening *(Río)* *(gu.* maolaithe)

maorlathas *f* bureaucracy *(Gin)* *(gu.* maorlathais)

mapa *f* map *(Gin)* *(ai.* mapaí)

mapa an doiciméid *f* document map *(Río)*

mapa carachtar *f* character map *(Río)* *(ai.* mapaí carachtar)

mapa cuimhne *f* memory map *(Río)* *(ai.* mapaí cuimhne)

mapa de chur i bhfeidhm comhpháirteanna feidhmeanna *f* function component implementation map *(Río)*

Briseadh anuas gach feidhme go dtí na heilimintí aonair atá le cur i ngníomh. Aithnítear na comhpháirteanna sa Sainiú Feidhme, agus áirítear iad seo a leanas ina measc: forfheidhmeanna, feidhmeanna, próisis I/A, próisis bhunachair shonraí, agus próiseáil choiteann.

mapa giotán *f* bit map *(Río)* *(gu.* mapa giotán *ai.* mapaí giotán)

1. Taispeáint scáileáin ina mbaineann gach suíomh picteilín le suíomh ar leith sa phríomhchuimhne ar féidir leis an LAP é a rochtain. 2. Íomhá atá le taispeáint ar chóras taispeána den chineál seo.

mapaí Idirlín *f* Internet maps *(Río)*

mapáil *b* mapping *(Río)* *(gu.* mapála)

Cur síos ar an gcomhfhreagracht idir scéimrí éagsúla.

mapáil aon le haon *b* one to one mapping *(Mat)* *(gu.* mapála aon le haon) *(mal* mapáil inteilgeach *b gu.* mapála inteilgí) *(var* injective mapping)

mapáil aon le mórán *b* one to many mapping *(Mat)* *(gu.* mapála aon le mórán) *(var* multivalued mapping)

mapáil faoi thiomáint teimpléid *b* template-driven mapping *(Río)* *(gu.* mapála faoi thiomáint teimpléid)

mapáil inteilgeach *b* injective mapping *(Mat)* *(gu.* mapála inteilgí) *(mal* aon le haon *abairtín*; mapáil aon le haon *b gu.* mapála aon le haon) *(var* one to one; one to one mapping)

mapáil mórán le mórán *b* many-to-many mapping *(Mat)* *(gu.* mapála mórán le mórán)

mapáilte *a3* mapped *(Gin)*

mapáilte sa chuimhne *a3* memory-mapped *(Río)*

mapáil thacar A go tacar B *b* mapping of set A to set B *(Mat)* *(gu.* mapála thacar A go tacar B)

mapáil uigeachta *b* texture mapping *(Río)* *(gu.* mapala uigeachta)

mapa íomhá(nna) *f* image map *(Río)* *(ai.* mapaí íomhá(nna))

mapa tástála na fréamhshamhla *f* prototype pathway *(Río)* *(gu.* mhapa tástála na fréamhshamhla)

Doiciméad a thaispeánann seicheamh agus teaglamaí d'eilimintí dialóige agus de na scáileáin a bhaineann leo, a thaispeántar i seisiún fréamhshamhaltaithe leis an Úsáideoir.

mapa uigeachta *f* texture map *(Río)* *(ai.* mapaí uigeachta)

marbh *a1* dead *(Gin)*

marc *f* mark[1] *(Gin)* *(gu.* mairc)

marcáil[1] *b* marking *(Air)* *(gu.* marcála *ai.* marcálacha)

marcáil[2] *br* mark[2] *(Air)*

marcáil chineálach *b* generic markup *(Río)* *(gu.* marcála cineálaí)

marcáil leathanaigh *b* page markup *(Río)* *(gu.* marcála leathanaigh)

marcáil ón margadh *br* mark to market *(Air)*

Coigeartú laethúil i gcás conartha todhchaíochtaí dhíshrianta chun brabús agus caillteanas ar an gconradh a léiriú. *(mal* athshocrú laethúil *f gu.* athshocraithe laethúil *ai.* athshocruithe laethúla) *(var* daily resettlement)

marc ailt *f* paragraph mark *(Río)* *(gu.* mairc ailt *ai.* marcanna ailt)

marc leathanaigh *f* book mark *(Gin)* *(gu.* mairc leathanaigh *ai.* marcanna leathanaigh)

marcóir *f* marker *(Gin)* *(gu.* marcóra *ai.* marcóirí)

marcóir táb *f* tab marker *(Río)* *(gu.* marcóra táb *ai.* marcóirí táb)

margadh *f* market *(Air)* *(gu.* margaidh *ai.* margaí)

1. An láthair ar a gcruinníonn ceannaitheoirí agus díoltóirí chun nithe a bhfuil luach orthu a mhalartú. 2. Cruinniú eagraithe ina ndéantar trádáil in urrúis, i dtráchtearraí, in airgeadraí, etc. 3. An t-éileamh atá ar tháirge nó ar sheirbhís ar leith, tomhaiste go minic de réir an díolacháin le linn tréimhse ar leith.

margadh airgeadais *f* finance market *(Air)* *(gu.* margaidh airgeadais *ai.* margaí airgeadais)

Margaí a láimhseálann sreafaí airgid thirim thar am.

margadh airgeadraí *f* foreign exchange market *(Air)* *(gu.* margaidh airgeadraí *ai.* margaí airgeadraí)

Margadh comhdhéanta de bhainc a dhéanann freastal orthu siúd ar mian leo airgeadraí éagsúla a dhíol nó a cheannach.

margadh airgid *f* money market *(Air)* *(gu.* margaidh airgid *ai.* margaí airgid)

Margadh a bhíonn gafa le hairgead a fháil agus a thabhairt ar iasacht go gearrthéarmach, ag cruthú naisc idir na forais airgeadais (bainc thráchtála, tithe lascaine, etc.), cuideachtaí agus an rialtas.

Margadh Airgid Idirnáisiúnta, An *f* International Monetary Market *(Air)* *(gu.* An Mhargaidh Airgid Idirnáisiúnta)

Lármhargadh ceantála i Chicago áit a ndíoltar agus a gceannaítear airgeadraí agus conarthaí todhchaíochtaí airgeadais. Cuid de Mhalartán Marsantach Chicago.

margadh bintiúr agus iasachtaí *f* debenture and loan market *(Air)* *(gu.* margaidh bhintiúr agus iasachtaí *ai.* margaí bintiúr agus iasachtaí)

margadh caipitil *f* capital market *(Air)* *(gu.* margaidh chaipitil *ai.* margaí caipitil)

Margadh airgeadais d'fhiachais fadtéarma agus do ghnáthscaireanna.

margadh ceantála *f* auction market *(Air)* *(gu.* margaidh cheantála *ai.* margaí ceantála)

Margadh ag a dtagann na trádálaithe go léir in earra áirithe le chéile in áit amháin chun sócmhainn a cheannach nó a dhíol.

margadh contango *f* contango market *(Air)* *(gu.* margaidh chontango *ai.* margaí contango)

Margadh ina mbíonn praghsanna na dtodhchaíochtaí níos airde do chianchonarthaí ná do mhíonna seachadta gairide.

margadh cothromais *f* equity market *(Air)* *(gu.* margaidh chothromais)

Féach urrúis mhargaidh chaipitil.

margadh dollar na hÁise *f* Asian dollar market *(Air)* *(gu.* mhargadh dollar na hÁise *ai.* margaí dollar na hÁise)

Margadh san Áis ina mbailíonn bainc taiscí agus a ndéanann siad iasachtaí atá ainmnithe i ndollair Stát Aontaithe Mheiriceá.

margadh domhain *f* deep market *(Air)* *(gu.* margaidh dhomhain *ai.* margaí doimhne)

margadh dubh *f* black market *(Air)* *(gu.* margaidh dhuibh *ai.* margaí dubha)

Margadh príobháideach a fheidhmíonn i gcoinne srianta rialtais.

margadh éifeachtúil *f* efficient market *(Air)* *(gu.* margaidh éifeachtúil *ai.* margaí éifeachtúla)

Margadh ina léiríonn na praghsanna gach faisnéis dá bhfuil ar fáil ionas nach ann do thorthaí a róchoigeartaíodh do riosca.

margadh iarbhír *f* physical market *(Air)* *(gu.* margaidh iarbhír *ai.* margaí iarbhír) *(var* actual market)

margadh idirbhainc *f* interbank market *(Air)* *(gu.* margaidh idirbhainc)

margadh idirbhainc Bhaile Átha Cliath *f* Dublin interbank market *(Air)* *(gu.* mhargadh idirbhainc Bhaile Átha Cliath)

margadh ioncaim sheasta *f* fixed income market *(Air)* *(gu.* margaidh ioncaim sheasta)

Féach urrúis mhargaidh caipitil.

margadh leanúnach *f* continuous market *(Air)* *(gu.* margaidh leanúnaigh)

margadh liath *f* grey market *(Air)*

Réamh-mhargadh do bhannaí nua-eisithe i bhfoirm réamhchonartha idir lá fógartha na heisiúna nua agus an lá a shínítear téarmaí deiridh na heisiúna bannaí.

margadhluach *f* market value *(Air)* *(gu.* margadhluacha *ai.* margadhluachanna)

An praghas ag a dtrádálann ceannaitheoirí agus díoltóirí sócmhainní gnólachta. *(mal* luach ar an margadh *f gu.* luacha ar an margadh *ai.* luachanna ar an margadh)

margadh miotail *f* metal market *(Air)* *(gu.* margaidh mhiotail *ai.* margaí miotail)

margadh na gcistí feidearálacha *f* federal funds market *(Air)* *(gu.* mhargadh na gcistí feidearálacha *ai.* margaí na gcistí feidearálacha)

Margadh idirbhainc le taiscí atá i seilbh na mbanc tráchtála sa Chóras Cúlchiste Feidearálach a fháil nó a thabhairt ar iasacht.

margadh na ndéileálaithe *f* dealer market *(Air)* *(gu.* mhargadh na ndéileálaithe *ai.* margaí na ndéileálaithe)

Margadh ar a mbíonn trádálaithe, ar speisialtóirí iad i dtráchtearraí ar leith, ag ceannach agus ag díol sócmhainní dá gcuntas féin.

margadh na nEorabhannaí *f* Eurobond market *(Air)* *(gu.* mhargadh na nEorabhannaí *ai.* mhargaí na nEorabhannaí)

Margadh ina bhfrithgheallann sindeacáití idirnáisiúnta bannaí agus ina ndíoltar iad lasmuigh de thír a n-airgeadra ainmnithe.

margadh na nEoraichreidmheasanna *f* Eurocredit market *(Air)* *(gu.* mhargadh na nEoraichreidmheasanna *ai.* margaí na nEoraichreidmheasanna)

Cnuasach de bhainc a ghlacann le taiscí agus a sholáthraíonn iasachtaí in ainmníochtaí móra agus in airgeadraí éagsúla.

margadh na nEorairgeadraí *f* Eurocurrency market *(Air)* *(gu.* mhargadh na nEorairgeadraí *ai.* margaí na nEorairgeadraí)

Margadh airgid ina ndéantar airgeadraí a thabhairt agus a thógáil ar iasacht, airgeadraí a choimeádtar i bhfoirm taiscí i mbainc lasmuigh de na tíortha ina n-eisítear na hairgeadraí sin mar dhlíthairiscint.

margadh nideoige *f* niche market *(Fio)* *(gu.* margaidh nideoige *ai.* margaí nideoige)

margadhphraghas *f* market price *(Air)* *(gu.* margadhphraghais *ai.* margadhphraghsanna)

An méid reatha ag a bhfuil urrús ag trádáil i margadh.

margadhphraghas riosca *f* market price of risk *(Air)* *(gu.* margadhphraghais riosca)

margadh tánaisteach *f* secondary market *(Air)* *(gu.* margaidh thánaistigh *ai.* margaí tánaisteacha)

Margadh ar a dtrádáltar urrúis atá ar fáil cheana, i gcomórtas le bunmhargadh, ar a ndíoltar urrúis an chéad uair.

margadh thar an gcuntar *f* over-the-counter market (OTC market) *(Air)* *(gu.* margaidh thar an gcuntar *ai.* margaí thar an gcuntar)

Margadh ina gceannaítear agus a ndíoltar scaireanna lasmuigh de dhlínse stocmhalartáin aitheanta.

margaí lániomaíocha airgeadais *f* perfectly competitive financial markets *(Air)*

Margaí nach bhfuil sé de chumhacht ag trádálaí ar bith iontu praghas na n-earraí ná na seirbhísí a athrú.

margaíocht *b* marketing *(Fio)* *(gu.* margaíochta)

1. Próiseas ina scrúdaítear mianta agus riachtanais an mhargaidh agus ina sásaítear iad trí earraí agus seirbhísí a mhalartú, sa chaoi is go mbíonn na ceannaitheoirí sásta agus go dtuilleann na díoltóirí brabús. (sainmhíniú na hInstitiúide Margaíochta 1975) 2. Bunghníomhaíocht déanta polasaí a dhíríonn go hiomlán ar tháirgí oiriúnacha a roghnú agus a fhorbairt do thionscnaimh dhíolacháin agus ar na táirgí seo a dháileadh ar bhealach a sholáthraíonn an toradh optamach ar chaipiteal.

markka *f* markka *(Air)*

markka na Fionnlainne *f* Finnish markka *(Air)*

marsantach *a1* mercantile *(Air)*

marthain *b* subsistence *(Gin)* *(gu.* marthana)

marthanach *a1* sustained *(For)*

marthanacht[1] *b* duration *(Gin)* *(gu.* marthanachta)

(Airgeadas) Tomhas d'íogaireacht banna maidir le hathruithe i rátaí úis.

marthanacht[2] *b* durability *(Gin)* *(gu.* marthanachta)

marthanacht logánta *b* local duration *(Rio)* *(gu.* marthanachta logánta)

marthanacht mhionathraithe *b* modified duration *(Air)* *(gu.* marthanachta mhionathraithe)

marthanacht uathoibríoch *b* automatic duration *(Río)* *(gu.* marthanachta uathoibríche)

Saolré athróga uathoibríocha a chruthaítear ar iontráil dóibh isteach i mbloc, agus a chuileáiltear ar scor.

mascadh *f* masking *(Río)* *(gu.* masctha)

mata luiche *f* mouse mat *(Río)* *(ai.* mataí luiche)

matamaitic *b* mathematics *(Río)* *(gu.* matamaitice)

matamaiticeoir *f* mathematician *(Mat)* *(gu.* matamaiticeora *ai.* matamaiticeoirí)

matamaiticiúil *a2* mathematical *(Mat)*

máthairchlár *f* motherboard *(Río)* *(gu.* máthairchláir)

máthairnód *f* parent node *(Río)* *(gu.* máthairnóid)

Nód a bhfuil nód amháin eile nó breis íochtaránach dó.

meá[1] *b* weight[1] *(Gin)* *(ai.* meánna)

meá[2] *b* weighting *(Air)*

meabhrán *f* memorandum *(Gin)* *(gu.* meabhráin)

meabhrán comhlachais *f* memorandum of association *(Air)* *(gu.* meabhráin comhlachais)

meabhrán leagain *f* placement memorandum *(Air)* *(gu.* meabhráin leagain)

Doiciméad i Eoraichreidmheas sindeacáite a leagann amach sonraí na hiasachta beartaithe agus a thugann faisnéis i dtaobh an iasachtaí.

meáchan *f* weight[2] *(Gin)* *(gu.* meáchain)

méadaigh *br fch* breisigh. *(Gin)*

méadaigh eang *br* increase indent *(Río)*

méadann *b* augend *(Río)* *(gu.* méadainne *ai.* méadanna)

méadar *f* metre *(Gin)* *(gu.* méadair)

méadú *f* increase[1] *(Gin)* *(gu.* méadaithe *ai.* méaduithe)

méadú sa díbhinn chomhlán *f* gross dividend growth *(Air)* *(gu.* méadaithe sa díbhinn chomhlán)

meáin nua *f* new media *(Río)* *(gi.* meán nua)

meáin phriontála *f* printing media *(Río)* *(gi.* meán priontala)

meáin sruthaithe *f* streaming media *(Río)* *(gi.* meán sruthaithe)

meáin tarchurtha *f* transmission media (TM) *(Río)* *(gi.* meán tarchurtha)

meaisín *f* machine *(Río)* *(ai.* meaisíní)

meaisínchód *f* machine code *(Río)* *(gu.* meaisínchóid)

meaisín dáilte airgid *f* cash dispensing machine *(Air)* *(ai.* meaisíní dáilte airgid)

meaisin drumadóireachta *f* drum machine *(Río)* *(ai.* meaisiní drumadóireachta)

meaisín fíorúil *f* virtual machine *(Río)* *(gu.* meaisín fhíorúil *ai.* meaisíní fíorúla)

An timpeallacht ina ritear na cóid agus na sonraí go léir atá riachtanach chun feidhm ar leith a chur i ngníomh.

meaisín il-leibhéal *f* multilevel machine *(Río)* *(ai.* meaisíní il-leibhéal)

meaisínleibhéal *f* machine level *(Río)* *(gu.* meaisínleibhéil)

meaisínleibhéal córas oibriúcháin *f* operating system machine level *(Río)* *(gu.* meaisínleibhéil córas oibriúcháin)

meaisínteanga *b* machine language *(Río)* *(ai.* meaisínteangacha)

meaisíntreoir *b* machine instruction *(Río)* *(gu.* meaisíntreorach *ai.* meaisíntreoracha)

meaitseáil *br* match *(Río)* *(mal* comhoiriúnaigh *br)*

meaitseáil luais *b* speed matching *(Río)* *(gu.* meaitseála luais)

meaitseáil patrún *b* pattern-matching *(Río)* *(gu.* meaitseála patrún)

mealladh *f* inducement *(Gin)* *(gu.* meallta)

meán¹ *f* medium¹ *(Gin)* *(gu.* meáin)

meán² *f* mean *(Gin)* *(gu.* meáin *gi.* meán)

meán-¹ *réi* average *(Gin)*

meán-² *réi* medium² *(Gin)*

meánaibíocht *b* average maturity *(Air)* *(gu.* meánaibíochta)

Aibíocht iasachta tar éis aisíocaíochtaí nó ceannacháin a dhéanamh as ciste fiachmhúchta an iasachtaí.

meánaibíocht ualaithe *b* weighted average maturity *(Air)* *(gu.* meánaibíochta ualaithe)

Tomhas de leibhéal an riosca rátaí úis a áirítear trí shreafaí airgid thirim a mheá leis an am chun fáltais agus iad a iolrú faoin gcodán de luach láithreach iomlán a léiríonn an sreabhadh airgid thirim um an dtaca sin.

meán aschurtha *f* output medium *(Río)* *(gu.* meáin aschurtha)

meánathraitheas *f* mean variance *(Air)* *(gu.* meánathraithis)

meáncheannaí *f* middleman *(Fio)* *(ai.* meáncheannaithe)

meánchostas caipitil *f* average cost of capital *(Air)* *(gu.* meánchostais caipitil *ai.* meánchostais chaipitil)

Iomlán an chostais caipitil atá de dhíth roinnte ar iomlán an chaipitil cion tairbhe.

meánchostas ualaithe an chaipitil *f* weighted average cost of capital WACC *(Air)*

An meánchostas caipitil ar thionscadail agus gníomhaíochtaí atá ar siúl cheana féin ag gnólacht.

meániomlán *f* average total *(Air)* *(gu.* meániomláin)

meániomlán sócmhainní *f* average total assets *(Air)* *(gu.* meániomláin sócmhainní)

meán ionchurtha *f* input medium *(Río)* *(gu.* meáin ionchurtha)

meánluach *f* mean value *(Air)* *(gu.* meánluacha)

meánmhinicíocht *b* medium frequency (MF) *(Río)* *(gu.* meánmhinicíochta)

meánphraghas *f* average price *(Air)* *(gu.* meánphraghais *ai.* meánphraghsanna)

Praghas iomlán líon áirithe míreanna, roinnte ar an líon míreanna a dhíoltar.

meánráta *f* average rate *(Air)* *(ai.* meánrátaí)

meánráta margaidh *f* mid-market rate *(Air)*

meántéarmach *a1* medium term *(Air)*

meantóir *f* mentor *(Gin)* *(gu.* meantóra *ai.* meantóirí)

meantóireacht *b* mentoring *(Gin)* *(gu.* meantóireachta)

meántonn *b* medium wave (MW) *(Río)* *(gu.* meántoinne *ai.* meántonnta)

meántoradh *f* average return *(Air)* *(gu.* meántoraidh *ai.* meántorthaí)

meántoradh cuntasaíochta *f* average accounting return (AAR) *(Air)* *(gu.* meántoraidh chuntasaíochta *ai.* meántorthaí cuntasaíochta)

An meán-ghlanbhrabús a bhfuil súil leis ar airgead a infheistítear i sócmhainn, i dtionscadal nó i ngnólacht, ráite mar chéatadán.

meántréimhse aisíoca *b* average payback period *(Air)*

meánú *f* averaging *(Gin)* *(gu.* meánaithe)

meán ualaithe *f* weighted average *(Mat)* *(gu.* meáin ualaithe)

méar *b* finger¹ *(Río)* *(gu.* méire)

méaraigh *br* finger² *(Río)*

méarchlár *f* keyboard *(Río)* *(gu.* méarchláir) *(mal* eochairchlár *f gu.* eochairchláir)

méarchlár breisithe *f* enhanced keyboard *(Río)* *(gu.* méarchláir bhreisithe)

méarchlár clóscríobháin *f* typewriter keyboard *(Río)* *(gu.* méarchláir clóscríobháin) *(mal* eochairchlár clóscríobháin *f gu.* eochairchláir clóscríobháin)

méarchlár QWERTY *f* QWERTY keyboard *(Río)* *(gu.* méarchláir QWERTY)

méarchlár scannáin *f* membrane keyboard *(Río)* *(gu.* méarchláir scannáin)

méarchlár tadhlach *f* tactile keyboard *(Río)* *(gu.* méarchláir thadhlaigh *ai.* méarchláir thadhlacha)

méarchlár tionscalchaighdeánach *f* industry-standard keyboard *(Río)* (*gu.* méarchláir thionscalchaighdeánaigh)

mearchóimheas *f* quick ratio *(Air)* (*gu.* mearchóimheasa)

Mearshócmhainní roinnte ar iomlán na ndliteanas reatha.

mearfhorbairt feidhmchlár *b* rapid application development (RAD) *(Río)* (*gu.* mearfhorbartha feidhmchlár)

mearfhormáid *b* quick format *(Río)* (*gu.* mearfhormáide)

mear-roghnaigh *br* fast select *(Río)*

mearshábháil *br* fast save *(Río)*

mearshócmhainní *b* quick assets *(Air)*

Sócmhainní reatha lúide fardail.

mearshórtáil *b* quick sort *(Río)* (*gu.* mearshórtála)

Sórtáil malairte. Ag gach céim den sórtáil, déantar an liosta a dheighilt in dhá chuid sa chaoi is go bhfuil na heochairluachanna i gcuid amháin uile níos lú ná eochairluach ar leith, agus na heochairluachanna sa chuid eile níos mó ná é; pléitear ansin go neamhspleách leis an dá chuid sna céimeanna sórtála a leanann ina dhiaidh sin.

meas *br* evaluate *(Air)* (*mal* measúnaigh *br*) (*var* assess)

meascadh *f* mix(ing) *(Gin)* (*gu.* measctha)

meascadh margaíochta *f* marketing mix *(Fio)* (*gu.* measctha margaíochta)

Leibhéil na gcomheilimintí, agus a n-imirt ar a chéile, in iarrachtaí margaíochta táirge nó seirbhíse, lena n-áirítear gnéithe den táirge, praghsáil, pacáistiú, fógraíocht, marsantacht, dáileadh agus buiséad margaíochta, go háirithe mar a fhearann cinntí i dtaca leis na heilimintí seo ar thorthaí díolachán.

meascadh tionscnaimh *f* promotional mix *(Fio)* (*gu.* measctha tionscnaimh)

meastachán *f* estimate *(Gin)* (*gu.* meastacháin)

Breith chóngarach d'uimhir, cainníocht, suíomh, ruda; an uimhir, etc. a sannadh leis. (Ríomhaireacht: SSADM) Ceann de na Gnásanna Tionscadail a thacaíonn le SSADM. Is gníomhaíocht leanúnach i táirgeadh meastachán do ghníomhaíochtaí agus do chostais i rith an tionscadail, agus bíonn síor-athbhreithniú ag teastáil. Bunaítear meastacháin tosaigh ar ghníomhaíochtaí aitheanta: ualaítear na gníomhaíochtaí seo de réir fachtóirí áirithe ar nós chastacht an chórais, thaithí na gcleachtóirí, infhaighteacht acmhainní, agus mar sin de. Déantar meastacháin do gach gníomhaíocht, is cuma an Modúl, céim nó fochéim atá i gceist. (*var* estimation)

meastachán spáis *f* space estimation *(Río)* (*gu.* meastacháin spáis)

Foirm speisialta chun measúnú a dhéanamh ar riachtanais stórála an dearaidh sonraí sa timpeallacht ina bhfuil sé beartaithe é a chur i ngníomh.

meastóireacht *b* evaluation *(Río)* (*gu.* meastóireachta)

measúnaigh *br* assess *(Gin)* (*mal* meas *br*) (*var* evaluate)

measúnú *f* assessment *(Gin)* (*gu.* measúnaithe) (*mal* breithmheas *f gu.* breithmheasa) (*var* appraisal)

meath *f* decline *(Gin)* (*gu.* meatha)

meathlú *f* recession *(Air)* (*gu.* meathlaithe)

Moilliú nó titim i ráta fáis na holltáirgeachta náisiúnta. Bíonn ceangal idir meathlú agus ísliú ar leibhéil infheistíochta, ardú ar dhífhostaíocht, agus uaireanta titim ar phraghsanna. (*var* slump)

meicnigh *br* mechanize *(Río)*

meicníocht *b* mechanism *(Gin)* (*gu.* meicníochta *ai.* meicníochtaí)

meicníocht an ráta malairte *b* exchange rate mechanism (ERM) *(Air)* (*gu.* mheicníocht an ráta malairte)

meicniúil *a2* mechanical *(Río)*

méid[1] *b* size *(Gin)* (*gu.* méide *ai.* méideanna) (*var* magnitude)

méid[2] *f* amount *(Gin)* (*var* degree; volume)

méid an chonartha *b* contract size *(Air)* (*gu.* mhéid an chonartha)

méid an scáileáin *b* screen size *(Río)* (*gu.* mhéid an scáileáin)

méid comhaid *b* file size *(Río)* (*gu.* méide comhaid)

méideanna páipéir *f* paper sizes *(Río)*

méid giotánra *b* word size *(Río)* (*gu.* méide giotánra)

méid le sín *b* signed magnitude *(Río)* (*gu.* méide le sín)

méid na cuimhne *b* memory size *(Río)*

méid na hincriminte *f* increment size *(Gin)*

méid na híomhá *b* image size *(Río)*

méid na trádála *f* volume of trade *(Fio)* (*gu.* mhéid na trádála) (*mal* méid trádála (an) *f gu.* m(h)éid trádála (an))

méid réimse *b* field size *(Río)* (*gu.* méide réimse *ai.* méideanna réimsí)

méid riosca *f* amount of risk *(Air)*

méid táib *b* tab size *(Río)* (*gu.* méide táib *ai.* méideanna táib)

méid trádála (an) *f fch* méid na trádála. *(Fio)* (*gu.* m(h)éid trádála (an))

meigeaflap *f* megaflop (MFLOP) *(Río)*

meigibheart *f* megabyte *(Río)* (*gu.* meigibhirt *ai.* meigibhearta)

meigibheart sa soicind *f* megabytes per second (Mbps) *(Río)*

meigighiotán *f* megabit *(Río)* *(gu.* meigighiotáin)

meigighiotán sa soicind *f* megabits per second (MBps) *(Río)*

meigiheirts *f* megahertz (MHz) *(Río)*

meirge *f* banner *(Río)* *(ai.* meirgí)

Meiriceá *f* America *(Gin)*

Meiriceánach[1] *f* American[1] *(Gin)* *(gu.* Meiriceánaigh)

Meiriceánach[2] *a1* American[2] *(Gin)*

meiteashonraí *f* metadata *(Río)*

méithe *b* richness *(Río)*

méithmheáin *f* rich media *(Río)* *(gi.* méithmheán)

méithoibiacht *b* rich object *(Río)* *(gu.* méithoibiachta *ai.* méithoibiachtaí)

méithshonraí *f* rich data *(Río)*

meititheanga *b* meta-language *(Río)* *(ai.* meititheangacha)

mí *b* month *(Gin)* *(gu.* míosa *ai.* míonna)

mianadóireacht sonraí *b* data mining *(Río)* *(gu.* mianadóireachta sonraí)

míbhreithiúnas *f* misjudgement *(Gin)* *(gu.* míbhreithiúnais)

mícheart *a1* incorrect *(Gin)*

míchruinn *a2* inaccurate *(Gin)*

míchruinneas *f* inaccuracy *(Río)* *(gu.* míchruinnis)

míchruinneas córasach *f* systematic inaccuracy *(Río)* *(gu.* míchruinnis chórasaigh)

míchuí *a3* inappropriate *(Gin)*

micreachainéal *f* microchannel *(Río)* *(gu.* micreachainéil)

micreachlár *f* microprogram *(Río)* *(gu.* micreachláir)

micreachlárú *f* microprogramming *(Río)* *(gu.* micreachláraithe)

micreachlárú cothrománach *f* horizontal microprogramming *(Río)* *(gu.* micreachláraithe chothrománaigh)

Formáid micrithreorach atá **n** ngiotán ar leithead, le giotán amháin do gach comhartha rialúcháin.

micreachlárú ingearach *f* vertical microprogramming *(Río)* *(gu.* micreachláraithe ingearaigh)

micreacnamaíocht *b* microeconomics *(Air)* *(gu.* micreacnamaíochta)

micreadhomhan *f* microworld *(Río)* *(gu.* micreadhomhain)

micreafón *f* microphone *(Río)* *(gu.* micreafóin)

micrealáithreán *f fch* micreashuíomh. *(Río)* *(gu.* micrealáithreáin)

micrea-, micri-, miocr- *réi* micro *(Río)*

micreaphróiseálaí *f* microprocessor *(Río)* *(gu.* micreaphróiseálaithe)

micreaphróiseálaí dhá shlis *f* two-chip microprocessor *(Río)* *(ai.* micreaphróiseálaithe dhá shlis)

micreashoicind *f* microsecond *(Río)* *(ai.* micreashoicindí)

micreashuíomh *f* microsite *(Río)* *(gu.* micreashuímh) *(mal* micrealáithreán *f gu.* micrealáithreáin)

micrileictreonaic scannáin thanaí *b* thin-film microelectronics *(Río)* *(gu.* micrileictreonaice scannáin thanaí)

micriríomhaire *f* microcomputer *(Río)* *(ai.* micriríomhairí)

micrishlis *b* microchip *(Río)* *(gu.* micrishlise *ai.* micrishliseanna)

micritheanga *b* microlanguage *(Río)* *(ai.* micritheangacha)

micritheanga dhíolama *b* micro assembly language *(Río)* *(gu.* micritheanga díolama)

micrithreoir *b* microinstruction *(Río)* *(gu.* micrithreorach *ai.* micrithreoracha)

mífheidhm *b* malfunction *(Río)* *(gu.* mífheidhme)

mífheidhmiúil *a3* dysfunctional *(Gin)*

milliún giotán sa soicind *f* million bits per second (Mbps) *(Río)*

milseogra *f* confectionary *(Fio)*

mín *a1* fine-grained *(Río)*

míneas *f* minus[1] *(Río)* *(gu.* mínis)

minicíocht *b* frequency *(Gin)* *(gu.* minicíochta *ai.* minicíochtaí)

minicíocht an-íseal *b* very low frequency (VLF) *(Río)* *(gu.* minicíochta an-íseal *ai.* minicíochtaí an-íseal)

minicíocht gutha *b* voice frequency (VF) *(Río)* *(gu.* minicíochta gutha)

minicíocht idirmheánach *b* intermediate frequency (IF) *(Río)* *(gu.* minicíochta idirmheánaí *ai.* minicíochtaí idirmheánacha)

minicíocht íseal *b* low frequency (LF) *(Río)* *(gu.* minicíochta ísle *ai.* minicíochtaí ísle)

minicíocht rí-íseal *b* extremely low frequency (ELF) *(Río)* *(gu.* minicíochta rí-ísle *ai.* minicíochtaí rí-ísle)

mínormálta *a3* abnormal *(Gin)*

miocrailtireacht *b* microarchitecture *(Río)* *(gu.* miocrailtireachta)

miocrón *f* micron *(Río)* *(gu.* miocróin)

mionadúchán *f* miniaturization *(Río)* *(gu.* mionadúcháin)

mionathraigh *br* modify *(Gin)*

mionathraitheoir *f* modifier *(Río) (gu.* mionathraitheora *ai.* mionathraitheoirí)

Uimhir nó focal a úsáidtear le seoladh nó treoir a athrú trí oibríochtaí uimhríochtúla nó loighciúla. Údaraíonn an mionathraitheoir rith treorach éagsúil nó stiúrann sé chuig seoladh éagsúil seachas mar a dhéanann an bhunmhír. Mar sin féadann an t-ionad céanna i gclár, nuair a mhionathraítear go seicheamhach é, oibríochtaí éagsúla a rith, nó oibreanna éagsúla a roghnú.

mionathrú *f* modification *(Gin) (gu.* mionathraithe *ai.* mionathruithe)

mionathrú comhaid *f* file modification *(Río) (gu.* mionathraithe comhaid *ai.* mionathruithe comhaid)

mionchartús *f* minicartridge *(Río) (gu.* mionchartúis)

mioncheamara sféarúil *f* golf-ball camera *(Río) (ai.* mioncheamaraí sféarúla)

miondealú *f* breakdown (analysis) *(Fio) (gu.* miondealaithe *ai.* miondealuithe)

miondíol *f* retail *(Fio) (gu.* miondíola)

1. Díolachán earraí i gcainníochtaí beaga leis an tomhaltóir deiridh. 2. Marsantacht a dhíoltar ar phraghas liostaithe.

miondíolachán *f* retail sales *(Air) (gu.* miondíolacháin)

miondíoltóir *f* retailer *(Fio) (gu.* miondíoltóra *ai.* miondíoltóirí)

Meáncheannaí ceannaíochta atá i mbun díola le tomhaltóirí deiridh, go príomha. D'fhéadfadh miondíoltóir amháin bunaíochtaí iomadúla a rith.

miondiosca *f* minidisk (MD) *(Río) (ai.* miondioscaí)

mionlach *f* minority *(Gin) (gu.* mionlaigh)

mionláithreán *f* *fch* mionsuíomh. *(Río) (gu.* mionláithreáin)

mionríomhaire *f* minicomputer *(Río) (ai.* mionríomhairí)

mionsamhail *b* thumbnail *(Río) (gu.* mionsamhla *ai.* mionsamhlacha)

mion-sár-ríomhaire *f* minisupercomputer *(Río) (ai.* mion-sár-ríomhairí)

mionsonra *f* detail *(Fio) (ai.* mionsonraí)

mionsuíomh *f* minisite *(Río) (gu.* mionsuímh) *(mal* mionláithreán *f gu.* mionláithreáin)

miontaifead *f* detailed record *(Gin) (gu.* miontaifid)

miosúr *f* *fch* tomhas. *(Gin) (gu.* miosúir)

miotal *f* metal *(Gin) (gu.* miotail)

miotas *f* myth *(Gin) (gu.* miotais)

mír[1] *b* item *(Gin) (gu.* míre *ai.* míreanna)

mír[2] *b* lot *(Air) (gu.* míre *ai.* míreanna)

mírangaithe *a3* miscategorized *(Gin)*

mír chorr *b* odd lot *(Air) (gu.* míre coirre *ai.* míreanna corra)

Stoc a bhfuil níos lú ná 100 scair de ann le trádáil.

mír chruinn *b* round lot *(Air) (gu.* míre cruinne)

Aonad trádála gnáthstoic de 100 scair nó d'iolraí de 100 scair.

mír cumraíochta *b* configuration item *(Río) (gu.* míre cumraíochta)

Táirge atá mar chuid de chumraíocht, ó shonrú córais iomláin go halgartam, léaráid nó píosa cóid. Tá sé faoi réir na Bainistithe Cumraíochta agus, dá bhrí sin, tá sé so-iniúchta.

mír neamhairgid *b* non-cash item *(Air) (gu.* míre neamhairgid *ai.* míreanna neamhairgid)

Costas in aghaidh ioncaim reatha nach bhfearann go díreach ar an sreabhadh airgid thirim.

mír sonraí *b* data item *(Río) (gu.* míre sonraí)

Eilimint de stór sonraí a thuairiscíonn, a cháilíonn, nó a rangaíonn an stór sonraí sin ar shlí éigin. Bíonn comhfhreagracht ann idir mír sonraí agus tréith aonáin. Ní mór do gach mír sonraí ar stór sonraí, a coibhéis a bheith ar aonán comhfhreagrach.

misean trádála *f* trade mission *(Air) (gu.* misin trádála)

mismatch *br* mímheaitseáil *(Río)*

mód *f* mode *(Gin) (gu.* móid)

mód aistrithe aisioncronaigh *f* asynchronous transfer mode (ATM) *(Río) (gu.* móid aistrithe aisioncronaigh)

mód baiscphróiseála *f* batch mode *(Río) (gu.* móid bhaiscphróiseála)

mód botha *f* kiosk mode *(Río) (gu.* móid botha)

mód comhaid *f* file mode *(Río) (gu.* móid chomhaid)

mód cosanta *f* protected mode *(Río) (gu.* móid chosanta)

Mód a bhaineann le sliseanna LAP 80286 agus níos airde. Sa mhód seo, fothaíonn slis an LAP iltascáil trí dheighleáin sonraí atá in úsáid i ríomhchlár amháin a chosaint ar ríomhchlár eile iad a rochtain. Déantar an chuimhne a chosaint agus más ea tugtar mód cosanta ar an mód seo. (*mal* mód faoi chosaint *f*)

mód déach *f* dual mode *(Río) (gu.* móid dhéach)

mód dúchais *f* native mode *(Río) (gu.* móid dúchais)

mód eithneach *f* kernel mode *(Río) (gu.* móid eithnigh)

mód faoi chosaint *f* *fch* mód cosanta. *(Río)*

mód fíorúil *b* virtual mode *(Río) (gu.* móid fhíorúil)

mód foirmle *f* formula mode *(Río) (gu.* móid foirmle)

mód fuireachais *f* standby mode *(Río) (gu.* móid fuireachais)

modh *f* method *(Río) (gu.* modha *ai.* modhanna)

(Ríomhaireacht) I dteangacha ríomhchlárúcháin atá bunaithe ar oibiachtaí, glaoitear modh ar fheidhm, ar ghnás nó ar fhoghnáthamh. Modúl is ea modh atá ina bhall d'aicme cinnte.

modh aicmeach *f* class method *(Río) (gu.* modha aicmigh *ai.* modhanna aicmeacha)

Rangaítear na modhanna a bhaineann le haicme mar mhodhanna áscacha nó mar mhodhanna aicmeacha. Baineann modhanna aicmeacha leis an aicme í féin agus glaoitear orthu mar mhodúil neamhspleácha. Samhlaítear go bhfuil a chóip féin de gach modh áscach ag gach ásc den aicme. Glaoitear ar mhodh aicmeach mar seo: [ainm_na_haicme.] ainm_an_mhodha(). *(mal* modh statach *f gu.* modha stataigh *ai.* modhanna statacha) *(var* static method)

modhanna is snáitheanna sioncronacha *f* synchronized methods and threads *(Río)*

Teicníc le nach ndéanfaidh níos mó ná aon snáithe amháin iarracht ar rannáin áirithe cóid, ar a dtugtar *rannáin chriticiúla*, a rith go comhuaineach i ríomhchlár.

modh aonsrutha treoracha aonsrutha sonraí *f* single instruction (stream) single data (stream) method (SISD) *(Río) (gu.* modha aonsrutha treoracha aonsrutha sonraí)

modh aonsrutha treoracha ilsruthanna sonraí *f* single instruction (stream) multiple data (stream) method (SIMD) *(Río) (gu.* modha aonsrutha treoracha ilsruthanna sonraí)

modh áscach *f* instance method *(Río) (gu.* modha áscaigh *ai.* modhanna áscacha)

Rangaítear na modhanna a bhaineann le haicme mar mhodhanna áscacha nó mar mhodhanna aicmeacha. Baineann modhanna aicmeacha leis an aicme í féin agus glaoitear orthu mar mhodúil neamhspleácha. Samhlaítear go bhfuil a chóip féin de gach modh áscach ag gach ásc den aicme. Glaoitear ar mhodh áscach mar seo: ainm_an_áisc.ainm_an_mhodha().

modh críochnaitheachta *f* finalizer method *(Río) (gu.* modha críochnaitheachta *ai.* modhanna críochnaitheachta)

Tugann modh críochnaitheachta treoracha i Java conas na hacmhainní atá ag oibiacht a ghlanadh suas sula loitear an oibiacht.

modh dáilte iomláin *f* full distribution method *(Air) (gu.* modha dáilte iomláin)

modh déaduchtach *f* deductive method *(Loi) (gu.* modha dhéaduchtaigh *ai.* modhanna déaduchtacha)

modh díreach *f* direct approach *(Gin) (gu.* modha dhírigh)

modh éalaithe *f* escape mechanism *(Río) (gu.* modha éalaithe *ai.* modhanna éalaithe)

modheolaíocht deartha *b* design methodology *(Gin) (gu.* modheolaíochta deartha)

modh ginearálta *f* general approach *(Gin) (gu.* modha ghinearálta)

modh ilsruthanna treoracha aonsrutha sonraí *f* multiple instruction (stream) single data (stream) method (MISD) *(Río) (gu.* modha ilsruthanna treoracha aonsrutha sonraí)

modh ilsruthanna treoracha ilsruthanna sonraí *f* multiple instruction (stream) multiple data (stream) method (MIMD) *(Río) (gu.* modha ilsruthanna treoracha ilsruthanna sonraí)

modhnaigh *br* modulate *(Río)*

modhnóir *f* modulator *(Río) (gu.* modhnóra *ai.* modhnóirí)

modhnóir spásúil solais *f* spatial light modulator (SLM) *(Río) (gu.* modhnóra spásúil solais *ai.* modhnóirí spásúla solais)

modhnú *f* modulation *(Río) (gu.* modhnaithe)

modhnú aimplitiúide *f* amplitude modulation *(Río) (gu.* modhnaithe aimplitiúide)

Próiseas chun aimplitiúid bhuanmhinicíochta a athrú trí mhinicíocht chomharthaí nó faisnéise a chur i bhfeidhm uirthi. Sa tslí seo, bíonn gaol díreach idir imchlúdach na buanmhinicíochta agus an mhinicíocht chomharthaí nó faisnéise.

modhnú bíogchóid *f* pulse code modulation (PCM) *(Río) (gu.* modhnaithe bíogchóid)

modhnúchán aimplitiúide cearnaithe *f* quadrature amplitude modulation (QAM) *(Río) (gu.* modhnúcháin aimplitiúide cearnaithe)

modhnúchán difreálach bíogchód *f* differential pulse code modulation (DPCM) *(Río) (gu.* modhnúcháin dhifreálaigh bíogchód)

modhnú dépholach *f* dipole modulation *(Río) (gu.* modhnaithe dhépholaigh)

modhnú difreálach oiriúnaitheach bíogchóid *f* adaptive differential pulse code modulation (ADPCM) *(Río) (gu.* modhnaithe difreálaigh oiriúnaithigh bíogchóid)

modhnú minicíochta *f* frequency modulation (FM) *(Río) (gu.* modhnaithe minicíochta)

modh poiblí *f* public method *(Río) (gu.* modha phoiblí *ai.* modhanna poiblí)

Modh áscach nó aicmeach a bhaineann le haicme amháin agus atá ar fáil d'aicmí eile.

modh príobháideach *f* private method *(Río) (gu.* modha phríobháidigh *ai.* modhanna príobháideacha)

Modh áscach nó aicmeach a bhaineann le haicme agus nach féidir a úsáid taobh amuigh den aicme sin.

Modh Rochtana Fíorúla Teileachumarsáide *f* Virtual Telecommunications Access Method (VTAM) *(Río) (gu.* Modha Rochtana Fíorúla Teileachumarsáide)

modh rochtana seicheamhach innéacsaithe *f* indexed sequential access method (ISAM) *(Río) (gu.* modha rochtana sheicheamhaigh innéacsaithe)

modh statach *f* static method *(Río) (gu.* modha stataigh *ai.* modhanna statacha) (*mal* modh aicmeach *f gu.* modha aicmigh *ai.* modhanna aicmeacha) (*var* class method)

modh teibí *f* abstract method *(Río) (gu.* modha theibí *ai.* modhanna teibí)

Modh gan chur i bhfeidhm .i. níl aon chód sainithe feidhmeanna aige. Is in aicmí teibí agus i gcomhéadain (*interfaces*) amháin a fhógraítear modhanna teibí. Nuair a fhógraítear aicme a fhaigheann airíonna le hoidhreacht ó aicme theibí, is gá an cur i bhfeidhm a sholáthar do gach aon mhodh teibí san aicme theibí. Múnla nó fréamhshamhail atá i gceist do mhodh iarbhír atá ar fáil in aicme eile.

mód ionsáite *f* insert mode *(Río) (gu.* móid ionsáite)

mód maoirseachta *f* supervisory mode *(Río) (gu.* móid maoirseachta)

mód portráide *f* portrait mode *(Río) (gu.* móid portráide)

mód reoite *f* freeze mode *(Río) (gu.* móid reoite)

mód rochtana *f* access mode *(Río) (gu.* móid rochtana)

Teicníocht a úsáidtear le taifead loighciúil ar leith a fháil ó, nó le taifead loighciúil ar leith a chur i gcomhad atá sannta do ghléas mollstórála.

mód rochtana comhaid *f* file access mode *(Río) (gu.* móid rochtana comhaid)

mód sclábhánta *f* slave mode *(Río) (gu.* móid sclábhánta)

mód seolacháin *f* addressing mode *(Río) (gu.* móid seolacháin)

mód slán *f* safe mode *(Río) (gu.* móid shláin)

mód taispeána *f* display mode *(Río) (gu.* móid taispeána)

modúl *f* module *(Río) (gu.* modúil)

An roinn thábhachtach de ghníomhaíochtaí SSADM d'aidhmeanna bainistíochta. Cúig mhodúl atá i dtionscadal SSADM, gach ceann díobh déanta suas de staid amháin nó níos mó. Táirgeann gach Modúl tacar sainithe de tháirgí agus déanann sé tacar sainithe de ghníomhaíochtaí. Meastar go bhfuil an Modúl críochnaithe nuair a chríochnaítear na táirgí de réir critéar tástála réamhshainithe.

modúlach *a1* modular *(Río)*

Sainmhíníonn an téarma modúlach gné dearthóireachta agus inniúlachta ríomhaire / córais chumarsáide a fhágann gur féidir comhpháirteanna a chur leis nó a bhaint de go héasca chun réimse cumraíochtaí a cheadú.

modúlacht *b* modularity *(Río) (gu.* modúlachta)

modúl aidhme *f* object module *(Río) (gu.* modúil aidhme)

modúl cuimhne *f* memory module *(Río) (gu.* modúil cuimhne)

modúl dearbhlódála *f* absolute load module *(Río) (gu.* modúil dearbhlódála)

Aonad a chruthaítear nuair a bhailíonn nascóir gnásanna a aistrítear ina gceann is ina gceann agus iad a nascadh le chéile lena rith mar aonad. Is é feidhm an lódálaí an modúl dearbhlóid a lódáil isteach sa phríomhchuimhne.

modúl lódála *f* load module *(Río) (gu.* modúil lódála)

modúl singil cuimhne inlíní *f* single in-line memory module (SIMM) *(Río) (gu.* modúil shingil chuimhne inlíní)

modúlú *f* modularization *(Río) (gu.* modúlaithe)

mód úsáideora *f* user mode *(Río) (gu.* móid úsáideora)

modus ponens *Laidin* modus ponens *(Loi)*

modus tolens *Laidin* modus tolens *(Loi)*

mogalra *f* mesh *(Río) (gu.* mogalra *ai.* mogalraí)

móibíleach *a1* mobile *(Río)*

móide *rfh* plus[2] *(Mat)*

móideim *f* modem *(Río) (ai.* móideimí)

móideim bunbhanda *f* baseband modem *(Río) (ai.* móideimí bunbhanda)

móideim CDMA *f* CDMA modem *(Río) (ai.* móideimí CDMA)

móideim déghiotánach *f* dibit modem *(Río) (gu.* móideimí dhéghiotánaigh *ai.* móideimí déghiotánacha)

móideim digiteach *f* digital modem *(Río) (ai.* móideim dhigitigh *ai.* móideimí digiteacha)

móideim dírnaisc *f* direct-connect modem *(Río) (ai.* móideimí dírnaisc)

móideim inmheánach *f* internal modem *(Río) (gu.* móideim inmheánaigh *ai.* móideimí inmheánacha)

móideim radaimhinicíochta *f* RF modem *(Río) (ai.* móideimí radaimhinicíochta)

móideim seachtrach *f* external modem *(Río) (gu.* móideim sheachtraigh *ai.* móideimí seachtracha)

moill *b* delay[1] *(Gin) (gu.* moille)

moillaga *f* delay[2] (period) *(Río) (ai.* moillagaí)

moillaga forleathantais *f* propagation delay *(Río) (ai.* moillagaí forleathantais)

moillaga geata *f* gate delay *(Río) (ai.* moillagaí geata)

Bíonn moillaga críochta geata ag sliseanna, ar a n-áirítear am forleathantais an chomhartha tríd an slis agus an t-am lasctha.

moillithe *a3* delayed *(Río)*

moill rochtana *f* access delay *(Río)*

móiminteam *f* momentum *(Gin) (gu.* móimintim)

mol *f* hub *(Río) (gu.* moil)

mól *f* mole *(Río) (gu.* móil)

mol cliste *f* intelligent hub *(Río) (gu.* moil chliste) (*mal* mol glic *f gu.* moil ghlice)

mol glic *f fch* mol cliste. *(Río) (gu.* moil ghlice)

mol inchruachta *f* stackable hub *(Río) (gu.* moil inchruachta)

mol réalta *f* star hub *(Río) (gu.* moil réalta)

mona *f* coin *(coll.) (Air)* (*ai.* monaí)

monacrómach *a1* monochrome *(Río)*

monadach *a1* monadic *(Río)*

monaplacht *b* monopoly *(Air) (gu.* monaplachta *ai.* monaplachtaí)

monaraíocht *b fch* déantúsaíocht. *(Fio) (gu.* monaraíochta)

monarcha *b* factory *(Gin) (gu.* monarchan *ai.* monarchana)

monaróir *f fch* déantóir. *(Gin) (gu.* monaróra *ai.* monaróirí)

monatóir[1] *f* monitor[1] *(Río) (gu.* monatóra *ai.* monatóirí)

Feadán ga-chatóide agus an fearas leictreonach atá ceangailte le haschur físe ríomhaire. (*mal* aonad fístaispeána *f gu.* aonaid fístaispeána) (*var* video (visual) display unit (VDU))

monatóir[2] *f* monitor[2] *(Río) (gu.* monatóra *ai.* monatóirí)

1. Comhstruchtúr teanga ríomhchláraithe a dhéanann athróga, gnáthaimh rochtana agus cód túsaithe a imchochlú i gcineál sonraí teibí. 2. Gléas crua-earraí a thomhasann teagmhais leictreacha, mar shampla bíoga nó leibhéil voltais i ríomhaire digiteach. 3. Clár rialaithe laistigh den chóras oibriúcháin a bhainistíonn leithdháileadh acmhainní an chórais ar chláir ghníomhacha. 4. Clár a thomhasann feidhmíocht bogearraí.

monatóir daite *f* colour monitor *(Río) (gu.* monatóra dhaite *ai.* monatóirí daite)

monatóireacht *b* monitoring *(Gin) (gu.* monatóireachta)

monatóireacht próisis *b* process monitoring *(Río) (gu.* monatóireachta próisis)

monatóir ilscanacháin *f* multiscanning monitor *(Río) (gu.* monatóra ilscanacháin *ai.* monatóirí ilscanacháin)

monatóir monacrómach *f* monochrome monitor *(Río) (gu.* monatóra mhonacrómaigh *ai.* monatóirí monacrómacha)

mórán le mórán *abairtín* many-to-many *(Río)*

mórbhealach *f* highway *(Río) (gu.* mórbhealaigh *ai.* mórbhealaí)

mórbhealach faisnéise *f* information highway *(Río) (gu.* mórbhealaigh faisnéise)

An mheicníocht trína gcuirtear táirgí gach gníomhaíochta SSADM faoi bhráid na Bainistíochta Tionscadail le hathbhreithniú maidir le Dearbhú Cáilíochta. Cuirtear gach táirge SSADM ar aghaidh chuig an mórbhealach seachas chuig an chéad ghníomhaíocht eile, agus caitear iad a athbhreithniú. Oibríonn aon ghnásanna de chuid na Bainistíochta Cumraíochta atá á n-úsáid, laistigh den mhórbhealach faisnéise.

mórcheannach *f* big-endian *(Río) (gu.* mórcheannaigh) (*mal* ríomhaire mórcheannach *f gu.* ríomhaire mhórcheannaigh *ai.* ríomhairí mórcheannacha) (*var* big-endian computer)

mórdhíoltóir *f* wholesaler *(Fio) (gu.* mórdhíoltóra *ai.* mórdhíoltóirí)

morgáiste *f* mortgage *(Air)* (*ai.* morgáistí)

Leas a chruthaítear i maoin le haghaidh iasachta nó chun fiach a íoc agus a fhoirceanntar nuair a íoctar an iasacht nó an fhiach.

morgáiste airnéise *f* chattel mortgage *(Air)* (*ai.* morgáistí airnéise)

Tíolacadh airnéisí trí mhorgáiste, mar urrús ar fhiachas.

morgáiste dearlaice *f* endowment mortgage *(Air)* (*ai.* morgáistí dearlaice)

Morgáiste ina n-aisíoctar an t-ús amháin, agus a ndéantar socruithe chun an caipiteal a aisíoc as na fáltais ó pholasaí árachais dearlaice.

mórlascaine *b* deep discount *(Air)* (*ai.* mórlascainí)

mórleabhar *f* ledger *(Air) (gu.* mórleabhair)

móroibiacht *b* large object (LOB) *(Río) (gu.* móroibiachta *ai.* móroibiachtaí)

móroibiacht charactair *b* character large object (CLOB) *(Río) (gu.* móroibiachta carachtair *ai.* móroibiachtaí carachtair)

móroibiacht dhénártha *b* binary large object (BLOB) *(Río) (gu.* móroibiachta dénártha *ai.* móroibiachtaí dénártha) (*var* basic large object (BLOB))

mór-ríomhaire *f* mainframe *(Río)* (*ai.* mór-ríomhairí)

Is é an LAP (láraonad próiseála), ina bhfuil an t-aonad uimhríochta agus an príomhstóras cuimhne, an mór-ríomhaire in aon chóras ríomhaireachta.

mórscála *f* large scale *(Gin)*

mórshráid *b* high street *(Gin) (gu.* mórshráide)

mórstaid *b* major state *(Río) (gu.* mórstaide)

mothúchánach *a1* emotional *(Gin)*

m-thráchtáil *b* m-commerce *(Río) (gu.* m-thráchtála) (*mal* tráchtáil mhóibileach *b gu.* tráchtála móibílí) (*var* mobile commerce)

múch *br* shut down *(Río)*

múchadh *f* shutdown *(Río) (gu.* múchta)

múchadh slán *f* safe shutdown *(Río) (gu.* múchta shláin) *(var* graceful shutdown)

múchadh tobann *f* sudden shutdown *(Río) (gu.* múchta thobainn)

múchtóir dóiteáin *f fch* múchtóir tine. *(Río) (gu.* múchtóra dóiteáin *ai.* múchtóirí dóiteáin)

múchtóir tine *f* fire extinguisher *(Río) (gu.* múchtóra tine *ai.* múchtóirí tine) *(mal* múchtóir dóiteáin *f gu.* múchtóra dóiteáin *ai.* múchtóirí dóiteáin)

muinbhuail *br* overstrike *(Río)*

muinín *b fch* iontaobh. *(Gin) (gu.* muiníne)

muirear *f* charge[1] *(Air) (gu.* muirir)

1. Leas dlíthiúil nó leas cothromais i dtalamh, chun íocaíocht airgid a urrú. Tugann sé ceart don chreidiúnaí, ar cruthaíodh an muirear ina fhabhar, íocaíocht a fháil as ioncam ón talamh atá faoi mhuirear nó as fáltas de bharr a dhíol, agus tosaíocht aige ar éilimh ó chreidiúnaithe neamhurraithe in aghaidh an fhéichiúnaí. 2. Leas a cruthaíodh i bhfabhar creidiúnaí i maoin comhlachta chun an méid atá dlite dó a urrú. Is féidir muirear a chruthú ar scaireanna freisin.

muirear dímheasa *f* depreciation charge *(Air) (gu.* muirir dímheasa)

Méid a bhreactar chun dochair do chuntas brabúis agus caillteanais eagraíochta chun a léiriú go bhfuil sócmhainn á caitheamh nó go bhfuil a luach ag laghdú. Bunaítear an méid a bhreactar chun dochair de ghnáth ar chéatadán de luach na sócmhainne mar atá sé luaite sna leabhair chuntas.

muirí *a3* marine *(Gin)*

múiríneoirí *f* composters *(Gin)*

múnlú céim ar chéim *f* stepwise refinement *(Río) (gu.* múnlaithe céim ar chéim)

Stíl forbartha ríomhchlár i gcéimeanna beaga, gach céim ina mhúnlú ar an leagan roimhe. Tosaíonn ríomhchláraitheoir le halgartam teibí i súdachód, agus ríomhchlár iomlán a bhíonn sa mhúnlú deiridh.

múscailte *gma* wakeup *(Río)*

N

nach ann dó/di *abairtín* non-existent *(Río)*

nádúrtha *a3* natural[1] *(Gin)*

náid *b* nought *(Río) (gu.* náide *ai.* náideanna)

naimhdeach *a1* hostile *(Gin)*

naisc chiorcadlasctha *f* circuit-switched connections *(Río)*

náisiún *f* nation *(Gin) (gu.* náisiúin)

náisiúnstát *f* nation-state *(For) (gu.* náisiúnstáit)

náisiúnta *a3* national *(Gin)*

náisiúnú *f* nationalization *(For) (gu.* náisiúnaithe)

nanabhus *f* nanobus *(Río) (ai.* nanabhusanna)

nanachlárú *f* nanoprogramming *(Río) (gu.* nanachláraithe)

nanaichiorcad *f* nanocircuit *(Río) (gu.* nanaichiorcaid)

nanaiméadar *f* nanometre *(Río) (gu.* nanaiméadair)

nanairíomhaire *f* nanocomputer *(Río) (ai.* nanairíomhairí)

nanaishlis *b* nanochip *(Río) (gu.* nanaishlise *ai.* nanaishliseanna)

nanaitheicneolaíocht *b* nanotechnology *(Río) (gu.* nanaitheicneolaíochta)

nanaithreoir *b* nanoinstruction *(Río) (gu.* nanaithreorach *ai.* nanaithreoracha)

nanashoicind *f* nanosecond *(Río) (ai.* nanashoicindí)

nárthacht *b* arity *(Río) (gu.* nárthachta)

nasc[1] *f* link *(Río) (gu.* naisc)

nasc[2] *f* connection (electrical) *(Río) (gu.* naisc)

nasc[3] *br* connect (electrical) *(Río) (mal* ceangail *br)*

nascach *f* connective *(Gin) (gu.* nascaigh)

nascacht *b* connectivity *(Río) (gu.* nascachta)

Nascacht Oscailte Bunachar Sonraí *b* Open Database Connectivity (ODBC) *(Río) (gu.* Nascachta Oscailte Bunachar Sonraí)

nascadh *f* linking *(Río) (gu.* nasctha)

Nascadh agus Leabú Aidhmeanna *f* Object Linking and Embedding (OLE) *(Río) (gu.* Nasctha agus Leabaithe Aidhmeanna)

nascadh dinimiciúil *f* dynamic linking *(Río) (gu.* nasctha dhinimiciúil)

nascadh sonraí *f* data link[2] *(Río) (gu.* nasctha sonraí)

nascáil *b* linkage *(Río) (gu.* nascála *ai.* nascálacha)

I ríomhchlárúchán, códú a nascann dhá ghnáthamh, nó breis, atá i gcóid éagsúla.

nascáil inmheánach *b* internal linkage *(Río) (gu.* nascála inmheánaí *ai.* nascálacha inmheánacha)

nasc coibhneasta *f* relative link *(Río) (gu.* naisc choibhneasta)

nasc diailiú amach *f* dial-out connection *(Río) (gu.* naisc dhiailiú amach)

nasc diailiú isteach *f* dial-in connection *(Río) (gu.* naisc dhiailiú isteach)

nasc eislíonra *f* offnetwork connection *(Río) (gu.* naisc eislíonra)

nasc gan mhóideim *f* modem-less connection *(Río) (gu.* naisc gan mhóideim)

nasc Gréasáin *f* Weblink *(Río)* *(gu.* naisc Ghréasáin)

nasc hipirtéacs *f* hypertext link *(Río)* *(gu.* naisc hipirtéacs)

Focal, frása, deilbhín nó siombail ghrafach a bhfuil cóid speisialta faoi cheilt ar a c(h)úl, ionas nuair a chliceáltar air/uirthi le luch, go dtugann sé/sí cuid eile den doiciméad céanna, nó de dhoiciméad eile, nó de shuíomh eile ar fad, chun radhairc. *(mal* hipearnasc *f gu.* hipearnaisc) *(var* hyperlink)

nascleanúint *b* navigation *(Río)* *(gu.* nascleanúna)

nascmhapa *f* link map *(Río)* *(ai.* nascmhapai)

nascóir *f* connector *(Río)* *(gu.* nascóra *ai.* nascóirí) *(var* linker)

nascóir baineann *f* female connector *(Río)* *(gu.* nascóra bhaineann *ai.* nascóirí baineanna)

nascóir casghlasála *f* twist-lock connector *(Río)* *(gu.* nascóra casghlasála *ai.* nascóirí casghlasála)

nascóir comhéadain meáin *f* medium interface connector *(Río)* *(gu.* nascóra comhéadain meáin *ai.* nascóirí comhéadain meáin)

nascóir déchineálach *f* hermaphrodite connector *(Río)* *(gu.* nascóra dhéchineálaigh *ai.* nascóirí déchineálacha)

nascóir (de chineál) AT *f* AT-style connector *(Río)* *(gu.* nascóra AT *ai.* nascóirí AT)

nascóir fireann *f* male connector *(Río)* *(gu.* nascóra fhirinn *ai.* nascóirí fireanna)

nascóir méarchláir *f* keyboard connector *(Río)* *(gu.* nascóra méarchláir *ai.* nascóirí méarchláir)

nascóir SCART *f* SCART connector *(Río)* *(gu.* nascóra SCART *ai.* nascóirí SCART)

nascóir srathach *f* serial connector *(Río)* *(gu.* nascóra shrathaigh *ai.* nascóirí srathacha)

nasc ó phointe go pointe *f* point-to-point connection *(Río)* *(gu.* naisc ó phointe go pointe)

nasc pionnaí *f* pin connection *(Río)* *(gu.* naisc pionnaí)

nasc ríomhaire *f* computer connection *(Río)* *(gu.* naisc ríomhaire)

nasc satailíte Idirlín *f* satellite Internet connection *(Río)* *(gu.* naisc satailíte Idirlín)

nasc seachtrach *f* external link *(Río)* *(gu.* naisc sheachtraigh *ai.* naisc sheachtracha) *(mal* dearbhnasc *f gu.* dearbhnaisc) *(var* absolute link)

nasc sonraí *f* data link[1] *(Río)* *(gu.* naisc sonraí)

na seoda *b* crown jewels *(Air)* *(gi.* na seod)

Beart frith-tháthcheangail ina ndíolann gnólacht a phríomhshócmhainní.

nathair *b* snake *(Air)* *(gu.* nathrach *ai.* nathracha)

Socrú a bunaíodh i 1972 faoina raibh airgeadraí Eorpacha ceangailte le chéile laistigh de theorainneacha sonraithe.

neadaigh *br* nest *(Río)*

neadú *f* nesting *(Río)* *(gu.* neadaithe)

1. Gnás trínar féidir le foghnáthaimh foghnáthaimh eile (gnáis nó feidhmeanna) a ghlaoch amach. Is ionann leibhéal an neadaithe agus líon na bhfoghnáthamh is féidir a ghlaoch amach sula bhfilltear faoi rialúchán an phríomhchláir. 2. Is féidir comhráitis agus struchtúir clárúcháin a neadú freisin.

neadú eiliminti *f* element nesting *(Río)* *(gu.* neadaithe eiliminti)

neadú oibríochtaí *f* nesting of operations *(Río)* *(gu.* neadaithe oibríochtaí)

neafais *b* indifference *(Gin)* *(gu.* neafaise)

neamhailínithe *a3* non-aligned *(For)*

neamhairgid *gma* non-cash *(Air)*

neamh-amhantrach *a1* non-speculative *(Air)*

neamhbhacainneach *a1* nonblocking *(Río)*

neamhbhailí *a3* invalid *(Gin)*

neamhbhrabúis *gma* non-profit *(Air)*

neamhbhriathartha *a3* non-verbal *(Gin)*

neamhbhuan *a1* transient *(Gin)*

neamhchinnteacht *b* uncertainty *(Gin)* *(gu.* neamhchinnteachta)

neamhchistithe *a3* unfunded *(Air)*

neamhchlaonta *a3* impartial *(Gin)*

neamhchoinníollach *a1* unconditional *(Gin)*

neamh-chomhbhrúite *a3* uncompressed *(Río)*

neamh-chomhoiriúnach *a1* incompatible *(Río)*

neamh-chomhsheasmhacht *b* inconsistency *(Río)* *(gu.* neamh-chomhsheasmhachta)

neamhchórasach *a1* unsystematic *(Gin)*

neamhchosaint *b* exposure[1] *(Air)* *(gu.* neamhchosanta)

neamhchosaint aistriúcháin *b* translation exposure *(Air)* *(gu.* neamhchosanta aistriúcháin)

Tomhas ar neamhchosaint ráiteas comhdhlúthaithe airgeadais gnólachta ar luaineachtaí sna rátaí malairte.

neamhchosaint ar luaineachtaí an ráta malairte *b* exposure to exchange rate fluctuations *(Air)* *(gu.* neamhchosanta ar luaineachtaí an ráta malairte)

An méid tionchair a d'fhéadfadh a bheith ag luaineacht sa ráta malairte ar ghnólacht.

neamhchosaint ar ráta malairte *b* foreign exchange exposure *(Air)* *(gu.* neamhchosanta ar ráta malairte)

An riosca go ngnóthóidh nó go gcaillfidh gnólacht de thoradh athruithe i rátaí malairte.

neamhchosaint beartaíochta *b* transaction exposure *(Air)* *(gu.* neamhchosanta beartaíochta)

Tomhas den tionchar a fhéadann a bheith ag luaineachtaí sa ráta malairte ar luach beartaíochtaí airgid thirim sa todhchaí.

neamhchothromaithe *a3* unbalanced *(Río)*

neamhdhíobhálach *a1* harmless *(Gin)*

neamhdhíreach *a1 fch* indíreach. *(Gin)*

neamhdhleathach *a1* illegal *(Río)*

neamhfheidhmiúcháin *gma* non-executive *(Air)*

neamhfheidhmiúil *a2* nonfunctional *(Gin)*

neamhfhoirfe *a3* imperfect *(Gin)*

neamhfhormáidithe *a3* unformatted *(Río)*

neamhfhreagartha *gma* non-response *(Air)*

neamhghnásúil *a2* nonprocedural *(Río)*

neamhghníomhach *a1* inactive *(Río)*

neamhinniúlacht *b* incompetence *(Gin) (gu.* neamhinniúlachta)

neamhiomlán *a1* incomplete *(Gin)*

neamhiontaofa *a3* unreliable *(Gin)*

neamhlaghdaitheach go haontonach *a1* monotonically nondecreasing *(Río)*

neamhlaofa *a3* unbiased *(Gin)*

neamhleachtacht *b* illiquidity *(Air) (gu.* neamhleachtachta)

neamhleaisteachas *f* inelasticity *(Fio) (gu.* neamhleaisteachais)

neamhléir *a1* non-explicit *(Río)*

neamhleor *a* insufficient *(Gin)*

neamhlíneach *a1* nonlinear *(Gin)*

neamhlíneacht *b* nonlinearity *(Río) (gu.* neamhlíneachta)

neamhlíneacht choigeartaithe *b* rectifying nonlinearity *(Río) (gu.* neamhlíneachta coigeartaithe)

neamhliostaithe *a3* unlisted *(Gin)*

neamhluachálaithe *a3* non-value weighted *(Gin)*

neamhluaineach *a1* non-volatile *(Río)*

neamh-mhaolánaithe *a3* unbuffered *(Río)*

neamh-mhargaidh *gma* non-market *(Gin)*

neamhneadaithe *a3* unnested *(Río)*

neamhní ceadaithe *abairtín* null allowed *(Río)*

neamhnigh *br* annul *(Río)*

neamhnitheach *a1* null (without value) *(Mat)*

neamhniú *f* defeasance *(Air) (gu.* neamhnithe)

Uirlis athstruchtúraithe fiachais a chuireann ar chumas gnólachta fiachas a ghlanadh dá chlár comhardaithe trí ghníomhas do-athraithe a bhunú a ghinfidh a dhóthain sreafaí airgid sa todhchaí le gur féidir fónamh ar an bhfiachas dímheasta.

neamh-ordaithe *a3* non-ordered *(Río)*

Ag cur síos ar chrainn dhénártha.

neamhphearsanta *a3* impersonal *(Gin)*

neamhphraghsáilte *a3* unpriced *(Air)*

neamhphróiseáilte *a3* unprocessed *(Gin)*

neamhréiteach *f* discrepancy *(Air) (gu.* neamhréitigh)

neamhsceidealta *a3* unscheduled *(Gin)*

neamhscríobach *a1* nonabrasive *(Río)*

neamhshainithe *a3* undefined *(Río)*

neamhsheicheamhach *a1* non-sequential *(Mat)*

neamhspleách *a1* independent *(Gin)*

neamhspleách ar ardán *aid* platform-independent *(Río)*

neamhspleách ar fheidhmchlár *a1* application-independent *(Río)*

neamhspleáchas *f* independence *(Air) (gu.* neamhspleáchais)

neamhspleáchas ar dháileadh na sonraí *f* distributed data independence *(Río) (gu.* neamhspleáchais ar dháileadh na sonraí)

neamhspleáchas ar na sonraí *f* data independence *(Río) (gu.* neamhspleáchais ar na sonraí)

Séard is neamhspleáchas ar na sonraí ann ná saoirse feidhmiúcháin ó athrú ar bith sa mhodh stórála nó sa mhodh rochtana.

neamhspleáchas ar shuíomh (na) (sonraí) *abairtín* location independence *(Río)*

neamhspleáchas ar stóráil fhisiciúil na sonraí *f* physical data independence *(Río) (gu.* neamhspleáchais ar stóráil fhisiciúil na sonraí)

neamhspleáchas ar struchtúr loighciúil na sonraí *f* logical data independence *(Río) (gu.* neamhspleáchais ar struchtúr loighciúil na sonraí)

neamhspleáchas gléis *f* device independence *(Río) (gu.* neamhspleáchais gléis)

neamhstéagaithe *a3* unseasoned *(Air)*

neamhsteirilithe *a3* unsterilized *(Gin)*

neamhstruchtúrtha *a3* unstructured *(Gin)*

neamhtheoranta *a3* unlimited *(Gin)*

neamhúdaraithe *a3* unauthorized *(Gin)*

neamh-uileghabhálacht *b* non-exhaustiveness *(Río) (gu.* neamh-uileghabhálachta)

neamhurraithe *a3* unsecured *(Air)*

neamónach *f* mnemonic *(Río) (gu.* neamónaigh)

néar-ríomhaire *f* neurocomputer *(Río) (ai.* néar-ríomhairí)

neartúchán frithchaithimh *f* reflection gain *(Río) (gu.* neartúcháin frithchaithimh)

neigeatrón *f* negatron *(Río) (gu.* neigeatróin)

neodrach *a1* neutral *(Gin)*

neodrach roimh rioscaí *a* risk neutral *(Air)*

neodraigh *br* neutralize *(Río)*

neodrú *f* neutralization *(Gin) (gu.* neodraithe) *(mal* neodrúchán *f gu.* neodrúcháin)

neodrúchán *f fch* neodrú. *(Gin) (gu.* neodrúcháin)

NETBEUI (Comhéadan Breisithe Úsáideoirí Bunchórais Ionchurtha/Aschurtha Líonra) *f* Network Bios Extended User Interface (NETBEUI) *(Río) (gu.* Comhéadain Bhreisithe Úsáideoirí Bunchórais Ionchurtha/Aschurtha Líonra)

NETBIOS (Bunchóras Ionchurtha/Aschurtha Líonra) *f* Network Basic Input/Output System (NETBIOS) *(Río) (gu.* Bunchórais Ionchurtha/Aschurtha Líonra)

ní *f* thing *(Gin) (ai.* nithe)

nialais chun deiridh *f* trailing zeros *(Río) (gi.* nialas chun deiridh)

nialas *f* zero *(Mat) (gu.* nialais)

nialasach *a1* null (zero) *(Mat)*

nialasleibhéal *f* zero-level *(Río) (gu.* nialasleibhéil)

nideog *b* niche *(Fio) (gu.* nideoige *ai.* nideoga)

Deighleán cúng margaidh a gcreideann déantúsóir nó soláthraí gur féidir lena tháirge nó lena sheirbhís dul in iomaíocht ann go torthúil.

nideog mhargaidh *b* market niche *(Fio) (gu.* nideoige margaidh *ai.* nideoga margaidh)

níl an glacadóir ullamh *abairtín* receiver not ready (RNR) *(Río)*

ní . . . ná . . ..(nach . . .ná. . . .; níl . . . ná . . .) *abairtín* neither ... nor ... *(Loi)*

níos lú ná *a* less than *(Río)*

níos mó ná *a* greater than *(Río)*

nochtadh *f* exposure² *(Río) (gu.* nochta)

nod *f* abbreviation *(Río) (gu.* noid *ai.* noda) *(mal* giorrúchán *f gu.* giorrúcháin)

nód *f* node *(Río) (gu.* nóid)

Comhpháirt bhunúsach de ghraf nó de chrann; pointe a léiríonn í. *(mal* stuaic *b gu.* stuaice *ai.* stuaiceanna) *(var* vertex)

noda comhrá *f* chat abbreviations *(Río)*

nodaireacht *b* notation *(Mat) (gu.* nodaireachta)

nodaireacht bhreise *b* excess notation *(Río) (gu.* nodaireachta breise)

Ceann de cheithre chóras chun uimhreacha diúltacha a léiriú i ríomhairí digiteacha.

nodaireacht chomhlánú le dónna *b* twos' complement notation *(Río)*

nodaireacht deachúlacha *b* decimal notation *(Río) (gu.* nodaireachta deachúlacha) *(mal* nodaireacht deachúlacha códaithe *b gu.* nodaireachta deachúlacha códaithe; nodaireacht dheachúlach *b gu.* nodaireachta deachúlaí) *(var* coded decimal notation)

nodaireacht deachúlacha códaithe *b* coded decimal notation *(Río) (gu.* nodaireachta deachúlacha códaithe) *(mal* nodaireacht dheachúlach *b gu.* nodaireachta deachúlaí) *(var* decimal notation)

nodaireacht deachúlacha códaithe go dénártha *b* binary-coded decimal notation *(Río) (gu.* nodaireachta deachúlacha códaithe go dénártha)

nodaireacht dheachúlach *b fch* nodaireacht deachúlacha. *(Río) (gu.* nodaireachta deachúlaí)

nodaireacht dheachúlach dhíphacáilte *b* unpacked decimal notation *(Río) (gu.* nodaireachta deachúlaí díphacáilte)

nodaireacht easpónantúil *b* exponential notation (standard form) *(Río) (gu.* nodaireachta easpónantúla)

Modh le huimhreacha a scríobh mar iolrach d'uimhir idir 1 agus 10 agus go cumhacht 10.

nodaireacht eolaíochta *b* scientific notation *(Río) (gu.* nodaireachta eolaíochta)

nodaireacht gan lúibíní *b* parenthesis-free notation *(Río) (mal* nodaireacht Pholannach *b gu.* nodaireachta Polannaí; nodaireacht réamhshuite *b gu.* nodaireachta réamhshuite) *(var* Polish notation; prefix notation)

nodaireacht iarshuite *b* postfix notation *(Río) (gu.* nodaireachta iarshuite)

Agus slonn uimhríochtúil á dheimhniú, cealaíonn an nodaireacht iarshuite an gá a bheadh le lúibíní ós rud é go gcuirtear an t-oibreoir díreach i ndiaidh an dá oibreann a mbaineann sé leo. Tugtar nodaireacht Pholannach air freisin. *(mal* nodaireacht Pholannach aisiompaithe *b gu.* nodaireachta Polannaí aisiompaithe) *(var* reverse Polish notation)

nodaireacht ionsuite *b* infix notation *(Río) (gu.* nodaireachta ionsuite)

Bealach chun sloinn aontoiseacha, idir shloinn uimhriúla agus shloinn loighciúla, a chruthú trí oibrinn agus oibritheoirí singile a ailtéarnú.

nodaireacht Pholannach *b* Polish notation *(Río) (gu.* nodaireachta Polannaí) *(mal* nodaireacht gan lúibíní *b*; nodaireacht réamhshuite *b gu.* nodaireachta réamhshuite) *(var* parenthesis-free notation; prefix notation)

nodaireacht Pholannach aisiompaithe *b* reverse Polish notation *(Río) (gu.* nodaireachta Polannaí aisiompaithe) *(mal* nodaireacht iarshuite *b gu.* nodaireachta iarshuite) *(var* postfix notation)

nodaireacht réamhshuite *b* prefix notation *(Río) (gu.* nodaireachta réamhshuite)

I slonn uimhríochtúil, cuirtear an t-oibreoir díreach roimh an dá oibreann a mbaineann sé leo. (*mal* nodaireacht gan lúibíní *b*; nodaireacht Pholannach *b gu.* nodaireachta Polannaí) (*var* parenthesis-free notation; Polish notation)

nodaireacht snámhphointe *b* floating-point notation *(Río)* (*gu.* nodaireachta snámhphointe)

Foirm nodaireachta ina gcuirtear uimhreacha in iúl trí thacar digití agus an pointe deachúil (nó dénártha) ina ionad ceart. I rith oibríochtaí sa ríomhaire, de ghnáth caomhnaíonn an ríomhchlár nó an ríomhchláraitheoir ionad an phointe dheachúil (nó dhénártha). Cuireann struchtúr an ríomhaire teorainn le méid uimhreacha fosphointe, ach is gnách go mbíonn oibríochtaí an-tapa, agus is iad is mó a roghnaítear d'obair phróiseála sonraí ar bhonn tráchtála.

nód ar dheis *f fch* nód deas. *(Río)* (*gu.* nóid ar dheis)

nód caoch *f* dummy node *(Río)* (*gu.* nóid chaoch *ai.* nóid chaocha)

Baineann an téarma caoch le tréith lena ndealraíonn sé gur rud ar leith é ach nach bhfuil sé d'acmhainn aige feidhmiú mar an rud sin.

nód deas *f* right node *(Río)* (*gu.* nóid dheis *ai.* nóid dheasa) (*mal* nód ar dheis *f gu.* nóid ar dheis)

nód deirféarach *f fch* deartháirnód. *(Río)* (*gu.* nóid dheirféaraigh)

nód duille *f* leaf node *(Río)* (*gu.* nóid duille)

Nód nach bhfuil aon bhrainsí aige níos ísle ar an gcrann ná é féin is ea nód duille (nó nód deiridh). Sa ghnáthbhealach le crann a tharraingt (bun os cionn) bíonn na duilleoga ag a bhun. (*mal* duillnód *f gu.* duillnóid; nód duilleogach *f gu.* nóid dhuilleogaigh *ai.* nóid dhuilleogacha) (*var* tip node)

nód duilleogach *f fch* nód duille. *(Río)* (*gu.* nóid dhuilleogaigh *ai.* nóid dhuilleogacha)

nód foinseach *f* source node *(Río)* (*gu.* nóid fhoinsigh *ai.* nóid fhoinseacha)

Nód i ngraf dírithe nach bhfuil aon stuanna ag dul isteach ann.

nód fréimhe *f* root node *(Río)* (*gu.* nóid fréimhe)

Nód de struchtúr crainn nach bhfuil aon mháthairnóid aige.

nód sinsir *f* ancestor node *(Río)* (*gu.* nóid sinsir)

Is é fréamh crainn nód sinsir gach nóid eile sa chrann. (*var* ancestor)

nód sprice *f* destination node *(Río)* (*gu.* nóid sprice)

normalach *a1* normal[2] *(Mat)*

normalaigh *br* normalize *(Mat)*

normálta *a3* normal[1] *(Gin)* (*mal* gnáth- *réi*) (*var* ordinary)

normalú *f* normalization *(Río)* (*gu.* normalaithe)

(Bunachair shonraí) Séard atá i gceist le normalú ná an próiseas a bhogann gaol ó bheith i bhfoirm normalach amháin go foirm normalach níos airde. (SSADM) Comhchiallach le hAnailís ar na Sonraí Coibhneasta, bealach chun sonraí neamhstruchtúrtha a thrasfhoirmiú go grúpaí loighciúla íosta, sa chaoi is go ngrúpáltar gach tréith lena deitéarmanant aonair agus le tréithe eile atá páirteach sa deitéarmanant sin, agus leo sin amháin. Is é aidhm an normalaithe a chinntiú go mbíonn gach aonán sa riocht ar a dtugtar an Tríú Foirm Normalach.

normatach *a1* normative *(Gin)*

nósmhaireacht *b* custom[1] *(Gin)* (*gu.* nósmhaireachta)

nóta *f* note *(Air)* (*ai.* nótaí)

Fiachas neamhurraithe a aibeoidh taobh istigh de 15 bliana de ghnáth.

nóta bainc *f* banknote *(Air)*

nóta frithghealltanais ráthóra *f* grantor underwritten note (GUN) *(Air)* (*ai.* nótaí frithghealltanais ráthóra)

Saoráid ráta chomhlúthaigh cosúil le saoráid Eoranóta trína dtugann grúpa banc ceangaltas aon nótaí a chuirtear ar ais chucu ó infheisteoirí a cheannach ar aon dáta socraithe ráta úis FRN.

nóta gealltanais *f* promissory note *(Air)* (*ai.* nótaí gealltanais)

Gealltanas scríofa go ndéanfar íocaíocht.

nóta iasachta *f* loan note *(Air)* (*ai.* nótaí iasachta)

nótaí cuair toraidh *f* yield curve notes *(Air)*

FRN ar a n-athraíonn an ráta cúpóin go hinbhéartach le leibhéal na rátaí úis. (*var* bull FRNs; reverse floaters)

nótaí státchiste na Gearmáine U-Schaetze *f* German treasury notes U-Schaetze *(Air)*

Urrúis chúpóin nialais a dhíolann an Bundesbank faoina pholasaí margaidh oscailte. Is féidir aibíochtaí de dhá bhliain ar a mhéid a bheith i gceist.

nóta ráta chomhlúthaigh *f* floating-rate note *(Air)* (*ai.* nótaí ráta chomhlúthaigh)

Urrús meán- go fadtéarmach a bhfuil a ráta úis ráithiúil nó leathbhliana ceangailte leis an LIBOR trí nó sé mhí. (*var* floater; FRN)

nóta ráta chomhlúthaigh caidhpeáilte *f* capped FRN *(Air)* (*ai.* nótaí ráta chomhlúthaigh caidhpeáilte)

FRN ar a n-athraíonn an ráta cúpóin de réir rátaí an mhargaidh nuair atá na rátaí sin faoi leibhéal réamhchinntithe agus a fhanann ag an leibhéal sin aon uair a théann na rátaí os cionn an leibhéil seo.

nóta ráta chomhlúthaigh droplock *f* droplock floating rate note (droplock FRN) *(Air)* (*ai.* nótaí ráta chomhlúthaigh droplock)

FRN a iompraíonn cúpón íosluacha de luach níos airde ná mar a d'fhéadfaí a chosaint ar aon bhealach eile.

nóta ráta chomhlúthaigh faoi chaidhp iarchurtha *f* delayed cap FRN *(Air) (ai.* nótaí ráta chomhlúthaigh faoi chaidhp iarchurtha)

Struchtúr atá cosúil le FRN caidhpeáilte ach nach bhfuil éifeacht láithreach le caidhp an chúpóin.

nóta ráta chomhlúthaigh insínte/inghiorraithe *f* extendable/retractable FRN *(Air) (ai.* nótaí ráta chomhlúthaigh insínte/inghiorraithe)

Is féidir le sealbhóir an FRN a aibíocht a shíneadh nó a ghiorrú ar rogha.

nóta ráta chomhlúthaigh shuthain *f* perpetual FRN *(Air) (ai.* nótaí ráta chomhlúthaigh shuthain)

FRNanna gan dáta aibíochta.

nóta rogha ar airgeadra innéacsaithe *f* indexed currency option note (ICON) *(Air) (ai.* nótaí rogha ar airgeadra innéacsaithe)

Eisiúint ag ráta seasta a iompraíonn cúpón atá cuid mhaith níos airde ná mar is gnáth.

nóta státchiste *f* treasury note *(Air) (ai.* nótaí státchiste) *(mal* banna státchiste *f ai.* bannaí státchiste) *(var* treasury bond)

nóta tráchta *f* comment *(Río) (ai.* nótaí tráchta)

I dteangacha ríomhchlárúcháin, comhstruchtúr teanga chun téacs a chur isteach i ríomhchlár gan aon tionchar a bheith aige ar rith an ríomhchláir. Úsáidtear nótaí tráchta chun gnéithe ar leith den ríomhchlár a mhíniú. Sa teanga C, teaghrán comharthach é atá líne nó breis ar fhad, teormharcáilte ag /* */. I bPascal úsáidtear na péirí (* *) nó { }. Is féidir nótaí tráchta a scríobh áit ar bith i ríomhchlár.

n-snáithín *f* n-braid *(Río) (ai.* n-snáithíní)

nua *a3* new *(Gin)*

nua-aimsearthacht *b* modernity *(For) (gu.* nua-aimsearthachta)

nuachan *b* novation *(Air) (gu.* nuachana)

Deireadh a chur le hoibleagáid amháin i ngaol féichiúnaí/creidiúnaí agus ceann iomlán nua a chruthú.

nuachlasaiceach *a1* neo-classical *(For)*

nuachóiriú *f* modernization *(For) (gu.* nuachóirithe)

nua-eisiúint *b* new issue *(Air) (gu.* nua-eisiúna *ai.* nua-eisiúintí)

nua-eisiúint stéagaithe *b* seasoned new issue *(Air) (gu.* nua-eisiúna stéagaithe *ai.* nua-eisiúintí stéagaithe)

Eisiúint nua stoic tar éis urrúis na cuideachta a eisiúint roimh ré.

nuáil *b* innovation (product) *(For) (gu.* nuála *ai.* nuálacha)

nuálaíoch *aid* innovative *(For)*

nuálaíocht *b* innovation (process) *(For) (gu.* nuálaíochta)

nualiobrálachas *f* neo-liberalism *(For) (gu.* nualiobrálachais)

nuashonraigh *br* update[2] *(Río)*

nuashonrú *f* update[1] *(Río) (gu.* nuashonraithe *ai.* nuashonruithe) *(mal* nuashonrúchán *f gu.* nuashonrúcháin)

nuashonrúchán *f fch* nuashonrú. *(Río) (gu.* nuashonrúcháin)

Nuimh (nach uimhir) *b* NaN (not a number) *(Río)*

O

obair bhuíne *b* team work *(Fio) (gu.* oibre buíne)

ó bharr anuas *abairtín* top-down *(Río)*

ó bhun aníos *abairtín* bottom-up *(Río)*

ócáidiú an tsaothair *f* casualization of labour *(For)*

ocastóir *f* huckster *(Air) (gu.* ocastóra *ai.* ocastóirí)

ocastóir stoic *f* jobber *(Air) (gu.* ocastóra stoic *ai.* ocastóirí stoic)

ó cheann go ceann *abairtín* end-to-end *(Río)*

ochtach *a1* octal (electrical)[1] *(Río)*

ochtnártha *a3* octal (of number system)[2] *(Mat)*

ocht (8) n-athrú scortha ag 3:35 *f* eight (8) changes closed at 3:35 *(Air)*

ocsaíd *b* oxide *(Río) (gu.* ocsaíde *ai.* ocsaídí)

ocsaíd mhiotail *b* metal oxide *(Río) (gu.* ocsaíde miotail)

oibiacht *b* object[2] *(Río) (gu.* oibiachta *ai.* oibiachtaí)

Is éard is oibiacht ann ná ásc áirithe d'aicme éigin (ríomhchlárú bunaithe ar oibiachtaí).

oibiacht ghrafach *b* graphic object *(Río) (gu.* oibiachta grafaí *ai.* oibiachtaí grafacha)

oibiacht sonraí *b* data object *(Río) (gu.* oibiachta sonraí *ai.* oibiachtaí sonraí)

oibleagáid *b* obligation *(Gin) (gu.* oibleagáide *ai.* oibleagáidí)

oibleagáidí dollair sheasta *b* fixed dollar obligations *(Air)*

Gnáthbhannaí a bhfuil a ráta cúpóin socraithe mar chéatadán seasta den pharluach.

oibreann *b* operand *(Río) (gu.* oibrinne *ai.* oibreanna)

Giotánra ríomhaire atá á chur i ngníomh nó á phróiseáil. Tagraíonn sé do shonra de ghnáth.

oibreann láithreach *b* immediate operand *(Río) (gu.* oibrinne láithrí *ai.* oibreanna láithreacha)

Is é an tslí is simplí is féidir le treoir oibreann a shonrú ná an oibreann féin a bheith sa chuid sin den treoir ina bhfuil an seoladh, in ionad seoladh nó faisnéis éigin eile a bheith ann ag léiriú cá bhfuil an oibreann. Tugtar oibreann láithreach ar oibreann dá leithéid mar go ngabhtar go huathúil ón gcuimhne í ag an am céanna a ngabhtar an treoir féin; mar sin bíonn sí ar fáil ar an bpointe lena húsáid.

oibreann litriúil *b* literal (operand) *(Río)* *(gu.* oibrinne litriúla *ai.* oibreanna litriúla)

Oibreann atá istigh sa treoir féin; tugtar seolachán nialasleibhéil uirthi go minic; is tairiseach í.

oibreann litriúil dheimhneach *b* positive literal *(Río)* *(gu.* oibrinne litriúla deimhní *ai.* oibreanna litriúla deimhneacha)

oibreann loighciúil *b* logical operand *(Río)* *(gu.* oibrinne loighciúla *ai.* oibreanna loighciúla)

oibreann phointeora *f* pointer operand *(Río)* *(gu.* oibrinne pointeora *ai.* oibreanna pointeora)

oibreoir *f* operator *(Río)* *(gu.* oibreora *ai.* oibreoirí)

Siombail a sheasann don ghníomh a dhéantar in oibríocht.

oibreoir AND *f* AND operator *(Río)* *(gu.* oibreora AND *ai.* oibreoirí AND)

oibreoir aonártha *f* unary operator *(Río)* *(gu.* oibreora aonártha *ai.* oibreoirí aonártha)

1. Oibreoir uimhríochta nach bhfuil aige ach téarma amháin. Is iad na hoibreoirí aonártha is féidir a úsáid i sloinn dhearbha, in-athshuite agus uimhríochta ná: deimhneach (+) agus diúltach (-). 2. Sa teanga ríomhaireachta, Pascal, oibreoir a sheasann d'oibríocht ar oibreann amháin; mar shampla, is oibreoir aonártha é 'NOT'.

oibreoir ar leibhéal na ngiotán *f* bitwise operator *(Río)* *(gu.* oibreora ar leibhéal na ngiotán *ai.* oibreoirí ar leibhéal na ngiotán) *(mal* oibreoir giotánach *f gu.* oibreora ghiotánaigh *ai.* oibreoirí giotánacha)

oibreoir ball struchtúir *f* structure member operator *(Río)* *(gu.* oibreora ball struchtúir *ai.* oibreoirí ball struchtúir)

oibreoir barra ingearaigh *f* vertical bar operator *(Río)* *(gu.* oibreora barra ingearaigh)

oibreoir Boole *f* Boolean operator *(Río)* *(gu.* oibreora Boole *ai.* oibreoirí Boole)

Oibreoir a nglacann gach ceann dá oibreanna agus a toradh ceann de dhá luach.

oibreoir camóige *f* comma operator *(Río)* *(gu.* oibreora camóige)

oibreoir coibhneasta *f* relational operator *(Río)* *(gu.* oibreora choibhneasta *ai.* oibreoirí coibhneasta)

1. Oibreoir a ghníomhaíonn ar dhá oibreann ar a laghad agus a sholáthraíonn luach fírinne. 2. Na focail nó na siombailí coimeádta a úsáidtear le coinníoll coibhneasta nó slonn coibhneasta a chur in iúl.

oibreoir coinníollach *f* conditional operator *(Río)* *(gu.* oibreora choinníollaigh *ai.* oibreoirí coinníollacha)

Tá oibreoir trínártha i dteanga ríomhchlárúcháin 'C' a cheadaíonn sloinn choinníollacha a úsáid.

oibreoir comhaid *f* file operator *(Río)* *(gu.* oibreora comhaid *ai.* oibreoirí comhaid)

oibreoir cómhalartach *f* commutative operator *(Río)* *(gu.* oibreora chómhalartaigh *ai.* oibreoirí cómhalartacha)

oibreoir comhlánú le haonta *f* ones' complement operator *(Río)* *(ai.* oibreoirí comhlánú le haonta)

oibreoir comparáide *f* comparison operator *(Río)* *(gu.* oibreora comparáide *ai.* oibreoirí comparáide)

oibreoir córais *f* system operator (sysop) *(Río)* *(gu.* oibreora córais)

oibreoir cothroime *f* equality operator *(Río)* *(gu.* oibreora cothroime *ai.* oibreoirí cothroime)

Úsáidtear an t-oibreoir cothroime (=) le dhá luach nó dhá shlonn a chur i gcomparáid. Úsáidtear é le huimhreacha, teaghráin, luachanna Boole, athróga, oibiachtaí, eagair, nó feidhmeanna a chur i gcomparáid. Bíonn TRUE mar thoradh air má tá na sloinn cothrom, nó FALSE mura bhfuil.

oibreoir dealaithe *f* subtraction operator *(Río)* *(gu.* oibreora dealaithe *ai.* oibreoirí dealaithe)

oibreoir deicriminteach *f* decrement operator *(Río)* *(gu.* oibreora dheicrimintigh *ai.* oibreoirí deicriminteacha)

oibreoir éagothroime *f* inequality operator *(Río)* *(gu.* oibreora éagothroime *ai.* oibreoirí éagothroime)

oibreoir giotánach *f fch* oibreoir ar leibhéal na ngiotán. *(Río)* *(gu.* oibreora ghiotánaigh *ai.* oibreoirí giotánacha)

oibreoir incriminteach *f* increment operator *(Río)* *(gu.* oibreora incrimintigh *ai.* oibreoirí incriminteacha)

oibreoir indíriúcháin *f* indirection operator *(Río)* *(gu.* oibreora indíriúcháin *ai.* oibreoirí indíriúcháin)

Oibreoir a léiríonn go bhfuil seolachán indíreach le húsáid i leith na míre sonraithe sonraí.

oibreoir iolraíoch *f* multiplicative operator *(Río)* *(gu.* oibreora iolraíoch *ai.* oibreoirí iolraíocha)

oibreoir iolrúcháin *f* multiplication operator *(Río)* *(gu.* oibreora iolrúcháin *ai.* oibreoirí iolrúcháin)

oibreoir iomlaoide *f* shift operator *(Río)* *(gu.* oibreora iomlaoide *ai.* oibreoirí iomlaoide)

oibreoirí suimitheacha *f* additive operators *(Río)*

Na hoibreoirí dénártha le haghaidh suimithe agus dealaithe.

oibreoirí tacair *f* set operators (union, intersection) *(Río)*

oibreoir loighciúil *f* logical operator *(Río)* *(gu.* oibreora loighciúil *ai.* oibreoirí loighciúla)

Ainm a thugtar ar shiombailí loighciúla do **agus, nó, ní** etc., mar a úsáidtear iad i dteanga ardleibhéil ar leith.

oibreoir loighciúil séanta *f* logical negation operator *(Río)* *(gu.* oibreora loighciúil séanta *ai.* oibreoirí loighciúla séanta)

oibreoir macra *f* macro operator *(Río)* *(gu.* oibreora macra *ai.* oibreoirí macra)

oibreoir modail *f* modulus operator *(Río)* *(gu.* oibreora modail *ai.* oibreoirí modail)

oibreoir OR *f* OR operator *(Río)* *(gu.* oibreora OR *ai.* oibreoirí OR)

oibreoir píopála *f* pipe operator *(Río)* *(gu.* oibreora píopála *ai.* oibreoirí píopála)

oibreoir pointeoir struchtúir *f* structure pointer operator *(Río)* *(gu.* oibreora pointeoir struchtúir *ai.* oibreoirí pointeoir struchtúir)

oibreoir rochtana baill *f* member access operator *(Río)* *(gu.* oibreora rochtana baill *ai.* oibreoirí rochtana baill)

oibreoir roinnte *f* division operator *(Río)* *(gu.* oibreora roinnte *ai.* oibreoirí roinnte)

oibreoir sannacháin *f* assignment operator *(Río)* *(gu.* oibreora sannacháin *ai.* oibreoirí sannacháin)

oibreoir seoltaí *f* address operator *(Río)* *(gu.* oibreora seoltaí *ai.* oibreoirí seoltaí)

An t-oibreoir seoltaí & (an t-amparsan) a úsáidtear in éineacht le luach chun seoladh athróige a aimsiú.

oibreoir slánuimhreacha *f* integer operator *(Río)* *(gu.* oibreora slánuimhreacha *ai.* oibreoirí slánuimhreacha)

oibreoir suimiúcháin *f* addition operator *(Río)* *(gu.* oibreora suimiúcháin *ai.* oibreoirí suimiúcháin)

An t-oibreoir dénártha le haghaidh suimithe: +

oibreoir teaghráin *f* string operator *(Río)* *(gu.* oibreora teaghráin *ai.* oibreoirí teaghráin)

oibreoir trínártha *f* ternary operator *(Río)* *(gu.* oibreora thrínártha *ai.* oibreoirí trínártha)

oibreoir uimhríochta *f* arithmetic operator *(Río)* *(gu.* oibreora uimhríochta *ai.* oibreoirí uimhríochta)

Na comharthaí uimhríochtúla a ghabhann le suimiú, dealú, roinnt agus méadú mar a úsáidtear iad in aon teanga ríomhchláraithe ar leith.

oibrigh *br* operate *(Río)*

oibríocht *b* operation *(Río)* *(gu.* oibríochta *ai.* oibríochtaí)

Gníomh a chuirtear i bhfeidhm ar aonán, nó ar theaglaim d'aonáin, arb é a thoradh ná aonán nua a chruthú.

oibríochtaí cúloifige *b* back office operations *(Río)*

oibríochtaí tuloifige *b* front-office operations *(Río)*

oibríocht AND *b* AND operation *(Río)* *(gu.* oibríochta AND *ai.* oibríochtaí AND)

oibríocht aschurtha *b* output operation *(Río)* *(gu.* oibríochta aschurtha *ai.* oibríochtaí aschurtha)

oibríocht choibhneasta *b* relational operation *(Río)* *(gu.* oibríochta coibhneasta *ai.* oibríochtaí coibhneasta)

oibríocht chómhalartach *b* commutative operation *(Río)* *(gu.* oibríochta cómhalartaí *ai.* oibríochtaí cómhalartacha)

Sa mhatamaitic, aon oibríocht dhénártha a sholáthraíonn an toradh céanna nuair a athraítear ord na n-athróg, .i. x(oibreoir)y 3D y(oibreoir)x.

oibríocht chruaiche *b* stack operation *(Río)* *(gu.* oibríochta cruaiche *ai.* oibríochtaí cruaiche)

oibríocht dhá eochairbhuille *b* two keystroke operation *(Río)* *(gu.* oibríochta dhá eochairbhuille *ai.* oibríochtaí dhá eochairbhuille)

oibríocht eirre *b* tail operation *(Río)* *(gu.* oibríochta eirre *ai.* oibríochtaí eirre)

oibríocht leanúnach *b* continuous operation *(Río)* *(gu.* oibríochta leanúnaí *ai.* oibríochtaí leanúnacha)

oibríocht loighciúil *b* logical operation *(Río)* *(gu.* oibríochta loighciúla *ai.* oibríochtaí loighciúla)

oibríocht mhonadach *b* monadic operation *(Río)* *(gu.* oibríochta monadaí *ai.* oibríochtaí monadacha)

Oibríocht ar oibreann amháin, e.g. séanadh.

oibríocht phointeora *b* pointer operation *(Río)* *(gu.* oibríochta pointeora *ai.* oibríochtaí pointeora)

oibríocht tromlaigh *b* majority operation *(Río)* *(gu.* oibríochta tromlaigh *ai.* oibríochtaí tromlaigh)

oibríochtúil *a2* operational *(Río)*

oibríocht uimhríochta *b* arithmetic operation *(Río)* *(gu.* oibríochta uimhríochta *ai.* oibríochtaí uimhríochta)

Oibríocht a leanann rialacha na huimhríochta.

oibriú ar líne (ag) *abairtín* working online *(Río)*

oibriú as líne (ag) *abairtín* working offline *(Río)*

oibriúchán *Ain* operating *(Río)*

oidhre *f* heir *(Air)* *(ai.* oidhrí)

oidhreacht *b* inheritance *(Río)* *(gu.* oidhreachta)

Aicme nua a shainiú i dtéarmaí aicme nó comhéadam atá ann cheana.

oifig *b* office *(Gin)* *(gu.* oifige *ai.* oifigí)

oifig bheag, oifig bhaile *b* small office, home office (SOHO) *(Río)* *(gu.* oifige bige, oifige baile *ai.* oifigí beaga, oifigí baile)

oifig gan pháipéar *b* paperless office *(Río)*

oifigiúil *a2* official *(Gin)*

oiliúint (atá) bunaithe ar an nGréasán *b* Web-based training (WBT) *(Río) (gu.* oiliúna (atá) bunaithe ar an nGréasán) *(mal* ríomhfhoghlaim *b gu.* ríomhfhoghlama/ríomhfhoghlamtha) *(var* e-learning)

oilte *a3* trained *(Gin)*

óimige *f* omega *(Río)*

ointeolaíocht *b* ontology *(Río) (gu.* ointeolaíochta)

oirbheart *f* tactic *(Gin) (gu.* oirbhirt)

oirbheartaíocht *b* tactics *(Gin) (gu.* oirbheartaíochta)

oiriúint deisce *b* desk accessory *(Río) (gu.* oiriúna deisce *ai.* oiriúintí deisce)

oiriúintí *b* accessories *(Río)*

oiriúint (le) *b* compliance *(Río) (gu.* oiriúna (le))

oiriúnach don bhliain dhá mhíle *abairtín* Y2K compliant *(Río)*

oiriúnach (le) *a1* compliant *(Río)*

oiriúnaigh *br* customize[2] *(Río) (var* personalize)

oiriúnaitheach *a1* adaptive *(Air)*

oiriúnú *f* adaptation *(Gin) (gu.* oiriúnaithe)

olagaplacht *b* oligopoly *(Air) (gu.* olagaplachta)

olann *b* wool *(Gin) (gu.* olla *ai.* olanna)

oll- *réi* mass *(Río)*

ollbhealach faisnéise *f* information superhighway *(Río) (gu.* ollbhealaigh faisnéise)

ollchostais forbartha *f* gross development costs (GDC) *(Air) (gi.* ollchostas forbartha)

oll-iarmhairt mhaighnéadfhriotaíoch *b* giant magnetoresistive effect *(Río) (gu.* oll-iarmhairte maighnéadfhriotaíche *ai.* oll-iarmhairtí maighnéadfhriotaíocha)

ollioncam *f* gross income *(Air) (gu.* ollioncaim)

ollioncam indiúscartha náisiúnta *f* gross national disposable income *(Air) (gu.* ollioncaim indiúscartha náisiúnta)

oll-luach *f* gross value *(Air) (gu.* oll-luacha)

oll-luach forbartha *f* gross development value (GDV) *(Air) (gu.* oll-luacha forbartha)

ollmhórlach *f* super majority *(Air) (gu.* ollmhórlaigh)

Ollphléasc, An *b* Big Bang *(Air) (gu.* na hOllphléisce)

Díríaláil margaí airgid na Breataine i 1986 nuair a osclaíodh an stocmhalartán do bhainc infheistíochta eachtracha agus a tionscnaíodh struchtúr iomaíoch coimisiún.

ollródú *f* flooding *(Río) (gu.* ollródaithe)

ollscála *f* very large scale (VLS) *(Río)*

ollstóráil[1] *b* warehousing[2] *(Río) (gu.* ollstórála)

ollstóráil[2] *b* mass storage *(Río) (gu.* ollstórála)

Gléas meicniúil cuimhne neamhluainí. Áirítear téip mhaighnéadach agus dioscaí maighnéadacha, fístéip agus fisdioscaí, agus CD-ROManna, mar aonaid ollstórála.

ollstór sonraí *f* data warehouse *(Río) (gu.* ollstóir sonraí)

olltáirgeacht intíre (OTI) *b* gross domestic product (GDP) *(Fio) (gu.* olltáirgeachta intíre)

olltáirgeacht náisiúnta (OTN) *b* gross national product (GNP) *(Fio) (gu.* olltáirgeachta náisiúnta)

óm *f* ohm (unit) *(Río) (gu.* óim)

onnmhaireoir *f fch* easpórtálaí. *(Air) (gu.* onnmhaireora *ai.* onnmhaireoirí)

onnmhairigh *br fch* easpórtáil. *(Fio)*

onnmhairiú *f fch* easpórtáil. *(Fio) (gu.* onnmhairithe)

onóraigh *br* honour *(Air)*

optaic *b* optics *(Río) (gu.* optaice)

optaic gan snáithe *b* fibreless optics *(Río) (gu.* optaice gan snáithe) *(mal* optaic gan snáithín *b gu.* optaice gan snáithín)

optaic gan snáithín *b fch* optaic gan snáithe. *(Río) (gu.* optaice gan snáithín)

optaileictreonaic *b* optoelectronics (OE) *(Río) (gu.* optaileictreonaice)

optaimeicniúil *a2* optomechanical *(Río)*

optamach *a1* optimal *(Río)*

optamaigh *br* optimize *(Río)*

optamóir diosca *f* disk optimizer *(Río) (gu.* optamóra diosca *ai.* optamóirí diosca)

optamú *f* optimization *(Río) (gu.* optamaithe)

Tiúnadh samhla de bhunachar sonraí chun i a chumasú le riachtanais feidhmíochta na sonraíochta a riar. Téarma leathan is ea optamú a chuimsíonn cineálacha éagsúla gníomhaíochtaí, mar shampla gníomhaíochtaí ón tSamhail Loighciúil de Shonraí a athrú, láithriú fisiciúil na míreanna sonraí ar na dioscaí a athchóiriú, nó leasú a dhéanamh ar an tslí a oibríonn loighic an fheidhmchláir.

optúil *a2* optical *(Río)*

oracal *f* oracle *(Río) (gu.* oracail)

oráiste *f* orange *(Gin) (ai.* oráistí)

órchaighdeán *f* gold standard *(Air) (gu.* órchaighdeáin)

Comhaontú airgeadaíochta faoina dtugtar cúltaca óir d'airgeadraí náisiúnta agus faoina n-úsáidtear an t-ór d'íocaíochtaí idirnáisiúnta.

órchiumhsach *a1* gilt-edged *(Air)*

ord *f* order[3] *(Gin) (gu.* oird)

ord- *réi fch* ordaithe. *(Río)*

ord aibítreach *f* alphabetic order *(Gin) (gu.* oird aibítrigh)

ordaigh *br* order[2] *(Gin)*

ordaithe *a3* ordered *(Río)*

Rangaithe de réir rialacha sonraithe. *(mal* in ord *abairtín;* ord- *réi)*

ord ardaitheach *f* ascending order *(Mat) (gu.* oird ardaithigh)

ord grúpa *f* order of a group *(Mat) (gu.* oird grúpa)

Is ionann ord grúpa nó foghrúpa agus líon a eilimintí.

ord íslitheach *f* descending order *(Río) (gu.* oird íslithigh)

ordlathach *a1* hierarchic(al) *(Río)*

ordlathas *f* hierarchy *(Río) (gu.* ordlathais)

ordlathas bailiúcháin *f* collection hierarchy *(Río) (gu.* ordlathais bhailiúcháin)

ordlathas nód *f* node hierarchy *(Río) (gu.* ordlathais nód)

ordlathas sonraí *f* data hierarchy *(Río) (gu.* ordlathais sonraí)

ordlathas stórais *f* storage hierarchy *(Río) (gu.* ordlathais stórais)

ordliosta *f* ordered list *(Río) (ai.* ordliostaí)

ord luachála *f* order of evaluation *(Río) (gu.* oird luachála *ai.* oird luachála)

ordluachanna *f* ordered values *(Río)*

ord méide *f* order of magnitude *(Río) (gu.* oird méide)

ord (na g)coinníollacha *f* order of conditions *(Río) (gu.* oird coinníollacha / ord na gcoinníollacha *ai.* oird (na g)coinníollacha)

ordphéire *f* ordered pair *(Río) (ai.* ordphéirí)

ord sórtála *f* sort order *(Río) (gu.* oird sórtála)

ordú[1] *f* order[1] *(Gin) (gu.* ordaithe *ai.* orduithe)

ordú[2] *f* command[1] *(Río) (gu.* ordaithe *ai.* orduithe)

ordú ceannaigh nó scoir *f* fill or kill order *(Air) (gu.* ordaithe ceannaigh nó scoir *ai.* orduithe ceannaigh nó scoir)

Treoraíonn orduithe ceannaigh nó scoir don bhróicéir an t-ordú a líonadh láithreach nó é a scor.

ordú córais *f* system command *(Río) (gu.* ordaithe córais *ai.* orduithe córais)

ordú gutha *f* voice command *(Río) (gu.* ordaithe gutha *ai.* orduithe gutha)

orduimhir *b* ordinal number *(Río) (gu.* orduimhreach *ai.* orduimhreacha)

Ceann de na huimhreacha comhairimh a úsáidtear le suíomh a léiriú.

orduithe printéara *f* printer commands *(Río)*

ordú lae *f* day order *(Air) (gu.* ordaithe lae *ai.* orduithe lae)

D'orduithe seachas orduithe margaidh, caithfidh infheisteoir an fad ama a bheidh an t-ordú gan íoc, a shonrú. Treoraíonn ordú lae don bhróicéir an t-ordú a líonadh roimh dheireadh an lae. Mura líontar an t-ordú roimh dheireadh an lae, cealaítear an t-ordú go huathoibríoch. Mura sonraíonn an t-infheisteoir an fad ama a bheidh an t-ordú gan íoc, glactar leis gur ordú lae é.

ordú leabaithe *f* embedded command *(Río) (gu.* ordaithe leabaithe *ai.* orduithe leabaithe)

ordú margaidh *f* market order *(Air) (gu.* ordaithe margaidh *ai.* orduithe margaidh)

Ordú is ea é seo chun ceannaigh nó chun díola ar an bpraghas reatha is fearr atá le fáil.

ordú míosa *f* month order *(Air) (gu.* ordaithe míosa *ai.* orduithe míosa)

Treoraíonn ordú seachtaine nó míosa don bhróicéir an t-ordú a líonadh faoi dheireadh na seachtaine nó na míosa nó an t-ordú a chur ar ceal.

ordú neamhphraghsáilte *f* unpriced order *(Air) (gu.* ordaithe neamhphraghsáilte *ai.* orduithe neamhphraghsáilte)

ordú seachtaine *f* week order *(Air) (gu.* ordaithe seachtaine *ai.* orduithe seachtaine)

Treoraíonn ordú seachtaine nó míosa don bhróicéir an t-ordú a líonadh faoi dheireadh na seachtaine nó na míosa nó an t-ordú a chealú.

ordú stad caillteanas *f* stop loss order *(Air) (gu.* ordaithe stad caillteanas *ai.* orduithe stad caillteanas)

Ordú a thugtar do bhróicéir i margadh urrús nó tráchtearraí suíomh oscailte a dhúnadh, ar phraghas sonraithe, d'fhonn teorainn a chur le caillteanas. D'fhéadfadh amhantraí, ach go háirithe, é a úsáid i margadh luaineach, má tá an chosúlacht ar an margadh go ngluaisfidh sé go tréan in aghaidh shuíomh an amhantraí.

ordú stad ceannach *f* stop buy order *(Air) (gu.* ordaithe stad ceannach *ai.* orduithe stad ceannach)

ordú teorann *f* limit order *(Air) (gu.* ordaithe teorann *ai.* orduithe teorann)

Ordú é seo chun ceannaigh nó díola ar íosphraghas nó ar uasphraghas.

órga *a3* golden *(Gin)*

ortagánach *a1* orthogonal *(Mat)*

oscail *br* open[1] *(Gin)*

Oscail an Cosán is Giorra ar dTús *abairtín* Open Shortest Path First (OSPF) *(Río)*

oscailte *a3* open[2] *(Gin)*

óstach *f* host *(Gin) (gu.* óstaigh)

óstáil fhíorúil *b* virtual hosting *(Río) (gu.* óstála fíorúla)

óstáil láithreáin Gréasáin *b fch* óstáil suíomhanna Gréasáin. *(Río) (gu.* óstála láithreáin Gréasáin)

óstáil neamhfhíorúil *b* nonvirtual hosting *(Río)* *(gu.* óstála neamhfhíorúla)

óstáil suíomhanna Gréasáin *b* Web site hosting *(Río)* *(gu.* óstála suíomhanna Gréasáin) *(mal* óstáil láithreáin Gréasáin *b gu.* óstála láithreáin Gréasáin)

óstainm *f* host name *(Río)* *(ai.* óstainmneacha)

an Ostair *b* Austria *(Gin)* *(gu.* na hOstaire)

óstathróg *b* host variable *(Río)* *(gu.* óstathróige *ai.* óstathróga)

Úsáidtear óstathróga i ráitis SQL chun luachanna a sheoladh ón BS agus ón bhfeidhmchlár.

óstbhanna *f* host bond *(Air)* *(ai.* óstbhannaí)

Eisiúint Eorabhannaí atá ceangailte le barántas nó le hionstraim dá shórt.

osteilgeoir *f* overhead projector *(Gin)* *(gu.* osteilgeora *ai.* osteilgeoirí)

óstríomhaire *f* host computer *(Río)* *(ai.* óstríomhairí)

1. Ríomhaire i líonra ríomhairí, de ghnáth ríomhaire a chuireann feidhmeanna rialaithe líonra i gcrích agus a sholáthraíonn seirbhísí, ar nós ríomhaireacht agus rochtain bunachair shonraí, d'úsáideoirí deiridh. 2. An príomhríomhaire nó an ríomhaire rialaithe i suiteáil ilríomhairí. 3. Ríomhaire a úsáidtear le ríomhchláir a ullmhú le húsáid ar ríomhaire eile nó ar chóras próiseála sonraí eile; mar shampla, ríomhaire a úsáidtear le cláir a theaglam, eagarthóireacht nasc a dhéanamh, nó cláir a thástáil le húsáid ar chóras eile. (4) Comhchiallach le hóstphróiseálaí.

óst-teanga *b* host language *(Río)* *(ai.* óst-teangacha)

P

pá *f* pay[1] *(Gin)* *(ai.* pánna) *(var* wage(s))

paca *f* pack *(Gin)* *(ai.* pacaí)

pacáiste *f* package *(Gin)* *(ai.* pacáistí)

(Ríomhaireacht) Bailiúchán d'aicmí le haidhmeanna gaolmhara.

pacáiste bogearraí *f* software package *(Río)* *(ai.* pacáistí bogearraí)

pacáiste dé-inlíneach (PDI) *f* dual inline package (DIP) *(Río)* *(gu.* pacáiste dhé-inlínigh *ai.* pacáistí dé-inlíneacha)

Cineál ciorcaid chomhtháite a mbaintear úsáid as go forleathan, ar a bhfuil rónna dúbailte comhthreomhara seolán le ceangal le cláir chiorcaid. Leis an gcumraíocht seo, is féidir caighdeánú a dhéanamh, rud a chiallaíonn go mbíonn costas monaraithe íseal agus gur féidir roinnt éigin athsholáthair a fháil ó fhoinsí éagsúla. Is féidir PDI-anna plaisteacha a fháil atá saor go leor, nó cinn cheirmeacha a oireann i dtimpeallacht ardteochta nó ardtaise.

pacáiste grafaice *f* graphics package *(Río)* *(ai.* pacáistí grafaice)

pacáistiú *f* packaging *(Gin)* *(gu.* pacáistithe)

pacáistiú comhpháirteanna *f* component packaging *(Río)* *(gu.* pacáistithe comhpháirteanna)

paicéad *f* packet *(Gin)* *(gu.* paicéid)

Cuid de theachtaireacht sonraí a sheoltar thar líonra.

paicéad sochta *f* suppressed packet *(Río)* *(gu.* paicéid shochta)

paicéad uilíoch *f* universal packet *(Río)* *(gu.* paicéid uilíoch)

pailéad *f* palette *(Río)* *(gu.* pailéid)

pailéad dathanna *f* colour palette *(Río)* *(gu.* pailéid dathanna)

painéal *f* panel *(Gin)* *(gu.* painéil)

painéal na dtairiscintí leanúnacha *f* continuous tender panel (CTP) *(Air)* *(gu.* phainéal na dtairiscintí leanúnacha)

Modh dáileacháin Eoranótaí ina gcomhcheanglaítear ról láidir láithrithe nótaí á imirt ag an socraitheoir agus tairiscintí iomaíocha in aghaidh éarlaise, a bhíonn gaolta le LIBOR de ghnáth, á ndéanamh ag frithgheallaithe.

painéal rialúcháin *f* control panel *(Río)* *(gu.* painéil rialúcháin)

painéal tairisceana *f* tender panel *(Air)* *(gu.* painéil tairisceana)

Grúpa, ar a n-áirítear frithgheallaithe saoráide Eoranótaí agus bainc agus déileálaithe breise a cheaptar chuige sin, a dtugtar cuireadh dóibh tairiscint i gceant oscailte ar nótaí eisitheora.

painéal tairisceana babhtála *f* swaps tender panel *(Air)* *(gu.* painéil tairisceana babhtála)

Leagan forbartha den phainéal tairisceana caighdeánach, trínar féidir leis an eisitheoir babhtálacha airgeadraí agus/nó rátaí úis a iarraidh ar thráinse áirithe d'eisiúint nótaí.

páipéar *f* paper *(Gin)* *(gu.* páipéir)

páipéar feanfhillte *f* fanfold paper *(Río)* *(gu.* páipéir fheanfhillte)

páipéar leanúnach *f* continuous paper *(Río)* *(gu.* páipéir leanúnaigh)

páipéar seasaimh *f* position paper *(Fio)* *(gu.* páipéir seasaimh)

páipéar tráchtála *f* commercial paper *(Air)* *(gu.* páipéir thráchtála)

Ionstraim fiachais gearrthéarma gan urrús a eisíonn corparáid agus a dhíoltar ar lascaine óna luach aibíochta.

páirceáil *br* park *(Río)*

paireacht *b* parity *(Gin)* *(gu.* paireachta)

(Airgeadas) 1. Comhionannas idir praghsanna tráchtearraí, airgeadraí, nó urrús ar mhargaí leithleacha. 2. An méid d'airgeadra eachtrach coibhéiseach le suim shonraithe d'airgeadra intíre ag pair na malairte.

paireacht cumhachta ceannaigh b purchasing power parity *(Air)* *(gu.* paireachta cumhachta ceannaigh)

paireacht cumhachta ceannaigh coibhneasta b relative purchasing power parity *(Air)* *(gu.* paireachta cumhachta ceannaigh coibhneasta)

An coincheap gurb é luas an athraithe i leibhéal praghsanna tráchtearraí i dtír amháin i gcoibhneas leis an leibhéal praghsanna i dtír eile a shocraíonn luas an athraithe sa ráta malairte idir an dá thír.

paireacht idir díol agus glaoch b put call parity *(Air)* *(gu.* paireachta idir díol agus glaoch *ai.* paireachtaí idir díol agus glaoch)

Luach glaoigh a bheith cothrom le luach an stoc a cheannach móide an rogha a cheannach móide iasacht a fháil ag an ráta neamhrioscúil.

páirt- *réi* partial *(Gin)*

páirteachas f participation[2] *(Air)* *(gu.* páirteachais) A bheith páirteach i gcreidmheas sindeacáite nó in eisiúint bannaí. *(mal* rannpháirteachas f *gu.* rannpháirteachais)

páirtfhálú f partial hedge *(Air)* *(gu.* páirtfhálaithe) Cosaint ar roinnt de shuíomhanna airgeadraí eachtracha.

páirtí f party *(Air)* *(gu.* páirtithe)

páirtí bainteach f connected party (CP) *(Air)* *(gu.* páirtí bhaintigh)

páirtigh *br fch* rannpháirtigh. *(Gin)*

páirtí leasmhar f interested party *(Air)* *(gu.* páirtí leasmhair *ai.* páirtithe leasmhara)

páirtscair b partial share *(Air)* *(gu.* páirtscaire *ai.* páirtscaireanna)

páirtsuim b partial sum *(Mat)* *(gu.* páirtsuime *ai.* páirtsuimeanna)

paisinéir f passenger *(Gin)* *(gu.* paisinéara *ai.* paisinéirí)

paiste f patch[1] *(Río)* *(ai.* paistí)

paisteáil *br* patch[2] *(Río)*

paitinn b patent *(Fio)* *(gu.* paitinne *ai.* paitinní) 1. Deontas rialtais d'aireagóir chun torthaí fionnachtana a chosaint. 2. An ceart dleathach ar úsáid agus ceadúnú eisiach a bhronnann rialtas ar an té a d'aireag rud. Is féidir paitinn a fháil d'aireagán má tá sé úsáideach.

pána f pane *(Río)* *(ai.* pánaí)

par f par *(Air)* *(gu.* pair)

parabóil b parabola *(Mat)* *(gu.* parabóile *ai.* parabóilí)

paradacsa f paradox *(Gin)* *(ai.* paradacsaí)

paraidím b paradigm *(Gin)* *(gu.* paraidíme *ai.* paraidímí)

paraidímí iomaíocha b competing paradigms *(For)*

paraidímí (na) forbartha b development paradigms *(For)*

paraiméadair chumraíochta f configuration parameters *(Río)* *(gi.* paraiméadar cumraíochta)

paraiméadar f parameter *(Mat)* *(gu.* paraiméadair) 1. Tairiseach nó athróg a dhéanann cásanna speisialta de ghnáthshlonn matamaiticiúil a idirdhealú. Mar shampla, sa ghnáthfhoirm den chothromóid do líne, y = mx + c tá na paraiméadair m agus c ag léiriú grádáin agus y-idirlíne aon líne ar leith. *(mal* argóint b *gu.* argóna *ai.* argóinti) *(var* argument)

paraiméadar eagair f array parameter *(Río)* *(gu.* paraiméadair eagair *ai.* paraiméadair eagair) Eagar a úsáidtear mar pharaiméadar luacha.

paraiméadar foirmiúil f formal parameter *(Río)* *(gu.* paraiméadair fhoirmiúil *ai.* paraiméadair fhoirmiúla) Is ionann paraiméadar foirmiúil agus aitheantóir a úsáidtear chun seasamh don aonán ainmnithe i gcorp an aonaid.

paraiméadar iarbhír f actual parameter *(Río)* *(gu.* paraiméadair iarbhír) 1. I dteanga ríomhchlárúcháin, oibiacht teanga a léirítear i nglao gnáis agus a chomhthiomsaítear leis an bparaiméadar foirmiúil a bhaineann leis lena úsáid i rith an ghnáis. 2. Argóint iarbhír. *(mal* argóint iarbhír b *gu.* argóna iarbhír *ai.* argóintí iarbhír) *(var* actual argument)

paraiméadar líne na n-orduithe f command-line parameter *(Río)* *(gu.* pharaiméadar líne na n-orduithe *ai.* paraiméadair líne na n-orduithe)

paraisiút f parachute *(Gin)* *(gu.* parasiúit)

paraisiút órga f golden parachute *(Air)* *(gu.* paraisiúit órga) Cúiteamh a íocann gnólacht sprice le bainistíocht ardleibhéil má tharlaíonn táthcheangal.

parluach f par value *(Air)* *(gu.* parluacha *ai.* parluachanna) Luach ainmniúil nó aghaidhluach stoc nó bannaí. *(mal* aghaidhluach f *gu.* aghaidhluacha) *(var* face value)

párolla f payroll *(Gin)*

parsáil[1] *br* parse *(Río)* I gcórais ina n-úsáidtear amroinnt, anailís a dhéanamh ar na hoibreanna a iontráladh le hordú agus liosta paraiméadar a chruthú leis an eolas sin do phróiseálaí na n-orduithe.

parsáil[2] b parsing *(Río)* *(gu.* parsála)

parsáil líne na n-orduithe *b* command-line parsing *(Río)* *(gu.* pharsáil líne na n-orduithe*)*

parsálaí *f* parser *(Río)* *(ai.* parsálaithe*)*

pas *f* phase *(Río)* *(ai.* pasanna*)*

pascal *f* pascal (Pa) (unit) *(Río)*

pasfhocal *f* password *(Río)* *(gu.* pasfhocail*)* *(mal* focal faire *f gu.* focail faire*)*

pasiomlaoid *b* phase shift *(Río)* *(gu.* pasiomlaoide*)*

pasmhodhnúchán *f* phase modulation *(Río)* *(gu.* pasmhodhnúcháin*)*

pasuillinn *b* phase angle *(Río)* *(gu.* pasuillinne*)*

patrún *f* pattern *(Gin)* *(gu.* patrúin*)*

patrún dearaidh *f* design pattern *(Río)* *(ai.* patrúin dearaidh*)*

patrún giotán *f* bit pattern *(Río)* *(gu.* patrúin giotán*)*

Léiriú carachtar trí chód a bhaineann leas as giotáin.

patrún íocaíochtaí *f* payments pattern *(Air)* *(gu.* patrúin íocaíochtaí*)*

Tréimhse bailithe righneáilte do chuntais infhála.

PDN athsheachadta fráma *f* frame relay PDN *(Río)*

pearsa *b* person *(Gin)* *(gu.* pearsan *ai.* pearsana*)*

pearsanra *f* personnel *(Gin)*

pearsanta *a3* personal *(Río)*

péire *f* pair *(Mat)* *(ai.* péirí*)*

péireáil *b* pairing *(Río)* *(gu.* péireála*)*

péire lúibíní *f* bracket pair *(Río)* *(ai.* péirí lúibíní*)*

péist *b* worm *(Gin)* *(gu.* péiste *ai.* péisteanna*)*

peitreadollar *f* petrodollar *(Air)* *(gu.* peitreadollair*)*

Taiscí dollar a dhéanann tíortha a fhaigheann ioncam reatha dollair trí pheitreal a dhíol le tíortha eile.

peorcais *f* perquisite *(Air)* *(ai.* peorcaisi*)*

Aon táille nó íocaíocht neamhfhoirmiúil de bhreis ar ghnáth-thuarastal nó ioncam oifige nó poist; sochar teagmhasach do phost áirithe. *(var* perk *(fam.)*)

PERL *acr* PERL (Practical Extraction and Reporting Language) *(Río)*

peseta *f* peseta *(Air)*

peseta na Spáinne *f* Spanish peseta *(Air)*

píblíne *b* pipeline *(Río)* *(ai.* píblínte*)*

píchairt *b* pie chart *(Río)* *(gu.* píchairte *ai.* píchairteanna*)*

picteilín *f* pixel *(Río)* *(ai.* picteilíní*)*

Ceann de na heilimintí éagsúla a úsáidtear chun graif, cairteanna agus taispeáintí grafacha neamhaibítreacha eile a chumadh.

pictiúr *f* picture *(Gin)* *(gu.* pictiúir*)*

píghraf *f* pie graph *(Río)* *(gu.* píghraif*)*

pinsean *f* pension *(Air)* *(gu.* pinsin*)*

Suim shonraithe a íoctar go rialta le duine a bhfuil aois áirithe sroichte aige/aici nó atá éirithe as a p(h)ost. Íoctar de ghnáth é ón dáta a shroichtear an aois áirithe nó ón dáta scortha go bás.

pinsinéir *f* retiree *(Air)* *(gu.* pinsinéara *ai.* pinsinéirí*)*

Duine atá ag fáil pinsin i leith seirbhísí san am atá thart nó a bhfuil a c(h)umas oibre caillte aige/aici nó teoranta de bharr aoise, éagumais, nó tosca eile. *(var* pensioner*)*

piollaire *f* pill *(Gin)* *(ai.* piollairí*)*

piollaire searbh *f* poison pill *(Air)* *(gu.* piollaire shearbh*)*

Straitéis ag comhlacht sprice táthcheangail chun stoc a dhéanamh níos neamhtharraingtí do chomhlacht atá ag iarraidh seilbh a fháil air.

pionna *f* pin *(Río)* *(ai.* pionnaí*)*

Aon cheann de na seoláin a bhíonn ar ghléas leictreach, ar nós slise, a théann isteach i soicéad chun an gléas a cheangal le córas. Soláthraíonn gach pionna feidhm éigin, e.g. ionchur, aschur, cumhacht, talmhú, nó rialú.

pionna an idirbhriste *f* interrupt pin *(Río)* *(ai.* pionnaí an idirbhriste*)*

pionna comharthaíochta *f* signalling pin *(Río)* *(ai.* pionnaí comharthaíochta*)*

pionna comharthaíochta comhphróiseálaí *f* coprocessor signalling pin *(Río)* *(ai.* pionnaí comharthaíochta comhphróiseálaí*)*

pionnáil[1] *b* pegging *(Air)* *(gu.* pionnála*)*

pionnáil[2] *b* pinning *(Río)* *(gu.* pionnála*)*

pionnáilte *a3* pegged *(Air)*

pionna nascóra *f* connector pin *(Río)* *(gu.* pionnaí nascóra*)*

pionna rialaithe bus *f* bus control pin *(Río)* *(ai.* pionnaí rialaithe bus*)*

pionna stádais *f* status pin *(Río)* *(ai.* pionnaí stádais*)*

píopa *f* pipe *(Río)* *(ai.* píopaí*)*

Ceangal sealadach idir dhá chlár nó dhá ordú. Glacann an córas oibriúcháin de ghnáth le hionchur ón méarchlár agus seolann sé an t-aschur chuig an scáileán taispeána. Bíonn sé áisiúil uaireanta, áfach, an t-aschur ó ordú amháin a úsáid mar ionchur chuig ordú eile, gan na sonraí a sheoladh tríd an méarchlár nó tríd an scáileán. Do chásanna mar sin a cruthaíodh píopaí.

píopáil *b* pipelining *(Río)* *(gu.* píopála*)*

1. Sonraí a bhainistiú ionas go dtiontaíonn aschur próisis amháin ina ionchur do phróiseas eile. Is féidir aschur caighdeánach ordaithe amháin a nascadh le hionchur caighdeánach cinn eile trí oibreoir píopála. Píblíne is ea dhá ordú nasctha sa tslí seo. 2. Cosán

cumarsáide aontreo idir próiseas seolta agus próiseas glactha.

píoráideacht *b* piracy *(Gin) (gu.* píoráideachta)

píoráideacht bogearraí *b* software piracy *(Río) (gu.* píoráideachta bogearraí)

plaisteach[1] *f* plastic[1] *(Gin) (gu.* plaistigh)

plaisteach[2] *a1* plastic[2] *(Gin)*

plána *f* plane *(Gin) (ai.* plánaí)

plánach *a1* planar *(Río)*

plána giotáin *f* bit plane *(Río) (gu.* plána giotáin *ai.* plánaí giotáin)

I bhfístaispeáint dhigiteach, crua-earra ina bhfuil breis is aon eagar cuimhne físeáin amháin páirteach san íomhá atá á taispeáint ag an bhfior-am. Tugtar plána íomhá ar gach eagar cuimhne, ach mura bhfuil ach giotán amháin do gach picteilín sna heagair, is féidir plánaí giotáin a thabhairt orthu.

plána mhargadh na n-urrús *f* security market plane (SMP) *(Air)*

Plána a thaispeánann an gaol cothromaíochta idir toradh ionchais agus comhéifeacht béite ag níos mó ná fachtóir amháin.

plean *f* plan *(Gin) (gu.* plean *ai.* pleananna)

pleanáil *b* planning *(Fio) (gu.* pleanála)

Gníomhaíocht eagraíochtúil a éilíonn go rachfaí i mbun sraith de ghníomhaíochtaí réamhchinntithe, ag tosú le ráiteas spriocanna.

pleanáil cumais *b* capacity planning *(Río) (gu.* pleanála cumais)

Ní croítheicníc SSADM é seo, ach ceann de na Gnásanna Tionscadail a thacaíonn le SSADM. Tá foilseachán ar phleanáil cumais curtha amach ag CCTA, ag míniú a húsáid agus conas a fheidhmítear í. Is í a haidhm ná cur síos a dhéanamh ar an gcumraíocht crua-earraí agus bogearraí atá ag teastáil chun aidhmeanna srianta an chórais nua a chomhlíonadh. Breathnaíonn sé ar réimsí ar nós stóráil, luasanna rochtana agus réamhaithris feidhmíochta. Úsáidtear í mar uirlis, freisin, chun na riachtanais ag leibhéal na seirbhíse a fhorbairt.

pleanáilte *a3* planned *(Gin)*

plean Baker *f* Baker plan *(Air) (gu.* phlean Baker)

Polasaí a moladh chun neamhchosaint na mbanc tráchtála ar fhiachas tíortha tearcfhorbartha a laghdú.

plean Brady *f* Brady plan *(Air) (gu.* phlean Brady)

Polasaí laghdaithe fiachais do thíortha tearcfhorbartha trína dtiontaítear iasachtaí bainc go sócmhainní níos inghlactha.

plean ceannaithe airgid *f* money purchase plan *(Air) (ai.* pleananna ceannaithe airgid)

Plean sainithe ranníocaíochta ina ranníocann an comhpháirtí méid áirithe agus go ranníocann an gnólacht ag an ráta céanna nó ag ráta difriúil.

plean ceannaithe stoic *f* stock purchase plan *(Air)*

Plean Gníomhaíochta Ríomhsheirbhísí na hEorpa *f* eEurope Action Plan *(Río)*

plean margaíochta *f* marketing plan *(Fio) (ai.* pleananna margaíochta)

1. Straitéis a cheaptar chun táirge nó seirbhís a chur ar an margadh. 2. Doiciméad cuimsitheach ina mbíonn sonraí faoi chúlra agus sonraí a threisíonn le haidhmeanna agus le straitéisí margóra.

plocóid *b* plug[1] *(Gin) (gu.* plocóide *ai.* plocóidí)

(Airgeadas) Athróg a láimhseálann sleaic airgeadais sa phlean airgeadais.

plocóid chuibhithe *b* adapter plug *(Río) (gu.* plocóide cuibhithe *ai.* plocóidí cuibhithe) *(mal* cuibheoir *f gu.* cuibheora *ai.* cuibheoirí)

plocóid thalmhaithe *b* grounded plug *(Río) (gu.* plocóide talmhaithe *ai.* plocóidí talmhaithe) *(var* earthed plug)

plocóid trí bheangán *b* three-prong plug *(Río) (gu.* plocóide trí bheangán *ai.* plocóidí trí bheangán)

plódchomhartha *f* jam signal *(Río) (ai.* plódchomharthaí) *(mal* comhartha imbhuailte *f ai.* comharthaí imbhuailte)

plugáil *br* plug[2] *(Río)*

plugáil agus seinn *br* plug and play *(Río)*

pluid dóiteáin *b* fire blanket *(Gin) (gu.* pluide dóiteáin *ai.* pluideanna dóiteáin)

plus *f* plus[1] *(Mat)*

pobal *f* people[1] *(Gin) (gu.* pobail)

poiblí *a3* public *(Gin)*

poiblíocht *b* publicity *(Fio) (gu.* poiblíochta)

pointe *f* point[1] *(Gin) (ai.* pointí)

(Airgeadas) Líon aonad, ráite go minic i dtéarmaí an dá nó na trí dhigit thábhachtacha dheiridh de ráta malairte.

pointeáil *br* point[2] *(Río)*

pointe deachúlach iarbhír *f* actual decimal point *(Río) (gu.* pointe dheachúlaigh iarbhír)

pointe dumpála *f* dump point *(Río)*

pointe ionsáite *f* insertion point *(Río)*

pointe iontrála *f* entry point *(Río) (ai.* pointí iontrála)

Áit ar féidir rialúchán a aistriú, ar féidir le deighleáin eile den chlár é a úsáid mar phointe tagartha, agus ar féidir leis an oibreoir nó leis an gcóras an clár a chur i ngníomh.

pointe meá ar mheá *f* break even point *(Air)*

pointeoir f pointer *(Río) (gu.* pointeora *ai.* pointeoirí)

I gcomhéadain ghrafacha, is éard is pointeoir ann ná saighead bheag nó siombail eile ar an scáileán, a bhogann de réir mar a bhogtar an luch. Is féidir orduithe agus roghanna a roghnú trí bhior na saighde a chur thar an rogha a theastaíonn agus cnaipe na luiche a chliceáil.

pointeoir barr cruaiche f top-of-stack pointer *(Río) (gu.* pointeora barr cruaiche *ai.* pointeoirí barr cruaiche)

pointeoir carachtar f character pointer *(Río) (gu.* pointeora carachtar *ai.* pointeoirí carachtar)

Pointeoir i dtreo eagair carachtar.

pointeoir cille f cell pointer *(Río) (gu.* pointeora cille *ai.* pointeoirí cille)

pointeoir comhaid f file pointer *(Río) (gu.* pointeora comhaid *ai.* pointeoirí comhaid)

In Pascal, aitheantóir a léiríonn suíomh míre sonraí i maolán ionchuir/aschuir.

pointeoir cruaiche f stack pointer *(Río) (gu.* pointeora cruaiche *ai.* pointeoirí cruaiche)

pointeoir luiche f mouse pointer *(Río) (gu.* pointeora luiche *ai.* pointeoirí luiche)

pointeoir sonraí f data pointer *(Río) (gu.* pointeora sonraí *ai.* pointeoirí sonraí)

pointe rochtana Idirlín f point of presence (POP) *(Río)*

pointe rochtana líonra f network access point (NAP) *(Río)*

pointe rochtana seirbhíse f service access point (SAP) *(Río) (ai.* pointí rochtana seirbhíse)

poist *gma* postal *(Gin)*

poitéinsiúil *a2* potential[2] *(Gin)*

polalárnach *a1* polycentric *(Air)*

polamorfacht *b* polymorphism *(Río) (gu.* polamorfachta)

An ábaltacht chun freagairt don teachtaireacht chéanna ar an iliomad bealaí éagsúla.

polaraigh *br* polarize *(Río)*

polaraíocht *b* polarity *(Río) (gu.* polaraíochta)

polasaí f policy *(Gin) (ai.* polasaithe) *(mal* beartas f *gu.* beartais)

polasaí árachais f insurance policy *(Air) (ai.* polasaithe árachais)

Doiciméad a léiríonn téarmaí agus coinníollacha conartha árachais agus a insíonn cé na sochair atá iníoctha agus cén phréimh atá á hiarraidh.

polasaí árachais léasa f lease insurance policy *(Air) (ai.* polasaithe árachais léasa)

Cumhdach árachais do bhainc agus do ghnólachtaí eile a léasaíonn trealamh a dhéantar i Stáit Aontaithe Mheiriceá le haonáin eachtracha.

polasaí athsholáthair leathanaigh f page replacement policy *(Río)*

polasaí cuntas f account policy *(Río) (ai.* polasaithe cuntas)

Rialaíonn sé an chaoi a gcaithfear pasfhocail a úsáid do na cuntais úsáideora ar fad i bhfearann, nó i ríomhaire aonair.

polasaí ilcheannaitheoirí f multi-buyer policy *(Air)*

Soláthar árachais riosca creidmheasa ar dhíolacháin easpórtála le ceannaitheoirí difriúla iomadúla, a riarann an FCIA.

polasaí nua-easpórtála f new export policy *(Air)*

Clúdach ar mhainneachtana riosca tráchtála d'easpórtálaithe núiosacha.

polasaí riartha an scríofa f write allocation policy *(Río)*

I ndearadh taiscí, an modh a úsáidtear chun déileáil le scríobh nuair a bhíonn an scríobh ina chúis iomraill sa taisce.

polasaí slándála f security policy *(Río)*

poll f hole *(Gin) (gu.* poill)

poll aeir f *fch* gaothaire fuaraithe. *(Gin) (gu.* poill aeir)

poll aerála f ventilation hole *(Gin) (gu.* poill aerála)

poll ard-dlúis f high density notch *(Río) (gu.* poill ard-dlúis)

ponc f dot *(Río) (gu.* poinc *ai.* poncanna)

poncaíocht *b* punctuation *(Río) (gu.* poncaíochta)

poncaitheoir f punctuator *(Río) (gu.* poncaitheora *ai.* poncaitheoirí)

Carachtar poncaíochta a úsáidtear chun eilimintí a dheighilt nó cineál ar leith eiliminte a aithint: camóg, leathstad, lánstad, comhartha athfhriotail, idiraisnéis chlé nó dheas, spás nó sín chothromais.

Poncánach *a1* Yankee *(Air)*

poncanna san orlach *abairtín* dots per inch (DPI) *(Río)*

poncanna san orlach cearnach *abairtín* dots per square inch (DPSI) *(Río)*

poncanna sa soicind *abairtín* dots per second (DPS) *(Río)*

ponc-cháilitheoir f dot qualifier *(Río) (gu.* ponc-cháilitheora *ai.* ponc-cháilitheoirí)

port f port *(Río) (gu.* poirt)

port acmhainní breisithe f extended capabilities port *(Río) (gu.* poirt acmhainní breisithe)

an Phortaingéil *b* Portugal *(Gin) (gu.* na Portaingéile)

port aschurtha f output port *(Río) (gu.* poirt aschurtha)

port cárta fuaime f sound card port *(Río) (gu.* poirt cárta fuaime)

port comhuaineach f parallel port *(Río) (gu.* poirt chomhuainigh *ai.* poirt chomhuaineacha)

port ionchurtha/aschurtha *f* input/output port *(Río)* *(gu.* poirt ionchurtha/aschurtha)

port LPT *f fch* port printéara. *(Río)* *(gu.* poirt LPT)

port luamhán stiúrtha *f* joystick port *(Río)* *(gu.* poirt luamhán stiúrtha)

port luiche *f* mouse port *(Río)* *(gu.* poirt luiche)

port méarchláir *f* keyboard port *(Río)* *(gu.* poirt méarchláir)

port monatóra *f* monitor port *(Río)* *(gu.* poirt monatóra *ai.* poirt mhonatóra)

port printéara *f* LPT port *(Río)* *(gu.* poirt printéara)

Seo an gnáthainm a thugtar ar nasc poirt chomhuainigh idir ríomhaire pearsanta agus printéir nó gléas éigin eile ar nós scanóra nó ceamara. Áirítear naisc LPT mar LPT1, LPT2, LPT3, etc.; bíonn ceann amháin ar a laghad ar an gcuid is mó de ríomhairí. Is féidir poirt chomhuaineacha sa bhreis a chur le ríomhaire trí chártaí cuibhithe port comhuaineach a shuiteáil. *(mal* port LPT *f gu.* poirt LPT) *(var* line printer port (LPT))

portráid *b* portrait *(Río)* *(gu.* portráide)

port srathach *f* serial port *(Río)* *(gu.* poirt shrathaigh *ai.* poirt shrathacha)

post[1] *f* post[1] *(Gin)* *(gu.* poist) *(var* mail)

post[2] *f* post[2] *(Gin)* *(gu.* poist) *(var* job) *(mal* jab)

post amach *f* outbox *(Río)* *(gu.* poist amach)

postchumasc *f* mail merge *(Río)* *(gu.* postchumaisc)

postfhógraíocht *b* mail advertising *(Fio)* *(gu.* postfhógraíochta)

post isteach *f* inbox *(Río)* *(gu.* poist isteach)

praghas *f* price *(Air)* *(gu.* praghais *ai.* praghsanna)

praghas agus dáta an tsladmhargaidh is déanaí *f* price and date of previous bargain *(Air)*

praghas aonaid riosca *f* unit price of risk *(Air)* *(gu.* praghais aonaid riosca)

praghas ceangail *f* strike price *(Air)* *(gu.* praghais cheangail)

An praghas ar a bhféadann sealbhóir céadrogha an tsócmhainn bhunúsach a shonraítear i gconradh céadrogha a cheannach nó a dhíol. *(mal* praghas feidhmithe (rogha) *f gu.* praghais feidhmithe (rogha) *ai.* praghsanna feidhmithe (rogha)) *(var* exercise price)

praghas comhshó *f* conversion price *(Air)* *(gu.* praghais comhshó *ai.* praghsanna comhshó)

An méid parluacha atá inmhalartaithe ar scair amháin de ghnáthstoc.

praghas cothromaíochta *f* equilibrium price *(Fio)* *(gu.* praghais chothromaíochta)

praghas don táirgeoir *f* producer price *(Air)* *(gu.* praghais don táirgeoir *ai.* praghsanna don táirgeoir)

praghas do thomhaltóirí *f* consumer price *(Air)* *(gu.* praghais do thomhaltóirí *ai.* praghsanna do thomhaltóirí)

praghas eisiúna *f* issue price *(Air)* *(gu.* praghais eisiúna *ai.* praghsanna eisiúna)

Praghas, a luaitear mar chéatadán den aghaidhluach, ag a bhfógraítear banna nua, praghas a úsáidtear mar bhonn chun táillí baincéireachta infheistíochta a áireamh ach ní gá gurb ionann é agus an praghas fírinneach a d'íoc infheisteoir ar bith.

praghas fad láimhe *f* arm's length price *(Air)* *(gu.* praghais fad láimhe *ai.* praghsanna fad láimhe)

Praghas a nglacfaí leis idir páirtithe neamhghaolmhara.

praghas feidhmithe (rogha) *f* exercise price *(Air)* *(gu.* praghais feidhmithe (rogha) *ai.* praghsanna feidhmithe (rogha))

An praghas ar a bhféadann sealbhóir céadrogha ceannach a dhéanamh. *(mal* praghas ceangail *f gu.* praghais cheangail) *(var* strike price)

praghasghlacadóirí *f* price takers *(Air)*

Daoine a fhreagraíonn do rátaí agus do phraghsanna trí ghníomhú amhail is nach bhfuil aon tionchar acu orthu.

praghas iarrata *f* ask price *(Air)* *(gu.* praghais iarrata *ai.* praghsanna iarrata)

An praghas ar a bhfuil trádálaí in airgeadra eachtrach toilteanach airgeadra áirithe a dhíol.

praghasleaisteach *a* price elastic *(Air)*

Íogair maidir le hathruithe i bpraghsanna.

praghasleaisteachas *f* price elasticity *(Air)* *(gu.* praghasleaisteachais)

praghasleaisteachas an éilimh *f* price elasticity of demand *(Fio)* *(gu.* praghasleaisteachais an éilimh)

praghas suibscríbhinne *f* subscription price *(Air)* *(gu.* praghais suibscríbhinne *ai.* praghsanna suibscríbhinne)

An praghas a cheadaítear do scairshealbhóirí atá ann cheana féin a íoc ar scair stoic i dtairiscint cheart réamhcheannaigh.

praghas tairgthe *f* bid price *(Air)* *(gu.* praghais tairgthe *ai.* praghsanna tairgthe)

An praghas a lorgaíonn aon cheannaí ionchasach.

praghas tairisceana *f* offer price *(Air)* *(gu.* praghais tairisceana *ai.* praghsanna tairisceana)

An praghas ar a gceannóidh ceannaitheoir margaidh sócmhainn.

praghas trádála *f* trade price *(Air)* *(gu.* praghais trádála)

praghsáil *b* pricing *(Fio)* *(gu.* praghsála)

Ag socrú agus/nó ag athrú an chostais don chustaiméir ar sheirbhís nó earra.

praghsáil aistrithe *b* transfer pricing *(Air) (gu.* praghsála aistrithe)

Polasaí chun earraí a phraghsáil, earraí a chuireann an máthairchomhlacht nó fochuideachta chuig fochuideachta eile den MNC.

praghsáil iasachta (de réir) costais plus *b* cost plus loan pricing *(Air) (gu.* praghsála iasachta (de réir) costais plus)

Ráta úis ar iasacht a chuirtear in iúl mar fheidhm de thomhas éigin, atá ar eolas go poiblí, ar chostas cistíochta.

praghsáil idirdhealaitheach *b* price discrimination *(Air) (gu.* praghsála idirdhealaithí)

praghsáil ró-íseal *b* under-pricing *(Air) (gu.* praghsála ró-íseal)

Eisiúint urrús faoin mhargadhluach cóir.

praghsáilte amach *a* priced out *(Air)*

Tá an margadh tar éis faisnéis ar nós díbhinne ísle a chur san áireamh cheana féin i bpraghas stoic.

praghsanna scoir *f* closing prices *(Air)*

prapéileamh *f* prompt demand *(Air) (gu.* prapéilimh)

preab *br* bounce *(Río)*

preideacáid *b* predicate *(Loi) (gu.* preideacáide *ai.* preideacáidí)

preideacáid den chéad ord *b* first-order predicate *(Loi)*

preideacáid neamhshéantach *b* non-negative predicate *(Loi)*

préimh *b* premium *(Air) (gu.* préimhe *ai.* préimheanna) 1. An chomaoin atá iníoctha ar chonradh árachais nó árachais saoil. 2. An farasbarr ar luach ainmniúil scaire, banna nó urrúis eile. 3. An farasbarr ar phraghas eisiúna scaire nó urrúis eile. 4. An praghas a íocann ceannaitheoir rogha trádáilte leis an díoltóir ar an gceart chun an rogha a chur i ngníomh. 5. An difríocht idir spotphraghas tráchtearra nó airgeadra agus a réamhphraghas. 6. Bónas a thugtar do chustaiméirí bainc chun iad a mhealladh chun cuntas a oscailt. *(mal* biseach *f gu.* bisigh)

préimh riosca *b* risk premium *(Air) (gu.* préimhe riosca)

Róthoradh ar shócmhainn rioscúil arb é an difear é idir an toradh ionchais ar shócmhainní rioscúla agus an toradh ar shócmhainní atá saor ó riosca. *(mal* biseach riosca *f gu.* bisigh riosca)

préimh rogha ar cheannach *b* call premium *(Air) (gu.* préimhe rogha ar cheannach)

Praghas rogha ar ghnáthstoc a cheannach.

priacal *f* peril *(Gin) (gu.* priacail)

printéir *f* printer *(Río) (gu.* printéara *ai.* printéirí)

printéir barrachód *f* bar code printer *(Gin) (gu.* printéara barrachód *ai.* printéirí barrachód)

printéir léasair *f* laser printer *(Río) (gu.* printéara léasair *ai.* printéirí léasair)

printéir neamhthuinseamhach *f* non-impact printer *(Río) (gu.* printéara neamhthuinseamhaigh *ai.* printéirí neamhthuinseamhacha)

printéir poncmhaitríse *f* dot matrix printer *(Río) (gu.* printéara poncmhaitríse *ai.* printéirí poncmhaitríse)

Cineál printéara ina mbíonn suas le 48 bioirín nó "pionna" pacáilte go dlúth i gcolún ingearach agus ar féidir gach aon cheann díobh a bhrú chun tosaigh le ribín dúigh a bhrú ar pháipéar. Scanann an cnoga priontála thar an leathanach arís is arís eile agus cuirtear teaglamaí éagsúla de na bioráin ag obair ag gach uile phointe.

printéir roth nóinín *f* daisy-wheel printer *(Río) (gu.* printéara roth nóinín *ai.* printéirí roth nóinín)

printéir srathach *f* serial printer *(Río) (gu.* printéara shrathaigh *ai.* printéirí srathacha)

printéir teirmeach *f* thermal printer *(Río) (gu.* printéara theirmigh *ai.* printéirí teirmeacha)

printéir tuinseamhach *f* impact printer *(Río) (gu.* printéara thuinseamhaigh *ai.* printéirí tuinseamhacha)

príobháideach *a1* private *(Gin)*

príobháidiú *f* privatization *(Air) (gu.* priobháidithe)

Gnólachtaí faoi úinéireacht Stáit a thiontú go húinéireacht scairshealbhóirí nó daoine aonair.

príomh- *réi* principal[3] *(Gin) (var* main)

príomha *a3 fch* príomhúil. *(Gin)*

príomhaí *f* principal[2] *(Air) (ai.* priomhaithe)

Príomhaí institiúide, gníomhaireachta, etc.

príomhchláraitheoir *f* chief programmer *(Río) (gu.* príomhchláraitheora *ai.* príomhchláraitheoirí)

príomhchuimhne *b* main memory *(Río) (ai.* príomhchuimhní)

I gcórais chuimhne, an chuid de ríomhaire a choinníonn sonraí agus cláir i bhfoirm dhigití dénártha, le haghaidh randamrochtana tríd an LAP. Is ionann stóras agus cuimhne. Is féidir an phríomhchuimhne a rochtain go tapa de ghnáth (idir 100 nanashoicind agus 1 mhicreashoicind), ach bíonn teorainn lena méid de ghnáth mar go bhfuil sí sách costasach. Cuireann cumas seolacháin an ríomhaire teorainn le méid na cuimhne freisin, áfach. Mar shampla, 64 Kbheart a bheadh sa chumas seolacháin ar mhicriríomhaire 8 ngiotán. 16 Mbheart atá ann ar ríomhaire a bhfuil réimse seoltaí 24-ngiotán aige.

príomhdhathanna dealaitheacha *f* subtractive primary colours *(Río)*

príomhdhathanna suimitheacha *f* additive primary colours *(Río)*

príomhearraí *f* staple goods *(Fio)*

príomhfheidhmeannach *f* chief executive *(Air)* *(gu.* príomhfheidhmeannaigh)

príomhfheidhmeannach grúpa *f* group chief executive *(Air)* *(gu.* príomhfheidhmeannaigh grúpa)

príomhfhoclóir *f* main dictionary *(Río)* *(gu.* príomhfhoclóra *ai.* príomhfhoclóirí) *(mal* foclóir caighdeánach *f gu.* foclóra chaighdeánaigh *ai.* foclóirí caighdeánacha) *(var* standard dictionary)

príomhghrúpa *f* main group *(Río)*

príomh-ríomhchlár *f* main program *(Río)* *(gu.* príomh-ríomhchláir)

Sa ríomhchlárú, an chuid sin de chlár ar ráiteas é go héifeachtúil maidir le gníomhaíochtaí an chláir iomláin agus é sin curtha in iúl i dtéarmaí na ngnáthamh comhábharach.

príomhshrutha *gma fch* lárshrutha. *(Gin)*

príomhshuim *b fch* bunairgead. *(Air)* *(gu.* príomhshuime *ai.* príomhshuimeanna)

príomhúil *a2* primary[1] *(Gin)* *(mal* bunúsach *a1*; príomha *a3)* *(var* basic)

prionsabal *f* principle *(Gin)* *(gu.* prionsabail)

prionsabal an chóngair *f* locality principle *(Río)* *(gu.* phrionsabal an chóngair)

prionsabal an tseasaimh aonair *f* stand alone principle *(Air)* *(gu.* phrionsabal an tseasaimh aonair)

Prionsabal infheistíochta a deir go mba chóir do ghnólacht tionscadal a ghlacadh nó a dhiúltú trí é a chur i gcomparáid le hurrúis sa rang céanna riosca.

prionsabal na comhoiriúna *f* matching principle *(Air)* *(gu.* phrionsabal na comhoiriúna)

prionsabal na deighilte *f* separation principle *(Air)* *(gu.* phrionsabal na deighilte)

Prionsabal gur féidir roghnú punainne a roinnt in dhá thasc neamhspleácha.

prionsabal shuimitheacht na luachanna *f* value additivity (VA) principle *(Air)* *(gu.* phrionsabal shuimitheacht na luachanna)

I margadh éifeachtach is ionann luach do shuim dhá shreabhadh airgid thirim agus suim luachanna na sreafaí indibhidiúla airgid thirim.

priontáil *br* print *(Río)*

próifíl *b* profile *(Air)* *(gu.* próifíle *ai.* próifílí)

próifíl tomhaltóra *b* consumer profile *(Río)* *(gu.* próifíle tomhaltóra *ai.* próifílí tomhaltóirí)

proifisiún *f* profession *(Gin)* *(gu.* proifisiúin)

proifisiúnta *a3* professional *(Gin)*

próiseáil[1] *b* processing *(Río)* *(gu.* próiseála)

próiseáil[2] *br* process[2] *(Gin)*

próiseáil anailíseach ar líne *b* online analytical processing (OLAP) *(Río)* *(gu.* próiseála anailísí ar líne)

próiseáil choibhneasta anailíseach ar líne *b* relational online analytical processing (ROLAP) *(Río)* *(gu.* próiseála coibhneasta anailísí ar líne)

próiseáil choiteann *b* common processing *(Río)* *(gu.* próiseála coitinne)

Is féidir roinnt eilimintí próiseála a bheith coiteann ag breis is feidhm amháin. Is féidir áireamh, mar shampla, a úsáid i mbreis is próiseas amháin; is féidir bailíochtú ionchuir a dhéanamh in ionchuir chomhchosúla ar leith. Áit a ndéantar próiseáil choiteann den tsórt seo, ní mór é a dhoiciméadú sna Tuairiscí den Bhunphróiseas, le trastagairtí cuí. Ní mór iad a thabhairt ar aghaidh freisin sna Sainmhínithe d'Fheidhmeanna.

próiseáil chomhreathach *b* concurrent processing *(Río)* *(gu.* próiseála comhreathaí)

próiseáil chomhuaineach *f* parallel processing *(Río)* *(gu.* próiseála comhuainí)

próiseáil chomhuaineach inscálaithe *b* scalable parallel processing (SPP) *(Río)* *(gu.* próiseála comhuainí inscálaithe)

próiseáil datha *b* colour processing *(Río)* *(gu.* próiseála datha)

próiseáil dháilte *b* distributed processing *(Río)* *(gu.* próiseála dáilte)

próiseáil doiciméad *b* document processing *(Río)* *(gu.* próiseála doiciméad)

próiseáil faisnéise *b* information processing *(Río)* *(gu.* próiseála faisnéise)

próiseáil focal *b* word-processing *(Río)* *(gu.* próiseála focal)

Teicníocht chun téacs a stóráil, a láimhseáil agus eagarthóireacht a dhéanamh air trí mhearchlár leictreonach, ríomhaire agus printéir a úsáid.

próiseáil hibrideach anailíseach ar líne *b* hybrid online analytic processing *(Río)* *(gu.* próiseála hibridí anailísí ar líne)

próiseáil iarratais *b* query processing *(Río)* *(gu.* próiseála iarratais)

próiseáil idirbheart *b* transaction processing *(Río)* *(gu.* próiseála idirbheart)

próiseáil idirbheart ar líne *b* online transaction processing (OLTP) *(Río)* *(gu.* próiseála idirbheart ar líne)

próiseáil i dteanga nádúrtha *b* natural language processing *(Loi)*

próiseáil iltoiseach anailíseach ar líne *b* multidimensional online analytic processing (MOLAP) *(Río)* *(gu.* próiseála iltoisí anailísí ar líne)

próiseáil láraithe sonraí *b* centralized data processing (CDP) *(Río)* *(gu.* próiseála láraithe sonraí)

próiseáil sa chúlra *b* background processing *(Río)* *(gu.* próiseála sa chúlra) *(var* backgrounding)

próiseáil shárscálach *b* superscalar processing *(Río)* (*gu.* próiseála sárscálaí)

próiseáil sonraí *b* data-processing *(Río)* (*gu.* próiseála sonraí)

próiseálaí *f* processor *(Río)* (*ai.* próiseálaithe)

próiseálaí córas grafaice *f* graphics system processor (GSP) *(Río)* (*ai.* próiseálaithe córas grafaice)

próiseálaí eagar *f* array processor *(Río)* (*gu.* próiseálaí eagar *ai.* próiseálaithe eagar)

próiseálaí focal *f* word processor *(Río)* (*ai.* próiseálaithe focal)

Ríomhchlár a dhéanann soláthar chun téacs a láimhseáil. Is féidir é a úsáid chun doiciméid a scríobh, chun focail, ailt, nó leathanaigh a chur isteach nó a athrú, agus chun doiciméid a phriontáil.

próiseálaí ilbhusanna *f* multibus processor *(Río)* (*ai.* próiseálaithe ilbhusanna)

próiseálaí íomhánna rastair *f* raster image processor (RIP) *(Río)* (*ai.* próiseálaithe íomhánna rastair)

próiseálaí na n-orduithe *f* command processor *(Río)* (*gu.* phróiseálaí na n-orduithe *ai.* próiseálaithe na n-orduithe)

próiseálaí nasctha sonraí paicéad *f* packet data link processor *(Río)* (*ai.* próiseálaithe nasctha sonraí paicéad)

próiseálaí siombalach *f* symbolic processor *(Río)* (*gu.* próiseálaí shiombalaigh *ai.* próiseálaithe siombalacha)

próiseálaí sonraí *f* data processor *(Río)* (*ai.* próiseálaithe sonraí)

próiseálaí teanga *f* language processor *(Río)* (*ai.* próiseálaithe teanga)

próiseas *f* process *(Gin)* (*gu.* próisis)

(SSADM) Eilimint den Léaráid den Sreabhadh Sonraí. Taifeadann sé aon trasfhoirmiú nó ionramháil a dhéantar ar shreabhadh sonraí nó ar mhíreanna sonraí.

próiseas bunleibhéil *f* bottom-level process *(Río)* (*gu.* próisis bhunleibhéil)

Próiseas ar Léaráid den Sreabhadh Sonraí nach féidir a dhí-chomhdhéanamh chuig leibhéal níos ísle. Marcáltar sa léaráid é le réiltín sa chúinne ar dheis ag bun an bhosca.

próiseas díolama *f* assembly process *(Río)* (*gu.* próisis díolama)

próiseas ionchurtha *f* input process *(Río)* (*gu.* próisis ionchurtha)

próiseas na diúgaireachta sóisialta *f* social parasitic process *(For)* (*gu.* phróiseas na diúgaireachta sóisialta)

próiseas scríofa léite *f* write-read process *(Río)* (*gu.* próisis scríofa léite)

próiseas stocastach *f* stochastic process *(Río)* (*gu.* próisis stocastaigh)

Prótacail Theicniúla agus Oifige *f* Technical and Office Protocols (TOP) *(Río)* (*gi.* Prótacal Teicniúil agus Oifige)

prótacal *f* protocol *(Río)* (*gu.* prótacail)

Sraith rialacha daingne a bhíonn i bhfeidhm ar an bhfaisnéis a mhalartaítear idir ghléasanna ríomhaireachta.

prótacal ainmcheangail *f* name-binding protocol (NBP) *(Río)* (*gu.* prótacail ainmcheangail)

prótacal aistrithe comhad *f* file transfer protocol (FTP) *(Río)* (*gu.* prótacail aistrithe comhad)

Prótacal Aistrithe Comhad Beagbhríoch *f* Trivial File Transfer Protocol (TFTP) *(Río)* (*gu.* Prótacail Aistrithe Comhad Beagbhríoch)

prótacal aistrithe hipirtéacs *f* hypertext transfer protocol (HTTP) *(Río)* (*gu.* prótacail aistrithe hipirtéacs)

Prótacal Aistrithe Shláin Hipirtéacs *f* Secure Hypertext Transfer Protocol (SHTTP) *(Río)* (*gu.* Prótacail Aistrithe Shláin Hipirtéacs)

prótacal an chrainn réisigh *f* spanning tree protocol *(Río)*

Prótacal Bainistíochta Grúpaí Idirlín *f* Internet Group Management Protocol (IGMP) *(Río)* (*gu.* Prótacail Bainistíochta Grúpaí Idirlín)

prótacal bhloc teachtaireachtaí an fhreastalaí *f* server message block protocol (SMB) *(Río)*

prótacal braite iompróra *b* carrier sense protocol *(Río)* (*gu.* prótacail braite iompróra)

prótacal bus *f* bus protocol *(Río)* (*gu.* prótacail bus)

Rialacha sainithe faoin slí ina n-oibríonn an bus; ní mór d'aon ghléasanna atá ceangailte leis na rialacha seo a leanúint.

prótacal comhaid AppleTalk *f* AppleTalk file protocol (AFP) *(Río)* (*gu.* phrótacal comhaid AppleTalk)

Déanann prótacal comhaid Appletalk cur síos ar an slí a ndéantar comhaid a stóráil agus a rochtain ar líonra. Tá sé freagrach as an struchtúr ordlathach comhdaithe atá ag Apple bunaithe ar imleabhair, filleáin agus comhaid. Soláthraíonn sé freisin do chomhadroinnt idir Macintosh agus riomhairí bunaithe ar chóras MS-DOS. Soláthraíonn sé comhéadan le haghaidh cumarsáide idir Appletalk agus córais oibriúcháin líonra eile. Ciallaíonn sé seo gur féidir Macintosh a chomhtháthú le haon líonra a úsáideann córas oibriúcháin a aithníonn AFP.

prótacal comhsheasmhacht taisce *f* cache consistency protocol *(Río)* (*gu.* prótacail comhsheasmhacht taisce)

Tugtar an prótacal comhsheasmhacht taisce ar an sraith rialacha a bhíonn á n-úsáid ag taiscí, LAPanna, agus an chuimhne, le stop a chur le leaganacha éagsúla den bhloc céanna a bheith i láthair san iliomad taiscí.

prótacal cumarsáide *f* communications protocol *(Río)* (*gu.* prótacail cumarsáide)

prótacal cumarsáide tionscantaí *f* handshaking protocol *(Río)* *(gu.* prótacail cumarsáide tionscantaí) *(var* handshaking)

prótacal faisnéise ródaithe *f* routing information protocol (RIP) *(Río)* *(gu.* prótacail faisnéise ródaithe)

prótacal feidhmchláir *f* application protocol *(Río)* *(gu.* prótacail feidhmchláir)

prótacal feidhmiúcháin do ghléasanna gan sreang *f* wireless application protocol (WAP) *(Río)* *(gu.* prótacail feidhmiúcháin do ghléasanna gan sreang)

prótacal gan staid *f* stateless protocol *(Río)* *(gu.* prótacail gan staid)

prótacal glasála déphasaí *f* two-phase locking protocol *(Río)* *(gu.* prótacail glasála dhéphasaigh)

prótacal iarmhíreanna do Phost Idirlín *f fch* prótacal MIME. *(Río)* *(gu.* prótacail iarmhíreanna do Phost Idirlín)

prótacal idirbhearta AppleTalk *f* AppleTalk transaction protocol (ATP) *(Río)* *(gu.* phrótacal idirbhearta AppleTalk)

Prótacal Idirlín *f* Internet Protocol (IP) *(Río)* *(gu.* Prótacail Idirlín)

Prótacal Idirlín Líne Srathaí *f* Serial Line Internet Protocol (SLIP) *(Río)* *(gu.* Prótacail Idirlín Líne Srathaí)

prótacal ilrochtana *f* multiple access protocol *(Río)* *(gu.* prótacail ilrochtana)

prótacal iompair hipirtéacs *f* hypertext transport protocol (HTTP) *(Río)* *(gu.* prótacail iompair hipirtéacs)

prótacal líonraithe Microcom *f* Microcom networking protocol (MNP) *(Río)* *(gu.* phrótacal líonraithe Microcom)

prótacal malartaithe paicéad *f* packet exchange protocol (PEP) *(Río)* *(gu.* prótacail malartaithe paicéad)

Prótacal Malartaithe Paicéad Idirlín *f* Internetwork Packet Exchange Protocol (IPX) *(Río)* *(gu.* Prótacail Malartaithe Paicéad Idirlín)

prótacal MIME *f* multipurpose Internet Mail extension protocol (MIME) *(Río)* *(gu.* prótacail MIME) *(mal* prótacal iarmhíreanna do Phost Idirlín *f gu.* prótacail iarmhíreanna do Phost Idirlín)

prótacal óstchumraíochta dinimiciúla *f* dynamic host configuration protocol (DHCP) *(Río)* *(gu.* prótacail óstchumraíochta dinimiciúla)

Prótacal Pointe go Pointe *f* Point-to-Point Protocol (PPP) *(Río)* *(gu.* Prótacail Pointe go Pointe)

Prótacal Rialaithe Tarchurtha *f* Transmission Control Protocol (TCP) *(Río)* *(gu.* Prótacail Rialaithe Tarchurtha)

Prótacal Rialaithe Tarchurtha/ Prótacal Idirlín *f* TCP/IP (Transmission Control Protocol/ Internet Protocol) *(Río)*

prótacal rialaithe teachtaireachtaí idirlín *f* Internet control message protocol (ICMP) *(Río)* *(gu.* prótacail rialaithe teachtaireachtaí Idirlín)

Prótacal Rochtana Printéara *f* Printer Access Protocol (PAP) *(Río)* *(gu.* Prótacail Rochtana Printéara)

Prótacal Rochtana Teachtaireachtaí Idirlín *f* Internet Message Access Protocol (IMAP) *(Río)* *(gu.* Prótacail Rochtana Teachtaireachtaí Idirlín)

prótacal seachadta sonragram *f* datagram deliver protocol (DDP) *(Río)* *(gu.* prótacail seachadta sonragram)

prótacal seoltaí Idirlín *f* Internet address protocol *(Río)* *(gu.* prótacail seoltaí Idirlín)

Prótacal Simplí Aistrithe Poist *f* Simple Mail Transfer Protocol (SMTP) *(Río)* *(gu.* Prótacail Shimplí Aistrithe Poist)

Prótacal Simplí Bainistíochta Líonra *f* Simple Network Management Protocol (SNMP) *(Río)* *(gu.* Prótacail Shimplí Bainistíochta Líonra)

Prótacal Sonragram Úsáideora *f* User Datagram Protocol (UDP) *(Río)* *(gu.* Prótacail Sonragram Úsáideora)

prótacal taisce *f* cache protocol *(Río)* *(gu.* prótacail taisce)

prótacal taisce inscríofa uair amháin *f* write once cache protocol *(Río)* *(gu.* prótacail taisce inscríofa uair amháin)

prótacal taisce scríofa tríd *f* write through cache protocol *(Río)* *(gu.* prótacail taisce scríofa tríd)

Prótacal taisce a chiallaíonn nuair a scríobhtar giotánra chun na taisce, go scríobhtar ar ais chun na cuimhne é láithreach.

Prótacal Tionscanta Seisiúin *f* Session Initiation Protocol (SIP) *(Río)* *(gu.* Prótacail Tionscanta Seisiúin)

punann *b* portfolio *(Air)* *(gu.* punainne *ai.* punanna)

Sealúchas infheisteora comhdhéanta de bhreis is aon cheann amháin díobh seo leanas: stoc, banna, sócmhainn eastáit réadaigh nó sócmhainn eile.

punann airgeadais *b* finance portfolio *(Air)* *(gu.* punainne airgeadais *ai.* punanna airgeadais)

punann barrmhaitheasa *b* optimum portfolio *(Air)* *(gu.* punainne barrmhaitheasa *ai.* punanna barrmhaitheasa)

punann éifeachtúil *b* efficient portfolio *(Air)* *(gu.* punainne éifeachtúla *ai.* punanna éifeachtúla)

Ceann de thacar punann a sholáthraíonn an leibhéal is airde toraidh do leibhéal áirithe riosca.

punann íosathraithis *b* minimum variance portfolio *(Air)* *(gu.* punainne íosathraithis *ai.* punanna íosathraithis)

Punann de shócmhainní rioscúla leis an athraitheas is lú is féidir.

punann íosathraithis dhomhanda *b* global minimum variance portfolio *(Air)* *(gu.* punainne íosathraithis dhomhanda *ai.* punanna íosathraithis dhomhanda)

punann margaidh *b* market portfolio *(Air)* *(gu.* punainne margaidh *ai.* punanna margaidh)

Punann dea-éagsúlaithe d'urrúis rioscúla gan aon riosca neamhchórasach leo, nó gan ach beagán de, agus gan aon scóip chun an riosca a laghdú a thuilleadh trí éagsúlú, nó gan ach beagán de.

punann rioscúil barrmhaitheasa *b* optimum risky portfolio *(Air)* *(gu.* punainne rioscúla barrmhaitheasa)

punann tadhlaí *b* tangent portfolio *(Air)* *(gu.* punainne tadhlaí)

punann uastoraidh *b* maximum return portfolio *(Air)* *(gu.* punainne uastoraidh *ai.* punanna uastoraidh)

punt *f* pound *(Air)* *(gu.* puint)

Q

Q-chóimheas *f* Q-ratio *(Air)* *(gu.* Q-chóimheasa)

Margadhluach sócmhainní gnólachta roinnte ar luach athsholáthair shócmhainní an ghnólachta. *(mal* Q Tobin *f)* *(var* Tobins Q)

Q Tobin *f* Tobins Q *(Air)*

Margadhluach sócmhainní roinnte ar luach athsholáthraithe sócmhainní. *(mal* Q-chóimheas *f gu.* Q-chóimheasa) *(var* Q-ratio)

R

rabhadh *f* warning *(Gin)* *(gu.* rabhaidh)

rabhchán *f* beacon *(Río)* *(gu.* rabhchháin)

rachmas *f* wealth *(Air)* *(gu.* rachmais)

rachmasach *a1* wealthy *(Air)*

radacach *a1* radical^2 *(For)*

radacaí *f* radical^1 *(For)* *(ai.* radacaithe)

rada(i)- *réi* radio^2 *(Gin)*

radaimhinicíocht *b* radio frequency (RF) *(Río)* *(gu.* radaimhinicíochta *ai.* radaimhinicíochtaí)

radaíocht *b* radiation *(Gin)* *(gu.* radaíochta)

Radaisheirbhísí Ginearálta Paicéad *b* General Packet Radio Services (GPRS) *(Río)*

radar *f* radar *(Río)* *(gu.* radair)

raidian *f* radian *(Río)* *(gu.* raidiain)

raidió *f* radio^1 *(Gin)*

raidió ultra-leathanbhanda *f* ultra wideband radio *(Río)*

Teicneolaíocht gan sreang chun méideanna móra sonraí digiteacha a tharchur thar speictream leathan de bhandaí minicíochta gan ach leibhéal an-íseal cumhachta a úsáid.

ráite *a3* expressed (said) *(Air)*

ráiteas *f* statement *(Gin)* *(gu.* ráitis)

(Ríomhaireacht) 1. I dteangacha ríomhchlárúcháin, comhstruchtúr teanga a léiríonn céim i seicheamh gníomhartha nó tacar fógraí. 2. Sa ríomhchlárúchán, teaghrán siombailí nó rangú eile siombailí. 3. Treoir i ríomhchlár nó i ngnás. 4. Aonad comhréire teanga comhdhéanta d'oibreoir, nó d'aitheantóir eile ráiteas, agus oibreann amháin nó breis á leanúint.

ráiteas clárúcháin *f* registration statement *(Air)* *(gu.* ráitis clárúcháin)

Ráiteas a nochtann gach faisnéis ábhartha maidir leis an gcorparáid atá ag iarraidh an tairiscint a dhéanamh.

ráiteas coinníollach *f* conditional statement *(Río)* *(gu.* ráitis choinníollaigh *ai.* ráitis choinníollacha)

ráiteas folamh *f* empty statement *(Río)* *(gu.* ráitis fholaimh *ai.* ráitis fholmha)

Ráiteas nach bhfuil ach an tsiombail teormharcóra ann, ach gan aon charachtair.

ráiteas ioncaim *f* income statement *(Air)* *(gu.* ráitis ioncaim)

Tuarascáil airgeadais a thugann achoimre ar fheidhmíocht gnólachta thar thréimhse shonraithe.

ráiteas 'is gá agus is leor' *f* if-statement *(Río)*

ráiteas lipéadaithe *f* labelled statement *(Río)* *(gu.* ráitis lipéadaithe)

ráiteas misin *f* mission statement *(Gin)* *(gu.* ráitis mhisin)

ráiteas rialúcháin baisceanna *f* batch control statement *(Río)* *(gu.* ráitis rialúcháin baisceanna)

ráiteas sainithe faidhbe *f* problem definition statement *(Río)* *(gu.* ráitis sainithe faidhbe)

Sainiú ar riachtanais an Úsáideora don chóras nua. Táirgtear é i rith an Staidéir Indéantachta, agus corpraíonn sé cairteacha agus léaráidí.

ráite in aonaid airgeadra per euro *a* expressed in units of currency per euro *(Air)*

ráithiúil *a2* quarterly *(Gin)*

ráitis pro forma *f* pro forma statements *(Air)*

Ráitis ioncaim fhortheilgthe, cláir chomhardaithe, agus ráitis foinsí agus feidhme do bhlianta sa todhchaí.

RAM dinimiciúil *f* dynamic RAM *(Río)* *(gu.* RAM dhinimiciúil) *(mal* cuimhne randamrochtana dhinimiciúil *b gu.* cuimhne randamrochtana dinimiciúla) *(var* dynamic random access memory)

RAM dinimiciúil breisithe *f* enhanced dynamic RAM (EDRAM) *(Río)*

RAM fearóileictreach *f* ferroelectric RAM (FRAM) *(Río)*

randam- *réi fch* randamach. *(Río)*

randamach *a1* random *(Gin)* *(mal* randam- *réi)*

randamacht *b* randomness *(Río)* *(gu.* randamachta)

randamrochtain *b* random access *(Río)* *(gu.* randamrochtana)

Teicníc rochtana trína bhfaightear taifid loighciúla ó ghléas stórála nó trína gcuirtear inti iad, ar mhodh neamhsheicheamhach.

rangaigh *br* classify *(Gin)* *(var* rank)

rangaithe *a3* classified *(Gin)*

rangú *f* classification *(Gin)* *(gu.* rangaithe)

Toradh rangaithe; dáileadh nó socrú córasach i rang nó i ranganna. *(var* ranking)

rangú ar fheidhmíocht DBMS *f* DBMS performance classification *(Río)* *(gu.* rangaithe ar fheidhmíocht DBMS)

Taifead de na tosca a mbíonn tionchar acu ar fheidhmíocht DBMS. Úsáidtear é seo i Staid a 6, Dearadh Fisiciúil na Sonraí.

rangú córas próiseála *f* processing system classification *(Río)* *(gu.* rangaithe córas próiseála)

Rangaíonn sé sonraí na timpeallachta próiseála atá á húsáid don chur i ngníomh. Is minic a shainíonn sé an timpeallacht forbartha, freisin.

rangú stórála sonraí DBMS *f* DBMS data storage classification *(Río)* *(gu.* rangaithe stórála sonraí DBMS)

Modh chun anailís a dhéanamh ar na meicníochtaí stórála agus aisghabhála sonraí ar chóras bainistíochta bunachar sonraí. Úsáidtear é seo i Staid a 6, Dearadh Fisiciúil na Sonraí.

rangú treoracha *f* classification of instructions *(Río)* *(gu.* rangaithe treoracha)

rann *f* portion *(Gin)* *(gu.* rannta)

rannán *f* section *(Gin)* *(gu.* rannáin)

rannán túsaithe *f* initialization section *(Río)* *(gu.* rannáin túsaithe)

rannearraí *f* shareware *(Río)*

ranníocaíocht *b* contribution[1] *(Air)* *(gu.* ranníocaíochta *ai.* ranníocaíochtaí)

rannóg *b fch* roinn. *(Gin)* *(gu.* rannóige *ai.* rannóga)

rannógú *f* departmentalization *(Air)* *(gu.* rannógaithe)

rannpháirteach *a1* participating *(Gin)*

rannpháirteachas *f fch* páirteachas. *(Air)* *(gu.* rannpháirteachais)

rannpháirtí[1] *f* participant *(Gin)* *(gu.* rannpháirtithe)

rannpháirtí[2] *f* subscriber (of telephone service) *(Río)* *(ai.* rannpháirtithe)

rannpháirtigh *br* participate *(Gin)* *(mal* páirtigh *br)*

rannpháirtíocht *b* participation[1] *(Río)* *(gu.* rannpháirtíochta)

rannpháirtíocht éigeantach *b* mandatory participation *(Río)* *(gu.* rannpháirtíochta éigeantaí)

rannpháirtíocht iomlán *b* total participation *(Gin)* *(gu.* rannpháirtíochta iomláine)

rannpháirtíocht pháirteach *b* partial participation *(Río)* *(gu.* rannpháirtíochta páirtí)

rannpháirtíocht roghnach *b* optional participation *(Río)* *(gu.* rannpháirtíochta roghnaí)

raon *f* range *(Gin)* *(gu.* raoin *ai.* raonta)

(Ríomhaireacht) 1. An tacar luachanna idir dhá theorainn a d'fhéadfadh a bheith ag cainníocht. 2. An réimse inúsáidte oibriúcháin atá ag córas cumarsáide. *(Fiontraíocht)* An difríocht idir an tomhas is airde agus in tomhas is ísle i staidéar.

raon difríochta *f* spread[3] *(Air)* *(gu.* raoin difríochta)

An difear idir na rátaí nó na praghsanna ceannaigh agus díola.

an raon difríochta a fhrithghealladh *f fch* frithghealladh an raoin difríochta. *(Air)*

raon dinimiciúil *f* dynamic range *(Río)* *(gu.* raoin dhinimiciúil *ai.* raoin dhinimiciúla)

raon foscripte *f* subscript range *(Río)* *(gu.* raoin foscripte *ai.* raonta foscripte)

raon leathanach *f* page range *(Río)* *(gu.* raoin leathanach *ai.* raonta leathanach)

raon praghsanna *f* price range *(Air)* *(gu.* raoin praghsanna *ai.* raonta praghsanna)

raon táirgí *f* product range *(Fio)* *(gu.* raoin táirgí)

Líon na dtáirgí agus na mbrandaí a dhíolann gnólacht.

raon tairisceana is ofrála *f* bid/offer spread *(Air)* *(gu.* raoin tairisceana is ofrála)

raon trádála *f* trading range *(Air)* *(gu.* raoin trádála)

An praghasraon idir na praghsanna is airde agus is ísle ag a dtrádáltar urrús.

rapar *f* wrapper *(Río)* *(gu.* rapair)

rás *f* race *(Gin)* *(gu.* ráis)

rastar *f* raster *(Río)* *(gu.* rastair)

ráta *f* rate *(Air)*

An méid a ghearrtar ar iasacht, a deirtear de ghnáth mar chéatadán den tsuim a fuarthas ar iasacht. Go contrártha, an méid a íocann banc, cumann foirgníochta etc. le taisceoir ar airgead a chuirtear i dtaisce, a deirtear freisin mar chéatadán den tsuim a chuirtear i dtaisce.

ráta áirithinte *f* booking rate *(Fio)*

ráta aisfhothaithe *f* feedrate *(Río)* *(ai.* rátaí aisfhothaithe)

ráta aistrithe sonraí *f* data transfer rate *(Río)* *(ai.* rátaí aistrithe sonraí) *(mal* ráta traschurtha sonraí *f ai.* rátaí traschurtha sonraí)

ráta an chiste fheidearálaigh f federal fund rate *(Air)* *(ai.* rátaí an chiste fheidearálaigh)

ráta athléite f second-read rate (SRR) *(Río)*

ráta athnuachana f refresh rate *(Río)*

ráta athraithe f rate of change *(Mat)*

ráta babhtála f swap rate *(Air)*

An difear idir an praghas díola agus praghas a athcheannaigh i mbabhtáil.

ráta bád f baud rate *(Río)* *(ai.* rátaí bád)

ráta bliantúil úis a luaitear f stated annual interest rate *(Air)*

An ráta úis á rá mar chéatadán sa bhliain ag a socraítear ús a íoc.

ráta céadléite f first-read rate (FRR) *(Río)*

ráta comhlúthach f floating rate *(Air)* *(gu.* ráta comhlúthaigh *ai.* rátaí comhlúthacha)

Ráta malairte idir airgeadra amháin agus airgeadraí eile a ligtear dó ardú nó ísliú de réir fhórsaí an mhargaidh. Bíonn ráta malairte comhlúthach ag formhór na mórairgeadraí agus na bpríomhthíortha ach déanann rialtais agus bainc cheannais idirghabháil nuair a éiríonn rátaí ró-ard nó ró-íseal.

ráta comhréidh f flat rate *(Air)*

ráta cuimsitheach f all-in rate *(Air)* *(ai.* rátaí cuimsitheacha)

Ráta úis lascainithe móide coimisiún. Úsáidtear é agus táille á ghearradh ar chustaiméirí ar ghlacadh le glacachtaí baincéirí.

ráta fáis fortheilgthe f projected growth rate *(Air)*

ráta fáis inbhuanaithe f sustainable growth rate *(Air)* *(ai.* rátaí fáis inbhuanaithe)

An t-aon ráta fáis féideartha le luachanna réamhshocraithe do cheithre athróg: corrlach brabúis, cóimheas íocaíochtaí amach, cóimheas fiachais/cothromais, agus cóimheas úsáid na sócmhainní.

ráta glan aistrithe sonraí f effective data transfer rate *(Río)* *(gu.* ráta ghlain aistrithe sonraí) *(mal* ráta glan traschurtha sonraí f *gu.* ráta ghlain traschurtha sonraí)

ráta glan tarchurtha f effective transmission rate *(Río)* *(gu.* ráta ghlain tarchurtha)

ráta glan traschurtha sonraí f *fch* ráta glan aistrithe sonraí. *(Río)* *(gu.* ráta ghlain traschurtha sonraí)

ráta iarrata f ask (sell) rate *(Air)* *(ai.* rátaí iarrata)

ráta iasachtaí an státchiste f exchequer borrowing rate *(Air)*

rátáil b rating *(Air)* *(gu.* rátála)

Litir a chuireann gníomhaireacht le hainm banna, a léiríonn an méid riosca creidmheasa atá leis an mbanna.

rátáil chreidmheasa b credit-rating *(Air)* *(gu.* rátála creidmheasa)

ráta lascaine f discount rate *(Air)* *(ai.* rátaí lascaine)

An ráta a úsáidtear chun luach reatha a ríomh do shreabhadh airgid thirim sa todhchaí.

ráta Lombard f Lombard rate *(Air)* *(ai.* rátaí Lombard)

An ráta úis a ghearrtar ar airleacan in aghaidh comhthaobhacht urrús liostaithe áirithe san Eoraip.

ráta lonnaitheachta f occupancy rate *(Fio)*

ráta malairte f exchange rate *(Air)* *(ai.* rátaí malairte)

Praghas airgeadra amháin i dtéarmaí airgeadra eile.

ráta malairte cothromaíochta f equilibrium exchange rate *(Air)* *(ai.* rátaí malairte cothromaíochta)

Ráta malairte ag a mbíonn an t-éileamh ar an airgeadra cothrom leis an soláthar den airgeadra atá ar díol.

ráta malairte fírinneach f real exchange rate *(Air)* *(ai.* rátaí malairte fírinneacha)

An ráta malairte luaite, coigeartaithe ó thaobh an bhoilscithe sa tír sin, i gcoibhneas le boilsciú i dtíortha eile.

ráta malairte glan f effective exchange rate *(Air)* *(gu.* ráta malairte ghlain *ai.* rátaí malairte glana)

Ráta a thomhasann luach foriomlán ainmniúil airgeadra ar an margadh airgeadraí.

ráta malairte glan ainmniúil f nominal effective exchange rate *(Air)* *(gu.* ráta malairte ghlain ainmniúil *ai.* rátaí malairte glana ainmniúla)

ráta malairte glan fírinneach f real effective exchange rate *(Air)* *(gu.* ráta malairte ghlain fhirinneach *ai.* rátaí malairte glana firinneacha)

Ráta a ríomhtar trí ráta malairte glan ainmniúil tíre a roinnt ar innéacs chóimheas na meánphraghsanna eachtracha leis na praghsanna intíre.

ráta malairte lárnach f central exchange rate *(Air)* *(ai.* rátaí malairte lárnacha)

Ráta malairte a bhunaítear idir dhá airgeadra Eorpacha trí shocrú an EMS.

ráta malairte pionnáilte f pegged exchange rate *(Air)* *(ai.* rátaí malairte pionnáilte)

Ráta malairte a bpionnáltar a luach le luach airgeadra eile nó le haonad cuntais.

ráta malairte seasta f fixed exchange rate *(Air)* *(ai.* rátaí malairte seasta)

Ráta malairte a choinnítear ar leibhéal seasta nó nach ligtear dó luainiú ach fíorbheagán.

ráta maoinithe glan f effective financing rate *(Air)* *(gu.* ráta maoinithe ghlain *ai.* rátaí maoinithe glana)

Costas an mhaoinithe tar éis luaineacht an ráta malairte a chur san áireamh.

ráta meandarach aistrithe *f* instantaneous transfer rate *(Río)* *(gu.* ráta mheandaraigh aistrithe) *(mal* ráta meandarach traschurtha *f gu.* ráta mheandaraigh traschurtha)

ráta meandarach traschurtha *f fch* ráta meandarach aistrithe. *(Río)* *(gu.* ráta mheandaraigh traschurtha)

ráta tagartha *f* reference rate *(Air)* *(ai.* rátaí tagartha)

Ráta úis margaidh a ndéantar monatóireacht air go tréimhsiúil maidir le creidmheas tar-rollta nóta ráta comhlúthaigh d'fhonn an íocaíocht úis ón iasachtaí ina dhiaidh sin a dheimhniú.

ráta tairgthe *f* bid (buy) rate *(Air)* *(ai.* rátaí tairgthe)

An ráta ag a dtairgtear urrús nó tráchtearra a dhíol nó an ráta ag a dtairgtear an iasacht.

Ráta Tairisceana Idirbhainc Londain *f* London Interbank Offer Rate (LIBOR) *(Air)*

Ráta úis a ghearrtar go coitianta ar iasachtaí idir Eorabhainc.

ráta teipeanna comhpháirte *f* part failure rate *(Río)* *(ai.* rátaí teipeanna comhpháirte)

ráta toraidh bliantúil *f* annual rate of return *(Air)* *(gu.* ráta toraidh bhliantúil *ai.* rátaí toraidh bliantúla)

ráta toraidh fírinneach *f* real rate of return *(Air)* *(gu.* ráta toraidh fhírinnigh *ai.* rátaí toraidh fírinneacha)

ráta toraidh inmheánach *f* internal rate of return (IRR) *(Air)* *(gu.* ráta toraidh inmheánaigh *ai.* rátaí toraidh inmheánacha)

An ráta lascaine ag a bhfuil glanluach láithreach infheistíochta nialasach.

ráta tráchtála *f* commercial rate *(Air)* *(ai.* rátaí tráchtála)

ráta traschurtha sonraí *f fch* ráta aistrithe sonraí. *(Río)* *(ai.* rátaí traschurtha sonraí)

ráta úis *f* interest rate *(Air)* *(ai.* rátaí úis)

An praghas a íoctar ar airgead a fhaightear ar iasacht.

ráta úis ainmniúil *f* nominal interest rate *(Air)* *(ai.* rátaí úis ainmniúla)

Ráta úis nach bhfuil coigeartaithe ó thaobh boilscithe.

ráta úis fírinneach *f* real interest rate *(Air)* *(ai.* rátaí úis fírinneacha)

An ráta úis ainmniúil lúide ráta an bhoilscithe.

ráta úis fírinneach ex-post *f* ex-post real interest rate *(Air)* *(ai.* rátaí úis fírinneacha ex-post)

Tomhas den ráta malairte fírinneach tar éis coigeartú do bhoilsciú i dtréimhse go gairid roimhe sin.

rath *f* success *(Gin)* *(gu.* ratha)

ráth *f* guarantee[1] *(Air)* *(gu.* rátha)

ráthaigh *br* guarantee[2] *(Air)*

ráthóir *f* guarantor *(Air)* *(gu.* ráthóra *ai.* ráthóirí)

ré- *réi* even *(Mat)*

reachtúil *a2* statutory *(Air)*

réad- *réi fch* réadach. *(Gin)*

réadach *a1* real *(Gin)* *(mal* fíor- *réi;* firinneach *a1;* réad- *réi)*

réadaigh (sócmhainní) *br* realize (assets) *(Air)*

réadfhréamhacha *b* real roots *(Río)*

réadluachanna *f* real values *(Río)* *(ai.* réadluachanna)

réadúil *a2* realistic *(Río)*

réaduimhir *b* real number *(Mat)* *(gu.* réaduimhreach *ai.* réaduimhreacha)

Fo-thacar d'uimhreacha coimpléascacha. *(mal* uimhir réadach *b gu.* uimhreach réadaí *ai.* uimhreacha réadacha)

réaltacht fhíorúil *b* virtual reality *(Río)* *(gu.* réaltachta fíorúla)

réamh- *réi* foreward *(Gin)* *(var* forward; preliminary)

réamhaíocht agus spota an dollair *b* dollar spot and forward (sterling) *(Air)*

réamhaíocht agus spota an phuint (steirling) *b* pound spot and forward (sterling) *(Air)*

réamhaisnéis *b* forecast(ing) *(Gin)* *(gu.* réamhaisnéise *ai.* réamhaisnéisí)

(Fiontraíocht) Réamhaithris ar acmhainneacht díolacháin sa todhchaí nó ar ghlacacht custaiméara le stíl nó le táirge nua.

réamhaisnéis atá bunaithe ar an margadh *b* market based forecasting *(Air)* *(gu.* réamhaisnéise atá bunaithe ar an margadh)

Ráta malairte a dheimhnigh an margadh a úsáid chun réamhaisnéis a dhéanamh ar an spotphraghas sa todhchaí.

réamhaisnéis bhunúsach *b* fundamental forecast *(Air)* *(gu.* réamhaisnéise bunúsaí)

Réamhaisnéis é seo atá bunaithe ar ghaolmhaireachtaí bunúsacha idir athróga eacnamaíocha agus rátaí malairte.

réamhaisnéis mheasctha *b* mixed forecasting *(Air)* *(gu.* réamhaisnéise measctha *ai.* réamhaisnéisí measctha)

Réamhaisnéisí a fhorbairt, bunaithe ar mheascán de theicnící réamhaisnéise.

réamhaisnéis theicniúil *b* technical forecasting *(Air)* *(gu.* réamhaisnéise teicniúla *ai.* réamhaisnéisí teicniúla)

Úsáid a bhaint as praghsanna nó as treochtaí stairiúla chun réamhaisnéisí a fhorbairt.

réamhaithris[1] *b* prediction *(Gin)* *(gu.* réamhaithrise) *(mal* tairngreacht *b gu.* tairngreachta)

réamhaithris[2] *br* predict *(Gin)*

réamhaithriseoir *f* predictor *(Air)* *(gu.* réamhaithriseora)

réamhamharc *f* preview *(Río)* *(gu.* réamhamhairc)

réamhbhabhtáil *b* forward swap *(Air)* *(gu.* réamhbhabhtála)

Péire beart réamh-mhalairte, ina dtéitear i mbun réamhdhíol agus réamhcheannach airgeadra ar aon uain, ach aibíochtaí difriúla a bheith acu.

réamhbhiseach *f* forward premium *(Air)* *(gu.* réamhbhisigh)

An céatadán dar mó an réamhráta ná an spotráta.

réamhbhlianacht *b* annuity in advance *(Air)* *(gu.* réamhbhlianachta *ai.* réamhbhlianachtaí)

Blianacht le céadíocaíocht láithreach.

réamhcháin chorparáide *b* advance corporation tax (ACT) *(Air)* *(gu.* réamhchánach corparáide)

réamhcheangaltas *f* advance commitment *(Air)* *(gu.* réamhcheangaltais)

Gealltanas chun sócmhainn a dhíol sula mbíonn ceannach na sócmhainne réitithe ag an díoltóir.

réamhcheannach *f* pre-emption *(Air)* *(gu.* réamhcheannaigh)

réamhcheannaigh *br* pre-empt *(Air)*

réamhchinn *br* predetermine[2] *(Gin)*

réamhchóimheas *f* ratio forward *(Air)* *(gu.* réamhchóimheasa)

réamhchoinníoll *f* precondition *(Gin)* *(gu.* réamhchoinníll *ai.* réamhchoinníollacha)

réamhchonarthaí fadtéarma *f* long-term forward contracts *(Air)*

Conarthaí a luann ráta malairte ag ar féidir méid áirithe d'airgeadra áirithe a mhalartú ag dáta sa todhchaí. *(var* long forwards)

réamhchonradh *f* forward contract *(Air)* *(gu.* réamhchonartha *ai.* réamhchonarthaí)

Comhaontas i leith dhá airgeadra a mhalartú ag pointe áirithe ama sa todhchaí ar ráta malairte sonraithe. *(var* forward)

réamhchonradh dáta roghnaigh *f* optional date forward contract *(Air)* *(gu.* réamhchonartha dáta roghnaigh *ai.* réamhchonarthaí dáta roghnaigh)

Réamhconradh malairte ina bhfuil an ráta seasta ach go bhfuil an aibíocht oscailte laistigh de raon de dhátaí sonraithe.

réamhdhearbhaigh *br* predetermine[1] *(Gin)*

réamhdhearbhaithe *a3* predetermined *(Gin)*

réamhdhíol *f* forward sale *(Air)* *(gu.* réamhdhíola)

réamheolaire *f* prospectus *(Air)* *(ai.* réamheolairí)

Doiciméad dlíthiúil a chaithfear a thabhairt do gach infheisteoir atá ag smaoineamh ar urrúis chláraithe a cheannach i dtairiscint.

réamhfhocal *f* prolog *(Río)* *(gu.* réamhfhocail)

réamhfhocal gnáis *f* procedure prolog *(Río)* *(gu.* réamhfhocail ghnáis)

réamhghabhálach *a1* pre-emptive *(Río)*

réamhghiotáin *f* preamble *(Río)* *(gi.* réamhghiotán)

réamhghníomhach *a1* proactive *(Gin)*

réamhíocaíocht *b* prepayment *(Air)* *(gu.* réamhíocaíochta *ai.* réamhíocaíochtaí)

Modh a úsáideann easpórtálaí chun íocaíocht a fháil roimh earraí a chur thar farraige.

réamh-lánpháirtiú *f* forward integration *(Air)* *(gu.* réamh-lánpháirtithe)

Gnólacht ag ceannach gnólachta eile atá sa chéad chéim eile ar aghaidh sa slabhra margaíochta nó táirgthe.

réamhlascaine *b* forward discount *(Air)*

An céatadán dar lú an réamhráta ná an spotráta.

réamhléamh *f* read ahead *(Río)* *(gu.* réamhléimh *ai.* réamhléamhanna)

réamhoird *gma* preorder *(Río)*

réamhphraghas *f* forward price *(Air)* *(gu.* réamhphraghais *ai.* réamhphraghsanna)

réamhphróiseálaí *f* preprocessor *(Río)* *(ai.* réamhphróiseálaithe)

1. Aonad feidhmiúil a dhéanann ríomhaireacht nó eagrú ullmhúcháin. 2. Clár a ndéanann an ríomhchlár foinseach é a scrúdú ag lorg ráiteas réamhphróiseálaí. Ritear na ráitis ansin agus tarlaíonn athruithe sa ríomhchlár foinseach dá mbarr. 3. Chun aithris a dhéanamh, clár a thiontaíonn sonraí ó fhormáid córais aithrise go formáid a nglacann an t-aithriseoir leis.

réamhphróiseálaí macraí *f* macro preprocessor *(Río)* *(ai.* réamhphróiseálaithe macraí)

réamhráta *f* forward rate *(Air)* *(ai.* réamhrátaí)

réamhráta malairte *f* forward exchange rate *(Air)* *(ai.* réamhrátaí malairte)

An praghas a bheidh ar airgeadra atá le seachadadh ag dáta ar leith sa todhchaí.

réamhráta (úis) intuigthe *f* implied forward rate *(Air)* *(ai.* réamhrátaí (úis) intuigthe)

An ráta úis ag ar féidir iasacht a thar-rolladh chun ráta úis a tháirgeadh atá coibhéiseach leis an ráta a bheadh ar iasacht a fháil nó a thabhairt le haibíocht níos faide.

réamhriachtanas *f* prerequisite *(Río)* *(gu.* réamhriachtanais)

réamh-ríomhchláraithe *a3* preprogrammed *(Río)*

réamhrogha *b* forward option *(Air)* *(ai.* réamhroghanna)

Réamhchonradh malairte le dáta inathraithe in ionad dáta seasta aibíochta.

réamhshainithe *a3* predefined *(Río)*

réamhshocrú f default[3] *(Río)* *(gu.* réamhshocraithe *ai.* réamhshocruithe) *(var* default setting)

réamhshórtáil *br* presort *(Río)*

réamhshuite *a3* prefix[2] *(Río)*

réamhthábla f forward table *(Air)* *(ai.* réamhtháblai)

réamhthagairt *b* forward reference *(Río)* *(gu.* réamhthagartha *ai.* réamhthagairtí)

Tagairt i dteanga ríomhchláirúcháin nár sainíodh roimhe sin, lipéad de ghnáth. Cruthaíonn sé fadhbanna éigin sa tiomsúchán ós rud é nach féidir seoladh na míre ar tagraíodh di a fháil amach go dtí go sainítear an mhír agus más ea, ní mór don tiomsaitheoir dul faoi dhó thar an gcód foinseach nó modh gaolmhar éigin a úsáid chun an tagairt a thaifeach/a fhuascailt. *(mal* tultagairt *b gu.* tultagartha *ai.* tultagairtí)

réamhtheachtaí f forerunner *(For)* *(ai.* réamhtheachtaithe)

réamhthiomsaitheoir f precompiler *(Río)* *(gu.* réamhthiomsaitheora *ai.* réamhthiomsaitheoirí)

réamhthoradh f preliminary result *(Gin)* *(gu.* réamhthoraidh *ai.* réamhthorthaí)

réamhthrádáil *b* forward trade *(Air)* *(gu.* réamhthrádála)

Comhaontú díola nó ceannaigh atá bunaithe ar rátaí malairte a leagtar síos inniu le haghaidh socraíochta sa todhchaí.

réamhúdaraithe *a3* pre-authorized *(Air)*

réastat f rheostat *(Río)* *(gu.* réastait)

réasúnach *a1* rational *(Air)*

réasúnú f reasoning *(Gin)* *(gu.* réasúnaithe)

réasúnú ar mheitileibhéal f meta-level reasoning *(Río)* *(gu.* réasúnaithe ar mheitileibhéal)

réasúnú i dtreo na sprice/slabhrú ón gconclúid siar f goal-driven reasoning/backward chaining *(Río)* *(gu.* réasúnaithe i dtreo na sprice/ slabhraithe ón gconclúid siar)

reatha *gma* current[2] *(Gin)*

recto f recto *(Río)*

réigiún an Aigéin Chiúin agus na hÁise f Asia-Pacific Region *(For)*

réigiún féidearthachta f feasibility region *(Mat)* *(gu.* réigiúin féidearthachta)

réigiún ineagarthóireachta f editable region *(Río)* *(gu.* réigiúin ineagarthóireachta)

réiltín f asterisk *(Gin)* *(ai.* réiltíní)

réimir *b* prefix[1] *(Gin)* *(gu.* réimire *ai.* réimíreanna)

réimse f field *(Río)* *(ai.* réimsí)

1. Limistéar sonraithe taifid a úsáidtear chun limistéar áirithe faisnéise a léiriú. 2. Mír i bhfógairt aicme i Java. Is iad na réimsí a dhéanann tréithe gach oibiachta a bhaineann leis an aicme a dhearbhú, bíodh is go mbaineann réimsí a fhógraítear leis an eochairfhocal **static** le gach oibiacht san aicme. Is athróg (áscach nó aicmeach) nó modh (áscach nó aicmeach) é gach réimse.

réimse áiritheora f counter field *(Río)* *(ai.* réimsí áiritheora)

réimse bunachar sonraí f database field *(Río)* *(ai.* réimsí bunachar sonraí)

réimse carachtar f character field *(Río)* *(ai.* réimsí carachtar)

réimse giotán f bit field *(Río)* *(ai.* réimsí giotán)

Ball de struchtúr nó d'aontas ina bhfuil giotán ainmnithe amháin nó níos mó.

réimse giotán gníomhach f active bit field *(Río)* *(ai.* réimsí giotán gníomhach)

Ball de struchtúr nó d'aontas ina bhfuil giotán gníomhach amháin nó breis.

réimse maighnéadach f magnetic field *(Río)* *(gu.* réimse mhaighnéadaigh *ai.* réimsí maighnéadacha)

réimse na seoltaí f address field *(Río)* *(ai.* réimsí na seoltaí)

réimse ordaithe f command field *(Río)*

réimse poiblí f public field *(Río)* *(gu.* réimse phoiblí *ai.* réimsí poiblí)

réimse pointeora f pointer field *(Río)* *(ai.* réimsí pointeora)

réimse rialaithe f span of control *(Air)* *(ai.* réimsí rialaithe)

réimse rialúcháin f control field *(Río)* *(ai.* réimsí rialúcháin)

réimse sainithe f defined field *(Río)* *(gu.* réimse shainithe *ai.* réimsí sainithe)

réimse slánuimhreach f integer field *(Río)* *(ai.* réimsí slánuimhreach)

réimse sonraí f data field *(Río)* *(ai.* réimsí sonraí)

réimse téacs f text field *(Río)* *(ai.* réimsí téacs)

réimse uimhriúil f numeric(al) field *(Río)* *(ai.* réimsí uimhriúla)

réise earráidí *b* error span *(Río)*

réiteach f reconciliation *(Río)* *(gu.* réitigh)

réiteach[1] f solution *(Gin)* *(gu.* réitigh *ai.* réitigh)

réiteach[2] f root[2] *(Mat)* *(gu.* réitigh)

Tacar de na réitigh ar fad is féidir ar chothromóid, ar éagothroime, nó ar thacar cothromóidí nó éagothroimí.

réiteach coinbhleachta f conflict resolution *(Gin)* *(gu.* réitigh coinbhleachta)

réiteach fo-optamach *f* suboptimal solution *(Río) (gu.* réitigh fo-optamaigh)

réiteach gnásúil fadhbanna *f* procedural problem solving *(Río) (gu.* réitigh ghnásúil fadhbanna)

Ré na hEagnaíochta *b fch* Eagnaíocht, An. *(For)*

reoigh *br* freeze *(Río)*

réphaireacht *b* even parity *(Mat) (gu.* réphaireachta)

riachtanach *a1* required *(Gin)*

riachtanais airgeadais *f* financial requirements *(Air) (gi.* riachtanas airgeadais)

Socruithe atá riachtanach chun aidhmeanna foriomlána corparáide a chomhlíonadh.

riachtanais an chúltaca *f* reserve requirements *(Air)*

Oibleagáidí a leagtar ar bhainc thráchtála chun céatadán áirithe de thaiscí leis an mbanc ceannais, nó i bhfoirm dliteanais bhainc ceannais, a choimeád.

riachtanais chrua-earraí *f* hardware requirements *(Río) (gi.* riachtanas crua-earraí)

riachtanais éarlaise *f* margin requirements *(Air) (gi.* riachtanas éarlaise)

Taisce a chuirtear ar chonradh chun an luaineacht i luach an chonartha sin a chumhdach; laghdaíonn sé seo riosca an chonartha don fhrithpháirtí.

riachtanais feidhmíochta *f* performance requirements *(Río)*

Tacar de riachtanais neamhfheidhmiúla a shainíonn feidhmíocht an chórais nua. Ar na réimsí a chlúdaítear tá agaí freagartha do chórais ar líne agus aga slánúcháin do chórais as líne, chomh maith le sonraíochtaí athshlánaithe.

riachtanais sócmhainní *f* assets requirements *(Air) (gi.* riachtanas sócmhainní)

Cuid de phlean airgeadais a léiríonn caiteachas caipitil fortheilgthe agus na húsáidí a mholtar a bhaint as glanchaipiteal oibre.

riachtanais sonraí *f* data requirements *(Río) (gu.* riachtanas sonraí)

riachtanas *f* requirement *(Río) (gu.* riachtanais)

Gné den chóras nua atá iarrtha ag an Úsáideoir. D'fhéadfadh an riachtanas a bheith ina riachtanas feidhmiúil (e.g., riachtanas seirbhíse ar nós agaí freagartha sonraithe do ghníomhaíochtaí ar líne, nó riachtanas athshlánaithe/slándála).

riachtanas ar leibhéal na seirbhíse *f* service-level requirement *(Río) (gu.* riachtanais ar leibhéal na seirbhíse)

Riachtanas don chóras nua, ach ag leibhéal oibriúcháin, in ionad ag leibhéal feidhmithe gnó. Cuireann sé síos ar an leibhéal seirbhíse a bheidh inghlactha i dtéarmaí aga freagartha agaí athshlánaithe.

riachtanas faisnéise *f* information requirement *(Río) (gu.* riachtanais faisnéise)

riachtanas feidhmeanna *f* functional requirement *(Río) (gu.* riachtanais feidhmeanna)

Riachtanas an Úsáideora le seirbhís áirithe ón gcóras. Iarratas gnó is ea an tseirbhís agus b'fhéidir gur foirm aschuir í, nó próiseas nuashonraithe, saoráid iarratais *ad hoc,* nó tuarascáil thréimhsiúil.

riachtanas neamhfheidhmiúil *f* nonfunctional requirement *(Río) (gu.* riachtanais neamhfheidhmiúil *ai.* riachtanais neamhfheidhmiúla)

Riachtanas nach mór don chóras nua a chomhlíonadh maidir leis na leibhéil seirbhíse nó na leibhéil slándála a gcaithfidh sé riar orthu. Riachtanas feidhmíochta é murab ionann agus bunriachtanas gnó. B'fhéidir gur riachtanas é i dtaca le hagaí freagartha áirithe, nó i dtaca leis an meánaga idir teipeanna nó an t-aga téarnaimh ó theip.

riail *b* rule *(Gin) (gu.* rialach *ai.* rialacha)

riail an aonphraghais *b* law of one price *(Air)*

Ciallaíonn riail an aonphraghais go mbíonn an costas céanna, aistrithe ag an spotráta malairte, ar mhíreanna comhionanna in dhá mhargadh éagsúla.

riail na scagaire *b* filter rule *(Air) (ai.* rialacha an scagaire)

Riail maidir le ceannach agus díol airgeadraí atá bunaithe ar an réamhthuiscint má théann gluaiseacht i ráta malairte airgeadraí thar chéatadán áirithe, go leanfaidh an ghluaiseacht ar aghaidh sa treo chéanna.

riail láimhe *b* rule of thumb *(Gin) (gu.* rialach láimhe *ai.* rialacha láimhe)

riail na dearbhthosaíochta *b* absolute priority rule *(Air)*

Tosaíocht i measc na n-éileamh nuair a dhéantar leachtú.

riail na tréimhse aisíoca lascainithe *b* discounted payback period rule *(Air)*

Riail cinnidh infheistíochta ina lascainítear na sreafaí airgid ag ráta úis agus go gcuirtear an riail aisíoca i bhfeidhm ar na sreafaí airgid lascainithe seo.

rialacha Codd *b* Codd's rules *(Río)*

rialacháin phleanála *f* planning controls *(Air) (gi.* rialachán pleanála)

rialachán[1] *f* regulation[1] *(Gin) (gu.* rialacháin)

rialachán A *f* regulation-A *(Air) (gu.* rialachán A)

Rialachán urrús a dhíolmhaíonn tairiscintí beaga poiblí ó fhormhór na riachtanas clárúcháin.

rialacha na barrmhaitheasa *b* optimization rules *(Air)*

rialachán Q *f* regulation-Q *(Air) (gu.* rialachán Q)

Rialachán de chuid Chúlchiste Feidearálach Stát Aontaithe Mheiriceá a chuir teorainn leis an ráta úis a d'fhéadfadh bainc SAM a íoc ar thaiscí ama. Céimnithe amach i 1986.

rialachas *f* governance *(Air)* *(gu.* rialachais*)*

rialachas corparáideach *f* corporate governance *(Air)* *(gu.* rialachais chorparáidigh*)*

rialacha sláine sonraí *b* data integrity rules *(Río)*

rialacha stíle *b* style rules *(Río)*

rialacha táirgthe *b* production rules *(Gin)*

rialacha táscaire *b* indicator rules *(Air)*

Rialacha a fhógraítear go poiblí a nascann coigeartuithe i bparluachanna rátaí malairte le gluaiseachtaí i staitisticí eacnamúla.

rialacha tátail *b* inference rules *(Río)*

rialacha tosaíochta *b* precedence rules *(Río)*

rialacha um cheannas stocastach *b* stochastic dominance rules *(Air)*

rialaigh *br* control[2] *(Gin)*

Imir cumhacht nó tionchar ar; ceannasaigh, smachtaigh.

rialáil[1] *br* regulate *(Air)*

Stiúraigh faoi réir treoracha nó srianta ar leith.

rialáil[2] *b* regulation[2] *(Gin)* *(gu.* rialála*)*

rialáil margaí *b* regulation of markets *(For)* *(gu.* rialála margaí*)*

rialaitheoir *f* controller[3] *(Río)* *(gu.* rialaitheora *ai.* rialaitheoirí*)*

rialaitheoir comhéadan líonra *f* network interface controller *(Río)* *(gu.* rialaitheora comhéadan líonra*)*

rialaitheoir cúltaca fearann *f* backup domain controller (BDC) *(Río)* *(gu.* rialaitheora cúltaca fearann *ai.* rialaitheoirí cúltaca fearann*)*

rialaitheoir diosca *f* disk controller *(Río)* *(gu.* rialaitheora diosca *ai.* rialaitheoirí diosca*)* *(mal* dioscrialaitheoir *f gu.* dioscrialaitheora *ai.* dioscrialaitheoirí*)*

rialaitheoir earráidí *f* error controller *(Río)* *(gu.* rialaitheora earráidí *ai.* rialaitheoirí earráidí*)*

rialaitheoir fearainn *f* domain controller *(Río)* *(gu.* rialaitheora fearainn *ai.* rialaitheoirí fearainn*)*

rialaitheoir I/A *f* controller, I/O *(Río)* *(gu.* rialaitheora I/A *ai.* rialaitheoirí I/A*)*

An chuid sin den ghléas I/A ina mbíonn an chuid is mó den ábhar leictreonach.

rialaitheoir na n-idirbhristeacha tosaíochta *f* priority interrupt controller *(Río)*

rialaitheoir nasc cumarsáide *f* communication(s) link controller (CLC) *(Río)* *(gu.* rialaitheora nasc cumarsáide*)*

rialaitheoir príomhfhearainn *f* primary domain controller (PDC) *(Río)* *(gu.* rialaitheora príomhfhearainn *ai.* rialaitheoirí príomhfhearainn*)*

rialaitheoir sonraí *f* data controller *(Río)* *(gu.* rialaitheora sonraí*)*

rialaitheoir sreafa aschuir *f* output stream controller *(Río)* *(gu.* rialaitheora sreafa aschuir *ai.* rialaitheoirí sreafa aschuir*)*

rialála *gma* regulatory *(Air)*

rialálaí *f* regulator (of person) *(Gin)* *(ai.* rialálaithe*)*

rialóir *f* ruler *(Río)* *(gu.* rialóra *ai.* rialóirí*)*

rialtán *f* regulator (device) *(Gin)* *(gu.* rialtáin*)* *(var* control(ler)*)*

rialtán airde *f* volume control (device) *(Río)* *(gu.* rialtáin airde*)*

rialtán gile *f* brightness control (device) *(Río)* *(gu.* rialtáin gile*)*

rialtán tadhaill *f* touch control *(Río)* *(gu.* rialtáin tadhaill*)*

rialtas *f* government *(Gin)* *(gu.* rialtais*)*

rialtóir *f* controller[2] *(Gin)* *(gu.* rialtóra *ai.* rialtóirí*)*

rialtóir airgeadais *f* financial controller *(Air)* *(gu.* rialtóra airgeadais *ai.* rialtóirí airgeadais*)*

rialú *f* control[1] *(Gin)* *(gu.* rialaithe *ai.* rialuithe*)*

(Ríomhaireacht) Deimhniú an ama agus an oird ina gcuireann na codanna eagsúla de chóras próiseála sonraí agus na gléasanna ina bhfuil na codanna sin, na feidhmeanna ionchurtha, próiseála, stórála agus aschurtha i gcrích. *(mal* rialúchán *f gu.* rialúcháin*)*

rialú aisfhotha *f* feedback control *(Río)* *(gu.* rialaithe aisfhotha*)*

rialú cáilíochta *f* quality control *(Río)* *(gu.* rialaithe cáilíochta*)*

Próiseas chun a chinntiú go bhfuil na critéir cháilíochta riachtanacha ina gcodanna intreacha de na táirgí. Is féidir é seo a dhéanamh trí chineálacha éagsúla cigireachta nó athbhreithnithe le linn an táirgthe agus sula nglactar leis an táirge.

rialúcháin caipitil *fch* srianta caipitil. *(Air)*

rialúchán *f fch* rialú. *(Gin)* *(gu.* rialúcháin*)*

rialúchán rochtana *f* access control *(Río)* *(gu.* rialúcháin rochtana*)*

rialú comhreatha *f* concurrency control *(Río)* *(gu.* rialaithe comhreatha*)*

rialú dénártha cumarsáide sioncronaí *f* bisync (binary synchronous communications control) *(Río)* *(gu.* rialaithe dhénártha cumarsáide sioncronaí*)*

rialú earráidí *f* error control *(Río)* *(gu.* rialaithe earráidí*)*

rialú fútair *f* jabber control *(Río)* *(gu.* rialaithe fútair*)*

rialú gile *f* brightness control *(Río)* *(gu.* rialaithe gile*)*

rialuithe caipitil *f fch* srianta caipitil. *(Air)*

rialú líonra *f* network control *(Río)* *(gu.* rialaithe líonra)

rialú loighciúil (an) naisc *f* logical link control (LLC) *(Río)*

rialú na n-orduithe *f* command control *(Río)*

rialú nasctha ardleibhéil sonraí *f* high-level data link control (HDLC) *(Río) (gu.* rialaithe nasctha ardleibhéil sonraí)

rialú nasctha sonraí *f* data link control (DLC) *(Río) (gu.* rialaithe nasctha sónraí)

rialú próiseála jabanna *f* job processing control *(Río) (gu.* rialaithe próiseála jabanna)

rialú rochtana comhreathaí *f* concurrent access control *(Río) (gu.* rialaithe rochtana comhreathaí)

rialú rochtana meáin *f* medium access control (MAC) *(Río) (gu.* rialaithe rochtana meáin)

rialú seachtrach *f* external control *(Río) (gu.* rialaithe sheachtraigh)

rialú seicheamhach *f* sequential control *(Río) (gu.* rialaithe sheicheamhaigh)

rialú uimhriúil ríomhchuidithe *f* Computer-Aided Numerical Control *(Río) (gu.* rialaithe uimhriúil ríomhchuidithe)

rialú úsáide comhreathaí *f* controlling concurrent usage *(Río) (gu.* rialaithe úsáide comhreathaí)

rian *f* track² *(Río) (gu.* riain)

rianaigh² *br* track¹ *(Río)*

rianliathróid *b* trackball *(Río) (gu.* rianliathróide *ai.* rianliathróidí)

rianta san orlach *f* tracks per inch *(Río)*

rian téipe *f* tape track *(Río) (gu.* riain téipe *ai.* rianta téipe)

rianú *f* tracking *(Río) (gu.* rianaithe)

rianú idirbhirt *f* transaction tracking *(Río) (gu.* rianaithe idirbhirt)

rianú siar *f* backtracking *(Loi) (gu.* rianaithe)

riar *f* administrating *(Gin) (gu.* riartha)

riarachán *f* administration *(Gin) (gu.* riaracháin)

riaráiste *f* arrears *(Air) (ai.* riaráistí)

riar am (ar) *br* dispatch *(Río)*

Am an phróiseálaí a riar ar jabanna nó ar thascanna atá réidh le rith.

ri-ardmhinicíocht *b* extremely high frequency (EHF) *(Río) (gu.* ri-ardmhinicíochta *ai.* ri-ardmhinicíochtaí)

riarthóir *f* administrator *(Gin) (gu.* riarthóra *ai.* riarthóirí)

riarthóir ama *f* dispatcher *(Río) (gu.* riarthóra ama *ai.* riarthóirí ama)

An clár sin i gcóras oibriúcháin nó in aonad feidhmiúil eile a bhfuil de chuspóir aige am próiseála a riar.

riarthóir bunachar sonraí *f* database administrator *(Río) (gu.* riarthóra bunachar sonraí *ai.* riarthóirí bunachar sonraí)

Bíonn an riarthóir bunachar sonraí freagrach as dearadh agus bainistiú an bhunachair shonraí agus as an gcóras bainistíochta bunachar sonraí a mheas, a roghnú agus a chur i ngníomh. Is minic in eagraíochtaí beaga gurb é an duine céanna a bhíonn ina riarthóir sonraí agus ina riarthóir bunachar sonraí; nuair is dhá phost ar leith iad áfach, bíonn feidhm níos teicniúla le hobair an riarthóra bunachar sonraí. Chuirfeadh an riarthóir bunachar sonraí na bogearraí bunachar sonraí i ngníomh de réir na riachtanas a chuireann riarthóir sonraí agus anailíseoirí córas na heagraíochta in iúl.

riarthóir líonra *f* network administrator *(Río) (gu.* riarthóra líonra *ai.* riarthóirí líonra)

riarthóir sonraí *f* data administrator *(Río) (gu.* riarthóra sonraí *ai.* riarthóirí sonraí)

An duine atá i gceannas ar na sonraí a réiteach i slí oiriúnach don BS.

rí-chomhdhlúite *a3* extracondensed *(Río)*

rífhairsingithe *a3* extra-expanded *(Río)*

righneáil *b* lagging *(Air) (gu.* righneála)

Straitéis a úsáideann gnólacht chun moill a chur le híocaíochtaí, mar fhreagra de ghnáth ar rátaí malairte fortheilgthe.

rindreáil *br* render *(Río)*

ríomh *br* compute *(Río)*

ríomhaire *f* computer *(Río) (ai.* ríomhairí)

ríomhaireacht *b* computing *(Río) (gu.* ríomhaireachta)

ríomhaireacht chandamach *b* quantum computing *(Río) (gu.* ríomhaireachta candamaí)

ríomhaireachtúil *a2* computational *(Río)*

ríomhaire aidhme *f* object computer *(Río) (ai.* ríomhairí aidhme)

ríomhaire boise *f* handheld (computer) *(Río) (ai.* ríomhairí boise) *(mal* cúntóir digiteach pearsanta *f gu.* cúntóra dhigitigh phearsanta *ai.* cúntóirí digiteacha pearsanta) *(var* personal digital assistant (PDA))

ríomhaire caolcheannach *f fch* caolcheannach. *(Río) (gu.* ríomhaire chaolcheannaigh *ai.* ríomhairí caolcheannacha)

ríomhaire cuimhne príobháidí *f* private-memory computer *(Río) (ai.* ríomhairí cuimhne príobháidí)

ríomhaire cuimhne scartha *f* disjoint-memory computer *(Río) (ai.* ríomhairí cuimhne scartha)

ríomhaire den chéad ghlúin *f* first generation computer *(Río) (ai.* ríomhairí den chéad ghlúin)

ríomhaire den cheathrú glúin *f* fourth generation computer *(Río) (ai.* ríomhairí den cheathrú glúin)

ríomhaire den chúigiú glúin *f* fifth-generation computer *(Río) (ai.* ríomhairí den chúigiú glúin)

ríomhaire den dara glúin *f* second generation computer *(Río) (ai.* ríomhairí den dara glúin)

ríomhaire den tríú glúin *f* third generation computer *(Río) (ai.* ríomhairí den tríú glúin)

ríomhaire glúine *f* laptop (computer) *(Río) (ai.* ríomhairí glúine) *(var* notebook computer)

ríomhaire iniompartha *f* portable computer *(Río)*

ríomhaire le tacar laghdaithe treoracha *f* reduced instruction-set computer (RISC) *(Río) (ai.* ríomhairí le tacar laghdaithe treoracha)

ríomhaire líonra *f* network computer *(Río) (ai.* ríomhairí líonra)

ríomhaire mórcheannach *f* big-endian computer *(Río) (gu.* ríomhaire mhórcheannaigh *ai.* ríomhairí mórcheannacha)

Chun birt a chur in ord: is féidir birt a uimhriú ó chlé go deas nó ó dheas go clé. Tugtar ríomhaire mórcheannach, ar an gcéad chóras, ina dtosaíonn an t-uimhriú ag an gceann is *mó* (i. is airde in ord), i gcomórtas leis an dara córas ar a dtugtar ríomhaire caolcheannach. *(mal* mórcheannach *f) (var* big-endian)

ríomhaire optúil *f* optical computer *(Río) (ai.* ríomhairí optúla)

ríomhaire pearsanta *f* personal computer (PC) *(Río)*

ríomhaire pearsanta iontaofa *f* trusted PC *(Río) (gu.* ríomhaire phearsanta iontaofa *ai.* ríomhairí pearsanta iontaofa)

ríomhaire píopáilte *f* pipelined computer *(Río) (gu.* ríomhaire phíopáilte *ai.* ríomhairí píopáilte)

ríomhaire sreafa sonraí *f* data-flow computer *(Río) (ai.* ríomhairí sreafa sonraí)

(féach sreabhadh sonraí)

ríomhaire tacar treoracha coimpléascacha *f* CISC (Complex Instruction Set Computer) *(Río) (ai.* ríomhairí tacar treoracha coimpléascacha)

ríomhaire táibléid *f* tablet computer *(Río) (ai.* ríomhairí táibléid)

ríomhaire veicteoireach *f* vector computer *(Río) (gu.* ríomhaire veicteoirigh *ai.* ríomhairí veicteoireacha)

ríomhairigh *br* computerize *(Río)*

ríomhairithe *a2* computerized *(Río)*

ríomhbhaincéireacht *b* computer banking *(Air) (gu.* ríomhbhaincéireachta)

ríomhchárta gnó *f* electronic business card *(Río) (ai.* ríomhchártaí gnó) *(mal* v-chárta *f ai.* v-chártaí) *(var* vCard)

ríomhchlár *f* program[1] *(Río) (gu.* ríomhchláir)

Is éard a bhíonn i ríomhchlár ná tacar eagraithe de threoracha mar aon le haon fhaisnéis bhreise a bhíonn ag teastáil lena rith. *(mal* clár *f gu.* cláir)

ríomhchlár aidhme *f* object program *(Río) (gu.* ríomhchláir aidhme)

ríomhchláraigh *br* program[2] *(Río)*

ríomhchlár aimsithe lochtanna *f* fault-location program *(Río) (gu.* ríomhchláir aimsithe lochtanna)

ríomhchlár aimsithe víreas *f* virus detection programme *(Río) (gu.* ríomhchláir aimsithe víreas)

ríomhchlár aistriúcháin *f* translating program *(Río) (gu.* ríomhchláir aistriúcháin)

ríomhchláraitheoir *f* programmer *(Río) (gu.* ríomhchláraitheora *ai.* ríomhchláraitheoirí)

ríomhchláraitheoir córais *f* system programmer *(Río) (gu.* ríomhchláraitheora córais *ai.* ríomhchláraitheoirí córais)

ríomhchláraitheoir tacaíochta *f* support programmer *(Río) (gu.* ríomhchláraitheora tacaíochta *ai.* ríomhchláraitheoirí tacaíochta)

ríomhchlár aithrise teirminéil *f* terminal emulation program (TEP) *(Río) (gu.* ríomhchláir aithrise teirminéil)

ríomhchlár bogearraí *f* software program *(Río) (gu.* ríomhchláir bogearraí)

ríomhchlár córais *f* system program *(Río) (gu.* ríomhchláir córais)

ríomhchlár diagnóiseach *f* diagnostic program *(Río) (gu.* ríomhchláir dhiagnóisigh *ai.* ríomhchláir dhiagnóiseacha)

Ríomhchlár a ritear chun fadhbanna nó earráidí a aimsiú agus chun a chinntiú go bhfuil crua-earraí agus bogearraí ag feidhmiú mar ba chóir.

ríomhchlár faire *f* watchdog program *(Río) (gu.* ríomhchláir faire)

ríomhchlár féin-athshuite *f* self-relocating program *(Río) (gu.* ríomhchláir féin-athshuite)

ríomhchlár foinseach *f* source program *(Río) (gu.* ríomhchláir fhoinsigh *ai.* ríomhchláir fhoinseacha)

Ríomhchlár Ginte Tuarascála *f* Report Program Generator (RPG) *(Río) (gu.* Ríomhchláir Ginte Tuarascála)

ríomhchlár ilsnáitheanna *f* multithreaded program *(Río) (gu.* ríomhchláir ilsnáitheanna)

Ríomhchlár a úsáideann breis is snáithe nó seicheamh rite amháin. Oibríonn gach snáithe mar ríomhchlár neamhspleách ach amháin go gcomhroinneann siad cód agus acmhainní coiteanna eatarthu.

ríomhchlár ionchurtha *f* input program *(Río) (gu.* ríomhchláir ionchurtha)

ríomhchlár méire *f* finger program *(Río) (gu.* ríomhchláir méire)

ríomhchlár líníochta f draw program *(Río) (gu. ríomhchláir líníochta)*

ríomhchlár lonnaithe f resident program *(Río) (gu. ríomhchláir lonnaithe)*

ríomhchlár lonnaithe rialúcháin f resident control program *(Río) (gu. ríomhchláir lonnaithe rialúcháin)*

ríomhchlár péinteála f paint program *(Río) (gu. ríomhchláir péinteála)*

ríomhchlár rialaithe líonra f network control program (NCP) *(Río) (gu. ríomhchláir rialaithe líonra)*

ríomhchlár rialúcháin f control program *(Río) (gu. ríomhchláir rialúcháin)*

ríomhchlár rite f execution program *(Río) (gu. ríomhchláir rite)*

ríomhchlár faoi thiomáint roghchláir f menu-driven program *(Río) (gu. ríomhchláir faoi thiomáint roghchláir)*

ríomhchlár suiteála f installation program *(Río) (gu. ríomhchláir suiteála)*

ríomhchlárú f computer programming *(Río) (gu. ríomhchláraithe) (mal ríomhchlárúchán f gu. ríomhchlárúcháin) (var programming)*

ríomhchlárú (atá) bunaithe ar oibiachtaí f object-oriented programming *(Río) (ai. ríomhchláraithe (atá) bunaithe ar oibiachtaí)*

ríomhchlárú candamach f quantum programming *(Río) (gu. ríomhchláraithe chandamaigh)*

ríomhchlárú cearnach f quadratic programming *(Río) (gu. ríomhchláraithe chearnaigh)*

ríomhchlárúchán f programming *(Río) (gu. ríomhchlárúcháin) (mal ríomhchlárú f gu. ríomhchláraithe) (var computer programming)*

ríomhchlárú géiniteach f genetic programming *(Río) (gu. ríomhchláraithe ghéinitigh)*

ríomhchlárú idirghníomhach f interactive programming *(Río) (gu. ríomhchláraithe idirghníomhaigh)*

Clár a chruthú atá in ann ionchur a ghlacadh ón méarchlár nó ó ghléas ionchurtha eile le linn dó a bheith ag rith.

ríomhchlárú neamhlíneach f nonlinear programming *(Río) (gu. ríomhchláraithe neamhlínigh)*

ríomhchlárú ó bharr anuas f top-down programming *(Río) (gu. ríomhchláraithe ó bharr anuas)*

Dearadh agus códú ríomhchláir ag úsáid struchtúir ordlathaigh ina ritear feidhmeanna gaolmhara ag gach leibhéal den struchtúr.

ríomhchlárú ó bhun aníos f bottom-up programming *(Río) (gu. ríomhchláraithe ó bhun aníos)*

ríomhchlárú struchtúrtha f structured programming *(Río) (gu. ríomhchláraithe struchtúrtha)*

ríomhchóras f computer system *(Río) (gu. ríomhchórais)*

ríomhchuidithe a3 computer-assisted *(Río)*

ríomhchumhacht b computing power *(Río) (gu. ríomhchumhachta)*

ríomhdhearadh f computer design *(Río) (gu. ríomhdheartha)*

ríomhdhúch f electronic ink *(Río) (gu. ríomhdhúigh)*

ríomhfhoghlaim b e-learning *(Río) (gu. ríomhfhoghlama/ríomhfhoghlamtha) (mal oiliúint (atá) bunaithe ar an nGréasán b gu. oiliúna (atá) bunaithe ar an nGréasán) (var Web-based training (WBT))*

ríomhfhoinsiú allamuigh f e-outsourcing *(Río) (gu. ríomhfhoinsithe allamuigh)*

ríomhghnó f e-business *(Río) (var electronic business)*

Ríomh-Idirbheart Slán f Secure Electronic Transaction (SET) *(Río) (gu. Ríomh-Idirbhirt Shláin ai. Ríomh-Idirbhirt Shlána)*

ríomh-irisleabhar f e-journal *(Río) (gu. ríomh-irisleabhair) (var electronic journal)*

ríomhlann b computer room *(Río) (gu. ríomhlainne ai. ríomhlanna) (mal seomra ríomhaireachta f ai. seomraí ríomhaireachta) (var computer laboratory)*

ríomhleabhar f e-book *(Río) (gu. ríomhleabhair) (var electronic book)*

ríomh-mharcáil b electronic markup *(Río) (gu. ríomh-mharcála)*

ríomh-mhiondíol f e-tailing *(Río) (gu. ríomh-mhiondíola)*

ríomhnuachtán f electronic newspaper *(Río) (gu. ríomhnuachtáin)*

ríomhpháipéar f electronic paper *(Río) (gu. ríomhpháipéir) (var e-paper)*

ríomhphost f electronic mail *(Río) (gu. ríomhphoist)*

Áis a ligeann don úsáideoir meamraim nó teachtaireachtaí a sheoladh chuig ríomhaire eile. *(mal r-phost f gu. r-phoist) (var e-mail)*

ríomhphróiseáil sonraí b electronic data processing *(Río) (gu. ríomhphróiseála sonraí)*

ríomhsheirbhísí b e-services *(Río)*

ríomhshíniú f e-signature *(Río) (gu. ríomhshínithe) (var digital signature)*

ríomhsholáthar f e-procurement *(Río) (gu. ríomhsholáthair)*

ríomhthráchtáil b e-commerce *(Río) (gu. ríomhthráchtála) (var electronic commerce)*

ríomhvótáil b electronic voting *(Río) (gu. ríomhvótála) (var e-voting)*

riosca f risk[1] *(Air) (ai. rioscaí)*

An méid a chuireann sócmhainn le luaineacht punainne.

riosca airgeadais *f* financial risk *(Air)* *(ai.* rioscaí airgeadais)

Riosca breise a iompraíonn scairshealbhóirí gnólachta nuair a mhaoinítear gnólacht le fiachas chomh maith le cothromas.

riosca an ráta úis *f* interest rate risk *(Air)* *(ai.* rioscaí an ráta úis)

An seans go dtarlóidh athrú i luach urrúis mar thoradh ar athrú sa ráta malairte.

riosca córasach *f* systematic risk *(Air)* *(gu.* riosca chórasaigh *ai.* rioscaí córasacha)

An fhéidearthacht go dtarlódh caillteanas trádála. I gceist anseo, tá an riosca go dteipfeadh ar chóras iomlán ar nós córais tí imréitigh i margaí tráchtearraí.

riosca flaithiúnais *f* sovereign risk *(Air)*

Riosca go ndéanfaidh tír rialuithe rátaí malairte a fhorchur ar chonarthaí trasteorainneacha.

riosca gnó *f* business risk *(Air)* *(ai.* rioscaí gnó)

An riosca a iompraíonn scairshealbhóirí gnólachta más ó ghnáthscaireanna amháin atá an gnólacht á mhaoiniú.

riosca iarmharach *f* residual risk *(Air)* *(ai.* rioscaí iarmharacha)

riosca idirmheánach *f* intermediate risk *(Air)* *(gu.* riosca idirmheánaigh *ai.* rioscaí idirmheánacha)

riosca ináirithe *f* calculable risk *(Fio)* *(ai.* rioscaí ináirithe)

riosca inéagsúlaithe *f* diversifiable risk *(Air)* *(ai.* rioscaí inéagsúlaithe)

Riosca a fhearann ar shócmhainn amháin nó ar ghrúpa beag sócmhainní. *(mal* riosca neamhchórasach *f gu.* riosca neamhchórasaigh *ai.* rioscaí neamhchórasacha) *(var* unsystematic risk)

riosca mainneachtana *f* default risk *(Air)* *(ai.* rioscaí mainneachtana)

An seans nach n-íocfar ús nó bunairgead ar an dáta dlite agus sa mhéid a gealladh.

riosca malairte *f* exchange risk *(Air)* *(ai.* rioscaí malairte)

An riosca a ghlacann páirtí in idirbheart idirnáisiúnta ina bhféadfadh an páirtí caillteanas malairte a fhulaingt de thoradh gluaiseachtaí airgeadraí.

riosca margaidh *f* market risk *(Air)* *(ai.* rioscaí margaidh)

An chuid sin de riosca iomlán atá curtha i leith seilbhe urrúis, nó punainne urrús, atá ag brath ar chomhathruithe i bpraghsanna ginearálta urrús ar an stocmhargadh. Tá baint ag riosca margaidh le comhathruithe ginearálta margaidh a thomhaistear le hinnéacs margaidh, ar nós Innéacs Ilscaireanna an

Financial Times nó Innéacs Dow Jones. Murab ionann agus riosca sonrach, ní féidir riosca margaidh a éagsúlú amach, mar is cuma cé chomh mór is atá na punanna scaireanna atá i seilbh, tagann siad go léir faoi anáil an mhargaidh go coitianta, a bheag nó a mhór.

riosca neamhchórasach *f* unsystematic risk *(Air)* *(gu.* riosca neamhchórasaigh *ai.* rioscaí neamhchórasacha)

Riosca is féidir a dhíothú trí éagsúlú a dhéanamh. *(mal* riosca inéagsúlaithe *f ai.* rioscaí inéagsúlaithe) *(var* diversifiable risk)

riosca neamh-inéagsúlaithe *f* non-diversifiable risk *(Air)*

riosca neamh-mhargaidh *f* non-market risk *(Air)*

riosca tíre *f* country risk *(Air)*

Speictream leathan rioscaí lena n-áirítear riosca polaitiúil chomh maith le riosca eacnamúil, a thiteann amach de thoradh coimhlinte póitéinsiúla idir aidhmeanna corparáideacha agus aidhmeanna náisiúnta na n-óst-tíortha.

rioscúil *a2* risky *(Air)*

rith[1] *f* run *(Río)* *(gu.* reatha/rite *ai.* rití)

1. Gníomhú aon ríomhchláir amháin, nó líon áirithe gnáthamh atá nasctha le chéile chun aonad oibríochta amháin a chruthú. Ní dhéantar ach beagán oibríochtaí láimhe le linn reatha; is é a bheadh i gceist i ngnáthrith ná lódáil, léamh, próiseáil agus scríobh. 2. Seicheamh sórtáilte.

rith[2] *f* execution *(Río)* *(gu.* rite *ai.* rití)

rith[3] *br* execute *(Río)*

rith coinníollach *f* conditional execution *(Río)* *(gu.* rite choinníollaigh)

rith ilchlár *f* multiprogramming *(Río)* *(gu.* rite ilchlár)

rith seicheamhach *f* sequential execution *(Río)* *(gu.* rite sheicheamhaigh)

rith treorach *f* instruction execution *(Río)* *(gu.* rite treorach) *(mal* treoir a rith *b ai.* treoracha a rith)

rith treoracha comhuaineacha *f* parallel instruction execution *(Río)* *(gu.* rite treoracha comhuaineacha)

ró[1] *f* row *(Río)* *(ai.* rónna)

Leagan amach cothrománach de charachtair nó de shloinn eile.

ró[2] *f* rho *(Air)*

Tomhas den athrú i bpréimh chéadrogha maidir le hathrú pointe céatadáin sa ráta úis.

ró- *réi* excess[1] *(Gin)*

ró-acmhainneacht *b* excess capacity *(Fio)* *(gu.* ró-acmhainneachta)

róbaitic *b* robotics *(Río)* *(gu.* robaitice)

Robin Hood *aid* Robin Hood *(Río)*

rochtain *b* access *(Río)* *(gu.* rochtana)

Teacht ar stóras ríomhaire chun sonraí a fháil as nó a chur ann.

rochtain chiúáilte *b* queued access *(Río)* *(gu.* rochtana ciúáilte)

rochtain chomhreathach *b* concurrent access *(Río)* *(gu.* rochtana comhreathaí)

rochtain chomhuaineach *b* parallel access *(Río)* *(gu.* rochtana comhuainí) *(var* simultaneous access)

rochtain comhaid *b* file access *(Río)* *(gu.* rochtana comhaid)

Comhad a léamh nó scríobh i gcomhad.

rochtain comhaid agus comhadlainne *b* file and directory access *(Río)* *(gu.* rochtana comhaid agus comhadlainne)

rochtain Gréasáin *b* Web access *(Río)* *(ai.* rochtana Gréasáin)

rochtain neamhúdaraithe *b* unauthorized access *(Río)* *(gu.* rochtana neamhúdaraithe)

rochtain sheicheamhach *b* sequential access *(Río)* *(gu.* rochtana seicheamhaí)

Riachtanas a bhaineann le comhad gur gá scanadh trí na taifid idirmheánacha ón bpointe tosaigh le rochtain a fháil ar thaifead ann. Gné nádúrtha de mheán ar nós téip maighnéadach nó téip caiséide ar gá dul tríothu in ord seasta.

rochtain sonraí *b* data access *(Río)* *(gu.* rochtana sonraí)

rochtain údaraithe *b* authorized access *(Río)* *(gu.* rochtana údaraithe)

ród *f* route *(Río)* *(gu.* róid)

ródaire *f* router *(Río)* *(ai.* ródairí)

ródaire Idirlín *f* Internet router *(Río)* *(ai.* ródairí Idirlín)

ródú *f* routing *(Río)* *(gu.* ródaithe)

An próiseas chun trealamh teirminéal sonraí agus trealamh cumarsáid sonraí a nascadh. Sainíonn sé na comhéadain, idir mheicniúil agus leictreach.

ródú poll péiste *f* wormhole routing *(Río)* *(gu.* ródaithe poll péiste)

rogha *b* option *(Gin)* *(ai.* roghanna)

(Airgeadas) Ceart, nach oibleagáid é, ar shócmhainní bunúsacha a cheannach nó a dhíol ar phraghas seasta taobh istigh de thréimhse shonraithe ama. (Ríomhaireacht) Saineolas i ráiteas ar féidir é a úsáid chun tionchar a imirt ar rith an ráitis. *(mal* céadrogha *b ai.* céadroghanna)

rogha ADD *b* ADD option *(Río)*

rogha ag an airgead *b* at the money option *(Air)* *(ai.* roghanna ag an airgead)

Rogha le praghas ceangail atá cothrom le margadhphraghas reatha na bunsócmhainne.

rogha Áiseach *b* Asian option *(Air)* *(gu.* rogha Áisí *ai.* roghanna Áiseacha) *(mal* rogha mheánráta *b gu.* rogha meánráta *ai.* roghanna meánráta) *(var* average rate option)

rogha ar airgeadra a dhíol *b* currency put option *(Air)* *(ai.* roghanna ar airgeadra a dhíol)

An ceart chun airgeadra áirithe a dhíol ar phraghas sonraithe laistigh de thréimhse ama sonraithe.

rogha ar cheannach *b* call option *(Air)* *(ai.* roghanna ar cheannach)

An ceart ar líon scaireanna stoic a cheannach, ar phraghas luaite, taobh istigh d'am sonraithe.

rogha ar cheannach sladmhargaidh *b* bargain purchase price option *(Air)* *(ai.* roghanna ar cheannach sladmhargaidh)

Bíonn céadrogha ag an léasaí an tsócmhainn a cheannach ar phraghas níos ísle ná a luach margaidh cóir nuair a éagann an léas.

rogha ar chonradh todhchaíochtaí *b* futures option contract *(Air)* *(ai.* roghanna ar chonradh todhchaíochtaí)

Conradh a thugann an ceart don cheannaitheoir conradh todhchaíochtaí sonraithe a dhíol nó a cheannach ar phraghas feidhmithe ar leith trí éag chonartha.

rogha ar dhíol *b* put option *(Air)* *(ai.* roghanna ar dhíol)

Ceart ar líon sonraithe scaireanna a dhíol ar phraghas luaite ag nó roimh am sonraithe.

rogha as an airgead *b* out of the money option *(Air)*

Rogha nach bhfuil maith ar bith ann as féin.

rogha choimhthíoch *b* exotic option *(Air)* *(gu.* rogha coimhthíche *ai.* roghanna coimhthíocha)

rogha córais theicniúil *b* technical system option (TSO) *(Río)* *(ai.* roghanna córas teicniúil)

Cuireann TSOanna síos ar chur i ngníomh teicniúil na Sonraíochta Riachtanas. Ullmhaítear agus roghnaítear é i Staid 4, Roghanna Córas Teicniúil.

rogha córas gnó *b* business system option (BSO) *(Río)* *(ai.* roghanna córas gnó)

An mheicníocht chun scóip feidhmeachais an chórais nua a aontú leis na hÚsáideoirí. Díorthaítear agus roghnaítear RCGanna i staid 2 de SSADM, nuair a ullmhaíonn na hanailísithe líon áirithe cnámh scéil féideartha don chóras nua. Díríonn na cnámha scéil go léir ar réimse éagsúil riachtanas ón gCatalóg Riachtanas agus roghnóidh na hÚsáideoirí, tríd an bhord tionscnaimh nó a leithéid chéanna de chomhlachas, ceann amháin le forbairt a dhéanamh air. An Córas Gnó Roghnaithe a thabharfar ar an gceann a roghnófar agus beidh sé ar an ionchur is mó sa Sonrú Riachtanas. Cuidíonn na hanailísithe leis an mbord an rogha a dhéanamh trí sonraí maidir le comparáid idir chostais, shochair, thionchar, scálaí ama agus mar sin de a ullmhú.

rogha de shamhlacha d'fhorbairt *b fch* samhlacha éagsúla d'fhorbairt. *(For)*

rogha eolaire *b* directory option *(Río) (ai.* roghanna eolaire)

rogha Eorpach *b* European option *(Air) (gu.* rogha Eorpaí *ai.* roghanna Eorpacha)

Rogha nach féidir a fheidhmiú ach ar a dháta éaga amháin.

rogha Eorpach ar cheannach *b* European call option *(Air) (gu.* rogha Eorpaí ar cheannach *ai.* roghanna Eorpacha ar cheannach)

rogha Eorpach ar dhíol *b* European put option *(Air) (gu.* rogha Eorpaí ar dhíol *ai.* roghanna Eorpacha ar dhíol)

rogha indibhidiúil *b* individual preference *(Air) (ai.* roghanna indibhidiúla)

rogha intrádála *b* traded option *(Air) (ai.* roghanna intrádála)

Conradh is féidir a dhíol ar aghaidh le daoine lasmuigh trí dhéantóirí margaidh ar phraghas a athraíonn de réir an choibhneasa atá idir bunphraghas an chonartha agus an ghluaiseacht i mbunphraghas na scaire thar an tréimhse. *(mal* céadrogha intrádála *b ai.* céadroghanna intrádála)

rogha 'Leasaigh' *b* AMEND option *(Río)*

rogha mheánráta *b* average rate option *(Air) (gu.* rogha meánráta *ai.* roghanna meánráta)

Rogha ar phraghsanna airgeadra nó tráchtearraí a chúitíonn an difríocht idir praghas ceangail na rogha agus meánphraghas na bunrogha. *(mal* rogha Áiseach *b gu.* rogha Áisí *ai.* roghanna Áiseacha) *(var* Asian option)

rogha Mheiriceánach *b* American option *(Air) (ai.* roghanna Meiriceánacha)

Rogha is féidir a fheidhmiú am ar bith roimh éag an chonartha.

rogha Mheiriceánach ar cheannach *b* American call option *(Air) (gu.* rogha Meiriceánaí ar cheannach *ai.* roghanna Meiriceánacha ar cheannach)

rogha Mheiriceánach ar dhíol *b* American put option *(Air) (gu.* rogha Meiriceánaí ar dhíol *ai.* roghanna Meiriceánacha ar dhíol)

roghán *f* option look-alike *(Air) (gu.* rogháin)

Cosúil le roghanna airgeadraí ach in ionad iad a dhíol ar an malartán is amhlaidh a thairgeann institiúidí iad.

roghanna ar chonarthaí todhchaíochtaí *b* options on futures contracts *(Air)*

An ceart chun an conradh todhchaíochtaí d'airgeadra sonraithe a cheannach nó a dhíol ar phraghas sonraithe roimh dháta éaga sonraithe.

roghanna Idirlín *b* Internet options *(Río)*

roghanna tiomsaitheora *b* compiler options *(Río)*

Eochairfhocail ar féidir iad a shonrú le gnéithe áirithe de thiomsú a rialú. Féadann roghanna tiomsaitheora nádúr an mhodúil lódála a ghineann an tiomsaitheoir a rialú, mar aon leis na cineálacha aschuir phriontáilte atá le soláthar, nó úsáid éifeachtach an tiomsaitheora, agus ceann scríbe teachtaireachtaí earráide.

rogha réamhshocraithe *b* default option *(Río) (ai.* roghanna réamhshocraithe)

Sainmhíniú ar *réamhshocrú* sa Ríomhaireacht: Ag baint le tréith, coinníoll, luach, nó rogha a nglactar leis a bheith ann nuair nach sonraítear ceann ar leith.

rogha thraidisiúnta *b* traditional option *(Air) (gu.* rogha traidisiúnta *ai.* roghanna traidisiúnta)

Conradh idir bheirt a chaithfear a dhúnadh eatarthu. *(mal* céadrogha thraidisiúnta *b ai.* céadroghanna traidisiúnta)

roghchlár *f* menu *(Río) (gu.* roghchláir)

Liosta ar scáileán ríomhaire de ghníomhaíochtaí is féidir a roghnú.

roghchlár áirge cumraíochta *f* set-up utility menu *(Río) (gu.* roghchláir áirge cumraíochta)

roghchlár aníos *f* pop-up menu *(Río) (gu.* roghchláir aníos)

roghchlár anuas *f* pull-down menu *(Río) (gu.* roghchláir anuas) *(var* drop-down menu)

roghchlár zúmála *f* zoom drop-down menu *(Río) (gu.* roghchláir zúmála)

roghnach *a1* optional *(Gin) (var* facultative)

roghnaigh *br* select *(Gin) (var* choose)

roghnaíoch *aid* selective *(Río)*

roghnaíocht *b* selectivity *(Air) (gu.* roghnaíochta)

roghnóir *f* selector *(Río) (gu.* roghnóra *ai.* roghnóiri)

1. Oibríocht lasctha bunaithe ar phróiseáil a rinneadh roimhe, a cheadaíonn rogha loighciúil a dhéanamh sa ríomhchlár nó sa chóras. 2. Lasc mheicniúil isluíomh. 3. An cúrsóir.

roghnóir cáis *f* case selector *(Río) (gu.* roghnóra cáis *ai.* roghnóirí cáis)

roghnóir réimsí *f* field selector *(Río) (gu.* roghnóra réimsí *ai.* roghnóirí réimsí)

roghnóir voltais *f* voltage selector *(Río) (gu.* roghnóra voltais)

roghnú[1] *f* selecting *(Río) (gu.* roghnaithe)

roghnú[2] *f* selection *(Río) (gu.* roghnaithe)

Gaol amháin a chruthú, atá comhdhéanta de gach uile chodach as gaol ar leith a chomhlíonann coinníoll áirithe.

roghtáil *b* swaption *(Air) (gu.* roghtála)

An chéadrogha ar dhul isteach i mbabhtáil sheasta nó chomhlúthach ag ráta seasta réamhchinntithe.

roinn[1] *b* department *(Gin)* *(gu.* roinne *ai.* ranna) *(mal* rannóg *b gu.* rannóige *ai.* rannóga)

roinn[2] *br* divide *(Gin)*

Roinn Airgeadais, An *b* Department of Finance *(Ria)* *(gu.* Roinne Airgeadais, Na)

Roinn Fiontar, Trádála agus Fostaíochta, An *b* Department of Enterprise, Trade and Employment *(Ria)* *(gu.* Roinne Fiontar, Fostaíochta agus Trádála, Na)

Roinn Gnóthaí Pobail, Tuaithe agus Gaeltachta, An *b* Department of Community, Rural and Gaeltacht Affairs *(Ria)* *(gu.* Roinne Gnóthaí Pobail, Tuaithe agus Gaeltachta, Na)

Roinn Gnóthaí Sóisialacha agus Teaghlaigh, An *b* Department of Social and Family Affairs *(Ria)* *(gu.* Roinne Gnóthaí Sóisialacha, Pobail agus Teaghlaigh, Na)

roinnt *b* division *(Gin)* *(gu.* roinnte *ai.* rannta)

(Ríomhaireacht) Gaol amháin a chruthú ó dhá ghaol, ceann amháin aonártha, an ceann eile dénártha, déanta suas de chuile luach de thréith amháin den ghaol dénártha ar ionann é (sa tréith eile) agus na luachanna ar fad sa ghaol aonártha.

roinnt an tsaothair *b* division of labour *(For)*

ról *f* role *(Gin)* *(gu.* róil)

ról aonáin *f* entity role *(Río)* *(gu.* róil aonáin)

Cuireann sé síos ar dháil ina bhféadfadh teagmhas dul i bhfeidhm ar níos mó ná tarlú amháin d'aonán, ach éifeacht dhifriúil a bheadh ann i ngach cás. Áit a dtarlaíonn sé seo, deirtear go bhfuil *róil* dhifriúla ag an aonán, gach ról ag rialú ceann de na héifeachtaí. Caithfear na róil a léiriú ar an ELH, de bhrí go bhfuil próiseáil dhifriúil ag teastáil do gach ról, e.g. d'fhéadfadh teagmhas a scriosfadh taifead duine amháin a bheith freagrach as tarlú úr a chruthú ag an am céanna.

rólchuspa *f* role model *(Fio)* *(ai.* rólchuspaí)

Duine a mbreathnaíonn daoine eile air nó uirthi mar shampla i ról áirithe.

ró-leithroinnt *b* over-allotment *(Air)* *(gu.* ró-leithroinnte)

rólghlacadh *f* role playing *(Gin)* *(gu.* rólghlactha)

Teicníc agallóireachta ina moltar do fhreagróirí an pháirt a ghlacfaidís i suíomh samhailteach a shamhlú mar bhealach chun a ndearcadh a chinntiú.

rolla *f* roll *(Río)* *(ai.* rollaí)

rollach *a1* rolling[2] *(Air)*

rolladh *f* rolling[1] *(Gin)* *(gu.* rollta)

rolladh siar *f* rollback *(Río)* *(gu.* rollta siar)

rolla úsáideoirí *f* user roll *(Río)* *(ai.* rollaí úsáideoirí)

Dream úsáideoirí a bhfuil na tascanna nó na feidhmeanna céanna i gcomhpháirt acu.

rólódáil *b* overloading *(Río)* *(gu.* rólódála)

róluaineacht *b* overshooting *(Air)* *(gu.* róluaineachta)

róluaineacht ráta malairte *b* exchange rate overshooting *(Air)* *(gu.* róluaineachta ráta malairte)

Nuair atá athruithe sa ráta malairte sa bhreis ar chaighdeán luaineachta áirithe éigin.

róshreabhadh *f* overflow *(Río)* *(gu.* róshreafa)

An chuid sin de thoradh oibríochta a sháraíonn acmhainní an aonaid stórála a bhí beartaithe.

róshreabhadh slánuimhreach *f* integer overflow *(Río)* *(gu.* róshreafa slánuimhreach)

róshreabhadh uimhríochta *f* arithmetic overflow *(Río)* *(gu.* róshreafa uimhríochta)

Cineál earráide le linn am rite, a tharlaíonn nuair a fhéachann clár le huimhir rómhór a stóráil sa limistéar stórála atá leithdháilte d'athróg.

ró-shuibscríobh *br* oversubscribe *(Air)*

ró-shuibscríofa *a3* oversubscribed *(Air)*

roth *f* wheel *(Gin)* *(gu.* rotha *ai.* rothaí)

rótharraingt *b* overdraft *(Air)* *(gu.* rótharraingthe)

róthéamh *f* overheating *(Río)* *(gu.* róthéimh)

rothlach *a1* rotational *(Río)*

rothlaigh *br* rotate *(Gin)*

rothlú téacs *f* text rotation *(Río)* *(gu.* rothlaithe téacs)

roth nóinín *f* daisy-wheel *(Río)* *(gu.* rotha nóinín)

róthoradh mar chodán d'inathraitheacht *f* excess return to variability *(Air)* *(gu.* róthoraidh mar chodán d'inathraitheacht)

r-phost *f* e-mail *(Río)* *(gu.* r-phoist) *(mal* ríomhphost *f gu.* ríomhphoist) *(var* electronic mail)

r-phost Idirlín *f* Internet e-mail *(Río)* *(gu.* r-phoist Idirlín)

rubar *f* rubber *(Gin)* *(gu.* rubair)

rud a leanann go loighciúil *abairtín* logical consequence *(Gin)*

ruíleas *f* freehold *(Air)* *(gu.* ruíleasa)

rúnaí cuideachta *f* company secretary *(Air)* *(ai.* rúnaithe cuideachta)

rúnscríobh *br* encipher *(Río)*

Teachtaireacht a chódú trí charachtair nó siombailí a aistriú nó a mhalartú.

rúntéacs *f* ciphertext *(Río)* *(ai.* rúntéacsanna)

Téacs atá criptithe, seachas gnáth-théacs.

S

sábháil[2] *br* save[1] *(Río)*

Sonraí a choinneáil trína gcóipeáil ón bpríomhstóras go gléas stórála eile, mar shampla go téip nó diosca.

sábháil mar *br* save as *(Río)*

Treoir chun an leagan reatha de dhoiciméad a shábháil faoi theideal eile seachas an teideal reatha.

sábhálaí scáileáin *f fch* spárálaí scáileáin. *(Río) (ai.* sábhálaithe scáileáin)

sa bhreis *a* excess[2] *(Río)*

sádráilte *a3* soldered *(Gin)*

saghas *f* variety[1] *(Gin) (ai.* saghsanna) *(var* kind)

sáigh *br* push[2] *(Gin) (mal* brúigh *br)*

saighead *b* arrow *(Gin) (gu.* saighde *ai.* saigheada)

saighead anuas *b* drop-down arrow *(Río) (gu.* saighde anuas *ai.* saigheada anuas)

saigheadeochracha *b* arrow keys *(Río)*

saighead síos *b* down arrow *(Río)*

saighead suas *b* up arrow *(Río)*

sain- *réi fch* sonrach. *(Gin)*

sainábhar *f* specialist subject *(Gin) (gu.* sainábhair)

sainaithin *br* identify *(Río)*

sainaithint *b* identification (process) *(Gin) (gu.* sainaitheanta)

saincharachtar *f* special character *(Río) (gu.* saincharachtair)

saincheadú *f* franchising *(Fio) (gu.* saincheadaithe)

saincheadúnas *f* franchise *(Air) (gu.* saincheadúnais)

saincheap *br* customize[1] *(Gin)*

Dear earra in oiriúint do riachtanais speisialta uathúla an chustaiméara.

saincheaptha *a3* custom[2] *(Río)*

sainchomhairleoir bainistíochta *f* management consultant *(Gin) (gu.* sainchomhairleora bainistíochta *ai.* sainchomhairleoirí bainistíochta)

sainchomhartha *f* distinctive mark *(Gin) (ai.* sainchomharthaí)

sainchuspóireach *a1* special-purpose *(Gin)*

sainfheidhmigh *br* specialize *(Fio)*

sainghreamaigh *br* paste special *(Río)*

Sainghrúpa Scannánaíochta, An *f* Moving Picture Experts Group (MPEG) *(Río)*

sainigh[1] *br* designate[1] *(Río) (mal* sonraigh *br) (var* specify)

sainigh[2] *br* define[2] *(Gin)*

sainithe ag an úsáideoir *a3* user-defined *(Río)*

sainitheoir *f* designator *(Río) (gu.* sainitheora *ai.* sainitheoirí)

sainitheoir tiomántán diosca *f* disk drive designator *(Río) (gu.* sainitheora tiomántán diosca *ai.* sainitheoirí tiomántán diosca)

An chuid de sheoladh comhaid a léiríonn cén tiomántán diosca ar a bhfuil an comhad.

sainiú *f* definition[1] *(Río) (gu.* sainithe *ai.* sainithe)

sainiú bunachar sonraí *f* database definition *(Río) (gu.* sainithe bunachar sonraí)

sainiú cineál doiciméid *f* document type definition (DTD) *(Río) (gu.* sainithe cineál doiciméid)

sainiú eiliminte *f* element definition *(Río) (gu.* sainithe eiliminte)

sainiú feidhme/ar fheidhm *f* function definition *(Río) (gu.* sainithe feidhme/ar fheidhm)

Teicníc í seo chun na feidhmeanna a thugtar ar aghaidh chuig céim an Deartha Fhisiciúil a aithint agus a shainiú. Tarlaíonn sé i gCéim 330.

sainiúil *a2 fch* sonrach. *(Gin)*

sainiúlacht *b* specificity *(Río) (gu.* sainiúlachta)

sainiú macra *f* macro definition *(Río) (gu.* sainithe macra)

Modh chun ainm a thabhairt do shliocht téacs.

sainiú réimse *f* field definition *(Río) (gu.* sainithe réimse)

sainiú riachtanas *f* requirements definition *(Río) (gu.* sainithe riachtanas)

Gnás a leantar go luath le linn tionscadail SSADM. Níltear ar aon intinn an cóir é a áireamh mar theicníc nó mar ghnás. Díríonn sé ar fhorálacha an chórais riachtanaigh a riarfaidh ar riachtanais ghnó an Úsáideora. I gcodanna níos déanaí den tionscadal réitítear na riachtanais aitheanta trí bhíthin teicnící ar nós Sainiú Feidhme.

sainlíne *b* characteristic line *(Air) (ai.* sainlínte)

Líne a dhéanann coibhneas idir torthaí ionchais urrúis agus torthaí difriúla ar an margadh.

sainmheáchan *f* specific gravity *(Río) (gu.* sainmheáchain)

sainmhínigh *br* define[1] *(Gin)*

sainroghanna *b* preferences *(Río)*

sainteoirim *b* specific theorem *(Loi) (gu.* sainteoirime *ai.* sainteoirimí)

Dearbhaíonn sainteoirim fíric faoi aonán matamaiticiúil ar leith, ar nós:

Is uimhir phríomha é 7.

*Is neasluach do **pi** é 3.1416.*

salach *a1* dirty *(Río)*

samhail *b* model[1] *(Gin)* *(gu.* samhla *ai.* samhlacha)

Tuairisc shimplithe ar chóras, ar phróiseas etc., a chuirtear chun cinn mar bhunús do thuiscint impiriciúil nó theoiriciúil; íomhá choincheapúil nó intinne de rud éigin.

samhail an ilinnéacs *b* multi-index model *(Air)* *(gu.* shamhail an ilinnéacs)

samhail an innéacs shingil *b* single index model *(Air)* *(gu.* samhla an innéacs shingil)

samhail (atá) bunaithe ar oibiachtaí *b* object-oriented model *(Río)* *(gu.* samhla (atá) bunaithe ar oibiachtaí)

samhail bhíse *b* spiral model *(Río)* *(gu.* samhla bíse)

samhail bhreisithe ghaoil na n-aonán *b* extended entity relationship model (EER model) *(Río)*

samhail chascáideach *b* waterfall model *(Río)* *(gu.* samhla cascáidí *ai.* samhlacha cascáideacha)

samhail choibhneasta *b* relational model *(Río)* *(gu.* samhla coibhneasta)

samhail choibhneasta de shonraí *b* relational data model *(Río)* *(gu.* samhla coibhneasta de shonraí)

samhail de dhathanna *b* colour model *(Río)* *(gu.* samhla de dhathanna *ai.* samhlacha de dhathanna)

samhail de líonra *b* network model *(Río)* *(gu.* samhla de líonra *ai.* samhlacha de líonra)

samhail den chuimhne *b* memory model *(Río)* *(gu.* samhla den chuimhne *ai.* samhlacha den chuimhne)

samhail den chur i ngníomh *b* implementation model *(Río)* *(gu.* samhla den chur i ngníomh *ai.* samhlacha den chur i ngníomh)

samhail den fhorbairt *b* model of development *(For)* *(gu.* samhla den fhorbairt *ai.* samhlacha den fhorbairt) *(mal* samhail forbartha *b gu.* samhla forbartha *ai.* samhlacha forbartha)

samhail den mhargadh *b* market model *(Air)* *(gu.* samhla den mhargadh *ai.* samhlacha den mhargadh)

Samhail aonfhachtóra le haghaidh torthaí áit arb ionann an t-innéacs a úsáidtear don fhachtóir agus innéacs na dtorthaí don mhargadh iomlán.

samhail den phróiseas nuashonraithe *b* update process model *(Río)* *(gu.* samhla den phróiseas nuashonraithe *ai.* samhlacha den phróiseas nuashonraithe)

Léaráid den struchtúr SSADM a shainíonn an seicheamh próiseála d'idirbheart nuashonraithe. Sintéis é de na Startha Aonán, leis na Léaráidí den Chomhfhreagras Éifeachta a bhaineann leo, agus liostaíonn sé na hoibríochtaí a dhéantar ar an mbunachar sonraí i rith próiseála.

samhail den ríomhaire mar ghiolla *b* little man computer model (LMC) *(Río)* *(gu.* samhla den ríomhaire mar ghiolla)

samhail den sreabhadh sonraí córais atá de dhíth *b* required system data flow model *(Río)* *(gu.* samhla den sreabhadh sonraí córais atá de dhíth)

An leagan sin de shamhail an tsreafa sonraí a thugann léiriú ar an bpróiseáil sa chóras nua.

samhail de phróisis ghnásúla *b* procedural model *(Río)* *(gu.* samhla de phróisis ghnásúla)

Léaráid de struchtúr agus oibriúcháin agus coinníollacha ceangailte leis. Maidir lena húsáid, is í an tsamhail de phróisis ghnásúla an sainiú foirmiúil atá ar na próisis ghnásúla.

samhail de shonraí *b* data model *(Río)* *(gu.* samhla de shonraí *ai.* samhlacha de shonraí)

samhail d'fhás na díbhinne *b* dividend growth model *(Air)* *(gu.* samhla d'fhás na díbhinne *ai.* samhlacha d'fhás na díbhinne)

Samhail a ghlacann leis go bhfásann díbhinní ag an ráta céanna go suthain.

samhail d'fheidhm uilíoch *b* universal function model *(Río)* *(gu.* samhla d'fheidhm uilíoch)

Léiriú grafach ar fheidhm SSADM, ag taispeáint conas a dhéantar táirgí SSADM ó staideanna níos luaithe a chur isteach i gcomhpháirteanna na feidhme le haghaidh próiseála.

samhail fhisiciúil de shonraí *b* physical data model *(Río)* *(gu.* samhla fisiciúla de shonraí)

An tSamhail Loighciúil de Shonraí tar éis a trasfhoirmithe i gCéim 6 go Samhail Fhisiciúil, trí thacar de rialacha neamhshonracha a chur i bhfeidhm uirthi i dtosach lena trasfhoirmiú, agus ansin rialacha an DBMS sprice a chur i bhfeidhm ar an tsamhail sin. Go dtí go n-optamaítear í ar cheann amháin de na bealaí éagsúla féideartha, ní dócha go riarfaidh sé ar na riachtanais feidhmíochta, agus mar sin ní Dearadh Fisiciúil de Shonraí é go fóill.

samhail forbartha *b fch* samhail den fhorbairt. *(For)* *(gu.* samhla forbartha *ai.* samhlacha forbartha)

samhail iltoiseach de shonraí *b* multidimensional data model *(Río)* *(gu.* samhla iltoisí de shonraí)

samhail inneachair mheasctha *b* mixed content model *(Río)* *(gu.* samhla inneachair mheasctha)

samhail loighce *b* logic(al) model *(Río)* *(gu.* samhla loighce *ai.* samhlacha loighce)

samhail loighciúil den sreabhadh sonraí atá de dhíth *b* required system logical data model *(Río)* *(gu.* samhla loighciúla den sreabhadh sonraí atá de dhíth)

An leagan den tSamhail Loighciúil de Shonraí a thaispeánann struchtúr na sonraí le haghaidh an chórais nua, agus na riachtanais faisnéise.

samhail loighciúil de phróiseas *b* logical process model *(Río)* *(gu.* samhla loighciúla de phróiseas *ai.* samhlacha loighciúla de phróiseas)

Bailiúchán de na sonraí próiseála go léir atá corpraithe sa Dearadh Loighciúil.

samhail loighciúil de shonraí *b* logical data model (LDM) *(Río)* *(gu.* samhla loighciúla de shonraí)

Tiomsú den Struchtúr Loighciúil Sonraí agus an doiciméadú tacaíochta (Tuairiscí ar Aonáin, Tuairiscí ar Ghaoil) a shainíonn struchtúr sonraí an chórais sprice. San LDM Forbhreathnaithe, ní fhaightear ach an LDS Forbhreathnaithe, gan an doiciméadú tacaíochta. Cuirtear é seo isteach de réir mar a fhairsingítear an LDS. Díorthaítear agus cuirtear le chéile é i gCéimeanna 010, 020, 110, 140, 320, 340, 360 agus 520.

samhail mhatamaiticiúil *b* mathematical model *(Río)* *(gu.* samhla matamaiticiúla *ai.* samhlacha matamaiticiúla)

samhail na dtosca *b* factor model *(Air)* *(gu.* shamhail na dtosca *ai.* samhlacha na dtosca)

Samhail ina ngineann tosca comhchoiteanna toradh gach stoic.

samhail ordlathais *b* hierarchical model *(Río)* *(gu.* samhla ordlathais)

samhail phraghsála arbatráiste *b* arbitrage pricing model (APM) *(Air)* *(gu.* samhla praghsála arbatráiste)

samhail phraghsála sócmhainní caipitiúla *b* capital asset pricing model (CAPM) *(Air)* *(gu.* samhla praghsála sócmhainní caipitiúla SPSC)

Samhail a léiríonn an coibhneas atá idir toradh sócmhainne agus an riosca a bhaineann léi. Is é is riosca ann ná an méid a chuireann an tsócmhainn le luaineacht na punainne.

samhail phraghsála sócmhainní caipitiúla idirnáisiúnta *b* international CAPM *(Air)* *(gu.* samhla praghsála sócmhainní caipitiúla idirnáisiúnta *ai.* samhlacha praghsála sócmhainní caipitiúla idirnáisiúnta)

Samhail a chuireann sa chuntas cén tionchar a bhíonn ag margaí domhanda, chomh maith le margaí intíre, ar thorthaí urrús.

samhail phróiseála *b* processing model *(Río)* *(gu.* samhla próiseála *ai.* samhlacha próiseála)

samhail sraitheanna *b* layer model *(Río)* *(gu.* samhla sraitheanna *ai.* samhlacha sraitheanna)

samhail struchtúrach *b* structural model *(Río)* *(gu.* samhla struchtúraí)

An tsamhail de chuid SSADM a chuireann síos ar na Tuairiscí Gníomhaíochta agus ar an tuairisc ailtireachta chun na gníomhaíochtaí a chuirtear i gcrích sa chuid SSADM de thionscadal a shainiú.

samhail tagartha *b* reference model *(Río)* *(gu.* samhla tagartha *ai.* samhlacha tagartha)

Samhail Tagartha d'Idirnasc Córas Oscailte *b* Open Systems Interconnection (OSI) Reference Model *(Río)* *(gu.* Samhla Tagartha d'Idirnasc Córas Oscailte)

samhaltán *f* model[2] *(Gin)* *(gu.* samhaltáin)

samhaltán taispeána *f* demo model *(Río)* *(ai.* samhaltáin taispeána)

samhaltú *f* modelling *(Gin)* *(gu.* samhaltaithe)

samhaltú ghaoil na n-aonán *f* entity relationship modelling *(Río)* *(gu.* shamhaltú ghaoil na n-aonán)

samhaltú sonraí ghaoil na n-aonán *f* entity relationship data modelling *(Río)* *(gu.* samhaltaithe sonraí ghaoil na n-aonán)

samhlacha amshraitheanna *b* time series models *(Air)*

Samhlacha a scrúdaíonn sraith de shonraí stairiúla.

samhlacha éagsúla d'fhorbairt *b* alternative models of development *(For)* *(mal* a mhalairt de shamhlacha d'fhorbairt *b*; rogha de shamhlacha d'fhorbairt *b*)

samhlacha innéacs tionscail *b* industry index models *(Air)*

samhlacha léaslíne críochta *b* finite horizon models *(Air)*

samhlacha meánaithe *b* averaging models *(Air)*

sampla *f* sample *(Fio)* *(ai.* samplaí)

1. Cuid de dhaonra iomlán ar féidir anailís a dhéanamh uirthi chun tátail a bhaint don daonra iomlán. 2. Méid beag de bhunábhar nó de tháirge críochnaithe ar féidir a cháilíocht nó a fheidhmíocht a thástáil mar threoir do cháilíocht nó d'fheidhmíocht baisce iomláin ábhair nó táirge. 3. Paca beag trialach de tháirge nó de bhranda a úsáidtear chun ceannaitheoirí a mhisniú chun triail a bhaint as.

sampla ar corr *f fch* sampla randamach. *(Fio)* *(ai.* samplaí ar corr)

samplach *a1* typical *(Gin)* *(mal* tipiciúil *a2)*

sampláil *b* sampling *(Fio)* *(gu.* samplála)

1. Teicníc a úsáidtear chun cur síos nó measúnú a dhéanamh ar an daonra staitistiúil iomlán trí sciar den daonra, a roghnaítear go matamaiticiúil, a scrúdú go staitistiúil. 2. Samplaí de tháirge a dháileadh chun marsantacht miondíola a dhéanamh.

sampláil táirgí *b* product sampling *(Fio)* *(gu.* samplála táirgí)

Samplaí de tháirge a dháileadh chun marsantacht miondíola a dhéanamh.

sampla randamach *f* random sample *(Fio)* *(ai.* samplaí randamacha)

Líon teoranta de léargais a tharraingítear gan réamhshocrú ó líon iomlán d'fheiniméan. Sa chineál samplála seo, tá an seans céanna ag gach mír den iomlán go roghnófar é. *(mal* sampla ar corr *f ai.* samplaí ar corr)

san airgead *abairtín* in the money *(Air)*

Cur síos ar rogha arb é an toradh a bheadh ar a feidhmiú ná go dtáirgfeadh sí brabús.

S and P (Comhinnéacs Standard and Poor) *f* S and P 500 *(Air)* *(gu.* S and P (Chomhinnéacs Standard and Poor))

An t-innéacs stoic ghnáthmhargaidh is leithne a chuireann áisíneacht rátála creidmheasa SAM, Standard and Poor, ar fáil; tá sé comhdhéanta de 425 scair i gcuideachtaí tionsclaíochta SAM agus 75 stoc i gcorparáidí iarnróid agus fóntas poiblí.

sann *br* assign *(Río)*

1. Luach a thabhairt d'athróg. 2. Ainm gléis logánta a atreorú go comhacmhainn i líonra.

sannachán *f fch* sannadh. *(Gin)* *(gu.* sannacháin)

sannachán luach fírinne *f* truth value assignment *(Río)* *(gu.* sannacháin luach fírinne)

sannadh *f* assignment *(Gin)* *(gu.* sannta)

(Airgeadas) Ceart a bhíonn ag banc, - bunairgead agus ús iasachta a ghlacadh ó iasachtaí, - a aistriú go banc eile. (Ríomhaireacht) Luach athróige nó sloinn amháin a aistriú go hathróg. *(mal* sannachán *f gu.* sannacháin)

sannadh ceadchomhartha iarmhíreanna *f* extension token assignment *(Río)* *(gu.* sannta ceadchomhartha iarmhíreanna)

sannadh tacair *f* set assignment *(Río)* *(gu.* sannta tacair)

saoirse *b* freedom *(Gin)*

saol *f fch* beatha. *(Gin)* *(gu.* saoil)

saolré *b* life cycle *(Fio)*

Beatha duine, cultúir, etc. óna thús, trí fhorbairt agus torthúlacht go meath agus deireadh.

saolré córais *b* system lifecycle *(Río)*

saolré forbartha córas *b* systems development life cycle *(Río)*

saolré pasfhocail *b* password lifetime *(Río)*

saolré táirge *b* product life cycle *(Fio)*

Patrún tipiciúil díola táirge thar am óna thionscnamh ar an margadh go dtí a mheath faoi dheoidh de réir mar a thagann táirgí nua, níos nuálaí ina áit nó go dtí go dtiteann an t-éileamh air, de thoradh athraithe i mianta an tomhaltóra.

saolré teaghlaigh *b* family life cycle *(Fio)*

saoráid *b* facility *(Gin)* *(gu.* saoráide *ai* saoráidí)

saoráid dhomhanda nótaí *b* global note facility *(Air)* *(gu.* saoráide domhanda nótaí *ai.* saoráidí domhanda nótaí)

Ceangaltas frithgheallta meántéarmach bainc a bheith ar fáil mar chúltaca don Eoranóta agus d'eisiúint pháipéar tráchtála Stát Aontaithe Mheiriceá.

saoráid dírghlaoite *b* direct call facility *(Río)* *(gu.* saoráide dírghlaoite)

saoráid Eoranótaí *b* Euronote facility *(Air)* *(gu.* saoráide Eoranótaí *ai.* saoráidí Eoranótaí)

Saoráid a cheadaíonn d'iasachtaí nótaí lascaine gearrthéarmacha a eisiúint trí réimse modhanna dáileacháin, faoi scáth ceangaltais mheántéarmaigh ó ghrúpa banc.

saoráid forlíonta *b* add-on facility *(Río)* *(gu.* saoráide forlíonta *ai.* saoráidí forlíonta)

saoráid frithgheallta imrothlaigh *b* revolving underwriting facility (RUF) *(Air)* *(gu.* saoráide frithgheallta imrothlaigh *ai.* saoráidí frithgheallta imrothlaigh)

Saoráid Eisiúna Nótaí atá frithgheallta.

saoráid frithgheallta imrothlaigh inaistrithe *b* transferable revolving underwriting facility (TRUF) *(Air)* *(gu.* saoráide frithgheallta imrothlaigh inaistrithe *ai.* saoráidí frithgheallta imrothlaigh inaistrithe)

Saoráid iasachtaí ina mbíonn dliteanas teagmhasach an bhainc frithgheallta chun nótaí a cheannach, iomlán inaistrithe, sa chás go dteipeann ar an eisitheoir iad a láithriú.

saoráid iasachta coigeartaithe struchtúrach *b* structural adjustment loan facility *(Air)* *(gu.* saoráide iasachta coigeartaithe struchtúraí *ai.* saoráidí iasachta coigeartaithe struchtúracha)

Saoráid í seo a bhunaigh an Banc Domhanda i 1980 chun cur le fás eacnamaíoch fadtéarmach tíre trí thionscadail a mhaoiniú.

saoráidí baincéireachta idirnáisiúnta *b* international banking facilities *(Air)*

Feithiclí dlíthiúla a chumasaíonn oifigí bainc i Stáit Aontaithe Mheiriceá le glacadh le taiscí ama i ndollair nó in airgeadraí eile ó chustaiméirí eachtracha, saor ó riachtanais chúlchiste, ó tháillí árachais taisce agus ó fhoircinn eile. Dearadh iad chun dul in iomaíocht le margadh na nEorabhannaí.

saoráid ilroghanna *b* multi-option facility (MOF) *(Air)* *(gu.* saoráide ilroghanna *ai.* saoráidí ilroghanna)

Tá an tsaoráid seo níos leithne ná an tsaoráid chlasaiceach Eoranótaí frithgheallta sa mhéid is gurb é ceangaltas meántéarmach an bhainc tacú ní hamháin le heisiúint Eoranótaí ach freisin le réimse leathan ionstraimí gearrthéarmacha eile, m. sh., glacthaí agus airleacain baincéirí in airgeadraí éagsúla.

saoráid íoslódála *b* downloading utility *(Río)* *(gu.* saoráide íoslódála *ai.* saoráidí íoslódála)

saoráid mhaoinithe chúitigh *b* compensatory financing facility (CFF) *(Air)* *(gu.* saoráide maoinithe chúitigh *ai.* saoráidí maoinithe chúitigh)

Saoráid a sholáthraíonn an IMF do thíortha a dtiteann a dtuilleamh easpórtála go sealadach.

saoráid teannta *b* standby facility *(Air)* *(gu.* saoráide teannta *ai.* saoráidí teannta)

Saoráid Eoranótaí a bunaíodh mar shaoráid taca d'eisiúint Pháipéir Tráchtála Stát Aontaithe Mheiriceá.

saorchothromas f free equity (Air) (gu. saorchothromais)

saorearraí f freeware (Río)

saorga a3 artificial (Río)

saormhargadh f free market (Air) (gu. saormhargaidh ai. saormhargaí)

saor ó dhleacht a duty-free (Air)

saoróg b wildcard (Río) (gu. saoróige ai. saoróga gi. saoróg)

Carachtar speisialta ar nós réiltín (*) nó comhartha ceiste (?) is féidir a úsáid chun carachtar amháin nó breis a léiriú. Féadann carachtar nó tacar carachtar ar bith athsholáthar a dhéanamh ar charachtar oiriúnaithe patrúin. Comhchiallach le carachtar oiriúnaithe patrúin agus le carachtar domhanda.

saorshreabhadh airgid f free cashflow (Río) (gu. saorshreafa airgid)

saorthrádáil b free trade (Air) (gu. saorthrádála)

saothar f labour (Gin) (gu. saothair)

saotharlann b laboratory (Río) (gu. saotharlainne ai. saotharlanna)

sár- réi super (quality)[1] (Gin)

sár-ardmhinicíocht b super high frequency (SHF) (Río) (gu. sár-ardmhinicíochta ai. sár-ardmhinicíochtaí)

Sáreagar Físghrafaice f Super Video Graphics Array (SVGA) (Río) (gu. Sáreagair Físghrafaice)

Caighdeán fístaispeána do mhonatóirí daite. Taispeánann monatóirí SVGA suas le 16.7 milliún dathanna le taifeach suas le 1,280 x 1,024 picteilín, rud atá oiriúnach d'fheidhmchláir ilmheán.

sárghrúpa f supergroup (Río) (ai. sárghrúpaí)

sár-mhionríomhaire f supermini(computer) (Río) (ai. sár-mhionríomhairí)

sár-néar-ríomhaire f super neurocomputer (Río) (ai. sár-néar-ríomhairí)

sár-ríomhaire f supercomputer (Río) (ai. sár-ríomhairí)

sárú f overriding (Río) (gu. sáraithe ai. sáruithe)

Próiseas chun modh a fháil mar oidhreacht ó fhoraicme, ach á athshainiú.

sásaigh br satisfy (Gin)

sás láimhe f handset (Río) (gu. sáis láimhe ai. sásanna láimhe)

scagaire f filter (Gin) (ai. scagairí)

scagaire tonnáin f ripple filter (Río) (ai. scagairí tonnáin)

scagaire trasnaí f transversal filter (Río) (ai. scagairí trasnaí)

scagairí idéalacha f ideal filters (Río)

scáileán f screen (Río) (gu. scáileáin)

scáileán frithdhallta f anti-glare screen (Río) (gu. scáileáin frithdhallta) (var glare-guard)

scáileán LCD f LCD screen (Río) (gu. scáileáin LCD)

scáileán polaraithe f polarized screen (Río) (gu. scáileáin pholaraithe)

scáileán reoite f frozen screen (Río) (gu. scáileáin reoite)

scáileán roinnte f split screen (Río) (gu. scáileáin roinnte)

scáileán tadhallíogair f touch-sensitive screen (Río) (gu. scáileáin tadhallíogair)

scáil-íomháú f ghost imaging (Río) (gu. scáil-íomháithe)

scáilsuíomh f ghost site (Río) (gu. scáilsuímh ai. scáilsuíomhanna)

scáilvoltas f phantom voltage (Río) (gu. scáilvoltais)

scaip br dissipate (Gin)

scair b share (Air) (gu. scaire ai. scaireanna)

Ceann amháin de líon na dteideal úinéireachta i gcomhlacht.

scair airgeadais b financial share (Air) (gu. scaire airgeadais ai. scaireanna airgeadais)

scairchaipiteal f share-capital (Air) (gu. scairchaipitil)

An chuid sin de chaipiteal cuideachta a eascraíonn ó scaireanna a eisiúint. Ní mór do gach cuideachta roinnt scairchaipitil a bheith aici ón tús (dhá scair ar a laghad).

scairchaipiteal tosaíochta f preference share capital (Air) (gu. scairchaipitil tosaíochta)

scair chomaoine b consideration share (Air) (gu. scaire comaoine ai. scaireanna comaoine)

scair den mhargadh b market share (Fio) (gu. scaire den mhargadh)

An chomhréir de sholáthar iomlán táirge (i dtéarmaí luacha seachas cainníochta de ghnáth) a ndéanann gnólacht nó cuideachta áirithe amháin í a rialú.

scairdheimhniú f share certificate (Air) (gu. scairdheimhnithe)

scairdphrintéir f inkjet printer (Río) (gu. scairdphrintéara ai. scairdphrintéirí)

scaireanna feidhmíochta b performance shares (Air)

Scaireanna stoic a thugtar do bhainisteoirí ar bhonn feidhmíochta a thomhaistear de réir tuillimh in aghaidh na scaire agus de réir critéar cosúla.

scairphraghas f share price (Air) (gu. scairphraghais ai. scairphraghsanna)

scairshealbhóir f shareholder (Air) (gu. scairshealbhóra ai. scairshealbhóirí)

Sealbhóir gnáthscaireanna.

scair thosaíochta b preference share (Air) (gu. scaire tosaíochta ai. scaireanna tosaíochta)

Scair (i gcuideachta) a thugann ráta seasta úis mar thoradh, mar rogha ar dhíbhinn inathraitheach. *(mal stoc tosaíochta f gu.* stoic tosaíochta) *(var* preferred stock)

scála *f* scale *(Río) (ai.* scálaí)

scálach[1] *f* scalar[1] *(Río) (gu.* scálaigh)

1. Uimhir shingil, seachas veicteoir nó maitrís d'uimhreacha. 2. I bpróiseálaí comhuaineach nó i bpróiseálaí veicteorach, is é an próiseálaí scálach a láimhsíonn na hoibríochtaí seicheamhacha go léir iad sin nach féidir a dhéanamh go comhuaineach ná go veicteorach. 3. Aon chineál sonraí a stórálann luach singil (e.g. uimhir nó luach Boole), seachas cineál sonraí comhiomlán ina mbeadh eilimintí go leor.

scálach[2] *a1* scalar[2] *(Río)*

scálú *f* scaling *(Río) (gu.* scálaithe)

scan *br* scan[1] *(Río)*

scanadh *f* scan[2] *(Río) (gu.* scanta)

scanadh anonn is anall *f* boustrophedonic scan *(Río) (gu.* scanta anonn is anall)

Scanadh mar a threabhfadh damh gort - ó chlé go deas agus ansin ó dheas go clé.

scanadh cuimhne *f* memory scan *(Río) (gu.* scanta cuimhne)

scanadh fótaileictreach *f* photoelectric scanning (PES) *(Río) (gu.* scanta fhótaileictrigh)

scanadh optúil *f* optical scanning *(Río) (gu.* scanta optúil)

scanadh rastair *f* raster scan *(Río) (gu.* scanta rastair)

scanóir *f* scanner *(Río) (gu.* scanóra *ai.* scanóirí)

scanóir barrachód *f* bar code scanner *(Río) (gu.* scanóra barrachód *ai.* scanóirí barrachód) *(mal* léitheoir barrachód *f gu.* léitheora barrachód *ai.* léitheoirí barrachód) *(var* bar code reader)

scanóir datha *f* colour scanner *(Río) (gu.* scanóra datha *ai.* scanóirí datha)

scanóir optúil *f* optical scanner *(Río) (gu.* scanóra optúil)

scanóir plánach *f* flatbed scanner *(Río) (gu.* scanóra phlánaigh *ai.* scanóirí plánacha)

scanóir ráta athléite *f* second-read rate scanner *(Río) (gu.* scanóra ráta athléite *ai.* scanóirí ráta athléite)

scanóir ráta céadléite *f* first-read rate scanner *(Río) (gu.* scanóra ráta céadléite)

scanóir solas-íogair *f* light-sensitive scanner *(Río) (gu.* scanóra sholas-íogair *ai.* scanóirí solas-íogaire)

scaoil *br* disconnect *(Río) (mal* dínasc *br)*

scaoileadh *f* expansion3 *(Río) (gu.* scaoilte)

scaoileadh eochrach *f* key release *(Río) (ai.* scaoilte eochrach)

scaoileadh macra *f* macro expansion *(Río) (gu.* scaoilte macra)

scaollphraghsáil *b* panic pricing *(Air) (gu.* scaollphraghsála)

scaradh *f* separating *(Gin) (gu.* scartha)

scarbhileog *b* spreadsheet *(Río) (gu.* scarbhileoige *ai.* scarbhileoga)

Ríomhchlár a eagraíonn sonraí uimhriúla i línte agus i gcolúin ar scáileán teirminéil, chun ríomhaireacht agus coigeartú a dhéanamh, bunaithe ar shonraí nua.

scar is treascair *br* divide and conquer *(Río)*

Modh réitigh fadhbanna - bristear síos an fhadhb ina fofhadhbanna agus sa chaoi seo is féidir an fhadhb a réiteach céim ag an am, seachas iarracht a dhéanamh teacht ar an réiteach iomlán san aon iarracht.

SCART *acr* SCART (Syndicat Français des Constructeurs d'Appareils Radio et Television) *(Río)*

scáth *b* shadow[1] *(Gin) (gu.* scátha *ai.* scáthanna)

scáthaigh *br* shadow[2] *(Gin)*

scáthánú *f* mirroring *(Río) (gu.* scáthánaithe)

scáthchuimhne *b* shadow memory *(Río)*

scáthlíniú *f* shading *(Río) (gu.* scáthlínithe)

scáthú *f* shadowing *(Gin) (gu.* scáthaithe)

sceabha *f* skew *(Río)*

sceabha bus *f* bus skew *(Río)*

Ní thaistealaíonn na comharthaí go léir atá ar línte éagsúla ar an luas céanna agus tugtar sceabha bus ar a thoradh seo.

sceall *f* slice *(Río) (gu.* sceallaí *ai.* sceallaí)

sceallailtireacht *b* slice architecture *(Río) (gu.* sceallailtireachta)

sceallchuimhne *b* slice memory *(Río)*

sceall giotáin *f* bit slice *(Río) (gu.* sceallaí giotáin)

Cur chuige i ndéanamh micreaphróiseálaithe: úsáidtear teicníc mar a d'úsáidfí le bloic thógála chun na micririomhairí a chur le chéile. B'fhéidir go mbeadh ceithre shlis 4-ghiotán micreaphróiseálaí i bpróiseálaí den chineál sin, dá mbeadh sliseanna sceall giotáin á n-úsáid ann. *(mal* slis sceall giotáin *b gu.* slise sceall giotáin *ai.* sliseanna sceall giotáin) *(var* bit slice chip)

sceideal *f* schedule *(Gin) (gu.* sceidil)

sceidealadh *f* scheduling *(Gin) (gu.* sceidealta)

sceidealadh láraonaid próiseála (LAP) *f* CPU scheduling *(Río) (gu.* sceidealta LAP)

sceideal amharc insrathaithe *f* view-serializable schedule *(Río) (gu.* sceidil amharc insrathaithe)

sceideal amúchta *f* amortization schedule *(Air) (gu.* sceidil amúchta)

sceideal chun tobscoranna cascáidithe a sheachaint *f* avoids-cascading aborts schedule *(Río)* *(gu.* sceidil chun tobscoranna cascáidithe a sheachaint)

sceideal coinbhleachtaí insrathaithe *f* conflict-serializable schedule *(Río)* *(gu.* sceidil coinbhleachtaí insrathaithe)

sceideal docht *f* strict schedule *(Río)* *(gu.* sceidil dhocht *ai.* sceidil dhochta)

sceideal in-athshlánaithe *f* recoverable schedule *(Río)* *(gu.* sceidil in-athshlánaithe)

sceideal insrathaithe *f* serializable schedule *(Río)* *(gu.* sceidil insrathaithe)

sceidealóir *f* scheduler *(Gin)* *(gu.* sceidealóra *ai.* sceidealóirí)

scéim *b* scheme *(Gin)* *(gu.* scéime *ai.* scéimeanna)

scéim- *réi* schematic *(Río)*

scéim criptiúcháin *b* encryption scheme *(Río)* *(gu.* scéime criptiúcháin *ai.* scéimeanna criptiúcháin)

scéimléaráid *b* schematic diagram *(Río)* *(gu.* scéimléaráide *ai.* scéimléaráidí)

Léaráid a úsáideann siombailí chun páirteanna agus a n-idirnascanna le haghaidh córais nó ciorcaid a thaispeáint. Le scéimléaráid is féidir cosáin ciorcad agus sreafa a lorg le haghaidh leanúnachais.

scéim méadaithe gnó *b* business expansion scheme (BES) *(Air)* *(gu.* scéime méadaithe gnó)

scéim rangaithe sonraí *b* data classification scheme *(Río)* *(gu.* scéime rangaithe sonraí)

scéimre *f* schema *(Río)*

Tá scéimre ann ag gach leibhéal, a chuireann síos ar an slí a thuigtear na sonraí.

scéimre bunachar sonraí *f* database schema *(Río)*

scéimre coincheapúil *f* conceptual schema *(Río)* *(gu.* scéimre choincheapúil *ai.* scéimrí coincheapúla)

scéimre inmheánach *f* internal schema *(Río)* *(gu.* scéimre inmheánaigh *ai.* scéimrí inmheánacha)

scéimre réalta *f* star schema *(Río)* *(ai.* scéimrí réalta)

scéimre seachtrach *f* external schema *(Río)* *(gu.* scéimre sheachtraigh *ai.* scéimrí seachtracha)

Scéim Rochtana Airgeadaithe *b* Finance Access Scheme *(Air)* *(gu.* Scéime Rochtana Airgeadaithe *ai.* Scéimeanna Rochtana Airgeadaithe)

sceipteach *f* sceptic *(Gin)* *(gu.* sceiptigh)

sceitheadh cuimhne *f* memory leakage *(Río)* *(gu.* sceite cuimhne)

sceitheadh sonraí *f* data leakage *(Río)* *(gu.* sceite sonraí)

sciamhlann *b* beauty salon *(Gin)* *(gu.* sciamhlainne *ai.* sciamhlanna)

scileanna ríomhaireachta *b* computer skills *(Río)*

scilling *b* shilling *(Air)* *(gu.* scillinge *ai.* scillingí)

scilling na hOstaire *b* Austrian schilling *(Air)*

scimeáil *b* surfing *(Río)* *(gu.* scimeála)

scimeáil ar an nGréasán *b* Websurfing *(Río)* *(gu.* scimeála ar an nGréasán)

scipeáil *b* skip *(Río)* *(gu.* scipeála)

scipeáil leathanaigh (leathanach) *b* page skip *(Río)* *(gu.* scipeála leathanaigh (leathanach))

sciúchaíl *b* strangle *(Air)* *(gu.* sciúchaíola)

sclábhaí *f* slave[1] *(Gin)* *(ai.* sclábhaithe)

sclábhaí bus *f* bus slave *(Río)* *(ai.* sclábhaithe bus)

An gléas reatha atá ag glacadh nó ag tarchur sonraí ó nó chuig an máistir bus i struchtúr bus ina bhfuil an próiseálaí agus gléasanna forimeallacha comhpháirteach i rialú aistriúchán sonraí.

sclábhánta *a3* slave[2] *(Río)*

Scoiléimiú *f* Skolemization *(Río)* *(gu.* Scoiléimithe)

scoil ghnó *b* business school *(Gin)* *(gu.* scoile gnó)

scoilt *b* split *(Gin)* *(gu.* scoilte *ai.* scoilteanna)

scoilteoir *f* splitter *(Río)* *(gu.* scoilteora *ai.* scoilteoirí)

scóip *b* scope *(Gin)* *(gu.* scóipe)

(Ríomhaireacht) 1. An chuid sin de shlonn ar a bhfeidhmítear an t-oibreoir. 2. An chuid sin de ríomhchlár nach n-athraíonn sainiú na hathróige taobh istigh de. 3. Infheictheacht athróige nó modha i ríomhchlár.

scóip feidhme *b* function scope *(Río)* *(gu.* scóipe feidhme)

scoir *br* exit[2] *(Río)* *(var* quit)

scoir agus athdhúisigh *br* quit and resume *(Río)*

Gné de Startha Aonán. Gléas é chun a thaispeáint gur féidir le teagmhais áirithe athrú a dhéanamh ar an seicheamh ceaptha, i dtosca áirithe. Nodaireacht é a léiríonn conas a chuirtear stop le próiseáil ag pointe amháin agus go n-atosaítear é áit éigin eile.

scoite *a3* discrete *(Gin)*

scor[1] *f* retirement *(Fio)* *(gu.* scoir)

Críochnú seal fostaíochta duine ag aois áirithe.

scor[2] *f* exit[1] *(Río)* *(gu.* scoir)

scór *f* score *(Gin)* *(gu.* scóir)

scoradán ciorcaid aonbhealaigh *f* single-throw circuit breaker *(Río)* *(gu.* scoradáin chiorcaid aonbhealaigh)

scórchárta ualaithe *f* balanced scorecard *(Gin)*

scór creidmheasa *f* credit scoring *(Air)* *(gu.* scóir chreidmheasa)

Dearbhú ar an dóchúlacht mainneachtana a bheadh ann agus creidmheas á thabhairt do chustaiméirí.

scortha *a3* retired *(Air)*

an scoth ar dtús *abairtín* best-first *(Río)*

scothcheantar *f* prime area *(Air)* *(gu.* scothcheantair)

scothláthair *b* prime location *(Air)* *(gu.* scothláithreach *ai.* scothláithreacha)

scothshuíomh *f* prime situation *(Air)* *(gu.* scothshuímh)

scothstoc *f* blue chip stock *(Fio)* *(gu.* scothstoic *ai.* scothstoic) *(mal* stoc gormshlise *f gu.* stoic gormshlise)

scríbhinn *b* written document *(Gin)* *(gu.* scríbhinne *ai.* scríbhinní)

scríbhneoir CDanna *f* CD-writer *(Río)* *(gu.* scríbhneora CDanna *ai.* scríbhneoirí CDanna) *(mal* dóire CDanna *f ai.* dóirí CDanna) *(var* CD-burner)

scríobh[1] *f* writing *(Río)* *(gu.* scríofa *ai.* scríobhanna)

scríobh[2] *f* write[1] *(Gin)* *(gu.* scríofa *ai.* scríobhanna)

scríobh[3] *br* write[2] *(Gin)*

scríobhpholasaí *f* write policy *(Río)*

scríobh slítheánta *f* sneaky write *(Río)* *(gu.* scríofa shlítheánta)

scrios[1] *f* deletion *(Río)* *(gu.* scriosta)

1. Gnás a bhaineann nód de liosta nasctha nó de chrann nasctha. 2. Gnás a bhaineann cuid de theaghrán sainithe de theaghrán níos mó.

scrios[2] *br* delete *(Río)*

scrioscharachtar *f* delete character *(Río)* *(gu.* scrioscharachtair)

scriosta *a3* deleted *(Río)*

script *b* script *(Gin)* *(gu.* scripte *ai.* scripteanna)

script bhlaoisce *b fch* blaosc-script. *(Río)* *(gu.* scripte blaoisce *ai.* scripteanna blaoisce)

script CGI *b* CGI script *(Río)* *(gu.* scripte CGI)

scrollaigh *br* scroll *(Río)*

scrollbharra *f* scrollbar *(Río)* *(ai.* scrollbharraí)

scrollbharra ingearach *f* vertical scrollbar *(Río)* *(gu.* scrollbharra ingearaigh *ai.* scrollbharraí ingearacha)

scrollbhosca *f* scrollbox *(Río)* *(ai.* scrollbhoscaí)

scrollú *f* scrolling *(Río)* *(gu.* scrollaithe)

scrollú ingearach *f* vertical scroll *(Río)* *(gu.* scrollaithe ingearaigh)

scruitheisiúint *b* scrip issue *(Air)* *(gu.* scruitheisiúna *ai.* scruitheisiúintí)

Scairtheastais nua a eisiúint do scairshealbhóirí atá ann cheana féin chun carn na mbarbús i gcúlchistí cláir chomhardaithe comhlachta a léiriú. Próiseas é dá réir sin chun airgead ó chúlchistí na cuideachta a thiontú go caipiteal eisithe. Ní íocann na scairshealbhóirí as na scaireanna nua agus ní fheictear go bhfuil siad níos fearr as. *(mal* bónaseisiúint *b gu.* bónaseisiúna *ai.* bónaseisiúintí) *(var* bonus issue; capitalization issue; free issue)

scuabchuntas *f* sweep account *(Air)* *(gu.* scuabchuntais)

Cuntas ina dtógann an banc gach ciste breise atá ar fáil ag dúnadh gach lae gnó agus iad a infheistiú don ghrúpa.

scuaibín *f* sweep *(Air)* *(ai.* scuaibíní)

scuaine *b fch* ciú. *(Río)* *(ai.* scuainí)

scuaine jabanna *b fch* ciú jabanna. *(Río)*

scuaine phriontála *b fch* ciú priontála. *(Río)*

séabraí *f* zebras *(Air)*

Eisiúint cúpóin nialasaigh Steirling a chruthaítear trí bhanna de chuid rialtas an Ríochta Aontaithe a scamhadh. *(mal* stagaí *f*) *(var* stags)

seac *f* jack *(Río)* *(gu.* seaic)

seachadadh *f* delivery *(Air)* *(gu.* seachadta)

seachadadh ceadchomharthaí *f* token passing *(Río)* *(gu.* seachadta ceadchomharthaí)

seachadadh teachtaireachtaí *f* message-passing *(Río)* *(gu.* seachadta teachtaireachtaí)

seachaid *br* deliver *(Gin)*

seachain *br* avoid *(Gin)*

seachaint *b* avoidance *(Gin)* *(gu.* seachanta)

seachaint imbhuailte *b* collision avoidance *(Río)* *(gu.* seachanta imbhuailte)

seachairgeadra *f* offshore currency *(Air)* *(ai.* seachairgeadraí)

seachfhreastalaí *f* proxy server *(Río)* *(ai.* seachfhreastalaithe)

seachtain *b* week *(Gin)* *(gu.* seachtaine *ai.* seachtainí)

seachtrach *a1* external *(Gin)*

seachvóta *f* proxy[2] *(Air)* *(ai.* seachvótaí)

seachvótálaí *f* proxy[1] *(Air)* *(ai.* seachvótálaithe)

seac teileafóin *f* telephone jack *(Río)* *(gu.* seaic teileafóin *ai.* seacanna teileafóin)

sealadach *a1* temporary *(Gin)*

sealaíocht *b* taking turns *(Gin)* *(gu.* sealaíochta)

sealbhóir *f* possessor *(Air)* *(gu.* sealbhóra *ai.* sealbhóirí)

sealbhóir bannaí *f* bondholder *(Air)* *(gu.* sealbhóra bannaí)

Duine a bhfuil doiciméad ina s(h)eilbh ó rialtas nó ó chomhlacht a deir go n-aisíocfar airgead a fuarthas ar iasacht ó infheisteoir.

sealoibrí *f* shift worker *(Gin)* *(ai.* sealoibrithe)

sealúchas *f* holding *(Air)* *(gu.* sealúchais)

1. Maoin atá i seilbh, stoic agus scaireanna go háirithe. 2. Talamh atá i seilbh de cheart dlíthiúil.

séamafór *f* semaphore *(Río)* *(gu.* séamafóir)

séan[1] *br fch* diúltaigh. *(Gin)*

séan² *br* negate *(Río)*

séanadh *f* negation *(Río)* *(gu.* séanta)

1. Oibríocht mhonadach Boole a bhfuil an luach Boole atá mar thoradh uirthi contrárthach le luach na hoibrinne. 2. Comhchiallach le hoibríocht NOT

séanadh loighciúil *f* logical negation *(Río)* *(gu.* séanta loighciúil)

séanadh mar theip *f* negation as failure *(Río)* *(gu.* séanta mar theip)

séanadh tairisceana *f* negation of a proposition *(Loi)* *(gu.* séanta tairisceana)

Is ionann séanadh tairisceana agus tairiscint nua a bhfuil luach fírinne contrártha aici; i. má tá p fíor, tá séanadh p bréagach agus má tá p bréagach, tá séanadh p fíor.

séanadh trí theip *f* negation by failure *(Loi)* *(gu.* séanta trí theip)

Seapáin, An t~ *b* Japan *(Gin)* *(gu.* na Seapáine)

searbh *a1* bitter *(Gin)*

seasamh *f* position[1] *(Gin)* *(gu.* seasaimh) *(var* viewpoint)

seasmhacht *b* persistency *(Gin)* *(gu.* seasmhachta)

seastán uilíoch printéara *f* universal printer stand *(Río)* *(gu.* seastáin uilíoch phrintéara *ai.* seastáin uilíocha phrintéara)

séasúrach *a1* seasonal *(Gin)*

seic¹ *f* cheque *(Air)* *(ai.* seiceanna)

seic² *f* check[1] *(Gin)* *(ai.* seiceanna)

seic digiteach *f* digital cheque *(Río)* *(gu.* seic dhigitigh *ai.* seiceanna digiteacha)

seiceáil *b* check[2] *(Río)* *(gu.* seiceála)

seiceáil agus ceartú earráidí *b/f* error checking and correcting (ECC) *(Río)* *(gu.* seiceála agus ceartaithe earráidí)

seiceáil chioglach iomarcaíochta *b* cyclical redundancy check (CRC) *(Río)* *(gu.* seiceála cioglaí iomarcaíochta)

seiceáil deisce *b* desk check *(Río)* *(gu.* seiceála deisce)

Insamhladh láimhe de rith ríomhchláir le fabhtanna a aimsiú trí ríomhchlár foinseach a scrúdú céim-ar-chéim le teacht ar bhotúin san fheidhmiú nó sa chomhréir.

seiceáil dumpála *b* dump check *(Río)*

seiceáil gramadaí *b* grammar checking *(Río)* *(gu.* seiceála gramadaí)

seiceáil le haghaidh víreas *f* virus checking *(Río)* *(gu.* seiceála le haghaidh víreas)

seiceáil paireachta trasnaí *b* transverse parity check *(Río)* *(gu.* seiceála paireachta trasnaí)

seiceáil tarluithe *b* occurs check *(Río)* *(gu.* seiceála tarluithe)

seiceálaí gramadaí *f* grammar checker *(Río)* *(mal* gramadóir *(coit.)* *f gu.* gramadóra *ai.* gramadóirí)

seiceálaí litrithe *f* spelling checker *(Río)* *(ai.* seiceálaithe litrithe) *(mal* litreoir *(coit.)* *f gu.* litreora *ai.* litreoirí) *(var* spellcheck *(fam.)*)

seicheamh *f* sequence *(Mat)* *(gu.* seichimh)

seicheamhach *a1* sequential *(Río)*

seicheamh ardaitheach *f* ascending sequence *(Gin)* *(gu.* seichimh ardaithigh *ai.* seichimh ardaitheacha)

seicheamh comhordúcháin *f* collating sequence *(Río)* *(gu.* seichimh chomhordúcháin)

Séard is seicheamh comhordúcháin ann ná seicheamh carachtar leagtha amach de réir orduimhreacha.

seicheamh éalaithe *f* escape sequence *(Río)* *(gu.* seichimh éalaithe)

Sa teanga C, seicheamh comhdhéanta de charachtar éalaithe, á leanúint ag carachtar amháin nó níos mó a léiríonn gur cheart na carachtair a leanann a léirmhíniú le cód éagsúil nó de réir tacair carachtar códaithe éagsúil.

seicheamh neamhlaghdaitheach *f* non-decreasing sequence *(Río)* *(gu.* seichimh neamhlaghdaithigh *ai.* seichimh neamhlaghdaitheacha)

seicheamhóir *f* sequencer *(Río)* *(gu.* seicheamhóra *ai.* seicheamhóirí)

Gléas nó ciorcad a úsáidtear chun sraith réamhdhheimhnithe teagmhas a thruicearadh mar thoradh ar ghníomhaíocht shonrach. Roghnaíonn an ciorcad ord na dteagmhas de réir na gníomhaíochta a bhfuil sé ag freagairt di.

seicheamhú *f* sequencing *(Río)* *(gu.* seicheamhaithe)

seicheamhú micrithreoracha *f* microinstruction sequencing *(Río)* *(gu.* seicheamhaithe micrithreoracha)

seicliosta *f* checklist *(Gin)* *(ai.* seicliostaí)

seic obtha *b* bounced cheque *(Air)* *(gu.* seice obtha *ai.* seiceanna obtha)

seicphointe *f* checkpoint *(Río)* *(ai.* seicphointí)

séideadh *f* blowing *(Gin)* *(gu.* séidte)

seilbh *b* possession *(Gin)* *(gu.* seilbhe)

seilf *b* shelf *(Gin)* *(ai.* seilfeanna)

seilfré *f* shelf life *(Air)*

An t-am a ainmnítear ar phacáiste nó ar lipéad ar féidir táirge áirithe a fhágáil ar an seilf nó i stoc sula dtarlóidh meath bunúsach ann. Nuair a thagann an dáta sin, níor chóir an táirge a dhiol leis an tomhaltóir.

séimeantach *a1* semantic *(Río)*

séimeantaic *b* semantics *(Río)* *(gu.* séimeantaice)

séimeantaic fhógrach *b* declarative semantics *(Río)* *(gu.* séimeantaice fógraí)

séimeantaic ghnásúil *b* procedural semantics *(Río)* *(gu.* séimeantaice gnásúla)

séimeantaic oibreoirí *b* operator semantics *(Río)* *(gu.* séimeantaice oibreoirí)

seimineár *f* seminar *(Gin)* *(gu.* seimineáir)

seirbhirialú *f* servocontrol *(Río)* *(gu.* seirbhirialaithe)

seirbhís *b* service *(Gin)* *(gu.* seirbhise *ai.* seirbhísí) (Fiontraíocht) Gníomhaíocht eacnamaíoch a dhéantar chun freastal ar éileamh pearsanta nó gnó.

seirbhís admhálach nascbhunaithe *b* acknowledged connection-oriented service *(Río)* *(gu.* seirbhíse admhálaí nascbhunaithe)

seirbhís iardhíola *b* after-sales service *(Fío)* *(gu.* seirbhíse iardhíola *ai.* seirbhísí iardhíola)

Seirbhísí agus saoráidí tacaithe a sholáthraíonn soláthraithe earraí agus seirbhísí dá gcustaiméirí. B'fhéidir go gcuimseodh seirbhís iardhíola cothabháil agus deisiúcháin saor in aisce; seirbhís ghutháin chun déileáil le ceisteanna custaiméirí agus mearsheirbhís seachadta páirteanna.

seirbhísí córas oibriúcháin *f* operating system services *(Río)*

seirbhísí líonraí faisnéise *b* information network services *(Río)*

seirbhísí reatha *b* current services *(Río)*

An phróiseáil go léir atá anois sa réimse feidhmeanna atá á iniúchadh. D'fhéadfadh próiseáil láimhe nó ríomhairithe a bheith i gceist.

seirbhísí satailíte do theileafóin phóca *b* mobile satellite services *(Río)*

seirbhísiú *f* servicing[2] *(Gin)* *(gu.* seirbhísithe)

Seirbhís Lasctha Sonraí Il-mheigighiotán *b* Switched Multimegabit Data Service (SMDS) *(Río)* *(gu.* Seirbhíse Lasctha Sonraí Il-mheigighiotán)

seirbhís neamhadmhálach gan nasc *b* unacknowledged connectionless service *(Río)* *(gu.* seirbhíse neamhadmhálaí gan nasc *ai.* seirbhísí neamhadmhálacha gan nasc)

seirbhís réamhdhíola *b* pre-sales service *(Fío)* *(gu.* seirbhíse réamhdhíola *ai.* seirbhísí réamhdhíola)

seirbhís sruthaireachta *b* roaming service *(Río)* *(gu.* seirbhíse sruthaireachta *ai.* seirbhísí sruthaireachta)

seirbhís teileafóin achair fhairsing *b* wide area telephone service (WATS) *(Río)* *(gu.* seirbhíse teileafóin achair fhairsing *ai.* seirbhísí teileafóin achair fhairsing)

seirbhís teiliméadrála *b* telemeter service *(Río)* *(gu.* seirbhíse teiliméadrála)

seisideachúil *a3* sexadecimal *(Río)*

seisiún *f* session *(Río)* *(gu.* seisiúin)

seisiún anailíse *f* analysis session *(Río)* *(gu.* seisiúin anailíse)

seoid *b* jewel *(Gin)* *(gu.* seoide *ai.* seoda)

seol[1] *br* address[2] *(Río)*

seol[2] *br* conduct *(Río)*

seol[3] *br* send *(Río)*

seolachán *f* addressing *(Río)* *(gu.* seolacháin)

1. Sonraí ar leith atá ag teastáil a aimsiú trí theicnící sonracha a úsáid. 2. Modh rialúcháin cumarsáide sonraí trína sonraíonn an t-óstríomhaire cén teirminéal ar leith a bhfuil sonraí aige dó.

seolachán coibhneasta *f* relative addressing *(Río)* *(gu.* seolacháin choibhneasta)

seolachán cruaiche *f* stack addressing *(Río)* *(gu.* seolacháin chruaiche)

Úsáidtear treoracha gan aon seoltaí nuair a úsáidtear cruach. Leis an gcineál seo seolacháin, ní mór an dá oibreann a phlobadh den chruach, ceann i ndiaidh a chéile, an oibríocht (e.g. iolrú nó AND) a dhéanamh agus an toradh a bhrú ar ais ar an gcruach.

seolachán féinchoibhneasta *f* self-relative addressing *(Río)* *(gu.* seolacháin féinchoibhneasta)

seolachán indíreach *f* indirect addressing *(Río)* *(gu.* seolacháin indírigh)

1. Seolachán chuig suíomh sa chuimhne ina bhfuil seoladh na sonraí atá ag teastáil. 2. Aon chineál seolacháin ina bhfuil seoladh na sonraí atá ag teastáil coinnithe i dtabhall nó i suíomh sonraithe sa chuimhne.

seolachán indíreach intuigthe *f* implied indirect addressing *(Río)* *(gu.* seolacháin indírigh intuigthe)

seolachán innéacsaithe *f* indexed addressing *(Río)* *(gu.* seolacháin innéacsaithe)

Cineál seolacháin ina gcuirtear an seoladh, atá sa dara beart den treoir, leis an tabhall innéacs.

seolachán láithreach *f* immediate addressing *(Río)* *(gu.* seolacháin láithrigh)

Is é an tslí is simplí a d'fhéadfadh treoir oibreann a shonrú ná an oibreann féin a bheith istigh sa chuid den treoir ina bhfuil an seoladh, mar rogha ar sheoladh nó faisnéis eile ag insint cá bhfuil an oibreann. Tá sé de bhuntáiste ag seolachán láithreach nach mbíonn gá le tagairt bhreise sa chuimhne chun an oibreann a ghabháil.

seolachán líneach cuimhne *f* linear memory addressing *(Río)* *(gu.* seolacháin línigh chuimhne)

seolachán tabhaill *f* register addressing *(Río)* *(gu.* seolacháin tabhaill)

Úsáidtear seolachán tabhaill nuair atá a lán taibhle sa LAP a d'fhéadfaí a úsáid do thagairt. Ós rud é nach mbíonn ach líon beag taibhle ann de ghnáth, ní bhíonn ach cúpla giotán ag teastáil chun tabhall a roghnú.

seolachán uathinnéacsaithe *f* auto-indexed addressing *(Río)* *(gu.* seolacháin uathinnéacsaithe)

Is minic a bhíonn gá le tabhall innéacs a incrimintiú nó a dheicrimintiú díreach roimh nó tar éis a úsáide agus soláthraíonn ríomhairí áirithe treoracha speisialta nó móid seolacháin, nó fiú taibhle innéacs speisialta a incrimintíonn nó a dheicrimintíonn iad féin go huathúil. Tugtar uathinnéacsú freisin ar mhionathrú uathúil tabhaill innéacs.

seoladh[1] *f* address *(Río)* *(gu.* seolta *ai.* seoltaí)

Aitheantóir uathúil a shanntar do gach suíomh sa chuimhne atá sa phríomhstóras.

seoladh[2] *f* sending *(Río)* *(gu.* seolta)

seoladh aitheantais *f* ID address *(Río)* *(gu.* seolta aitheantais)

seoladh cille *f* cell address *(Río)* *(gu.* seolta cille *ai.* seoltaí cille)

seoladh coibhneasta *f* relative address *(Río)* *(gu.* seolta choibhneasta *ai.* seoltaí coibhneasta)

seoladh craolacháin LAN *f* LAN broadcast address *(Río)* *(gu.* seolta craolacháin LAN)

seoladh foinseach *f* source address *(Gin)* *(gu.* seolta fhoinsigh *ai.* seoltaí foinseacha)

seoladh giotánra *f* word address *(Río)* *(gu.* seolta giotánra *ai.* seoltaí giotánra)

seoladh grúpa LAN *f* LAN group address *(Río)* *(gu.* seolta grúpa LAN)

seoladh indibhidiúil LAN *f* LAN individual address *(Río)* *(gu.* seolta indibhidiúil LAN)

seoladh líneach *f* linear address *(Río)* *(gu.* seolta línigh *ai.* seoltaí líneacha)

seoladh Prótacal Idirlín *f* Internet Protocol address *(Río)* *(gu.* seolta Prótacal Idirlín *ai.* seoltaí Prótacal Idirlín)

seoladh ríomhphoist *f* e-mail address *(Río)* *(gu.* seolta ríomhphoist *ai.* seoltaí ríomhphoist)

seoladh sainithe *f* defined address *(Río)* *(gu.* seolta shainithe *ai.* seoltaí sainithe)

seoladh sprice *f* destination address *(Río)* *(gu.* seolta sprice)

seoladhthabhall *f fch* tabhall seoltaí. *(Río)* *(gu.* seoladhthabhaill *ai.* seoladhthaibhle)

seolán *f* lead *(Río)* *(gu.* seoláin)

seol ar aghaidh *br* forward[1] *(Río)*

seoltóir[1] *f* sender *(Río)* *(gu.* seoltóra *ai.* seoltóirí)

seoltóir[2] *f* conductor *(Río)* *(gu.* seoltóra *ai.* seoltóirí)

seoltóir neodrach *f* neutral conductor *(Río)* *(gu.* seoltóra neodraigh *ai.* seoltóirí neodracha)

seomra comhrá *f* chat room *(Río)* *(ai.* seomraí comhrá)

seomra poist *f* mailroom *(Río)* *(ai.* seomraí poist)

seomra ríomhaireachta *f fch* ríomhlann. *(Río)* *(ai.* seomraí ríomhaireachta)

siamsaíocht *b* entertainment *(Fio)* *(gu.* siamsaíochta)

siar *dob* back *(Río)*

siarchoinneálach *a1* withholding *(Air)*

síceagrafach *a1* psychographic *(Gin)*

sifear *f* cipher *(Río)* *(gu.* sifir)

Algartam chun teachtaireacht a ionchódú trí shiombailí a aistriú nó a mhalartú.

sifear Chaesair *f* Caesar cipher *(Río)* *(gu.* shifear Chaesair)

Sifear a mhalartaíonn gach litir i dteachtaireacht ar litir atá fad seasta uaithi.

sifear neamhshiméadrach *f* asymmetric cipher *(Río)* *(gu.* sifir neamhshiméadraigh *ai.* sifir neamhshiméadracha)

Cineál ionchódaithe ina bhfuil eochair phoiblí agus eochair phríobháideach ag gach úsáideoir.

sileacan *f* silicon *(Río)* *(gu.* sileacain)

silteach *a1* leaking *(Gin)*

siméadracht *b* symmetry *(Río)* *(gu.* siméadrachta)

simplí *a3* simple *(Gin)*

simplithe *a3* simplified *(Gin)*

sín *b* sign[2] *(Mat)* *(gu.* síne *ai.* síneacha)

sín chothroime *b* equals sign *(Río)*

sindeacáit *b* syndicate *(Air)* *(gu.* sindeacáite *ai.* sindeacáití)

Grúpa banc a ghníomhaíonn i dteannta a chéile chun airgead a thabhairt ar iasacht i gcreidmheas bainc nó chun eisiúint nua bannaí a fhrithghealladh.

sindeacáit frithgheallta *b* underwriting syndicate *(Air)* *(gu.* sindeacáite frithgheallta *ai.* sindeacáití frithgheallta)

Bainc, in eisiúint bannaí nua, a thoilíonn íosphragas a íoc leis an iasachtaí fiú murar féidir na bannaí a dhíol ar an margadh ar phraghas níos airde.

sindeacáitiú *f* syndication *(Río)* *(gu.* sindeacáitithe)

síneadh *f* extension[1] *(Air)* *(gu.* sínidh *ai.* síntí)

Socrú deonach chun fiacha gnólachta a athstruchtúrú ina gcuirtear an dáta íoctha ar athlá.

sineirgeach *a1* synergetic *(Río)*

sineirgíocht *b* synergy *(Río)* *(gu.* sineirgíochta)

singhiotán *f* sign bit *(Río)* *(gu.* singhiotáin)

Giotán nó eilimint dhénártha a ghlacann ionad síne.

singil *a1* single *(Gin)*

síniú *f* signature *(Gin)* *(gu.* sínithe)

sín mhínis *b* minus sign *(Río)* *(gu.* síne mínis)

sinsearacht *b* seniority *(Air)* *(gu.* sinsearachta)

Ord aisíocaíochta.

sintéis *b* synthesis *(Río)* *(gu.* sintéise *ai.* sintéisí)

sintéiseoir *f* synthesizer *(Río)* *(gu.* sintéiseora *ai.* sintéiseoirí)

sintéiseoir cainte *f* speech synthesizer *(Río)* *(gu.* sintéiseora cainte *ai.* sintéiseoirí cainte)

sintéiseoir fuaime *f* sound synthesizer *(Río)* *(gu.* sintéiseora fuaime *ai.* sintéiseoirí fuaime)

síntiúsóir *f* subscriber *(Gin)* *(gu.* síntiúsóra *ai.* síntiúsóirí)

síoltacaíocht *b* seed support *(Fio)* *(gu.* síoltacaíochta)

siombail *b* symbol *(Gin)* *(gu.* siombaile *ai.* siombailí)

siombail feidhme/siombail d'fheidhm *b* function symbol *(Río)*

siombail fírinne *b* truth symbol *(Río)*

siombail ghrafach *b* graphic symbol *(Río)* *(gu.* siombaile grafaí *ai.* siombailí grafacha)

siombail sheachtrach *b* external symbol *(Río)* *(gu.* siombaile seachtraí *ai.* siombailí seachtracha)

siombail sreabhchairte *b* flowchart symbol *(Río)* *(gu.* siombaile sreabhchairte *ai.* siombailí sreabhchairte)

siombail tairisceana *b* propositional symbol *(Loi)*

siombalach *a1* symbolic *(Gin)*

sioncronach *a1* synchronous *(Río)*

sioncronú *f* synchronization *(Río)* *(gu.* sioncronaithe)

sioncronú bunaithe ar bhacainní *f* barrier synchronization *(Río)* *(gu.* sioncronaithe bunaithe ar bhacainní)

sioncronú in-athshlánaithe *f* recoverable synchronization *(Río)* *(gu.* sioncronaithe in-athshlánaithe)

siopa *f* shop *(Air)* *(ai.* siopaí)

siopadóireacht ar an nGréasán *b* Web shopping *(Río)* *(gu.* siopadóireachta ar an nGréasán)

siopalann *b* shopping mall *(Fio)* *(gu.* siopalainne *ai.* siopalanna)

1. Lárionad siopadóireachta de chúpla bloc nó de bhloic iomadúla atá dúnta do thrácht gluaisteán. 2. Promanád nó bóthar poiblí atá oscailte do thrácht coisithe amháin.

siúit *b* jute *(Gin)* *(gu.* siúite)

siúlóid *b* walk *(Gin)* *(gu.* siúlóide *ai.* siúlóidí)

siúlóid randamach *b* random walk *(Air)*

An teoiric gur athruithe randamacha iad na hathruithe i stocphraghsanna ó lá go lá. Tá na hathruithe neamhspleách ar a chéile agus tá an dáileadh dóchúlachta céanna acu go léir.

siúlscéalaí *f* walkie-talkie *(Gin)*

slabhra *f* chain[1] *(Gin)* *(ai.* slabhraí)

slabhrach[1] *a1* chain[3] *(Gin)*

slabhrach[2] *a1* in chain form *(Río)*

slabhraigh *br* chain[2] *(Gin)*

slabhraithe *a3* chained *(Río)*

slabhra sonraí *f* data chain *(Río)* *(ai.* slabhraí sonraí)

slabhrú *f* chain-linking *(Gin)* *(gu.* slabhraithe)

slabhrú ar aghaidh *f* forward chaining *(Río)* *(gu.* slabhraithe ar aghaidh)

Teicníc oibrithe de réir sonraí a úsáidtear le spriocanna a chruthú nó le teacht ar thátail bunaithe ar thacar fíricí. Slabhrú ar aghaidh is bonn le córais táirgíochta. Contrártha le slabhrú ar gcúl.

slabhrú nóiníní *f* daisy-chaining *(Río)* *(gu.* slabhraithe nóiníní)

Scéim a oibríonn mar leanas: nuair a fheiceann eadránaí bus iarratas bus, eisíonn sé cead tríd an líne cheada bus a dhearbhú. Nuair a fheiceann an gléas is gaire go fisiciúil don eadránaí an cead, seiceálann sé an ndearna sé iarratas. Má rinne, glacann sé seilbh ar an mbus ach ní chraobhscaoileann sé an cead níos faide síos an líne. Mura ndearna sé iarratas, craobhscaoileann sé an cead go dtí an chéad ghléas eile ar an líne, agus mar sin de go dtí go nglacann gléas éigin an cead agus go dtógann sé an bus.

slabhrú ón gconclúid siar *f* backward chaining *(Río)* *(gu.* slabhraithe ón gconclúid siar)

Algartam le haghaidh sprioc a chruthú trína bhriseadh síos go hathchúrsach ina fhospriocanna agus iarracht a dhéanamh iad sin a chruthú go dtí go dtagtar ar fhíricí. Spriocanna gan aon fhospriocanna iad fíricí agus más ea is fíor i gcónaí iad. Slabhrú ón gconclúid siar an mheicníocht a úsáideann formhór na dteangacha ríomhchlárúcháin loighciúil ar nós Prolog le ríomhchlár a rith. Contrárthacht: slabhrú ar aghaidh.

sladmhargadh *f* bargain price *(Air)* *(gu.* sladmhargaidh *ai.* sladmhargaí)

sladmhargadh ar shuim bheag *f* bargain in small amounts *(Air)* *(gu.* sladmhargaidh ar shuim bheag)

sláine *b* integrity *(Río)*

sláine a fhorfheidhmiú *abairtín* enforce integrity (to) *(Río)*

sláine aonáin *b* entity integrity *(Río)*

sláine bogearraí *b* software integrity *(Río)*

sláine eochrach *b* key integrity *(Río)*

sláine na dtagairtí *b* referential integrity *(Río)*

sláine sonraí *b* data integrity *(Río)*

slais *b* slash *(Río)* *(gu.* slaise *ai.* slaiseanna)

Siombail den roinnt. *(mal* tulslais *b gu.* tulslaise *ai.* tulslaiseanna) *(var* forward slash)

slán[1] *a1* safe *(Gin)*

slán[2] *a1* round[1] *(Mat)*

slánaigh *br* round[2] *(Mat)* *(var* round off)

slánaigh síos *br* round down *(Mat)*

slánaigh suas *br* round up *(Mat)*

slándáil *b* security[1] *(Gin)* *(gu.* slándála)

slándáil comhad *b* file security *(Río)* *(gu.* slándála comhad)

slándáil feidhmchláirín *f* applet security *(Río)* *(gu.* slándála feidhmchláiríní)

slándáil sonraí *b* data security *(Río)* *(gu.* slándála sonraí)

slánú *f* rounding (off) *(Río)* *(gu.* slánaithe)

slánuimhir *b* integer *(Mat)* *(gu.* slánuimhreach *ai.* slánuimhreacha)

Na huimhreacha iomlána deimhneacha nó diúltacha 0, _1, _2, _3, ... Tugtar na huimhreacha aiceanta nó na huimhreacha comhairimh ar na slánuimhreacha deimhneacha 1,2,3,. . . *(var* whole number)

slánuimhir dheachúlach *b* decimal integer *(Río)* *(gu.* slánuimhreach deachúlaí *ai.* slánuimhreacha deachúlacha)

slánuimhir fhada *b* long integer *(Río)* *(gu.* slánuimhreach fada *ai.* slánuimhreacha fada)

slánuimhir fhada gan sín *b* unsigned long integer *(Río)* *(gu.* slánuimhreach fada gan sín *ai.* slánuimhreacha fada gan sín)

slánuimhir gan sín *b* unsigned integer *(Río)* *(gu.* slánuimhreach gan sín *ai.* slánuimhreacha gan sín)

slánuimhir le sín *b* signed integer *(Río)* *(gu.* slánuimhreach le sín *ai.* slánuimhreacha le sín)

sleamhnán *f* slide *(Río)* *(gu.* sleamhnáin)

slí *b* way *(Gin)* *(ai.* slite)

slí bheatha *b* occupation *(Fio)* *(ai.* slite beatha)

sliocht *f* extract (of text) *(Gin)* *(gu.* sleachta)

sliochtnód *f* descendant (of root node) *(Río)* *(gu.* sliochtnóid)

Féadann nód sliocht de líon ar bith a bheith uirthi, ach ní féidir léi féin a bheith ina sliocht ach ar nód amháin eile.

slíomachán *f* smoothing *(Río)* *(gu.* sliomacháin)

sliotán *f* slot *(Río)* *(gu.* sliotáin)

1. Tagraíonn sé do na cealla atá faoi thacar cnogaí ag am amháin i gcuimhne mhaighnéadach. 2. Port nó comhéadan.

sliotán ama *f* time slot *(Río)* *(gu.* sliotáin ama)

sliotán forlíontach *f* expansion slot *(Río)* *(gu.* sliotáin fhorlíontaigh *ai.* sliotáin fhorlíontacha)

sliotán moillaga *f* delay slot *(Río)* *(gu.* sliotáin moillaga)

slis *b* chip *(Río)* *(gu.* slise *ai.* sliseanna)

Leac sileacain le gléasanna gníomhacha agus éighníomhacha, cosáin ciorcad, agus naisc idir na gléasanna cruthaithe istigh sa struchtúr soladach. Más ea, is ionann an tslis agus an ciorcad comhtháite a bhíonn taobh istigh den chásáil CI (ciorcaid chomhtháite).

slis chuimhne *b* memory chip *(Río)* *(gu.* slise cuimhne *ai.* sliseanna cuimhne)

slis íomhá optúla *b* optical image chip *(Río)* *(gu.* slise íomhá optúla)

slis líonraithe *b* networking chip *(Río)* *(gu.* slise líonraithe *ai.* sliseanna líonraithe)

slis ROM *b* ROM chip *(Río)* *(gu.* slise ROM *ai.* sliseanna ROM)

slis sceall giotáin *b* bit slice chip *(Río)* *(gu.* slise sceall giotáin *ai.* sliseanna sceall giotáin)

Cur chuige i ndéanamh micreaphróiseálaithe: úsáidtear teicníc mar a d'úsáidfí le bloic thógála chun na micririomhairí a chur le chéile. B'fhéidir go mbeadh ceithre shlis 4-ghiotán micreaphróiseálaí i bpróiseálaí den chineál sin, dá mbeadh sliseanna sceall giotáin á n-úsáid ann. *(mal* sceall giotáin *f gu.* scealla giotáin) *(var* bit slice)

slis sileacain *b* silicon chip *(Río)* *(gu.* slise sileacain *ai.* sliseanna sileacain)

slítheánta *a3* sneaky *(Río)*

slogaide *b* sink *(Río)* *(ai.* slogaidí)

slogaide teachtaireachtaí *b* message sink *(Río)*

sloinn *br* express *(Mat)*

slonn *f* expression *(Mat)* *(gu.* sloinn)

Siombail amháin nó breis a sheasann do mhéideanna nó d'athróga, rangaithe ionas go léiríonn siad gaol nó luach nó an dá rud.

slonn aonártha *f* unary expression *(Río)* *(gu.* sloinn aonártha)

Slonn nach bhfuil ann ach oibreann amháin.

slonn Boole *f* Boolean expression *(Río)* *(gu.* sloinn Boole)

Slonn a mheasann mar fíor nó bréagach.

slonn camóige *f* comma expression *(Río)* *(gu.* sloinn chamóige)

slonn ceart *f* correct expression *(Gin)* *(gu.* sloinn chirt *ai.* sloinn chearta)

slonn coinníollach *f* conditional expression *(Río)* *(gu.* sloinn choinníollaigh *ai.* sloinn choinníollacha)

Ráiteas a dhéanann comparáid idir dhá mhír, e.g. A níos mó ná, nó cothrom le B.

slonn comhréire *f* syntax expression *(Río)* *(gu.* sloinn chomhréire *ai.* sloinn chomhréire)

slonn feidhme *f* function expression *(Río) (gu.* sloinn feidhme)

slonn ionsuite *f* infix expression *(Río) (gu.* sloinn ionsuite)

slonn loighciúil *f* logical expression *(Río) (gu.* sloinn loighciúil *ai.* sloinn loighciúla)

Ráiteas, sa mhatamaitic, ina bhfuil oibreoiri agus oibrinn loighciúla agus ar féidir é a laghdú go luach nach bhféadfadh ach a bheith fíor nó bréagach.

slonn lúibíneach *f* parenthesized expression *(Río) (gu.* sloinn lúibínigh *ai.* sloinn lúibíneacha)

slonn measctha *f* mixed expression *(Río) (gu.* sloinn mheasctha)

slonn príomhúil *f* primary expression *(Río) (gu.* sloinn phríomhúil *ai.* sloinn phríomhúla)

Aitheantóir, slonn idir lúibíní, glao feidhme, sonrú ar eilimint d'eagar, sonrú ar bhall de struchtúr, nó sonrú ar bhall d'aontas.

slonn sannacháin *f* assignment expression *(Río) (gu.* sloinn sannacháin)

In XL C, slonn a shannann luach shlonn na hoibrinne deise le hathróg na hoibrinne clé, agus luach na hoibrinne deise aici mar luach.

slonn tairiseach *f* constant expression *(Río) (gu.* sloinn thairisigh *ai.* sloinn thairiseacha)

1. Slonn a bhfuil luach aige is féidir a dheimhniú sa tiomsú agus nach n-athraíonn le linn an ríomhchlár a rith. 2. I Pascal, slonn ar féidir leis an tiomsaitheoir é a luacháil go hiomlán ag am tiomsaithe agus a n-úsáidtear é mar luach tairiseach.

smáileog *b* smudge *(Río) (gu.* smáileoige *ai.* smáileoga)

smaoineamh *f* idea *(Gin) (gu.* smaoinimh *ai.* smaointe)

smísteog *b* dingbat *(Río) (gu.* smísteoige *ai.* smísteoga)

snag *f* hiccup *(Río)*

snáithe *f* thread *(Río) (gu.* snáithe *ai.* snáitheanna)

Seiceamh neamhspleách rite, mar a bheadh próiseas scartha.

snáithe scéil *f* storyline *(Río) (ai.* snáitheanna scéil)

snáithín *f* fibre *(Río) (ai.* snáithíni)

snáithín aonmhóid *f* single mode fibre *(Río) (ai.* snáithíní aonmhóid)

snáithínghloine *b* fibreglass *(Gin)*

snáithín optaice *f* optical fibre *(Río) (ai.* snáithíni optaice)

snámhphionnáil *b* crawling peg *(Air) (gu.* snámhphionnála)

snámhphointe *f* floating point *(Río) (ai.* snámhphointí)

snasta *a3* glossy *(Río)*

snáthoptaic *b* fibre optics *(Río) (gu.* snáthoptaice)

SNOBOL *acr* SNOBOL (String-Oriented Symbolic Language) *(Río)*

sobhainistíocht *b* manageability *(Air) (gu.* sobhainistíochta)

sóbhranda *f* luxury brand *(Fio) (ai.* sóbhrandai)

sochaí faisnéise, an t *b* information society *(Río)*

sochar *f* benefit *(Gin) (gu.* sochair) *(mal* tairbhe *b ai.* tairbhí)

sochrach *a1* remunerative *(For)*

socht *br* suppress *(Río)*

sochtadh *f* suppression *(Río) (gu.* sochta)

sochtóir *f* suppressor *(Río) (gu.* sochtóra *ai.* sochtóirí)

sochtóir fuaime *f* audio suppresser *(Río) (gu.* sochtóra fuaime *ai.* sochtóirí fuaime)

sócmhainn *b* asset *(Air) (gu.* sócmhainne *ai.* sócmhainní)

Aon rud, inláimhsithe nó neamhláimhsithe, atá luachmhar dá shealbhóir. Airgead tirim, nó rud éigin is féidir a mhalartú ar airgead tirim, a bhíonn i gceist sa chuid is mó de chásanna.

sócmhainn ainmniúil *b* nominal asset *(Air) (gu.* sócmhainne ainmniúla *ai.* sócmhainní ainmniúla)

sócmhainn airgeadais *b* financial asset *(Air) (gu.* sócmhainne airgeadais *ai.* sócmhainní airgeadais)

Áirge nó maoin is ea sócmhainn ar le gnó nó duine aonair i agus a bhfuil luach airgid aici. Tá dhá phríomhchineál sócmhainne ann: (a) sócmhainni fisiciúla ar nós fearais agus trealaimh, talamh, buanearraí (gluaisteáin, etc.); (b) sócmhainní airgeadais ar nós airgeadra, taiscí bainc, stoic agus scaireanna.

sócmhainneach *a1* solvent *(Air)*

sócmhainn fhírinneach *b* real asset *(Air) (gu.* sócmhainne firinní *ai.* sócmhainní firinneacha)

sócmhainní íditheacha *b* wasting assets *(Air)*

sócmhainn reatha *b* current asset *(Air) (gu.* sócmhainne reatha *ai.* sócmhainní reatha)

Airgead tirim nó sócmhainn a bhfuil súil go sóinseálfar go hairgead tirim i thar an 12 mí dar gcionn.

sócmhainn sheasta *b* fixed asset *(Air) (gu.* sócmhainne seasta *ai.* sócmhainní seasta)

Maoin fhadmharthanach gnólachta a úsáidtear i dtáirgeadh a ioncaim.

socraíocht *b* settlement[1] *(Air) (gu.* socraíochta *ai.* socraíochtaí)

socraíocht speisialta *b* special settlement *(Air) (gu.* socraíochta speisialta)

socrú *f* setting *(Gin) (gu.* socraithe *ai.* socruithe) *(var* arrangement; settlement)

socrú codarsnachta *f* contrast setting *(Río) (gu.* socraithe codarsnachta *ai.* socruithe codarsnachta)

socrú gile *f* brightness setting *(Río) (gu.* socraithe gile *ai.* socruithe gile)

socruithe luiche *f* mouse settings *(Río)*

socruithe méarchláir *f* keyboard settings *(Río)*

socruithe taifeadta *f* recording settings *(Río)*

socrú méide *f* sizing *(Río) (gu.* socraithe méide)

socrú priontála *f* print setting *(Río) (gu.* socraithe priontála *ai.* socruithe priontála)

soghluaisteacht oibrithe *b* mobility of labour *(Air) (gu.* soghluaisteachta oibrithe)

soghluaisteacht poill *b* hole mobility *(Río) (gu.* soghluaisteachta poill)

soicéad *f* socket *(Río) (gu.* soicéid)

soicéad cumhachta *f fch* soicéad leictreachais. *(Río) (gu.* soicéid cumhachta)

soicéad leictreachais *f* power socket *(Río) (gu.* soicéid leictreachais) *(mal* soicéad cumhachta *f gu.* soicéid cumhachta)

soicind *f* second (of time) *(Gin) (ai.* soicindí)

so-iniúchta *a3* auditable *(Air)*

sóinseáil[1] *b* change[2] *(Air) (gu.* sóinseála)

sóinseáil[2] *br* change[4] *(Air)*

sóisialachas *f* socialism *(For) (gu.* sóisialachais)

solad *f* solid[1] *(Río) (gu.* solaid)

soladach *a1* solid[2] *(Gin)*

soladstaid *b* solid state *(Río) (gu.* soladstaide)

soladstaide *gma* solidstate *(Río)*

solas *f* light *(Gin) (gu.* solais)

solas fluaraiseach *f* fluorescent light *(Río) (gu.* solais fhluaraisigh *ai.* soilse fluaraiseacha)

solas-íogair *a2* light-sensitive *(Río)*

solaspheann *f* light pen *(Río) (gu.* solasphinn) *(var* pen light)

soláthair *br* provide *(Gin)*

soláthar *f* supply *(Gin) (gu.* soláthair)

(Fiontraíocht) An méid de tháirge atá ar fáil le díol.

soláthar cumhachta *f* power supply *(Río) (gu.* soláthair cumhachta)

soláthar in aghaidh fiach *f* debt provision *(Air) (gu.* soláthair in aghaidh fiach)

soláthar iniompartha dobhriste cumhachta *f* portable uninterruptible power supply *(Río) (gu.* soláthair iniompartha dhobhriste cumhachta)

soláthraí *f* supplier *(Fio) (ai.* soláthraithe)

soláthraí lánseirbhíse *f* full-service provider (FSP) *(Río) (ai.* soláthraithe lánseirbhíse)

soláthraí seirbhísí ar líne *f* online service provider *(Río) (ai.* soláthraithe seirbhísí ar líne)

soláthraí seirbhísí Idirlín *f* Internet service provider (ISP) *(Río) (ai.* soláthraithe seirbhísí Idirlín)

soláthraí seirbhísí stórála *f* storage service provider (SSP) *(Río) (ai.* soláthraithe seirbhísí stórála)

solúbadh an tsaothair *f* flexibilization of labour *(For) (gu.* sholúbadh an tsaothair)

solúbtha *a3* flexible *(Gin)*

solúbthacht *b* flexibility *(Fio) (gu.* solúbthachta)

sonóir *f* sonar *(Río) (gu.* sonóra) *(var* sound navigation ranging)

sonra *f* datum *(Río) (ai.* sonraí)

sonrach *a1* specific *(Gin) (mal* sain- *réi;* sainiúil *a2)*

sonragram *f* datagram *(Río) (gu.* sonragraim)

sonraí *f* data[1] *(Río)*

Fíricí, coincheapanna, carachtair nó cainníochtaí neamhphróiseáilte nó *fuara,* atá ar fáil chun faisnéis a bhaint astu trína bpróiseáil i gcóras próiseála sonraí, le láimh, go meicniúil, nó go leictreonach.

sonraí a ghlacadh *abairtín* receive data, to *(Gin)*

sonraí alfa-uimhriúla *f* alphanumeric data *(Río)*

sonraí aschuir *f* output data *(Río)*

sonraí atá as dáta *f* stale data *(Río)*

sonraí bunbhanda *f* baseband data *(Río)*

Sonraí Ciorcadlasctha Ardluais *f* High-Speed Circuit Switched Data (HSCSD) *(Río)*

sonraí digiteacha *f* digital data *(Río)*

sonraí digiteacha paicéid sa mhodh ceallach *f* cellular digital packet data (CDPD) *(Río)*

sonraigh[1] *br* specify *(Gin) (mal* sainigh *br) (var* designate)

sonraí ionchuir *f* input data *(Río)*

sonraíocht[1] *b* data[2] *(Río) (gu.* sonraíochta)

sonraíocht[2] *b* specification[2] *(Río) (gu.* sonraíochta)

Sonraíocht Comhéadain Tiománaithe Líonra *b* Network Driver Interface Specification (NDIS) *(Río) (gu.* Sonraíochta Comhéadain Tiománaithe Líonra)

sonraíocht feidhme fisiciúla *b* physical function specification *(Río) (gu.* sonraíochta feidhme fisiciúla)

Tuairisc iomlán ar riachtanais próiseála an chórais nua.

sonraíocht fhisiciúil feidhmchláir *b* physical application specification *(Río) (gu.* sonraíochta fisiciúla feidhmchláir)

An t-aschur ó Mhodúl an Dearaidh Fhisiciúil. Comhthiomsú is ea é den doiciméadú go léir a chuimsíonn an dearadh teicniúil.

sonraíocht phróiseála *b* processing specification *(Río) (gu.* sonraíochta próiseála*)*

An t-aschur ó Chéim 360. Cuimsíonn sé na táirgí díolamtha seo a leanas: Ról an Úsáideora/Maitrís Feidhme, Sainithe Feidhme, LDM an Chórais atá de Dhíth, Startha Aonán, agus Léaráidí de Chomhfhreagairt na dTionchar. D'fhéadfadh go n-aithneodh forbairt an táirge seo earráidí sna comhpháirteanna (e.g., b'fhéidir go mbeadh roinnt teagmhas ar na ELH-anna nár léiríodh riamh sna Léaráidí de Chomhfhreagairt na dTionchar). Nuair is amhlaidh an cás, ní mór athchuairt a thabhairt ar na táirgí agus ar na teicnící ábhartha.

sonraí paicéid chiorcadlasctha *f* circuit-switched packet data *(Río)*

sonraí stairiúla *f* historical data *(Río)*

sonraí struchtúrtha *f* structured data *(Río)*

sonraí taighde *f* research data *(Río)*

sonraí tástála *f* test data *(Río)*

sonraitheoir *f* specifier *(Río) (gu.* sonraitheora *ai.* sonraitheoirí*)*

sonraitheoir aicme *f* class specifier *(Río) (gu.* sonraitheora aicme *ai.* sonraitheoirí aicme*)*

sonraitheoir aicme stórais *f* storage class specifier *(Río) (gu.* sonraitheora aicme stórais *ai.* sonraitheoirí aicme stórais*)*

sonraitheoir cineáil *f* type specifier *(Río) (gu.* sonraitheora cineáil *ai.* sonraitheoirí cineáil*)*

Ainm cineáil sonraí.

sonraitheoir formáide *f* format specifier *(Río) (gu.* sonraitheora formáide *ai.* sonraitheoirí formáide*)*

sonraí uimhriúla *f* numeric data *(Río)*

sonrasc *f* invoice *(Air) (gu.* sonraisc*)*

Bille a scríobhann díoltóir earraí nó seirbhísí agus a chuirtear chuig an gceannaitheoir.

sonrasc tráchtála *f* commercial invoice *(Air) (gu.* sonraisc thráchtála*)*

Cur síos ó easpórtálaí ar earraí atá á ndíol le ceannaí.

sonrú *f* specification[1] *(Fio) (gu.* sonraithe *ai.* sonruithe*)*

Sainaithint i scríbhinn ar an obair atá le déanamh agus ar na hábhair atá le húsáid chun tasc nó táirge a dhéanamh.

sop *f* stub *(Río) (gu.* soip*)*

Comhpháirt ionadaíoch a mbaintear úsáid as go sealadach i ríomhchlár ionas gur féidir dul chun cinn a dhéanamh, e.g., sa tiomsú nó sa tástáil, roimh don fhíor-chomhpháirt a bheith ar fáil.

sop gnáis *f* procedure stub *(Río) (gu.* soip ghnáis*)*

sorcóir *f* cylinder *(Río) (gu.* sorcóra *ai.* sorcóirí*)*

Téarma a úsáidtear go príomha i leith dioscaí crua chun tagairt a dhéanamh don líon rian ar thiomántán diosca is féidir a rochtain gan na cnogaí taifeadta a athshuí. Féachtar ar gach taobh de dhiscéad a choinníonn eolas mar shorcóir.

sórtáil[1] *b* sort[1] *(Río) (gu.* sórtála *ai.* sórtálacha*) (var* sorting*)*

sórtáil[2] *br* sort[2] *(Río)*

Míreanna, atá i liosta de ghnáth, a athchóiriú nó a leithscaradh i ngrúpaí de réir oird shonraigh.

sórtáil aibítreach *b* alphabetic sort *(Gin) (gu.* sórtála aibítrigh*)*

sórtáil bholgánach *b* bubble sort *(Río) (gu.* sórtála bolgánaí*)*

Sórtáil ina ndéantar comparáid idir gach eilimint d'eagar agus a comharba, ag malartú an dá cheann mura bhfuil siad san ord ceart.

sórtáil chearnach *b* quadratic sort *(Río) (gu.* sórtála cearnaí*)*

sórtáil chothromaithe *b* balanced sort *(Río) (gu.* sórtála cothromaithe*)*

sórtáil chumaisc *b* merge sort *(Río) (gu.* sórtála cumaisc*)*

Úsáidtear an modh sórtála seo don chuid is mó i sórtáil sheachtrach. Roinntear comhad ina dhá fhochomhad. Cuirtear na comhaid seo i gcomparáid, péire taifead ag an am, agus déantar iad a chumasc trína scríobh chuig comhaid eile chun tuilleadh comparáidí a dhéanamh.

sórtáil ionsáite *b* insertion sort *(Río) (gu.* sórtála ionsáite*)*

San i-ú tardhul, ionsánn sé an i-ú eilimint ina hionad cheart.

sórtáil íslitheach *b* descending sort *(Río) (gu.* sórtála íslithí*)*

sórtáil roghnaíoch *b* selection sort *(Río) (gu.* sórtála roghnaíche*)*

Sórtáil ina scrúdaítear míreanna tacair chun teacht ar mhír a oireann do chritéir shonraithe. Cuirtear an mhír seo leis an tacar sórtáilte agus ní thugtar aird uirthi a thuilleadh, agus athdhéantar an próiseas go dtí go mbíonn na míreanna go léir sa tacar atá sórtáilte.

sórtáil trasuímh *b* transposition sort *(Río) (gu.* sórtála trasuímh*)*

sos *f* pause *(Gin) (gu.* sosa *ai.* sosanna*)*

an Spáinn *b* Spain *(Gin) (gu.* na Spáinne*)*

spáráil teascóg *b* sector sparing *(Río) (gu.* spárála teascóg*)*

spárálaí gníomhach scáileáin *f* active screen saver *(Río) (gu.* spárálaí ghníomhaigh scáileáin *ai.* spárálaithe gníomhacha scáileáin*)*

Clár a thaispeánann iomhá dhubh ar fad nó iomhá a athraíonn go seasta ar scáileán ríomhaire ionas nach "ndófaidh" iomhá atá ar stad fosfar an scáileáin. Tosaíonn spárálaithe scáileáin go huathoibríoch de ghnáth nuair a fhágtar an ríomhaire gan ionchur ón úsáideoir ar feadh tréimhse áirithe ama. Bíonn leaganacha éagsúla ann de spárálaithe áirithe scáileáin, agus cuma éagsúil orthu go léir.

spárálaí scáileáin *f* screen saver *(Río) (ai.* spárálaithe scáileáin*) (mal* sábhálaí scáileáin *f ai.* sábhálaithe scáileáin*)*

spás *f* space[1] *(Río) (gu.* spáis*)*

spásáil[1] *b* spacing *(Río) (gu.* spásála*)*

spásáil[2] *br* space[2] *(Río)*

spásáil alt *b* paragraph spacing *(Río) (gu.* spásála ailt*)*

spásáil aon líne *b* single line spacing *(Río) (gu.* spásála aon líne*) (mal* spásáil shingil *b gu.* spásála singile*) (var* single spacing*)*

spásáil chéim a deich *b* ten pitch spacing *(Río) (mal* spásáil phíoca *b gu.* spásála píoca*) (var* pica spacing*)*

spásáil chéim a dó dhéag *b* twelve-pitch spacing *(Río) (gu.* spásála chéim a dó dhéag*)*

spásáil dhá líne *b* double line spacing *(Río) (gu.* spásála dhá líne*) (mal* déspásáil *b gu.* déspásála*) (var* double spacing*)*

spásáil línte *b* line spacing *(Río) (gu.* spásála línte*)*

spásáil litreacha *b* letter spacing *(Río) (gu.* spásála litreacha*)*

spásáil phíoca *b* pica spacing *(Río) (gu.* spásála píoca*) (mal* spásáil chéim a deich *b) (var* ten pitch spacing*)*

spásáil shingil *b* single spacing *(Río) (gu.* spásála singile*) (mal* spásáil aon líne *b gu.* spásála aon líne*) (var* single line spacing*)*

spás (ar) diosca *f* disk space *(Río) (gu.* spáis (ar) diosca*)*

spás bán *f* whitespace *(Río) (gu.* spáis bháin *ai.* spásanna bána*)*

spásbharra *f* spacebar *(Río) (ai.* spásbharraí*)*

spás cúrsaíochta *f* circulation space *(Air) (gu.* spáis chúrsaíochta*)*

spás líonta le nialais *f* zero-filled space *(Río) (gu.* spáis líonta le nialais *ai.* spásanna líonta le nialais*)*

Suíomh nach bhfuil in úsáid sa stóras, ina gcuirtear an carachtar a sheasann do nialas.

spás oibre *f* workspace *(Gin) (gu.* spáis oibre*)*

spás seoltaí *f* address space *(Río) (gu.* spáis seoltaí*)*

1. Aonad stórála ina stóráiltear lipéid, nó seoltaí na mblúirí faisnéise atá i gcuimhne an ríomhaire. Dá mbeadh 2000 suíomh san aonad stórála, bheadh na huimhreacha 0000 go 1999 ar na seoltaí. 2. Bailiúchán seoltaí ar bailiúchán aontaithe iad, ar nós idirghréasáin.

spás seoltaí fíorúla *f* virtual address space *(Río) (gu.* spáis seoltaí fíorúla *ai.* spáis seoltaí fíorúla*)*

Na seoltaí ar féidir leis an chuimhne tagairt dóibh, i gcomórtas leis na seoltaí cruashreangaithe cuimhne iarbhír ar a dtugtar an spás seoltaí fisiciúla

spás seoltaí fisiciúla *f* physical address space *(Río) (gu.* spáis seoltaí fisiciúla *ai.* spáis seoltaí fisiciúla*)*

Na seoltaí cruashreangaithe cuimhne iarbhír i gcomórtas leis na seoltaí ar féidir leis an chuimhne tagairt dóibh, is é sin an spás seoltaí fíorúla.

spás stórála *f* storage space *(Río) (gu.* spáis stórála*)*

speansais *f* expenses *(Air) (gi.* speansas*)*

speiceas *f* species *(Gin) (gu.* speicis*)*

speictream *f* spectrum *(Río) (gu.* speictrim*)*

speictream éigríochta *f* infinite spectrum *(Río) (gu.* speictrim éigríochta*)*

speictriméadar *f* spectrometer *(Río) (gu.* speictriméadair*)*

speisialta *a3* special *(Gin)*

speisialtóir *f* specialist *(Gin) (gu.* speisialtóra *ai.* speisialtóirí*)*

speisialú oibre *f* job specialization *(Fio) (gu.* speisialaithe oibre*)*

spíce *f* spike *(Gin) (ai.* spící*)*

spíce voltais *f* voltage spike *(Río) (ai.* spící voltais*)*

spleách *a1* dependent *(Gin)*

spleáchais *f* dependencies *(Río) (gi.* spleáchas*)*

spleách ar (an) chomhthéacs/spleách ar an gcomhthéacs *aid* context-dependent *(Río)*

spleách ar an gcur i ngníomh *aid* implementation dependent *(Río)*

spleách ar ardán *aid* platform-dependent *(Río)*

spleáchas[1] *f* dependence *(Air) (gu.* spleáchais*)*

spleáchas[2] *f* dependency *(Gin) (gu.* spleáchais*)*

spleáchas feidhmeanna *f* functional dependency *(Río) (gu.* spleáchais feidhmeanna*)*

Más gaol é G, deirtear go bhfuil spleáchas feidhmeanna ag tréith Y de G ar thréith X de G má shásaíonn sé an coinníoll go mbíonn gach luach-X in R ceangailte le gach luach-Y in R (ag aon am amháin).

spleáchas gléis *f* device dependence *(Río) (gu.* spleáchais gléis*)*

spleách go neamhaistreach *a1* non-transitively dependent *(Río)*

spleáchóg *b* dependant *(Río) (gu.* spleáchóige *ai.* spleáchóga*)*

spleáchóir *f* Entity with dependant(s) *(Río) (gu.* spleáchóra *ai.* spleáchóirí*)*

spóláil *br* spool (simultaneous peripheral operation online) *(Río)*

spota *f* spot *(Gin)* *(ai.* spotaí)

spota/arna mhárach *ain* spot/next *(Air)*

Idirbheart babhtála don luach ar an spotdáta leis an idirbheart droim ar ais ag tarlú an chéad lá oibre eile tar éis an spotdáta.

spotdáta *f* spot date *(Air)* *(ai.* spotdátaí)

spotmhargadh *f* spot market *(Air)* *(gu.* spotmhargaidh *ai.* spotmhargaí)

spotmhargadh airgeadraí *f* spot foreign exchange market *(Air)* *(gu.* spotmhargaidh airgeadraí *ai.* spotmhargaí airgeadraí)

Margadh ina ndéantar taiscí bainc, ainmnithe in airgeadraí difriúla, a mhalartú.

spotphraghas *f* spot price *(Air)* *(gu.* spotphraghais *ai.* spotphraghsanna)

spotráta *f* spot rate *(Air)* *(ai.* spotrátaí)

spotráta malairte *f* spot exchange rate *(Air)* *(ai.* spotrátaí malairte)

Ráta malairte reatha airgeadra.

spotráta úis *f* spot interest rate *(Air)* *(ai.* spotrátaí úis)

An ráta úis ar iasacht a thugtar inniu.

spot-trádáil *b* spot trade *(Air)* *(gu.* spot-trádála)

Comhaontú ar an ráta malairte inniu do shocraíocht i gceann dhá lá.

spré *f* dispersion *(Río)* *(gu.* spréite)

spreagthach *f* motive *(Gin)* *(gu.* spreagthaigh) *(var* stimulus)

spreagthacht *b* motivation *(Gin)* *(gu.* spreagthachta)

spreagthach na mbeartaíochtaí *b* transactions motive *(Air)*

Fáth a gcoinnítear an t-airgead tirim atá fanta tar éis do ghnólacht a ghnáthíocaíochtaí amach agus a ghnáthghníomhaíochtaí bailithe airgid a dhéanamh.

spréchrann *f* splay tree *(Río)* *(gu.* spréchrainn)

spréigh *br* spread[1] *(Gin)*

sprice *gma fch* sprioc-. *(Gin)*

sprioc *b* target[1] *(Gin)* *(gu.* sprice *ai.* spriocanna)

sprioc- *réi* target[2] *(Gin)* *(mal* sprice *gma)*

sprioc-chóimheas *f* target ratio *(Air)* *(gu.* sprioc-chóimheasa)

sprioc-chóimheas íocaíochtaí amach *f* target payout ratio *(Air)* *(gu.* sprioc-chóimheasa íocaíochtaí amach)

An cóimheas idir díbhinn fadtréimhse gnólachta agus a thuilleamh.

sprioc-chriosanna *f* target zones *(Air)*

Teorainneacha intuigthe a chuireann bainc cheannais le rátaí malairte.

spriocfhráma réamhshocraithe *f* default target frame *(Río)* *(ai.* spriocfhrámaí réamhshocraithe)

spriocghnólacht *f* target firm *(Air)* *(gu.* spriocghnólachta *ai.* spriocghnólachtaí)

Gnólacht a ndéanann gnólacht eile táthcheangal air.

spriocmhargadh *f* target market *(Fio)* *(gu.* spriocmhargaidh *ai.* spriocmhargaí)

sprioc reatha *b* current goal *(Gin)* *(gu.* sprice reatha *ai.* spriocanna reatha)

sprioctheanga *b* target language *(Rio)* *(gu.* sprioctheanga *ai.* sprioctheangacha)

SQL dinimiciúil *f* dynamic SQL *(Río)*

Tá SQL dinimiciúil comhdhéanta de ráitis SQL neadaithe a ligeann don ríomhchláraitheoir feidhmchláir ar-líne agus fiú idirghníomhach a chruthú.

SQL leabaithe *f* embedded SQL *(Río)*

sraith[1] *b* series *(Gin)* *(gu.* sraithe *ai.* sraitheanna)

sraith[2] *b* layer[1] *(Gin)* *(gu.* sraithe *ai.* sraitheanna)

sraith an iompair *b* transport layer *(Río)*

sraith an líonra *b* network layer *(Río)*

sraith an naisc *b* connection layer *(Río)* *(gu.* shraith an naisc)

sraith an tseisiúin *b* session layer *(Río)*

sraith fhisiciúil, an t *b* physical layer *(Río)* *(gu.* sraithe fisiciúla, na *ai.* sraitheanna fisiciúla, na)

sraith na feidhme *b* application layer *(Río)* *(gu.* shraith na feidhme)

An tsraith bhairr de shamhail seacht sraith OSI. Láimhseálann an tsraith seo ceisteanna áirithe, e.g. trédhearcacht an líonra, leithdháileadh acmhainní agus deighilt fadhbanna. Baineann sraith na feidhme le hamharc an úsáideora ar an líonra (e.g. formáidiú teachtaireachtaí ríomhphoist). Cuireann sraith na láithreoireachta léiriú so-aitheanta, logánta, de shonraí ar fáil do shraith na feidhme, neamhspleách ar an bhformáid atá in úsáid ar an líonra.

sraith na láithreoireachta *b* presentation layer *(Río)*

sraith rialaithe (an) nasctha sonraí *b* data link control layer *(Río)*

sraithuimhir *b* serial number *(Mat)* *(gu.* sraithuimhreach *ai.* sraithuimhreacha)

srathach *a1* serial *(Gin)*

srathach-chomhuaineach *a1* serial-parallel *(Río)*

srathaigh *br* layer[2] *(Río)*

srathair *b* straddle *(Air)* *(gu.* srathrach *ai.* srathracha)

Rogha comhcheangail de dhíol agus ceannach leis an bpraghas feidhme agus an dáta éaga céanna.

srathaithe *a3* layered *(Río)*

srathóir *f* serializer *(Río)* *(gu.* srathóra *ai.* srathóirí)

srathú *f* layering *(Río) (gu.* srathaithe)

srathú domhanda *f* global stratification *(For) (gu.* srathaithe dhomhanda)

sreabhadh *f* flow *(Gin) (gu.* sreafa *ai.* sreafaí)

sreabhadh airgid lascainithe *f* discounted cash flow *(Air) (gu.* sreafa airgid lascainithe)

sreabhadh airgid thirim *f* cash flow *(Air)*

Airgead tirim a ghineann gnólacht agus a íoctar le creidiúnaithe agus le scairshealbhóirí.

sreabhadh airgid thirim ainmniúil *f* nominal cash flow *(Air)*

Sreabhadh airgid thirim ráite i dtéarmaí ainmniúla má thugtar na dollair iarbhír atá le glacadh.

sreabhadh airgid (thirim) incrimintigh *f* incremental cash flow *(Air) (gu.* sreafa airgid (thirim) incrimintigh *ai.* sreafaí airgid (thirim) incrimintigh)

An difríocht idir sreafaí airgid thirim an ghnólachta le tionscadal agus gan tionscadal.

sreabhadh airgid (thirim) oibriúcháin *f* operating cash flow *(Air) (gu.* sreafa airgid (thirim) oibriúcháin)

Tuilleamh roimh ús agus dímheas, lúide cánacha.

sreabhadh ilchodach sonraí *f* composite data flow *(Río) (gu.* sreafa ilchodaigh sonraí *ai.* sreafaí ilchodacha sonraí)

Sreabhadh sonraí ar Léaráid den Sreabhadh Sonraí ar féidir é a dhianscaoileadh ag leibhéal níos ísle ina dhá shreabhadh sonraí ar leith nó breis.

sreabhadh (na h)oibre *f* workflow *(Río)*

sreabhadh praghais/airgid *f* price/cash flow *(Air) (gu.* sreafa praghais/airgid)

sreabhadh rialúcháin *f* flow of control *(Río) (gu.* sreafa rialúcháin)

Rialúchán bainistíochta a chuirtear i bhfeidhm ar aon ghníomhaíocht SSADM, is cuma an Modúl, céim nó fochéim í. D'fhéadfadh an rialúchán a bheith ann chun an ghníomhaíocht a thosú, a stopadh, nó a athdhéanamh. *(var* control flow)

sreabhadh sonraí *f* data flow *(Río) (gu.* sreafa sonraí)

Cineál ailtireacht ríomhairí ina mbíonn líon áirithe próiseálaithe atá saor ó phróiseáil srathach de shaghas ar bith. Ina ionad sin, téann gach próiseálaí ag obair de réir mar a chuireann próiseálaithe eile sonraí ar fáil agus roinneann sé toradh a chuid oibre ar phróiseálaithe eile nuair a bhíonn sé críochnaithe.

sreabhchairt *b* flowchart *(Río) (gu.* sreabhchairte *ai.* sreabhchairteacha *gi.* sreabhchairteacha)

Léiriú grafach nó pictiúrtha de na príomhchéimeanna oibre atá ar siúl nó de ríomhchlár iomlán.

sreabhrialúchán *f* flow control *(Río) (gu.* sreabhrialúcháin)

sreang *b* wire *(Río) (gu.* sreinge *ai.* sreanga)

sreangfhilleadh *f* wirewrap *(Río) (gu.* sreangfhillte)

sreang theileafóin *b* telephone wire *(Río) (gu.* sreinge teileafóin *ai.* sreanga teileafóin)

sreangú *f* wiring *(Río) (gu.* sreangaithe)

srian *f* curb *(Air) (gu.* sriain *ai.* srianta) *(mal* srianadh *f gu.* srianta) *(var* restraint; restriction)

srianadh *f* restriction *(Air) (gu.* srianta) *(mal* srian *f gu.* sriain *ai.* srianta) *(var* curb; restraint)

srianta *a3* constrained *(Gin)*

srianta caipitil *f* capital controls *(Air)*

Srianta rialtais ar shaoránaigh intíre i dtaca le sócmhainní nó dliteanais eachtracha a éadáil, agus ar eachtrannaigh i dtaca le sócmhainní intíre nó dliteanais intíre a éadáil. *(mal* rialúcháin caipitil *f)*

sriantach *a1* restrictive *(Air)*

sroich *br* reach *(Gin)*

sruth[1] *f* stream *(Gin) (gu.* srutha *ai.* sruthanna)

(Ríomhaireacht) Sreabhadh sonraí a leanann de ghnáth ar feadh tréimhse fada go leor, agus ag ráta seasmhach. Nuair a bhíonn an ráta ar eolas roimh ré, is féidir acmhainní cumarsáide a chaomhnú don sruth.

sruth[2] *f* current[1] *(Río) (gu.* srutha)

sruth ailtéarnach *f* alternating current (AC) *(Río) (gu.* srutha ailtéarnaigh)

sruth sonraí *f* data stream *(Río) (gu.* srutha sonraí)

sruthú *f* streaming *(Río) (gu.* sruthaithe)

SSADM *acr* SSADM (Structured Systems Analysis and Design Method) *(Río)*

stádas *f* status *(Gin) (gu.* stádais)

stádas scortha *f* exit status *(Río) (gu.* stádais scortha)

stadordú *f* stop order *(Air) (gu.* stadordaithe *ai.* stadorduithe)

Ordú a thugtar do bhróicéir, i margadh urrús nó tráchtearraí, ceannach má ardaíonn praghsanna chuig leibhéal sonraithe nó díol má thiteann siad chuig leibhéal sonraithe eile.

stadphraghas *f* stop price *(Air) (gu.* stadphraghais *ai.* stadphraghsanna)

stagaí *f* stags *(Air)*

Eisiúint chúpóin steirlinge nialasaigh a chruthaítear trí struipeáil a dhéanamh ar bhanna rialtais an Ríochta Aontaithe. *(mal* séabraí *f)* *(var* zebras)

staid *b* state[1] *(Río) (gu.* staide *ai.* staideanna)

staid dhíomhaoin *b* idle state *(Río) (gu.* staide díomhaoine)

staid éagobhsaí *b* unstable state *(Río) (gu.* staide éagobhsaí)

staidéar *f* study *(Gin) (gu.* staidéir)

staidéar féidearthachta *f fch* staidéar indéantachta. *(Gin) (gu.* staidéir féidearthachta)

staidéar indéantachta *f* feasibility study *(Gin) (gu.* staidéir indéantachta)

(Fiontraíocht) Staidéar/ tuairisc a chuireann i láthair, de ghnáth i dtéarmaí airgeadais nó eacnamaíochta, cé chomh praiticiúil is a bheadh rathúnas earra nó fiontair gnó. (Ríomhaireacht) An ghníomhaíocht a dhéantar sa chéad Mhodúl de thionscnamh SSADM. Tá sé i gceist go sainmhíneodh Féidearthacht scóip an tionscnaimh, agus an treo ina rachaidh sé. I rith na Féidearthachta tugtar faoi dhá cheist bhunúsacha: an féidir aidhmeanna an staidéir a shroichint, .i. an féidearthacht theicniúil í? Agus an bhfuil bonn láidir gnó ann leis na haidhmeanna a shroichint? Baintear leas as teicnící éagsúla leis an staidéar a stiúradh, agus teicnící SSADM san áireamh - mar shampla Samhaltú Sreabhadh Sonraí agus Samhaltú Sonraí Loighciúla. Léiríonn an tuairisc a sholáthraítear ag deireadh an staidéir féidearthachta ceann de roghanna an Úsáideora i SSADM, áit a socraítear an treo don chéad chuid eile den tionscnamh. *(mal* staidéar féidearthachta *f gu.* staidéir féidearthachta)

staid feithimh *b* wait state *(Río) (gu.* staide feithimh)

staid neamhthadhlaithe *b* unvisited state *(Río) (gu.* staide neamhthadhlaithe)

staid neodrach *b* neutral state *(Río) (gu.* staide neodraí)

staid nialasach *b* zero state *(Río) (gu.* staide nialasaí)

staidreamh *f* statistics *(Mat) (gu.* staidrimh) *(mal* staitistic *b gu.* staitistice)

staid reatha *b* current state (CS) *(Río) (gu.* staide reatha)

staid thadhlaithe *b* visited state *(Río) (gu.* staide tadhlaithe)

staid tosaigh *b* initial state *(Río) (gu.* staide tosaigh)

stailc *b* strike *(Air) (gu.* stailce)

stair *b* history *(Gin) (gu.* staire)

stair aonáin *b* entity life history (ELH) *(Río) (gu.* staire aonáin)

Teicníc chun an éifeacht a bhíonn ag teagmhais ar aonán a léiriú i léaráid. Taispeánann an léaráid na teagmhais go léir a d'fhéadfadh dul i bhfeidhm ar aon tarlú den aonán, óna chruthú go dtína scrios, chomh maith leis na nuashonruithe féidearthat go léir. Bíonn an seicheamh ina dtarlaíonn siad seo ina shamhail de na rialacha gnó a rialaíonn an t-aonán. Is ionann an nodaireacht agus nodaireacht na léaráide den struchtúr.

stáisiún ionchurtha sonraí *f* data input station *(Río) (gu.* stáisiúin ionchurtha sonraí)

stáisiún nasctha *f* dock *(Río) (gu.* stáisiúin nasctha) *(var* docking station)

stáisiún oibre *f* workstation *(Río) (gu.* stáisiúin oibre)

stáisiún oibre gan (tiomántán) diosca *f* diskless workstation *(Río) (gu.* stáisiúin oibre gan (tiomántán) diosca)

stáisiún sclábhánta *f* slave station *(Río) (gu.* stáisiúin sclábhánta)

stáit ardchaipitlíocha *f* advanced capitalist states *(For) (gi.* stát archaipitlíoch)

staitistic *b fch* staidreamh. *(Mat) (gu.* staitistice)

staitistic úsáide *b* usage statistics *(Río) (gu.* staitistice úsáide)

staitistiúil *a2* statistical *(Mat)*

stálaithe *a3* stale *(Gin)*

stampa ama *f* time stamp *(Río) (ai.* stampaí ama)

stát *f* state[3] (government, politics) *(Gin) (gu.* stáit)

statach *a1* static *(Río)*

státchiste[1] *f* treasury (state)[2] *(Air) (ai.* státchistí)

státchiste[2] *f* exchequer *(Air)*

STDM *f fch* ilphléacsú staitistiúil roinnte ama. *(Río)*

stéagaithe *a3* seasoned *(Air)*

steiréa-, steiréí *réi* stereo *(Río)*

steiréitíopa *f* stereotype *(Gin) (ai.* steiréitíopaí)

steiriliú *f* sterilization *(Air) (gu.* steirilithe)

Idirghabháil bainc ceannais i margadh airgeadraí áit a bhfritháirítear an t-athrú a tharla sa bhonn airgeadaíochta de thoradh na hidirghabhála i rátaí malairte le déileálacha ar an margadh oscailte a mbeadh sócmhainní intíre i gceist iontu.

steirling *f* sterling *(Air)*

stiall *b* strip *(Air) (gu.* stéille *ai.* stiallacha)

Rogha comhcheangail de dhá dhíol agus ceannach amháin.

stíl *b* style *(Gin) (gu.* stíle *ai.* stíleanna)

stílbhileog *b* stylesheet *(Río) (gu.* stílbhileoige *ai.* stílbhileoga)

stílbhileog chascáideach *b* cascading style sheet (CSS) *(Río) (gu.* stílbhileoige cascáidí *ai.* stílbhileoga cascáideacha)

stíl mhaireachtála *b* lifestyle *(Fio) (gu.* stíle maireachtála)

stiúideo leathanbhanda *f* broadband studio *(Río) (ai.* stiúideonna leathanbhanda)

stiúrthóir *f* director *(Gin) (gu.* stiúrthóra *ai.* stiúrthóirí)

stiúrthóir feidhmiúcháin *f* executive director *(Air) (gu.* stiúrthóra feidhmiúcháin *ai.* stiúrthóirí feidhmiúcháin)

stiúrthóir Gréasáin *f* Webmaster *(Río) (gu.* stiúrthóra Gréasáin *ai.* stiúrthóirí Gréasáin)

stiúrthóir ionaid *f* alternate director *(Air) (gu.* stiúrthóra ionaid *ai.* stiúrthóirí ionaid)

stiúrthóir neamhfheidhmiúcháin *f* non-executive director *(Air)* *(gu.* stiúrthóra neamhfheidhmiúcháin *ai.* stiúrthóirí neamhfheidhmiúcháin)

stoc *f* stock *(Air)* *(gu.* stoic)

stoc acmhainní *f* resource stock *(Air)* *(gu.* stoic acmhainní)

stoc agaithe *f* tap stock *(Air)* *(gu.* stoic agaithe)

Urrús órchiumhsach ó eisiúint nár suibscríobhadh go hiomlán agus a scaoiltear ar an margadh go mall nuair a shroicheann a mhargadhphraghas leibhéil réamhchinntithe.

stoc airgeadais *f* finance stock *(Air)* *(gu.* stoic airgeadais) *(var* financial stock)

stocastach *a1* stochastic *(Air)*

stocbhróicéir *f* stockbroker *(Air)* *(gu.* stocbhróicéara)

stoc caipitiúil *f* capital stock *(Air)* *(gu.* stoic chaipitiúil)

stoc fáis *f* growth stock *(Air)* *(gu.* stoic fáis)

Stoc a d'fhás go daingean roimhe seo agus a bhfuiltear ag súil go bhfásfaidh sé tuilleadh sa todhchaí.

stoc forbartha *f* development stock *(Air)* *(gu.* stoic forbartha)

stoc gníomhach *f* active stock *(Air)* *(gu.* stoic ghníomhaigh *ai.* stoic ghníomhacha)

stoc gormshlise *f fch* scothstoc. *(Fio)* *(gu.* stoic ghormshlise)

stoc idirnáisiúnta *f* international stock *(Air)* *(gu.* stoic idirnáisiúnta)

stoc iompair *f* transportation stock *(Air)* *(gu.* stoic iompair)

stoc luaite *f* quoted stock *(Air)* *(gu.* stoic luaite)

stocmhalartán *f* stock exchange *(Air)* *(gu.* stocmhalartáin)

Margadh le haghaidh urrúis a dhíol agus a cheannach, ar a bhfuil na praghsanna faoi rialú dlíthe soláthair agus éilimh.

stocmhargadh *f* stock market *(Air)* *(gu.* stocmhargaidh *ai.* stocmhargaí)

stoc neamhthionsclaíoch *f* non-industrial stock *(Air)* *(gu.* stoic neamhthionsclaíoch *ai.* stoic neamhthionsclaíocha)

stoc órchiumhsach *f* gilt-edged stock *(Air)* *(gu.* stoic órchiumhsaigh)

stocscoilteadh *f* stock split *(Air)* *(gu.* stocscoilte)

Méadú i líon na scaireanna stoic atá gan íoc ach gan aon athrú a theacht ar chothromas na scairshealbhóiri.

stocshealbhóir *f* stockholder *(Air)* *(gu.* stocshealbhóra *ai.* stocshealbhóirí)

Sealbhóir gnáthscaireanna i ngnólacht.

stoc státchiste *f* treasury stock *(Air)* *(gu.* stoic státchiste)

Scaireanna stoic a d'eisigh gnólacht agus a d'athcheannaigh siad ina dhiaidh sin. *(var* exchequer stock)

stoc thar an gcuntar *f* over-the-counter stock *(Air)* *(gu.* stoic thar an gcuntar)

stoc tionsclaíoch *f* industrial stock *(Air)* *(gu.* stoic thionsclaíoch *ai.* stoic thionsclaíocha)

stoc tosaíochta *f* preferred stock *(Air)* *(gu.* stoic tosaíochta)

An t-ainm a thugtar ar scair thosaíochta i Stáit Aontaithe Mheiriceá. *(mal* scair thosaíochta *b gu.* scaire tosaíochta *ai.* scaireanna tosaíochta) *(var* preference share)

stóinseacht *b* robustness *(Gin)* *(gu.* stóinseachta)

stoirm chraolacháin *b* broadcast storm *(Río)* *(gu.* stoirme craolacháin)

stoirm thintrí *b* lightning storm *(Río)* *(gu.* stoirme tintrí *ai.* stoirmeacha tintrí)

stop[1] *f* stop[1] *(Gin)* *(ai.* stopanna)

stop[2] *br* stop[2] *(Gin)*

stór *f* repository *(Río)* *(gu.* stóir)

stóráil[1] *b* *(Río)* storage[2] (process)

stóráil[2] *br* store[2] *(Río)*

stóráil ar diosca *b* disk storage[2] *(Río)* *(gu.* stórála ar diosca)

stóráil ar téip mhaighnéadach *f* magnetic tape storage *(Río)* *(gu.* stórála ar téip mhaighnéadach)

stóráil chomhordanáideach *b* coordinate storage *(Mat)* *(gu.* stórála comhordanáidí) *(mal* stóráil mhaitríse *b gu.* stórála maitríse) *(var* matrix storage)

stóráil mhaitríse *b* matrix storage *(Mat)* *(gu.* stórála maitríse) *(mal* stóráil chomhordanáideach *b gu.* stórála comhordanáidí) *(var* coordinate storage)

stóráil randamrochtana *b* random access storage *(Río)* *(gu.* stórála randamrochtana)

stóráil shealadach *b* temporary storage *(Río)* *(gu.* stórála sealadaí)

stóráil sheasmhach *b* persistent storage *(Río)* *(gu.* stórála seasmhaí)

stóráil threasach *b* tertiary storage *(Río)* *(gu.* stórála treasaí)

stóras *f* store[1] *(Gin)* *(gu.* stórais) *(mal* stór *f gu.* stóir) *(var* repository; storage)

stóras ar dhioscaí inmhalartaithe *f* exchangeable disk store *(Río)* *(gu.* stórais ar dhioscaí inmhalartaithe)

stóras ar diosca *b* disk storage[1] *(Río)* *(gu.* stórais ar diosca)

stóras bunaithe ar ghiotánraí *f* word-organized storage *(Río)* (*gu.* stórais bunaithe ar ghiotánraí)

stóras dír-rochtana *f* direct access storage *(Río)* (*gu.* stórais dír-rochtana)

stóras fíorúil *f* virtual storage *(Río)* (*gu.* stórais fhiorúil)

stóras ilbheart *f* multibyte storage *(Río)* (*gu.* stórais ilbheart)

stóras inmheánach *f* internal storage *(Río)* (*gu.* stórais inmheánaigh)

stóras logánta *f* local storage *(Río)* (*gu.* stórais logánta)

stóras loighciúil *f* logical store *(Río)* (*gu.* stórais loighciúil)

stóras loighciúil sonraí *f* logical data store *(Río)* (*gu.* stórais loighciúil sonraí)

An stóras ar an DFD Loighciúil do na mireanna sonraí uilig a bhaineann le hábhar amháin. Ni hionann é agus na stórais fhisiciúla sonraí, áit ar féidir ábhar amháin, e.g., orduithe, a choimeád i bhformáidí éagsúla agus in áiteanna éagsúla i rith shaol aon tarlaithe amháin.

stóras maighnéadach *f* magnetic storage *(Río)* (*gu.* stórais mhaighnéadaigh)

stóras maolánach *f* buffer (store) *(Río)* (*gu.* stórais mhaolánaigh *ai.* stórais mhaolánacha)

Gnáthamh nó stóras a úsáidtear chun cúiteamh a dhéanamh i leith difríochta i ráta sreafa na sonraí, nó san am a tharlaíonn imeachtaí, nuair atá sonraí á n-aistriú ó ghléas amháin go gléas eile.

stóras neamhluaineach *f* non-volatile storage *(Río)* (*gu.* stórais neamhluainigh)

stóras rialúcháin *f* control store *(Río)* (*gu.* stórais rialúcháin)

Tabhall seolacháin a ligeann don úsáideoir monatóireacht a dhéanamh ar an bpointe sa ríomhchlár ag a stopann oibríocht an ríomhchláir. Is cabhair é tabhall an stórais rialúcháin chun dífhabhtú a dhéanamh agus déantar monatóireacht air de ghnáth trí phainéal tosaigh ionsamhlóra ROM.

stóras sonraí *f* data store *(Río)* (*gu.* stórais sonraí)

Ceann de na heiliminti comhpháirteacha i Léaráid den Sreabhadh Sonraí. Cur síos é ar aon áit sa chóras ina stóráiltear nó ina mbailítear sonraí. D'fhéadfadh gur meán leictreonach a bheadh i gceist ar nós comhad diosca/téipe, nó d'fhéadfadh gur meán stórála láimhe a bheadh ann ar nós comhadchaibinéad, nó comhad cárta-innéacs. Tugtar stóras sonraí freisin ar bheart foirmeacha i bhfáiscín docht ag fanacht ar ghníomhaíocht éigin. Ar Léaráid den Sreabhadh Sonraí, ní mór próiseas amháin ar a laghad, agus breis is ceann de ghnáth, a thaispeáint ag rochtain gach stóras sonraí, chun sonraí a chruthú, agus a úsáid.

stóras sonraí neamhbhuana *f* transient data store *(Río)* (*gu.* stórais sonraí neamhbhuana)

Stóras sonraí a choimeádtar go sealadach roimh a bpróiseáil, agus a scriostar ansin. Ní dócha go n-áireofaí a leithéid sin de shonraí ar Struchtúr Loighciúil Sonraí. Is d'áisiúlacht riaracháin is mó a úsáidtear na stórais seo, agus is minic a cheiliúrann siad ón Léaráid den Sreabhadh Sonraí ag am loighcithe.

stóras statach *f* static storage *(Río)* (*gu.* stórais stataigh)

stóras tánaisteach *f* secondary storage *(Río)* (*gu.* stórais thánaistigh *ai.* stórais thánaisteacha)

Stóras a fhorlíonann stóráil eile. Cuir i gcodarsnacht na príomhstórála. (*var* auxiliary storage)

stór oibiachtaí *f* object repository *(Río)* (*gu.* stóir oibiachtaí)

straitéis *b* strategy *(Air)* (*gu.* straitéise)

straitéiseach *a1* strategic *(Gin)*

straitéis iomaíochta *b* competitive strategy *(Fio)*

straitéis iomaíochta cineálaí *b* generic competition strategy *(Fio)* (*gu.* straitéise iomaíochta cineálaí)

straoiseog *b* emoticon *(Río)* (*gu.* straoiseoige *ai.* straoiseoga)

streachailt aicmeach *b fch* streachailt idir aicmí. *(For)* (*gu.* streachailte aicmí)

streachailt idir aicmí *b* class struggle *(For)* (*gu.* streachailte idir aicmí) (*mal* streachailt aicmeach *b gu.* streachailte aicmí)

stríoc *b* stripe *(Río)* (*gu.* strice *ai.* stríoca)

strób *f* strobe *(Río)* (*gu.* stróib)

stróbchomhartha *f* strobe signal *(Río)* (*ai.* stróbchomharthaí)

stropa *f* strap *(Air)* (*ai.* stropaí)

Rogha comhcheangail de dhá cheannach agus díol amháin.

struchtúr[1] *f* structure[1] *(Gin)* (*gu.* struchtúir)

struchtúr[2] *f* structure[2] *(Río)* (*gu.* struchtúir)

Bailiúchán críochta, ordaithe d'eiliminti (réimsí), ilchineálach b'fhéidir, a bpléitear leo mar aonad.

struchtúrach *a1* structural *(Gin)*

struchtúrachas *f* structuralism *(For)* (*gu.* struchtúrachais)

struchtúraigh *br* structure[3] *(Gin)*

struchtúr an téarma *f* term structure *(Air)*

An gaol idir spotrátaí úis agus aibíochtaí.

struchtúr bunachar sonraí *f* database structure *(Río)* (*gu.* struchtúir bunachar sonraí)

struchtúr caipitiúil *f* capital structure *(Air)* (*gu.* struchtúir chaipitiúil *ai.* struchtúir chaipitiúla)

Teaglaim d'fhiachas agus de chothromas i maoiniú gnólachta.

struchtúr comhadlainne *f* directory structure *(Río)* *(gu.* struchtúir comhadlainne)

struchtúr comhghaolaithe *f* correlation structure *(Air)* *(gu.* struchtúir comhghaolaithe)

struchtúr comhuainíochta *f* parallel structure *(Río)* *(gu.* struchtúir comhuainíochta)

Eilimint de nodaireacht Staire Aonáin. Comharthaíonn sí nuashonruithe féideartha d'aonán a d'fhéadfadh tarlú ag am ar bith le linn a saoil, gan bheith ina cuid de sheicheamh réamhchinntithe, agus gan dul i gcion ar éifeachtaí an timthrialla gnó ar an aonán. Cuirfidh teagmhais i saolta comhuaineacha isteach ar shonraí tagartha cosúil le *Seoladh* ar thaifead custaiméara.

struchtúr dinimiciúil sonraí *f* dynamic data structure *(Río)* *(gu.* struchtúir dhinimiciúil sonraí *ai.* struchtúir dhinimiciúla sonraí)

Struchtúr sonraí a mb'fhéidir go n-athródh a thréithe eagraíochtúla i rith a shaoil. Go minic baineann solúbthacht lena leithéid seo struchtúir, e.g. liostaí nasctha, ach is minic a laghdaítear éifeachtúlacht rochtana ar eilimintí an struchtúir mar gheall air sin. Tá dhá ghné ar leith a idirdhealaíonn struchtúir dhinimiciúla ó struchtúir statacha sonraí. Ar an gcéad dul síos, ní féidir a thuilleadh an t-eolas struchtúrtha ar fad a bheith i gceanntásc; ní mór do gach eilimint eolas a bheith ann a thugann gaol loighciúil dó le heilimintí eile an struchtúir. Ar an dara dul síos, níl sé oiriúnach i gcónaí bloc aonair stórála leanúnaigh a úsáid, agus más ea is gá scéim bainistíochta stórála a sholáthar ag am rite.

struchtúr doiciméid *f* document structure *(Río)* *(gu.* struchtúir doiciméid)

struchtúr ionchuir/aschuir *f* input/output structure *(Río)* *(gu.* struchtúir ionchuir /aschuir)

Na míreanna sonraí a bailíodh agus a doiciméadaíodh d'fheidhm áirithe. An Léaráid den Struchtúr I/A agus Tuairisc ar Struchtúr I/A.

struchtúr leithdháilte sócmhainní *f* asset allocation structure *(Air)* *(gu.* struchtúir leithdháilte sócmhainní)

struchtúr loighciúil *f* logical structure *(Río)* *(gu.* struchtúir loighciúil)

struchtúr loighciúil sonraí *f* logical data structure *(Río)* *(gu.* struchtúir loighciúil sonraí)

Ceann de thrí *amharc* ar an gcóras. Taispeánann sé riachtanais faisnéise na heagraíochta trí aonáin agus na gaoil eatarthu a aithint, i dtéarmaí na ngníomhaíochtaí feidhmiúla gnó.

struchtúr mhiondealú na dtáirgí *f* product breakdown structure *(Río)*

Struchtúr ordlathach a liostaíonn gach táirge SSADM, agus a rangaíonn iad faoi thrí cheannteideal leathana: Táirgí Bainistíochta, Táirgí Teicniúla agus Táirgí Dearbhaithe Cáilíochta.

struchtúr na n-orduithe *f* command structure *(Río)*

Rialachán i ndialóg a shonraíonn an ród nascleanúna is féidir a leanacht ag deireadh na dialóige sin. Is féidir críoch a chur leis nó is féidir leis an Úsáideoir gluaiseacht ar aghaidh chuig ceann nua. Ceadaíonn struchtúr na n-orduithe nascleanúint le roghchláir nó le horduithe amháin.

struchtúr rannánach *f* sectional structure *(Fio)* *(gu.* struchtúir rannánaigh)

struchtúr roghchláir *f* menu structure *(Río)* *(gu.* struchtúir roghchláir)

Léaráid a thaispeánann ordlathas de roghchláir laistigh de chóras ar-líne, leis na cosáin loingseoireachta féideartha idir roghchláir agus dialóga.

struchtúr sonraí *f* data structure *(Río)* *(gu.* struchtúir shonraí)

Samhail fhoirmiúil de na gaoil oird agus inrochtaineachta i measc míreanna sonraíochta gan tagairt dá gcumraíocht stórála iarbhír.

struchtúrtha *a3* structured *(Gin)*

strúdal *f* strudel (= @) *(Río)* *(gu.* strúdail)

strus *f* stress *(Río)* *(gu.* struis)

stua *f* arc *(Río)* *(gu.* airc)

stuaic *b* vertex *(Río)* *(gu.* stuaice *ai.* stuaiceanna)

Comhpháirt bhunúsach de ghraf nó de chrann; pointe a léiríonn í. *(mal* nód *f gu.* nóid) *(var* node)

stuáil giotán *f* bit stuffing *(Río)* *(gu.* stuála giotán)

sú *f* juice *(Gin)* *(ai.* súnna)

suaitheadh *f* shuffle *(Río)* *(gu.* suaite)

suaitheadh foirfe *f* perfect shuffle *(Río)* *(gu.* suaite fhoirfe)

suaitheadh teirmeach *f* thermal agitation *(Río)* *(gu.* suaite theirmigh)

an tSualainn *b* Sweden *(Gin)* *(gu.* na Sualainne)

súdachód *f* pseudocode *(Río)* *(gu.* súdachóid)

Nodaireacht algartamach neamhfhoirmiúil a mheascann Béarla agus cód ríomhchláir. *(mal* cód bréige *f gu.* cóid bhréige) *(var* fake code)

súdai-eilimint *b* pseudo-element *(Río)* *(gu.* súdai-eiliminte *ai.* súdai-eilimintí)

súdaithreoir *b* pseudoinstruction *(Río)* *(gu.* súdaithreorach *ai.* súdaithreoracha)

súdarandamach *a1* pseudorandom *(Río)*

súdariail *b* pseudorule *(Río)* *(gu.* súdarialach *ai.* súdarialacha)

súdoibríocht as líne *b* pseudo offline operation *(Río)* *(gu.* súdoibríochta as líne *ai.* súdoibríochtaí as líne)

suí *f* positioning *(Río)* *(gu.* suite)

suibscríbhinn *b* subscription *(Air)* *(gu.* suibscríbhinne *ai.* suibscríbhinní)

suigh *br* position[3] *(Río)*

suim[1] *b* sum *(Mat) (gu.* suime *ai.* suimeanna)

1. Toradh suimithe. 2. (i leith sraithe éigríochta) Teorainn sheicheamh na bpáirtsuimeanna i sraith éigríochta, is é sin teorainn shuim na gcéad n-téarmaí sa tsraith, de réir mar a dhruideann **n** leis an éigríoch.

suim[2] *b fch* aontas. *(Loi) (gu.* suime *ai.* suimeanna)

suim chaipitiúil *b* capital sum *(Air) (gu.* suime caipitiúla *ai.* suimeanna caipitiúla)

suim dhá thacar *b* sum of two sets *(Loi) (gu.* suime dhá thacar) *(mal* aontas dhá thacar *f gu.* aontais dhá thacar) *(var* union of two sets)

suimeáil *b* integration[1] *(Mat) (gu.* suimeála)

suimeálaí *f* integrator *(Río) (ai.* suimeálaithe)

Suimeálaí agus Ríomhaire Leictreonach Uimhreacha *f* Electronic Numerical Integrator and Computer (ENIAC) *(Río)*

suimeálaí suimiúcháin *f* summing integrator *(Río) (ai.* suimeálaithe suimiúcháin)

suimigh *br* add *(Río)*

suimitheacht *b* additivity *(Air) (gu.* suimitheachta)

suimitheoir *f* adder *(Río) (gu.* suimitheora *ai.* suimitheoirí)

Gléas a aschuireann suim dhá uimhir (nó níos mó) a ionchuireadh. Is é an suimitheoir príomhghléas uimhríochta an ALU (aonad loighce agus uimhríochta) i ríomhairí áirithe. Is féidir leis an suimitheoir suimiú, dealú, iolrú agus roinnt a dhéanamh le cabhair ón gcnuasaitheoir agus ó thaibhle stórais eile.

suimitheoir tonnánach *f* ripple adder *(Río) (gu.* suimitheora tonnánaigh *ai.* suimitheoirí tonnánacha)

suimiú *f* addition *(Mat) (gu.* suimithe)

suimiú iolraithe *f fch* ilsuimiú. *(Río) (gu.* suimithe iolraithe)

suim sheiceála *b* checksum *(Río) (gu.* suime seiceála)

suíomh[1] *f* position[2] *(Río) (gu.* suímh *ai.* suíomhanna) *(var* location)

suíomh[2] *f* site *(Río) (gu.* suímh *ai.* suíomhanna) *(mal* láithreán *f gu.* láithreáin)

suíomh cille *f* cell location *(Río) (gu.* suímh cille *ai.* suíomhanna ceall)

suíomh comhrá *f* chat site *(Río) (gu.* suímh chomhrá *ai.* suíomhanna comhrá) *(mal* láithreán comhrá *f gu.* láithreáin chomhrá)

suíomh comhréidh neodrach *f* neutral flat position *(Air) (gu.* suímh chomhréidh neodraigh)

suíomh fada *f* long position *(Air) (gu.* suímh fhada)

An rud a tharlaíonn nuair a bhíonn an méid d'airgeadra áirithe a ceannaíodh níos mó ná an méid a díoladh.

suíomh fuinneoige *f* window position *(Río) (gu.* suímh fuinneoige *ai.* suíomhanna fuinneog)

suíomh gearr *f* short position *(Air) (gu.* suímh ghearr *ai.* suíomhanna gearra)

An rud a tharlaíonn nuair a bhíonn an méid d'airgeadra áirithe a díoladh níos mó ná an méid a ceannaíodh.

suíomh glanta *f* cleared site *(Air) (gu.* suímh ghlanta *ai.* suíomhanna glanta)

suíomh Gréasáin *f* Web site *(Río) (gu.* suímh Gréasáin *ai.* suíomhanna Gréasáin) *(mal* láithreán Gréasáin *f gu.* láithreáin Gréasáin)

suíomh Gréasáin do ríomhthairiscintí *f* e-tenders Web site *(Río) (gu.* suímh Ghréasáin do ríomhthairiscintí *ai.* suíomhanna Gréasáin do ríomhthairiscintí)

suíomh íoslódála *f* download site *(Río) (gu.* suímh íoslódála *ai.* suíomhanna íoslódála)

suíomh oscailte *f* open position *(Air) (gu.* suímh oscailte)

Glansuíomh fada nó gearr airgeadraí nó todhchaíochtaí a n-athróidh a luach le hathrú sna rátaí malairte nó i bpraghsanna todhchaíochtaí.

suíomh reatha *f* current location *(Río) (gu.* suímh reatha)

suíomh sa chuimhne *f* memory location *(Río) (gu.* suímh sa chuimhne *ai.* suíomhanna sa chuimhne)

Áit i gcuimhne an ríomhaire ina stórálfar faisnéis.

suirbhé *f* survey *(Fio) (ai.* suirbhéanna)

Fiosrú uathúil ag úsáid sampla mar bhunachar sonraí do gach staidéar nua.

suirbhé fadaimseartha *f* longitudinal survey *(Sta)*

suirbhé poist *f* postal survey *(Fio) (ai.* suirbhéanna poist)

suirbhé trasghearrthach *f* cross-sectional survey *(Sta)*

suiteáil[1] *br* install *(Río) (var* set up)

suiteáil[2] *b* set-up[1] *(Río) (gu.* suiteála) *(var* installation)

suiteoir *f* positioner *(Río) (gu.* suiteora *ai.* suiteoirí)

suiteoir líneach *f* linear positioner *(Río) (gu.* suiteora línigh *ai.* suiteoirí líneacha)

suiteoir rothlach *f* rotary positioner *(Río) (gu.* suiteora rothlaigh *ai.* suiteoirí rothlacha)

suntasacht *b* significance *(Gin) (gu.* suntasachta)

suthain *a1* perpetual *(Gin)*

suthaineacht *b* perpetuity *(Air) (gu.* suthaineachta *ai.* suthaineachtaí)

Sreabhadh seasmhach airgid thirim gan deireadh.

suthaineacht fáis *b* growing perpetuity *(Air) (gu.* suthaineachta fáis *ai.* suthaineachtaí fáis)

Sruth leanúnach de shreafaí airgid thirim, gan deireadh, a bhfuil súil go n-ardóidh a luach i gcónaí.

T

tá an glacadóir ullamh *abairtín* receiver ready (RR) *(Río)*

táb *f* tab *(Río)* *(gu.* táib *ai.* táib)

1. Pointe réamhshocraithe sa líne chlóscríbhneoireachta ag a stopann an clóscríobh nó an phriontáil.

táb ar chlé *f* left tab *(Río)* *(gu.* táib ar chlé) *(mal* táb clé *f gu.* táib chlé)

táb ar dheis *f fch* táb deas. *(Río)* *(gu.* táib ar dheis)

táb clé *f fch* táb ar chlé. *(Río)* *(gu.* táib chlé)

táb deachúlach *f* decimal tab *(Río)* *(gu.* táib dheachúlaigh *ai.* táib dheachúlacha)

táb deas *f* right tab *(Río)* *(gu.* táib dheis) *(mal* táb ar dheis *f gu.* táib ar dheis)

tábhachtach *a1* important *(Gin)*

tabhair chun tosaigh *br* bring to front *(Río)*

tabhairt ar aghaidh *b* carry forward *(Air)* *(gu.* tabhartha ar aghaidh)

tabhairt ar aghaidh glanchaillteanas oibriúcháin *b* net operating loss carryforwards *(Air)*

Caillteanais a fhritháireamh i gcoinne tuillimh sna blianta atá le teacht.

tabhairt i láthair *b* introduction *(Gin)*

tabhairt siar *b* carryback *(Air)* *(gu.* tabhartha siar)

tabhairt siar glanchaillteanas oibriúcháin *b* net operating loss carrybacks *(Air)*

Caillteanais a fhritháireamh i gcoinne tuillimh sna blianta roimhe sin.

tabhall *f* register *(Río)* *(gu.* tabhaill *ai.* taibhle)

Gléas beag, an-tapa, crua-earraí chun faisnéis a choinneáil go sealadach. Úsáideann an ríomhaire, an chuimhne agus na gléasanna seachtracha go léir taibhle chun sonraí agus faisnéis stádais a choinneáil.

tabhall aitheantóirí fón póca *f* equipment identifier register *(Río)* *(gu.* tabhaill aitheantóirí teileafóin phóca)

Bunachar sonraí idirnáisiúnta de chuid IMEI atá le bunú ag comhlachtaí teileafóin phóca le teileafóin phóca goidte a rianadh agus a n-úsáid a bhlocáil.

tabhall aonghiotáin *f* single bit register *(Río)* *(gu.* tabhaill aonghiotáin *ai.* taibhle aonghiotáin)

tabhall beo *f* live register *(Río)* *(gu.* tabhaill bheo *ai.* taibhle beo)

tabhall cúltaca *f* standby register *(Río)* *(gu.* tabhaill chúltaca *ai.* taibhle cúltaca)

tabhall deighleáin sonraí *f* data-segment register *(Río)* *(gu.* tabhaill deighleáin sonraí *ai.* taibhle deighleáin sonraí)

tabhall faid n-chodaigh *f* n-tuple length register *(Río)* *(gu.* tabhaill faid n-chodaigh *ai.* taibhle faid n-chodaigh)

tabhall innéacs *f* index register *(Río)* *(gu.* tabhaill innéacs *ai.* taibhle innéacs)

Tabhall a úsáidtear chun seoltaí míreanna faisnéise a choinneáil a mbeadh mionathrú le déanamh orthu roimh nó le linn treoir a rith. Is féidir luach an tabhaill innéacs a lódáil ar an gcruach nuair is gá. Is féidir an luach a mhionathrú trí shuimiú nó trí dhealú, chun seoladh éifeachtach nua a fháil.

tabhall maolánach *f* buffer register *(Río)* *(gu.* tabhaill mhaolánaigh *ai.* taibhle maolánacha)

tabhall marbh *f* dead register *(Río)* *(gu.* tabhaill mhairbh *ai.* taibhle marbha)

tabhall mhaolán na cuimhne *f* memory buffer register (MBR) *(Río)* *(gu.* thabhall mhaolán na cuimhne)

tabhall micrithreoracha *f* microinstruction register *(Río)* *(gu.* tabhaill micrithreoracha *ai.* taibhle micrithreoracha)

tabhall rialaithe aistriúcháin *f* translation control register *(Río)* *(gu.* tabhaill rialaithe aistriúcháin *ai.* taibhle rialaithe aistriúcháin)

tabhall seoltaí *f* address register *(Río)* *(gu.* tabhaill seoltaí *ai.* taibhle seoltaí) *(mal* seoladhthabhall *f gu.* seoladhthabhaill *ai.* seoladhthaibhle)

tabhall sheoladh na cuimhne *f* memory address register (MAR) *(Río)* *(gu.* thabhall sheoladh na cuimhne)

tabhall sonraí *f* data register *(Río)* *(gu.* tabhaill sonraí *ai.* taibhle sonraí)

tabhall stórais *f* storage register *(Río)* *(gu.* tabhaill stórais *ai.* taibhle stórais)

tabhall treorach *f* instruction register (IR) *(Río)* *(gu.* tabhaill treorach)

Coinníonn an tabhall treorach an treoir le linn staid *díchódaigh-agus-rith* treoracha d'oibríocht an mhicreaphróiseálaí, go dtí gur féidir í a dhíchódú.

tabhall treoracha reatha *f* current instruction register *(Río)* *(gu.* tabhaill treoracha reatha)

tábla *f* table *(Mat)* *(ai.* táblaí)

tábla athruithe praghais *f* price changes table *(Air)* *(ai.* táblaí athruithe praghais)

tábla cinnteoireachta *f* decision table *(Río)* *(ai.* táblaí cinnteoireachta)

tábla cód oibríochta *f* op code (operation code) table *(Río)* *(ai.* táblaí cód oibríochta)

tábla cuardaigh *f* lookup table *(Río)* *(gu.* tábla cuardaigh *ai.* táblaí cuardaigh)

tábla domhanda tuairisceoirí *f* global descriptor table *(Río)* *(ai.* táblaí domhanda tuairisceoirí)

tábla fírinne *f* truth table *(Río)* (*ai.* táblaí fírinne) (*var* logical table)

tábla freagraí *f* answer table *(Río)* (*ai.* táblaí freagraí)

táblaí agus imlínte *f/b* tables and borders *(Río)*

tábla ionadaithe *f* substitution table *(Río)* (*ai.* táblaí ionadaithe)

táb láir *f* centre tab *(Río)* (*gu.* táib láir)

tábla leathanaigh *f* page table *(Río)* (*ai.* táblaí leathanaigh)

tábla leithdháilte comhad *f* file allocation table (FAT) *(Río)* (*ai.* táblaí leithdháilte comhad)

tábla logánta tuairisceoirí *f* local descriptor table (LDT) *(Río)* (*ai.* táblaí logánta tuairisceoirí)

tábla luacha láithrigh *f* present value table *(Air)*

tábla maighdeogach *f* pivot table *(Río)* (*gu.* tábla mhaighdeogaigh *ai.* táblaí maighdeogacha)

tábla príomhúil *f* primary table *(Río)* (*gu.* tábla phríomhúil *ai.* táblaí príomhúla)

tábla rialaithe dialóige *f* dialogue control table *(Río)*

Táirgtear Táblaí Rialaithe Dialóige i rith an Dearaidh Dialóige (Céim 510) agus taispeánann siad na cosáin nascleanúna féideartha sa dialóg idir na Grúpálacha Loighciúla d'Eilimintí Dialóige, agus aibhsíonn siad seicheamh gnéithe den dialóg.

tábla ródúcháin *f* routing table *(Río)* (*ai.* táblaí ródúcháin)

tábla siombailí *f* symbol table *(Río)* (*ai.* táblaí siombailí)

tábla stocmhargaidh *f* stock market table *(Air)* (*ai.* táblaí stocmhargaidh)

tábla suimiúcháin *f* addition table *(Río)* (*ai.* táblaí suimiúcháin)

tábla torthaí *f* result table *(Río)* (*ai.* táblaí torthaí)

tábla triantánach *f* triangle table *(Río)* (*gu.* tábla triantánaigh *ai.* táblaí triantánacha)

tábla údaraithe *f* authorization table *(Río)* (*ai.* táblaí údaraithe)

tabló *f* tableau *(Mat)*

táb réamhshocraithe *f* default tab *(Río)* (*gu.* táib réamhshocraithe)

tábstop *f* tab stop *(Río)* (*ai.* tábstopanna)

taca *f* support[1] *(Gin)* (*ai.* tacaí)

tacaigh *br* support[3] *(Gin)*

tacaíocht *b* support[2] *(Gin)* (*gu.* tacaíochta)

tacaíocht brabhsálaí *b* browser support *(Río)* (*gu.* tacaíochta brabhsálaí)

tacaíocht bogearraí *b* software support *(Río)* (*gu.* tacaíochta bogearraí)

tacaíocht córais *b* system support *(Río)* (*gu.* tacaíochta córais)

tacaíocht theicniúil *b* technical support *(Río)* (*gu.* tacaíochta teicniúla)

tacair chomhionanna *f* identical sets *(Loi)* (*gi.* tacar comhionann)

Deirtear go bhfuil dhá thacar *comhionann* más gá agus más leor gach ball de gach aon tacar a bheith ina bhall den tacar eile. Nuair atá A agus B comhionann, scríobhtar A = B.

tacair scartha *f* disjoint sets *(Loi)* (*gi.* tacar scartha)

Bíonn dhá thacar (nó breis) *scartha* mura mbíonn aon bhall coiteann iontu. Is comhionann a n-idirmhír agus an tacar neamhnitheach nó folamh.

tacar *f* set[1] *(Loi)* (*gu.* tacair *ai.* tacair)

Líon críochta nó éigríochta de rudaí de chineál ar bith, de bheitheanna, nó de choincheapanna a bhfuil airí nó airíonna áirithe i gcoiteann acu.

tacar airíonna *f* property set *(Río)* (*gu.* tacair airíonna)

tacar breisithe carachtar *f* extended character set *(Río)* (*gu.* tacair bhreisithe charachtar)

tacar carachtar *f fch* foireann carachtar. *(Río)* (*gu.* tacair charachtar)

tacar carachtar ASCII *f* ASCII character set *(Río)* (*gu.* tacair charachtar ASCII)

tacar carachtar réamhshocraithe *f* default character set *(Río)* (*gu.* tacair charachtar réamhshocraithe)

tacar códaithe *f* coded set *(Río)* (*gu.* tacair chódaithe)

tacar críochta *f* finite set *(Loi)* (*gu.* tacair chríochta)

Tacar a bhfuil líon críochta de bhaill ann.

tacar de dhigití *f* set of digits *(Río)*

tacar deise *f* opportunity set *(Air)* (*gu.* tacair deise)

tacar de litreacha *f* set of letters *(Río)*

tacar de roghanna malartacha *f* set of alternative choices *(Río)*

tacar éigríochta *f* infinite set *(Loi)* (*gu.* tacair éigríochta)

Tacar a bhfuil líon éigríochta de bhaill ann e.g. tacar na n-uimhreacha aiceanta nó tacar na réaduimhreacha.

tacar éigríochta inchomhairthe *f* countably infinite set *(Loi)* (*gu.* tacair éigríochta inchomhairthe)

Tacar éigríochta, gur féidir a bhaill a chomhaireamh e.g. is tacair éigríochta inchomhairthe iad tacar na n-uimhreacha aiceanta agus tacar na slánuimhreacha ach ní hea tacar na réaduimhreacha uile ná tacar na n-uimhreacha cóimheasta uile.

tacar eilimintí cóid *f* code element set *(Río)* (*gu.* tacair eilimintí cóid)

tacar féideartha *f* feasible set *(Air)* (*gu.* tacair fhéideartha)

Tacar deiseanna.

tacar fírinne abairte oscailte *f* truth set of an open sentence *(Loi)* *(gu.* tacair fírinne abairte oscailte)

Is ionann *tacar fírinne* abairte oscailte agus tacar na n-eilimintí sin go léir den uilethacar a dtarlaíonn tairiscintí *fíora* de bharr iad a chur in ionad na hathróige san abairt oscailte.

tacar folamh *f* empty set *(Loi)* *(gu.* tacair fholaimh *ai.* tacair fholmha)

Tacar gan aon bhaill. (*mal* tacar neamhnitheach *f gu.* tacair neamhnithigh *ai.* tacair neamhnitheacha) (*var* null set)

tacar gníomhach *f* working set *(Río)* *(gu.* tacair ghníomhaigh)

tacar macraithreoracha *f* macroinstruction set *(Río)* *(gu.* tacair macraithreoracha)

tacar neamhfholamh *f* non-empty set *(Loi)* *(gu.* tacair neamhfholaimh *ai.* tacair neamhfholmha)

Tacar ina bhfuil ball amháin ar a laghad.

tacar neamhnitheach *f* null set *(Loi)* *(gu.* tacair neamhnithigh *ai.* tacair neamhnitheacha) (*mal* tacar folamh *f gu.* tacair fholaimh *ai.* tacair fholmha) (*var* empty set)

tacar reatha *f* active set *(Río)* *(gu.* tacair reatha)

tacar sonraí réidh *abairtín* data set ready (DSR) *(Río)*

tacar treoracha *f* instruction set *(Río)* *(gu.* tacair treoracha)

An grúpa iomlán struchtúrtha de charachtair agus de shainithe atá le haistriú chuig an ríomhaire de réir mar a ritear oibríochtaí.

tacsanomaíocht *b* taxonomy *(Río)* *(gu.* tacsanomaíochta)

tacsanomaíocht Flynn *b* Flynn's taxonomy *(Río)* *(gu.* tacsanomaíochta Flynn)

tacú *f* supporting *(Gin)* *(gu.* tacaithe)

tadhaill *br* visit (of node) *(Río)*

tadhall[1] *f* tangent[1] *(Río)* *(gu.* tadhaill)

tadhall[2] *f* visit(ation) *(Río)* *(gu.* tadhaill)

tadhall in ord *f* in-order visitation *(Río)* *(gu.* tadhaill in ord)

tadhlach *a1* tactile *(Gin)*

tadhlaí *f* tangent[2] *(Air)* *(ai.* tadhlaithe)

tagairt *b* reference *(Gin)* *(gu.* tagartha *ai.* tagairtí)

(Ríomhaireacht) Athróg nó luach ais-seolta a *thagraíonn* d'oibiacht.

tagairt cille *b* cell reference *(Río)* *(gu.* tagartha cille *ai.* tagairtí cille)

tagairt d'aonán paraiméadair *b* parameter entity reference *(Río)* *(gu.* tagartha d'aonán paraiméadair *ai.* tagairtí d'aonán paraiméadair)

tagairt do chill choibhneasta *b* relative cell reference *(Río)* *(gu.* tagartha do chill choibhneasta)

tagairt sheachtrach *b* external reference *(Río)* *(gu.* tagairte seachtraí *ai.* tagairtí seachtracha)

tagairt stílbhileoige *b* style sheet reference *(Río)* *(gu.* tagartha stílbhileoige *ai.* tagairtí stílbhileoige)

tagarmharc *f* benchmark *(Río)* *(gu.* tagarmhairc *ai.* tagarmharcanna)

Critéar tástála a úsáidtear chun feidhmíocht táirge a thomhas. Is féidir micreaphróiseálaithe, mar shampla, a mheas trí ríomhchlár tagarmhairc a úsáid chun cineálacha éagsúla a chur i gcomparáid le chéile.

tagarmharc lánfheidhmíochta *f* Khornerstone benchmark *(Río)* *(gu.* tagarmhairc lánfheidhmíochta)

tagarmharc luas uimhríochta *f* whetstone benchmark *(Río)* *(gu.* tagarmhairc luas uimhríochta *ai.* tagarmharcanna luas uimhríochta)

tagarmharc próiseála *f* Dhrystone benchmark *(Río)* *(gu.* tagarmhairc próiseála *ai.* tagarmharcanna próiseála)

tagrach *a1* referential *(Río)*

tagróir *f* referrer *(Río)* *(gu.* tagróra *ai.* tagróirí)

taibhse *b* phantom *(Río)* *(ai.* taibhsí)

táibléad *f* tablet *(Río)* *(gu.* táibléid)

taifeach *f* resolution *(Río)* *(gu.* taifigh)

taifeach spásúil *f* spatial resolution *(Río)* *(gu.* taifigh spásúil)

taifead[1] *f* record[1] *(Río)* *(gu.* taifid)

taifead[2] *br* record[2] *(Río)*

taifeadadh *f* recording *(Río)* *(gu.* taifeadta)

taifeadadh Digiteach Dírshrutha *f* Direct Stream Digital recording (DSD) *(Río)* *(gu.* taifeadta Dhigitigh Dírshrutha)

taifeadadh fuaime *f* sound recording[2] *(Río)* *(gu.* taifeadta fuaime)

taifeadán *f* recorder *(Río)* *(gu.* taifeadáin)

taifeadán físteipe *f* video tape recorder (VTR) *(Río)* *(gu.* taifeadáin físteipe)

taifead dúbailte *f* duplicate record *(Río)* *(gu.* taifid dhúbailte)

taifead fisiciúil *f* physical record *(Río)* *(gu.* taifid fhisiciúil *ai.* taifid fhisiciúla)

taifead fuaime *f* sound recording[1] *(Río)* *(gu.* taifid fuaime)

taifead idirbhirt *f* transaction record *(Río)* *(gu.* taifid idirbhirt)

taifead loighciúil *f* logical record *(Río)* *(gu.* taifid loighciúil *ai.* taifid loighciúla)

taifid aonfhaid *f* fixed-length records *(Río)* *(gu.* taifead aonfhaid)

taifid ilfhaid *f* variable-length records *(Río)* *(gi.* taifead ilfhaid)

taifigh *br* resolve *(Mat)*

taifithe *a1* resolved *(Mat)*

taighde *f* research[2] *(Fio)*

Staidéar nó imscrúdú grinn maidir le hábhar, duine, etc.

taighde agus forbairt *f/b* research and development (R&D) *(Fio)* *(gu.* taighde agus forbartha)

taighde díolacháin *f* sales research *(Fio)*

taighde margaidh *f* market research *(Fio)* *(gu.* taighde mhargaidh)

Próiseas imscrúdaithe maidir le hairíonna margaí áirithe, e.g., suíomh, méid, acmhainn fáis, agus an meon atá tugtha faoi deara sna margaí sin.

taighde margaíochta *f* marketing research *(Fio)* *(gu.* taighde mhargaíochta)

Tiomsú, taifead, anailís agus úsáid chórasach sonraí chun margaíocht earraí agus seirbhísí a thionscnamh.

taighde príomhúil *f* primary research *(Fio)*

Gnólacht nó duine aonair ag bailiú sonraí margaidh allamuigh chun scrúdú a dhéanamh ar fhadhb nó ar shuíomh áirithe miondíola nó margaíochta.

taighde táirgí *f* product research *(Fio)*

taighde tomhaltais *f* consumer research *(Fio)*

Iniúchadh ar iompraíocht agus spreagthacht daoine mar cheannaitheoirí agus mar thomhaltóirí.

taighid *br* research[1] *(Fio)*

Téigh i mbun imscrúdaithe ar ábhar, dhuine, etc.; fiosraigh nó scrúdaigh go mion.

táille *b* fee *(Air)* *(ai.* táillí)

táille ceangaltais *b* commitment fee *(Air)* *(ai.* táillí ceangaltais)

Táille a íoctar ar an rann neamhúsáidte de líne chreidmheasa.

táille siarchuir *b* backwardation *(Air)*

Gaol ina mbíonn spotphraghsanna nó praghsanna airgid thirim níos airde ná praghsanna todhchaíochtaí nó réamhphraghsanna.

táille theannta *b* standby fee *(Air)* *(ai.* táillí teannta)

An méid a íoctar le frithgheallaí a thoilíonn aon stoc a cheannach nach suibscríobhann an t-infheisteoir poiblí dó i dtairiscint de cheart.

táillí dlí agus ligin *b* legal agus letting fees *(Air)*

táillí páirteachais *b* participation fees *(Air)*

An chuid sin de na táillí iomlána i gcreidmheas sindeacáite a théann go dtí na bainc rannpháirteacha.

Tá … ina bhall den tacar … *abairtín fch* Is ball den tacar … é …. *(Loi)*

tairbhe *b fch* sochar. *(Gin)* *(ai.* tairbhí)

tairbhí *f* beneficiary *(Gin)* *(ai.* tairbhithe)

tairbhiúil *a2* beneficial *(Gin)*

tairg[1] *br* offer *(Gin)*

tairg[2] *br* bid[2] *(Air)*

táirge *f* product[1] *(Gin)* *(ai.* táirgí)

(Fiontraíocht) Mír fhisiciúil, go háirithe ceann ar cuireadh breisluach leis, a chuirtear ar díol. Séard atá ann ná táirge inláimhsithe (oibiacht fhisiciúil nó pacáiste seirbhísí a fheictear mar rud atá ar díol), táirge leata (na seirbhísí agus na gnéithe teagmhasacha nach léir, e.g., an pacáistiú a ghabhann le táirge inláimhsithe), agus an táirge cineálach (an bunsochar a lorgaíonn ceannaitheoir sa táirge). (Ríomhaireacht) Aon mhír doiciméadaithe, bogearraí nó crua-earraí, a tháirgtear i rith tionscadail SSADM. D'fhéadfadh an táirge féin a bheith comhdhéanta de tháirgí comhpháirte, ar nós na Sonraíochta Próisis. Miondealaíonn an struchtúr Tionscadail gach táirge faoi thrí cheannteideal leathana: táirgí bainistíochta, táirgí teicniúla, agus táirgí cáilíochta. (*var* produce)

táirgeacht *b fch* aschur. *(Fio)* *(gu.* táirgeachta)

táirgeacht déantúsaíochta *b* manufacturing output *(Air)* *(gu.* táirgeachta déantúsaíochta)

táirgeadh *f* production *(Fio)* *(gu.* táirgthe)

An próiseas tiontaithe chun ionchuir ar nós ábhair, oibre agus caipitil a aistriú go hearraí agus seirbhísí.

táirgeadh tionsclaíoch *f* industrial production *(Air)* *(gu.* táirgthe thionsclaíoch)

táirge cineálach *f* generic product *(Fio)* *(gu.* táirge chineálaigh *ai.* táirgí cineálacha)

táirge iomaitheora *f* competing product *(Fio)* *(ai.* táirgí iomaitheora)

tairgeoir *f* bidder *(Air)* *(gu.* tairgeora)

Duine a dhéanann imthairiscint chun rud éigin a cheannach, go háirithe ag ceant.

táirgeoir *f* producer *(Gin)* *(gu.* táirgeora *ai.* táirgeoirí)

táirge tomhaltais *f* consumer product *(Fio)* *(ai.* táirgí tomhaltais)

táirgí insoláthartha *f* deliverables *(Río)*

táirgiúlacht *b* productivity *(For)* *(gu.* táirgiúlachta)

tairiscint[1] *b* bid[1] *(Air)* *(gu.* tairisceana *ai.* tairiscintí)

Tairiscint ó chomhlacht amháin scaireanna uile comhlachta eile nó a dtromlach a cheannach mar bhealach le táthcheangal a dhéanamh.

tairiscint[2] *b* tender *(Air)* *(gu.* tairisceana *ai.* tairiscintí)

tairiscint[3] *b* proposition *(Loi)* *(gu.* tairisceana *ai.* tairiscintí)

Is ionann tairiscint agus abairt nach féidir ach ceann agus gan ach ceann de na téarmaí *fíor* nó *bréagach* a úsáid ina leith.

tairiscint airgid *b* cash offer *(Air)* (*gu.* tairisceana airgid *ai.* tairiscintí airgid)

Eisiúint ghnáthscaireanna poiblí a dhíoltar leis na hinfheisteoirí go léir a bhfuil suim acu iontu.

tairiscint de cheart (réamhcheannaigh) *b* rights offer *(Air)* (*gu.* tairisceana de cheart réamhcheannaigh)

Tairiscint a thugann an deis do scairshealbhóir reatha leas comhréireach a choimeád sa chuideachta sula dtairgtear na scaireanna don phobal.

tairiscint fhíor *b* true proposition *(Río)* (*gu.* tairisceana fíor *ai.* tairiscintí fíora)

tairiscint ghinearálta airgid *b* general cash offer *(Air)* (*gu.* tairisceana ginearálta airgid *ai.* tairiscintí ginearálta airgid)

Urrús a eisítear go poiblí agus a dhíoltar le gach infheisteoir a chuireann suim ann agus ní hamháin le scairshealbhóirí atá ann cheana féin.

tairiscint phoiblí *b* public offer *(Air)* (*gu.* tairisceana poiblí *ai.* tairiscintí poiblí)

tairiscint réamhshocraithe *b* negotiated offer *(Air)* (*gu.* tairisceana réamhshocraithe *ai.* tairiscintí réamhshocraithe)

Réamhshocraíonn gnólacht eisiúna beart le frithgheallaí amháin chun eisiúint nua a thairiscint in ionad tairiscintí iomaíocha a ghlacadh.

tairiscint tosaigh don phobal *b* initial public offering (IPO) *(Air)* (*gu.* tairisceana tosaigh don phobal *ai.* tairiscintí tosaigh don phobal)

1. Bundíolachán urrús comhlachta leis an bpobal. 2. An t-ainm a thugtar i SAM ar iasacht a chur ar an margadh. (*mal* eisiúint nua neamhstéagaithe *b gu.* eisiúna nua neamhstéagaithe; iasacht a chur ar an margadh *b*) (*var* flotation; unseasoned new issue)

tairiseach *f* constant[1] *(Mat)* (*gu.* tairisigh)

1. Cainníocht sheasta nó luach uimhriúil seasta. 2. Siombail a sanntar aonán seasta sonrach dó faoi léirmhíniú. 3. (Ríomhaireacht) Aitheantóir (i gclár) nach féidir a luach a athrú nuair a ritheann an clár.

tairiseach[2] *a1* constant[3] *(Gin)*

tairiseach ama *f* time constant *(Río)* (*gu.* tairisigh ama)

tairiseach athshuite *f* relocation constant *(Río)* (*gu.* tairisigh athshuite)

tairiseach Boole *f* Boolean constant *(Río)* (*gu.* tairisigh Boole)

Tairiseach de chineál Boole.

tairiseach carachtair *f* character constant *(Río)* (*gu.* tairisigh charachtair)

Tairiseach le luach carachtair.

tairiseach carachtair ochtnártha *f* octal character constant *(Río)* (*gu.* tairisigh charachtair ochtnártha)

tairiseach domhanda *f* global constant *(Río)* (*gu.* tairisigh dhomhanda)

tairiseach domhanda Boole *f* global Boolean constant *(Río)* (*gu.* tairisigh dhomhanda Boole)

tairiseach fada *f* long constant *(Río)* (*gu.* tairisigh fhada)

Sa chóras oibriúcháin AIX, tairiseach slánuimhreach 4 bheart á leanúint ag an litir "l" nó "L".

tairiseach heicsidheachúlach *f* hexadecimal constant *(Río)* (*gu.* tairisigh heicsidheachúlaigh *ai.* tairisigh heicsidheachúlacha)

In PL/1, sraith uimhreacha heicsidheachúlacha iata ag uaschamóga a choinníonn luach an teaghráin.

tairiseach idirleata *f* diffusion constant *(Río)* (*gu.* tairisigh idirleata)

tairiseach ilcharachtar *f* multicharacter constant *(Río)* (*gu.* tairisigh ilcharachtar)

tairiseach ochtnártha *f* octal constant *(Río)* (*gu.* tairisigh ochtnártha)

tairiseach pointe fhosaithe *f* fixed-point constant *(Río)* (*gu.* tairisigh phointe fhosaithe)

tairiseach slánuimhreach *f* integer constant *(Río)* (*gu.* tairisigh shlánuimhreach)

Teaghrán de dhigití deachúlacha gan aon phointe deachúlach ann.

tairiseach snámhphointe *f* floating point constant *(Río)* (*gu.* tairisigh shnámhphointe)

Tairiseach uimhriúil comhdhéanta de chomhartha roghnach á leanúint ag digit amháin nó níos mó agus pointe deachúil ar féidir leis a bheith ag an deireadh.

tairiseach teaghráin *f* string constant *(Río)* (*gu.* tairisigh theaghráin)

tairngreacht *b fch* réamhaithris. *(Gin)* (*gu.* tairngreachta)

tairseach[1] *b* threshold *(Gin)* (*gu.* tairsí *ai.* tairseacha)

tairseach[2] *b* portal *(Río)* (*gu.* tairsí *ai.* tairseacha)

tairseach dibhéirseachta *b* divergence threshold *(Air)* (*gu.* tairsí dibhéirseachta *ai.* tairseacha dibhéirseachta)

Luach criticiúil tháscaire dibhéirseachta gach baill den EMS a fhothaíonn an bharúil, nuair a shroichtear é, go mbeidh coigeartú le déanamh ar pholasaithe eacnamaíocha intíre.

tairseach faisnéise fiontair *b* enterprise information portal *(Río)* (*gu.* tairsí faisnéise fiontair)

taisc *br* lodge *(Gin)* (*mal* lóisteáil *br*)

taisce[1] *b* deposit *(Air)* (*ai.* taiscí)

An méid airgid agus/nó urrús nach mór a chur i dtaisce mar bhanna urrúis lena chinntiú go ngníomhófar ar chonradh. (*mal* éarlais *b gu*. éarlaise *ai.* éarlaisí) (*var* margin)

taisce[2] *b* cache (*memory*) (*Río*) (*ai.* taiscí)

Cuimhne a choinnítear ar leataobh sa chuimhne randamrochtana chun sonraí aisghafa a choinneáil le bheith ullamh do riachtanais an úsáideora. B'fhéidir go gcoinneofaí sonraí mar gur úsáid an t-úsáideoir níos luaithe iad nó mar gheall ar algartam a aithníonn riachtanais a bheidh ag úsáideoir sa todhchaí, bunaithe ar úsáid san am atá caite. (*mal* cuimhne thaisce *b ai.* cuimhní taisce)

taisce[3] *b fch* lóisteáil. (*Gin*) (*ai.* taiscí)

taiscéalaíoch *a1* exploratory (*Gin*)

taisce bhainc *b* bank deposit (*Air*) (*gu.* taisce bainc *ai.* taiscí bainc)

taisce chomhthiomsaitheach *b* associative cache (*Río*) (*gu.* taisce comhthiomsaithí *ai.* taiscí comhthiomsaitheacha)

taisce dhírmhapáilte *b* direct-mapped cache (*Río*) (*gu.* taisce dírmhapáilte)

Taisce a chuireann gach bloc isteach i sliotán ar féidir a uimhir a ríomh gan dua ó uimhir an bhloic.

taisce idirbhainc *b* interbank deposit (*Air*) (*ai.* taiscí idirbhainc)

taisce iliontrálach chomhthiomsaitheach *b* set associative cache (*Río*) (*gu.* taisce iliontrálaí comhthiomsaithí)

Taisce dhírmhapáilte le hiliontrálacha i ngach sliotán.

taisce mhargaidh airgid *b* money market deposit (*Air*)

taisceoir *f* depositor (*Air*) (*gu.* taisceora *ai.* taisceoirí)

taisce phrapéilimh *b* demand deposit (*Air*) (*gu.* taisce prapéilimh *ai.* taiscí prapéilimh)

Ciste i gcuntas reatha ar féidir é a aistarraingt am ar bith gan fógra, ag brath ar rialacháin áitiúla.

taisce RAM *b* RAM cache (*Río*)

taisce speiceála *b* snoopy cache (*Río*) (*ai.* taiscí speiceála)

taisclann *b* depository (*Air*) (*gu.* taisclainne *ai.* taisclanna)

taise *b* humidity (*Gin*)

taispeáin[1] *br* display[2] (*Gin*) (*var* show)

taispeáin[2] *br* demonstrate (*Río*)

taispeáin an deasc *br* show desktop (*Río*)

taispeáin/folaigh *br* show/hide (*Río*)

taispeáint *b* display[1] (*Gin*) (*gu.* taispeána *ai.* taispeáintí)

taispeáint astaithe réimse *b* field emission display (FED) (*Río*) (*gu.* taispeána astaithe réimse)

taispeáint dé-óid astaithe solais *b* light-emitting diode display (*Río*) (*gu.* taispeána dé-óid astaithe solais *ai.* taispeáintí dé-óid astaithe solais) (*mal* taispeáint LED *b gu.* taispeána LED *ai.* taispeáintí LED) (*var* LED display)

taispeáint lánleathanaigh *b* full page display (*Río*) (*gu.* taispeána lánleathanaigh *ai.* taispeáintí lánleathanaigh)

taispeáint leachtchriostail (LCD) *b* liquid crystal display (LCD) (*Río*) (*gu.* taispeána leachtchriostail *ai.* taispeáintí leachtchriostail)

taispeáint LED *b* LED display (*Río*) (*gu.* taispeána LED *ai.* taispeáintí LED) (*mal* taispeáint dé-óid astaithe solais *b gu.* taispeána dé-óid astaithe solais *ai.* taispeáintí dé-óid astaithe solais) (*var* light-emitting diode display)

taispeánadh *f* demonstration (*Gin*) (*gu.* taispeánta)

taispeánadh do mhargaí *f* market exposure (*Fio*) (*gu.* taispeánta do mhargaí)

taispeántas *f* exhibition (*Gin*) (*gu.* taispeántais)

taispeántas sleamhnán *f* slide show (*Río*) (*gu.* taispeántais sleamhnán)

taithí *b* experience[1] (*Gin*)

taithí láimhe oibriúcháin *b* hands-on operating experience (*Río*)

tálaí *f* yielder (*Air*) (*ai.* tálaithe)

tálaí airgid *f* cash cow (*Air*)

Gnólacht nó táirge a ghineann sreabhadh seasta, siúráilte, airgid.

talamh[1] *f & b* land[1] (*Gin*) (*gu.* talaimh; talún *ai.* tailte)

talamh[2] *f/b* ground (GND) (*Río*) (*gu.* talaimh/talún)

talann *b* talent (*Gin*) (*gu.* talainne *ai.* talanna)

talmhú *f* earthing (*Lei*) (*gu.* talmhaithe) (*mal* talmhúchán *f gu.* talmhúcháin) (*var* grounding)

talmhúchán *f* grounding (*Lei*) (*gu.* talmhúcháin) (*mal* talmhú *f gu.* talmhaithe) (*var* earthing)

tánaisteach *a1* secondary (*Gin*)

tanúchán *f* attenuation (*Río*) (*gu.* tanúcháin)

An laghdú a tharlaíonn in aimplitiúid chomhartha (srutha, voltais nó cumhachta) le linn a tharchurtha ó phointe amháin go dtí an chéad phointe eile. Is féidir é a lua mar chóimheas nó i ndeicibeilí.

taobh-bhanda iarmharach *f* vestigial sideband (*Río*) (*gu.* taobh-bhanda iarmharaigh *ai.* taobh-bhandaí iarmharacha)

taraif *b* tariff (*Air*) (*gu.* taraife *ai.* taraifí)

Cáin a ghearrann rialtas ar earraí iompórtáilte.

tarchuir *br* transmit (*Río*)

tarchur *f* transmission (*Río*) (*gu.* tarchuir/tarchurtha)

tarchuradóir *f* transmitter *(Río)* (*gu.* tarchuradóra *ai.* tarchuradóirí)

tarchur air, tarchur as *abairtín* transmission on, transmission off (XON/XOFF) *(Río)*

tarchur aisioncronach *f* asynchronous transmission *(Río)* (*gu.* tarchurtha aisioncronaigh)

Tarchur ina ndéantar comhartha dúisithe roimh gach grúpa d'eilimintí cóid atá ag comhfhreagairt do chomhartha carachtar. Ullmhaíonn an comhartha dúisithe an mheicníocht ghlactha chun an carachtar a ghlacadh agus a chur i dtabhall. Leanann comhartha stoptha ansin ionas go ndéanfaidh an mheicníocht ghlactha sos agus go mbeidh sí ullamh chun an chéad charachtar eile a ghlacadh.

tarchur aonphléacsach *f* simplex transmission *(Río)* (*gu.* tarchuir/tarchurtha aonphléacsaigh)

tarchur aonpholach *f* unipolar transmission *(Río)* (*gu.* tarchurtha aonpholaigh)

tarchur bunbhanda *f* baseband transmission *(Río)* (*gu.* tarchuir/tarchurtha bunbhanda)

tarchur comhuaineach *f* parallel transmission *(Río)* (*gu.* tarchurtha chomhuainigh)

tarchur déphléacsach *f* duplex transmission *(Río)* (*gu.* tarchurtha dhéphléacsaigh)

tarchur digiteach *f* digital transmission *(Río)* (*gu.* tarchuir/tarchurtha digitigh)

tarchur leath-dhéphléacsach *f* half-duplex transmission *(Río)* (*gu.* tarchuir/tarchurtha leath-dhéphléacsaigh)

tarchur neamhchothromaithe *f* unbalanced transmission *(Río)* (*gu.* tarchurtha neamhchothromaithe)

tarchur paicéad *f* packet transmission *(Río)* (*gu.* tarchurtha paicéad)

tarchur satailíte *f* satellite transmission *(Río)* (*gu.* tarchuir/tarchurtha satailíte)

tarchur sioncronach *f* synchronous transmission *(Río)* (*gu.* tarchurtha shioncronaigh)

tarchur sonraí *f* data transmission *(Río)* (*gu.* tarchuir/tarchurtha sonraí)

tarchur srathach *f* serial transmission *(Río)* (*gu.* tarchurtha shrathaigh)

tarchur 'tosaigh, stop' *f* start-stop transmission *(Río)* (*gu.* tarchurtha 'tosaigh, stop')

tardhul *f* pass *(Río)* (*gu.* tardhula *ai.* tardhulanna)

tarlaigh[1] *br* occur *(Gin)*

tarlaigh[2] *br* haul *(Gin)*

tarlú[1] *f* occurrence *(Gin)* (*gu.* tarlaithe)

tarlú[2] *f* haulage *(Gin)* (*gu.* tarlaithe)

tarmlig *br* delegate *(Air)*

tarmligean *f* delegating *(Gin)* (*gu.* tarmligin)

tarmligean údaráis *f* delegation of authority *(Fio)* (*gu.* tarmligin údaráis)

tarraing[1] *br* draw *(Gin)*

tarraing[2] *br* drag *(Gin)*

tarraingeoir *f* drawer *(Air)* (*gu.* tarraingeora)

tarraingí *f* drawee *(Air)*

tarraingt[1] *b* pull *(Gin)* (*gu.* tarraingthe *ai.* tarraingtí)

tarraingt[2] *b* drawing[2] *(Gin)* (*gu.* tarraingthe *ai.* tarraingtí)

tarraingt anuas *b* drawdown *(Air)* (*gu.* tarraingthe anuas *ai.* tarraingtí anuas)

1. Tarraingt ar chiste in aghaidh líne chreidmheasa, ar Eoraichreidmheas é go minic. 2. Gluaiseacht airgid custaiméara ó chuntas amháin go cuntas eile, a d'fhéadfadh a bheith i mbanc eile.

tarraingt (ar) *b* draw (on) *(Air)* (*gu.* tarraingthe (ar) *ai.* tarraingtí (ar))

tar-rolladh *f* rollover *(Air)* (*gu.* tar-rollta)

Babhtáil ghairid deartha le comharduithe airgeadra eachtrannacha a úsáid nó a fháil ar iasacht.

tasc *f* task *(Gin)* (*gu.* taisc *ai.* tascanna)

táscaire *f* indicator *(Gin)* (*ai.* táscairí)

táscaire clingeach *f* ringing indicator (RI) *(Río)* (*gu.* táscaire chlingigh *ai.* táscairí clingeacha)

táscaire iompróra *f fch* aimsitheoir iompróra. *(Río)* (*ai.* táscairí iompróra)

táscaire ionad comhaid *f* file position indicator *(Río)* (*ai.* táscairí ionad comhaid)

táscaire staide *f* state indicator (SI) *(Río)*

Gné d'anailís Staire aonáin. Cuimsíonn táscaire staide tréith neamhfheidhmeach (uimhir aondigite) in aonán. Déanann gach teagmhas a fhearann ar an aonán sin athrú i luach an táscaire staide. Cuireann teagmhas breithe a luach = 1 i dtosach, agus teagmhas báis ar ais go luach = nialas é. Is féidir an táscaire staide a úsáid mar sheiceáil bailíochtaithe nó tagartha: mura leagtar luach bailí ar an táscaire staide don teagmhas, toghluaisfear an próiseas agus léireofar earráid sláine. Ar an tslí seo, is sa seicheamh ceart amháin a fhéadann na nuashonruithe go léir tarlú don aonán.

táscaire tarlaithe *f* occurrence indicator *(Río)* (*ai.* táscairí tarlaithe)

táscaire timthriallach *f* cyclical indicator *(Air)* (*gu.* táscaire thimthriallaigh *ai.* táscairí timthriallacha)

tascbharra *f* taskbar *(Río)* (*ai.* tascbharraí)

tascfhórsa *f* task force *(Gin)* (*ai.* tascfhórsaí)

Tascfhórsa Innealtóireachta an Idirlín *f* Internet Engineering Task Force (IETF) *(Río) (gu.* Thascfhórsa Innealtóireachta an Idirlín)

tasc nascóra *f* linker task *(Río) (gu.* taisc nascóra)

tasc sa chúlra *f* background task *(Río) (ai.* tascanna sa chúlra)

tasc sa tulra *f* foreground task *(Río) (ai.* tascanna sa tulra)

tástáil[1] *b* test(ing) *(Gin) (gu.* tástála *ai.* tástálacha)

tástáil[2] *br* test *(Gin)*

tástáil aona(i)d *b* unit testing *(Río) (gu.* tástála aona(i)d)

tástáil ar strus *b* stress testing *(Río) (gu.* tástála ar strus) *(mal* tástáil struis *f gu.* tástála struis)

tástáil córais *b* system testing *(Río) (gu.* tástála córais)

tástáil fioraithe *b* verification test *(Río) (gu.* tástála fioraithe)

tástáil ghnásúil *b* procedural test *(Río) (gu.* tástála gnásúla)

tástáil inghlacthachta *b* acceptance testing *(Río) (gu.* tástála inghlacthachta)

tástáil inseirbhíse *b* in-service testing *(Río) (gu.* tástála inseirbhíse)

tástáil inúsáidteachta *b* usability test *(Río) (gu.* tástála inúsáidteachta)

tástáil ó bharr anuas *b* top-down testing *(Río) (gu.* tástála ó bharr anuas)

tástáil ó bhun aníos *b* bottom-up testing *(Río) (gu.* tástála ó bhun aníos)

In innealtóireacht córais bhogearraí (tástáil), an próiseas a bhaineann le ríomhchláir atá eagraithe go hordlathach a sheiceáil, go forásach, ó bhun go barr, trí thiomanaithe bogearraí a úsáid le comhpháirteanna uasleibhéil a ionsamhladh.

tástáil snáithe(anna) *b* thread testing *(Río) (gu.* tástála snáithe(anna))

tástáil struis *b fch* tástáil ar strus. *(Río) (gu.* tástála struis)

tástálaí *f* tester *(Río) (ai.* tástálaithe)

tátal *f* inference *(Gin) (gu.* tátail)

táthcheangal *f* takeover *(Air) (gu.* táthcheangail) Aistriú smachta gnólachta ó ghrúpa amháin scairshealbhóirí go grúpa eile.

táthcheangal naimhdeach *f* hostile takeover *(Air) (gu.* táthcheangail naimhdigh *ai.* táthcheangail naimhdeacha) Éadálacha nach bhfuil ag teastáil ó na gnólachtaí sprice.

te *a3* hot *(Gin)*

teach *f* house *(Gin) (gu.* tí *ai.* tithe)

teach aíochta *f* guest house *(Fio) (gu.* tí aíochta *ai.* tithe aíochta)

teach imréitigh *f* clearing-house *(Air) (gu.* tí imréitigh *ai.* tithe imréitigh) Eagraíocht a chinntíonn ionracas airgeadais margaí todhchaíochtaí agus roghanna trí oibleagáidí a ráthú i measc a bhall imréitigh. Déanann sé trádálacha a chlárú, monatóireacht a dhéanamh orthu, iad a mheaitseáil agus a ráthú agus téann sé i mbun socruithe airgeadais d'idirbhearta todhchaíochtaí agus roghanna. Is féidir leis a bheith ina chuid de mhalartán nó ina aonán corparáideach ar leithligh.

teachtaireacht *b* message *(Gin) (gu.* teachtaireachta *ai.* teachtaireachtaí)

teachtaireacht an mhadra rua *b* fox message *(Río)*

teachtaireacht earráide *b* error message *(Río) (ai.* teachtaireachtaí earráide) Taispeáint ar scáileán, a úsáideann cód chun cur síos a dhéanamh ar earráidí éagsúla a d'fhéadfadh tarlú le linn ionchuir ríomhchláir, e.g. ainm teaghráin neamhbhailí, gléas nach ann dí a agallamh, cuimhne neamhleor, agus tugtar uimhir earráide do gach ceann díobh.

teachtaireacht foláirimh *b* alert message *(Río) (gu.* teachtaireachta foláirimh *ai.* teachtaireachtaí foláirimh)

teachtaireacht ríomhphoist *b* mail message *(Río) (gu.* teachtaireachta ríomhphoist *ai.* teachtaireachtaí ríomhphoist)

teachtaireacht stádais *b* status message *(Río) (gu.* teachtaireachta stádais *ai.* teachtaireachtaí stádais)

téacs *f* text *(Gin) (ai.* téacsanna)

téacs a shábháil *abairtín* saving text *(Río)*

téacschomhad *f* text file *(Río) (gu.* téacschomhaid)

téacschomhad ineagarthóireachta *f* editable text file *(Río) (gu.* téacschomhaid ineagarthóireachta)

téacschomhad simplí *f* flat file *(Río) (gu.* téacschomhaid shimplí)

téacs míniúcháin *f fch* eochair eolais. *(Río) (ai.* téacsanna míniúcháin)

téacs (na d)tréithe *f* attribute text *(Río)*

téad *b* line[2] *(Gin) (gu.* téide *ai.* téada)

téad luasctha *b* swingline *(Air) (gu.* téide luasctha) Ionstraim i saoráid nó bónas nótaí domhanda chun ligeann d'eisitheoir bogadh ó mhargadh CP Stát Aontaithe Mheiriceá go dtí margadh na nEoranótaí.

teaghlach *f* household *(Gin) (gu.* teaghlaigh)

teaghlach aontuiste *f* one-parent family *(Gin) (gu.* teaghlaigh aontuiste)

teaghlach forleathnaithe *f* extended family *(Gin) (gu.* teaghlaigh fhorleathnaithe)

teaghráin chomhchaitéinithe *f* concatenated strings *(Río) (gi.* teaghrán comhchaitéinithe)

Is féidir gnás comhchaitéinithe a úsáid le dhá theaghrán nó níos mó a chomhcheangal (a chomhchaitéiniú) le teaghrán amháin nua a chruthú.

teaghrán *f* string *(Río) (gu.* teaghráin)

Seicheamh líneach de mhíreanna grúpáilte i sraith de réir rialacha áirithe.

teaghrán carachtar *f* character string *(Río) (gu.* teaghráin charachtar)

teaghrán ceadchomharthach *f* token string *(Río) (gu.* teaghráin cheadchomharthaigh *ai.* teaghráin cheadchomharthacha)

I dteanga ríomhchlárúcháin, teaghrán carachtar, i leagan amach ar leith, a bhfuil sainéifeacht éigin leis.

teaghrán cuardaigh *f* search string *(Río) (gu.* teaghráin chuardaigh)

teaghrán dénártha *f* binary string *(Río) (gu.* teaghráin dhénártha)

Teaghrán de náideanna agus aonta.

teaghrán flop flapanna *f* flip-flop string *(Río) (gu.* teaghráin flop flapanna)

teaghrán foinseach *f* source string *(Río) (gu.* teaghráin fhoinsigh *ai.* teaghráin fhoinseacha)

teaghrán folamh *f* empty string *(Río) (gu.* teaghráin fholaimh *ai.* teaghráin fholmha)

Teaghrán gan aon charachtair. Is é fad an teaghráin neamhnithigh ná o. (*mal* teaghrán neamhnitheach *f gu.* teaghráin neamhnithigh *ai.* teaghráin neamhnitheacha) (*var* null string)

teaghrán ionaid *f* replacement string *(Río) (gu.* teaghráin ionaid)

teaghrán neamhnitheach *f* null string *(Río) (gu.* teaghráin neamhnithigh *ai.* teaghráin neamhnitheacha)

Teaghrán gan aon charachtair. Is é fad an teaghráin neamhnithigh ná o. (*mal* teaghrán folamh *f gu.* teaghráin fholaimh *ai.* teaghráin fholmha) (*var* empty string)

teaghrán siombailí *f* symbol string *(Río) (gu.* teaghráin siombailí)

teaghrán téacs *f* text string *(Río) (gu.* teaghráin téacs)

teaglaim *b* combination[1] *(Río) (gu.* teaglama *ai.* teaglamaí)

teaglaim de lárú agus deighilt *b* centralized and partitioned combination *(Río) (gu.* teaglama de lárú agus deighilt)

teaglaim eochracha *b* key combination *(Río) (gu.* teaglama eochracha *ai.* teaglamaí eochracha)

teaglamach *a1* combinational *(Río)*

teagmháil nua *b* new contact *(Río) (gu.* teagmhála nua *ai.* teagmhálacha nua)

teagmhas[1] *f* incident *(Gin) (gu.* teagmhais)

teagmhas[2] *f* event *(Río) (gu.* teagmhais)

1. Gníomh, mar shampla, brú eochrach, brú cnaipe luchóige, gluaiseacht luchóige etc. ar féidir le clár freagairt dó ag am rite trí mhodhanna sonracha. Tá ríomhchlár in ann glacadh le teagmhais mar seo agus freagra cuí a chur i bhfeidhm. 2. Rud éigin a tharlaíonn sa saol a chuireann athrú ar luach nó stádas míre sonraí nó ar aonán sa chóras. Is féidir é a thaispeáint mar shreabhadh sonraí atá freagrach as stóras sonraí a nuashonrú ar DFD.

teagmhasach *a1* incidental *(Gin)*

teagmhas mínormálta *f* abnormal event *(Río) (gu.* teagmhais mhínormálta) (*mal* iomrall *f gu.* iomraill)

teagmhas randamach *f* random event *(Río) (gu.* teagmhais randamaigh *ai.* teagmhais randamacha)

Teagmhas a d'fhéadfadh tarlú uair ar bith i rith saoil aonáin, in ionad ag staid réamhchinntithe ina shaol.

teagmhas seachtrach *f* external event *(Río) (gu.* teagmhais sheachtraigh *ai.* teagmhais sheachtracha)

téama deisce *f* desktop theme *(Río) (ai.* téamaí deisce)

téamh *f* warm-up *(Río) (gu.* téite) (*var* warming up)

teanga *b* language *(Río) (gu.* teanga *ai.* teangacha)

teanga aidhme *b* object language *(Río) (ai.* teangacha aidhme)

teanga ardleibhéil *b* high-level language *(Río) (gu.* teanga ardleibhéil *ai.* teangacha ardleibhéil)

Teangacha ríomhchlárúcháin inar ráitis chun gnásanna a léiriú, bunaithe ar fhadhbanna nó ar fheidhmeanna, na ráitis shingile iontu, in ionad treoracha singile i meaisínchód. D'fhéadfadh ráiteas singil i dteanga ardleibhéil aistriú go níos mó ná treoir amháin nó d'fhéadfadh sé foghnáthaimh a ghlaoch amach. Samplaí maithe is ea BASIC, PASCAL agus C.

teanga (atá) bunaithe ar oibiachtaí *b* object-oriented language *(Río) (ai.* teangacha (atá) bunaithe ar oibiachtaí)

Teanga Chaighdeánach Mharcála Ghinearálaithe *b* Standard Generalized Markup Language (SGML) *(Río)*

teanga choiteann *b* common language *(Río) (gu.* teanga coitinne *ai.* teangacha coiteanna)

teanga dhá ghiotán *b* two-byte language *(Río) (ai.* teangacha dhá ghiotán)

teanga dhíolama *b* assembly language *(Río) (gu.* teanga díolama *ai.* teangacha díolama)

Teanga íseal-leibhéil ríomhchlárúcháin a bhaineann úsáid as noda oiriúnacha ar a dtugtar neamónaigh mar rogha ar na grúpálacha de o-nna agus 1-anna a úsáidtear i meaisínteanga. De bharr go bhfuil comhfhreagracht aon le haon de ghnáth idir treoracha i dteanga dhíolama agus treoracha i meaisínteanga, is furasta teanga dhíolama ná ráitis i dteanga ardleibhéil a aistriú go meaisínteanga.

teanga dhúchais *b* native language *(Gin)* *(gu.* teanga dúchais *ai.* teangacha dúchais)

teanga fhógrach *b* declarative language *(Río)* *(gu.* teanga fógraí *ai.* teangacha fógracha)

teanga fhoinseach *b* source language *(Río)* *(gu.* teanga foinsí *ai.* teangacha foinseacha)

teanga fhoirmiúil *b* formal language *(Río)* *(gu.* teanga foirmiúla *ai.* teangacha foirmiúla)

teanga ghnásúil *b* procedural language *(Río)* *(gu.* teanga gnásúla *ai.* teangacha gnásúla)

teanga iarratais *b* query language (QL) *(Río)* *(ai.* teangacha iarratais)

teanga inbhreisithe *b* extensible language *(Río)*

Teanga Inbhreisithe Stílbhileoige *b* Extensible Stylesheet Language (XSL) *(Río)*

teanga ionramhála sonraí *b* data manipulation language *(Río)* *(ai.* teangacha ionramhála sonraí)

teanga íseal-leibhéil *b* low-level language *(Río)* *(ai.* teangacha íseal-leibhéil)

teanga léiriúcháin *b* representational language *(Río)*

Teanga Mharcála Comhéadan Úsáideora *b* User Interface Markup Language (UIML) *(Río)* *(gu.* Teanga Marcála Comhéadan Úsáideora)

Teanga Mharcála do Ghléasanna gan Sreang *b* Wireless Markup Language *(Río)* *(ai.* Teangacha Marcála do Ghléasanna gan Sreang)

teanga mharcála hipirtéacs *b* hypertext markup language (HTML) *(Río)*

teanga mharcála inbhreisithe *b* extensible markup language (XML) *(Río)*

Teanga Mharcála Inbhreisithe Gnóthas Beag *b* Small Business Extensible Markup Language (SMBXML) *(Río)* *(gu.* Teanga Marcála Inbhreisithe Gnóthas Beag)

Teanga Mharcála Matamaitice *b* Mathematics Markup Language (MathML) *(Río)* *(gu.* Teanga Marcála Matamaitice)

Teanga Mharcála Tairsí *b* Portal Markup Language (PML) *(Río)* *(gu.* Teanga Marcála Tairsí)

teanga nádúrtha *b* natural language *(Río)* *(ai.* teangacha nádúrtha)

teanga na n-orduithe *b* command language *(Río)* *(gu.* theanga na n-orduithe *ai.* teangacha na n-orduithe)

teanga neamhghnásúil ríomhaireachta *b* nonprocedural computing language *(Río)* *(gu.* teanga neamhghnásúla ríomhaireachta *ai.* teangacha neamhghnásúla ríomhaireachta)

teanga rialaithe jabanna *b* job control language (JCL) *(Río)* *(ai.* teangacha rialaithe jabanna)

teanga rindreála *b* rendering language *(Río)* *(ai.* teangacha rindreála)

teanga ríomhchlárúcháin *b* programming language *(Río)* *(ai.* teangacha ríomhchlárúcháin) *(var* program language)

teanga shainithe sonraí *b* data definition language *(Río)* *(ai.* teangacha sainithe sonraí)

Teanga Shamhaltaithe Aontaithe *b* Unified Modelling Language (UML) *(Río)* *(gu.* Teanga Samhaltaithe Aontaithe)

teanga shamhaltaithe réaltachta fíorúla *b* virtual reality modelling language (VRML) *(Río)* *(gu.* teanga samhaltaithe réaltachta fíorúla)

teanga stíle *b* style language *(Río)* *(ai.* teangacha stíle)

Teanga Struchtúrtha Iarratas *b* Structured Query Language (SQL) *(Río)*

teanga thrasfhoirmiúcháin *b* transformation language *(Río)* *(gu.* teanga trasfhoirmiúcháin *ai.* teangacha trasfhoirmiúcháin)

teanga thuairiscithe leathanach *b* page description language (PDL) *(Río)*

teanga thuairiscithe sonraí *b* data description language (DDL) *(Río)*

teangeolaíocht chorpais *b* corpus linguistics *(Río)* *(gu.* teangeolaíochta corpais)

teanndíol *f* hard sell *(Fio)* *(gu.* teanndíola)

Cur chuige díola ina ndéanann an díoltóir iarracht an t-idirghníomh díolacháin a rialú agus brú a chur ar an gcustaiméir ceannach a dhéanamh. *(var* high-pressure selling)

teannta *f* standby *(Air)* *(ai.* teanntaí)

tearcamas *f* scarcity *(Fio)* *(gu.* tearcamais)

tearcfheidhmíocht *b* underperformance *(Air)* *(gu.* tearcfheidhmíochta)

tearcfhorbartha *a3* underdeveloped *(For)*

téarma *f* term *(Gin)* *(ai.* téarmaí)

téarma go dtí aibíocht *f* term to maturity *(Air)* *(ai.* téarmaí go dtí aibíocht)

téarma go dtí fuascailt *f* term to redemption *(Air)* *(ai.* téarmaí go dtí fuascailt)

téarmaí anaithnide *f* unknown terms *(Air)*

téarma idirmheánach *f* intermediate term *(Air)* *(gu.* téarma idirmheánaigh *ai.* téarmaí idirmheánacha)

téarmaí trádála *f* terms of trade *(Air)*

Cóimheas praghsanna easpórtála le praghsanna iompórtála ráite san airgeadra céanna.

tearmann *f* refuge *(Gin)* *(gu.* tearmainn)

tearmann cánach *f* tax haven *(Air)* *(gu.* tearmainn cánach)

teascadh *f* truncation *(Río)* *(gu.* teasctha)

1. Scrios nó easnamh cuid tosaigh nó cúil de theaghrán de réir critéar sonraithe. 2. Críochnú próisis ríomhaireachta, roimh a chríoch dheiridh nó nádúrtha, dá mb'ann dá leithéid, de réir rialacha sonraithe.

teascóg *b* sector[1] *(Río) (gu.* teascóige *ai.* teascóga)

An t-aonad is lú is féidir a rochtain ar dhiosca. Nuair a dhéantar diosca a fhormáidiú, roinntear i rianta agus i dteascóga é. Is ciorcail chomhlárnacha ar an diosca iad na rianta agus is deighleáin taobh istigh de gach ciorcal iad na teascóga.

teascógaigh *br* sector[3] *(Río)*

teascóg na deighilte *b* partition sector *(Río)*

teastas *f* certificate[1] *(Gin) (gu.* teastais)

teastas digiteach *f* digital certificate *(Río) (gu.* teastais dhigitigh *ai.* teastais digiteacha)

teastas do-fhíoraithe *f* unverifiable certificate *(Río) (gu.* teastais dho-fhíoraithe)

teastas neamhdhleathach *f* illegal certificate *(Río) (gu.* teastais neamhdhleathaigh *ai.* teastais neamhdhleathacha)

teastas trádála *f* trading certificate *(Air) (gu.* teastais trádála)

teatróid *b* tetrode *(Río) (gu.* teatróide *ai.* teatróidí)

teibiú *f* abstraction *(Río) (gu.* teibithe)

1. Próiseas chun rud a shimpliú, a chuirtear i bhfeidhm trí na mionphointí a bhaineann leis a cheilt, chun coiteannacht éigin a aimsiú idir áscanna éagsúla. Samplaí is ea cineálacha sonraí teibí (ceiltear na mionsonraí léiriúcháin), comhréir theibí (déantar neamhaird de mhionsonraí na comhréire coincréidí), léirmhíniú teibí (déantar neamhaird de mhionsonraí chun airíonna áirithe a anailísiú). 2. (ríomhchlárú) Paraiméadrú, feidhm de rud amháin a dhéanamh de rud éigin eile.

teibiú sonraí *f* data abstraction *(Río) (gu.* teibithe sonraí)

Teicníocht deartha ina dtugtar eolas srianta de leagan amach struchtúr na sonraí córais do phróisis agus do mhodúil. *(mal* asbhaint sonraí *b gu.* asbhainte sonraí)

teicneolaíocht *b* technology *(Gin) (gu.* teicneolaíochta)

teicneolaíocht an bhrú *b* push technology *(Río) (gu.* theicneolaíocht an bhrú)

teicneolaíocht cumarsáide *b* communications technology *(Río) (gu.* teicneolaíochta cumarsáide)

An teicneolaíocht a chuireann ar chumas daoine agus ríomhairí cumarsáid a dhéanamh lena chéile.

teicneolaíocht faisnéise *b* information technology (IT) *(Río) (gu.* teicneolaíochta faisnéise)

Teicníocht na ríomhaireachta agus naisc chumarsáide ardluais á n-úsáid in éineacht chun sonraí, fuaim agus físeáin a iompar.

teicneolaíocht faisnéise agus cumarsáide *b* information and communications technology (ICT) *(Río) (gu.* teicneolaíochta faisnéise agus cumarsáide)

teicneolaíocht gléasanna gan sreang *b* wireless technology *(Río) (gu.* teicneolaíochta gléasanna gan sreang)

teicneolaíocht ghléasta dromchla *b* surface mounting technology *(Río) (gu.* teicneolaíochta gléasta dromchla)

teicneolaíocht hibrideach dioscaí *b* hybrid disk technology *(Río) (gu.* teicneolaíochta hibridí dioscaí)

teicneolaíocht na tarraingthe *b* pull technology *(Río) (gu.* theicneolaíocht na tarraingthe)

teicneolaíocht rapair *b* wrapper technology *(Río) (gu.* teicneolaíochta rapair)

teicneolaíocht snáithín optaice *b* optical fibre technology *(Río) (gu.* teicneolaíochta snáithín optaice)

teicníc *b* technique[1] *(Gin) (gu.* teicníce *ai.* teicníci)

teicníc theilgeach *b* projective technique *(Fio) (gu.* teicníce teilgí *ai.* teicnící teilgeacha)

Gnás chun airíonna iompraíochta duine a fháil amach tríd an mbealach a ghníomhaíonn an duine, i ndálaí nach n-éilíonn freagairt ar leith, a thabhairt faoi deara.

teicníocht *b* technique[2] *(Gin) (gu.* teicníochta *ai.* teicníochtaí)

teicníocht Delphi *b* Delphi technique *(Air) (gu.* teicníochta Delphi)

Cnuasach de thuairimí neamhspleácha nach mbeadh pléite eatarthu féin mar ghrúpa ag na measúnóirí a sholáthair na tuairimí.

teicniúil *a2* technical *(Gin)*

teideal *f* title *(Gin) (gu.* teidil)

teidil neamh-mhargaidh *f* non-marketed claims *(Air) (gi.* teideal neamh-mhargaidh)

Éilimh nach furasta a cheannach agus a dhíol sna margaí airgeadais.

téigh *br* warm up *(Gin)*

téigh as feidhm *br* expire[2] *(Río)*

teileachomaitéireacht *b* telecommuting *(Río) (gu.* teileachomaitéireachta)

teileachomhdháil[1] *b* teleconference *(Río) (gu.* teileachomhdhála *ai.* teileachomhdhálacha)

teileachomhdháil[2] *b* teleconferencing *(Río) (gu.* teileachomhdhála)

teileachumarsáid *b* telecommunication(s) *(Río) (gu.* teileachumarsáide)

teileadachtal *f* teledactyl *(Río) (gu.* teileadachtail)

teileafón *f* telephone *(Río) (gu.* teileafóin)

teileafónaíocht *b* telephony *(Río)* (*gu.* teileafónaíochta)

teileafón póca *f* mobile telephone *(Río)* (*gu.* teileafóin póca) (*mal* fón póca *(coit.)* *f* *gu.* fóin póca)

teileamaitic *b* telematics *(Río)* (*gu.* teileamaitice)

teileamhargaíocht *b* telemarketing *(Fio)* (*gu.* teileamhargaíochta)

teilea-oibriú *f* teleworking *(Río)* (*gu.* teilea-oibrithe)

teilgeach *a1* projective *(Fio)* (*mal* fortheilgeach *a1*)

teilgean¹ *f* projection *(Río)* (*gu.* teilgin)
Gaol amháin a chruthú, atá comhdhéanta de gach uile chodach atá fágtha, a fhanann mar (fho)chodaigh i ngaol ar leith, tar éis tréithe ar leith a bheith glanta as.

teilgean² *f* cast *(Río)* (*gu.* teilgin)
Sa teanga C, tiontaíonn slonn a dtéann ainm cineál sonraí idir lúibíní roimhe, cineál an tsloinn go dtí cineál na sonraí sainithe (an t-oibreoir)

teilgean gutha *f* voice projection *(Gin)* (*gu.* teilgin gutha)

teilgeoir digiteach *f* digital projector *(Río)* (*gu.* teilgeora dhigitigh *ai.* teilgeoirí digiteacha)

teilifís *b* television *(Gin)* (*gu.* teilifíse)

teilifís ciorcaid iata *b* closed circuit television (CCTV) *(Río)* (*gu.* teilifíse ciorcaid iata)

teilifís dhigiteach *b* digital television *(Río)* (*gu.* teilifíse digití)

teilifíseán *f* television set *(Gin)* (*gu.* teilifíseáin)

Teilifís Ghréasáin *b* WebTV *(Río)* (*gu.* Teilifíse Gréasáin)

teilifís idirghníomhach *b* interactive television *(Río)* (*gu.* teilifíse idirghníomhaí)

teiliméadar *f* telemeter¹ *(Río)* (*gu.* teiliméadair)

teiliméadracht *b* telemetry *(Río)* (*gu.* teiliméadrachta)

teiliméadráil¹ *b* telemetering *(Río)* (*gu.* teiliméadrála)

teiliméadráil² *br* telemeter² *(Río)*

teimpléad *f* template *(Río)* (*gu.* teimpléid)
1. Patrún a chuidíonn leis an úsáideoir suíomh na n-eochracha ar an méarchlár, feidhmeanna a shanntar d'eochracha ar an méarchlár, nó lascanna agus soilse ar chlár rialacháin a aithint. 2. Comhad a iontráltar ó mhéarchlár agus a stóráltar sa chuimhne ónar féidir é a aisghabháil, a úsáid athuair, nó a mhionathrú.

teip¹ *b* miss *(Gin)* (*gu.* teipe *ai.* teipeanna) (*var* failure)

teip² *br* fail *(Gin)*

téip *b* tape *(Gin)* (*gu.* téipe *ai.* téipeanna)

téipchaiséad *f* *fch* caiséad téipe. *(Río)* (*gu.* téipchaiséid)

teip córais *b* system failure *(Río)* (*gu.* teipe córais)

téip ghlan *b* blank tape *(Gin)* (*gu.* téipe glaine *ai.* téipeanna glana)

téip idirbhirt *b* transaction tape *(Río)* (*gu.* téipe idirbhirt)

téip mhaighnéadach *b* magnetic tape *(Río)* (*gu.* téipe maighnéadaí *ai.* téipeanna maighnéadacha)

teip seolta *b* send failure *(Río)* (*gu.* teipe seolta *ai.* teipeanna seolta)

teirmíneal *f* terminal *(Río)* (*gu.* teirmínéil)
Gléas, le méarchlár, chun ionchur a dhéanamh agus printéir nó scáileán amharctaispeána chun aschur a dhéanamh, trína gcuirtear sonraí chuig ríomhaire agus a bhfaightear sonraí ó ríomhaire.

teirmíneal aitheanta gutha *f* voice recognition terminal (VRT) *(Río)* (*gu.* teirminéil aitheanta gutha)

teirmíneal cliste *f* intelligent terminal *(Río)* (*gu.* teirminéil chliste)

teirmíneal cró an-mhion *f* very-small-aperture terminal (VSAT) *(Río)* (*gu.* teirminéil chró an-mhion)

teirmíneal fíorúil *f* virtual terminal *(Río)* (*gu.* teirminéil fhíorúil *ai.* teirminéil fhíorúla)

teirmíneal idirghníomhaíochta *f* interactive terminal *(Río)* (*gu.* teirminéil idirghníomhaíochta)

teirmíneal mapa carachtar *f* character-map terminal *(Río)* (*gu.* teirminéil mapa carachtar)

teirmíneal rochtana poiblí *f* public access terminal *(Río)* (*gu.* teirminéil rochtana poiblí)

teirmíneal sonraí réidh *abairtín* data terminal ready (DTR) *(Río)*

teirmíneal úsáideora *f* user terminal *(Río)* (*gu.* teirminéil úsáideora)

teisle *f* tesla (T) *(Río)* (*ai.* teislí)

téite *b* theta *(Air)*
Tomhas den athrú i bpréimh chéadrogha i dtaca le hathrú aon lae in am go haibíocht.

teocht *b* temperature *(Gin)* (*gu.* teochta)

teoiric *b* theory *(Gin)* (*gu.* teoirice *ai.* teoiricí)

teoiric an bholgáin *b* bubble theory *(Air)* (*gu.* theoiric an bholgáin)
An teoiric go ngluaiseann praghsanna urrús uaireanta i bhfad os cionn a bhfíorluach.

teoiric an bhuntáiste chomparáidigh *b* theory of comparative advantage *(For)* (*gu.* theoiric an bhuntáiste chomparáidigh)

teoiric an chandaim *b* quantum theory *(Río)* (*gu.* theoiric an chandaim)

teoiric an díonta *b* immunization theory *(Air)* (*gu.* theoiric an díonta)
An teoiric a dhéanann iarracht íogaireacht maidir le hathruithe i struchtúr an téarma a dhíothú trí mharthanacht na ndliteanas a mheaitseáil.

teoiric an phraghais arbatráiste *b* arbitrage price theory (APT) *(Air)* *(gu.* theoiric an phraghais arbatráiste)

Teoiric praghsála sócmhainní ina gcloíonn an phraghsáil choibhneasta ar thacar sócmhainní le próiseas sonrach giniúna aschuir.

teoiric an ráta úis *b* interest rate theory *(Air)* *(gu.* theoiric an ráta úis)

teoiric chainníocht an airgid *b* quantity theory of money *(Air)* *(gu.* theoiric chainníocht an airgid)

An teoiric má tharlaíonn ardú comhréireach sa soláthar airgid go leanann ardú dá réir sa leibhéal praghsanna.

teoiric dheighilt an mhargaidh *b* market segmentation theory *(Air)* *(gu.* theoiric dheighilt an mhargaidh)

An tuairim go bhfuil infheisteoirí sách drogallach roimh rioscaí nach n-oibríonn siad ach amháin ina speictream aibíochta inmhianaithe.

teoiric fhachtóir aonair an phraghais arbatráiste *b* one factor APT *(Air)* *(gu.* theoiric fhachtóir aonair an phraghais arbatráiste)

Cás speisialta den APT a dhíorthaítear ó shamhail an fhachtóra aonair trí éagsúlú agus arbatráiste a úsáid. Taispeánann sé gur feidhm líneach d'fhachtóir aonair é an toradh ionchais ar shócmhainn rioscúil ar bith.

teoiric fhorásach *b* progressive theory *(Gin)* *(gu.* teoirice forásaí *ai.* teoiricí forásacha)

teoiricí *f* theorist *(Gin)* *(ai.* teoiricithe)

teoiriciúil *a2* theoretical *(Gin)*

teoiric na coibhneasachta *b* theory of relativity *(Río)*

teoiric na dtacar *b* set theory *(Mat)* *(gu.* theoiric na dtacar)

teoiric na dteaghrán *b* string theory *(Río)* *(mal* teoiric na sártheaghrán *b)* *(var* superstring theory)

teoiric na forbartha éagothroime *b fch* teoiric na forbartha neamhionann. *(For)* *(gu.* theoiric na forbartha éagothroime)

teoiric na forbartha neamhionann *b* theory of unequal development *(For)* *(gu.* theoiric na forbartha neamhionann) *(mal* teoiric na forbartha éagothroime *b gu.* theoiric na forbartha éagothroime)

teoiric na gnáthóige tosaíochta *b* preferred habitat theory *(Air)* *(gu.* theoiric na gnáthóige tosaíochta)

An tuairim go bhfuil infheisteoirí a oiriúnaíonn saol a sócmhainní le saol a ndliteanas sa suíomh is ísle riosca.

teoiric na margaí neamhfhoirfe *b* imperfect markets theory *(Air)* *(gu.* theoiric na margaí neamhfhoirfe)

An tuairim a deir, de bhrí go bhfuil costais ag baint le hoibrithe agus acmhainní eile a úsáidtear do tháirgeadh a aistriú, go mb'fhéidir go ndéanfadh gnólachtaí iarracht úsáid a bhaint as fachtóirí táirgthe eachtracha nuair atá siad níos saoire ná fachtóirí áitiúla.

teoiric na sártheaghrán *b* superstring theory *(Río)* *(mal* teoiric na dteaghrán *b)* *(var* string theory)

teoiric réimsí aontaithe *b* unified-field theory *(Río)* *(gu.* teoirice réimsí aontaithe)

teoiric shaolré an táirge *b* product life cycle theory *(Air)* *(gu.* theoiric shaolré an táirge)

An teoiric a dhéanann iarracht míniú a thabhairt ar phraghsanna agus ar ghnéithe eile de mhargadh thar thréimhsí i saol táirge.

teoiric statach an struchtúir chaipitiúil *b* static theory of capital structure *(Air)* *(gu.* theoiric statach an struchtúir chaipitiúil)

An teoiric gurb é an chomhbhabhtáil de luach sciath cánach in aghaidh costas féimheachta a dheimhníonn struchtúr caipitiúil gnólachta.

teoiric um paireacht cumhachta ceannaigh *b* purchasing power parity theory (PPP) *(Air)* *(gu.* teoirice um paireacht cumhachta ceannaigh)

An coincheap go léireoidh an ráta malairte cothromaíochta ar an margadh d'aon dá airgeadra an coibhneas idir cumhacht ceannaigh an dá airgeadra.

teoiric um paireacht iomlán na cumhachta ceannaigh *b* absolute purchasing parity power theory *(Air)* *(gu.* teoirice um paireacht iomlán na cumhachta ceannaigh)

An teoiric go gcothromaíonn an ráta malairte praghas ciseáin margaidh d'earraí in dhá thír.

teoiric um praghsáil roghanna déthéarmacha *b* binomial option pricing theory *(Air)* *(gu.* teoirice um praghsáil roghanna déthéarmacha)

teoirim *b* theorem *(Mat)* *(gu.* teoirime *ai.* teoirimí) *(mal* teoragán *f gu.* teoragáin)

teoirim an dá chiste frithpháirteacha *f* two mutual fund theorem *(Air)* *(gu.* teoirime an dá chiste frithpháirteacha)

teoirim ghinearálta *b* general theorem *(Loi)* *(gu.* teoirime ginearálta *ai.* teoirimí ginearálta)

Cuireann teoirimí ginearálta gaolta in iúl atá fíor do gach ball den tacar nithe atá luaite, ar nós: Tá bonnuillinneacha triantáin chomhchosaigh cothrom.

teoirim na deighilte *b* separation theorem *(Air)* *(gu.* theoirim na deighilte)

Teoiric nach mbraitheann luach infheistíochta do dhuine aonair ar thosaíochtaí tomhaltais.

teoragán *f fch* teoirim. *(Mat)* *(gu.* teoragáin)

teoragán na háirgiúlachta *f* utility theorem *(Air)* *(gu.* theoragán na háirgiúlachta)

teoragán paireachta de réir rátaí úis *f* interest rate parity theorem *(Air)* *(gu.* teoragáin paireachta de réir rátaí úis)

An teoiric go léiríonn an difríocht idir an réamhráta agus an spotráta an difreáil úis idir dhá airgeadra.

teorainn *b* limit *(Mat)* *(gu.* teorann *ai.* teorainneacha)

teorainneacha inathraitheacha *b* floating limits *(Río)*

teorainn éifeachtúil *b* efficient frontier *(Air)* *(gu.* teorann éifeachtúla *ai.* teorainneacha éifeachtúla)

Tacar pointí a léiríonn teaglamaí de thorthaí riosca a ghnóthaigh punanna áirithe.

teorainn slánuimhreach *b* integral limit *(Río)* *(gu.* teorann slánuimhreach *ai.* teorainneacha slánuimhreacha)

teoranta ag an bpróiseas *a3* process-bound *(Río)*

teorantóir *f* limiter *(Río)* *(gu.* teorantóra *ai.* teorantóirí)

teorantóir borrtha *f* surge limiter *(Río)* *(gu.* teorantóra borrtha *ai.* teorantóirí borrtha) *(var* surge protector)

teormharcáil *br* delimit *(Río)*

teormharcóir *f* delimiter *(Río)* *(gu.* teormharcóra *ai.* teormharcóirí)

I struchtúir sonraí, carachtar sonraithe a úsáidtear le deireadh réimse a chomharthú.

thar an gcuntar *abairtín* over-the-counter *(Air)*

tic *f* check mark *(Gin)* *(ai.* ticeanna)

ticbhosca *f* check box *(Gin)* *(ai.* ticbhoscaí)

tilde *f* tilde *(Río)*

tíligh *br* tile *(Río)*

tílithe *a3* tiled *(Río)*

tíliú *f* tiling *(Río)* *(gu.* tílithe)

timdháileadh comh-agach *f* round robin *(Río)* *(gu.* timdháilte chomh-agaigh)

timfhill *br* wrap (of text) *(Río)*

timfhilleadh *f* wrapping *(Río)* *(gu.* timfhillte)

timfhilleadh téacs *f* text wrap *(Río)* *(gu.* timfhillidh téacs)

timpeallacht *b* environment *(Río)* *(gu.* timpeallachta)

An chumraíocht crua-earraí nó bogearraí, nó an modh oibríochta, atá ag córas ríomhaire.

timpeallacht chomhtháite *b* integrated environment *(Río)* *(gu.* timpeallachta comhtháite)

timpeallacht chomhtháite eagarthóireachta/foilsitheoireachta *b* integrated editing/publishing environment *(Río)* *(gu.* timpeallachta comhtháite eagarthóireachta/foilsitheoireachta)

timpeallacht fhisiciúil *b* physical environment *(Río)* *(gu.* timpeallachta fisiciúla)

An timpeallacht roghnaithe ar a gcuirfear an córas nua i ngníomh. Cuimsíonn an téarma an DBMS, lena ranguithe stórála agus feidhmíochta. Áirítear leis sin freisin sonraí na dtáirgí crua-earraí, na timpeallachta forbartha bogearraí (e.g. 3GL, 4GL, agus mar sin de) agus bogearraí eile ar nós TPMS, an chórais oibriúcháin, etc.

timpeallacht foghlama *b* learning environment *(Gin)* *(gu.* timpeallachta foghlama)

timthriall *f* cycle[1] *(Air)* *(gu.* timthrialla *ai.* timthriallta)

timthriallach *a1* cyclical[1] *(Gin)*

timthriall airgid *f* cash cycle *(Air)* *(gu.* timthrialla airgid *ai.* timthriallta airgid)

An t-am idir íoc amach agus bailiú an airgid thirim.

timthriall oibriúcháin *f* operating cycle *(Air)* *(gu.* timthrialla oibriúcháin *ai.* timthriallta oibriúcháin)

An t-eatramh ama idir theacht stoc an fhardail agus an dáta ar a mbailítear airgead tirim ó chuntais infhála.

timthriall treoracha *f* instruction cycle *(Río)* *(gu.* timthrialla treoracha *ai.* timthriallta treoracha) *(mal* ciogal treoracha *f gu.* ciogail treoracha)

tíolacadh[1] *f* conveyancing *(Air)* *(gu.* tíolactha)

tíolacadh[2] *f* presentation[2] *(Air)* *(gu.* tíolactha)

tiomáin *br* drive[3] *(Río)*

tiománaí *f* driver *(Río)* *(ai.* tiománaithe)

tiománaí athsheachadáin *f* relay driver *(Río)* *(ai.* tiománaithe athsheachadáin)

tiománaí ceathartha cloig *f* quad clock driver *(Río)* *(gu.* tiománaí cheathartha cloig)

tiománaí gléis *f* device driver *(Río)* *(gu.* tiománaí gléis *ai.* tiománaithe gléis)

tiománaí gléis fíorúil *f* virtual device driver *(Río)* *(gu.* tiománaí gléis fhíorúil *ai.* tiománaithe gléis fiorúla)

tiománaí prótacail *f* protocol driver *(Río)* *(ai.* tiománaithe prótacail)

tiománaí téipe *f* tape driver *(Río)* *(ai.* tiománaithe téipe)

tiomántán *f* drive[1] *(Río)* *(gu.* tiomántáin)

tiomántán an diosca bhoig *f* floppy disk drive *(Río)* *(gu.* thiomántán an diosca bhoig)

tiomántán Cartús Ceathrú Orlaigh *f* Quarter-Inch Cartridge drive (QIC drive) *(Río)* *(gu.* tiomántáin Cartús Ceathrú Orlaigh)

tiomántán diosca *f* disk drive *(Río)* *(gu.* tiomántáin diosca)

Gléas ionchurtha/aschurtha ar féidir dioscphaca a shuí air d'fhonn sonraí a aistriú idir an paca agus an láraonad próiseála.

tiomántán dlúthdhioscaí intaifeadta *f* recordable CD drive *(Río)* (*gu.* tiomantáin dlúthdhioscaí intaifeadta)

tiomántán Jaz *f* Jaz drive *(Río)* (*gu.* tiomántáin Jaz)

tiomántán réamhshocraithe *f* default drive *(Río)* (*gu.* tiomántáin réamhshocraithe)

tiomántán reatha *f* current drive *(Río)* (*gu.* tiomántáin reatha)

tiomántán seachtrach discéad *f* external floppy drive *(Río)* (*gu.* tiomántáin sheachtraigh discéad)

tiomántán téipe *f* tape drive *(Río)* (*gu.* tiomántáin téipe)

tiomántán Zip *f* Zip drive *(Río)* (*gu.* tiomántáin Zip)

tiomnaithe *a3* dedicated *(Gin)*

tiomnú *f* dedication *(Gin)* (*gu.* tiomnaithe)

tiomsaigh *br* compile *(Río)*

tiomsaitheoir *f* compiler *(Río)* (*gu.* tiomsaitheora *ai.* tiomsaitheoirí)

1. Aistritheoir atá in ann tiomsú. 2. Ríomhchlár a aistríonn ríomhchlár foinseach go ríomhchlár inrite (ríomhchlár aidhme). 3. Ríomhchlár a dhíchódaíonn treoracha atá scríofa mar shúdachóid agus a tháirgeann ríomhchlár meaisínteanga le rith níos déanaí. (4) Ríomhchlár a aistríonn treoracha atá scríofa i dteanga ardleibhéil ríomhchlárúcháin. Comhchiallach le ríomhchlár tiomsúcháin.

tiomsú *f* compilation *(Río)* (*gu.* tiomsaithe *ai.* tiomsuithe)

Ríomhchlár is ea tiomsaitheoir a aistríonn ríomhchlár i dteanga ardleibhéil go meaisínchód ríomhaire nó go teanga íseal-leibhéil éigin eile. Tugtar tiomsú ar an bpróiseas seo. (*mal* tiomsúchán *f gu.* tiomsúcháin)

tiomsúchán *f fch* tiomsú. *(Río)* (*gu.* tiomsúcháin)

tiomsú coinníollach *f* conditional compilation *(Río)* (*gu.* tiomsaithe choinníollaigh *ai.* tiomsuithe coinníollacha)

Próiseálann an réamhphróiseálaí cód sonraithe sa chomhad ag brath ar conas a luacháiltear coinníoll sonraithe.

tiomsú spleách *f* dependent compilation *(Río)* (*gu.* tiomsaithe spleách)

tionchar[1] *f* influence *(Gin)* (*gu.* tionchair)

tionchar[2] *f* effect[2] *(Río)* (*gu.* tionchair)

An t-athrú a thagann ar aonán amháin de thoradh teagmhais. Séard a dhéanfaidh an t-athrú ná tarlú a chruthú.

tionónta *f* tenant *(Air)* (*ai.* tionóntaí)

tionscadal *f* project[1] *(Gin)* (*gu.* tionscadail)

(Ríomhaireacht) Tacar gníomhaíochtaí a léiríonn na gnéithe seo leanas le chéile: tacar sainithe, uathúil, de tháirgí teicniúla a riarann ar na riachtanais ghnó;

tacar comhfhreagrach de ghníomhaíochtaí chun na táirgí sin a tháirgeadh; acmhainní ainmnithe; pleananna; cuspóirí; agus spriocanna ama.

Tionscadal 802 IEEE *f* IEEE Project 802 *(Río)* (*gu.* Tionscadail 802 IEEE)

tionscadal neamhspleách *f* independent project *(Air)* (*gu.* tionscadail neamhspleách *ai.* tionscadail neamhspleácha)

Tionscadal a bhfuil a inghlacthacht nó a obadh neamhspleách ar ghlacadh nó ar obadh tionscadal eile.

Tionscadal Ríomhsheirbhísí Comh-Aireachta *f* eCabinet Project *(Río)* (*gu.* Tionscadail Ríomhsheirbhísí Comh-Aireachta)

Tionscadal Ríomhsheirbhísí Reachtaíochta *f* eLegislation Project *(Río)* (*gu.* Tionscadail Ríomhsheirbhísí Reachtaíochta)

Tionscadal Ríomhsholáthair *f* eProcurement Project *(Río)* (*gu.* Tionscadail Ríomhsholáthair)

tionscain *br* initiate *(Gin)*

tionscal *f* industry *(Air)* (*gu.* tionscail)

tionscal seirbhíse *f* service industry *(Fio)* (*gu.* tionscail seirbhíse)

Eagraíocht a thairgeann seirbhísí do thionscail eastóscacha, tionscail bhonneagair nó tionscail déantúsaíochta nó leis an bpobal: e.g., fruiliú gléasra, fruiliú gluaisteán nó lónadóireacht. Ní mhonaraíonn na heagraíochtaí seo aon ní; soláthraíonn siad seirbhís trí tháirgeoirí a chur i dteagmháil le tomhaltóirí.

tionsclaígh *f* industrials (of shares) *(Air)*

tionsclaíoch *a1* industrial *(Air)*

tionsclaíocht *b* industrialism *(For)* (*gu.* tionsclaíochta)

tionsclú *f* industrialization *(For)* (*gu.* tionsclaithe)

tionscnamh[1] *f* promotion *(Fio)* (*gu.* tionscnaimh)

tionscnamh[2] *f* initiation *(Gin)* (*gu.* tionscnaimh)

tionscnamh díolacháin *f* sales promotion *(Fio)* (*gu.* tionscnaimh díolacháin)

Aon ghníomhaíocht nach ndéantar aghaidh ar aghaidh, a bhaineann le díolachán a chur chun cinn; glactar leis go minic go gcuimsíonn sé fógraíocht, chomh maith. I margaíocht tomhaltóra, úsáidtear an téarma go minic i leith aon chaiteachais fógraíochta faoin líne agus maidir le marsantacht in-siopa.

tionscnamh ríomhsholáthair *f* e-procurement initiative *(Río)* (*gu.* tionscnaimh ríomhsholáthair)

tiontaigh *br* convert *(Río)*

tiontaire caighdeán *f* standards converter *(Río)* (*ai.* tiontairí caighdeán)

tiontaire cóid *f* code converter *(Río)* (*ai.* tiontairí cóid)

tiontaire comhéadain *f* interface converter *(Río)* (*ai.* tiontairí comhéadain)

tiontaire prótacal *f* protocol converter *(Río)* (*ai.* tiontairí prótacal)

tiontaire sonraí *f* data converter *(Gin)* (*ai.* tiontairí sonraí)

tiontaire srathach go comhuaineach *f* serial-to-parallel converter *(Río)* (*ai.* tiontairí srathach go comhuaineach)

tiontú *f* conversion[1] *(Río)* (*gu.* tiontaithe *ai.* tiontuithe) I dteangacha ríomhchlárúcháin, an trasfhoirmiú idir luachanna a léiríonn an mhír chéanna sonraí ach a bhaineann le cineálacha éagsúla sonraí. Féadtar eolas a chailliúint sa tiontú ós rud é go mbíonn cruinneas léirithe sonraí éagsúil idir cineálacha éagsúla sonraí. (*mal* tiontúchán *f gu.* tiontúcháin)

tiontú bonnuimhreach *f* radix conversion *(Río)* (*gu.* tiontaithe bonnuimhreach)

tiontúchán *f fch* tiontú. *(Río)* (*gu.* tiontúcháin)

tiontú comhaid *f* file conversion *(Río)* (*gu.* tiontaithe comhaid)

tiontú comhuaineach *f* parallel conversion *(Río)* (*gu.* tiontaithe chomhuainigh)

tiontú intuigthe *f* implicit conversion *(Río)* (*gu.* tiontaithe intuigthe *ai.* tiontuithe intuigthe) (*mal* tiontú uathoibríoch *f gu.* tiontaithe uathoibríoch *ai.* tiontuithe uathoibríocha) (*var* automatic conversion)

tiontú ó dheachúlach go dénártha *f* decimal-to-binary conversion *(Río)* (*gu.* tiontaithe ó dheachúlach go dénártha)

tiontú ó dhénártha go deachúlach *f* binary-to-decimal conversion *(Río)* (*gu.* tiontaithe ó dhénártha go deachúlach)

tiontú raoin *f* range conversion *(Río)* (*gu.* tiontaithe raoin)

tiontú sainithe ag an úsáideoir *f* user-defined conversion *(Río)* (*gu.* tiontaithe shainithe ag an úsáideoir *ai.* tiontuithe sainithe ag an úsáideoir)

tiontú sonraí *f* data conversion *(Río)* (*gu.* tiontaithe sonraí)

tiontú uathoibríoch *f* automatic conversion *(Río)* (*gu.* tiontaithe uathoibríoch *ai.* tiontuithe uathoibríocha) Tiontú sonraí ó fhoirm amháin go foirm eile gan aon ghníomhú díreach ón ríomhchláraitheoir, e.g. slánuimhreacha deachúlacha á n-ionchur go foirm stóráilte de shlánuimhir. Tá a leithéid de shaoráidí ar fáil go coitianta i dteangacha nua-aimseartha ríomhchlárúcháin do mhíreanna ar leith de shonraí. Déanann a lán córais ionchurtha bunachair trasfhoirmiú níos coimpléacsaí ar na sonraí, cuid acu a dhéanann sonraí a aistriú ó fhormáid chóras bunachar sonraí amháin go formáid cinn eile. (*mal* tiontú intuigthe *f gu.* tiontaithe intuigthe *ai.* tiontuithe intuigthe) (*var* implicit conversion; quiet conversion)

tipiciúil *a2 fch* samplach. *(Gin)*

tír *b* country *(Gin)* (*gu.* tíre *ai.* tíortha)

tír atá ag forbairt *b fch* tír atá i mbéal forbartha. *(For)* (*gu.* tíre atá ag forbairt *ai.* tíortha atá ag forbairt)

tír atá i mbéal forbartha *b* developing country *(For)* (*gu.* tíre atá i mbéal forbartha *ai.* tíortha atá i mbéal forbartha) (*mal* tír atá ag forbairt *b gu.* tíre atá ag forbairt *ai.* tíortha atá ag forbairt)

tírdhreach *f* landscape *(Río)* (*gu.* tírdhreacha)

tirim *a1* dry *(Gin)*

titim *b* fall *(Gin)* (*gu.* titime)

tiúin *br* tune *(Río)*

tiúnadh *f* tuning *(Río)* (*gu.* tiúnta)

tiúnadh ríomhchláir *f* program tuning *(Río)* (*gu.* tiúnta ríomhchláir)

tiús picteilíní *f* pixel depth *(Río)* (*gu.* tiúis picteilíní)

T-lasc *b* T switch *(Río)* (*ai.* T-laisce *ai.* T-lasca)

tobhach *f* levy[1] *(Air)* (*gu.* tobhaigh)

tobscoir *br* abort *(Río)* Feidhm é seo a úsáideann stáisiún príomha nó tánaisteach, nó an dá cheann in éineacht, sa chumarsáid sonraí, chun clár nó próiseas a chríochnú gan choinne agus, go minic, gan an chúis a mhíniú. (*mal* toghluais *br*)

tobsmaointeoireacht *b* brainstorming *(Fio)* (*gu.* tobsmaointeoireachta) Teacht le chéile i ngrúpa beag chun tabhairt faoi fhadhb ar leith, le teorainn ama de ghnáth. Is í an aidhm ná teacht ar an oiread smaointe agus réitigh i leith na faidhbe agus is féidir, is cuma cén fiúntas a bheadh sna smaointe sin.

todhchaí *b* future *(Gin)*

todhchaíocht *b* futures (contract) *(Air)* (*gu.* todhchaíochta *ai.* todhchaíochtaí) Comhaontas ar mhéid seasta de thráchtearra, d'airgeadra, nó d'urrús ar leith a dhíol nó a cheannach lena sheachadadh ar dháta seasta sa todhchaí ar phraghas seasta. Murab ionann agus rogha (nó céadrogha), bíonn ceannach nó díol cinnte i gceist i gconradh todhchaíochtaí; d'fhéadfadh caillteanas, a bheadh neamhtheoranta go poitéinsiúil, a tharlú dá bharr.

todhchaíochtaí airgeadraí *b* currency futures *(Air)* Conarthaí a shonraíonn méid caighdeánach d'airgeadra áirithe atá le malartú ar dháta sonraithe socraíochta.

todhchaíochtaí lastála *b* freight futures *(Air)*

todhchaíocht DIBOR trí mhí *b* three month DIBOR future *(Air)* (*gu.* todhchaíochta DIBOR trí mhí *ai.* todhchaíochtaí DIBOR trí mhí)

todhchaíocht órchiumhsach fhadtéarmach *b* long gilt future *(Air)* *(gu.* todhchaíochta órchiumhsaí fadtéarmaí *ai.* todhchaíochtaí órchiumhsacha fadtéarmacha)

todhchaíocht órchiumhsach mheántéarmach *b* medium gilt future *(Air)* *(gu.* todhchaíochta órchiumhsaí meántéarmaí *ai.* todhchaíochtaí órchiumhsacha meántéarmacha)

tógáil *b* construction *(Air)* *(gu.* tógála) *(mal* foirgníocht *b gu.* foirgníochta) *(var* building)

toghluais *br fch* tobscoir. *(Río)*

togra *f* proposal *(Air)* *(ai.* tograí)

toibhigh *br* levy[2] *(Air)*

toighis *b* taste (liking) *(Gin)* *(gu.* toighse)

toilleadh *f* capacity *(Río)* *(gu.* toillte)

toilleadh stórais *f* storage capacity *(Río)* *(gu.* toillte stórais)

toilleas iomlán *f* total capacitance *(Río)* *(gu.* toillis iomláin)

toilleoir *f* capacitor *(Río)* *(gu.* toilleora *ai.* toilleoirí)

toilleoir neodrúcháin *f* neutralizing capacitor *(Río)* *(gu.* toilleora neodrúcháin *ai.* toilleoirí neodrúcháin)

toilteanach *a1* willing *(Gin)*

toipeolaíocht *b* topology *(Río)* *(gu.* toipeolaíochta *ai.* toipeolaíochtaí)

toipeolaíocht chascáidithe réalta *b* cascaded star topology *(Río)* *(gu.* toipeolaíochta cascáidithe réalta)

toipeolaíocht crainn *b* tree topology *(Río)* *(gu.* toipeolaíochta crainn)

toipeolaíocht fháinneach *b* ring topology *(Río)* *(gu.* toipeolaíochta fáinní)

toipeolaíocht fháinneach sreangaithe go réaltach *b* star wired ring topology *(Río)* *(gu.* toipeolaíochta fáinní sreangaithe go réaltach)

toipeolaíocht líonra *b* network topology *(Río)* *(gu.* toipeolaíochta líonra)

toipeolaíocht líonra mogalra *b* mesh network topology *(Río)* *(gu.* toipeolaíochta líonra mogalra)

toipeolaíocht réalta *b* star topology *(Río)* *(gu.* toipeolaíochta réalta)

tóireadóir[1] *f* probe[1] *(Fio)* *(gu.* tóireadóra *ai.* tóireadóirí)

Ceist nó abairt a úsáideann díoltóir chun faisnéis a mhealladh ó chustaiméir.

tóireadóir[2] *f* probe[2] *(Río)* *(gu.* tóireadóra *ai.* tóireadóirí)

toirtilín *f* voxel *(Río)* *(ai.* toirtilíní)

Aonad eolais ghrafaigh a shainíonn pointe i spás 3D

toisc *b* circumstance *(Gin)* *(gu.* toisce *ai.* tosca) *(mal* cúinse *f ai.* cúinsí; dáil *b gu.* dála *ai.* dálaí) *(var* condition; situation)

toise *f* dimension *(Gin)* *(ai.* toisí)

tomhais *br* measure[2] *(Mat)*

tomhaiste *a3* measured *(Gin)*

tomhaltachas *f* consumerism *(For)* *(gu.* tomhaltachais)

tomhaltáin *f* consumables *(Air)* *(gi.* tomhaltán)

(San uimhir iolra a úsáidtear é) *(mal* ábhar inchaite *f gu.* ábhar inchaite)

tomhaltas *f* consumption[1] *(Air)* *(gu.* tomhaltais)

tomhaltóir *f* consumer *(Fio)* *(gu.* tomhaltóra *ai.* tomhaltóirí)

Úsáideoir bunaidh táirge nó seirbhíse; gan a bheith chomh cruinn, duine a cheannaíonn táirge nó seirbhís

tomhas *f* measure[1] *(Gin)* *(gu.* tomhais) *(mal* miosúr *f gu.* miosúir) *(var* measurement)

tomhas ábhartha *f* relevant measure *(Air)* *(gu.* tomhais ábhartha)

tomhas muiníne *f* confidence measure *(Río)* *(gu.* tomhais muiníne)

ton *f* tone *(Gin)* *(gu.* toin) *(mal* tuin *b gu.* tuine *ai.* tuineacha)

ton diailithe *f* dialtone *(Río)* *(gu.* toin diailithe)

ton gafa *f* engaged tone *(Río)* *(gu.* toin ghafa)

ton gréasáin *f* webtone *(Río)* *(gu.* toin ghréasáin)

tonn *b* wave *(Río)* *(gu.* toinne *ai.* tonnta)

tonnán *f* ripple *(Río)* *(gu.* tonnáin) *(var* wavelet)

tonn-anailíseoir *f* wave analyser *(Río)* *(gu.* tonn-anailíseora *ai.* tonn-anailíseoirí)

tonnchruth *f* waveform *(Río)* *(gu.* tonnchrutha *ai.* tonnchruthanna)

tonnchruth analógach *f* analog waveform *(Río)* *(gu.* tonnchrutha analógaigh *ai.* tonnchruthanna analógacha)

tonnfhad *f* wavelength *(Río)* *(gu.* tonnfhaid)

tonn sínís *b* sine wave *(R)* *(gu.* toinne sínís *ai.* tonnta sínís)

tonntreoraí *f* waveguide *(Río)* *(ai.* tonntreoraithe)

tonóir *f* toner *(Río)* *(gu.* tonóra)

toradh[1] *f* result *(Gin)* *(gu.* toraidh *ai.* torthaí)

toradh[2] *f* return[1] *(Air)* *(gu.* toraidh *ai.* torthaí)

An t-ioncam a thagann de bharr infheistíochta. Deirtear go minic é mar chéatadán de chostas na hinfheistíochta. *(var* yield)

toradh[3] *f* product[3] *(Río)* *(gu.* toraidh *ai.* torthaí)

Gaol amháin a chruthú ó dhá ghaol, atá comhdhéanta de gach uile chodach féideartha gur teaglaim iad de dhá chodach, ceann ó gach ceann den dá ghaol.

toradh áise *f* convenience yield *(Air)* *(gu.* toraidh áise *ai.* torthaí áise)

An toradh intuigthe nó neamhairgid ar thráchtearra a shealbhú. Tomhas de mhéid na táille siarchuir i margadh.

toradh ar ghnáthscaireanna *f* return on equity *(Air)* *(gu.* toraidh ar ghnáthscaireanna)

Glanioncam tar éis ús agus cánacha roinnte ar mheán ghnáthscaireanna stocshealbhóirí.

toradh ar shócmhainní *f* return on assets *(Air)* *(gu.* toraidh ar shócmhainní *ai.* torthaí ar shócmhainní)

Ioncam roinnte ar mheán iomlán na sócmhainní.

toradh bannaí fadtéarmacha *f* long bond yield *(Air)* *(gu.* toraidh bannaí fadtéarmacha *ai.* torthaí bannaí fadtéarmacha)

toradh bliantúlaithe na tréimhse sealúchais *f* annualized holding-period return *(Air)* *(gu.* thoradh bliantúlaithe na tréimhse sealúchais *ai.* torthaí bliantúlaithe na tréimhse sealúchais)

Thabharfadh an ráta toraidh bliantúil nuair a chumascaítear é an toradh sealúchais céanna don T-tréimhse agus a thit amach go hiarbhír ó thréimhse 1 go tréimhse T.

toradh comhlán *f* gross yield *(Air)* *(gu.* toraidh chomhláin *ai.* torthaí comhlána)

toradh comhlán go dtí fuascailt *f* gross redemption yield *(Air)* *(gu.* toraidh chomhláin go dtí fuascailt)

toradh cothromaithe *f* equated yield *(Air)* *(gu.* toraidh chothromaithe *ai.* torthaí cothromaithe)

toradh de bharr roghnaíochta (Alfa Jensen) *f* return from selectivity (Jensen's Alpha) *(Air)* *(gu.* toraidh de bharr roghnaíochta (Alfa Jensen))

toradh díbhinne *f* dividend yield *(Air)* *(gu.* toraidh díbhinne *ai.* torthaí díbhinne)

Díbhinní in aghaidh gach scaire de ghnáthstoc roinnte ar mhargadhluach gach scaire.

toradh glan *f* effective yield *(Air)* *(gu.* toraidh ghlain *ai.* torthaí glana)

An toradh do Chorparáid Ilnáisiúnta ar infheistíocht ghearrthéarmach agus an t-athrú i rátaí malairte don am atá i gceist curtha san áireamh.

toradh go dtí aibíocht *f* yield to maturity *(Air)* *(gu.* toraidh go dtí aibíocht)

An ráta toraidh a thuilleann ionstraim fhiachais má choinnítear go haibíocht í agus má athinfheistítear í ar an toradh céanna sin.

toradh go dtí fuascailt *f* yield to redemption *(Air)* *(gu.* toraidh go dtí fuascailt *ai.* torthaí go dtí fuascailt)

Tugtar torthaí go dtí fuascailt ar thorthaí lena n-áirítear an t-ús bliantúil infhaighte agus aon bhrabús/chaillteanas caipitiúil ar fhuascailt an bhanna chomh maith leis sin. *(var* maturity yield; redemption yield)

toradh mínormálta carnach *f* cumulative abnormal return (CAR) *(Air)* *(gu.* toraidh mhínormálta charnaigh *ai.* torthaí mínormálta carnacha)

Suim na ndifríochtaí idir toradh ionchais stoic agus an fíorthoradh a thagann tar éis scéala a scaoileadh ar an margadh.

toradh na tréimhse sealúchais *f* holding period return *(Air)* *(gu.* thoradh na tréimhse sealúchais *ai.* torthaí na tréimhse sealúchais)

An ráta toraidh thar thréimhse áirithe.

toradh reatha *f* running yield *(Air)* *(gu.* toraidh reatha)

An toradh úis a bhíonn ar bhanna ag áireamh mar a leanas: an méid airgid bhliantúil a íoctar ar chúpóin a roinnt ar mhargadhphraghas reatha an bhanna. *(var* current yield)

toradh tosaigh *f* initial yield *(Air)* *(gu.* toraidh tosaigh *ai.* torthaí tosaigh)

toradh tréimhse sealúchais T-thréimhse *f* T-period holding period return *(Air)* *(gu.* toraidh tréimhse sealúchais T-thréimhse)

Toradh céatadáin thar an T-thréimhse a mhaireann infheistíocht.

toradh ualaithe ó thaobh airgid *f* money-weighted return (MWR) *(Air)* *(gu.* toraidh ualaithe ó thaobh airgid *ai.* torthaí ualaithe ó thaobh airgid)

toradh ualaithe ó thaobh ama *f* time-weighted return *(Air)* *(gu.* toraidh ualaithe ó thaobh ama *ai.* torthaí ualaithe ó thaobh ama)

torann bán *f* white noise *(Río)* *(gu.* torainn bháin)

torann córasach *f* systematic noise *(Río)* *(gu.* torainn chórasaigh)

torann nádúrtha *f* natural noise *(Río)* *(gu.* torainn nádúrtha)

torann ríge *f* impulse noise *(Río)* *(gu.* torainn ríge)

torann stocastach *f* stochastic noise *(Río)* *(gu.* torainn stocastaigh)

torann teirmeach *f* thermal noise *(Río)* *(gu.* torainn theirmigh)

toróideach *f* toroid *(Río)* *(gu.* toróidigh)

tort *f* tort *(Dlí)* *(gu.* torta)

torthaí eatramhacha *f* interim results *(Gin)*

tosach *f* front-end[1] *(Río)* *(gu.* tosaigh)

tosaigh[1] *br* start[2] *(Gin)*

tosaigh[2] *gma* front-end[2] *(Río)* *(mal* tul- *réí)*

tosaíocht[1] *b* priority *(Gin)* *(gu.* tosaíochta *ai.* tosaíochtaí)

(Ríomhaireacht) 1. Rangú sannta le tasc a shocraíonn go bhfaighidh sé tús áite maidir le hacmhainní córais. 2. Tábhacht choibhneasta jab amháin i gcomparáid le

jabanna eile atá in iomaíocht maidir le leithdháileadhacmhainní.

tosaíocht[2] *b* preference *(Gin) (gu.* tosaíochta) *(mal* fabhar *f gu.* fabhair)

tosca daonna *b* human factors *(Gin)*

tosú *f* start[1] *(Gin) (gu.* tosaithe)

trá-bhaile *f* seaside resort *(Gin) (ai.* trá-bhailte)

tráchtáil *b* commerce *(Air) (gu.* tráchtála)

tráchtáil mhóibíleach *b* mobile commerce *(Río) (gu.* tráchtála móibílí) *(mal* m-thráchtáil *b gu.* m-thráchtála) *(var* m-commerce)

tráchtála *gma* commercial *(Air)*

tráchtearra *f* commodity *(Air) (ai.* tráchtearraí)
1. Amhábhar a thrádáltar ar mhargadh tráchtearraí, e.g. grán, caife, cócó, olann, cadás, siúit, rubar, boilg mhuiceola, nó sú oráistí (a dtugtar tráchtearraí boga orthu uaireanta) nó miotail agus amhábhair sholadacha eile (a dtugtar tráchtearraí crua orthu). 2. Earra a bhféachfaí air ó thaobh eacnamaíochta de mar ábhar táirgthe agus malartaithe.

tráchtearraí bunúsacha *f fch* tráchtearraí príomha. *(For)*

tráchtearraí neamhphróiseáilte *f* unprocessed commodities *(For)*

tráchtearraíocht *b* commodification *(Fio) (gu.* tráchtearraíochta)

tráchtearraí príomha *f* primary commodities *(For) (mal* tráchtearraí bunúsacha *f)*

trácht Idirlín *f* Internet traffic *(Río) (gu.* tráchta Idirlín)

trádáil[1] *b* trade[1] *(Air) (gu.* trádála)
1. Díolachán earraí nó seirbhísí chun brabús a dhéanamh. 2. Díol nó ceannach ar mhargadh.

trádáil[2] *br* trade[2] *(Air)*

trádáil bhloic *b* block trade *(Air) (gu.* trádála bloic)

trádáil thar an gcuntar *b* over-the-counter trading *(Air) (gu.* trádála thar an gcuntar)

trádainm *f* trade name *(Air) (ai.* trádainmneacha)

trádálaí *f* trader *(Air) (ai.* trádálaithe)

trádálaí aonair *f* sole trader *(Air) (ai.* trádálaithe aonair)

trádálaí bloic *f* block trader *(Air) (gu.* trádálaithe bloic)

trádstóráil *b* warehousing[1] *(Air) (gu.* trádstórála)

trádstóras *f* warehouse *(Air) (gu.* trádstórais)

tráidire fothaithe *f* feed tray *(Río) (ai.* tráidirí fothaithe) *(mal* tráidire páipéir *(coit.) f ai.* tráidirí páipéir) *(var* paper tray *(fam.))*

tráidire páipéir *(coit.) f* paper tray *(fam.) (Río) (ai.* tráidirí páipéir) *(mal* tráidire fothaithe *f ai.* tráidirí fothaithe)

traidisiúnta *a3* traditional *(Gin) (var* conventional)

tráinse *f* tranche *(Air) (ai.* tráinsí)

tráinse eisiúna nóta(í) *f* note issue tranche *(Air) (ai.* tráinsí eisiúna nóta(í))

Traíoch *f* Trojan (horse) *(Río) (gu.* Traígh)

traiseáil *b* thrashing *(Río) (gu.* traiseála)

tralaí *f* trolley *(Gin) (ai.* tralaithe)

tralaí siopadóireachta *f* shopping cart *(Río) (ai.* tralaithe siopadóireachta)

tranglam páipéir *f* paper jam *(Río) (gu.* tranglaim pháipéir)

trasaire *f* transputer *(Río) (ai.* trasairí)

trasairgeadra *gma* cross-currency *(Air)*

trasardáin *gma* cross-platform *(Río)*

traschódóir *f* transcoder *(Río) (gu.* traschódóra ai. traschódóirí)

traschódú *f* transcoding *(Río) (gu.* traschódaithe)

traschuir *br* transfer[3] *(Río)*

traschur sonraí *f fch* aistriú sonraí. *(Río) (gu.* traschurtha sonraí)

trasduchtóir díláithriúcháin *f* displacement transducer *(Río) (gu.* trasduchtóra díláithriúcháin ai. trasduchtóirí láithriúcháin)

trasdul *f* transition *(Río) (gu.* trasdula)

trasdul grod *f* abrupt transition *(Río) (gu.* trasdula ghroid)

trasdul staide *f* state transition *(Río) (gu.* trasdula staide ai. trasdulanna staide)

trasfhálú *f* cross-hedging *(Air) (gu.* trasfhálaithe)
Fálú tráchtearra trí chonradh todhchaíochtaí a úsáid ar thráchtearra atá gaolmhar ach difriúil, bunaithe ar an tuiscint go bhfuil gaol idir ghluaiseacht praghsanna an dá thráchtearra.

Trasfhoirmithe Teanga Inbhreisithe Stílbhileoige *b* Extensible Stylesheet Language Transformations (XSLT) *(Río)*

trasfhoirmiú *f* transformation *(Gin) (gu.* trasfhoirmithe) *(mal* claochlú *f gu.* claochlaithe ai. claochluithe)

trasghearradh *f* cross-section *(Fio) (gu.* trasghearrtha ai. trasghearrthacha)

trasghearrthach *a1* cross-sectional *(Air)*

trasghlacadóir *f* transceiver *(Río) (gu.* trasghlacadóra ai. trasghlacadóirí) *(mal* aonad rochtana meán *f gu.* aonaid rochtana meán) *(var* media access unit (MAU))

trasghlacadóir bus *f* bus transceiver *(Río) (gu.* trasghlacadóra bus ai. trasghlacadóirí bus)
Maolán déthreoch le haghaidh feidhmeanna micreaphróiseálaí dhépholaigh nó leathsheoltóra ocsaíd mhiotail. D'fhéadfadh a leithéid de ghléas a

bheith comhdhéanta de fhlop flapanna D-chineálachaciumhaistruicir le hilphléacsóir dhá ionchur insuite ar gach ceann díobh. Bíonn aschuir na bhflop flapanna nasctha le ceithre thiománaí bus tiomsaitheora oscailte. Bíonn gach tiománaí bus nasctha taobh istigh le hionchur amháin aimplitheora dhifreálaigh sa ghlacadóir. Tiomáineann na ceithre aschur aimplitheora dhifreálaigh glacadóra ceithre D-laiste ag a bhfuil aschur trí staid.

traslitrigh *br* transliterate *(Río)*

traslitriú *f* transliteration *(Gin)* *(gu.* traslitrithe*)*

trasmhainneachtana *gma* cross-default *(Air)*

trasnaí *a3* transversal *(Río)*

trasnaigh *br* traverse *(Río)*

trasnáil *b* traversal *(Río)* *(gu.* trasnála*)*

trasnáil crainn *b* tree traversal *(Río)* *(gu.* trasnála crainn*)*

Cosán trí ghraif ina dteagmhaítear le gach stuaic ar a laghad uair amháin. Pléitear trasnáil de ghnáth i gcomhthéacs cineálacha speisialta graf, is é sin crainn. Samplaí is ea trasnáil réamhoird, trasnáil iaroird, agus trasnáil oird shiméadraigh (nó in-ord). Nuair a thrasnaítear crainn pharsála do shloinn uimhríochtúla, eascraíonn nodaireacht réamhshuite (Polannach), nodaireacht iarshuite (Polannach fritiontaitheach) agus nodaireacht ionsuite, faoi seach, as na trasnálacha crainn seo.

trasnáil graif *b* graph traversal *(Río)* *(gu.* trasnála graif*)*

Algartam a dheimhníonn na bealaí is féidir teacht ar nóid ghraif.

trasnáil iaroird *b* postorder traversal *(Río)* *(gu.* trasnála iaroird*)*

Trasnáil athchúrsach crainn ina bpróiseáiltear gach nód roimh a mhacnóid.

trasnáil in ord *b* in-order traversal *(Río)* *(gu.* trasnála in ord*)*

Algartam a ghluaiseann trí chrann sa chaoi is gur ordliosta an toradh a bhíonn air.

trasnáil réamhoird *b* preorder traversal *(Río)* *(gu.* trasnála réamhoird*)*

Trasnáil athchúrsach crainn ina bpróiseáiltear gach nód roimh a mhacnóid

trasnaíocht[1] *b* interference *(Río)* *(gu.* trasnaíochta*)*

trasnaíocht[2] *b* crosstalk *(Río)* *(gu.* trasnaíochta*)*

trasnaíocht leictreamaighnéadach *b* electromagnetic interference *(Río)* *(gu.* trasnaíochta leictreamaighnéadaí*)*

trasnú *f* intersection[1] *(Mat)* *(gu.* trasnaithe *ai.* trasnuithe*)*

trasraitheoir *f* transistor *(Río)* *(gu.* trasraitheora *ai.* trasraitheoirí*)*

Gléas gníomhach soladstaide, le trí theirminéal de ghnáth, is féidir a úsáid chun aimpliú agus lascadh a dhéanamh. Ní bhíonn aon seolán ionchurtha ar roinnt trasraitheoirí détheirminéalacha ach iad á rialú ag solas teagmhais.

trasraitheoir aon chumair *f* unijunction transistor *(Río)* *(gu.* trasraitheora aon chumair *ai.* trasraitheoirí aon chumair*)*

trasraitheoir dépholach *f* bipolar transistor *(Río)* *(gu.* trasraitheora dépholaigh *ai.* trasraitheoirí dépholacha*)*

Ceann den dá bhunchineál comhpháirte is féidir a dhéanamh trí theicneolaíocht chiorcad comhtháite a úsáid. Bíonn dhá chineál iompróra luchta ar ghléasanna dépholacha; ní bhíonn ach cineál amháin iompróra luchta ar ghléasanna aonpholacha.

trasraitheoir tionchar réimse *f* field-effect transistor *(Río)* *(gu.* trasraitheora tionchar réimse *ai.* trasraitheoirí tionchar réimse*)*

trasraitheoir tionchar réimse teatróide *f* tetrode field-effect transistor *(Río)* *(gu.* trasraitheora tionchar réimse teatróide *ai.* trasraitheoirí tionchar réimse teatróide*)* *(mal* FET teatróide *f)* *(var* tetrode FET*)*

trasráta *f* cross-rate *(Air)* *(ai.* trasrátaí*)*

An ráta malairte idir dhá airgeadra nach dollair SAM aon cheann díobh.

trasráta malairte *f* exchange cross rate *(Air)* *(ai.* trasrátaí malairte*)*

tras-sealúchas *f* cross-holding *(Air)* *(gu.* tras-sealúchais*)*

trasteorann *gma* cross-border *(Gin)*

trasuíomh *f* transposition *(Mat)* *(gu.* trasuímh*)*

tráthchoigilt *b* instalment saving *(Air)* *(gu.* tráthchoigilte *ai.* tráthchoigilti*)*

Airgead á chur i dtaisce i gcodanna seasta ag amanna seasta.

tráthchuid *b* instalment *(Gin)* *(gu.* tráthchoda *ai.* tráthchodanna*)*

tráth na gceist *f* quiz *(Río)*

trealamh *f* equipment *(Gin)* *(gu.* trealaimh*)* *(mal* fearas *f gu.* fearais*)* *(var* plant*)*

trealamh aschurtha *f* output equipment *(Río)* *(gu.* trealaimh aschurtha*)*

trealamh cumarsáid sonraí *f* data communications equipment (DCE) *(Río)* *(gu.* trealaimh chumarsáid sonraí*)*

trealamh físchomhdhála *f* video-conferencing kit *(Río)* *(gu.* trealaimh físchomhdhála*)*

trealamh glanta cnoga *f* head-cleaning kit *(Río)* *(gu.* trealaimh ghlanta cnoga*)*

trealamh rialaithe próisis *f* process control equipment *(Río)* *(gu.* trealaimh rialaithe próisis*)*

trealamh teilgin *f* projection equipment *(Río)* *(gu.* trealaimh teilgin)

trealamh teirminéal sonraí *f* data terminal equipment (DTE) *(Río)* *(gu.* trealaimh theirminéal sonraí)

treallach *a1* arbitrary *(Río)*

treallús *f* drive² *(Gin)* *(gu.* treallúis) *(var* assertiveness)

tréan *a1* strong *(Air)*

treascair *br* subvert *(Río)*

tréchur *f* throughput *(Río)* *(gu.* tréchuir)

tréchur sonraí *f* data throughput *(Río)* *(gu.* tréchuir/tréchurtha sonraí)

trédhearcach *a* transparent *(Río)*

trédhearcacht *b* transparency² *(Gin)* *(gu.* trédhearcachta)

trédhearcacht an idirbhriste *b* interrupt transparency *(Río)* *(gu.* thrédhearcacht an idirbhriste)

tréimhse *b* period¹ *(Gin)* *(ai.* tréimhsí) *(mal* aga *f ai.* agaí)

tréimhse aisíoca *b* payback period *(Air)*

Tréimhse inghlactha a gcaithfear infheistíocht thosaigh tionscadail a athshlánú lena linn.

tréimhse athbhreithnithe *b* review period *(Gin)* *(ai.* tréimhsí athbhreithnithe)

tréimhse bhanna *b* bond duration *(Air)* *(ai.* tréimhsí banna)

Tomhas d'íogaireacht an phraghais atá ar phunann bannaí maidir le hathrú i rátaí úis.

tréimhse chreidmheasa *b* credit period *(Air)* *(gu.* tréimhse creidmheasa *ai.* tréimhsí creidmheasa)

An t-am a thugtar do cheannaí creidmheasa an íocaíocht iomlán ar cheannacháin chreidmheasa a sheoladh.

tréimhse dhíola *b* selling period *(Air)* *(ai.* tréimhsí díola)

An tréimhse a leanann síniú téarmaí eisiúna nua bannaí, tréimhse ina gceannaítear agus a ndíoltar na bannaí ach sula n-íoctar go hiarbhír astu agus sula ndáiltear iad.

tréimhse feithimh *b* waiting period *(Air)*

Scrúdaíonn an SEC ráiteas clárúcháin gnólachta i gcaitheamh an ama seo.

tréimhse rollach cúig bliana *b* rolling five year period *(Air)* *(gu.* tréimhse rollaí cúig bliana *ai.* tréimhsí rollacha cúig bliana)

tréimhse shealúchais *b* holding period *(Air)* *(gu.* tréimhse sealúchais *ai.* tréimhsí sealúchais)

An fad ama a mbíonn urrús i seilbh duine.

tréimhse shuibscríbhinne *b* subscription period *(Air)* *(ai.* tréimhsí suibscríbhinne)

Tréimhse ama idir an lá ar a bhfógraítear eisiúint nua bannaí agus an lá ar a sínítear téarmaí na heisiúna agus ar a gcuirtear na bannaí ar díol go foirmiúil.

tréimhse thrádála *b* trading period *(Air)* *(gu.* tréimhse trádála *ai.* tréimhsí trádála)

tréimhsiúil *a2* periodical *(Gin)*

treise *b* emphasis *(Gin)*

treisigh *br* emphasize *(Río)*

tréith *b* attribute *(Río)* *(gu.* tréithe)

Airí aonáin, i.e. cuireann sé síos ar an aonán ar shlí éigin. Do gach tarlú den aonán sin, socraítear na tréithe ag luach cuí, luach a thógtar ón bhfearann. Tugtar mír sonraí ar thréith, freisin. B'fhéidir go mbeadh tréith *roghnach*, i.e., d'fhéadfadh aonán tarlú gan luach a bheith tugtha do thréith chomh luath is a chruthaítear an tarlú. *(mal* aitreabúid *b gu.* aitreabúide *ai.* aitreabúidí)

tréith aicme *b* class attribute *(Río)* *(gu.* tréithe aicme)

tréith aitheantais *b* ID attribute *(Río)* *(gu.* tréithe aitheantais)

tréith aonluacha *b* single-valued attribute *(Río)* *(gu.* tréithe aonluacha)

tréith choimeádta *b* reserved attribute *(Río)* *(gu.* tréithe coimeádta)

tréith dhíorthaithe *b* derived attribute *(Río)* *(gu.* tréithe díorthaithe)

tréithe cuardaigh *b* search attributes *(Río)*

tréithe iompraíochta *b* behavioural attributes *(Gin)*

tréith eochrach *b* key attribute *(Río)* *(gu.* tréithe eochrach)

Glaoitear tréith eochrach ar thréith a bhfuil luach sainiúil aici do gach aonán.

tréith ilchodach *b* composite attribute *(Río)* *(gu.* tréithe ilchodaí *ai.* tréithe ilchodacha) *(mal* aitreabúid ilchodach *b gu.* aitreabúide ilchodaí *ai.* aitreabúidí ilchodacha)

tréith il-luachanna *b* multivalued attribute *(Río)* *(gu.* tréithe il-luachanna)

tréith neamheochrach *b* nonkey attribute *(Río)* *(gu.* tréithe neamheochraí)

Séard is tréith neamheochrach ann ná tréith ar bith nach bhfuil ina cuid den eochair phríomhúil.

tréith neamhnitheach *b* null attribute *(Río)* *(gu.* tréithe neamhnithí *ai.* tréithe neamhnitheacha)

tréith riachtanach *b* required attribute *(Río)* *(gu.* tréithe riachtanaí *ai.* tréithe riachtanacha)

treo *f* direction *(Gin)* *(ai.* treonna)

treoch *a1* directional *(Gin)*

treocht *b* trend *(Fio)* *(gu.* treochta *ai.* treochtaí)

1. (Ginearálta) An claonadh nó an treo coitianta.
2. (Miondíol) I bhfaisean, an rud a bhfuil tóir air faoi láthair agus atá ag gluaiseacht i dtreo inghlacthachta forleithne i lár an mhargaidh. (*var* tendency)

treo-eochracha *b* direction keys *(Río)*

treoir[1] *b* instruction *(Río) (gu.* treorach *ai.* treoracha)

Ráiteas ina bhfuil faisnéis ar féidir í a chódú agus a úsáid mar aonad i ríomhaire chun éileamh air oibríocht amháin nó breis a chur i ngníomh.

treoir[2] *b* directive *(Río) (gu.* treorach *ai.* treoracha)

Ráiteas ríomhchlárúcháin nach soláthraíonn faisnéis ach le linn aistriúcháin (e.g. sannadh forimeallach nó úsáid fógraí).

treoir aistrithe *b* transfer instruction *(Río) (gu.* treorach aistrithe *ai.* treoracha aistrithe)

treoir aistrithe sonraí *b* data movement instruction *(Río) (gu.* treorach aistrithe sonraí *ai.* treoracha aistrithe sonraí)

B'fhearr treoracha *cóipeála sonraí* a thabhairt ar threoracha aistrithe sonraí ach tá an téarma aistriú sonraí bunaithe cheana. Nuair a deirimid go bhfuil an t-ábhar atá i suíomh 2000 sa chuimhne aistrithe go tabhall éigin, is éard a bhíonn i gceist againn beagnach i gcónaí ná go bhfuil cóip chomhionann cruthaithe ansin agus go bhfuil an bunábhar fós gan chorraí i suíomh 2000.

treoir a rith *b fch* rith treorach. *(Río) (ai.* treoracha a rith)

treoir bhogtha *b* move instruction *(Río) (gu.* treorach bogtha *ai.* treoracha bogtha)

treoir chinnteoireachta *b* decision instruction *(Río) (gu.* treorach cinnteoireachta *ai.* treoracha cinnteoireachta)

treoir chomparáide *b* comparison instruction *(Río) (gu.* treorach comparáide *ai.* treoracha comparáide)

Treoir chun sonraí a thástáil chun seicheamh na dtreoracha atá le feidhmiú a athrú, bunaithe ar na torthaí. (*var* compare instruction)

treoir ghlaoite gnáis *b* procedure call instruction *(Río) (gu.* treorach glaoite gnáis *ai.* treoracha glaoite gnáis)

treoir iolraithe is roinnte *b* multiply-divide instruction *(Río) (gu.* treorach iolraithe is roinnte *ai.* treoracha iolraithe is roinnte)

treoir iomlaoide *b* shift instruction *(Río) (gu.* treorach iomlaoide *ai.* treoracha iomlaoide)

treoir ionchurtha/aschurtha *b* input/output instruction *(Río) (gu.* treorach ionchurtha/aschurtha *ai.* treoracha ionchurtha/aschurtha)

Treoir mhicreaphróiseálaí a láimhseálann na sonraí idir an LAP agus gléasanna seachtracha nó forimeallaigh.

treoir láithreach *b* immediate instruction *(Río) (gu.* treorach láithrí *ai.* treoracha láithreacha)

treoir léime *b* jump instruction *(Río) (gu.* treorach léime)

treoir léime coinníollaí *b* conditional jump instruction *(Río) (gu.* treorach léime coinníollaí *ai.* treoracha léime coinníollaí)

Treoir chun léime sa chás amháin go sásaítear critéir shonraithe.

treoirlínte *b* guidelines *(Gin)*

treoir lúibe *b* loop instruction *(Río) (gu.* treorach lúibe *ai.* treoracha lúibe)

treoirnaisc *gma* index-linked *(Fio)*

(Ag tagairt d'íocaíocht ioncaim ar nós pá, nó do luach sócmhainne ar nós tí) Nasctha le hInnéacs Praghsanna i gcomhréir réamhshocraithe éigin, ionas, mar shampla, má mhéadaíonn an t-innéacs praghsanna miondíola go méadófar íocaíocht pá go huathoibríoch sa chomhréir chéanna. Modh is ea innéacsú le cumhacht ceannaithe íocaíochta pá nó luach sócmhainne a chosaint in aghaidh creimthe de bharr boilscithe.

treoir neamhdhleathach *b* illegal instruction *(Río) (gu.* treorach neamhdhleathaí *ai.* treoracha neamhdhleathacha)

treoir ortagánach *b* orthogonal instruction *(Río) (gu.* treorach ortagánaí *ai.* treoracha ortagánacha)

treoirphointeoir *f* instruction pointer *(Río) (gu.* treoirphointeora *ai.* treoirphointeoirí)

treoirphraghas *f* guide price *(Air) (gu.* treoirphraghais *ai.* treoirphraghsanna)

treoirphraghas an mhargaidh *f* market guide price *(Air) (gu.* treoirphraghais an mhargaidh *ai.* treoirphraghsanna an mhargaidh)

treoir phribhléideach *b* privileged instruction *(Río) (gu.* treorach pribhléidí *ai.* treoracha pribhléideacha)

treoir phróiseála *b* processing instruction *(Río) (gu.* treorach próiseála *ai.* treoracha próiseála)

treoir réamhphróiseála *b* preprocessing directive *(Río) (gu.* treorach réamhphróiseála *ai.* treoracha réamhphróiseála)

treoir réamhphróiseálaí *b* preprocessor directive *(Río) (gu.* treorach réamhphróiseálaí *ai.* treoracha réamhphróiseálaí)

treoir scáileáin *b* onscreen instruction *(Río) (gu.* treorach scáileáin *ai.* treoracha scáileáin)

treoir stíl feidhmchláir *f* application style guide *(Río) (gu.* treorach stíl feidhmchláir)

Tacar caighdeán a chumhdaíonn gnéithe de chomhéadan an úsáideora; baineann na caighdeáin le forbairt ar leith cé gur gnách dóibh a bheith ar fáil ar fud na suiteála. Bunaítear iad ar Threoir Stíl Suiteála, ba chóir a bheith ann go neamhspleách ar an tionscadal seo, agus a chuirtear in oiriúint chun riar ar aon riachtanais ar leith sa tionscadal seo.

treoirtháscaire f leading indicator (Air) (ai. treoirtháscairí)

treoir theanntaithe b trapped instruction (Río) (gu. treorach teanntaithe ai. treoracha teanntaithe)

treoir thiomsaitheoir aithrise b emulation compiler directive (Río) (gu. treorach tiomsaitheoir aithrise ai. treoracha tiomsaitheoir aithrise)

treoir thiomsaitheora b compiler directive (Río) (gu. treorach tiomsaitheora ai. treoracha tiomsaitheora) 1. Comhstruchtúr teanga le haghaidh tiomsú ríomhchláir a rialú. 2. Ráiteas a rialaíonn an méid a dhéanann an tiomsaitheoir seachas an ríomhchlár úsáideora

treoirthionscadal f pilot project (Fio) (gu. treoirthionscadail)

treoiruimhir b fch innéacs. (Gin) (gu. treoiruimhreach ai. treoiruimhreacha)

treoiruimhir phraghsanna b fch innéacs praghsanna. (Fio) (gu. treoiruimhreach praghsanna ai. treoiruimhreacha praghsanna)

treoluas f velocity (Río) (gu. treoluais)

treoraí f guide (Gin) (ai. treoraithe)

treoraí téipe f tape leader (Río) (ai. treoraithe téipe)

treoshuíomh f orientation (Río) (gu. treoshuímh)

treoshuíomh leathanaigh f page orientation (Río) (gu. treoshuímh leathanaigh)

Samplaí de threoshuíomh is ea "portráid", áit arb é an taobh is giorra den pháipéar barr an leathanaigh, agus "tirdhreach", áit arb é an taobh is faide den pháipéar barr an leathanaigh.

tréshoilseán f transparency[3] (Gin) (gu. tréshoilseáin)

triailrith[1] f burn-in[1] (Río) (gu. triailreatha)

triailrith[2] br burn-in[2] (Río)

triantánach a1 triangular (Mat)

triantánacht b trigonometry (Mat) (gu. triantánachta)

triantán inbhéartaithe f inverted triangle (Río) (gu. triantáin inbhéartaithe)

triantánú f triangulation (Río) (gu. triantánaithe)

triantánúil a2 trigonometrical (Mat)

tríbheachtais gma triple-precision (Río)

tríchosach f tripod (Gin) (gu. trichosaigh)

tríchraoladh f triplecast (TM) (Río) (gu. tríchraolta)

tríchrómatach a1 trichromatic (Río)

tríghiotán f tribit (Río) (gu. tríghiotáin)

trínártha a3 ternary (Mat)

trióid b triode (Río) (gu. trióide ai. trióideanna)

an tríú foirm normalach b third normal form (3NF) (Río)

An t-aschur ón Anailís ar na Sonraí Coibhneasta. Bítear ag súil go mbeidh gaol atá sa Tríú Foirm Normalach sa ghrúpáil is loighciúla, agus nach mbeidh sé faoi réir aimhrialtachtaí nuashonraithe, agus go dtabharfadh sé an iomarcaíocht sonraí is lú. Faightear an Tríú Foirm Normalach trí scrúdú a dhéanamh ar na gaoil go léir sa Dara Foirm Normalach maidir le spleáchais idir míreanna sonraí neamheochracha.

tríú glúin (teanga) gma third generation (language) (3GL) (Río)

tríú páirtí iontaofa f trusted third party (Gin)

troda gma fighting (Fio)

trom a1 bold (of typeface) (Río)

truaillithe a3 corrupt (Río)

truailliú f corruption (Río) (gu. truaillithe)

truailliú sonraí f data corruption (Río) (gu. truaillithe sonraí)

truicear f trigger (Río) (gu. truicir)

truicearadh f triggering (Río) (gu. truiceartha)

trunc-chúpláil b trunk coupling (Río) (gu. trunc-chúplála)

truncdhiailiú rannpháirtí f subscriber trunk dialling (STD) (Río) (gu. truncdhiailithe rannpháirtí)

T-thástáil b T-test (Río) (gu. T-thástála)

T-thréimhse b T-period (Air) (ai. T-thréimhsi)

tuairisc ar an gcóras b system description (Río) (gu. tuairisce ar an gcóras)

tuairisc ar an timpeallacht reatha b current environment description (Río)

Tuairisc iomlán i dtéarmaí SSADM ar oibriúcháin an chórais reatha, idir ghnéithe ríomhaire agus neamhríomhaire. Áirítear leis seo liosta de lochtanna aitheanta ar na hoibriúcháin agus liosta riachtanas don chóras nua. Mura bhfuil córas ann cheana féin, ní bheidh sa Tuairisc ar an Timpeallacht Reatha ach na riachtanais don chóras nua.

tuairisc ar aonán b entity description (Río) (gu. tuairisce ar aonán)

Ceann de na doiciméid tacaíochta do Struchtúir Loighciúla na Sonraí. Déanfar gach aonán sa chóras a thuairisciú go leithleach le hiomlán na dtréithe agus na n-eochracha atá liostaithe, chomh maith lena aidhm agus a úsáid sa chóras.

tuairisc ar fhadhb b problem description (Río) (gu. tuairisce ar fhadhb)

tuairisc ar ionchur/aschur (tuairisc ar I/A) b input/output description (I/O description) (Río)

Doiciméad SSADM le taifead a dhéanamh ar na sonraí ar fad faoi shreafaí sonraí ar an Léaráid den Sreabhadh Sonraí. Comhlíontar é i gcéimeanna 130, 150 agus 310.

tuairisc ar na seirbhísí reatha b current services description (Río) (gu. tuairisce ar na seirbhísí reatha)

An t-aschur iomlán ó Chéim 1 de SSADM. Cuimsíonn sé sonraí de loighciú Shamhail den Sreabhadh Sonraí i dtaca leis an gcóras reatha, is é sin an tSamhail Loighciúil de Shonraí, agus na fadhbanna agus na riachtanais aitheanta.

tuairisc ar shonraí *b* data description *(Río) (gu.* tuairisce ar shonraí *ai.* tuairiscí ar shonraí*)*

tuairisc ar tháirge *b* product description *(Río)*

Sonraíocht do gach táirge a liostaítear i Struchtúr Mhiondealú na dTáirgí. Bíonn an Bhainistíocht Tionscadail freagrach as iad seo a chríochnú mar chuid den ionchur in gach gníomhaíocht. Ar an bhfaisnéis a liostaítear sna tuairiscí bíonn díorthú, comhdhéanamh, critéir cháilíochta, agus spleáchais sheachtracha.

tuairisc ar thimpeallacht theicniúil *b* technical environment description (TED) *(Río) (gu.* tuairisce ar thimpeallacht theicniúil*)*

An tuairisc ar an timpeallacht theicniúil tar éis an Rogha Córais Theicniúil a roghnú. Is cuid den phríomhionchur sa Dearadh Fisiciúil é an tuairisc. Cuimsíonn an TED léaráid chumraíochta de na crua-earraí, agus tugann sé sonraí an chineáil gléis atá i gceist, na gcainníochtaí agus na suíomhanna.

tuairisceoir *f* descriptor *(Río) (gu.* tuairisceora *ai.* tuairisceoirí*)*

tuairisceoir comhaid *f* file descriptor *(Río) (gu.* tuairisceora comhaid *ai.* tuairisceoirí comhaid*)*

Sa chóras oibriúcháin UNIX, slánuimhir bheag dheimhneach a úsáideann an córas in ionad ainm an chomhaid chun comhad oscailte a aithint.

tuairisceoir leathanaigh *f* page descriptor *(Río) (gu.* tuairisceora leathanaigh *ai.* tuairisceoirí leathanaigh*)*

tuairisceoir preideacáideach *f* predicate descriptor *(Río) (gu.* tuairisceora phreideacáidigh *ai.* tuairisceoirí preideacáideacha*)*

tuairisc imlíneach ar thimpeallacht reatha *b* outline current environment description *(Río) (gu.* tuairisce imlíní ar thimpeallacht reatha*)*

Seo ceann de tháirgí an Staidéir Indéantachta. Cuireann sé síos ar na seirbhísí reatha atá sa timpeallacht, agus ar na fadhbanna a bhaineann lena soláthar. Is ar leibhéal ard seachas ar leibhéal mionchruinn a bhíonn an tuairisc.

tuairisc praghais *b* price history *(Air) (gu.* tuairisce praghais*)*

tuairisc theicniúil *b* technical report *(Río) (gu.* tuairisce teicniúla *ai.* tuairiscí teicniúla*)*

tuairt *b* crash[1] *(Gin) (gu.* tuairte *ai.* tuairteanna*) (mal* cliseadh *f gu.* cliste*)*

tuairteáil *br* crash[2] *(Río) (mal* clis *br)*

tuarascáil *b* report *(Gin) (gu.* tuarascála*)*

tuarastal *f* salary *(Air) (gu.* tuarastail*)*

tuaslagán glantacháin *f* cleaning solution *(Gin) (gu.* tuaslagáin glantacháin*)*

tuile sheicheamhach *b* sequential flooding *(Río) (gu.* tuile seicheamhaí*)*

tuill *br* earn *(Gin)*

tuilleamh *f* earnings *(Air) (gu.* tuillimh*)*

tuilleamh coimeádta *f fch* tuilleamh coinnithe. *(Air) (gu.* tuillimh choimeádta*)*

tuilleamh coinnithe *f* retained earnings *(Air) (gu.* tuillimh choinnithe*)*

Tuilleamh nach n-íoctar amach i bhfoirm díbhinní. *(mal* tuilleamh coimeádta *f gu.* tuillimh choimeádta*)*

tuilleamh in aghaidh na scaire *f* earnings per share (EPS) *(Air) (gu.* tuillimh in aghaidh na scaire*)*

tuin *b fch* ton. *(Gin) (gu.* tuine *ai.* tuineacha*)*

tuin chainte *b* intonation *(Fio) (gu.* tuine cainte*) (mal* iontonú *f gu.* iontonaithe*)*

tuinseamh *f* impact *(Río) (gu.* tuinsimh*)*

tuirbín *f* turbine *(Fio) (ai.* tuirbíní*)*

tuiscint *b* understanding *(Gin) (gu.* tuisceana*)*

tuisle *f* glitch *(Río) (ai.* tuislí*)*

tul- *réi fch* tosaigh. *(Río)*

tulra *f* foreground *(Río) (ai.* tulraí*)*

tulslais *b* forward slash *(Río) (gu.* tulslaise *ai.* tulslaiseanna*) (mal* slais *b gu.* slaise *ai.* slaiseanna*) (var* slash*)*

tultagairt *b fch* réamhthagairt. *(Río) (gu.* tultagartha *ai.* tultagairtí*)*

túr *f* tower unit *(Río) (gu.* túir*)*

turas allamuigh *f* field trip *(Gin) (gu.* turais allamuigh*)*

turraing leictreach *b* electric shock *(Río) (gu.* turrainge leictrí *ai.* turraingí leictreacha*)*

turscar *f* spam *(Río) (gu.* turscair*)*

túsaigh *br* initialize *(Río)*

túsaitheoir *f* initializer *(Río) (gu.* túsaitheora *ai.* túsaitheoirí*)*

An t-oibreoir sannacháin á leanacht ag slonn nó ag sloinn iolracha d'athróga comhiomlána.

tús freastail ar an gceann is túisce *abairtín* first come first served *(Río)*

túsú *f* initialization *(Río) (gu.* túsaithe *ai.* túsuithe*)*

1. Na hoibríochtaí atá riachtanach chun gléas a chur i riocht tosaithe, sula n-úsáidtear meán sonraíochta, nó sula gcuirtear próiseas i ngníomh. 2. Córas, gléas, nó ríomhchlár a ullmhú lena oibriú. *(mal* túsúchán *f gu.* túsúcháin*)*

túsúchán *f fch* túsú. *(Río) (gu.* túsúcháin*)*

túsú lúibe *f* loop initialization *(Río) (gu.* túsaithe lúibe*)*

Na codanna de lúb a shocraíonn a luachanna tosaithe.

túsú réamhshocraithe *f* default initialization *(Río)* *(gu.* túsaithe réamhshocraithe)

An luach tosaigh a shannann an tiomsaitheoir le mír sonraí mura sainíonn an ríomhchláraitheoir luach tosaigh ar bith.

túsú struchtúir *f* structure initialization *(Río)* *(gu.* túsaithe struchtúir)

U

uachtair *gma fch* uachtarach. *(Gin)*

uachtarach *a1* upper *(Gin)* *(mal* uachtair *gma)*

uaineadóir *f* timer *(Río)* *(gu.* uaineadóra *ai.* uaineadóirí)

uaineadóir bus *f* bus timer *(Río)* *(gu.* uaineadóra bus *ai.* uaineadóirí bus)

uaineadóir idirbhristeacha *f* interrupt timer *(Río)* *(gu.* uaineadóra idirbhristeacha *ai.* uaineadóirí idirbhristeacha)

uainiúchán *f* timing *(Río)* *(gu.* uainiúcháin)

uainiúchán margaidh *f* market timing *(Air)* *(gu.* uainiúcháin margaidh)

uainiúchán micrithreoracha *f* microinstruction timing *(Río)* *(gu.* uainiúcháin micrithreoracha)

ualach *f* burden *(Gin)* *(gu.* ualaigh) *(mal* lód *f gu.* lóid) *(var* load)

ualach deiridh *f* back-end load *(Air)* *(gu.* ualaigh dheiridh)

An muirear deiridh a ghearrann iontaobhas infheistíochta nuair a dhíolann infheisteoir scaireanna sa chiste.

ualach tosaigh *f* front-end load *(Air)* *(gu.* ualaigh thosaigh)

An muirear tosaigh a ghearrann aonad iontaobhais, cuideachta árachais saoil nó ciste infheistíochta eile chun íoc as riarachán agus as coimisiún d'aon ghníomhaire a thugann custaiméir nua isteach. Séard atá san infheistíocht a dhéantar ar son an infheisteora, mar sin, ná iomlán na híocaíochta tosaigh lúide an t-ualach tosaigh.

ualaithe *a3* weighted *(Air)*

ualaithe ó thaobh trádála *a3* trade-weighted *(Air)*

ualú chun deiridh *f* back-end loading *(Air)* *(gu.* ualaithe chun deiridh)

Iasacht a eagrú ionas gur airde na táillí úis agus na móríocaíochtaí i dtreo dheireadh an tréimhse iasachta.

uamadh *f* joining *(Gin)* *(gu.* uamtha)

uas- *réi* maximum³ *(mal* uasta)

uasairde *b* maximum height *(Río)*

uaschamóg *b* apostrophe *(Río)* *(gu.* uaschamóige *ai.* uaschamóga)

uasghrádaigh *br* upgrade *(Gin)*

uaslódáil *br* upload *(Río)* *(mal* lódáil suas *br)*

uasluach *f* maximum² *(Air)* *(gu.* uasluacha) *(var* maximum value)

uasmhéadaigh *br* maximize *(Gin)*

uasmhéid *f* maximum¹ *(Gin)*

uasmhéid logánta *f* local maximum *(Río)*

uasmhód *f* maximum mode *(Río)* *(gu.* uasmhóid)

uasnasc *f* uplink *(Río)* *(gu.* uasnaisc)

uasphointe *f* maximum point *(Gin)*

uasta *a3* maximum³ *(Gin)* *(mal* uas- *réi)*

uastoradh *f* maximum return *(Air)* *(gu.* uastoraidh)

uath- *réi fch* uathoibríoch. *(Río)*

uathathróg bhlaoisce *b* automatic shell variable *(Río)* *(gu.* uathathróige blaoisce *ai.* uathathróga blaoisce) *(var* built-in shell variable)

uathcheartaigh *br* AutoCorrect *(Río)*

uath-chomhghaolú *f* autocorrelation *(Air)* *(gu.* uath-chomhghaolaithe)

Comhghaolú athróige léi féin thar eatraimh leanúnacha ama.

uathdháileadh glaonna *f* automatic call distribution *(Río)* *(gu.* uathdháilte glaonna)

uathdhiailiú *f* autodialling *(Río)* *(gu.* uathdhiailithe)

uathfhormáidigh *br* AutoFormat *(Río)*

uath-imdhealú débhríochta *f* automatic disambiguation *(Río)* *(gu.* uath-imdhealaithe débhríochta)

uathinnéacsaithe *a3* auto-indexed *(Río)*

uathinnéacsú *f* auto-indexing *(Río)* *(gu.* uathinnéacsaithe)

uathlódáil anuas *b* automatic download *(Río)* *(gu.* uathlódála anuas)

uathoibríoch *a1* automatic *(Río)* *(mal* uath- *réi)*

uathoibriú oifige *f* office automation (OA) *(Río)* *(gu.* uathoibrithe oifige)

uathoibriú sonraí foinseacha *f* source data automation *(Río)* *(gu.* uathoibrithe sonraí foinseacha)

uathoiriúnaigh *br* AutoFit *(Río)*

uathriail *b* autonomy *(Gin)* *(gu.* uathrialach)

uathrialach *a1* autonomous *(Fio)*

uathúil *a2* unique *(Gin)*

uathúlacht *b* uniqueness *(Gin)* *(gu.* uathúlachta)

údarás *f* authority *(Gin)* *(gu.* údaráis)

údarás clárúcháin *f* registration authority *(Río)* *(gu.* údaráis chlárúcháin)

údarás deimhniúcháin *f* certification authority *(Gin)* *(gu.* údaráis deimhniúcháin)

Údarás Forbartha Tionscail *f* Industrial Development Authority (IDA) *(Air)* *(gu.* Údaráis Forbartha Tionscail)

An tÚdarás um Chaighdeáin Náisiúnta na hÉireann *f* National Standards Authority of Ireland (NSAI) *(Gin)* *(gu.* An Údaráis um Chaighdeáin Náisiúnta na hÉireann)

údarú *f* authorization *(Gin)* *(gu.* údaraithe)

uigeilín *f* texel *(Río)* *(ai.* uigeilíní)

uile- *réi fch* uilíoch. *(Gin)*

uileghabhálacht *b* exhaustiveness *(Río)* *(gu.* uileghabhálachta)

uilethacar *f* universal set *(Loi)* *(gu.* uilethacair)

Nuair a bhítear ag déileáil le tacar ar leith de nithe, glactar leis i gcónaí gur ann do thacar mór nó do *uilethacar* lena mbaineann na nithe go léir. D'fhéadfadh uilethacair éagsúla a bheith i gceist i gcásanna éagsúla, ach is ar uilethacar seasta a bheifí ag trácht le linn aon díospóireachta ar leith. *(mal* uilethacar dioscúrsa *f gu.* uilethacair dioscúrsa) *(var* universe of discourse)

uilethacar carachtar *f* universal character set (UCS) *(Río)* *(gu.* uilethacair charachtar)

uilethacar dioscúrsa *f* universe of discourse *(Loi)* *(gu.* uilethacair dioscúrsa) *(mal* uilethacar *f gu.* uilethacair) *(var* universal set)

uilíoch *a1* universal *(Gin)* *(mal* uile- *réi)*

uillinn luascála *b* yaw angle *(Río)* *(gu.* uillinne luascála)

uimhir[1] *b* number *(Mat)* *(gu.* uimhreach *ai.* uimhreacha)

uimhir[2] *b* numeric[1] *(Río)* *(gu.* uimhreach *ai.* uimhreacha)

uimhir aitheantais *b* ID number *(Río)* *(gu.* uimhreach aitheantais *ai.* uimhreacha aitheantais)

uimhir aitheantais phearsanta *b* personal identification number (PIN) *(Río)* *(gu.* uimhreach aitheantais pearsanta *ai.* uimhreacha aitheantais pearsanta)

uimhir aondigite *b* single-digit numeric *(Río)* *(gu.* uimhreach aondigite *ai.* uimhreacha aondigite)

uimhir arabach *b* arabic numeral *(Río)* *(gu.* uimhreach arabaí *ai.* uimhreacha arabacha)

uimhir bheachtais chríochta *b* finite precision number *(Río)* *(gu.* uimhreach beachtais chríochta *ai.* uimhreacha beachtais chríochta)

uimhir chóimheasta *b* rational number *(Río)* *(gu.* uimhreach cóimheasta *ai.* uimhreacha cóimheasta)

uimhir chrómatach *b* chromatic number *(Río)* *(gu.* uimhreach crómataí *ai.* uimhreacha crómatacha)

An líon is lú dathanna atá riachtanach do ghraf.

uimhir dhénártha *b* binary number *(Río)* *(gu.* uimhreach dénártha *ai.* uimhreacha dénártha)

uimhir dhínormalaithe *b* denormalized number *(Río)* *(gu.* uimhreach dínormalaithe *ai.* uimhreacha dínormalaithe)

Uimhir le heaspónant de 0 agus codán tugtha sna 23 nó sna 52 giotán a leanann é. Déantar 0 anois den 1 ghiotán intuigthe atá ar chlé den phointe dénártha. Is féidir uimhreacha dínormalaithe a aithint ó uimhreacha normalaithe mar nach ligtear d'uimhreacha normalaithe easpónant de 0 a bheith acu.

uimhir dhiúltach *b* negative number *(Río)* *(gu.* uimhreach diúltaí *ai.* uimhreacha diúltacha)

uimhir éagóimheasta *b* irrational number *(Mat)* *(gu.* uimhreach éagóimheasta *ai.* uimhreacha éagóimheasta)

uimhirghlas *f* num(bers) lock *(Río)* *(gu.* uimhirghlais)

uimhir heicsidheachúlach *b* hexadecimal number *(Río)* *(gu.* uimhreach heicsidheachúlaí *ai.* uimhreacha heicsidheachúlacha)

Bíonn gá le 16 digit d'uimhreacha heicsidheachúlacha. Mar sin, ní mór sé shiombail nua. Is é an gnáthnós ná na litreacha cás uachtair A go F a úsáid do na digití ar lorg 9. Cruthaítear uimhreacha heicsidheachúlacha ansin ó na digití 0 1 2 3 4 5 6 7 8 9 A B C D E F.

uimhir ochtnártha *b* octal number *(Río)* *(gu.* uimhreach ochtnártha *ai.* uimhreacha ochtnártha)

uimhir phoirt *b* port number *(Río)* *(gu.* uimhreach poirt *ai.* uimhreacha poirt)

uimhir phríomha *b* prime number *(Mat)* *(gu.* uimhreach príomha *ai.* uimhreacha príomha)

uimhir réadach *b fch* réaduimhir. *(Mat)* *(gu.* uimhreach réadaí *ai.* uimhreacha réadacha)

uimhir shamhailteach *b* imaginary number *(Río)* *(gu.* uimhreach samhailtí *ai.* uimhreacha samhailteacha)

uimhir shnámhphointe *b* floating-point number *(Río)* *(gu.* uimhreàch snámhphointe *ai.* uimhreacha snámhphointe)

Slí amháin chun an raon a scaradh ón mbeachtas is ea uimhreacha a shloinneadh de réir na gnáthnodaireachta eolaíochta $n = f \times 10^e$ áit arb é *f* an codán, nó an mhaintíse, agus ar slánuimhir dheimhneach nó dhiúltach é *e*, ar a dtugtar an t-easpónant. Tugtar an snámhphointe ar an leagan ríomhaireachta den nodaireacht seo.

uimhir shnámhphointe normalaithe *b* normalized floating point number *(Río)* *(gu.* uimhreach snámhphointe normalaithe *ai.* uimhreacha snámhphointe normalaithe)

uimhir thagartha *b* reference number *(Río)* *(gu.* uimhreach tagartha *ai.* uimhreacha tagartha)

uimhir tharchéimniúil *b* transcendental number *(Río)* *(gu.* uimhreach tarchéimniúla *ai.* uimhreacha tarchéimniúla)

uimhir theileafóin *b* telephone number *(Río)* *(gu.* uimhreach teileafóin *ai.* uimhreacha teileafón)

uimhreacha chomhlánú le dónna *b* twos' complement numbers *(Río)*

uimhreacha digiteacha *b* digital numbers *(Río)*

uimhreacha Fibonacci *b* Fibonacci numbers *(Río)*

Uimhreacha arb iad suim an dá uimhir rompu i seicheamh iad. E.g. 1, 1, 2, 3, 5, 8, 13...

uimhreacha poirt aitheanta *b* well-known port numbers *(Río)*

uimhreacha randamacha *b* random numbers *(Río)*

Uimhreacha a roghnaítear ó thacar aitheanta uimhreacha agus an dóchúlacht chéanna a bheith ann go roghnófaí aon cheann den tacar sin.

uimhreoir *f* numerator *(Mat)* *(gu.* uimhreora *ai.* uimhreoirí)

uimhrigh leathanaigh *br* paginate *(Río)*

uimhríocht *b* arithmetic *(Mat)* *(gu.* uimhríochta)

Ríomhairiúchán a dhéantar trí oibríochtaí simplí, mar shampla suimiú, dealú, méadú agus roinnt, a dhéanamh ar uimhreacha.

uimhríocht chomhlántach *b* complementary arithmetic *(Río)* *(gu.* uimhríochta comhlántaí)

uimhríocht dhénártha *b* binary arithmetic *(Río)* *(gu.* uimhríochta dénártha)

Oibríochtaí matamaiticiúla a dhéantar trí na digití dénártha 1 agus 0 a úsáid.

uimhríocht mhodúlach *b* modular arithmetic *(Río)* *(gu.* uimhríochta modúlaí)

uimhríocht phointe fhosaithe *b* fixed-point arithmetic *(Río)* *(gu.* uimhríochta pointe fhosaithe)

uimhríocht phointeora *b* pointer arithmetic *(Río)* *(gu.* uimhríochta pointeora)

uimhríocht slánuimhreacha *b* integer arithmetic *(Río)* *(gu.* uimhríochta slánuimhreacha)

uimhríochtúil *a2* arithmetical *(Mat)*

uimhriú *f* numbering *(Mat)* *(gu.* uimhrithe) *(var* numeration)

uimhriúil *a2* numeric[2] *(Mat)*

uimhriú leathanach *f* pagination *(Río)* *(gu.* uimhrithe leathanach)

úinéir *f* owner *(Gin)* *(gu.* úinéara)

úinéireacht *b* ownership *(Fio)* *(gu.* úinéireachta)

A bheith i d'úinéir; ceart dlíthiúil seilbhe; dílseánacht.

úinéir lonnaitheach *f* owner occupier *(Air)* *(gu.* úinéara lonnaithigh *ai.* úinéirí lonnaitheacha)

uirbeach *a1* urban *(Air)*

uirlis *b* tool *(Río)* *(gu.* uirlise *ai.* uirlisí)

Bogearraí a cheadaíonn forbairt feidhmchláir gan teanga traidisiúnta ríomhchláraithe a úsáid.

uirlis cóipeála *b* copying tool *(Río)* *(gu.* uirlise cóipeála *ai.* uirlisí cóipeála)

uirlis cuardaigh *b* search tool *(Río)* *(gu.* uirlise cuardaigh *ai.* uirlisí cuardaigh)

uirlis roghnúcháin *b* selection tool *(Río)* *(gu.* uirlise roghnúcháin *ai.* uirlísí roghnúcháin)

uirlis tacaíochta *b* support tool *(Río)* *(gu.* uirlíse tacaíochta *ai.* uirlísí tacaíochta)

ullamh *a1* ready *(Gin)*

ullmhacht *b* preparedness *(Gin)* *(gu.* ullmhachta)

ultra-ardmhinicíocht *b* ultra high frequency (UHF) *(Río)* *(gu.* ultra-ardmhinicíochta *ai.* ultra-ardmhinicíochtaí)

ultrachomhdhlúite *a3* ultracondensed *(Río)*

ultrafhairsingithe *a3* ultra-expanded *(Río)*

ultra(i)- *réi* ultra *(Gin)*

ultraifís *b* ultrafiche *(Río)* *(gu.* ultraifíse)

ultrai-stiallscannán *f* ultrastrip *(Río)* *(gu.* ultrai-stiallscannáin)

ultraivialait *a3* ultraviolet (UV) *(Gin)*

Unicode *ain* Unicode (encoding method) *(Río)*

Unix *acr* Unix (operating system) *(Río)*

urbhánán *f* leading blank *(Río)* *(gu.* urbhánáin)

urchar *f* bullet *(Gin)* *(gu.* urchair)

URL *f* URL *(Río)* *(mal* aimsitheoir aonfhoirmeach acmhainne *f gu.* aimsitheora aonfhoirmigh acmhainne *ai.* aimsitheoirí aonfhoirmeacha acmhainne) *(var* uniform resource locator (URL))

urlabhairt *b* articulation *(Fio)* *(gu.* urlabhartha)

Táirgeadh nó cruthú fuaimeanna labhartha nó focail; friotal sothuigthe; caint.

urra *f* surety *(Air)* *(ai.* urraí)

urraigh *br* secure *(Air)*

urrúis dhíolmhaithe *f* exempts *(Air)* *(gi.* urrús díolmhaithe)

urrúis dhíolmhaithe ghearrthéarma *f* short term exempts *(Air)* *(gi.* urrús díolmhaithe gearrthéarma)

Urrúis ghearrthéarma a eisíonn stáit, bardais, gníomhaireachtaí tithíochta áitiúla agus gníomhaireachtaí athnuachana uirbigh.

urrúis ghníomhaireachtaí feidearálacha *f* federal agency securities (US) *(Air)* *(gi.* urrús gníomhaireachtaí feidearálacha)

urrúis idirmhalartacha *f* fungible securities *(Air)* *(gi.* urrús idirmhalartach)

Urrúis iad seo nach sainítear ina gceann is ina gceann le huimhreacha srathacha a bhaineann le húinéir ar leith. Mar mhalairt air sin, cuireann córas imréitigh nó institiúid taisclainne uimhir shonraithe d'eisiúint áirithe bannaí chun sochair na n-úinéirí.

urrúis mhargaidh airgid *f* money market securities *(Air)* (*gi*. urrús margaidh airgid)

Ionstraimí fiachais gearrthéarmacha, a dhíolann rialtais, institiúidí airgeadais agus corparáidí, is ea urrúis mhargaidh airgid. Is é saintréith thábhachtach na n-urrús seo ná go mbíonn aibíochtaí acu ar uair a n-eisiúna, de bhliain amháin nó níos lú ná sin.

urrúis mhargaidh chaipitil *f* capital market securities *(Air)* (*gi*. urrús margaidh chaipitil)

Ar urrúis mhargaidh chaipitil áirítear ionstraimí le haibíochtaí de níos mó ná bliain amháin agus iadsan atá gan aibíocht shainithe ar bith. De ghnáth, roinntear an margadh idir ionstraimí a gheallann sraith sreafaí airgid thirim thar am agus iadsan a thairgeann rannpháirteachas i mbrabúsacht na cuideachta sa todhchaí. An Margadh Ioncaim Sheasta a ghlaoitear ar an gcéad earnáil de ghnáth, agus an Margadh Cothromais ar an dara ceann.

urrúis órchiumhsacha *f* gilts *(Air)* (*gi*. urrús órchiumhsach)

Urrúis rialtas na hÉireann agus rialtas na Breataine.

urrúis rialtais *f* government securities *(Air)* (*gi*. urrús rialtais)

urrúis stéagaithe *f* seasoned securities *(Air)* (*gi*. urrús stéagaithe)

Urrúis atá tar éis trádáil sa mhargadh tánaisteach ar feadh níos mó ná nócha lá.

urrús *f* security[2] *(Air)* (*gu*. urrúis)

1. Sócmhainn nó sócmhainní atá ar fáil d'iasachtóir má loiceann an t-iasachtaí ar aon aisíocaíochtaí iasachta. 2. Sócmhainn airgeadais, ar a n-áirítear scaireanna, stoic rialtais, bintiúir, bannaí, iontaobhais aonad, agus cearta ar airgead a tugadh ar iasacht nó a cuireadh i dtaisce. Ní áirítear polasaithe árachais mar urrús, áfach.

urrús ioncaim sheasta *f* fixed income security *(Air)* (*gu*. urrúis ioncaim sheasta)

urrús morgáiste *f* mortgage-backed security *(Air)* (*gu*. urrúis mhorgáiste)

Banna (nó nóta) ina soláthraíonn morgáiste nó punann morgáistí an chomhthaobhacht, morgáistí a árachaítear de ghnáth chun aon loiceadh a chumhdach.

urrús neamhliostaithe *f* unlisted security *(Air)* (*gu*. urrúis neamhliostaithe)

úrscothach *a1* state of the art *(Gin)*

ús *f* interest[1] *(Air)* (*gu*. úis)

úsáid[1] *b* use[1] *(Gin)* (*gu*. úsáide) (*var* utilization)

úsáid[2] *br* use[2] *(Gin)* (*var* utilize)

úsáid an fhrithdheimhnigh *b* use of the contrapositive *(Loi)*

Modh cruthúnais a dhéanann frithdheimhneach an ráitis a chruthú, in ionad an ráiteas féin.

úsáid chioglach *b* cyclic usage *(Río)* (*gu*. úsáide cioglaí)

úsáid deiridh *b* end use *(Río)* (*gu*. úsáide deiridh)

úsáideach *a1* useful *(Gin)*

úsáideoir *f* user *(Río)* (*gu*. úsáideora *ai*. úsáideoirí)

An duine/jab a bhainfidh úsáid as an gcóras IT chun tasc gnó a chur i gcrích.

úsáideoir deiridh *f* end user *(Fio)* (*gu*. úsáideora dheiridh)

ús iolraithe *f* compound interest *(Air)* (*gu*. úis iolraithe)

ús simplí *f* simple interest *(Air)* (*gu*. úis shimplí)

U-theagmháil *b* U-contact *(Río)* (*gu*. U-theagmhála)

V

vacsaín *b* vaccine *(Gin)* (*gu*. vacsaíne)

vata *f* watt (W) *(Río)* (*ai*. vataí)

vatacht *b* wattage *(Río)* (*gu*. vatachta)

v-chárta *f* vCard *(Río)* (*ai*. v-chártaí) (*mal* ríomhchárta gnó *f ai*. ríomhchártaí gnó) (*var* electronic business card)

véibear *f* weber (unit) *(Río)* (*gu*. véibir)

veicteoir *f* vector *(Mat)* (*gu*. veicteora *ai*. veicteoirí)

Aonán sa spás Eoiclídeach a bhfuil méid agus treo aici. Is féidir deighleán treoch de líne a úsáid chun veicteoir a léiriú go geoiméadrach.

veicteoir argóna *f* argument vector (argv) *(Río)* (*gu*. veicteora argóna *ai*. veicteoirí argóna)

I dtimpeallachtaí a thacaíonn le C, tá bealach ann le hargóintí nó paraiméadair líne na n-orduithe a sheacadadh chuig clár nuair a thosaíonn sé ag rith. Nuair a ghlaoitear 'main' chun rith a thosú, glaoitear le dhá argóint é. Pointeoir is ea an dara ceann de na hargóintí seo (argv) i dtreo eagair de theaghráin charachtar ina bhfuil na hargóintí, ceann do gach teaghrán.

veicteoir na n-idirbhristeacha *f* interrupt vector *(Río)* (*ai*. veicteoirí na n-idirbhristeacha)

verso *f* verso *(Río)*

v-fhéilire *b* vCalendar *(Río)* (*ai*. v-fhéilirí)

víreas *f* virus *(Río)* (*gu*. viris)

I gcúrsaí slándála ríomhaireachta, clár féin-fhorleata a ghalraíonn clár eile agus a d'fhéadadh damáiste a dhéanamh dó.

víreas gnímh dhírigh comhaid *f* direct-action file virus (DAFV) *(Río)* (*gu.* viris gnímh dhírigh comhaid)

víreas gnímh indírigh comhaid *f* indirect-action file virus (IAFV) *(Río)* (*gu.* víris gnimh indirigh comhaid)

víreas ríomhphoist *f* e-mail virus *(Río)* (*gu.* víris ríomhphoist)

víreas theascóg na deighilte *f* partition-sector virus *(Río)*

vócódóir *f* vocoder *(Río)* (*gu.* vócódóra *ai.* vócódóirí)

Próiseálaí fuaime a ghabhann saineilimintí comhartha fuaime agus a úsáideann an sainchomhartha sin ansin chun imirt ar chomharthaí fuaime eile.

voltas *f* voltage *(Río)* (*gu.* voltais)

voltas clampála *f* clamping voltage *(Río)* (*gu.* voltais ˙chlampála)

vóta *f* vote[1] *(Gin)* (*ai.* vótaí)

vótáil *br* vote[2] *(Gin)*

vótáil charnach *b* cumulative voting *(Air)* (*gu.* vótála carnaí)

Gnás trínar féidir le scairshealbhóirí a gcuid vótaí uilig a chaitheamh ar son baill amháin den bhord stiúrtha.

vótáil dhíreach *b* straight voting *(Air)* (*gu.* vótála dírí)

Féadann scairshealbhóir a vótaí go léir a chaitheamh ar son gach iarrthóra ar an mbord stiúrthóirí.

W

W3C (Feadhnacht an Ghréasáin Dhomhanda) *b* W3C (Worldwide Web Consortium) *(Río)*

WYSIWYG (faigheann tú a bhfeiceann tú) *acr* WYSIWYG (what you see is what you get) *(Río)*

X

X-ais *b* X-axis *(Río)* (*gu.* X-aise)

X-mhóideim *f* Xmodem *(Río)* (*ai.* X-mhóideimí)

XML dea-chumtha *f* well-formed XML *(Río)* (*gu.* XML dhea-chumtha)

Y

Y-ais *b* Y-axis *(Río)* (*gu.* Y-aise)

yen *f* yen *(Air)*

yen na Seapáine *f* Japanese yen *(Air)*

Y-mhóideim *f* Ymodem *(Río)* (*ai.* Y-mhóideimí)

Z

zaip *b* zap[1] *(Río)* (*gu.* zaipe *ai.* zaipeanna)

zaipeáil *br* zap[2] *(Río)*

zaipire *f* zapper *(Río)* (*ai.* zaipirí)

zipchomhad *f* zip file *(Río)* (*gu.* zipchomhaid)

zipeáil *br* zip *(Río)*

zúmáil *br* zoom *(Río)*

Cuid d'íomhá ar scáileán nó i bhfuinneog a mhéadú nó a laghdú de réir a chéile.

Aguisín

(Leasú atá á mholadh ag An gCoiste Téarmaíochta ar na rialacha maidir leis an séimhiú agus úsáid an tuisil ghinidigh—á fhoilsiú anseo le caoinchead an Choiste)

Séimhiú/Loime i ndiaidh Ainmfhocal Baininscneach Uatha

• *Séimhiú ar an Aidiacht*

Séimhítear aidiacht a cháilíonn ainmfhocal baininscneach san ainmneach, tabharthach agus gairmeach uatha:

bean mhaith, don bhean mhaith, a bhean mhaith

• Séimhiú ar an Ainmfhocal

Nuair a leanann ainmfhocal nó ainm briathartha éiginnte ainmfhocal nó ainm briathartha baininscneach san uimhir uatha, is féidir go mbeidh an dara hainmfhocal séimhithe* nó lom, ag brath ar an ngaol idir an dá ainmfhocal.

*Ach amháin i gcás **d, t, s** agus **f** : féach 4 thíos.

1. SÉIMHIÚ

Nuair a bhíonn an chéad ainmfhocal á cháiliú ag an dara ceann mar a bheadh aidiacht ann, séimhítear an dara hainmfhocal, mar a léiríonn na haicmí thíos:

(a) Brí aitreabúideach

(i) más i gcáil aidiachta atá an dara hainmfhocal nó ainm briathartha:

gairm bheatha, bean chéile, oiliúint choirp is intinne, tír dhúchais, oíche ghaoithe, litir mholta, giúis phortaigh, litir thagartha, aiste théarma, uimhir theileafóin, áit chónaithe, bean chaointe, bean ghlantacháin, cloch cheangail, lámh tharrthála, bó mhaith bhainne, ubh dhonn chirce, uirlis úr chuardaigh, teanga chaighdeánach mharcála

Ach ní chuirtear an séimhiú i bhfeidhm má ghabhann aidiacht leis an ainmfhocal sa ghinideach:

oíche gaoithe móire, scian coise duibhe, tine móna taise, cruimh snáthaide móire, leictreonaic gléasanna comhtháite, uimhríocht pointe fhosaithe

(ii) nuair a dhéanann an dara hainmfhocal idirdhealú idir dhá cheann (nó níos

mó) de chineálacha éagsúla:

cill phlanda (seachas *cill ainmhí*), *clann mhac* (seachas *clann iníonacha*), *eitinn bhólachta* (seachas *eitinn duine*), *traein phaisinéirí* (seachas *traein lastais*)

(iii) nuair a insíonn an dara hainmfhocal ábhar an chéad chinn (is é sin, cad as atá sé déanta) *cos mhaide, cos chruach, culaith bhréidín, coinneal chéarach, monarcha bhrící, seid choincréite, tine ghuail, tine mhaith mhóna*

Leid: Modh amháin le féachaint cé acu feidhm aitreabúideach nó eile atá ag an dara hainmfhocal ná seiceáil an dtéann an t-alt go nádúrtha roimh an dá ainmfhocal seachas eatarthu:

an bhean chéile (seachas bean an chéile), an ghairm bheatha (seachas gairm na beatha), an chulaith bhréidín (seachas culaith an bhréidín), an chlann mhac (seachas clann na mac), an chóir thaistil (seachas cóir an taistil), an tír dhúchais (seachas tír an dúchais)

(b) Brí chainníochta

Le cainníocht nó méid chinnte a chur in iúl (*ach féach 2 (iii) thíos*)

cloch mhine, deoir bhainne, glac thairní, beirt fhear, dís bhan

(c) Brí chomhaisnéise

Le comhaisnéis (is é sin, nuair a chuirtear dhá ainmfhocal éiginnte – seachas i gcás daoine*— taobh le chéile agus go sainmhíníonn an chéad cheann acu an dara ceann), bíonn an dara ceann sa tuiseal ginideach agus séimhítear é:

stail chapaill, púróg chloiche, pusaireacht ghoil, cabaireacht chainte, cleithireacht mhagaidh

*(féach 2 (v) thíos)

2. LOIME

Ní shéimhítear an dara hainmfhocal sna cásanna seo thíos:

(i) Nuair atá an chéad ainmfhocal ina thréith, ina pháirt de, le haghaidh nó faoi úinéireacht an dara ceann*:

breáthacht mná, uaisleacht meoin,

aghaidh mná, ceathrú caorach, ceathrú míle, cos capaill, iall bróige, lámh mhín cailín, scóig chúng buidéil, stiúir báid,

deis cainte, faill comhrá, scéim séarachais,

adharc sealgaire, bróg mná, comhairle mná, sláinte duine

*(ach féach 3 thíos)

(ii) Nuair is ainm briathartha nó ainmfhocal gníomhaíochta an chéad ainmfhocal agus gur ainmní nó cuspóir an dara ceann aige ní shéimhítear an dara ceann:

admháil creidimh, bainistíocht punainne, buachailleacht bó, foghlaim ceirde, forbairt pobail, géimneach bó, (ag) imirt peile, innealtóireacht bogearraí, léim capaill, teip trealaimh, titim sneachta

Áirítear *ag fáil bháis, ag fáil bhisigh, (ag) gabháil fhoinn, (ag) gabháil cheoil* mar eisceachtaí agus séimhítear iad.

(iii) Nuair is cainníocht nó méid éiginnte* atá i gceist, is é sin focail a bhfuil ciall mar *breis, cuid, easpa, iomarca* leo, ní shéimhítear an dara hainmfhocal:

acmhainn grinn, aois gadhair, barraíocht plámais, breis bainne, cuid mhór cainte, díth céille, easpa bia, iomarca cainte, roinnt blianta

*(ach féach 1 (b) thuas)

(iv) Nuair is cnuasainm an chéad ainmfhocal dá bhfuil i gceist leis an dara hainmfhocal, ní shéimhítear an dara ceann:

buíon ban, foireann cailíní, scuaine gasúr, saithe beach, sraith dánta, táin bó

(v) Má tá dhá ainmfhocal i gcomhaisnéis agus ag tagairt do dhuine, ní shéimhítear an dara ceann:

baintreach óg mná, bonsach girsí, leibide garsúin, maiseog girsí, óinseach mná

(vi) Is iondúil nach séimhítear i ndiaidh na bhfocal seo a leanas i dteidil oifigiúla:

comhairle [= comhlacht oifigiúil], *oifig, rannóg, roinn, seirbhís, scéim*

Is mar chnuasainmneacha a bhreathnaítear ar na focail sin i dteidil oifigiúla seachas *scéim* agus *seirbhís*, áit a mbraitear an gaol "le haghaidh" a bheith idir an dá ainmfhocal:

An Roinn Cosanta, An Rannóg Pearsanra, An Oifig Slándála, An tSeirbhís Póilíneachta, Comhairle Contae Dhún na nGall, Comhairle Cathrach na Gaillimhe

3. AN SÉIMHIÚ IDIRDHEALAITHEACH

Tharlódh go bhféadfaí breathnú ar phéire ainmfhocal faoi dhá ghné éagsúla den riail, agus go mbeadh an séimhiú nó an loime ceart de réir na gné den riail a d'fheilfeadh:

ceathrú caorach (cuid de chaora) / *ceathrú chaorach* (ainm ar phlanda)

culaith mairnéalaigh (ar le mairnéalach í) / *culaith mhairnéalaigh* (stíl chulaithe)

gloine bheorach (cineál gloine) / *gloine beorach* (lán le beoir)

innealtóireacht bogearraí (gníomh) / *innealtóireacht bhogearraí* (cineál innealtóireachta)

monarcha brící (áit a ndéantar brící) / *monarcha bhrící* (déanta as brící) *teanga mionlaigh* (an teanga a labhraíonn mionlach áirithe) / *teanga mhionlaigh* (teanga a bhfuil stádas íseal aici)

(ag) gabháil móna (gníomh) / *gabháil mhóna* (méid chinnte móna)

léim giorria (gníomh) / *léim ghiorria d'im* (meafar)

(ag) tógáil cathrach (gníomh – cathair á tógáil) / *tógáil chathrach* (ainmfhocal agus cáilitheoir – an tógáil a gheobhadh duine i gcathair)

I gcásanna áirithe, is faoi ghné amháin a bhreathnaítear orthu de ghnáth, mar shampla:

clann mhac – féachtar ar "mhac" mar ainmfhocal idirdhealaitheach seachas ar "clann" mar chnuasainm.

4. RIALACHA MAIDIR LE SÉIMHIÚ AR FHOCAIL DAR TÚS D, T, S, AGUS F

(a) Séimhítear aidiachtaí dar tús **d, t, s,** agus **f** i ndiaidh ainmfhocal baininscneach (ar bith)

bó dhonn, líne thanaí, náire shaolta, súil dhearg, bean dheas, grian thláith, áit shábháilte, caint shalach, feoil shaor, slis thanaí, coimhlint thréan, gruaig fhionn, obair fhíormhaith, cos fhada, seachtain fhliuch, áit fholaithe

(b) Séimhítear ainmfhocail chinnte dar tús **d, t, s** agus **f** i ndiaidh ainmfhocal ar bith, uatha nó iolra:

foireann Dhoire, iníon Thomáis, Comhairle Contae Shligigh, fear Dhún na nGall, imreoirí Chill Dara

(c) Ní shéimhítear ainmfhocail éiginnte dar tús **d, t** nó **s** i ndiaidh ainmfhocal baininscneach dar críoch **d, n, t, l** nó **s**:

cúirt dúiche, cúis dlí, bean tí, agóid síochána, péist talún, min sáibh, scoil samhraidh, áit mhaith tine, bliain mhór siocáin

(d) Ní shéimhítear ainmfhocail dar tús **f** i ndiaidh ainmfhocal baininscneach:

oíche fómhair, bean feasa, foireann fichille, cúirt filíochta, deoir fola

Séimhiú/Loime i ndiaidh Ainmfhocal Iolra dar críoch Consain Chaola

• *Séimhiú ar an Aidiacht*

Séimhítear aidiacht a cháilíonn ainmfhocal iolra dar críoch consan caol:

fir mhaithe, báid bheaga

• *Séimhiú ar an Ainmfhocal*

Nuair a leanann ainmfhocal nó ainm briathartha éiginnte ainmfhocal iolra dar críoch consan caol, moltar an dara hainmfhocal a shéimhiú* ach amháin nuair atá an chéad ainmfhocal ina thréith, ina pháirt de, le haghaidh nó faoi úinéireacht an dara ceann:

ábhair múinteoirí, baill comhairle, comhaid bainisteora, imill bóithre, sliogáin páiste, tuarastail múinteoirí

*Ach amháin i gcás **d, t, s** agus **f** : féach thíos.

Rialacha maidir le séimhiú ar fhocail dar tús d, t, s, agus f

(a) Séimhítear aidiachtaí dar tús **d, t, s,** agus **f** i ndiaidh ainmfhocal iolra dar críoch consain chaola:

bailéid fhada, cinn dhonna, pinn thanaí, teidil shamplacha

(b) Séimhítear ainmfhocail chinnte dar tús **d, t, s** agus **f** i ndiaidh ainmfhocal ar bith, uatha nó iolra:

cumainn Shligigh, éin Fhiachra, innill Thomáis, pobail Dhoire

(c) Ní shéimhítear ainmfhocail éiginnte dar tús **d, t** nó **s** i ndiaidh ainmfhocal iolra dar críoch **d, n, t, l** nó **s caol**:

comhaid dlí, tomhais seomra, eastáit tithíochta

(d) Ní shéimhítear ainmfhocail dar tús **f** i ndiaidh ainmfhocal iolra dar críoch consain chaola:

baill foirne, crainn fuinseoige, comhaid fuaime, imill féir, turais farraige

An Tuiseal Ginideach agus Aonaid Ilfhoclacha

• Aonad trí ainmfhocal éiginnte

Má thagann trí cinn (nó níos mó) d'ainmfhocail éiginnte go díreach i ndiaidh a chéile, moltar iad a scagadh ó thaobh bhrí na n-aonad mar seo thíos:

1. Nuair is aonad brí an chéad phéire ainmfhocal agus go gcáilíonn an tríú hainmfhocal an t-aonad cuirtear na gnáthrialacha i bhfeidhm:

scoil phobail – scoil phobail chathrach

2. Más aonad brí an dara péire ainmfhocal agus gur ainm briathartha nó focal gníomhaíochta an chéad cheann díobh sin, cuirtear sa ghinideach é:

lucht múchta tine, fear rite ráis, fear inste scéil, fear díolta páipéar, scéim rangaithe sonraí, córas bainistíochta sonraí, clár próiseála focal, Modh Anailíse agus Deartha Córas Struchtúrtha, treoir chuardaigh tábla

3. Más aonad brí an dara péire ainmfhocal agus nach focal gníomhaíochta an chéad cheann díobh sin, ní dhéantar infhilleadh ach ar an ainmfhocal deireanach, is é sin, más úinéireacht nó cineál ruda atá á chur in iúl:

bata fear siúil, beannacht bean siúil, doras teach ósta, díon teach pobail, sclátaí dín teach pobail, sos deireadh seachtaine, teach ceann tuí, sciorta ceann easna, geansaí muineál turtair, riarthóir bunachar sonraí, córas bainistíochta bunachar sonraí

Ach más feidhm aidiachtúil atá á cur in iúl, is é sin cineál ruda á shainiú, leanann séimhiú ainmfhocal baininscneach sa chéad áit:

> *léine bhean siúil, scoil cheann tuí*

• **Ainmfhocal éiginnte agus cáilitheoir faoi réir ag focail éiginnte ghinearálta**

Má ghabhann aidiacht, nó ainmfhocal sa ghinideach i gcáil aidiachta, le hainmfhocal éiginnte, moltar an t-ainmfhocal agus an aidiacht a fhágáil gan infhilleadh i ndiaidh na bhfocal *saghas, sórt, cineál* agus focal a bhfuil an bhrí ghinearálta *cineál, méid, cuid, easpa, iomarca* leo:

> *sórt lá breá, go leor fíon dearg*

• **Ainmfhocal éiginnte agus cáilitheoir faoi réir ag réamhfhocal comhshuite**

Má ghabhann aidiacht, nó ainmfhocal sa ghinideach i gcáil aidiachta, le hainmfhocal éiginnte, moltar an t-ainmfhocal agus an aidiacht a fhágáil gan infhilleadh i ndiaidh réamhfhocail chomhshuite nó réamhfhocail a leanann an ginideach é de ghnáth:

> *i ndiaidh breac mór millteach, ar feadh tamall mór, i lár garraí mór, le haghaidh doras gloine, le linn stoirm mhór, i gcaitheamh lá breá, de bharr cogadh fíochmhar, tar éis geimhreadh fada, i dtaobh báid bheaga.*